國家古籍整理出版專項經費資助項目

新編新注十三經

# 莊子新注

上

章啓群 撰

中華書局

圖書在版編目(CIP)數據

莊子新注/章啓群撰. —北京:中華書局,2018.8
(新編新注十三經/袁行霈主編)
ISBN 978-7-101-13301-1

Ⅰ.莊… Ⅱ.章… Ⅲ.①道家②《莊子》-注釋 Ⅳ.B223.52

中國版本圖書館 CIP 數據核字(2018)第 126942 號

| 書　　名 | 莊子新注(全二册) |
| --- | --- |
| 撰　　者 | 章啓群 |
| 叢 書 名 | 新編新注十三經 |
| 叢書主編 | 袁行霈 |
| 責任編輯 | 石　玉 |
| 出版發行 | 中華書局 |
| | (北京市豐臺區太平橋西里 38 號　100073) |
| | http://www.zhbc.com.cn |
| | E-mail:zhbc@zhbc.com.cn |
| 印　　刷 | 北京瑞古冠中印刷廠 |
| 版　　次 | 2018 年 8 月北京第 1 版 |
| | 2018 年 8 月北京第 1 次印刷 |
| 規　　格 | 開本/880×1230 毫米　1/32 |
| | 印張 26⅛　插頁 4　字數 660 千字 |
| 印　　數 | 1-6000 册 |
| 國際書號 | ISBN 978-7-101-13301-1 |
| 定　　價 | 85.00 元 |

# 新編新注十三經芻議

袁行霈

## 一

今傳十三經有一個漫長的形成過程,其間經過多次變動。兹將十三經的形成過程作一簡要的論述。

孔子有"六藝"之説,指《詩》、《書》、《禮》、《樂》、《易》、《春秋》[1];湖北荆門郭店楚墓出土竹簡《六德》,講到《詩》、《書》、《禮》、《樂》、《易》、《春秋》[2],並未總稱爲"六經"。到西漢有"五經"之説,陸賈《新語·道基》:"禮義不行,綱紀不立,後世衰廢,於是後聖乃定五經,明六藝,承天統地,窮事察微,原情立本,以緒人倫。"[3]漢武帝

[1] 《史記·滑稽列傳》:"孔子曰:'六藝於治一也。《禮》以節人,《樂》以發和,《書》以道事,《詩》以達意,《易》以神化,《春秋》以義。'"(《史記》,北京:中華書局1982年版,第3197頁)至於《莊子·天運篇》:"孔子謂老聃曰:'丘治《詩》、《書》、《禮》、《樂》、《易》、《春秋》六經,自以爲久矣,孰知其故矣;以奸者七十二君,論先王之道而明周、召之跡,一君無所鈎用。甚矣夫!人之難説也,道之難明邪?'老子曰:'幸矣子之不遇治世之君也!夫六經,先王之陳跡也,豈其所以跡哉!……'"(郭慶藩《莊子集釋》,北京:中華書局1961年版,第531—532頁)其中講到了"六經",但此篇屬於《莊子》之外篇,其時代難以確定,僅録以備考。

[2] 《郭店楚墓竹簡·六德》:"觀諸《詩》、《書》則亦才矣,觀諸《禮》、《樂》則亦才矣,觀諸《易》、《春秋》則亦才矣。"(北京:文物出版社1998年版,第188頁)

[3] 王利器《新語校注》,北京:中華書局1986年版,第18頁。

時正式將“五經”立於學官，《漢書·武帝紀》：“（建元）五年（前136）春……置五經博士。”[1]五經的排列順序通常是《詩》、《書》、《禮》、《易》、《春秋》或《易》、《書》、《詩》、《禮》、《春秋》[2]。

唐太宗貞觀七年（633）頒《新定五經》，是經學史上的一件大事[3]。此後，太宗又詔孔穎達等撰修《五經正義》，書成，因太學博士馬嘉運駁之，詔更令詳定，功竟未就[4]。高宗永徽間又經考正，於永

---

[1] 《漢書》，北京：中華書局1962年版，第159頁。又《漢書·百官公卿表上》：“武帝建元五年初置五經博士，宣帝黃龍元年稍增員十二人。”（《漢書》，第726頁）《漢書·儒林傳》贊：“自武帝立五經博士，開弟子員，設科射策，勸以官禄，訖於元始，百有餘年，傳業者寖盛，支葉蕃滋，一經説至百餘萬言，大師衆至千餘人，蓋禄利之路然也。”（第3620頁）

[2] 《莊子·天下》篇：“《詩》以道志，《書》以道事，《禮》以道行，《樂》以道和，《易》以道陰陽，《春秋》以道名分。”（郭慶藩《莊子集釋》，第1067頁）或疑此六句爲注文，誤入正文。《史記·儒林列傳》在“及今上即位，趙綰、王臧之屬明儒學，而上亦鄉之，於是招方正賢良文學之士”這段話後所列五經也是這個順序（《史記》，第3118頁）。而《漢書·藝文志》所列順序則是《易》、《書》、《詩》、《禮》、《春秋》。《白虎通·五經》曰：“《五經》何謂？《易》、《尚書》、《詩》、《禮》、《春秋》也。”（陳立《白虎通疏證》，北京：中華書局1994年版，第448頁）《史記·司馬相如列傳》載相如《封禪文》云：“軒轅之前，遐哉邈乎，其詳不可得聞也。五三六經載籍之傳，維見可觀也。”司馬貞《索隱》：“胡廣云：‘五，五帝也。三，三王也……’案：六經，《詩》、《書》、《禮》、《樂》、《易》、《春秋》也。”（《史記》，第3064—3065頁）周予同《群經概論》云：“六經的次第，今文學派主張（1）《詩》，（2）《書》，（3）《禮》，（4）《樂》，（5）《易》，（6）《春秋》。而古文學派主張（1）《易》，（2）《書》，（3）《詩》，（4）《禮》，（5）《樂》，（6）《春秋》。”（見《周予同經學史論著選集》，上海：上海人民出版社1996年版，第211頁）《樂經》不存，故實際只有五經。

[3] 《舊唐書·太宗本紀》，北京：中華書局1975年版，第43頁。又，《舊唐書·顏師古傳》：“太宗以經籍去聖久遠，文字訛謬，令師古于秘書省考定五經。師古多所釐正，既成，奏之。太宗復遣諸儒重加詳議，于時諸儒傳習已久，皆共非之。師古輒引晉宋已來古今本，隨言曉答，援據詳明，皆出其意表，諸儒莫不歎服。於是兼通直郎、散騎常侍，頒其所定之書於天下，令學者習焉。”（《舊唐書》，第2594頁）

[4] 《舊唐書·孔穎達傳》：“先是，與顏師古、司馬才章、王恭、王琰等諸儒受詔撰定《五經》義訓，凡一百八十卷，名曰《五經正義》。太宗下詔曰：‘卿等博綜古今，義理該洽，考前儒之異説，符聖人之幽旨，實爲不朽。’付國子監施行，賜穎達物三百段。時又有太學博士馬嘉運駁穎達所撰《正義》，詔更令詳定，功竟未就。”（《舊唐書》，第2602—2603頁）

徽四年(653)始頒行[1]。此外,唐代還有"九經"之稱[2],"九經"包括《易》、《書》、《詩》、《周禮》、《儀禮》、《禮記》、《春秋左傳》、《春秋公羊傳》、《春秋穀梁傳》。文宗大和四年(830)鄭覃以經籍訛謬,請召宿儒奧學,校定六籍,勒石於太學,從之[3]。文宗大和七年(833)籌備,至開成二年(837)告成,用楷書刻《周易》、《尚書》、《毛詩》、《周禮》、《儀禮》、《禮記》、《左傳》、《公羊》、《穀梁》、《孝經》、《論語》、《爾雅》十二經於長安太學,並以唐張參《五經文字》、唐玄度《九經字樣》爲附麗,共650252字,這就是《開成石經》,今藏西安碑林。宋趙希弁《讀書附志》經類,列《石經周易》、《石經尚書》、《石經毛詩》、《石經周禮》、《石經儀禮》、《石經禮記》、《石經春秋》、《石經公羊》、《石經穀梁》、《石經論語》、《石經孝經》、《石經孟子》、《石經爾雅》,曰:"以上石室十三經,蓋孟昶時所鐫,故《周易》後書:'廣政十四年歲次辛亥五月二十日。'唯《三傳》至皇祐初方畢,故《公羊傳》後書:'大宋皇祐元年歲次己丑九月辛卯朔十五日乙巳工畢。'"廣政爲五代後蜀年號,此即《蜀石經》。《石經孟子》下著錄:"右《孟子》十四卷。不題經注字數若干,亦不題所書人姓氏。"[4]另據宋曾宏父《石刻鋪叙》卷上所云:"《孟子》十二卷,宣和五年九月帥席貢暨運判彭慥方入石,逾年乃成。"[5]可知《孟子》列入十三經,應當是北宋。南宋高宗紹興十三年

---

[1] 《舊唐書·高宗本紀》:"(永徽四年)三月壬子朔,頒孔穎達《五經正義》於天下,每年明經令依此考試。"(《舊唐書》,第71頁)

[2] 《舊唐書·儒學傳·谷那律傳》:"谷那律,魏州昌樂人也。貞觀中,累補國子博士。黃門侍郎褚遂良稱爲'九經庫'。"(《舊唐書》,第4952頁)

[3] 《舊唐書·鄭覃傳》:"覃長於經學,稽古守正,帝尤重之。覃從容奏曰:'經籍訛謬,博士相沿,難爲改正。請召宿儒奧學,校定六籍,準後漢故事,勒石於太學,永代作則,以正其闕。'從之。"(《舊唐書》,第4490頁)

[4] 以上兩條引文見宋晁公武撰、孫猛校證《郡齋讀書志校證》,上海:上海古籍出版社1990年版,第1086—1087頁。

[5] 然據宋晁公武《郡齋讀書志》"石經孟子十四卷"下所云:"右皇朝席旦(一作'益')宣和中知成都,刊石實于成都學宮,云僞蜀時刻六經于石,而獨無《孟子》,經爲未備。"《知不足齋叢書》本,中華書局影印本第4冊,第182頁。

（1143）又刻石經，也增加了《孟子》。清康熙年間陝西巡撫賈漢復在
開成十二經之外，又補刻《孟子》，統稱“唐十三經”。十三經的順序爲
《易》、《書》、《詩》、《周禮》、《儀禮》、《禮記》、《春秋左傳》、《春秋公羊
傳》、《春秋穀梁傳》、《論語》、《孝經》、《爾雅》、《孟子》[1]。

　　明代已有《十三經注疏》刻本。清乾隆四年（1739）有武英殿刻本
《十三經注疏》；嘉慶二十一年（1816）南昌府學重刊宋本《十三經注
疏》附阮元《校勘記》刻成。後者流傳廣泛，成爲學者使用最廣的本子。

　　粗略地回顧上述歷史，我們由此可以得出三點結論：

　　第一，後來儒家所謂的“經”起初並未賦予“經”的名稱和地位。
大概戰國中後期有學者尊稱某些儒家典籍爲“經”，如《荀子·勸學》
謂學之數“始乎誦經，終乎讀禮”。（楊倞注：“經，謂《詩》《書》；禮，謂
典禮之屬也。”）[2]漢初學者陸賈等人以亡秦爲殷鑒，進一步推尊儒家
典籍爲經。漢武帝“罷黜百家，獨尊儒術”，儒家思想取得了國家意識
形態的地位，“五經”立於學官。自此之後，《易》、《書》、《詩》、《禮》、
《春秋》這五部書才被正式尊稱爲“經”。此乃取其“恒常”之義，《白虎
通·五經》所謂“經，常也”[3]，《釋名》所謂“經者，徑也，常典也”[4]，
代表了漢儒對於“經”的理解。後來劉勰《文心雕龍·論說》云“聖哲
彝訓曰經，述經叙理曰論”，是很有代表性的看法[5]。正如張舜徽先

---

[1]　乾隆《重刻十三經序》曰：“漢代以來儒者傳授，或言五經，或言七經。暨唐分三禮、三
　　傳，則稱九經。已又益《孝經》《論語》《爾雅》，刻石國子學，宋儒復進《孟子》，前明
　　因之，而‘十三經’之名始立。”（《御製文》初集卷一一，《影印文淵閣四庫全書》第 1301
　　册，臺北：商務印書館 1986 年版，第 101 頁）其所言未詳。以上所述，筆者除查閱《郡
　　齋讀書志》及《讀書附志》外，又參考馬子雲、施安昌《碑帖鑒定》，桂林：廣西師範大學
　　出版社 1993 年版，第 358 頁；孫欽善《中國古文獻學史》，北京：中華書局 1994 年版，第
　　332—333 頁；王錦民《古學經子》，北京：華夏出版社 2008 年版，第 227 頁。
[2]　王先謙《荀子集解》，北京：中華書局 1988 年版，第 11 頁。
[3]　陳立《白虎通疏證》，第 447 頁。
[4]　劉熙著、畢沅疏證《釋名疏證·釋典藝第二十》，廣雅書局叢書本。
[5]　范文瀾《文心雕龍注》，北京：人民文學出版社 1958 年版，第 326 頁。後來有“六經皆
　　史”之說，見清章學誠《文史通義·内篇·易教上》，倉修良《文史通義新編新注》，杭
　　州：浙江古籍出版社 2005 年版，第 1 頁。

生在《漢書藝文志通釋》中所云,"古之六藝,本無經名。孔子述古,但言'《詩》曰'、'《書》云',而不稱'詩經'、'書經';但言'學《易》',而未嘗稱'易經'。下逮孟、荀,莫不如此。……況經者綱領之謂,原非尊稱。大抵古代綱領性文字,皆可名之爲經。故諸子百家之書,亦多自名爲經"[1]。我們對儒家所謂"經"不必過於拘泥。

第二,十三經是在很長的時間内逐漸確定的[2]。在漢代爲五經,到唐代擴充爲九經。其他如《孝經》、《爾雅》、《論語》都是後來增加進去的。而且在宋朝,《春秋》、《儀禮》、《孝經》還都曾一度被剔除出經部[3]。《孟子》十一篇在《漢書·藝文志》和《隋書·經籍志》中都屬於子書,到了宋代才歸入經書,從目錄學的角度看來,所謂經書和子書的分類本來不很嚴格。既然如此,現在通行的十三經並不是不可調整的。

第三,漢武帝將五經立於學官,乃是將五經作爲學校的教科書。唐代實行科舉考試,則五經或九經又成爲科舉考試的標準用書。那時的朝廷是將經書作爲統一思想、治理國家、推行教化、選拔人才的依據。現在我們研究經書跟古代的出發點已有很大的區別,已不再需要那樣一套欽定的教科書或考試用書,而是將它們作爲中國傳統文化的源頭來研究,這是需要特別加以強調的。

## 二

今傳十三經全部是儒家的典籍。形成這種狀況,是漢武帝"罷黜

[1] 《張舜徽集·漢書藝文志通釋》(與《廣校讎略》合刊),武漢:華中師範大學出版社2004年版,第177頁。

[2] 漢代以來五經、七經、九經、十二經、十三經的演變情況十分複雜,本文並非專論經學史,只就其大概而言。

[3] 《宋史·選舉志》:"(熙寧四年)於是改法,罷詩賦、帖經、墨義,士各占治《易》、《詩》、《書》、《周禮》、《禮記》一經,兼《論語》、《孟子》。"(北京:中華書局1977年版,第3617頁)

百家,表章六經"的結果[１]。借用劉勰《文心雕龍》前三篇的標題,可以說十三經以原道、徵聖、宗經爲主線,道、聖、經三者關係密切。我們不禁要問:難道只有儒家的典籍才能稱爲"經"嗎? 我們可不可以突破這種局限呢? 以筆者的愚見,當初編纂儒家的經典,自然以這十三部典籍爲宜。如果不限於儒家,而是着眼於整個中國文化的原典,那就不應局限於現在通行的十三經。在儒家之外,道家、墨家、兵家、法家也有很重要的地位,應該納入中國文化的經書範圍之內。隨着社會的進步和學術的發展,以弘揚中華民族優秀傳統文化爲宗旨,對現在通行的十三經中所收各書需要重新審視,加以去取。顯而易見,我們今天研究中國傳統文化不應當限於儒家,所謂"國學"並不等於"儒學",現在早已不是"罷黜百家,獨尊儒術"的時代了! 我們應當改變儒家獨尊的地位,更廣泛地吸取各家之精華,以更廣闊的視野繼承和弘揚中國優秀的傳統文化。而這正是《新編新注十三經》努力的方向。從西周到春秋、戰國的幾百年間,是中華文明極其燦爛的時代,其多姿多彩的精神成果不僅體現在儒家典籍之中,也體現在儒家之外諸子百家的典籍之中。我們研究中國傳統文化,要從多個源頭清理中華文明的來龍去脈,廣泛地吸取其中的精華。

基於以上的學術理念,我倡議對十三經重新編選和校注。計劃中的《新編新注十三經》收入以下十三種典籍:《周易》、《尚書》、《詩經》、《禮記》、《春秋左傳》、《論語》、《孟子》、《荀子》、《老子》、《莊子》、《墨子》、《孫子》、《韓非子》,保留原來十三經中的七種,替換六種。

我們充分肯定傳統文化(包括儒家典籍)的重要價值,認爲上述十三種書具有長遠的意義,經過整理可以在今天充分發揮其作用。這是我們仍然沿襲"經"這個名稱的一個重要原因。又因爲"十三經"之稱

---

[１] 《漢書·武帝紀》班固贊語,第212頁。

如同《三字經》、《百家姓》、《千字文》、《唐詩三百首》，無論是學者還是一般讀者都已經習以爲常，而且中國本土文化中時代最早、可以稱之爲文化源頭而又流傳有緒的、帶有綱領性的重要典籍，恰好可以選擇十三種，仍然維持"十三經"的名稱是適宜的。

我們所謂的"經"，與傳統的"經"相比，含義有所同也有所不同。首先，稱"經"有以示尊崇之意，因此，新編十三經，也就是選擇那些在中國文化中具有重要地位的典籍；意在使讀者能夠藉此把握中國文化的要旨。其次，"經"有"恒常"的意思，表明這些典籍不僅在歷史上具有重要的影響，而且其深刻、豐富的思想在今天也有值得弘揚之處，在未來仍將具有不可忽視的影響力。第三，我們所謂的"經"具有開放性和多元性，不再封閉於原來那十三種儒家典籍的範圍，這樣可以更全面地反映中華文化的豐富內涵。

接下來就將新增的六種經典作一簡單的論述。

屬於儒家的一種：《荀子》。

荀卿自稱爲儒，《漢書·藝文志》著錄《孫卿子》三十三篇，歸屬於儒家，孫卿就是荀子。《韓非子·顯學》篇說孔子以後"儒分爲八"，其中"孫氏之儒"的"孫氏"就是指荀子[1]。但荀子的學說與孔子有所不同，他曾遊學齊國的稷下學宮，受到道家、法家、名家的影響。荀子主張"法後王"，又主張人性惡，並在《非十二子》中對子思、孟子等儒家學者進行了激烈的批判。《荀子》未能列入十三經，可能與他的這種思想傾向有關。其實，《荀子》中有不少值得注意的思想資源。其"王道"觀包含着豐富的內容，諸如"隆禮"、"賢能不待次而舉"、"平政愛民"等，都值得重視。其宇宙觀，主張"天行有常，不爲堯存，不爲桀亡。應之以治則吉，應之以亂則凶"，"制天命而用之"，也值得注意。其經濟思想，提出"富國裕民"之道，很有意義。其他如"解蔽"之說，"虛壹而靜"之說，以及其音樂理論、教育理論，也都值得進一步發掘整理。

---

[1] 參閱王先慎《韓非子集解》，北京：中華書局1998年版，第456—457頁。

至於它對中國歷史文化的影響,譚嗣同《仁學》所謂"二千年來之學,荀學也"一語[1],值得注意。蘊含着如此豐富思想資源的《荀子》,列入《新編新注十三經》是適當的。

屬於道家的兩種:《老子》和《莊子》。

漢武帝"罷黜百家,獨尊儒術"之後,道家的地位雖然比不上儒家,但道家在中國傳統文化中的影響仍然足以跟儒家相提並論,儒道互補成爲中國傳統文化的一個重要特點。在古代已有稱之爲"經"者,特別值得注意的是《隋書·經籍志》著録《老子道德經》二卷,周柱下史李耳撰,漢文帝時河上公注。作爲道家之創始,《老子》一書中包含的樸素辯證法,關於人與自然關係的認識等,對中國文化的各個方面,如哲學、政治、文學、藝術等都有深遠的難以估量的影響。如果沒有《老子》,就沒有魏晉以後流行的玄學和唐代以後流行的禪學,中國文化就將失去不少多姿多彩的方面。道家關於清静無爲的説法,在戰亂之後社會需要休養生息之際,尤能顯示其在治國方面的重要意義。

郭店楚簡中發現了三種《老子》抄本,抄寫時間在公元前 300 年左右,雖然均不完整,但仍是目前所能見到的最古老的本子。湖南長沙馬王堆三號漢墓出土了兩種漢初的抄本,即帛書《老子》甲本和乙本,這是目前所能見到的較早的完整的本子。這些出土文獻,爲《老子》一書的校勘注釋和研究帶來了新的契機,已有許多新的研究成果問世。《新編新注十三經》收入《老子》,除原有的傳世《老子》版本外,可以利用楚簡本和帛書本及其研究成果,做出新的成績來。

《莊子》一書乃是莊周及其後學的著作。其內篇所闡述的"逍遥遊"代表着一種人生的理想,倡"無名"、"無功"、"無己",以求無待,無待則可以得到精神的自由。其所主張的"齊物論",有助於破除那種絕對、僵硬、呆板、滯塞的思維方式。作爲與儒家相對立的學説,《莊子》豐富多彩而又富於機辯,極具智慧之光芒,使中國文化帶上了靈動、活

---

[1]　蔡尚思、方行編《譚嗣同全集》(增訂本),北京:中華書局 1981 年版,第 337 頁。

潑、通透的特點，具有充沛的想象力、創造力以及藝術感染力。在魏晉南北朝時期，莊子學復興，《莊子》與《老子》、《周易》並稱“三玄”，是名士們研習的經典。唐宋兩朝，《老子》、《莊子》還曾被尊爲“經”，並置博士員，立於學官[1]。而今《莊子》自然也應當和《老子》一併列入《新編新注十三經》之中。

屬於墨家的一種：《墨子》。

墨家的創始人是墨翟。墨家在當時影響很大，《孟子·滕文公下》云：“楊朱、墨翟之言盈天下。天下之言不歸楊，則歸墨。”《孟子·盡心下》又説：“逃墨必歸於楊，逃楊必歸於儒。”[2]孟子的話雖不免有點誇張，但從中仍然可以看出墨學在當時是一種顯學。《韓非子·顯學》就明確地説：“世之顯學，儒、墨也。”[3]《莊子·天下》云：“相里勤之弟子五侯之徒，南方之墨者苦獲、已齒、鄧陵子之屬，俱誦《墨經》，而倍譎不同，相謂別墨。”[4]《吕氏春秋·仲春紀·當染》稱：“（孔子與墨子）此二士者，無爵位以顯人，無賞禄以利人，舉天下之顯榮者必稱此二士也。皆死久矣，從屬彌衆，弟子彌豐，充滿天下。王公大人從而顯之，有愛子弟者隨而學焉，無時乏絶。”[5]可見，在《吕氏春秋》成書之際，墨子仍然具有與孔子同等的地位。直到漢武帝罷黜百家之後，墨家才消沉下來，而且迄今尚未得到廣泛的重視。其實，《墨子》一書中有不少思想資源值得我們發掘，其尚賢、兼愛、非攻、節用、非命等方面的思想，在今天仍然值得重視，而其在邏輯學方面的貢獻，在自然科學方面的論述，也很值得注意。《新編新注十三經》應當列入《墨子》。

[1] 《舊唐書·禮儀志》：“丙申詔……改《莊子》爲《南華真經》。……兩京崇玄學各置博士、助教，又置學生一百員。”（《舊唐書》，第926頁）《宋史》：“丙戌，詔太學、辟雍各置《内經》、《道德經》、《莊子》、《列子》博士二員。”（《宋史》，第400頁）

[2] 朱熹《四書章句集注》，北京：中華書局1983年版，第272、第371頁。

[3] 王先慎《韓非子集解》，第456頁。

[4] 郭慶藩《莊子集釋》，第1079頁。

[5] 陳奇猷《吕氏春秋校釋》，上海：學林出版社1984年版，第96頁。

屬於兵家的一種:《孫子》。

《史記·孫子吳起列傳》:"孫子武者,齊人也。以兵法見於吳王闔廬。闔廬曰:'子之十三篇,吾盡觀之矣,可以小試勒兵乎?'對曰:'可。'"[1]《漢書·藝文志·兵書略》於兵權謀家著録云"《吳孫子兵法》八十二篇。圖九卷",顏師古注:"孫武也,臣於闔廬。"[2]中國古代典籍中兵家的著作是一大筆寶貴的遺產,而《孫子》是兵家中最重要的一部典籍。曹操《孫子序》指出其"審計重舉,明畫深圖"的特點[3],這已不限於用兵。《孫子》不僅有豐富的軍事思想,也有深厚的戰略思維,對人才、行政和經濟管理,乃至外交,都有啓發借鑒的意義。1972年山東臨沂銀雀山西漢墓葬出土的竹簡本《孫子兵法》十三篇,帶動了《孫子》的研究,今天看來,完全有理由將之列入《新編新注十三經》之中。

屬於法家的一種:《韓非子》。

《漢書·藝文志》曰:"法家者流,蓋出於理官,信賞必罰,以輔禮制。《易》曰'先王以明罰飭法',此其所長也。"[4]在韓非子之前,法家的商鞅重法,申不害重術,慎到重勢。韓非子綜合法、術、勢,成爲法家的集大成者。《韓非子》一書也就成爲《新編新注十三經》的必選經典。

此外,佛教自漢哀帝元壽元年(前2年)傳入中國以來,經過魏晉南北朝這個戰亂時期,在社會上逐漸傳播開來,到唐代取得與儒、道兩家並立的地位。《新編新注十三經》是否選入佛經,成爲筆者反復考慮的一個問題。考慮到新編乃着眼於那些中國本土文化中原生的、時代最早的、處於中國文化源頭的、在當時或後代具有廣泛深遠意義的典籍,而佛經是從印度翻譯過來的,唐代盛行的禪宗及其典籍雖然已經

[1] 《史記》,第2161頁。
[2] 《漢書》,第1756—1757頁。
[3] 曹操等注《十一家注孫子校理》,北京:中華書局1999年版,第310頁。
[4] 《漢書》,第1736頁。

本土化，但時代晚了很多，因此佛經暫不入選爲宜。

# 三

《新編新注十三經》必須建立在學術研究的堅實基礎上，參考古代的各家之言，充分利用新出土的文獻資料，吸取最新的研究成果，使之成爲值得信賴的學術著作。我們的宗旨是爲讀者提供中華文化的元典，便於讀者從文獻的角度追溯中華文化的源頭，探尋中華文化的要義。編纂這套書是一項重要的文化建設和學術建設工作，對於弘揚中華民族優秀傳統文化意義重大，而且現在編纂時機已經成熟。我們的原則是取精用宏、守正出新。取精用宏對於這套書來説格外重要，因爲歷代的版本和研究成果浩如煙海，我們既要充分掌握已有的資料，又要去僞存真，去粗取精。守正出新是我在 1995 年主編《中國文學史》時提出來的，實踐證明取得了良好的效果。所謂守正就是繼承優良的學術傳統，所謂出新就是努力開拓新的學術格局，充分吸取新的研究成果，適當採用新的研究方法，使這套書具有時代的特色，以適應時代的要求。

近年來，古籍善本的普查和影印工作有了很大進展。以前的學者看不到的一些善本，我們有機會加以利用，這爲我們選擇底本和校本提供了很大方便，從而使新編工作有了堅實的基礎。自漢代以來，學者們圍繞這些經典所作的校勘、注釋和研究工作很多，成就卓著，爲《新編新注十三經》提供了極其重要的參考。此外，自二十世紀以來特別是近幾十年來出土了大量的文獻和文物，又爲經典的整理研究開拓了新的局面。例如臨沂銀雀山漢墓出土的竹書，長沙馬王堆漢墓出土的帛書，荆門郭店戰國楚墓出土的竹簡，上海博物館藏戰國楚竹書等，都向我們提供了大批極爲寶貴的新資料。由於這些新資料的出現，一些傳世的先秦古籍有了更早的古本，古籍中的一些錯誤得以糾正，古籍中的一些難點得到解釋[1]。充分利用這些新發現的資料,可以提高我們的工作質量。

二十世紀之後的學術是在中西文化交流的大背景下展開的。借用西方的哲學、宗教學、文學、史學和人類學等方面的觀念來解釋中國的典籍,已經取得不少成績。陳寅恪先生所謂"取外來之觀念與固有之材料互相參證"[2],已被證明是行之有效的方法。這也爲《新編新注十三經》提供了廣闊的空間,從而保證了"出新"的可能。

還有一點值得注意,以前的學者整理經書,各有其家法,而且經今古文之爭十分激烈,各個門派互不相容;宋儒與漢儒又有所不同。今天我們重新整理,可以超越這類紛爭,兼容並蓄,擇善而從,從而取得新的成果。

當然,要想將這套書編好還存在許許多多的困難。一是資料浩繁,要花很多時間才能搜集完備並加以消化;二是每部書都存在不少難點,聚訟紛紜,要想取得進展,提出新見,並經得起考驗,實在很難;三是這套書既定位爲學術著作,又希望有較多的讀者使用,如何在專家與普通讀者之間找到平衡點,需要認真摸索。但是我們相信,依靠參加工作的各位學者刻苦鑽研,虛心聽取各方面專家的意見,集思廣益,反復討論,有希望達到預期的目標。

(原刊於《北京大學學報》,2009 年第 2 期)

---

[1] 參看裘錫圭《中國出土古文獻十講》,上海:復旦大學出版社 2004 年版,第 82—90 頁。
[2] 陳寅恪《王靜安先生遺書序》,《王國維遺書》,上海:上海書店 1983 年版。

# 目　録

## 雜 篇

# 導　論

## 一、《莊子》的作者和文本

《莊子》這部書是甚麽時候出現的？作者是誰？這兩個問題之間也有聯繫，因爲作者的生活年代大致決定了文本寫作的時間。在今天看來，這些關於著作本身的基本信息，却是古籍研究中的難題。

首先是作者問題。最早較爲完整論及《莊子》作者的是《史記》：

> 莊子者，蒙人也，名周。周嘗爲蒙漆園吏，與梁惠王、齊宣王同時。其學無所不窺。然其本歸於老子之言。故其書十餘萬言，大抵率寓言也。作《漁父》、《盗跖》、《胠篋》，以詆訿孔子之徒，以明老子之術。……楚威王聞莊周賢，使使厚幣迎之，許以爲相，莊周笑謂楚使者曰：“千金，重利；卿相，尊位也。子獨不見郊祭之犧牛乎？養食之數歲，衣以文繡，以入大廟。當是之時，雖欲爲孤豚，豈可得乎？子亟去，無污我。我寧遊戲污瀆之中自快，無爲有國者所羈。”（《老子韓非列傳》）

蒙在春秋時屬於宋國，故《漢書·藝文志》稱《莊子》作者“名周，宋人”。《史記》關於楚王聘請莊周爲相的説法，《莊子·秋水篇》有大致相同的記述：

　　莊子釣於濮水。楚王使大夫二人往先焉,曰:"願以竟内累矣!"莊子持竿不顧,曰:"吾聞楚有神龜,死已三千歲矣,王巾笥而藏之廟堂之上。此龜者,寧其死爲留骨而貴乎? 寧其生而曳尾於塗中乎?"二大夫曰:"寧生而曳尾塗中。"莊子曰:"往矣! 吾將曳尾於塗中。"

　　"竟"同"境",楚使之言意即請莊周爲相,爲國家事務受累。"曳尾於塗中"指在污泥中嬉戲之豬,即上文之"孤豚"。除此之外,在史籍中未見關於《莊子》作者的有價值資料。《莊子》中有幾則關於莊周的故事,一般認爲是寓言性質,不能認作史料。錢穆根據這些材料,推斷《莊子》作者莊周大致的生活年代:"生年當在周顯王元年十年間,若以得壽八十計,則其卒在周赧王二十六至三十六年間也。"[1]西曆當是大約公元前 368 至前 278 年。其他一些學者推定莊周的生活年代與此相差不多。

　　其次是文本問題。現在通行的《莊子》共三十三篇,七萬餘言,其中内篇七篇,外篇十五篇,雜篇十一篇。這個文本被學界基本認爲是西晉時期郭象整理編訂的[2]。但是,古籍中提及和引用《莊子》的時間,却遠遠早於西晉。在戰國時期的文獻例如《荀子》、《韓非子》、《吕氏春秋》中,經常提到並引用《莊子》。其中《荀子》批評"莊子蔽于天而不知人"(《解蔽篇》)爲史上名言。這個情況與《史記·老子韓非列傳》記述一致。可見《莊子》的文本在戰國中期以前流傳,是沒有問題的。從《漢書》始,歷代史書中"藝文志"、"經籍志"於《莊子》皆有著録。

　　但是,問題在於,戰國時期流傳的《莊子》文本是否就是現在的文

---

[1]　錢穆:《先秦諸子繫年》第 312 頁。商務印書館 2001 年。王叔岷認爲莊周生卒年大約是公元前 368 至前 288 年。見王叔岷:《莊子校詮》第 1426 頁。臺灣"中央研究院"歷史語言研究所專刊之八十八,樂學書局 1999 年。

[2]　郭象《莊子注》可能也涉及向秀的《莊子注》,但文獻資料有限,難以定論。

本？根據史籍記載的情況來看，戰國流傳的《莊子》與後來的《莊子》文本存在不小的差異。《漢書·藝文志》録《莊子》五十二篇，幾百年後的《隋書·經籍志》記載《莊子》篇目則非常複雜，其中有向秀注本二十卷，崔譔注本十篇，司馬彪注本十六卷，李頤注本三十卷，郭象注本三十卷，目一卷，又稱梁《七録》録郭象注本爲三十三卷。這裏不僅卷數不同，還有卷與篇之分。而《史記》稱《莊子》"其書十餘萬言"，比今郭象編訂本約多出三萬餘字。這個情況表明，到了西晉時期，流傳的《莊子》可能就與《漢書·藝文志》記載的《莊子》大不相同了。

現藏日本高山寺舊鈔卷子本《莊子》，《天下篇》末有郭象《後語》，曰："莊子閎才命世，誠多英文偉詞，正言若反。故一曲之士，不能暢其弘旨，而妄竄奇説。若《閼奕》、《意脩》之首，《危言》、《遊鳧》、《子胥》之篇，凡諸巧雜，若此之類，十分有三。或牽之令近，或迂之令誕，或似《山海經》，或似《占夢書》，或出《淮南》，或辯形名。而參之高韻，龍蛇並御。且辭氣鄙背，竟無深奧，而徒難知，以困後蒙。令沉滯失乎流，豈所求《莊子》之意哉！故皆略而不存。"[1]《閼奕》、《意脩》、《危言》、《遊鳧》、《子胥》皆不存於今本《莊子》，可能都被郭象刪略掉了，由此可見當時《莊子》文本之雜。《莊子》在西晉以前篇章與文字的差異，造成今人關於《莊子》文本的無休止爭議。

出現這種情況，主要是古書的流傳是"别本單行"，即"古人著書，本無專集，往往隨作數篇，即以行世。傳其學者各以所得，爲題書名"[2]。而一些文人假託爲聖賢代言，把自己的著述摻雜到流傳名著之中，造成真僞混雜，真假難辨。關於《莊子》文本的真僞問題，成爲《莊子》研究古今聚訟的焦點之一。所有現存材料都難以斷定今本《莊子》文本的真僞。一般認爲，現存《莊子》一書的作者應該是多人，"莊子"與"《莊子》"不完全相同，莊子則專指莊周。郭象在編訂《莊

[1] 轉引自王叔岷《莊子校詮》第 1440 頁。同上。
[2] 余嘉錫：《目録學發微》第 211 頁。中國人民大學出版社 2005 年。

子》時，對流傳的文本進行了删減，並把《莊子》分爲内、外、雜篇，實質上也是對於《莊子》文本的真僞表達了自己的意見。今日學界的大致看法是，内篇基本代表莊子本人思想，外、雜篇中的思想比較複雜，有些是莊子後學的作品，還有其他學派包括儒家的作品[1]。當然，這不是定論。王叔岷説："大抵内篇較可信，而未必盡可信。外、雜篇較可疑，而未必盡可疑。即一篇之中，亦往往真僞雜糅。"[2]持論較爲公允。

我認爲，整部《莊子》仍可看作一個整體，内篇可爲《莊子》基本思想，外、雜篇中也有與内篇思想相一致的篇章，例如《秋水》、《知北遊》等，文字風格亦頗相近。因此，外、雜篇不能完全忽略，内篇也不是字字珠璣，都需要具體分析。

# 二、《莊子》主要説甚麽

中國文化的内核是儒、釋、道三家思想。道家的代表作就是《老子》和《莊子》。道教稱《老子》爲《道德經》，稱《莊子》爲《南華經》，二者也是道教的最高聖典。因此，全部《莊子》所説的，從根本的思想和觀念來説，最核心的問題不外乎"道"。《莊子》所説的道，與《老子》的思想在根本上一致，但也不完全相同。

《莊子》認爲，從創生論來説，道是創造宇宙萬物的本源："夫昭昭生於冥冥，有倫生於无形，精神生於道。"（《知北遊篇》）"昭昭"是明晰可見之物，"冥冥"即神秘幽深之物。"倫"意即倫序、倫理。從可見的事物，到倫理秩序、思想觀念，都來源於道。"天不得不高，地不得不廣，日月不得不行，萬物不得不昌，此其道與！"（《知北遊篇》）正是由

---

[1] 劉笑敢《莊子哲學及其演變》（中國社會科學出版社 1993 年）對此作出新的論證，韓林合《虛己以遊世——〈莊子〉哲學研究》（商務印書館 2014 年）則對此觀念進行了反證。此二説代表了這一討論的最新進展。

[2] 王叔岷：《莊學管闚》，見《莊子校詮》下册第 1438 頁。同上。

於道,宇宙萬物,無論大小、巨細,其生成、發展、衰亡才有規律:"六合爲巨,未離其内。秋豪爲小,待之成體。天下莫不沈浮,終身不故;陰陽四時運行,各得其序。惛然若亡而存,油然不形而神,萬物畜而不知,此之謂本根。"(《知北遊篇》)"本根"就是本源,也即道。

道主宰一切,"无不將也,无不迎也;无不毀也,无不成也"(《大宗師篇》)。"將"、"迎"即送迎,意爲道與萬物相隨。道無所不在,除了在我們認爲可觀的、美好的事物之中,也在"蟻螻"、"稊稗"、"瓦甓"這些人們認爲不可觀、不美好的事物之中,甚至還在"屎溺"這樣骯髒的事物之中。而且,"道行之而成",在事物的自然運動之中,"已而不知其然謂之道"(《齊物論篇》)。在事物的千變萬化中,道則始終如一:"舉莛與楹,厲與西施,恢詭譎怪,道通爲一。"(《齊物論篇》)"莛"是屋上的橫樑,"楹"是屋柱,厲是醜女,西施是美女,可是從道的方面看,她(它)們都是一樣的。

然而,道爲何物? 道創化宇宙萬物,故《莊子》又稱道爲"物物者"。第一個"物"是動詞,意即"使物成爲物"。"物"不僅是物質的,也是精神的。可是,《莊子》認爲,"物物者非物",意即道與世界萬物是不同類的。而且,"物物者與物无際"(《知北遊篇》)。"際"即邊界、關係之意。從宇宙萬物也不能獲得道的印記和痕跡[1]。道無生無死:"殺生者不死,生生者不生。"(《大宗師篇》)道決定萬物的盈虛積散等變化,本身却没有變化。"彼爲盈虛非盈虛,彼爲衰殺非衰殺,彼爲本末非本末,彼爲積散非積散也。"(《知北遊篇》)道也不屬於時間和空間的概念:"自本自根,未有天地,自古以固存。""神鬼神帝,生天生地;在太極之先而不爲高,在六極之下而不爲深,先天地生而不爲久,長於上古而不爲老。"(《大宗師篇》)同時,道"有情有信,无爲无

---

[1] 奥古斯丁(St.Augustine,354—430)認爲,上帝是真善美本身,上帝創造了宇宙萬物,故宇宙萬物都具有美的特徵,然而都有缺陷,不能達到上帝的完美本身。《莊子》的道與萬物的關係與此不同。

形;可傳而不可受,可得而不可見",然而是不可言説的:"道物之極,言默不足以載;非言非默,議有所極。"(《則陽篇》)言語和思維都不能表達道。"道不可聞,聞而非也;道不可見,見而非也;道不可言,言而非也。知形形之不形乎! 道不當名。"(《知北遊篇》)

不能被言説的道却能够被體驗。但是,能够體驗到道的則是非常之人:"夫體道者,天下之君子所繫焉。今於道,秋豪之端萬分未得處一焉,而猶知藏其狂言而死,又況夫體道者乎!"(《知北遊篇》)體道者即是得道者。比如,"狶韋氏得之,以挈天地;伏戲得之,以襲氣母;維斗得之,終古不忒;日月得之,終古不息;堪坏得之,以襲崑崙;馮夷得之,以遊大川;肩吾得之,以處大山;黄帝得之,以登雲天;顓頊得之,以處玄宫;禺强得之,立乎北極;西王母得之,坐乎少廣,莫知其始,莫知其終;彭祖得之,上及有虞,下及五伯;傅説得之,以相武丁,奄有天下,乘東維,騎箕尾,而比於列星"(《大宗師篇》)。除了天地、日月、星辰,得道的幾乎都是不食人間煙火的神仙。

除此之外,《莊子》中描述的得道者大體有三種。第一種是能够"無待"而逍遥者,即絕對逍遥者。"待"即依賴、憑藉之意。莊子認爲,像大鵬鳥那樣,"背若太山,翼若垂天之雲,搏扶摇羊角而上者九萬里,絕雲氣,負青天,然後圖南,且适南冥也",不能算絕對逍遥;其次,"知效一官,行比一鄉,德合一君而徵一國者","舉世而譽之而不加勸,舉世而非之而不加沮,定乎内外之分,辯乎榮辱之境",也不是絕對逍遥;甚至列子,雖然能够"御風而行",仍然不是絕對逍遥,因爲,他們的行動都是"有所待",即必須憑藉某物。只有"乘天地之正,而御六氣之辯,以遊無窮者",這樣"獨與天地精神往來",才是絕對逍遥(《逍遥遊篇》)。能够這樣逍遥的,只有"神人"、"至人"、"真人"、"聖人"。

第二種是混沌無知的人,即"墮枝體,黜聰明,離形去知,同於大通",像南郭子綦、伯昏无人等。成玄英疏曰:"伯,長也。昏,闇也。德居物長,韜光若闇,洞忘物我,故曰伯昏无人。"(《大宗師篇》注)

　　第三種即庖丁、梓慶等"寓道於技"者。從"庖丁解牛"、"梓慶削木爲鐻"、"輪扁斵輪"等故事中，我們可以看到庖丁、梓慶、輪扁都身懷絕技，之所以有絕"技"，是因爲得"道"。

　　很顯然，《莊子》中得道的第一種人的境界是神仙境界，也可以説是一种宗教境界；第二種人的境界，類似於氣功的境界；第三種人可以説有一種藝術境界。但這第三種人在《莊子》中不是最高的得道之人。而且，這類人也不完全是一種藝術化的人生，我們只能説他們的技藝達到了藝術的境界，并非能證明他們的人生態度也是藝術的和審美的[1]。

　　由於道是不可説、不可聞、不可知的，因此《莊子》認爲，從根本上説，首先在認識論方面，我們不可能把握關於世界和社會生活的真理，無法判别真假問題。"莊生夢蝶"是這個問題的極致表述。其次，在倫理觀方面，我們也無法判斷善惡："自我觀之，仁義之端，是非之塗，樊然殽亂，吾惡能知其辯！"（《齊物論篇》）第三，在審美觀上，我們更是不辨美醜："毛嬙麗姬，人之所美也，魚見之深入，鳥見之高飛，麋鹿見之決驟。四者孰知天下之正色哉？"（《齊物論篇》）《莊子》中很多理想人物，在生理上都有缺陷，例如"跂者"、"佝僂丈人"等。可以想象，真理和道德問題都因爲無解而被懸置，美醜的問題還能進入《莊子》的視野嗎？當然，這不包括《莊子》展示或流露出的審美趣味和藝術追求，例如，從文學來説，《莊子》中的很多篇章就是美文。

　　基於以上論證，《莊子》的根本意旨是要求人們全身養生。"獨於天地精神往來而不敖倪於萬物，不譴是非，以與世俗處。"（《天下篇》）這就是莊子人生觀的核心。後來的道家哲學以及道教思想，由此一以貫之。

---

[ 1 ]　徐復觀認爲："《莊子》之所謂道，落實於人生之上，乃是崇高的藝術精神；而他由心齋的工夫所把握到的心，實際乃是藝術精神的主體。"（徐復觀：《中國藝術精神》第 3 頁。春風文藝出版社 1987 年)，我認爲此説難以成立。

# 三、怎樣讀《莊子》

《莊子·天下篇》是這樣描述《莊子》一書的：

> 以謬悠之説，荒唐之言，无端崖之辭，時恣縱而不儻，不以觭見之也。以天下爲沈濁，不可與莊語，以巵言爲曼衍，以重言爲真，以寓言爲廣。獨與天地精神往來而不敖倪於萬物，不譴是非，以與世俗處。其書雖瓌瑋而連犿无傷也。其辭雖參差而諔詭可觀。彼其充實不可以已，上與造物者遊，而下與外死生无終始者爲友。其於本也，宏大而闢，深閎而肆，其於宗也，可謂調適而上遂矣。雖然，其應於化而解於物也，其理不竭，其來不蛻，芒乎昧乎，未之盡者。

由於真理不可説，真意的表達幾乎是不可能的，"説不可説"是《莊子》的困境。於是《莊子》採取了一種特殊的言説方式，即"重言"、"寓言"、"巵言"來表達其思想。"重言"指强調之意，胡適説："《莊子》所説的'重言'，即是這一種借重古人的主張。康有爲稱這一種爲'托古改制'，極有道理。"[1] "寓言"即故事。"巵言"含義較爲複雜，難以斷言。《説文解字》曰："巵，圜器也。"又曰："圜，天體也。"朱駿聲《説文通訓定聲》曰："渾圓爲圜，平圓爲圓。""巵言"大義即渾圓之言，不可端倪之言。《莊子》説："巵言日出，和以天倪。"（《寓言篇》）就是所謂"无謂有謂，有謂无謂"（《齊物論篇》）。"言无言，終身言，未嘗不言；終身不言，未嘗不言"（《寓言篇》）。在《莊子》的言説中還有弔詭的方式。

《莊子》獨特的言説方式和深刻的思想，給我們提供了巨大的閲讀空間，故《莊子》有多種讀法。

---

[1]　胡適：《中國哲學史大綱》卷上第 14 頁。東方出版社 1996 年。

　　首先可以把《莊子》當作文學經典來讀。唐宋"古文運動"就是提倡用先秦的諸子和史傳散文，來掃蕩六朝綺靡浮華的文風。《莊子》是諸子散文之翹楚，也是中國古典文學的瑰寶。其汪洋恣肆的文風和高妙的藝術境界，爲歷代文人所崇尚不止。唐代作《莊子音義》的學者陸德明云："莊生弘才命世，辭趣華深，正言若反，故莫能暢其弘致。"清代學者王先謙稱其文字"奇絕"。《莊子·天下篇》亦稱"其辭雖參差而諔詭可觀"。西方古希臘柏拉圖的對話集亦是著名散文。這大約是中西文明的兩個代表。

　　從文學的角度讀《莊子》，可推敲、琢磨其中的語言藝術，細細體驗其想象力。《莊子》的語言弔詭、奇特，妙不可言。試舉兩例：

　　　　子祀、子輿、子犁、子來四人相與語曰："孰能以无爲首，以生爲脊，以死爲尻，孰知死生存亡之一體者，吾與之友矣。"四人相視而笑，莫逆於心，遂相與爲友。(《大宗師篇》)

　　　　天下莫大於秋豪之末，而大山爲小。(《齊物論篇》)

　　"尻"是脊椎骨末端或臀部。把"无"當作頭，"生"當作脊梁，"死"當作屁股，這樣的比喻和想象是何等奇特！"秋豪"是秋天大雁的毫毛。一種生物的宇宙比秋天大雁毫毛之末尖還小，那麼其中的泰山有多大？我們能夠想象這樣的世界嗎？《逍遥遊篇》所説的大鵬鳥脊背長幾千里，翅膀如"垂天之雲"，細想一下，我們的想象力就被拓展到極限！這一類比喻在《莊子》中俯拾皆是。

　　其次，我們可以把《莊子》當作思想家的著作來讀。莊子是大思想家，《莊子》中深刻的思想和精湛的分析令人拍案叫絕。要整體把握《莊子》思想，就必須瞭解莊子的生活時代正是戰國最慘烈的年代。春秋時期的戰爭帶有競技的性質，布陣、交戰遵循一定的程序和原則，不設險以詐取勝，不俘虜頭髮斑白的老者，等等。因此，宋襄公在敵軍渡河的時候不出擊，體現了春秋時貴族式戰爭的遺風。戰國時期的戰爭性質和手段發生了根本性變化，變成了一種野蠻殘酷的大廝殺。各諸侯國改革的主要内容就是獎勵耕戰。商鞅在秦國改革的第一件事就是"令民爲什伍",把全國變成一個軍事組織。作戰勇敢的軍士,可以由平民直接遷升爲公卿貴族。此時戰爭的手段已經很先進,規模也非常大。例如,公元前293年秦將白起破韓魏聯軍於伊闕,斬首二十四萬。稍後的長平之役,白起大破趙軍,坑降卒四十萬。據統計,秦統一時全國人口約兩千萬。可見這次坑殺的人約佔趙國總人口的八分之一,而且全部是青壯年男子!與莊周大約同時代的孟子,描述當時諸侯征戰爲:"爭地以戰,殺人盈野;爭城以戰,殺人盈城。"(《離婁》)可謂當時社會生活的真實寫照。在這樣的社會,人們隨時會遭殺身之禍,所謂"福輕乎羽,莫之知載;禍重於地,莫之知避"(《人間世篇》)。目覩如此空前血腥的屠殺,大思想家莊周關注的焦點,就是人們怎樣能在亂世中苟全性命。

在莊子看來,相對於生命來説,一切高官厚禄、名譽地位都是次要的。這些外在東西常常是以付出自由甚至生命爲代價的。只要活着,即使像豬一樣在淤泥中度日,也比錦衣玉食然後獻祭的牛強上百倍。《史記》和《莊子·秋水篇》記載楚國王派人請莊子做宰相的故事,表達的思想與《莊子》的主要思想是吻合的,對於我們理解《莊子》可謂至關重要。從這個視角我們讀《莊子》中的《養生主》、《人間世》、《德充符》等篇就會有着深切的體會,也會理解"厲與西施,道通爲一"的説法,即醜女與美女没有甚麼本質區別;理解《莊子》告誡我們不要成爲有用之材,爲才所害,要懂得"无用之用";理解莊子爲何贊美那些長相奇醜的人,如支離疏、甕盎大癭、哀駘它、兀者,因爲他們在亂世中皆以殘缺免禍。

在《莊子》看來,當時社會上的儒墨道法諸家都是起於爭辯。這種論辯不僅會帶來殺身之禍,也是永遠没有結果的。"既使我與若辯矣,若勝我,我不若勝,若果是也,我果非也邪?我勝若,若不吾勝,我果是也,而果非也邪?其或是也,其或非也邪?其俱是也,其俱非也邪?"由此推論，"是亦彼也，彼亦是也。彼亦一是非，此亦一是非"（《齊物論篇》）。是非之辨，常常演化爲爭鬥、征戰，"天下之人各爲其所欲焉以自爲方"（《天下篇》），"故天下每每大亂，罪在於好知"（《齊物論篇》）。從這種立場出發，《莊子》於是要人們超脱是非，以不知爲知，"墮枝體，黜聰明，離形去知，同於大通"（《齊物論篇》）。這也是在亂世全身保命的法寶。

孟子提出反對征戰的"仁政"思想，以及"民爲貴、社稷次之，君爲輕"的民本思想，其關注點與莊子是相同的，只是從不同方向提出了解決時代問題的不同方案。孟子試圖通過遊説諸侯國君實行"仁政"，以達到消除戰爭和殺戮的目的。莊子則要求人們回避矛盾，謹慎處世，以苟全性命。可見，在對待世界和社會生活的態度上，可以説，孟子是積極的，莊子是消極、被動、退守的。

當然，莊周生活在兩千多年前的中國南方，他對於世界的認知受制於當時人們的知識體系，與今日我們對於宇宙、世界、人體的認識有天壤之别。所謂"真人之息以踵，衆人之息以喉"（《大宗師篇》），即真人是用脚跟呼吸，就是《莊子》特定的時代意識。

第三，《莊子》亦可以當作哲學著作來讀。莊子是大哲學家，他的哲學思想極爲豐富、深刻。從倫理學來説，《莊子》把儒家宣揚的仁義、道德統統指斥爲鎖在人們身上的桎梏，是一種刑罰，稱孔子和儒者爲"天刑"者，即受到天和自然的懲罰。這是因爲《莊子》的核心思想是"全生養身"，與儒家"殺身成仁"、"知其不可而爲之"的思想主張完全相反。《莊子》的這個思想，與儒家思想形成了互補，在中國歷史上産生了極爲深遠的影響。古代文人士大夫所遵循的"達則兼濟天下，窮則獨善其身"，就是儒道兩家思想的集中體現。

以《齊物論篇》爲代表，《莊子》所論及的知識論問題，包括語言與事物的關係、世界是否可知等問題，極爲深邃，可以與兩千多年來西方哲學家所討論的問題相媲美。《莊子》認爲世界是不可知的，因爲，首先作爲宇宙萬物本源的道是神秘不可知的："至道之精,窈窈冥冥;至道之極,昏昏默默。"因而言語也無法表述道："道不可聞,聞而非也;道不可見,見而非也;道不可言,言而非也。"(《知北遊篇》)《知北遊篇》通篇討論能否認識道的問題,結論是否定的。其次,《莊子》認爲,就具體事物來説,它在發生和生成意義上,我們是不可究其根底的:"有始也者,有未始有始也者,有未始有夫未始有始也者。有有也者,有無也者,有未始有無也者,有未始有夫未始有無也者。俄而有無矣,而未知有無之果孰有孰無也。"(《齊物論篇》)就是説,事物生成在時間上不可追溯,同時,"有"與"無"在絶對的意義上也是不能追問的,故《莊子》説:"物无非彼,物無非是。"(《齊物論篇》)

從語言與事物的關係上來説,語言是無法把握世界的,世界是不可知的。《莊子》認爲,語言(符號)作爲"能指",與"所指"之物(對象事物)不能完全符合:"以指喻指之非指,不若以非指喻指之非指也;以馬喻馬之非馬,不若以非馬喻馬之非馬也。"(《齊物論篇》)語言也不能表達真理之思:"語之所貴者意也,意有所隨。意之所隨者,不可以言傳也。"(《天道篇》)我們思維的邏輯和理性是不能把握世界的,真知只可意會,不可言傳。因此,一般爲人們所孜孜以求的所謂知識,尤其是讀書人皓首窮經,所得不過是糟粕而已。《莊子》以工匠輪扁製作車輪(斲輪)爲例:"斲輪,徐則甘而不固,疾則苦而不入。不徐不疾,得之於手而應於心,口不能言,有數存焉於其間。臣不能以喻臣之子,臣之子亦不能受之於臣,是以行年七十而老斲輪。古之人與其不可傳也死矣,然則君之所讀者,古人之糟魄已夫。"(《天道篇》)真知似乎在是與非、無可與無不可之間。真正的思想表達,只能在心有靈犀的知音中才能實現。《莊子》在此指出了一條與邏輯和理性不同的認識之路。

《莊子》秉持的這種極端相對主義和不可知論,在從古希臘到二十世紀叔本華(1788—1860)、尼采(1844—1900)的西方哲學中没有斷絶。這是哲學史一條重要的線索。《莊子》提出的語言與事物的關係問題、最終真理性問題以及真知的可説與不可説問題等,至今仍然是哲學家們討論的熱點。二十世紀法國哲學家德里達(1930—2004),對於索緒爾(1857—1913)的結構主義語言學作了徹底的解構。他認爲,語詞的"能指"與"所指",並不像一個硬幣的兩面。實際上,"能指"永遠不能達到"所指"。"能指"只能指向下一個"能指",永遠在"能指"之中運行。這個理論,打破了語詞與事物之間牢不可破的關係,也消解了對於語詞意義確定性的信念與幻想。從根本意義上説,這個結論與《莊子》的語言哲學是一致的,甚至他們在能指與所指關係的論證思路上,也有不謀而合之處。

《莊子》中還有一些典故和歷史人物,故有歷史學特別是學術史的價值。例如把《詩》、《書》、《禮》、《樂》、《易》、《春秋》稱爲"六經",就是始見於《莊子·天運篇》。《莊子》描繪的人物有多國諸侯,以及著名的子産、季咸(巫咸)、孔子、老聃、楊朱、列禦寇、惠施和孔門弟子等,雖大多屬於"寓言",但亦可爲學術研究參考。《莊子》還保留了很多名家的命題,例如"天與地卑,山與澤平","日方中方睨,物方生方死","南方无窮而有窮","今日適越而昔來","我知天下之中央,燕之北越之南是也","一尺之捶,日取其半,萬世不竭"等等,這些都是今日學術研究的寶貴資料。

當然,無論文學的、思想的、哲學的、歷史的,這幾種讀法都不是完全割裂的,而是可以綜合的。在欣賞《莊子》絢爛文采的同時,我們也可以因領悟其深湛的思想和哲學而震撼,爲意外發現歷史人物的蹤跡而驚喜。

# 四、底本及體例説明

現存《莊子》有刻本、古鈔卷子本、唐寫本、敦煌卷子本等,出土的

《莊子》文獻迄今只有阜陽漢簡,內容有《逍遥遊篇》、《人間世篇》、《駢拇篇》、《在宥篇》、《徐無鬼篇》、《外物篇》、《讓王篇》、《天下篇》等,除《外物篇》"宋元君夜半而夢"殘留故事片段外,其他大多僅存數字[1]。

本書採用上海涵芬樓《續古逸叢書》之二影印宋合刊本《南華真經》爲底本,以黎庶昌刊刻《古逸叢書》覆宋本《莊子注疏》爲校本。《續古逸叢書》宋合刊本《南華真經》爲張元濟先生搜輯并於 1920 年由商務印書館影印出版,此版本比清光緒年間刊刻之《古逸叢書》宋版《莊子》更加精審,爲學界公認之最好版本。今世莊學名家王叔岷之《莊子校詮》即採用此版本。而大陸通行的郭慶藩《莊子集釋》,底本則爲《古逸叢書》宋本《莊子》,誤奪較多。此亦由於郭慶藩卒於 1896年,未能見到《續古逸叢書》宋本《莊子》之故。

除本套叢書統一體例之外,本書需要説明的有以下幾點:

1. 全書除《齊物論篇》"風振海"前加"飄"爲"[飄]風振海",《人間世篇》"其大蔽牛"中間加"數千"爲"其大蔽[數千]牛","有而爲之"中間加"心"爲"有[心]而爲之"等幾處外,所有底本原文一字不動。訛誤衍奪皆在"校注"中説明。

2. 校注合一,不另分别。

3. 注釋中引文内容不僅僅限於所注字詞,包括整個句子,甚至更多,例如《逍遥遊篇》"化而爲鳥"注:"化:變化。"成玄英疏:"化魚爲鳥,欲明變化之大理也。"

4. 注釋中所有引文皆加引號,其中引文中之引文加單引號。特別應該説明的是,注釋中加單引號之引文,並不表明所引文字是原作,而是根據現代漢語語文規範。例如,《逍遥遊篇》"彼於致福者"注引:錢穆《纂箋》:"章炳麟曰:'福,備也。《禮記·祭統》:無所不順之謂

---

[1] 參見王叔岷《莊學管闚》,《莊子校詮》下册第 1441—1450 頁。同上。今人嚴靈峰搜集多種關於《莊子》文獻,製作成電子版,可佐研習。

備。'"而章炳麟原文:"《説文》:福,備也。《祭統》:福者,備也。備者,百順之名也,無所不順之爲備。此福即謂無所不順,御風者當得順風乃可行。"(《莊子解故》)[1]可見錢穆所引章炳麟語,與原文有出入,但於文意無害。本書不改用直接引文,第一是不敢掠前賢之美,其次是原注文繁雜、拖沓,不利於讀者閲讀。

5.爲行文簡潔,對常引用書目採取縮寫方法。縮寫及原書目如下:陸德明《釋文》爲陸德明《經典釋文》,郭慶藩《集釋》爲郭慶藩《莊子集釋》,王先謙《集解》爲王先謙《莊子集解》,劉武《集解內篇補正》爲劉武《莊子集解內篇補正》,錢穆《纂箋》爲錢穆《莊子纂箋》,王叔岷《校詮》爲王叔岷《莊子校詮》。

6.底本中誤刻字如"己"、"已""巳",根據上下文意改訂,不另出校注。

7.全部注音以《辭源》(第三版)爲準,亦適當保留古注中與現代讀音不同者,供讀者參照。

從今日可見最早的《莊子》注釋者司馬彪、崔譔、向秀、郭象等人算起,《莊子》注釋的歷史約有二千年。歷史上之解莊者多爲碩學大家,其中郭象作爲著名哲學家、玄學大師無需贅述,而開一家之言者亦難以盡數。有清以降,莊學研究更是名家薈萃,真可謂"花爛映發",美不勝收。人們只能在前人的肩膀上創造未來,只能在前人走過的軌跡盡頭開闢新的道路。前輩學者的《莊子》研究自然惠及後來者,本書作者同樣如此。因此,我就不再一一注明相關學者的研究成果了。經過無數學人的整理爬梳、沙裏淘金,《莊子》文本中的字詞解釋今日一般難以標新立異,作出新解。本書同樣如此,文字上之識讀訓詁大致與前賢無異。但是,由於整體的視角不同,這些局部的解釋可能就有了全新的意義。這是本書作者應該提醒有心讀者的話。

---

[1]　《章太炎全集》(《齊物論釋》等)第 150 頁。上海人民出版社 2014 年。

# 内　篇

# 逍遥遊第一

【題解】

　　本篇通過幾則寓言辨析大用小用、有用無用、小年大年、小知大知、有待無待等問題。人生最高境界爲無待，即無所依賴。"乘天地之正，而御六氣之辯，以遊無窮者"爲無待之狀況。至人、神人、聖人，皆"無己"、"無功"、"無名"，故能無待而逍遥。此爲《莊子》描述之最高人格理想和最高人生境界，亦爲整部《莊子》核心思想之一。司馬彪云："言逍遥無爲者能遊大道也。"亦此之謂也。

　　北冥有魚①，其名爲鯤②。鯤之大，不知其幾千里也。化而爲鳥③，其名爲鵬④。鵬之背，不知其幾千里也。怒而飛⑤，其翼若垂天之雲⑥。是鳥也，海運則將徙於南冥⑦。南冥者，天池也⑧。

【校注】

①冥：海。冥亦作"溟"。陸德明《釋文》："北冥，本亦作溟……北海也。"成玄英疏："溟，猶海也，取其溟漠無涯，故（爲）[謂]之溟。"郭慶藩《集釋》引《一切經音義》三十一《大乘入楞伽經》卷二引司馬云："溟，謂南北極也。去日月遠，故以溟爲名也。"可備一説。

②鯤：小魚。郭慶藩《集釋》："方以智云：'鯤本小魚，莊子用爲大魚

之名。’其説是也。《爾雅·釋魚》：‘鯤，魚子。’凡魚之子名鯤，《魯語》‘魚禁鯤鮞’，韋昭注：‘鯤，魚子也。’……莊子謂絶大之魚爲鯤，此則其物之寓言，所謂汪洋自恣以適己者也。”錢穆《纂箋》：“楊慎曰：‘莊子乃以至小爲至大，便是滑稽之開端。’”章案：莊子故意用小魚之名稱巨大之魚，表明他已經消除了大物與小物之間的界限。

③化：變化。成玄英疏：“化魚爲鳥，欲明變化之大理也。”章案：此物化爲彼物，爲古代人一種物候觀念。《夏小正》：“田鼠化爲䳺。”䳺(rú)即是一種像雞樣的小鳥。

④鵬：大鳥。郭象注：“鯤鵬之實，吾所未詳也。夫莊子之大意，在乎逍遥遊放，無爲而自得……達觀之士，宜要其會歸而遺其所寄，不足事事曲與生説。”成玄英疏：“《説文》云：‘朋及鵬，皆古文鳳字也。’”郭慶藩《集釋》：“鵬者鳳也。”章案：鯤鵬之名，是寓言之物，不宜過於落實。

⑤怒：鼓怒，振奮。成玄英疏：“鼓怒翅翼，奮迅毛衣，既欲搏風，方將擊水。”

⑥垂：懸掛。陸德明《釋文》：“司馬彪云：‘若雲垂天旁。’”

⑦運：行。王先謙《集解》：“行於海上，故曰‘海運’。”郭慶藩《集釋》：“《玉篇》：‘運，行也。’《渾天儀》云：‘天運如車轂，謂天行之不息也。’此運字亦當訓行。莊子言鵬之運行不息於海，則將徙天池而休息矣。”

⑧天池：喻指大鵬休息之所。成玄英疏：“大海洪川，原夫造化，非人所作，故曰天池。”王先謙《集解》：“言物之大者，任天而遊。”

齊諧者①，志怪者也②。諧之言曰：“鵬之徙於南冥也，水擊三千里③，搏扶摇而上者九萬里④，去以六月息者也⑤。”野馬也⑥，塵埃也，生物之以息相吹也⑦。天之蒼蒼，其正色邪⑧？其遠而無所至極邪⑨？其視下也⑩，亦若是則已矣⑪。

## 【校注】

①齊諧：書名，或人名。陸德明《釋文》：“司馬及崔並云人姓名。簡
文云書。”成玄英疏：“姓齊，名諧，人姓名也。亦言書名也，齊國有
此（徘）［俳］諧之書也。”錢穆《纂箋》：“簡文曰：‘齊諧，書也。’羅
勉道曰：‘齊諧書，齊人諧謔之言。’《孟子》曰：‘齊東野人之語。’
則齊俗宜有此。”

②志怪：記述怪異之事。陸德明《釋文》：“志，記也。怪，異也。”成
玄英疏：“齊諧所著之書，多記怪異之事。”

③擊：擊打。陸德明《釋文》：“崔云：‘將飛舉翼，擊水踉蹌也。’”成
玄英疏：“擊，打也。”

④摶（tuán）：聚集。成玄英疏：“摶，鬭也。”郭慶藩《集釋》：“《說
文》：‘摶，以手圜之也。’古借作專。《漢書·天文志》‘騎氣卑而
布卒氣摶’，如淳注：‘摶，專也。’《集韻》：‘摶，擅也。（擅亦有專
義。）又曰：聚也。’摶扶搖而上，言專聚風力而高舉也。”　扶搖：
旋風。陸德明《釋文》：“風名也。司馬云：‘上行風謂之扶搖。’”
成玄英疏：“扶搖，旋風也。”王先謙《集解》：“崔云：‘拊翼徘徊而
上。’《爾雅》云：‘扶搖謂之飆。’郭璞云：‘暴風從下上。’”錢穆
《纂箋》：“水擊，平飛而前。摶扶搖，旋轉而上。”

⑤以：憑藉。　息：氣息，雲氣。郭慶藩《集釋》：“去以六月息，猶言
乘長風也，與下‘時則不至而控於地’對文。”錢穆《纂箋》：“陸長
庚曰：‘息，氣也。’宣穎曰：‘大塊噫氣為風，六月氣盛，故多風。’”

⑥野馬：雲氣。郭象注：“野馬者，游氣也。”陸德明《釋文》：“崔云：
‘天地間游氣如野馬馳也。’”成玄英疏：“此言青春之時，陽氣發
動，遙望藪澤之中，猶如奔馬，故謂之野馬也。”

⑦吹：吹動。成玄英疏：“天地之間，生物氣息更相吹動以舉於鵬者
也。”王先謙《集解》：“《漢書·揚雄傳》注：‘息，出入氣也。’言物
之微者，亦任天而遊。”

⑧正：純正，原本。

⑨極：極限，盡頭。郭象注：“天之爲遠而無極邪？”

⑩其：代詞，指鵬。王先謙《集解》：“其，謂鵬。”

⑪若是：如此。郭象注：“鵬之自上視地，亦若人之自此視天。”成玄
英疏：“人既不辨天之正色，鵬亦詎知地之遠近！”王先謙《集解》：
“是，謂人視天。……借人視天喻鵬視下，極言搏上之高。” 則
已：而已。王先謙《集解》：“鳥在九萬里之上，率數約略如此，故
曰‘則已矣’，非謂遂止也。”王叔岷《校詮》：“王引之云：‘則猶而
也，則已矣，而已矣也。’（《經傳釋詞》八。）案陳碧虛《南華真經闕
誤》引文如海本‘則已矣’正作‘而已矣’。”

　　且夫水之積也不厚①，則負大舟也無力②。覆杯水於坳堂
之上③，則芥爲之舟④；置杯焉則膠⑤，水淺而舟大也。風之積
也不厚⑥，則其負大翼也無力。故九萬里，則風斯在下矣⑦，而
後乃今培風⑧；背負青天而莫之夭閼者⑨，而後乃今將圖南⑩。

【校注】

①且夫：轉折語氣詞。成玄英疏：“且者假借，是聊略之辭。夫者開
發，在語之端緒。” 積：聚集。成玄英疏：“積，聚也。” 厚：深。
成玄英疏：“厚，深也。”

②負：承載，擔負。

③覆：傾覆。 坳（ào）堂：庭堂窪陷之地。成玄英疏：“坳，污陷
也。謂堂庭坳陷之地也。”王先謙《集解》：“支遁云：‘謂堂有坳垤
形也。’”

④芥：小草。陸德明《釋文》：“李云：‘小草也。’”成玄英疏：“夫翻覆
一杯之水於坳污堂地之間，將草葉爲舟，則浮汎靡滯。”

⑤膠：膠著，粘黏。陸德明《釋文》：“崔云：‘膠著地也。’李云：‘黏
也。’”成玄英疏：“膠，黏也。”

⑥厚：意謂力量巨大，與上文“水之積也不厚”對文。成玄英疏：“風不崇高，大翼無由凌霄漢。”

⑦斯：語助詞，同“兮”。成玄英疏：“大鵬九萬，飄風鼓扇其下也。”

⑧培：同“馮”，憑藉，乘也。郭慶藩《集釋》：“王念孫曰：‘培之言馮也。馮，乘也。（見《周官》馮相氏注。）風在鵬下，故言負；鵬在風上，故言馮。’”　而後乃今：意即乃今而後。下同。郭慶藩《集釋》引王念孫曰：“必九萬里而後在風之上，在風之上而後能馮風，故曰而後乃今培風。”王叔岷《校詮》：“‘而後乃今’，乃猶而也。《左》襄公七年《傳》：‘孟獻子曰：吾乃今而後知有卜筮。’王引之云：‘乃今而後，即而今而後也。’（《經傳釋詞》六。）與此同例。”章案：“乃今”用法常見於古書。《左傳》昭公二年：“吾乃今知周公之德與周之所以王也。”

⑨夭閼（è）：中斷，阻礙。陸德明《釋文》：“司馬云：‘夭，折。閼，止也。’李云：‘塞也。’”成玄英疏：“夭，折也。閼，塞也。”王叔岷《校詮》：“閼與遏通，《爾雅·釋詁》：‘遏，止也。’《淮南子·俶真篇》：‘莫能夭遏。’又云：‘而莫之要御夭遏者。’並本此文，字即作遏。”

⑩圖：圖謀。郭象注：“此大鵬之逍遙也。”成玄英疏：“逍遙南海，不亦宜乎！”王先謙《集解》：“謀向南行。”

　　蜩與學鳩笑之曰①：“我決起而飛②，搶榆枋③，時則不至而控於地而已矣④，奚以之九萬里而南爲⑤？”適莽蒼者⑥，三飡而反⑦，腹猶果然⑧；適百里者，宿舂糧⑨；適千里者，三月聚糧⑩。之二蟲又何知⑪！

【校注】

①蜩（tiáo）：蟬。陸德明《釋文》：“蜩，司馬云：‘蟬。’”成玄英疏：“蜩，蟬也。”　學鳩：小鳥。陸德明《釋文》：“本又作鷽，音同。本或作鸒，音預。……司馬云：‘學鳩，小鳩也。’”郭慶藩《集釋》：

"據《文選》江文通《雜體詩》:'鷽斯蒿下飛。'李善注即以《莊子》此文說之。又引司馬云:鷽鳩,小鳥。"王叔岷《校詮》:"《釋文》引司馬注'學鳩',《文選注》引作'鷽鳩'。作'鷽鳩'蓋司馬本之舊,作'學鳩'乃郭象本之舊。……日本高山寺舊鈔郭象《注》卷子本作'學鳩'……可驗也。……'學鳩'當是小鳥,不必分爲二物。《釋文》引司馬注之'小鳩',疑本作'小鳥',與《文選注》同。"章案:王氏所云甚確。下文"之二蟲又何知"可證蜩與學鳩各爲一物。

②決起:迅疾而起。陸德明《釋文》:"李頤云:'疾貌。'"成玄英疏:"決,卒疾之貌。"

③搶(qiāng):跌撞之貌。郭慶藩《集釋》:"支遁云:'(槍)[搶],突也。'"錢穆《纂箋》:"陳碧虛《闕誤》本此下有'而止'二字。"
榆枋(fāng):榆樹,檀樹。陸德明《釋文》:"榆,徐音踰,木名也。枋,徐音方。李云:'檀木也。'"王先謙《集解》:"榆、枋,二木名。"

④時:有時,時而。　則:或者。王先謙《集解》:"王念孫云:'則,猶或也。'"郭慶藩《集釋》引俞樾曰:"王氏引之《經傳釋詞》曰:'則,猶或也。'引《史記·陳丞相世家》'則恐後悔'爲證。此文'則'字亦當訓爲或。"　控:投,掉下。王先謙《集解》:"司馬云:'控,投也。'"郭慶藩《集釋》:"崔云:'叩也。'"

⑤奚:何。王叔岷《校詮》:"'奚以'猶'何用'。"　爲:語助詞。裴學海《古書虛字集釋》二云:"爲猶焉也,感歎之詞。"

⑥適:往,至。下同。成玄英疏:"適,往也。"　莽蒼:意指郊野。陸德明《釋文》:"司馬云:'莽蒼,近郊之色也。'李云:'近野也。'支遁云:'冢間也。'崔云:'草野之色。'"成玄英疏:"莽蒼,郊野之色,遙望之,不甚分明也。"王叔岷《校詮》:"《小爾雅·廣言》:'莽,草也。''莽蒼',近郊之色也。"

⑦湌:同"餐"。王先謙《集解》:"三湌,猶言竟日。"王叔岷《校詮》:

“《道藏》成疏本、王元澤《新傳》本湌並作餐，《白帖》一〇引同。湌爲餐之或體，俗作湌。”　　反：同“返”。

⑧果：形容詞，似圓圓果實一般。陸德明《釋文》：“衆家皆云：飽貌。”

⑨舂糧：舂米儲糧。成玄英疏：“百里之行，路程稍遠，舂擣糧食，爲一宿之備。”王先謙《集解》：“隔宿擣米儲糧。”亦通。

⑩三月聚糧：儲聚三個月糧食。郭象注：“所適彌遠，則聚糧彌多。”成玄英疏：“適於千里之途，路既迢遙，聚積三月之糧，方充往來之食。”

⑪之：代詞，此。錢穆《纂箋》：“馬其昶曰：‘之，是也。’”王叔岷《校詮》：“之猶此。下文‘之人也，之德也’，亦同例。”　　二蟲：指蟬、小鳥。郭慶藩《集釋》引俞樾曰：“二蟲即承上文蜩、鳩之笑而言，謂蜩、鳩至小，不足以知大鵬之大也。”王叔岷《校詮》：“二蟲，謂蜩與學鳩。”

　　小知不及大知①，小年不及大年②。奚以知其然也③？朝菌不知晦朔④，蟪蛄不知春秋⑤，此小年也。楚之南有冥靈者⑥，以五百歲爲春，五百歲爲秋；上古有大椿者，以八千歲爲春，八千歲爲秋。而彭祖乃今以久特聞⑦，衆人匹之⑧，不亦悲乎？

【校注】

①知：同“智”。陸德明《釋文》：“知，音智，本亦作智。”

②年：年歲。成玄英疏：“年則或短或長，故舉朝菌冥靈。”

③奚：何。成玄英疏：“奚，何也。”　　然：如此。成玄英疏：“然，如此也。”

④朝菌：一種蟲子。陸德明《釋文》：“司馬云：‘大芝也。天陰生糞上，見日則死，一名日及，故不知月之終始也。’崔云：‘糞上芝，朝

生暮死,晦者不及朔,朔者不及晦。'"郭慶藩《集釋》引王引之曰:
"《淮南·道應篇》引此,朝菌作朝秀……高注曰:'朝秀,朝生暮
死之蟲也,生水上,狀似蠶蛾,一名孳母。'據此,則朝秀與蟪蛄皆
蟲名也。朝菌朝秀,語之轉耳。"王叔岷《莊子校詮》:"《莊子》此
文,漢時舊本作'朝秀',至晉時始轉爲'朝菌',因有芝菌、木槿諸
解説。《列子·湯問篇》:'朽壤之上有菌芝者,生於朝,死於晦。'
就'菌芝'而言,正可證今本《列子》之晚出矣。"　晦朔:夜與晝。
陸德明《釋文》:"晦,冥也。朔,且也。"王先謙《集解》:"晦謂夜。"

⑤蟪蛄(huìgū):蟬。又作"惠蛄"。成玄英疏:"蟪蛄,夏蟬也。"陸
德明《釋文》:"惠本亦作蟪,同。蛄音姑。司馬云:'惠蛄,寒蟬
也。'一名蟪蟧(tíláo),春生夏死,夏生秋死。"

⑥冥靈:大樹名。陸德明《釋文》:"李頤云:'冥靈,木名也,江南生,
以葉生爲春,葉落爲秋。'此木以二千歲爲一年。"成玄英疏:"冥
靈大椿,并木名也,以葉生爲春,葉落爲秋。"郭慶藩《集釋》:"案
《齊民要術》靈作泠,引司馬云:'木生江南,千歲爲一年。'"

⑦彭祖:傳説長壽者。郭慶藩《集釋》:"《神仙傳》曰:'彭祖諱鏗,帝
顓頊之玄孫,至殷末年,七百六十七歲而不衰老,遂往流沙之西,
非壽終也。'今案《史記·楚世家》,……以世系推之,彭祖乃顓頊
玄孫陸終之子,《禮》所謂來孫也。"　特聞:見聞,待聞。陸德明
《釋文》:"故以久壽見聞。"郭慶藩《集釋》:"崔本作待問。"王叔岷
《校詮》引王念孫云:"待、特聲相近,故字亦相通。《漢書·韓延
壽傳》:'延壽遂待用之。'《漢紀》作'遂特用之'。"

⑧匹:比。王先謙《集解》:"言壽者必舉彭祖爲比。"錢穆《纂箋》:
"姚永概曰:'衆人之言壽者,皆以彭祖爲比方,適可悲耳。'"

　　湯之問棘也是已①。窮髮之北有冥海者②,天池也。有魚
焉,其廣數千里③,未有知其脩者④,其名爲鯤。有鳥焉,其名
爲鵬,背若泰山,翼若垂天之雲,摶扶搖羊角而上者九萬里⑤,

絕雲氣⑥，負青天，然後圖南，且適南冥也。斥鴳笑之曰⑦：
“彼且奚適也⑧？我騰躍而上，不過數仞而下⑨，翱翔蓬蒿之
間⑩，此亦飛之至也⑪。而彼且奚適也？”此小大之辯也⑫。

【校注】

①湯：商湯。商湯滅夏代最後一帝桀，爲商朝開國帝王。成玄英疏：
　“湯是帝嚳之後，契之苗裔，姓子，名履，字天乙。母氏扶都，見白
　氣貫月，感而生湯。”　棘：商湯賢臣。陸德明《釋文》：“李云：
　‘湯時賢臣。又云是棘子。’”成玄英疏：“棘者，湯時賢人，亦云湯
　之博士。”郭慶藩《集釋》：“《列子・湯問篇》‘殷湯問夏革’，張注：
　‘夏革即夏棘，字子棘，湯時賢大夫。’革棘古同聲同用。”　是：
　此。郭象注：“莊子以所問爲是也。”成玄英疏：“殷湯請益，深有
　玄趣，莊子許其所問，故云是已。”　已：語助詞。

②窮髮：無毛髮，意指荒漠之地。陸德明《釋文》：“《地理書》云：‘山
　以草木爲髮。’”成玄英疏：“地以草爲毛髮，北方寒沍之地，草木
　不生，故曰窮髮，所謂不毛之地。”郭慶藩《集釋》：“窮髮，言極荒
　遠之地也。”

③廣：寬也。

④脩：同“修”，長也。《古逸叢書》覆宋本作“修”。成玄英疏：“修，
　長也。”

⑤羊角：旋風。陸德明《釋文》：“羊角，司馬云：‘風曲上行若羊
　角。’”成玄英疏：“旋風曲戾，猶如羊角。”

⑥絕：遏絕。成玄英疏：“遏絕雲霄，鼓怒放暢，圖度南海。”

⑦斥鴳(yàn)：鴳雀。陸德明《釋文》：“司馬云：‘鴳，鴳雀也。’”郭
　慶藩《集釋》：“斥鴳，《釋文》引崔本作‘尺鴳’，是也。《說文》：
　‘鴳，鴳雀也。’……斥、尺古字通。《文選》曹植《七啓》注：‘鷃雀
　飛不過一尺。’言其劣弱也，正釋尺字之義。”

⑧彼：它，指鵬鳥。　奚：何。　適：往，至。

⑨仞：古度量單位，八尺爲一仞。成玄英疏：“八尺曰仞。”

⑩蓬：草名。有蓬戶、蓬門之説。王叔岷《校詮》：“《一切經音義》引‘蓬蒿’作‘蒿萊’。”

⑪至：極致。郭象注：“各以得性爲至，自盡爲極也。”

⑫辯：同“辨”，此處有辯論、辨析雙重意義。郭象注：“向言二蟲殊翼，故所至不同。”成玄英疏：“斯盡辯小大之性殊，論各足之不二也。”錢穆《纂箋》：“奚侗曰：‘本書多借辯爲辨。’”

故夫知效一官①，行比一鄉②，德合一君而徵一國者③，其自視也亦若此矣④。而宋榮子猶然笑之⑤。且舉世而譽之而不加勸⑥，舉世而非之而不加沮⑦，定乎内外之分⑧，辯乎榮辱之竟⑨，斯已矣⑩。彼其於世未數數然也⑪。雖然，猶有未樹也⑫。夫列子御風而行⑬，泠然善也⑭，旬有五日而後反⑮。彼於致福者⑯，未數數然也。此雖免乎行⑰，猶有所待者也⑱。若夫乘天地之正⑲，而御六氣之辯⑳，以遊無窮者，彼且惡乎待哉㉑！故曰，至人無己，神人無功，聖人無名㉒。

【校注】

①故夫：轉折語氣詞。王叔岷《校詮》：“‘故夫’，複語，夫亦故也。” 知：同“智”。陸德明《釋文》：“知音智。” 效：功效。成玄英疏：“自有智數功效，堪蒞一官。”

②行：行爲。 比：同“庇”，庇護。錢穆《纂箋》：“吳汝綸曰：‘比，猶庇也。’”王叔岷《校詮》：“案‘比’借爲‘庇’，《説文》：‘庇，蔭也。’” 鄉：古代行政單位。成玄英疏：“國是五等之邦，鄉是萬二千五百家也。”

③而：同“能”。郭慶藩《集釋》：“‘而’字當讀爲‘能’，能、而古聲近通用也。官、鄉、君、國相對，知、仁、德、能亦相對，則而字非轉語詞明矣。《淮南・原道篇》‘而以少正多’，高注：‘而，能也。’”

徵:徵信,取信。陸德明《釋文》:“司馬云:‘信也。’”成玄英疏:
“自有道德弘博,可使南面,徵成邦國,安育黎元。”

④視:審視,評價。成玄英疏:“視己所能,亦猶鳥之自得於一方。”王
先謙《集解》:“此謂斥鴳。方説到人,暗指惠施一輩人。”

⑤宋榮子:人名。陸德明《釋文》:“司馬、李云:‘宋國人也。’崔云:
‘賢者也。’”成玄英疏:“子者,有德之稱,姓榮氏,宋人也。”又,錢
穆《纂箋》:“梁玉繩曰:‘宋榮子,即宋鈃。荀子言宋子見侮不辱,
韓子言宋榮子義設不鬭,與《天下篇》言鈃諸語正同。’劉師培曰:
‘㷷开二聲,古均通轉。《月令》腐草爲螢,《呂紀》作爲蚈,是其
比。’”可備一説。章案:宋鈃(jiān),中國古代哲學家。　　猶然:
笑之貌。陸德明《釋文》:“李云:‘猶,笑貌。’”錢穆《纂箋》:“馬
其昶曰:‘猶與逌同,《漢書》逌爾而笑。’”

⑥舉:全,皆。成玄英疏:“舉,皆也。”　　加:增加。　　勸:勉勵。成
玄英疏:“勸,勵勉也。”王叔岷《校詮》:“案《呂氏春秋·至忠篇》:
‘人知之不爲勸,人不知不爲沮。’高注:‘勸,進。’”

⑦非:非議。與上文“譽”相對。　　沮:沮喪。陸德明《釋文》:“敗
也。”成玄英疏:“沮,怨喪也。”

⑧定:確定,分定。郭象注:“内我而外物。”成玄英疏:“知内既非
我,外亦非物,内外雙遺,物我兩忘,故存於内外之分定而不惑
也。”章案:“内外”一般爲《莊子》用來指稱“我”與“物”(世界)之
詞,自我即“内”,世界萬物即“外”,金錢、地位、榮譽等皆屬“外”。
《莊子》重“内”而輕“外”。

⑨辯:分辯。王叔岷《校詮》:“辯、辨古通。”　　竟:同“境”,境域,境
界。成玄英疏:“返照明乎心智,玄鑒辯於物境。”郭慶藩《集釋》:
“古竟、境字通。”

⑩斯已:如此而已。郭象注:“亦不能復過此。”成玄英疏:“斯,此
也。已,止也。宋榮子智德止盡於斯也。”

⑪彼:代詞,指宋榮子。　世:世事,俗務。郭象注:"足於身,故閒
於世也。"王叔岷《校詮》:"世,謂世事。"　數數然:急功近利之
狀。陸德明《釋文》:"司馬云:'猶汲汲也。'崔云:'迫促意也。'"
成玄英疏:"數數,猶汲汲也。宋榮子率性虛淡……故不汲汲然者
也。"王先謙《集解》:"言不數數見如此者。"王叔岷《校詮》:"數讀
爲速。"

⑫樹:立。陸德明《釋文》:"司馬云:'樹,立也,未立至德也。'"成玄
英疏:"樹,立也。"

⑬列子:列禦寇,傳説中之得道者。陸德明《釋文》:"李云:'鄭人,
名禦寇,得風仙,乘風而行,與鄭穆公同時。'"成玄英疏:"姓列,
名禦寇,鄭人也。與鄭繻公同時,師於壺丘子林,著書八卷。得風
仙之道,乘風遊行。"章案:現存《列子》一書,確證係魏晉時期僞
託列子所著。　御風:意謂乘風如御馬一般。

⑭泠(líng)然:清涼、輕妙之態。郭象注:"泠然,輕妙之貌。"陸德明
《釋文》:"泠音零。"郭慶藩《集釋》:"泠然,涼貌也。"　善:好。
成玄英疏:"乘風遊行,泠然輕舉,所以稱善也。"

⑮反:同"返"。成玄英疏:"既得風仙,遊行天下,每經一十五日回
反歸家。"

⑯彼:代詞,指列子。　致福:獲致完備。成玄英疏:"致,得也。"郭
慶藩《集釋》:"致福,謂備致自然之休。"錢穆《纂箋》:"章炳麟曰:
'福,備也。《禮記・祭統》:無所不順之謂備。'"王叔岷《校詮》:
"《天下篇》'人皆求福,己獨曲全'。此文之'致福',猶彼文之'求
福',亦即'求備'也。"

⑰行:走。成玄英疏:"乘風輕舉,雖免步行,非風不進,猶有須待。"
王叔岷《校詮》:"《廣雅・釋詁三》:'行,迹也。'御風者雖無迹,猶
有所待於風。"

⑱待:依賴,憑藉。郭象注:"唯無所不乘者無待耳。"王先謙《集

解》：“雖免步行，猶必待風，列子亦不足慕。”章案：“待”爲《逍遥遊》最爲重要概念之一。《莊子》認爲，列子雖能乘風而行，然還需憑藉風力。而人生最高境界爲“無待”，即無所依賴。下文即是描述“無待”之狀。

⑲正：純正，意指自然。郭象注：“天地以萬物爲體，而萬物必以自然爲正。”

⑳六氣：説法不一。成玄英疏：“杜預云：‘六氣者，陰陽風雨晦明也。’又支道林云：‘六氣，天地四時也。’”郭慶藩《集釋》：“《洪範》‘雨暘燠寒風時’，爲六氣也。”諸説皆可參照。　辯：同“變”，與上文“正”相對。成玄英疏：“辯者，變也。”郭慶藩《集釋》：“辯與正對文，辯讀爲變。《廣雅》：‘辯，變也。’”王叔岷《校詮》：“《胠篋篇釋文》引向秀云：‘乘天地之正，御日新之變。’即本此文，辯正作變。二語謂‘存天地之真淳，應節候之變化’。”

㉑惡（wù）：何。成玄英疏：“惡乎，猶於何也。”王先謙《集解》：“無所待而遊於無窮，方是《逍遥遊》一篇綱要。”章案：王説是。“乘天地之正，御六氣之辯，以遊無窮者”，皆爲《莊子》比喻“無待”之狀況。郭象注云：“乘天地之正者，即是順萬物之性也。御六氣之辯者，即是遊變化之塗也。”頗得《莊子》旨趣。

㉒至人、神人、聖人：皆《莊子》人格理想。成玄英疏：“至言其體，神言其用，聖言其名。……其實一也。”王先謙《集解》：“不立功名，不以己與，故爲獨絶。”王叔岷《校詮》：“‘无己’猶‘忘己’，至人與萬物爲一體，故忘己。《秋水篇》‘大人无己’，大人亦至人也。‘无功’猶‘忘功’，神人功成而不有，故忘功。‘无名’猶‘忘名’，聖人名成而不居，故忘名。”章案：至人、神人、聖人，皆爲無待而遊無窮者。“無己”、“無功”、“無名”有互文之義，皆描述其行爲和結果。

　　堯讓天下於許由①，曰：“日月出矣而爝火不息②，其於光也<sup>③</sup>,不亦難乎!時雨降矣而猶浸灌<sup>④</sup>,其於澤也,不亦勞乎<sup>⑤</sup>!夫子立而天下治<sup>⑥</sup>,而我猶尸之<sup>⑦</sup>,吾自視缺然<sup>⑧</sup>。請致天下<sup>⑨</sup>。”

【校注】

①堯:傳説中“五帝”之一,即陶唐氏,亦爲聖人。成玄英疏:“堯者,帝嚳之子,姓伊祁,字放勛。” 許由:傳爲上古隱士。陸德明《釋文》:“隱人也,隱於箕山。司馬云:‘穎川陽城人。’”成玄英疏:“許由,隱者也,姓許,名由,字仲武……堯知其賢,讓以帝位。許由聞之,乃臨河洗耳。”

②爇火:人燃之火。陸德明《釋文》:“爇,本亦作燋,音爵。郭祖緻反。司馬云:‘然也。’向云:‘人所然火也。’一云:燋火,謂小火也。《字林》:‘爇,炬火也。’”成玄英疏:“爇火,猶炬火也,亦小火也。”

③光:發光。意謂讓它發出比日月更大的光。成玄英疏:“且以日月照燭,詎假炬火之光。”

④浸灌:浸泡灌溉。郭慶藩《集釋》:“《正韻》:‘浸,漬也,又漸也。’《陰符經》云:‘天地之道浸,故陰陽勝。’《易》之《臨》曰:‘剛浸而長。’浸者,漸也。《博雅》:‘灌,聚也,又溉也。’”

⑤勞:徒勞,辛勞。成玄英疏:“時雨滂沱,無勞浸灌之澤。”章案:此句意謂,讓灌溉像河澤的功效一樣,不是太徒勞、辛勞了嗎?

⑥夫子:古代對男子尊稱,此處指許由。成玄英疏:“堯既師於許由,故謂之夫子。” 立:君主即位。成玄英疏:“若仲武立爲天子,寓内必致太平。”

⑦尸:古代祭祀中一職,代爲死者受祭。後來用牌位、畫像取而代之。此處爲動詞,意謂佔據位置。成玄英疏:“尸,主也。”錢穆《纂箋》:“尸,居也。”

⑧缺:不足。成玄英疏:“自視缺然不足。”

⑨請:謙辭。　致:交還,辭讓。成玄英疏:"致,與也。"王叔岷《校詮》:"致猶讓也。"

　　許由曰:"子治天下①,天下既已治也。而我猶代子,吾將爲名乎? 名者,實之賓也②。吾將爲賓乎? 鷦鷯巢於深林③,不過一枝;偃鼠飲河④,不過滿腹。歸休乎君⑤,予無所用天下爲⑥! 庖人雖不治庖⑦,尸祝不越樽俎而代之矣⑧。"

【校注】

①子:古代對男子尊稱。此處指堯。

②賓:歸屬,從屬,與"主"相對。郭象注:"斯有爲君之名而無任君之實也。"成玄英疏:"實以生名,名從實起,實則是内是主,名便是外是賓。"

③鷦鷯(jiāoliáo):小鳥。陸德明《釋文》:"李云:'鷦鷯,小鳥也。'郭璞云:'鷦鷯,桃雀。'"成玄英疏:"鷦鷯,巧婦鳥也,一名工雀,一名女匠,亦名桃蟲,好深處而巧爲巢也。"　巢:動詞,築巢,巢居。

④偃鼠:一種善挖洞之大鼠。成玄英疏:"偃鼠,形大小如牛,赤黑色,獐脚,脚有三甲,耳似象耳,尾端白,好入河飲水。"郭慶藩《集釋》:"《説文》鼢下云:'地行鼠,伯勞所化也,一曰偃鼠。偃,或作(鼹)[鼹],俗作鼴。'《玉篇》:'鼹,大鼠也。'《廣雅》:'鼹鼠,鼢鼠。'"　飲(yìn):飲水。

⑤歸:歸去。成玄英疏:"君宜速還黃屋,歸反紫薇,禪讓之辭,宜其休息。"

⑥予:我。　爲:嘆詞。王叔岷《校詮》:"裴學海《古書虛字集釋》二云:'爲猶焉也,感歎之詞。'"

⑦庖人:廚子。成玄英疏:"庖人,謂掌庖廚之人。"郭慶藩《集釋》:"《説文》:庖,廚也。"　治:管理,處理。

⑧祝:古代祭祀中一職,代替鬼神説話,與"尸"有別。陸德明《釋

文》:“傳鬼神辭曰祝。”成玄英疏:“執祭版對尸而祝之,故謂之尸祝也。” 樽:酒器。成玄英疏:“樽,酒器也。” 俎:剁肉刀板。成玄英疏:“俎,肉器也。……尸祝之人,終不越局濫職,棄於樽俎而代之宰烹;亦猶帝堯禪讓,不治天下,許由亦不去彼山林,就兹帝位。”

肩吾問於連叔曰[1]:“吾聞言於接輿[2],大而無當[3],往而不反[4]。吾驚怖其言,猶河漢而無極也[5];大有逕庭[6],不近人情焉。”連叔曰:“其言謂何哉?”曰:‘藐姑射之山[7],有神人居焉,肌膚若冰雪[8],淖約若處子[9]。不食五穀[10],吸風飲露。乘雲氣,御飛龍,而遊乎四海之外[11]。其神凝[12],使物不疵癘而年穀熟[13]。’吾以是狂而不信也[14]。”

【校注】

①肩吾、連叔:人名。陸德明《釋文》:“肩吾,李云:‘賢人也。’……連叔,李云:‘懷道人也。’”成玄英疏:“肩吾、連叔,并古之懷道人也。”

②接輿:又作狂接輿,與孔子同時。陸德明《釋文》:“接輿,楚人也,姓陸,名通。皇甫謐曰:‘接輿躬耕,楚王遣使以黃金鎰車二駟聘之,不應。’”成玄英疏:“接輿者,姓陸,名通,字接輿,楚之賢人隱者也,與孔子同時。而佯狂不仕,常以躬耕為務。”章案:《論語·微子》有云:“楚狂接輿歌而過孔子。”

③當:底。王先謙《集解》:“當,底也。”王叔岷《校詮》:“無當,猶無底止也。《淮南子·説山篇》:‘三寸之管而無當。’高注:‘當猶底也。’《爾雅·釋詁》:‘底,止也。’”

④反:同“返”。

⑤河漢:銀河。成玄英疏:“猶如上天河漢,迢遞清高,尋其源流,略無窮極也。”

⑥逕庭：相遠之意。王先謙《集解》引宣穎云：“逕，門外路；庭，堂外地。大有，謂相遠之甚。”錢穆《纂箋》：“方以智曰：‘逕庭猶宵壤，言逕路之與中庭，偏正懸絕。’王敔曰：‘逕外庭內，隔遠之意。’”

⑦藐姑射(yè)：寓言中山名。郭象注：“此皆寄言耳。”陸德明《釋文》：“山名，在北海中。”成玄英疏：“藐，遠也。《山海經》云：‘姑射山在寰海之外，有神聖之人，戢機應物。’”郭慶藩《集釋》：“考《山海經》本有兩姑射。《東山經》：‘盧其之山，又南三百八十里，曰姑射之山，無草木，多水。又南，水行三百里，流沙百里，曰北姑射之山，無草木，多水。又南三百里，曰南姑射之山，無草木，多水。’《海內北經》：‘列姑射在海河洲中，姑射國在海中，屬列姑射，西南山環之。’《列子・黃帝篇》：‘列姑射在海河洲中。’與《海內北經》同。”王叔岷《校詮》：“藐與邈通，《廣雅・釋詁一》：‘邈，遠也。’”章案：此爲寓言，無需落實山名、人名。

⑧冰：同“凝”。郭慶藩《集釋》：“冰，古凝字，肌膚若冰雪，即《詩》所謂‘膚如凝脂’也，(《風俗通義》引《詩》云：‘既白且滑。’)《說文》：‘冰正字，凝俗字。’”錢穆《纂箋》：“冰，凝也。”王叔岷《校詮》：“《爾雅・釋器》：‘冰，脂也。’郭注：‘《莊子》云：肌膚若冰雪。冰雪，脂膏也。’”

⑨淖約：形容少女之美妙風姿。陸德明《釋文》：“李云：‘綽約，柔弱貌。’司馬云：‘好貌。’”成玄英疏：“綽約，柔弱也。”

⑩五穀：五種糧食，亦統稱糧食。成玄英疏：“五穀者，黍、稷、麻、菽、麥也。”王叔岷《校詮》：“《孟子・滕文公篇》：‘樹藝五穀。’趙注：‘五穀，謂稻、黍、稷、麥、菽也。’”

⑪四海：喻塵世。成玄英疏：“智照靈通，無心順物，故曰乘雲氣。不疾而速，變現無常，故曰御飛龍。寄生萬物之上而神超六合之表，故曰遊乎四海之外也。”王叔岷《校詮》：“《爾雅・釋地》：‘九夷八狄七戎六蠻，謂之四海。’《齊物論篇》亦云：‘乘雲氣，騎日月，而

遊乎四海之外。'"

⑫凝:安静。成玄英疏:"凝,静也。"

⑬疵癘(cǐlì):病災。陸德明《釋文》:"疵,病也。司馬云:'毀也。'癘,惡病也。本或作屬。"成玄英疏:"疵癘,疾病也。"王叔岷《校詮》:"《說文》:'疵,病也。癘,惡疾也。'"　熟:豐年。成玄英疏:"五穀熟,謂有年也。"王叔岷《校詮》:"'年穀',複語,《說文》:'年,穀熟也。从禾,千聲。'《晏子春秋·內篇·雜上》:'和則年穀熟。'《戰國策·趙策一》:'年穀豐盈。'並同此例。"

⑭是:爲。成玄英疏:"謂爲狂而不信。"王叔岷《校詮》:"是猶爲也。"　狂:同"誑"。王先謙《集解》:"音讀如誑。言以爲誑。"錢穆《纂箋》:"王敔曰:'狂、誑通,疑其誑己。'"王叔岷《校詮》:"宣穎《南華經解》云:'狂同誑,疑其爲誑。'"

　　連叔曰:"然。瞽者無以與乎文章之觀①,聾者無以與乎鐘鼓之聲。豈唯形骸有聾盲哉②?夫知亦有之③。是其言也,猶時女也④。之人也⑤,之德也,將旁礴萬物以爲一⑥,世蘄乎亂⑦,孰弊弊焉以天下爲事⑧!之人也,物莫之傷⑨,大浸稽天而不溺⑩,大旱金石流土山焦而不熱⑪。是其塵垢秕穅⑫,將猶陶鑄堯舜者也⑬,孰肯以物爲事⑭!

【校注】

①瞽:盲人。陸德明《釋文》:"盲者無目,如鼓皮也。"　與:給予。成玄英疏:"既瞽既聾,不可示之以聲色也。"　觀:名詞,即所觀之物。王叔岷《校詮》:"《大宗師篇》:'夫盲者无以與乎眉目顏色之好,瞽者无以與乎青黃黼黻之觀。'"

②唯:唯有。成玄英疏:"豈唯形質獨有之耶!"　形骸:形體和骨骼,即肉體。

③知:同"志",心志。郭象注:"不知至言之極妙,而以爲狂而不信,

此知之聾盲也。"王叔岷《校詮》："‘夫知亦有之’，《淮南子》知作‘心志’，《抱朴子》作‘心神’，此文知上疑脱心字，(《人間世篇》：‘夫徇耳目内通，而外於心知。’亦本書‘心志’連文之證。)‘心知’猶‘心志’也。知、志古通，《禮記·緇衣篇》：‘爲上可望而知也，爲下可述而志也。’鄭注：‘志猶知也。’本書《繕性篇》：‘人雖有知，无所用之。’《書鈔》一五引知作志，並其證。"

④是其：複語。王叔岷《校詮》："‘是其’，複語，其亦是也。"　　時女：若你。錢穆《纂箋》："焦竑曰：‘時，是也。女，汝也。謂知有聾盲，即汝之狂而不信者是也。’"蔣錫昌《逍遙遊校釋》："奚侗曰：‘時借作之。女讀爲汝，謂肩吾也。’……錫昌按：奚説較郭注爲勝，當從之。《經傳釋詞》：‘之猶若也。’是‘猶之汝也’，言猶若汝也。"王叔岷《校詮》："《爾雅·釋詁》：‘時，是也。’此謂知亦有聾瞽，即是汝肩吾耳。"

⑤之：代詞，指接輿。

⑥旁礴：意謂混同。陸德明《釋文》："司馬云：‘旁礴，猶混同也。’"成玄英疏："旁礴，猶混同也。"王叔岷《校詮》："《淮南子·俶真篇》：‘旁薄爲一，而萬物大優。’即本此文。《説文》：‘旁，溥也。’溿與薄，並借字。礴，俗字。"　　一：無分別之狀。蔣錫昌《逍遙遊校釋》："猶《齊物論》所謂‘天地與我并生，而萬物與我爲一’……人至此境，物我合一，是非兩忘，無往而非逍遥也。"章案：此爲《莊子》齊物思想，亦爲《莊子》之核心思想，即與萬物等同爲一。

⑦世：世人，世道。　　蘄(qí)：同"祈"。陸德明《釋文》："徐音祈。李云：‘求也。’"王叔岷《校詮》："蘄借爲祈，《廣雅·釋詁》：‘祈，求也。’"王先謙《集解》："蘄同期。"亦通。　　亂：治也。蔣錫昌《逍遙遊校釋》："世蘄乎亂，謂世間求之乎治。"王叔岷："《爾雅·釋詁》：‘亂，治也。’"

⑧弊弊：辛勞勤懇之狀。陸德明《釋文》："簡文云：‘弊弊，經營

貌。’”成玄英疏：“誰肯勞形弊智，經營區宇，以事爲事，然後能事。”郭慶藩《集釋》：“神人無功，豈肯有勞天下之迹！”

⑨莫之傷：莫能傷之。郭象注：“物亦不傷之也。”

⑩大浸：大水。成玄英疏：“百六滔天之禍。”王叔岷《校詮》：“大浸，大水也。《大方廣佛華嚴經隨疏演義鈔》三一引浸作水。”　稽：至。陸德明《釋文》：“司馬云：‘至也。’”成玄英疏：“稽，至也。”蔣錫昌《逍遙遊校釋》引章炳麟曰：“‘稽’借爲‘詣’，同從‘旨’聲也。《説文》曰：‘詣，候至也。’”

⑪流：化也。成玄英疏：“假令陽九流金之災。”王叔岷《校詮》：“《淮南子·詮言篇》：‘大熱鑠石流金。’流亦化也。”章案：“不熱”與上文“不溺”對文。《莊子》經常以此形容神人、至人、聖人不能爲外物所傷。

⑫塵垢粃(bǐ)穅：污垢糟粕。陸德明《釋文》：“塵垢，猶染污。”成玄英疏：“散爲塵，膩爲垢，穀不熟爲粃，穀皮曰穅，皆猥物也。”王先謙《集解》：“言於煩碎之事物，直以塵垢視之。”王叔岷《校詮》：“《説文》：‘秕，不成粟也。’秕、粃正假字。成疏穅作糠，穅、糠正俗字。”

⑬陶鑄：陶冶，鑄造。成玄英疏：“熔金爲鑄，範土曰陶。”

⑭事：事務，事業。與上文“以天下爲事”對文，意謂專注於外物。錢穆《纂箋》：“褚伯秀曰：‘神人之德，與天同運。推其緒餘，猶足成唐虞之治。而其真，則非世人所知也。’”

宋人資章甫而適諸越①，越人斷髮文身②，無所用之③。堯治天下之民，平海內之政，往見四子藐姑射之山④，汾水之陽⑤，窅然喪其天下焉⑥。”

【校注】

①宋：宋國。陸德明《釋文》：“宋，今梁國睢陽縣，殷後，微子所

封。”　　資:販賣。陸德明《釋文》:“李云:‘資,貨也。’”蔣錫昌《逍遙遊校釋》:“《説文》:‘資,貨也。’貨者,猶今所謂販也。”王叔岷《校詮》:“資當訓貨。《廣雅·釋詁四》:‘資,貨也。’”　　章甫:冠名,一説專指殷冠。成玄英疏:“章甫,冠名也。”蔣錫昌《逍遙遊校釋》:“《釋文》引李云:‘章甫,殷冠也。’宋爲微子之裔,故尚殷冠。殷冠者,必須雲鬢以承。越既斷髮,故無所用之也。”適:行往。　　諸越:越國。成玄英疏:“二國貿遷往來,乃以章甫爲貨。”郭慶藩《集釋》引李楨曰:“諸越,猶云於越。《春秋》定五年《經》‘於越入吳’,杜注:‘於,發聲也。’《公羊傳》:‘於越者,未能以其名通也。’何休注:‘越人自名於越。’此作諸者,《廣雅·釋言》:‘諸,於也。’《禮記·射義》注:‘諸,猶於也。’是疊韻假借。”

②斷:剪斷。　　文:同“紋”。王叔岷《校詮》:“《説苑·奉使篇》:‘剪髮文身,爛然成章,以像龍子者,將避水神也。’”

③之:代詞,指“章甫”。王叔岷《校詮》:“《淮南子·説林篇》:‘毋賞越人章甫,非其用也。’高注:‘越人斷髮,無用冠爲。’”

④四子:指四位得道者。陸德明《釋文》:“司馬、李云:‘王倪、齧缺、被衣、許由。’”王叔岷《校詮》:“《天地篇》:‘堯之師曰許由,許由之師曰齧缺,齧缺之師曰王倪,王倪之師曰被衣。’即司馬所注‘四子’之本。”

⑤陽:山南水北曰陽。陸德明《釋文》:“汾水出太原,今莊生寓言也。”成玄英疏:“汾水出自太原,西入於河。水北曰陽,則今之晉州平陽縣,在汾水北,昔堯都也。”

⑥窅(yǎo)然:冥然。成玄英疏:“窅然者寂寥,是深遠之名。”王叔岷《校詮》引奚侗曰:“窅借爲杳,《説文》:‘杳,冥也。’郭注:‘夫堯實冥矣,其迹則堯也。’蓋亦以‘窅然’爲‘冥然’也。《御覽》四十五引正作‘杳然’。”　　喪:忘記。成玄英疏:“喪之言忘,是遺蕩之意。”王叔岷《校詮》:“堯忘己之有天下也。”

惠子謂莊子曰①：“魏王貽我大瓠之種②，我樹之成而實五石③，以盛水漿，其堅不能自舉也④。剖之以爲瓢⑤，則瓠落無所容⑥。非不呺然大也⑦，吾爲其無用而掊之⑧。”

【校注】

①惠子：惠施，約與莊周同時代哲學家。成玄英疏：“姓惠，名施，宋人也，爲梁國相。”

②魏王：梁惠王。成玄英疏：“魏王即梁惠王也。昔居安邑，國號爲魏，後爲强秦所逼，徙於大梁，復改爲梁，僭號稱王也。” 貽：贈送。成玄英疏：“貽，遺也。” 瓠（hù）：葫蘆。王先謙《集解》：“瓠，瓜也，即今葫蘆瓜。”

③樹：動詞，栽種。成玄英疏：“樹者，藝植之類也。” 成：長成。石：重量單位。十斗爲一石。陸德明《釋文》：“司馬云：‘實中容五石。’”成玄英疏：“惠施既得瓠種，藝之成就，生子甚大，容受五石。”王叔岷《校詮》：“《説苑·辨物篇》：‘十斗爲一石。’”

④堅：堅實，引申指强度。成玄英疏：“虛脆不堅，故不能自勝舉也。”錢穆《纂箋》：“王闓運曰：‘瓠脆盛重，故不可舉。’”

⑤剖：剖開。成玄英疏：“剖，分割之也。” 瓢：葫蘆瓢，古時用作舀水具，今日民間亦有。成玄英疏：“瓢，勺也。”

⑥瓠落：平淺，廓落，形容不能盛水。陸德明《釋文》：“簡文云：‘瓠落，猶廓落也。’司馬云：‘瓠，布護也；落，零落也。’言其平而淺，受水則零落而不容也。”成玄英疏：“瓠落，平淺也。”王叔岷《校詮》：“《御覽》九七九引‘瓠落’作‘廓落’，從簡文注也。《御覽》七六二引此作‘護落’……，與‘瓠落’同。瓠、濩並與㪉通，《廣雅·釋詁三》：‘㪉，寬也。’”

⑦呺（xiāo）：虛大之貌。陸德明《釋文》：“本亦作號。徐許憍反。李云：‘號然，虛大貌。’”錢穆《纂箋》：“俞樾曰：‘呺，《文選注》引作枵，虛也。’”王叔岷《校詮》：“枵、號正假字。呺，俗字。”

⑧掊：擊破。陸德明《釋文》：“司馬云：‘擊破也。’”成玄英疏：“掊，
　打破也。”

　　莊子曰：“夫子固拙於用大矣①。宋人有善爲不龜手之藥
者②，世世以洴澼絖爲事③。客聞之，請買其方百金④。聚族
而謀曰：‘我世世爲洴澼絖，不過數金；今一朝而鬻技百金⑤，
請與之。’客得之，以説吳王⑥。越有難⑦，吳王使之將，冬與
越人水戰，大敗越人，裂地而封之⑧。能不龜手，一也；或以
封，或不免於洴澼絖，則所用之異也。今子有五石之瓠，何不
慮以爲大樽而浮乎江湖⑨，而憂其瓠落無所容？則夫子猶有
蓬之心也夫⑩！”

【校注】

①用大：使用、處理大物。

②龜：龜裂。郭象注：“其藥能令手不拘坼。”陸德明《釋文》：“司馬
　云：‘文坼如龜文也。’又云：‘如龜攣縮也。’”成玄英疏：“手指生
　瘡，拘坼有同龜背。”

③洴澼絖（píngpìkuàng）：漂洗衣物。郭象注：“常漂絮於水中也。”
　陸德明《釋文》：“李云：‘洴澼絖者，漂絮於水上。’絖，絮也。”成玄
　英疏：“洴，浮；澼，漂也。絖，絮也。”錢穆《纂箋》：“盧文弨曰：‘洴
　澼雙聲字，是擊絮之聲。’”

④方：藥方。陸德明《釋文》：“李云：‘金方寸重一斤爲一金。’百金，
　百斤也。”成玄英疏：“他國遊客，偶爾聞之，請買手瘡一術，遂費百
　金之價者也。”

⑤鬻：賣。成玄英疏：“鬻，賣也。”　技：技術，技藝。此處指藥方。

⑥説（shuì）：遊説，説服。成玄英疏：“客素禀雄才，天生睿智，既得
　方術，遂説吳王。”

⑦有難（nàn）：發難。指越國發兵進犯。成玄英疏：“越國兵難侵

吳。”王叔岷《校詮》：“有猶爲也，謂越爲兵難侵吳也。”

⑧裂地：割地，指封地。成玄英疏：“獲此大捷，獻凱而旋，勳庸克著，胙之茅土。” 封：封侯。

⑨慮：考慮，計劃。蔣錫昌《逍遥遊校釋》：“慮乃考慮或設法之義，常語也。”王叔岷《校詮》引朱駿聲曰：“《廣雅·釋詁四》：‘慮，議也。’” 樽：酒器。陸德明《釋文》：“司馬云：‘樽如酒器，縛之於身，浮於江湖，可以自渡。’”蔣錫昌《逍遥遊校釋》：“‘樽’爲酒器。‘大樽’者，言瓠瓢之形猶如大樽。”

⑩蓬：草名，此處形容如同茅塞。郭象注：“蓬，非直達者也。”成玄英疏：“蓬，草名，拳曲不直也。”錢穆《纂箋》：“向秀曰：‘蓬者短不暢，曲士之謂。’阮毓崧曰：‘此與《孟子》茅塞義略同。’”王叔岷《校詮》：“《孟子·盡心篇》：‘今茅塞子之心矣！’”

惠子謂莊子曰：“吾有大樹，人謂之樗①。其大本擁腫而不中繩墨②，其小枝卷曲而不中規矩③，立之塗④，匠者不顧⑤。今子之言，大而無用，衆所同去也⑥。”

【校注】

①樗（chǔ）：樹名。成玄英疏：“樗，栲漆之類，嗅之甚臭，惡木者也。”

②大本：主幹。成玄英疏：“根本擁腫。” 擁腫：病腫。陸德明《釋文》：“李云：‘擁腫，猶盤癭。’”成玄英疏：“擁腫，盤癭也。”王叔岷《校詮》引奚侗云：“擁當作癰。《説文》：‘癰，腫也。腫，癰也。’癰、腫互訓，亦連語也。‘大本擁腫’，言其形盤結如癰腫然。” 中：切中。 繩墨：木匠度量、切割木材之器具。

③小枝：與上文“大本”對文。成玄英疏：“枝幹攣卷。” 規矩：圓規和尺，木匠工具。成玄英疏：“規圓而矩方。”

④立：樹立。成玄英疏：“立之行路之旁。”王叔岷《校詮》：“立猶植

也,生也。”　塗:同“途”。成玄英疏:“塗,道也。”

⑤顧:顧盼,看。成玄英疏:“樹既擁腫不材,匠人不顧。”

⑥去:拋棄。王先謙《集解》:“猶言棄而不取。”

　　莊子曰:“子獨不見狸狌乎①? 卑身而伏②,以候敖者③;東西跳梁④,不避高下;中於機辟⑤,死於罔罟⑥。今夫斄牛⑦,其大若垂天之雲。此能爲大矣⑧,而不能執鼠⑨。今子有大樹,患其無用⑩,何不樹之於無何有之鄉⑪,廣莫之野⑫,彷徨乎無爲其側⑬,逍遙乎寢臥其下。不夭斤斧⑭,物無害者⑮,無所可用,安所困苦哉⑯!”

【校注】

①獨:猶“何”。王叔岷《校詮》:“獨猶何也。”　狸:貓。王叔岷《校詮》:“狸與貍同,《廣雅·釋獸》:‘貍,貓也。’《說文》貍下段注:‘即俗所謂野貓。’”　狌(shēng):鼪,黃鼠狼。陸德明《釋文》:“司馬云:‘貀也。’”蔣錫昌《逍遙遊校釋》:“馬氏以爲‘狌’即《說文》之‘鼪’,是也。……鼠狼單言之,或曰鼬,或曰鼪,均無不可。惟連言之,則曰鼬鼪。”王叔岷《校詮》:“司馬釋狌爲貀,貀與鼬同,《秋水篇》:‘捕鼠不如狸狌。’《釋文》引崔本作鼬。《廣雅·釋獸》:‘鼠狼,鼬。’王氏疏證:‘今俗通呼黃鼠狼。’”

②伏:藏伏,藏匿。成玄英疏:“卑伏其身。”

③敖者:指雞、鼠等。陸德明《釋文》:“司馬音遨,謂伺遨翔之物而食之,雞鼠之屬也。”蔣錫昌《逍遙遊校釋》:“《說文》:‘敖,出遊也。’‘敖者’指出遊之物而言,如雞鼠之類是也。”王叔岷《校詮》:“敖、遨正俗字。”

④跳梁:跳躍。成玄英疏:“跳梁,猶走躑也。”

⑤中:被擊中。　機辟:機關。王先謙《集解》:“辟,所以陷物。《鹽鐵論·刑法篇》‘辟陷設而當其蹊’,與此同義。亦作‘臂’。

《楚辭·哀時命篇》：'外迫脅於機臂兮。'機臂，即機辟也。《玉篇》王注以爲弩身。"

⑥罔罟：網。罔同"網"。成玄英疏："罔罟，罝罘也。"王叔岷《校詮》："《山木篇》'然且不免於罔羅機辟之患'，與此同例。"

⑦犛(lí)牛：牦牛。陸德明《釋文》："司馬云：'旄牛。'"成玄英疏："犛牛，猶旄牛也，出西南夷。其形甚大，山中遠望，如天際之雲。"王叔岷《校詮》："《御覽》八九九、《記纂淵海》九八引犛並作犛，《事類賦》二二三《獸部三》注引作犛，《說文》：'犛，西南夷長髦牛也。'段注：'旄牛即犛牛，犛牛之尾曰氂，以氂爲幢曰旄。'"

⑧能爲：可謂。王叔岷《校詮》："'能爲'，猶'可謂'。"

⑨執：捉拿，捕捉。成玄英疏："跳梁投鼠，不及野狸。"

⑩患：憂慮，操心。

⑪無何有：虛無之意。成玄英疏："無何有，猶無有也。"

⑫莫：大。陸德明《釋文》："謂寂絕無爲之地也。簡文云：'莫，大也。'"王叔岷《校詮》："《小爾雅·廣詁》：'莫，大也。'"章案："無何有之鄉"、"廣莫之野"，皆《莊子》寓言筆法，喻虛無縹緲之地。

⑬彷徨：逍遙之意。陸德明《釋文》："彷徨，猶翱翔也。"成玄英疏："彷徨，縱任之名。"王叔岷《校詮》："成疏'彷徨'爲'縱任'，與'遊戲'義略近。"

⑭夭：夭折。 斤：斧也。

⑮物：外物。成玄英疏："匠人不顧，斤斧不加，夭折之災，何從而至。"

⑯安：爲何。成玄英疏："何所困苦哉！"

# 齊物論第二

【題解】

　　"齊物"即與自然萬類平齊、平等。人皆持己是而非他,由此可知孰是孰非,無從確定。倘若從自然萬物觀之,亦復如此,故"天下莫大於秋豪之末,而大山爲小"。可見所謂真知爲子虛烏有。所謂世界、人生之意義,本根上亦無解。"莊生夢蝶"即此關鍵之喻。若相對而言則爲吊詭。此篇乃整部《莊子》之樞要。

　　南郭子綦隱几而坐①,仰天而噓②,嗒焉似喪其耦③。顏成子游立侍乎前④,曰:"何居乎⑤? 形固可使如槁木⑥,而心固可使如死灰乎? 今之隱几者,非昔之隱几者也⑦。"子綦曰:"偃,不亦善乎,而問之也⑧! 今者吾喪我⑨,汝知之乎? 女聞人籟而未聞地籟⑩,女聞地籟而未聞天籟夫!"

【校注】

　　①南郭子綦(qí):人名,《莊子》中之得道者。陸德明《釋文》:"綦音其。司馬云:'居南郭,因爲號。'"成玄英疏:"楚昭王之庶弟,楚莊王之司馬,字子綦。"　隱几:憑藉几案。陸德明《釋文》:"隱,馮也。机,李本作几。"蔣錫昌《齊物論校釋》:"'隱'當爲'㥯',《説文》:'有所依也。'"王叔岷《校詮》:"《釋文》本'几'作'机',《秋水篇》:'公子牟隱机大息。'字亦作'机'。"

②噓：長歎。郭慶藩《集釋》：“吐氣爲噓。”

③嗒（tà）：虛靜坐忘之狀。陸德明《釋文》：“嗒，本又作嗒，同。……解體貌。”郭慶藩《集釋》：“荅焉，云失其所。”蔣錫昌《齊物論校釋》：“‘荅焉’，不動貌。” 耦：同“偶”，此處指身體。郭象注：“荅焉解體，若失其配匹。”郭慶藩《集釋》：“本亦作偶……司馬云：‘耦，身也，身與神爲耦。’”王叔岷《校詮》引俞樾曰：“‘喪其耦’，即下文所謂‘吾喪我’也。”

④顏成子游：人名，子綦弟子。成玄英疏：“姓顏，名偃，字子游。”王叔岷《校詮》：“馬其昶《故》引俞樾曰：‘《廣韻》〔十四清〕：顏成，複姓。’案俞説是。孔子弟子言偃，字子游。顏成名偃字子游，假託孔子弟子之名、字耳。” 立侍：站立侍候。

⑤居：安處。成玄英疏：“居，安處也。”

⑥形：外貌。 固：固然。 槁木：枯木。

⑦隱几者：指南郭子綦。郭象注：“子游嘗見隱机者，而未有若子綦也。”成玄英疏：“怪其寂泊無情，故發驚疑之問。”

⑧而：同“爾”，即你。成玄英疏：“而猶汝也。”

⑨喪：遺忘，失去。郭象注：“吾喪我，我自忘也；我自忘矣，天下有何物足識哉！”成玄英疏：“喪，猶忘也。許其所問，故言不亦善乎。”章案：“吾喪我”之“吾”指本體自我，“我”指經驗自我（參見韓林合《虛己與遊世——莊子哲學研究》）。子綦此種狀態與今日氣功某種狀態相似。

⑩籟：簫。郭象注：“籟，簫也。”成玄英疏：“籟，簫也，長一尺二寸，十六管，象鳳翅，舜作也。”

子游曰：“敢問其方①。”子綦曰：“夫大塊噫氣②，其名爲風。是唯无作③，作則萬竅怒呺④。而獨不聞之翏翏乎⑤？山林之畏佳⑥，大木百圍之竅穴⑦，似鼻，似口，似耳，似枅⑧，似圈⑨，似臼⑩，似洼者⑪，似污者⑫；激者⑬，謞者⑭，叱者⑮，吸者⑯,叫者,譹者⑰,宎者⑱,咬者⑲,前者唱于而隨者唱喁⑳。泠風則小和㉑,飄風則大和㉒,厲風濟則衆竅爲虛㉓。而獨不見之調調、之刁刁乎㉔?"

【校注】

①敢:謙辭。　方:義也。王叔岷《校詮》:"《廣雅・釋詁二》:'方,義也。'"

②大塊噫氣:大自然之氣。郭象注:"大塊者,無物也。"成玄英疏:"大塊者,造物之名,亦自然之稱也。言自然之理通生萬物,不知所以然而然。大塊之中,噫而出氣,乃名此氣而爲風也。"郭慶藩《集釋》:"司馬云:'大塊,謂天也。'"王叔岷《校詮》:"《説文》:'噫,飽出息也。'段注引《莊子》此文。"

③是:指風。成玄英疏:"是者,指此風也。"　作:發作,發起。成玄英疏:"作,起也。"

④竅:孔竅。　呺(háo):呼嘯,吼叫。郭象注:"萬竅則怒動而爲聲也。"錢穆《纂箋》:"奚侗曰:'呺借爲號。'"王叔岷《校詮》:"《道藏》林希逸《口義》本、褚伯秀《義海纂微》本呺並作號。"

⑤而:同"爾"。　翏(liù)翏:長風之聲。陸德明《釋文》:"長風聲也。李本作飂。"王叔岷《校詮》:"飂、翏正假字。"

⑥林:同"陵"。蔣錫昌《齊物論校釋》引奚侗曰:"'林'當爲'陵'。"　畏佳:同"嵬崔",形容山之貌。陸德明《釋文》:"李頤云:'畏佳,山阜貌。'"王先謙《集解》:"即崔嵬,猶崔巍。"蔣錫昌《齊物論校釋》:"'畏佳'即《玉篇》、《廣韻》'嵬崔'之省。'嵬崔'亦可倒作'崔嵬',其誼並與'崔嵬'、'隓隗'、'摧婁'、'厜㕒'、'崟峩'同也。"王叔岷《校詮》:"《説文》:'崔,大高也。'段注:'《莊子》山林之畏佳,佳即今之崔也。'卷子本《玉篇》山部引'畏佳'作'崴嵟',並引司馬注:'山高下槃回之形也。''崴嵟'與'畏佳'同。"

⑦百圍:百人抱圍。成玄英疏:"木既百圍,穴亦奇衆。" 竅穴:孔洞,此處指樹洞。成玄英疏:"竅穴,樹孔也。"蔣錫昌《齊物論校釋》:"此猶言百圍大木之竅穴。"

⑧枅(jī):即曲枅,屋柱上方彎曲之木,比喻樹上的彎孔。陸德明《釋文》:"枅音雞,又音肩。《字林》云:'柱上方木也。'"蔣錫昌《齊物論校釋》:"奚侗曰:'《説文》:枅,屋櫨也。段玉裁曰:有枅,有曲枅。枅者,《倉頡篇》云:柱上方之木也。曲枅者,《廣雅》云:曲枅謂之樂。薛綜《西京賦》注云:樂,柱上曲木兩頭受櫨者。……'錫昌按:此言有彎孔如柱上曲木者"。

⑨圈:杯圈。陸德明《釋文》:"杯圈也。"蔣錫昌《齊物論校釋》:"有圓孔如屈木杯圈(即《孟子·告子上》之'桮棬',猶今碗器之類。)者"。

⑩臼:舂臼。蔣錫昌《齊物論校釋》:"有内小外大之孔如舂臼。"

⑪洼:深池。錢穆《纂箋》引王念孫曰:"《説文》:'洼,深池也。'"蔣錫昌《齊物論校釋》:"言有深孔如深池者"。

⑫污:淺池。郭象注:"此略舉衆竅之所似。"蔣錫昌《齊物論校釋》:"馬叙倫曰:'《説文》:……污,薉也;一曰小池爲污。小池爲污者,字當作洿。《説文》曰:洿,濁水不流池也。'……錫昌按:濁水不流池當爲淺池,與上深池爲對。"王叔岷《校詮》:"《説文》:'小池爲污。'段注:'池之小者。污池,見《孟子·滕文公》。'亦即《莊子》此文所謂污也。"

⑬激:同"噭(jiào)",吼叫。陸德明《釋文》:"李古弔反。司馬云:'聲若激唤也。'"蔣錫昌《齊物論校釋》引奚侗曰:"'激'借作'噭'。《説文》:'噭,吼也。'"王叔岷《校詮》:"《史記·蔡澤傳》'太史噭',《戰國策·秦策三》鮑注引'噭'作'激',即激、噭通用之證。"

⑭謞(hè):同"嗃"。陸德明《釋文》:"謞音孝。"蔣錫昌《齊物論校

釋》引奚侗曰：“謞與號同。《説文》：‘號，嘑也。’《春秋繁露·深
察名號篇》：‘古之聖人，謞而效天地謂之號……’謞、號疊韻爲
訓，義自相同。”

⑮ 叱：叱咤聲。陸德明《釋文》：“司馬云：‘若叱咄聲。’”成玄英疏：
“叱者，咄聲也。”

⑯ 吸：噓吸聲。陸德明《釋文》：“司馬云：‘若噓吸聲也。’”成玄英
疏：“吸者，如呼吸聲也。”

⑰ 謤（háo）：嚎哭。陸德明《釋文》：“司馬云：‘若謤哭聲。’”成玄英
疏：“謤者，哭聲也。”王叔岷《校詮》：“謤亦與諕同。《集韻·平聲
三》：‘諕，《説文》：號也。或作謤。’”

⑱ 宎（yǎo）：應爲“笑”。蔣錫昌《齊物論校釋》：“奚侗曰：‘宎當是
笑字之誤，謂歡笑聲。’”

⑲ 咬：鳥鳴之聲。王先謙《集解》：“‘交交黃鳥’，三家《詩》作‘咬
咬’。”蔣錫昌《齊物論校釋》：“奚侗曰：‘《文選》嵇叔夜《贈秀才
入軍詩》：咬咬黃鳥。注引古歌曰：黃鳥鳴相追，咬咬弄好音。’”
王叔岷《校詮》：“《玉篇》：‘咬，鳥聲也。’”郭象注：“此略舉異竅
之聲殊。”

⑳ 于、喁（yú）：模擬樹枝發出的聲音。陸德明《釋文》：“李云：‘于
喁，聲之相和也。’”成玄英疏：“于喁，皆是風吹樹動前後相隨之
聲也。”蔣錫昌《齊物論校釋》：“此謂前竅唱‘于’聲，後竅即唱
‘喁’聲以和之。”王叔岷《校詮》：“《吕氏春秋·淫辭篇》：‘今舉
大木者，前呼輿謣，後亦應之。’高注：‘輿謣，或作邪謣，前人唱，後
人和，舉重勸力之歌聲也。’（《淮南子·道應篇》‘輿謣’作‘邪
謣’，聲近義同。）此舉重勸力前後唱和之歌聲，與風吹前後相和之
聲，皆發於自然，頗相似。”

㉑ 泠：小風。陸德明《釋文》：“李云：‘泠泠，小風也。’”成玄英疏：
“泠，小風也。”

㉒飄:大風。陸德明《釋文》:"司馬云:'疾風也。'"成玄英疏:"飄,大風也。"

㉓厲:同"烈"。陸德明《釋文》:"司馬云:'大風。'向、郭云:'烈風。'"成玄英疏:"厲,大也,烈也。"錢穆《纂箋》:"顧炎武曰:'厲即烈字。'" 濟:停止。陸德明《釋文》:"向云:'止也。'"成玄英疏:"濟,止也。"郭慶藩《集釋》:"濟者止也。《詩·鄘風·載馳篇》'旋濟',《毛傳》曰:'濟,止也。'" 虛:空虛。郭象注:"烈風作則衆竅實,及其止則衆竅虛。"郭慶藩《集釋》:"風止則萬竅寂然,故曰衆竅爲虛。"

㉔而:同"爾"。成玄英疏:"而,汝也。" 調(tiáo)調、刁刁:風吹樹枝動搖之狀。"刁刁"又作"刀刀"。郭象注:"調調、刁刁,動搖貌也。"陸德明《釋文》:"調音條。刀,徐都堯反。向云:'調調刀刀,皆動搖貌。'"成玄英疏:"調調刁刁,動搖之貌也。"又:王叔岷《校詮》:"刁乃俗字。調調、刀刀,艸木實垂風濟之狀也。"

子游曰:"地籟則衆竅是已①,人籟則比竹是已②。敢問天籟。"子綦曰:"夫吹萬不同③,而使其自己也④,咸其自取⑤,怒者其誰邪⑥!"

【校注】

①已:同"矣"。

②比竹:管簫之類竹制樂器。成玄英疏:"人籟則簫管之類。"王先謙《集解》:"以竹相比而吹之。"

③吹萬:風吹萬竅。成玄英疏:"風唯一體,竅則萬殊。"郭慶藩《集釋》:"司馬云:'吹萬,言天氣吹煦,生養萬物,形氣不同。'"王先謙《集解》:"風所吹萬有不同,而使之鳴者。"

④自己:由自萬竅(自己發聲)。錢穆《纂箋》:"吳汝綸曰:'己音紀。自,從也。己,萬竅也。'陳壽昌曰:'使聲由竅出。'"王叔岷《校

詮》:"而使萬竅怒號乃由於己,即萬竅各自成聲,此齊也。"

⑤咸:全部。　　自取:自得。郭象注:"物皆自得之耳。"成玄英疏:
"自取,(由)〔猶〕自得也。"錢穆《纂箋》:"陳壽昌曰:'有是竅即
有是聲,是聲本竅之自取也。'"

⑥怒者:怒動者,指使萬竅發聲之物,即自然本身,亦即天籟。成玄
英疏:"而怒動爲聲,誰使之然也!……此則重明天籟之義者也。"
蔣錫昌《齊物論校釋》:"'怒者'即努力爲此不同者,係指一種自
然之潛力而言。"章案:《莊子》之天籟,即自然本身。古希臘畢達
哥拉斯學派認爲,宇宙中的每個天體都能發出自己的音調,諸天
體的運動表徵 8 度音,因此構成鈞天之樂,亦可稱"天籟"。古羅
馬晚期的奧古斯丁(354—430)也認爲,整個宇宙的秩序即是一種
音樂,即"宇宙之歌"。他們的思想與《莊子》"天籟"之說有相通
相近之處(參見徐龍飛:《循美之路——基督宗教本體形上美學研
究》第 122 頁。香港中華書局 2013 年)。

　　大知閑閑①,小知閒閒②;大言炎炎③,小言詹詹④。其寐
也魂交⑤,其覺也形開⑥,與接爲構⑦,日以心鬬。縵者⑧,窖
者⑨,密者⑩。小恐惴惴⑪,大恐縵縵⑫。其發若機栝⑬,其司是
非之謂也⑭;其留如詛盟⑮,其守勝之謂也;其殺如秋冬⑯,以
言其日消也;其溺之所爲之⑰,不可使復之也⑱;其厭也如
緘⑲,以言其老洫也⑳;近死之心,莫使復陽也㉑。喜怒哀樂,
慮嘆變慹㉒,姚佚啓態㉓;樂出虛㉔,蒸成菌㉕。日夜相代乎前,
而莫知其所萌㉖。已乎㉗,已乎!且暮得此㉘,其所由以生
乎㉙!

## 【校注】

①知:同"智"。陸德明《釋文》:"知音智。下及注同。"　　閑閑:寬
閑、從容之狀。陸德明《釋文》:"簡文云:'廣博之貌。'"成玄英

疏:"閑閑,寬裕也。"章案:《荀子·修身》云:"多見曰閑,少見曰陋。"

②閒閒:窺伺之事。郭慶藩《集釋》引俞樾曰:"《廣雅·釋詁》:'閒,覗也。''小知閒閒',當從此義,謂好覗察人。"章案:"大知"與"小知"對文,郭象注云:"此蓋知之不同。"

③大言:"大知"者之言説。　炎炎:熱烈,迅猛。成玄英疏:"炎炎,猛烈也。"王先謙《集解》:"炎炎,有氣焰。"蔣錫昌《齊物論校釋》:"'炎炎'蓋多言不休之貌,《天下》所謂'説而不休,多而無已'是也。"

④小言:"小知"者言辭之辯,與"大言"對文。郭象注:"此蓋言語之異。"　詹詹:細碎之狀。陸德明《釋文》:"詹詹,小辯之貌。"成玄英疏:"詹詹,詞費也。"錢穆《纂箋》:"王敔曰:'詹詹,細碎也。'"王叔岷《校詮》:"《説文》:'詹詹,多言也。'"

⑤寐:夢寐。　魂交:神魂交錯。陸德明《釋文》:"司馬云:'精神交錯也。'"蔣錫昌《齊物論校釋》:"蓋即精神交錯紛亂之誼。"

⑥覺:醒來,與上文"寐"相對。郭象注:"此蓋寤寐之異。"　形開:形質開悟。陸德明《釋文》:"司馬云:'目開意悟也。'"成玄英疏:"其覺悟也,則形質開朗而取染也。"

⑦與接:相與相接之事。成玄英疏:"交接世事。"　構:合也。成玄英疏:"構,合也。"蔣錫昌《齊物論校釋》:"段注:'高注《淮南》曰:構,架也;材木相乘架也。'是'冓'乃架木建造之誼。惟架木建造,必鉤心鬥角,故《莊子》用'構'字,以狀心鬥之烈也。"王叔岷《校詮》:"自此以下,皆就用心而言。'爲構'猶'與接',複語也。爲、與同義。……《説文》:'接,交也。'構借爲冓,冓亦交也,《説文》:'冓,交積材也。''與接爲構',承上文'形開'而言,謂形開則與外物交接也。交接則'日以心鬥'矣。"

⑧縵:同"慢"。陸德明《釋文》:"簡文云:'寬心也。'"錢穆《纂箋》

引奚侗曰:"'縵'借爲'慢'。"蔣錫昌《齊物論校釋》:"'縵'借爲'慢'。《説文》:'慢,惰也。'此引申爲遲緩之誼。"

⑨窖:地窖,意謂深也。陸德明《釋文》:"簡文云:'深心也。'"成玄英疏:"窖,深也,今穴地藏穀是也。"蔣錫昌《齊物論校釋》:"窖者,思慮深入者。"

⑩密:細密。王先謙《集解》:"宣云:'密,謹也。'"蔣錫昌《齊物論校釋》:"密者,思慮謹密者。"王叔岷《校詮》:"密者,精心也。"章案:"縵"、"窖"、"密"皆爲衆生處世之狀,故郭象注云:"此蓋交接之異。"

⑪惴惴:不安之狀。陸德明《釋文》:"李云:'小心貌。'《爾雅》云:'懼也。'"成玄英疏:"惴惴,怵惕也。"王叔岷《校詮》:"《詩·小雅·小宛》:'惴惴小心。'"

⑫縵縵:迷漫、迷失之狀。成玄英疏:"縵縵,沮喪也。"錢穆《纂箋》:"宣穎曰:'迷漫失精。'王闓運曰:'縵縵,解弛之形。恐甚不能自主也。'"章案:"惴惴"、"縵縵"形容内心不安之狀,故郭象注云:"此蓋恐悸之異。"

⑬發:發動,發起。蔣錫昌《齊物論校釋》:"發爲辯言之發。"　機栝(kuò):弩和箭。陸德明《釋文》:"機,弩牙。栝,箭栝。"王叔岷《校詮》:"此謂心之伺察是非,若機栝發動之速。"

⑭司:主管,掌控。成玄英疏:"司,主也。"王先謙《集解》:"發言即有是非、榮辱之主也。"

⑮留:意謂不發,與上文"發"相對。郭象注:"此蓋動止之異。"蔣錫昌《齊物論校釋》:"留爲辯言之留。"王叔岷《校詮》:"留謂不動,與上文發對言。"　詛盟:詛祝盟誓。成玄英疏:"詛,祝也。盟,誓也。"王先謙《集解》:"留不發,若詛盟然,守己以勝人。此語、默之異。"

⑯殺:衰殺。郭象注:"其衰殺日消有如此者。"錢穆《纂箋》:"林雲

銘曰:'神明日勞而消喪。'"

⑰溺:沉溺。郭象注:"其溺而遂往有如此者。"成玄英疏:"滯溺於
境,其來已久。"王先謙《集解》:"溺,沈溺。"錢穆《纂箋》引吳汝綸
曰:"王伯申説'之猶於也'。此'溺之',當訓'溺於'。"

⑱復:返回。成玄英疏:"所爲之事,背道乖真,欲使復命還源,無由
可致。"王先謙《集解》:"宣云:'言一往不可復返。'"蔣錫昌《齊物
論校釋》:"此謂辯士沉溺於辯論之事,一往深入,無可再使覺悟回
頭也。"

⑲厭:閉藏。王先謙《集解》:"宣云:'厭然閉藏。'"錢穆《纂箋》引朱
桂曜曰:"《論語》'天厭之',皇侃疏:'厭,塞也。'"王叔岷《校
詮》:"《禮記·大學》:'見君子而後厭然。'鄭注:'厭讀爲黶,黶,
閉藏貌也。'此文厭,亦閉藏也。"    緘:緘繩。王先謙《集解》引
宣穎曰:"緘,祕固。"蔣錫昌《齊物論校釋》:"此謂辯士安心之極,
有如緊縛於匣之緘繩,固定不動。"王叔岷《校詮》:"'其厭也如
緘',謂心之閉藏如緘封也。"

⑳洫:枯静。蔣錫昌《齊物論校釋》:"章炳麟曰:'洫借爲侐。《説
文》:侐,静也。'……'恤'、'洫'均'侐'之假,静也。"錢穆《纂
箋》:"洫,只是枯竭義。"王叔岷《校詮》:"洫借爲侐,《説文》:
'侐,静也。'段注:'《莊》書云:以言其老洫也。老洫者,枯静之
意。洫,侐之假借。'"

㉑陽:生機。陸德明《釋文》:"陽,謂生也。"成玄英疏:"陽,生也。
耽滯之心,隣乎死地,欲使反於生道,無由得之。"錢穆《纂箋》:
"宣穎曰:'無復生意。'"

㉒慹(zhí):恐怖。蔣錫昌《齊物論校釋》:"《説文》:'慹,悑也。'
'悑'即'怖'字。"錢穆《纂箋》:"王闓運曰:'慮嘆則變怖。'"

㉓姚:同"佻"。成玄英疏:"姚則輕浮躁動。"王先謙《集解》:"姚同
佻。"王叔岷《校詮》:"姚謂輕浮。"    佚:蕩也。成玄英疏:"佚則

奢華縱放。"錢穆《纂箋》:"王闓運曰:'佚,蕩也。'"王叔岷《校
註》:"佚謂縱放。"　　啓:開張。成玄英疏:"啓則開張情欲。"錢
穆《纂箋》:"朱桂曜曰:'啓,開張。'"　　態:作態,做作。成玄英
疏:"態則嬌淫妖冶。"錢穆《纂箋》:"朱桂曜曰:'態,作態。'"王叔
岷《校註》:"態謂矜誇。"

㉔樂:樂音,音樂。成玄英疏:"簫管内虛,故能出於雅樂。"王先謙
《集解》:"宣云:'本器虛,樂由此作。'"

㉕蒸:蒸汽,熱氣。成玄英疏:"濕暑氣蒸,故能生成朝菌。"蔣錫昌
《齊物論校釋》引馬叙倫曰:"'蒸'借爲'烝'。《説文》曰:'烝,火
氣上行也。'"王叔岷《校註》:"謂心之變化多端,如聲樂出於虛
孔,氣蒸而生菌蕈也。"

㉖萌:萌生。郭象注:"日夜相代,代故以新也。"王先謙《集解》:"日
與夜代,於何萌生?"蔣錫昌《齊物論校釋》:"所萌,即自然之所
萌。此言以上二種自然現象,日夜迭顯於吾人之前,而竟莫知其
所以發生之故也。"

㉗已:同"噫"。錢穆《纂箋》引王闓運曰:"已,同噫。已乎,猶嗟
乎。"又,蔣錫昌《齊物論校釋》:"'已乎'與《逍遥遊》'休乎'誼
同,猶今語所謂'罷了'也。"亦通。

㉘旦暮:義同現代漢語"一旦"。王叔岷《校註》:"旦暮,言極短之
時,喻偶然間也。"

㉙由以生:生之緣由。郭象注:"言其自生。"成玄英疏:"故《老經》
云迎之不見其首,隨之二不見其後,理由若此。"王先謙《集解》:
"既無可推求,不如其已乎。然俯仰旦暮間,自悟真理。此者,生
之根也。"蔣錫昌《齊物論校釋》:"此言辯士苟旦暮悟得此種自然
之道。"王叔岷《校註》:"其猶殆也。心之變化,日夜更迭,不必强
求其從何而生。偶然如此,殆即所以生之由也。"

**非彼無我,非我無所取**①。**是亦近矣,而不知其所爲使**②。

若有真宰③,而特不得其朕④。可行己信⑤,而不見其形,有情而無形⑥。百骸⑦,九竅⑧,六藏⑨,賅而存焉,吾誰與為親⑩?汝皆説之乎⑪?其有私焉⑫?如是皆有為臣妾乎⑬?其臣妾不足以相治乎⑭?其遞相為君臣乎⑮?其有真君存焉⑯?如求得其情與不得,無益損乎其真⑰。一受其成形,不亡以待盡⑱。與物相刃相靡⑲,其行盡如馳⑳,而莫之能止,不亦悲乎!終身役役而不見其成功,苶然疲役而不知其所歸㉑,可不哀邪!人謂之不死,奚益㉒!其形化,其心與之然㉓,可不謂大哀乎?人之生也,固若是芒乎㉔?其我獨芒,而人亦有不芒者乎?

## 【校注】

①彼:指自然。郭象注:“彼,自然也。” 取:資也。成玄英疏:“取,稟受也。若非自然,誰能生我?若無有我,誰稟自然乎?”蔣錫昌《齊物論校釋》:“‘取’,資也。《易·繫辭下傳》‘遠近相取’注:‘相取,猶相資也。’是其例證。”章案:此句意謂,無自然即無我人類,無我人類自然亦無所資養。

②是:代詞,意指這個道理。成玄英疏:“其理非遠,故曰是亦近矣。” 其所為使:其使所為。蔣錫昌《齊物論校釋》:“人莫知自然所以使物者如何耳。”王叔岷《校詮》:“為猶與也,謂不知誰主使此對待也。”

③真宰:真正主宰者,即道。錢穆《纂箋》引嚴復曰:“彼我對待之名,真宰則絕對者也。”王叔岷《校詮》:“真宰謂道。”

④特:猶“乃”。王叔岷《校詮》:“特猶乃也。” 朕(zhèn):同“朕”,兆也。陸德明《釋文》:“兆也。”蔣錫昌《齊物論校釋》:“‘朕’借為‘朕’。《應帝王》:‘游而無朕。’崔云:‘兆也。’二字正同,可證。”王叔岷《校詮》:“卷子本《玉篇·舟部》引朕作朕,元纂

圖互注本同。朕、眹正俗字。朕謂迹象也。道無迹象。”

⑤可行:所行。意指道化成萬物。錢穆《纂箋》引嚴復曰:“見者,可
　行己信之迹也。”王叔岷《校詮》引吳汝綸云:“‘可行’,所行也。
　鄭注《中庸》‘體物而不可遺’云:‘可猶所也。’”　　信:信驗。蔣
　錫昌《齊物論校釋》:“《老子》:‘其中有信。’……王弼注:‘信,信
　驗也。’”

⑥情:實也。錢穆《纂箋》:“陳壽昌曰:‘情,實也。’”蔣錫昌《齊物論
　校釋》:“《老》、《莊》文中,‘情’、‘精’、‘真’、‘信’四字,文異誼
　近,皆言自然真實而有信驗。惟‘信’與‘情’,言自然之用;‘不
　見其形’與‘無形’,言自然之體。”王叔岷《校詮》:“信與情相應,
　並真實義。”章案:此句意謂,道化成萬物有自己的信驗,然而不見
　道本身之形狀,道有實而無形。

⑦骸:骨節。成玄英疏:“百骸,百骨節也。”

⑧九竅:五官及肛門、生殖器。成玄英疏:“九竅,謂眼耳鼻舌口及下
　二漏也。”

⑨六藏:六府和五藏。陸德明《釋文》:“心肺肝脾腎,謂之五藏。大
　小腸膀胱三焦,謂之六府。”

⑩賅:儲備。陸德明《釋文》:“司馬云:‘備也。’”　　誰與:與誰。誰
　指百骸、九竅、六藏。

⑪説:同“悦”。陸德明《釋文》:“説音悦。注同。”王先謙《集解》:
　“將皆親而愛悦之乎?”

⑫私:偏愛。錢穆《纂箋》:“馬其昶曰:‘私謂有所偏愛,不能
　皆説。’”

⑬有:同“以”。錢穆《纂箋》引吳汝綸曰:“有與以同。顧氏《唐韻
　正》:‘有字古讀若以。’”　　臣妾:喻從屬、被支配之意。成玄英
　疏:“臣妾者,士女之賤職也。且人之一身,亦有君臣之別,至如見
　色則目爲君而耳爲臣,行步則足爲君手爲臣。斯乃出自天理,豈

人之所爲乎! 非關係意親疏,故爲君臣也。"王先謙《集解》:"謂
役使之也。言皆悦不可,有私不可。"

⑭治:治理,支配。成玄英疏:"夫臣妾御用,各有司職。"蔣錫昌《齊
物論校釋》:"臣妾之職,只能受制於主人,故臣妾自己,實不足以
相治也。"

⑮遞相:相遞,相互串換。蔣錫昌《齊物論校釋》:"此言臣妾既不足
以相治,豈臣妾自己互爲君臣以資相治乎?"

⑯真君:相對於"臣妾"之君。王叔岷《校詮》:"主宰人之百骸、九
竅、六藏者,謂之真君,即真我。"

⑰情:實也。蔣錫昌《齊物論校釋》:"'情'與上'情'誼同,實也。惟
彼指道之真實而言,此指真君之實而言。此言無論求得真君之實
與否,並無損益也。"王叔岷《校詮》:"吳汝綸曰:'如與而同。'案:
情猶實也。"　真:自然之真,與上文"真宰"義相通。錢穆《纂
箋》引陸長庚曰:"此真與人本無損益,迷則凡,悟則聖。"王叔岷
《校詮》:"'益損'猶'增減'。"

⑱受:稟受。成玄英疏:"夫稟受形性,各有涯量。"章案:意謂稟受自
然造化使我們成人之形體。　亡:又作"忘",同"化"。王先謙
《集解》:"又見《田子方篇》,'亡'作'化'。"王叔岷《校詮》:"劉師
培《校補》云:'不忘,《田子方篇》作不化。竊以忘即化譌。不化
猶云弗變。下云其形化,即蒙此言。蓋匕、亡形近,匕譌爲亡,俗
本竟以忘易之。'匕、化古今字。"　盡:終,引申爲盡天年。成玄
英疏:"是故形性一成,終不中途亡失,適可守其分内,待盡天年
矣。"錢穆《纂箋》引王闓運曰:"保其形以待盡,是待死而已。"

⑲相刃相靡:比喻人生蹉跎之境遇。成玄英疏:"刃,逆也。靡,順
也。"蔣錫昌《齊物論校釋》:"奚侗曰:'靡'借作'礳'。《説文》:
'礳,石磑也。'今省作'磨'。引申之意爲礳磨。"王叔岷《校詮》:
"礳、靡正假字。"

⑳盡:同"進"。王叔岷《校詮》:"盡借爲進,《史記·范雎列傳》:'使臣得盡謀如伍子胥。'《御覽》四八六引盡作進。"

㉑茶(niè)然:疲憊、困倦之狀。陸德明《釋文》:"簡文云:'疲病困之狀。'"成玄英疏:"茶然,疲頓貌也。"王叔岷《校詮》:"茶乃薾之變。"

㉒奚:同"何"。下同。成玄英疏:"奚,何也。"

㉓形化:形體變化,衰老。　與之然:與形體一樣變化、衰老。郭象注:"言其心形並馳,困而不反。"成玄英疏:"然,猶如此也。"

㉔芒:茫然,蒙昧。下同。陸德明《釋文》:"芒,芒昧也。"成玄英疏:"芒,闇昧也。"蔣錫昌《齊物論校釋》:"'芒'借爲'矇'。《説文》:'矇,童蒙也;一曰不明也。'不明之意引申爲愚昧無知。古多省作'蒙'。"

　　夫隨其成心而師之①,誰獨且無師乎②?奚必知代而心自取者有之③?愚者與有焉④。未成乎心而有是非,是今日適越而昔至也⑤。是以無有爲有。無有爲有,雖有神禹⑥,且不能知,吾獨且奈何哉!

【校注】

①成心:世俗成見之心。郭象注:"夫心之足以制一身之用者,謂之成心。"成玄英疏:"夫域情滯著,執一家之偏見者,謂之成心。"錢穆《纂箋》引王闓運曰:"成心,己是之見。"章案:《莊子》認爲,人們在實際生活中,所形成之心智和判斷能力,總是圍繞在利害得失之間,此即成心,故成心不離利害得失。　師:師法。

②獨且:複語。下同。王叔岷《校詮》:"王引之云:'且,句中語助也。……'案:'獨且',複語。"

③代:變化。郭慶藩《集釋》引郭嵩燾云:"《説文》:'代,更也。'"錢穆《纂箋》:"錢澄之曰:'知代,謂知日夜之相代,而自取真君者。'

穆按:錢説是。知代,即知化矣。知化者,無成心也。"蔣錫昌《齊
物論校釋》:"此種自然變化相代之理,惟聖人可以全知而心自得
之,故'知代而心自取者',係指聖人而言。"章案:此句意謂,衆人
師其成心,而不必再用心體察認識自然變化之理。

④與有:被給予而具有。王先謙《集解》:"即愚者莫不有焉。"蔣錫
昌《齊物論校釋》:"此言人如各隨其自己現有之成心而師之,則
人皆有師,何必知代而自心取之?聖人有之,即愚者亦有也。"錢
穆《纂箋》:"蓋愚者雖不知化,亦能自取己心,惟一成不化耳。"王
叔岷《校詮》:"愚者亦有成心也。"

⑤未成乎心:未按照成心判斷。郭象注:"未成乎心,是非何由生
哉?"成玄英疏:"言心必也未生,是非從何而有?" 越:越國,今
浙江會稽一帶。成玄英疏:"吳越路遙,必須積旬方達,今朝發途,
昨日何由至哉?"章案:此句意涵有二:其一,命題"今日適越而昔
至"爲一悖論,本是惠施以及名家的一個辯題。名家用與經驗事
實明顯不符的命題,例如"白馬非馬"、"山比路平"等,討論其中
邏輯和語意,有很高的學術意義。未按照"成心"判斷是非則如
"今日適越而昔至",與經驗事實不符合,表明不可能;其二,按
"成心"判斷是非,則非是"今日適越而昔至",或可曰"今日適越
而明日至"。但是,名家之此種論辯,既與經驗事實不符,因而也
自然在"成心"判斷之外,與"成心"無關。故以"成心"判斷是非,
實質上與"今日適越而昔至"本身毫無關係。以此比喻,又是一個
悖論。蔣錫昌《齊物論校釋》云:"此乃辯者所有之心,而不成之
自然者也。"與此意大略相近。

⑥禹:夏禹,傳爲夏代開國帝王。郭象注:"理無是非,而惑者以爲
有,此以無有爲有也。"成玄英疏:"夏禹,字文命,鯀子,啓父也。"
王先謙《集解》:"無而爲有,雖禹之智,不能解悟。"

夫言非吹也①,言者有言,其所言者特未定也②。果有言

邪？其未嘗有言邪③？其以爲異於鷇音④，亦有辯乎？其無辯乎⑤？道惡乎隱而有真僞⑥？言惡乎隱而有是非？道惡乎往而不存⑦？言惡乎存而不可⑧？道隱於小成⑨，言隱於榮華⑩。故有儒墨之是非⑪，以是其所非而非其所是⑫。欲是其所非而非其所是，則莫若以明⑬。

【校注】

①吹：風吹。陸德明《釋文》：“崔云：‘吹，猶籟也。’”成玄英疏：“夫名言之與風吹，皆是聲法，而言必有詮辯，故曰有言。”蔣錫昌《齊物論校釋》：“言出機心，吹發自然，二者不同，故曰言非吹也。”錢穆《纂箋》引宣穎曰：“天籟自然，言非其比。”章案：《莊子》以下所論涉及語言與意義之關係，並延伸及諸子各家之論争。

②所言者：言説之對象。郭象注：“我以爲是而彼以爲非，彼之所是，我又非之，故未定也。”

③其：猶“抑”。郭象注：“以爲有言邪？然未足以有所定。以爲無言邪？則據己已有言。”王叔岷《校詮》：“案其猶抑也，下文‘其無辯乎’亦同例。”

④鷇（kòu）音：雛鳥剛破殼時之鳴叫。陸德明《釋文》：“鷇，司馬云：‘鳥子欲出者也。’”成玄英疏：“鳥子欲出卵中而鳴，謂之鷇音也，言亦帶殼曰鷇。”

⑤辯：别也。郭象注：“夫言與鷇音，其致一也。有辯無辯，誠未可定也。”成玄英疏：“彼此偏執，不定是非，亦何異鷇鳥之音，有聲無辯！故將言説異於鷇音者，恐未足以爲别者也。”

⑥惡（wū）：何。成玄英疏：“惡乎，謂於何也。”王叔岷《校詮》：“此文‘惡乎’亦猶‘何所’也。”　隱：隱藏，逃匿。成玄英疏：“虛通至道，非真非僞，於何逃匿而真僞生焉？”

⑦存：存在。成玄英疏：“存，在也。”

⑧可：認可，確定。郭象注：“皆可。”成玄英疏：“故可是可非，而非

非非是者也。"

⑨小成:相對於"大成"而言。郭象注:"真僞是非者,行於榮華而止
　於實當,見於小成而滅於大全也。"成玄英疏:"小成者,謂仁義五
　德。小道而有所成得者,謂之小成也。"王先謙《集解》:"小成,謂
　各執所成以爲道,不知道之大也。"蔣錫昌《齊物論校釋》:"'小
　成'爲'大成'之對。……蓋莊子以無功無名爲大成,如《逍遥遊》
　所謂'至人無己,神人無功,聖人無名'者是。以有功有名爲小
　成。"王叔岷《校詮》:"顔之推《觀我生賦》:'大道廢而日隱。'取隱
　蔽義較長。"章案:俗衆正是以爲那些所謂仁義道德的小成之中潛
　藏了道,就像人們習慣從浮華言辭中發現"大言"一樣,於是人間
　就有儒墨之是非論爭。其實則非。此亦《莊子》醒世之言。

⑩榮華:浮華之辭。成玄英疏:"榮華者,謂浮辯之辭、華美之言也。
　只爲滯於華辯,所以蔽隱至言。"王叔岷《校詮》:"唐玄宗《孝經
　序》:'道隱小成,言隱浮偽。'蓋以'浮偽'釋'榮華',是已。"

⑪是非:是非之辯論。蔣錫昌《齊物論校釋》:"此處儒墨,乃統兼其
　他各派辯士言之;以二派勢力最大,可爲各派之代表也。"

⑫是其所非:肯定他所否定的。是:肯定。非:否定。郭象注:"儒墨
　更相是非,而天下皆儒墨也。"王叔岷《校詮》:"儒愛有差等,墨愛
　無差等;儒信命,墨非命;儒重樂,墨非樂;儒厚葬,墨節葬;儒遠
　鬼,墨明鬼,所謂'是其所非,而非其所是'矣。"

⑬以:同"已",意即"止"、"棄"。　　明:明瞭,明白。　　莫若以明:
　意即不若放棄明白的判斷。此句注家歷來衆説紛紜,然皆難以通
　釋。此處採用樓宇烈先生《"莫若以明"釋》之説,可謂與字義文
　意皆可貫通。

物無非彼①,物無非是②。自彼則不見,自知則知之③。
故曰彼出於是,是亦因彼④。彼是方生之説也⑤。雖然,方生
方死,方死方生⑥;方可方不可,方不可方可⑦;因是因非,因非

因是⑧。是以聖人不由⑨，而照之于天⑩，亦因是也⑪。是亦彼也，彼亦是也⑫。彼亦一是非，此亦一是非⑬。果且有彼是乎哉⑭？果且無彼是乎哉？彼是莫得其偶⑮，謂之道樞⑯。樞始得其環中⑰，以應無窮。是亦一無窮，非亦一無窮也，故曰莫若以明。以指喻指之非指，不若以非指喻指之非指也⑱；以馬喻馬之非馬，不若以非馬喻馬之非馬也⑲。天地一指也，萬物一馬也⑳。

【校注】

①彼：對方，對象。王先謙《集解》："有對立，皆有彼此。"

②是：物本身。郭象注："物皆自是，故無非是。"錢穆《纂箋》："自我謂彼，自彼則爲是。"章案：西方哲學把存在物稱 being，意即"是者"。此處"是"與此義頗近，意指萬物本身。此句意謂，萬物或作爲人之對象存在，或作爲自身獨立存在。

③自彼：從對方之角度。郭象注："夫物之偏也，皆不見彼之所見，而獨自知其所知。"王先謙《集解》："觀人則眛，返觀即明。"章案：此句意謂，自他人之外在角度，則難解其義。自內在觀之，則自明其義。

④彼出於是：作爲對象的"彼"出自於它的存在"是"。　是亦因彼：也是憑藉對象"彼"而有作爲存在的"是"。成玄英疏："彼對於此，是待於非，文家之大體也。"章案：此處"彼"與"是"之關係，應是現象與本體之關係，也即中國哲學所謂"體用一如"之關係。

⑤方：方將。成玄英疏："方，方將也。言彼此是非，無異生死之説也。"王先謙《集解》："有此而後有彼，因彼而亦有此，乃彼此初生之説也。"錢穆《纂箋》："方生謂同時并起。"王叔岷《校詮》：" ' 彼是方生 ' 謂非、是相對而起也。"

⑥死：滅也。王先謙《集解》："然其説隨生隨滅，隨滅隨生，浮游無

定。”蔣錫昌《齊物論校釋》：“《天下》‘惠施多方……日方中方睨，
方生方死’，是此文‘方生’，即惠施‘方生方死’之説。下文‘方生
方死’，引其全文，可證。辯者視時間如流水，永不停留，故日方正
中，便以西斜……莊子妙在即以辯者之説，證明是非一有對待，即
無窮時，所謂‘以子之矛，攻子之盾’也。”案：此句意謂，生滅相
對，此生彼滅，此滅彼生。亦有佛家禪宗“説似一物即不中”之意。

⑦可：認可。王先謙《集解》：“言可，即有以爲不可者；言不可，即有
以爲可者。可不可，即是非也。”王叔岷《校詮》：“可、不可相對而
生，亦相對而滅，亦猶是與非耳。”

⑧因：原由。王先謙《集解》：“有因而是者，即有因而非者；有因而
非者，即有因而是者。既有彼此，則是非之生無窮。”錢穆《纂箋》
引胡遠濬曰：“因者，相因待之意。謂是非相待而生。”

⑨由：用也。成玄英疏：“聖人達悟，不由是得非。”錢穆《纂箋》引吳
汝綸曰：“由，用也。”王叔岷《校詮》：“《廣雅·釋詁四》：‘由，
用也。’”

⑩照：明照，指引。王先謙《集解》：“照，明也。”王叔岷《校詮》：“《説
文》：‘照，明也。’”　天：指自然。成玄英疏：“天，自然也。”王先
謙《集解》：“但明之於自然之天，無所用其是非。”錢穆《纂箋》引
吳汝綸曰：“不用而寓諸庸，即照於天之説也。”

⑪是：同“此”，代詞，指上述之理。郭象注：“故不由是非之塗而是
非無患不當者，直明其天然而無所奪故也。”王先謙《集解》：“是，
此也。因此是非無窮，故不由之。”王叔岷《校詮》：“‘因是’，指上
句‘不由而照之於天’。”

⑫是：此也。郭象注：“我亦爲彼所彼，彼亦自以爲是。”

⑬是非：是非之辯。郭象注：“此亦自是而非彼，彼亦自是而非此，此
與彼各有一是一非於體中也。”

⑭彼是：意指物本身與作爲對象之物，即前文“物無非彼，物無非是”

之含義。王先謙《集解》：“分則有彼此，合則無彼此。”

⑮偶：對也，亦爲二。郭象注：“偶，對也。”錢穆《纂箋》引馬其昶曰：
“彼是者，我見所生，是彼非此，有方所而對待起，所謂偶也。”章
案：此句意應爲：由於“彼”與“是”爲對象與物本身之關係，故不
能分離爲二，而應同時存在。分別而論“彼”與“是”者，將永遠莫
衷一是。由此延伸至一切分別與是非之論，皆徒勞之爲。馬氏解
雖近之，然未盡其義。

⑯樞：樞紐，要害。陸德明《釋文》：“樞，要也。”成玄英疏：“夫絕待
獨化，道之本始，爲學之要，故謂之樞。”蔣錫昌《齊物論校釋》：
“‘樞’即户樞，乃門上兩端之圓木，可以左右旋轉，以爲啓閉之
用者。”

⑰環中：空也，喻道。郭象注：“是非反覆，相尋無窮，故謂之環。環
中，空也；今以是非爲環而得其中者，無是無非也。無是無非，故
能應夫是非。是非無窮，故應亦無窮。”郭慶藩《集釋》引唐湛然
《止觀輔行傳》宏決引《莊子古注》曰：“以圓環内空體無際，故曰
環中。”錢穆《纂箋》引朱熹曰：“老子云：‘當其無，有車之用。’無
是轂中空處，惟其中空，故能受軸而運轉不窮，亦此意。”王叔岷
《校詮》：“環中空虚，《人間世篇》云：‘唯道集虚。’得空虚之道，以
應無窮之是非，正樞要所在也。”

⑱指：指示，即“能指”。蔣錫昌《齊物論校釋》：“《公孫龍子·指物
論》：‘物莫非指，而指非指。’即此所謂‘以指喻指之非指’也。”章
案：瑞士語言學家索緒爾認爲，語言與事物的關係，即是“能指”與
“所指”之關係。“能指”之意義即是“所指”。“能指”與“所指”
亦無法分開。例如：“豬”這個字，即指向一種長嘴大耳朵之家畜。
“豬”這個字是“能指”，那個長嘴大耳朵的家畜是“所指”。然而，
此處《莊子》認爲，作爲語詞的“能指”，是不能完全符合作爲“所
指”之事物本身的。下文以“馬”論證。

⑲馬：作爲語詞的"馬"是一個"能指"，作爲實體的"馬"則爲"所指"。蔣錫昌《齊物論校釋》："《公孫龍子·白馬論》：'白馬非馬……'此即所謂'以馬喻馬之非馬'也。"章案：《莊子》此處討論的"指"與"馬"之關係，自然與公孫龍子的"白馬非馬"命題相關。然而，《莊子》此處表達的思想，却不囿於"白馬非馬"命題。《莊子》認爲，用"馬"這個字來指一種能够用於騎射、運輸、耕地的牲畜，並非完全恰當，尤其從語義來說，不能達到"馬"這個字意涵的完滿實現和完全自洽。因爲，第一，漢字"馬"也是一個姓氏，姓馬的人與那種叫"馬"的牲畜之間絕不能簡單等同；其次，漢字"馬"與那種牲畜之間也無根本的聯繫，最多只是約定俗成而已，比如英文可以叫"horse"；第三，如果我們定義"馬"是那種牲畜，實際上又限制和遮蔽了這種牲畜的其他意義。例如，這種牲畜既是一種"動物"，也是一種農耕的"工具"，又是一種騎兵的"裝備"，還是一種雪橇的"動力"，等等。此種情形即禪宗所謂"説似一物即不中"之理。既然用語詞"馬"不能完全準確指稱那種名爲馬的牲畜，那麼還不如用"非馬"來指稱它。《莊子》這個思想與二十世紀法國哲學家德里達的解構哲學頗爲相近。

⑳天地一指也，萬物一馬也：此句意謂，"天地"與"萬物"之間，無非就是"能指"與"所指"之關係。"天地"與"萬物"、"一指"與"一馬"實爲互文。王先謙《集解》："天地雖大，特一指耳；萬物雖紛，特一馬耳。"意近之。

可乎可①，不可乎不可。道行之而成②，物謂之而然③。惡乎然？然於然。惡乎不然？不然於不然④。物固有所然，物固有所可。無物不然，無物不可⑤。故爲是舉莛與楹⑥，厲與西施⑦，恢恑憰怪⑧，道通爲一⑨。其分也，成也；其成也，毀也⑩。凡物無成與毀，復通爲一。唯達者知通爲一⑪，爲是不用而寓諸庸⑫。庸也者，用也；用也者，通也；通也者，得也⑬；適得而幾矣⑭。因是已⑮。已而不知其然，謂之道⑯。勞神明爲一而不知其同也，謂之朝三⑰。何謂朝三？曰：狙公賦芋⑱，曰："朝三而莫四⑲。"衆狙皆怒。曰："然則朝四而莫三。"衆狙皆悦。名實未虧而喜怒爲用⑳，亦因是也。是以聖人和之以是非而休乎天鈞㉑，是之謂兩行㉒。

【校注】

①可：認可，同意。郭象注："可於己者，即謂之可。"成玄英疏："順其意者則謂之可。"蔣錫昌《齊物論校釋》："莊子以爲：可乎？自有其可之理。"

②道：本意爲"道路"，亦可引申爲"大道"。成玄英疏："大道曠蕩，亭毒含靈，周行萬物，無不成就。"王先謙《集解》："宣云：'道，路也。'案：行之而成，《孟子》所云'用之而成路'也。"

③謂：稱謂，名謂，動詞。　然：認可，確定。王先謙《集解》："凡物稱之而名立，非先固有此名也。"

④惡(wū)：何也。王叔岷《校詮》："'惡乎'猶'何所'。"　然於然：然有然之理。王先謙《集解》："有然者，即從而皆然之。何以謂之不然？有不然者，即從而皆不然之。隨人爲是非也。"錢穆《纂箋》引馬其昶曰："各有所行以成其道，各謂其物爲然。而異己者爲不然，皆私也。非真是所在。"蔣錫昌《齊物論校釋》："惡乎然？自有其然之理。"

⑤固：固然。郭象注："各然其所然，各可其所可。"王先謙《集解》："論物之初，固有然有可，如指爲指、馬爲馬是也。論物之後起，則不正之名多矣，若變易名稱，無不然，無不可，如指非指，馬非馬，何不可聽人謂之？"章案：名與物，即"能指"與"所指"不是確定、穩定之關係，故事物固然有名稱，但名稱又不能完全涵蓋事物。

因此有"有所然,有所可",亦有"無所然,無所可"。《莊子》由名與物,即語言與事物之間關係的空隙、鬆散甚至模糊,闡明建築在此之上的一切論辯都不可能有一個真理性的結論,表述了一種深刻的懷疑論思想。下文一些有關名與實論辯皆由此而來。另,此處文字風格亦是《莊子》之獨特文風,以重複、反問使問題逐漸尖銳、深化。

⑥莛(tíng):草莖。郭慶藩《集釋》引俞樾曰:"《説文》:'莛,莖也。'……《漢書·東方朔傳》'以莛撞鐘',《文選·答客難篇》莛作筳。李注引《説苑》曰:'建天下之鳴鐘,撞之以筳,豈能發其聲哉!'筳與莛通。是古書言莛者,謂其小也。"　楹:屋柱。陸德明《釋文》:"楹音盈,司馬云:'屋柱也。'"郭慶藩《集釋》:"莛、楹以大小言。"

⑦厲:惡也。陸德明《釋文》:"惡也。李音賴。司馬云:'病癩。'"成玄英疏:"厲,病醜人也。"王叔岷《校詮》:"厲借爲癘,《説文》:'癘,惡疾也。'俗作癩。《天地篇》'厲之人',亦同例。"　西施:春秋時著名美女。陸德明《釋文》:"句踐所獻吳王美女也。"郭慶藩《集釋》引俞樾曰:"厲、西施以好醜言。"

⑧恢:恢弘,寬大。陸德明《釋文》:"大也。"成玄英疏:"恢者,寬大之名。"　恑:同"詭"。成玄英疏:"恑者,奇變之稱。"錢穆《纂箋》:"盧文弨曰:'恑與詭同。'"　憰:乖變。陸德明《釋文》:"李云:'憰,乖也。'"成玄英疏:"憰者,矯詐之心。"王叔岷《校詮》:"《説文》:'憰,權詐也。'段注:'此與言部譎音義皆同,蓋彼以言,此以心。'"　怪:怪異。陸德明《釋文》引李頤云:"怪,異也。"成玄英疏:"怪者,妖異之物。"

⑨一:同一,一樣。郭象注:"理雖萬殊而性同得,故曰道通爲一也。"王先謙《集解》:"自知道者觀之,皆可通而爲一,不必異視。"

⑩分:分別,分辨。　成:成立。郭象注:"我之所謂成而彼或謂之

毀。”蔣錫昌《齊物論校釋》：“此言物論有是必有非，猶物有分必
有成，有成必有毀也。”王叔岷《校詮》：“《庚桑楚篇》亦云：‘道通，
其分也，成也；其成也，毀也。’”章案：《莊子》此處指人們對於事
物的認識而言。認識事物，首先從分辨事物開始，譬如天地人物、
鳥獸魚蟲、男女老少，等等，此即“成”之含義。然而這種認識一旦
成立，真知就被遮蔽了，此即“毀”之含義。下文“凡物無成與
毀”，意指事物本身。“分”則是人們爲了方便認識事物而用範
疇、概念加諸事物之上者。此意與後文“古之人，其知有所至矣。
惡乎至？有以爲未始有物者，至矣，盡矣，不可以加矣。其次以爲
有物矣，而未始有封也。其次以爲有封焉，而未始有是非也”之意
義，亦一以貫之。

⑪達者：通達者，意即得道者。成玄英疏：“唯當達道之夫，凝神玄
鑒，故能去彼二偏，通而爲一。”王先謙《集解》：“唯達道者能一
視之。”

⑫是：此，指“一”，即道。蔣錫昌《齊物論校釋》：“‘是’者即‘一’，
亦即道也。”　庸：常也，用也。成玄英疏：“庸，用也。”王先謙
《集解》：“爲是不用而寓諸尋常之理。”蔣錫昌《齊物論校釋》：
“庸，平庸也，爲無知無用之義。”錢穆《纂箋》：“嚴復曰：‘庸，常
也，用也。’”

⑬得：意謂得道。成玄英疏：“是以應感無心，靈通不滯，可謂冥真體
道，得玄珠於赤水者也。”王先謙《集解》：“觀其通，則自得。”

⑭幾：庶幾。王先謙《集解》：“適然自得，則幾於道也。”王叔岷《校
詮》：“幾，庶幾也。‘幾矣’，謂庶幾於道也。”

⑮因：因任。郭象注：“達者因而不作。”成玄英疏：“夫達道之士，無
作無心，故能因是非而無是非，循彼我而無彼我。”王先謙《集
解》：“因，任也。任天之謂也。”　已：猶“也”。王叔岷《校詮》：
“上下文並云：‘亦因是也。’‘已’猶‘也’也。”

⑯已而：連接詞。成玄英疏：“已而者，仍前生後之辭也。”蔣錫昌《齊物論校釋》：“‘已’上承上文而省‘因是’二字，猶言‘因是已，而不知其然，謂之道’。此乃《莊子》省字法也。《養生主》‘有涯隨無涯，殆已。已而爲知者，殆而已矣’，猶言‘殆已而爲知者，殆而已矣’也。”王叔岷《校詮》引王引之曰：“《爾雅》曰：‘已，此也。’《莊子·齊物論篇》曰：‘已而不知其然，謂之道。’已字承上文而言，言此而不知其然也。《養生主篇》曰：‘已而爲知者，殆而已矣。’言此而爲知者也。”

⑰勞：操勞，費心。　神明：意指世俗之聰明智慧。王叔岷《校詮》：“神明，精神也。”　一：即上文“道通爲一”之“一”。郭象注：“夫達者之於一，豈勞神哉？”王先謙《集解》：“若勞神明以求一，而不知其本同也，是囿於目前之一隅，與‘朝三’之說何異乎？”錢穆《纂箋》：“胡遠濬曰：‘勞神明爲一，惠子是也。’”王叔岷《校詮》：“爲猶於也。一、同互文，一猶同也。”

⑱狙公：養猴者。陸德明《釋文》：“崔云：‘養猨狙者也。’……《廣雅》云：‘狙，獼猴。’”　賦：給予。成玄英疏：“賦，付與也。”　芧(xù)：橡子。陸德明《釋文》：“司馬云：‘橡子也。’”

⑲莫：同“暮”。陸德明《釋文》：“司馬云：‘朝三升，暮四升也。’”王叔岷《校詮》：“莫、暮正俗字。”

⑳名：名義，名稱。　實：果實，亦指實在、實質。　虧：虧損，短缺。王叔岷《校詮》：“名七升實亦七升，狙公通達善因，故能轉衆狙之怒爲喜。諸子百家之爭鳴，此亦一是非，彼亦一是非，亦不過如朝三暮四、朝四暮三之理而已。”

㉑天鈞：天然均衡。陸德明《釋文》：“‘鈞’本又作‘均’。”成玄英疏：“天均者，自然均平之理也。”蔣錫昌《齊物論校釋》：“‘鈞’爲‘均’字之借。‘天均’即自然之均齊。”

㉒兩行：並行，意謂不介入是非。郭象注：“任天下之是非。”成玄英

疏:"不離是非而得無是非,故謂之兩行。"王先謙《集解》:"物與我各得其所,是兩行也。"蔣錫昌《齊物論校釋》:"休乎自然之均齊,是之謂任是非之兩行也。"

古之人,其知有所至矣①。惡乎至?有以爲未始有物者②,至矣,盡矣,不可以加矣。其次以爲有物矣,而未始有封也③。其次以爲有封焉,而未始有是非也。是非之彰也④,道之所以虧也。道之所以虧,愛之所以成⑤。果且有成與虧乎哉?果且無成與虧乎哉?有成與虧,故昭氏之鼓琴也⑥;無成與虧,故昭氏之不鼓琴也。昭文之鼓琴也,師曠之枝策也⑦,惠子之據梧也⑧,三子之知幾乎⑨,皆其盛者也,故載之末年⑩。唯其好之也,以異於彼⑪。其好之也,欲以明之⑫。彼非所明而明之,故以堅白之昧終⑬。而其子又以文之綸終⑭,終身無成。若是而可謂成乎?雖我亦成也⑮。若是而不可謂成乎?物與我無成也⑯。是故滑疑之耀⑰,聖人之所圖也⑱。爲是不用而寓諸庸,此之謂以明⑲。

## 【校注】

①至:極限。成玄英疏:"至,造極之名也。"王叔岷《校詮》:"《史記·春申君傳》:'臣聞物至則反。'《正義》:'至,極也。'"

②惡(wū):何也。　未始有物:未曾有物,即萬物出現之前。郭象注:"此忘天地,遺萬物,外不察乎宇宙,內不覺其一身。"成玄英疏:"未始,猶未曾。"蔣錫昌《齊物論校釋》:"此謂原夫天地之始,一切無有;此唯古之至人有此最高智慧而瞭解之。"王叔岷《校詮》:"《史記·陸賈傳》:'自天地剖泮,未始有也。'《漢紀》四'未始'作'未曾'。是始、曾同義。"章案:《莊子》此處把知識分爲幾種層次或境界,謂混沌無知爲最高知識境界。

③封:區域,界限。王先謙《集解》:"封,界域也。其次見爲有物,尚

無彼此。"蔣錫昌《齊物論校釋》:"《説文》:'封,爵諸侯之土也。'
段注:'引申爲凡畛域之稱。'下文:'夫道未始有封……爲是而有
畛也。''封'即'畛'誼,乃指彼此人我之分界而言。"章案:《莊子》
認爲,雖知有物,但不能分辨物,爲次一級知識境界;再次一級知
識境界爲雖知分辨,不知是非;而明辨是非爲最下一級知識境界。

④彰:彰顯。王先謙《集解》:"見是非,則道之渾然者傷矣。"

⑤愛:與"好"義近,指愛好、鍾情。成玄英疏:"虛玄之道,既以虧
損,愛染之情,於是乎成著矣。"王先謙《集解》:"私愛以是非而
成。"蔣錫昌《齊物論校釋》:"'愛'即百家(尤其是辯士)個人特別
之'好',如下文所謂'昭文之鼓琴','師曠之枝策','惠子之據
梧',皆是也。"

⑥故:此,即。錢穆《纂箋》:"章炳麟曰:'故,此也。'"蔣錫昌《齊物
論校釋》:"《經傳釋詞》:'故,猶則也。'《廣雅》:'則,即也。'是
'故'即'即',亦即口語之'就是'。"亦通。　昭氏:古代音樂家。
成玄英疏:"姓昭,名文,古之善鼓琴者也。夫昭氏鼓琴,雖云巧
妙,而鼓商則喪角,揮宮則失徵,未若置而不鼓,則五音自全。"蔣
錫昌《齊物論校釋》:"此謂有成與虧,就是昭氏之鼓琴;無成與
虧,就是昭氏之不鼓琴。"

⑦師曠:古代著名音樂家。成玄英疏:"師曠,字子野,晉平公樂師,
甚知音律。"　枝策:持杖擊節。蔣錫昌《齊物論校釋》:"'枝'借
爲'支',《世説》二五注引'枝'作'支'可證。《説文》:'支,去竹
之枝也,從手持半竹。'支有持義,故可訓持。《後漢書·蘇竟傳》
注:'支,持也。'……《説文》:'策,馬箠也。'馬箠即馬杖。此'策'
乃用爲普通竹杖之義。'枝策'者,言師曠爲晉平公樂師,深知音
律,故持杖以擊節也。"

⑧據梧:憑據梧几。郭象注:"據梧而瞑。"成玄英疏:"言據梧者,只
是以梧几而據之談説,猶'隱几'者也。"蔣錫昌《齊物論校釋》:

“《德充符》‘據槁梧而瞑’,謂據槁梧之機而瞑也。”

⑨幾:庶幾。王先謙《集解》:“言昭善鼓琴,曠知音律,惠談名理,三子之智,其庶幾乎!”王叔岷《校詮》:“幾,庶幾也。”

⑩盛:成也。錢穆《纂箋》:“奚侗曰:‘盛當作成。’”王叔岷《校詮》:“其猶有也,盛借爲成,‘其盛’猶‘有成’。(《徐无鬼篇》:‘請只風與日相與守河,而河以爲未始其攖也。’其,亦猶有也。)”　載:從事。錢穆《纂箋》:“釋德清曰:‘言從事以終身。’奚侗曰:‘載,事也。’姚永樸曰:‘《小爾雅》:載,行也。’”　末年:終世。錢穆《纂箋》引姚永樸曰:“末年,猶云終世。”

⑪其:指三子。成玄英疏:“三子各以己之所好,耽而翫之。”王先謙《集解》:“‘唯其好之’四語,專承善辯者言。”　彼:別人,衆人。郭象注:“言此三子,唯獨好其所明,自以殊於衆人。”錢穆《纂箋》引錢澄之曰:“既自己以爲成,有異於人矣。”

⑫明:明示。郭象注:“明示衆人,欲使同乎我之所好。”王先謙《集解》引宣穎曰:“惟自以爲異於人,且欲以曉於人。”錢穆《纂箋》引錢澄之曰:“又欲明之於人,明己之成,所以見彼之虧也。”

⑬彼:衆人。成玄英疏:“彼,衆人也。所明,道術也。”　堅白:公孫龍之“堅白論”。陸德明《釋文》:“司馬云:‘謂堅石、白馬之辯也。’”成玄英疏:“白,即公孫龍守白馬論也。姓公孫,名龍,趙人。當六國時,弟子孔穿之徒,堅執此論,橫行天下,服衆人之口,不服衆人之心。”　昧:闇昧。郭象注:“彼竟不明,故己之道術終於昧然也。”章案:此爲公孫龍一著名辯題。一塊石頭,質地堅硬,表面爲白,故常人稱之爲白石。然而公孫龍《堅白論》云:“‘堅’、‘白’、‘石’,三,可乎?曰:不可。二,可乎?曰:可。曰:何哉?曰:無‘堅’得‘白’,其舉也二;無‘白’得‘堅’,其舉也二。……視不得其所堅而得其所白者,無堅也;拊不得其所白而得其所堅者,無白也。……一一不相盈,故離。”意謂“堅”與“白”不能同時並

列,是所謂"離堅白"之謂也。此命題以對於常識極富挑戰性的方式,提出邏輯學問題。《莊子》以此批評名家,乃至懷疑一切學術論爭,終爲無果之爭。

⑭綸:緒餘。郭象注:"昭文之子又乃終文之緒,亦卒不成。"成玄英疏:"綸,緒也。言昭文之子亦乃荷其父業,終其綸緒,卒其年命,竟無所成。"王叔岷《校詮》:"昭文鼓琴有成,其子但得其緒餘,故無成也。"

⑮是:指三子之事。郭象注:"若三子而可謂成,則雖我之不成亦可謂成也。" 我:衆人。成玄英疏:"我,衆人也。"

⑯物:外在世界。錢穆《纂箋》:"馬其昶曰:'各私一我,皆可謂成。兼物與我,無所謂成也。'嚴復曰:'不獨人道如是,而造化尤然。日月經天,江河行地,寒暑推遷,晝夜相代,萬物成毀生滅於此區區一丸之中。來無始,去無終。問彼真宰,何因爲是,雖有大聖,無能答也。'"王先謙《集解》:"當知以我逐物,皆是無成也。"

⑮滑(gǔ)疑:亂也。陸德明《釋文》:"司馬云:'亂也。'"錢穆《纂箋》引吳汝綸曰:"滑疑,即滑稽也。《史記》:'滑稽多智。'顏師古說:'滑,亂也。稽,疑也。'《索隱》引鄒誕曰:'言是若非,言非若是,能亂同異也。'"王叔岷《校詮》:"滑稽,蓋多智貌。" 耀:顯耀,炫耀。王先謙《集解》:"道雖亂,而足以眩耀世人,故曰'滑疑之耀'。"

⑯圖:同"鄙"。王叔岷《校詮》:"圖當作啚,古鄙字。(李勉君有此說。)此謂炫耀多智,乃聖人之所鄙也。"

⑰以明:止明。參見"莫若以明"注。

今且有言於此①,不知其與是類乎②?其與是不類乎?類與不類,相與爲類,則與彼無以異矣③。雖然,請嘗言之④。有始也者⑤,有未始有始也者⑥,有未始有夫未始有始也者⑦。有有也者,有無也者,有未始有無也者,有未始有夫未始有無也者⑧。俄而有無矣，而未知有無之果孰有孰無也⑨。今我則已有謂矣⑩，而未知吾所謂之其果有謂乎，其果無謂乎⑪？天下莫大於秋豪之末，而大山爲小⑫；莫壽乎殤子，而彭祖爲夭⑬。天地與我並生，而萬物與我爲一⑭。既已爲一矣，且得有言乎⑮？既已謂之一矣，且得無言乎⑯？一與言爲二，二與一爲三⑰。自此以往，巧歷不能得，而況其凡乎⑱！故自無適有以至於三，而況自有適有乎⑲！無適焉，因是已⑳。

## 【校注】

①言：《莊子》下面將述之語。蔣錫昌《齊物論校釋》：“此‘言’即指下文‘雖然，請嘗言之’至‘其果無謂乎’一段之語而言。”王叔岷《校詮》：“且，假設之詞。(《經傳釋詞》八有説。)《莊子》不欲至言之也。”

②是：意指是非之論。郭象注：“今以言無是非，則不知其與言有者類乎不類？”成玄英疏：“類者，輩徒相似之類也。”

③彼：意指是非之論。郭象注：“欲爲之類，則我以無爲是，而彼以無爲非，斯不類矣。然此雖是非不同，亦固未免於有是非也，則與彼類矣。故曰類與不類又相與爲類，則與彼無以異也。”

④嘗：嘗試。郭象注：“至理無言，言則與類，故試寄言之。”成玄英疏：“嘗，試也。”蔣錫昌《齊物論校釋》：“莊子於此文曰‘今且有言於此’，於下文曰‘請嘗言之’，皆明其言之不得已，非如辯者之言不休也。”

⑤始：初始，起始，意指宇宙混沌初開。蔣錫昌《齊物論校釋》：“‘始’即《老子》一章‘無名，天地之始’之始，謂天地之始也。”

⑥未始有始：意指“有始”之前。蔣錫昌《齊物論校釋》：“‘未始有始’謂天地之始之前也。”

⑦未始有夫未始：意指“未始有始”之前。蔣錫昌《齊物論校釋》：

"'未始有夫未始有始'謂天地之前之再前也。"王叔岷《校詮》："此分三層言之,即始、遣始、遣無始。"章案:《莊子》此處意在推論一個無限前置的起點。這一意圖不僅僅是追尋宇宙誕生的時間,而且是尋找建立知識的基礎。由於無論宇宙論證從何開始,都無法找到確定無疑的起點,因此證明知識建立是不可能的。《莊子》的這個論證是非常徹底的,並由此建立了其徹底的懷疑論。啓蒙時代的西方哲學家後來也認識到,從外在宇宙和世界來尋找知識論證起點是不可能的,於是轉向主體之內。笛卡爾以"我思"作爲一個不可否定的堅實起點,提出"我思故我在",作爲他的哲學展開的基礎,建立他的哲學體系,因此避免了《莊子》這裏提出的問題。可見《莊子》此處提出的問題是真正大哲學家所提出的問題,是關於知識論的一個根本問題。以下論述皆爲《莊子》闡述其徹底懷疑論之思想。

⑧有:指萬物。蔣錫昌《齊物論校釋》："'有'即《老子》四十章'天下萬物生於有'之'有',謂萬物之有也。" 無:指萬物誕生之前,即《老子》之"有生於無"之"無"。蔣錫昌《齊物論校釋》："'無'即《老子》四十章'有生於無'之'無',謂萬物之有生於無也。"王叔岷《校詮》："此分四層言之,即有、無、遣無、遣無無。《老子》四章:'天下萬物生於有,有生於無。'……由有推至無。《莊子》則由有推至遣無無,較《老子》高出兩層。"章案:此處推論與上文相似。

⑨俄而:忽而。成玄英疏："而言俄者,明即體即用,俄爾之間。"王先謙《集解》："忽而有有言者,有無言者。" 果:結果,終究。蔣錫昌《齊物論校釋》："此謂俄而世界演至'有''無'之期矣,然未知此'有'果可認爲真'有',此'無'果可認爲真'無'邪?蓋萬物之'有'與'無',不過爲一種自然之變化,其本身並無一定。"

⑩謂:指《莊子》之言。郭象注："謂無是非,即復有謂。"成玄英疏:

“謂,言也。莊生復無言也。理出有言之教,即前請嘗言之類是
也。”蔣錫昌《齊物論校釋》:“‘謂’即莊子自己之説也。言今我則
已有自己之説矣,而未知吾所説之其果有説乎? 其果無説乎?”

⑪有謂:合乎事物本身的言説。“無謂”義與此相反。成玄英疏:
“既寄此言以詮於理,未知斯言定有言耶? 定無言耶? 欲明理家
非默非言,教亦非無非有。”王先謙《集解》:“未知吾所言之果爲
有言乎? 其果爲無言乎? 合於道爲言,不合則有言與無言等。”錢
穆《纂箋》:“章炳麟曰:‘而此能詮,誠合於所詮否? 有無證明?
故復説言未知吾所謂之其果有謂乎? 其果無謂乎?’”蔣錫昌《齊
物論校釋》:“蓋前謂萬物有無不可認真,則名相既絶,言説亦無。
今莊子所有有説者,明其説之不得已也。”王叔岷《校詮》:“‘吾所
謂之’,之猶者也。‘其果無謂’,其猶抑也。”

⑫秋豪:秋天動物毫毛。“豪”同“毫”。陸德明《釋文》:“依字應作
毫。司馬云:‘兔毫在秋而成。’”王叔岷《校詮》:“豪、毫正俗
字。”　大山:泰山。郭象注:“夫以形相對,則大山大於秋豪也。
若各據其性分,物冥其極,則形大未爲有餘,形小不爲不足。苟各
足於其性,則秋豪不獨小其小,而太山不獨大其大矣。若以性足
爲大,則天下之足未有過於秋豪也;若性足者非大,則雖太山亦可
稱小矣,故曰‘天下莫大於秋毫之末,而太山爲小’。太山爲小,則
天下无大矣。秋豪爲大,則天下无小矣。无小无大,无壽无夭,是
以蟪蛄不羨大椿而欣然自得,斥鴳不貴天池而榮願以足。”陸德明
《釋文》:“大音泰。”成玄英疏:“秋時獸生毫毛,其末至微,故謂秋
豪之末也。”蔣錫昌《齊物論校釋》:“《秋水》:‘以差觀之,因其所
大而大之,則萬物莫不大;因其所小而小之,則萬物莫不小。知天
地之爲稊米也,知豪末之爲丘山也,則差數睹矣。’……此謂設彼
不見大山,只見秋豪之末,與小於豪末萬倍之物,則天下莫大於秋
豪之末矣。設彼不見豪末,只見大山,與大於大山萬倍之物,則大

山爲小矣。"王叔岷《校詮》:"《莊子》意在破世俗之大小、壽夭之執。然《莊子》之言亦不可執著,若必以秋毫爲大,大山爲小;殤子爲壽,彭祖爲夭,則又非《莊子》之旨矣。"章案:此句爲《莊子》名句之一,字面意義望而皆知,然其思想歷來衆説紛紜。郭象"性分説"爲最廣泛之解説。然而"天下莫大於秋豪之末"之思想邏輯爲何,皆語焉不詳。蔣錫昌引《秋水》闡發"差觀"説,頗近《莊子》意旨。《莊子》此處着重提出"視域"問題。如果一種微生物,它們生活在一個空間只有"秋豪之末"大小的微觀世界之中,所有的事物包括"泰山",當然都是小的。人之所以以泰山爲大,以秋豪之末爲小,那是以人的空間"視域"來衡量的。以下用生命的長短來揭示時間"視域"。

⑬殤子:夭折孩童。陸德明《釋文》:"殤子,短命者也。或云:年十九歲以下爲殤。"　彭祖:傳説爲長壽之人。王先謙《集解》:"此漆園所謂齊彭殤也。"章案:此句以生命長短揭示時間之中"視域"之差異,意旨與上句相同。意即如果有一種動物只有夭折的嬰兒的生命長度,那么再長的壽命(例如彭祖)它們也是無法認知的。

⑭一:一體。錢穆《纂箋》引章炳麟曰:"所謂一者何耶?《般若經》説,諸法一性,即是無性。諸法無性,即是一性。是故一即無見無相。何得有言?"蔣錫昌《齊物論校釋》:"《德充符》所謂:'自其同者視之,萬物皆一也。'莊子此文係言萬物之同。同即至人之道,乃莊子所據以'齊''物論'者也。"章案:"天地與我並生",關鍵在於"並生"二字,意謂"我"出世的時候,與"我"相關的世界才對"我"展示出來。在"我"出生之前,這個世界沒有對"我"展開;而當"我"死後,即離開這個世界,這個世界對於"我"來説,也就消失了。因此,"我"與這個世界是一體的,既同時誕生,亦同時消亡。次之,"我"亦爲此世界萬物中之一物,故與萬物具同等地位。

《莊子》這一思想與二十世紀德國哲學家海德格爾"此在"（Dasein）思想有諸多相通之處。

⑮言：言説，描述。郭象注："萬物萬形，同於自得，其得一也。已自一矣，理無所言。"王先謙《集解》："何所容其言？"蔣錫昌《齊物論校釋》："此言萬物既與我爲一矣，則忘懷一切，更復何言。"章案：言説、評論皆有對象，對於自我的言説亦是把自我作爲一個對象。然而，"我"既與萬物並生而成爲一體，即無對象，故無法對萬物進行評説。

⑯謂：稱説，論述。郭象注："既謂之一，即是有言矣。"蔣錫昌《齊物論校釋》："然我今既謂萬物與我爲一矣，則物難自述，亦豈可無言而不爲説明乎？"章案：《莊子》意謂，説出"天地與我爲一"，即已經言説了，如何能不言！

⑰二：其一爲"一"，其二爲"言一"。蔣錫昌《齊物論校釋》："'一'即上文'萬物與我爲一'之'一'，'言'即'一'之説明。"　三：一加二得之。成玄英疏："一既一矣，言又二之；有一有二，得不謂之三乎！"章案：《莊子》此處論證有名家之風。

⑱巧歷：精通曆算之人。　凡：凡俗之人。成玄英疏："假有善巧算曆之人，亦不能紀得其數，而況凡夫之類乎！"蔣錫昌《齊物論校釋》："此謂自此以往，'三'加'一'爲'四'，'四'加'一'爲'五'，以至無窮，縱有巧於曆算者，亦不能得其終，況常人乎。"章案：希臘哲學家亞里士多德批評柏拉圖的"第三人"説，與《莊子》此説推論頗爲一致。

⑲適：至，往。郭象注："夫一，無言也，而有言則至三。況尋其末數，其可窮乎！"成玄英疏："適，往也。"蔣錫昌《齊物論校釋》："此謂今我爲説明大道起見，已自'無言'至'有言'，而至於'三'，況辯士欲自'有言'至'有言'，則其末流所趨，可得窮邪？"

⑳無適：意謂止於論説。郭象注："各止於其所能，乃最是也。"錢穆

《纂箋》:"無適,即各止於彼我之分。"　　因是:因任。成玄英疏:
"故無所措意於往來,因循物性而已矣。"王先謙《集解》:"若其無
適,惟有因任而已。"錢穆《纂箋》:"亦即所謂休乎天鈞也。"
已:語氣詞。

夫道未始有封[1],言未始有常[2],爲是而有畛也[3],請言其
畛[4]:有左,有右,有倫,有義,有分,有辯,有競,有争,此之謂
八德[5]。六合之外,聖人存而不論[6];六合之内,聖人論而不
議[7]。春秋經世先王之志[8],聖人議而不辯。故分也者,有不
分也;辯也者,有不辯也。曰:何也? 聖人懷之[9],衆人辯之以
相示也[10]。故曰辯也者有不見也[11]。夫大道不稱[12],大辯不
言,大仁不仁,大廉不嗛[13],大勇不忮[14]。道昭而不道[15],言辯
而不及,仁常而不成[16],廉清而不信,勇忮而不成。五者園而
幾向方矣[17],故知止其所不知,至矣。孰知不言之辯,不道之
道? 若有能知,此之謂天府[18]。注焉而不滿,酌焉而不竭,而
不知其所由來,此之謂葆光[19]。

【校注】

①封:區域,界限。成玄英疏:"夫道無不在,所在皆無,蕩然無際,有
　何封域也。"章案:此段有些句義頗近儒家,故陸德明《釋文》曰:
　"崔云:'《齊物》七章,此連上章,而班固説在外篇。'"

②常:常定。郭象注:"彼此言之,故是非無定。"成玄英疏:"道理虚
　通,既無限域,故言教隨物,亦無常定也。"王叔岷《校詮》:"上文
　'言惡乎存而不可'。故無常也。"

③是:此。意指是非之論。　　畛:邊界。成玄英疏:"畛,界畔也。"
　蔣錫昌《齊物論校釋》:"儒墨之間,只緣爲了争一個'是'字,故有
　彼此人我之界,以致辯論不休也。"

④請:發語詞,亦爲謙詞。

⑤德:得也。成玄英疏:"德者,功用之名也。群生功用,轉變無窮,略而陳之,有此八種。"蔣錫昌《齊物論校釋》:"'左'指卑或下言,'右'指尊或上言;'倫'對疏戚言,'義'對貴賤言;此謂儒家所述人類關係,有此四種大別也。……'分'者爲分析萬物,《天下》所謂'判天地之美,析萬物之理'是也。'辯'者謂辯其所是,《天下》所謂'以堅、白、同、異之辯相訾'是也。'競'者謂競説不休,《天下》所謂'惠施不辭而應,不慮而對,徧爲萬物説,説而不休,多而無已,猶以爲寡,益之以怪'是也。'争'者謂争得勝利,《天下》所謂'欲以勝人爲名'是也。此所謂墨家(包括其他各派辯士)之術,有此四種大別也。此所謂儒墨之'畛',合而計之,有此八種也。"王叔岷《校詮》:"德者得也,各得一端耳。"章案:蔣氏所言雖有所據,然不可太確指,《莊子》所謂"八德"不僅僅限於儒墨,可泛指諸子百家。

⑥六合:天地和四方。成玄英疏:"六合者,謂天地四方也。"蔣錫昌《齊物論校釋》:"是六合之外,即人世之外。"　存:察也。錢穆《纂箋》:"王闓運曰:'存,察也。'"王叔岷《校詮》:"六合之外雖遠,不可不察,但不必論,論則失於空疏。"

⑦議:議論。成玄英疏:"聖人隨其機感,陳而應之。既曰馮虛,亦無可詳議。"王叔岷《校詮》:"六合之內既近,不可不論,但不必議,議則流於偏執。"章案:《莊子》此處"存"、"論"、"議"和下文"議而不辯"之"辯",爲一種遞進關係。"辯"爲清晰表述之最高級,"存"爲渾沌表述之最低級,而"論"、"議"在二者之間,"議"含有下判斷之意,比"論"又略微明晰。

⑧春秋:年代。成玄英疏:"春秋者,時代也。"王先謙《集解》:"春秋經世,謂有年時以經緯世事,非孔子所作《春秋》也。"章案:今甲骨文紀年有"春"、"秋"二字,而無"冬"、"夏"二字,故孔子用《春秋》紀年亦爲上古傳統。此處應指有文字紀年之時代,而非詳指

《春秋》之年代。　　經世：經世致用之意。蔣錫昌《齊物論校釋》："'經世'猶《外物》所謂'經於世'，言行於世也。"　　先王：古代帝王。成玄英疏："先王者，三皇五帝也。"　　志：記録。成玄英疏："誌，記也。夫祖述軒頊，憲章堯舜，記録時代，以爲典謨，軌轍蒼生，流傳人世。而聖人議論，利益當時，終不執是辯非，滯於陳迹。"蔣錫昌《齊物論校釋》："'春秋經世先王之志'，即'春秋先王經世之志'，與上文'大木百圍之竅穴'即'百圍大木之竅穴'詞例相仿，皆《莊子》倒句法也。"

⑨懷：懷藏。成玄英疏："夫達理聖人，冥心會道，故能懷藏物我，包括是非，枯木死灰，曾無分別矣。"王先謙《集解》："存之於心。"

⑩示：夸示。王先謙《集解》："相夸示。"王叔岷《校詮》："如惠施、公孫龍之徒，尤好辯以相示。"

⑪不見：不見別人之知。郭象注："不見彼之自辯，故辯己所知以示之。"

⑫稱：指稱，言説。王先謙《集解》："宣云：'無可名。'"章案：《老子》第四十一章"道隱無名"，即此意也。

⑬嗛（qiān）：同"謙"。蔣錫昌《齊物論校釋》："'嗛'，古'謙'字，謂謙讓也。《漢書·藝文志》：'易之嗛嗛。'顏師古注：'嗛字與謙同。'是其證也。"

⑭忮（zhì）：違逆。成玄英疏："忮，逆也。內蘊慈悲，外弘接物，故能俯順塵俗，惠救蒼生，虛己逗機，終無忤逆。"王叔岷《校詮》："《説文》：'忮，很也。'段注：'很者，不聽從也。'很，俗作狠。"

⑮昭：明也。成玄英疏："明己功名，炫耀於物，此乃淫僞，不是真道。"王先謙《集解》："以道炫物，必非真道。"蔣錫昌《齊物論校釋》："此謂道經説明，則失其真，《老子》一章謂'道可道，非常道'也。"王叔岷《校詮》："《知北遊篇》：'道不可見，見而非也。'"

⑯常：恒常。　　成：成全，周全。郭象注："常愛必不周。"蔣錫昌《齊

物論校釋》：“‘不成’者，即不成其仁之意。”又，錢穆《纂箋》：
“《闕誤》引或本‘成’作‘周’。”王叔岷《校詮》：“《列禦寇篇》‘仁
義多責’，郭注：‘天下皆望其愛，然愛之則有不周矣。’即本此文，
亦可證‘不成’爲‘不周’誤。”

⑰園：同“圓”。成玄英疏：“園，圓也。”　幾：近似。郭象注：“此五
者，皆以有爲傷當者也，不能止乎本性，而求外無己。夫外不可求
而求之，譬猶以圓學方，以魚慕鳥耳。”成玄英疏：“幾，近也。”章
案：《莊子》意謂，此五者皆爲不可說而說之，譬猶以圓說方也。

⑱天府：自然府藏。成玄英疏：“天，自然也。”王先謙《集解》：“宣
云：‘渾然之中，無所不藏。’”蔣錫昌《齊物論校釋》：“《德充符》
‘不可入於靈府’，郭注：‘靈府者，精神之宅也。’可知《莊子》‘府’
字，係指人心竅而言。‘天府’即自然之府藏，亦即大道之府藏，換
言之，即至人藏道之心竅也。”

⑲葆光：韜光養晦之意。陸德明《釋文》：“崔云：‘若有若无，謂之葆
光。’”成玄英疏：“葆，蔽也。”錢穆《纂箋》：“趙以夫曰：‘葆光，言
自晦其明也。’”王叔岷《校詮》：“葆光，蓋《老子》‘光而不耀’（五
十八章）之意。”

　　故昔者堯問於舜曰①：“我欲伐宗、膾、胥敖②，南面而不
釋然③。其故何也？”舜曰：“夫三子者，猶存乎蓬艾之間④。
若不釋然，何哉⑤？昔者十日並出，萬物皆照，而況德之進乎
日者乎⑥！”

【校注】

①故：發語詞。王叔岷《校詮》：“故，發端之詞。俞樾云：‘故者，承
上之詞也。古人亦或用以發端。’（《古書疑義舉例》卷四）”章案：
此處堯與舜對話於史無徵，亦爲寓言。

②宗、膾（kuài）、胥敖：傳說堯時小國名。成玄英疏：“宗、膾、胥敖，

是堯時小蕃三國號也。"蔣錫昌《齊物論校釋》引孫詒讓曰："《人間世篇》云：'昔堯攻叢枝、胥敖。'宗膾當即叢枝。《荀子・議兵篇》云：'《書》曰：放驩兜於崇山。'宗即崇之叚字。"王叔岷《校詮》："朱亦棟曰：'胥敖二字切音爲苗，即三苗也。'"

③南面：稱君之位。成玄英疏："南面，君位也。"　釋然：輕鬆愉悦。成玄英疏："釋然，怡悦貌也。"蔣錫昌《齊物論校釋》引馬叙倫曰："'釋'讀爲'懌'。《説文》無'懌'字，古書多以'釋'爲之，後文隨義別之。"

④三子：指三國之君。成玄英疏："三子，即三國之君也。"　蓬艾：兩種草名。比喻三國君所處低賤。郭象注："蓬艾乃三子之妙處也。"王叔岷《校詮》："蓬艾之間，卑賤之地。"

⑤若：你。成玄英疏："言蓬艾賤草，斥鴳足以逍遥，況蕃國雖卑，三子足以存養，乃不釋然，有何意謂也?"蔣錫昌《齊物論校釋》："若，汝也。"

⑥進：超過。郭象注："夫日月雖無私於照，猶有所不及，德則無不得也。而今欲奪蓬艾之願而伐使從己，於至道豈弘哉! 故不釋然神解耳。"成玄英疏："進，過也。"王叔岷《校詮》："日，有形。德，無形。此謂有形之日出，萬物自無不得其所矣。"章案：此句意謂，堯本可以德懷遠，德之光輝遠超過太陽，含責備堯攻伐小國之意。

　　齧缺問乎王倪曰①："子知物之所同是乎②?"曰："吾惡乎知之③!""子知子之所不知邪?"曰："吾惡乎知之!""然則物無知邪?"曰："吾惡乎知之! 雖然，嘗試言之。庸詎知吾所謂知之非不知邪④? 庸詎知吾所謂不知之非知邪? 且吾嘗試問乎女⑤：民溼寢則腰疾偏死⑥，鰌然乎哉⑦? 木處則惴慄恂懼⑧，猨猴然乎哉? 三者孰知正處⑨? 民食芻豢⑩，麋鹿食薦⑪，蝍且甘帶⑫，鴟鴉耆鼠⑬，四者孰知正味⑭? 猨猵狙以爲

雌⑮,麋與鹿交⑯,鰌與魚游。毛嬙麗姬⑰,人之所美也,魚見
之深入,鳥見之高飛,麋鹿見之決驟⑱。四者孰知天下之正色
哉⑲? 自我觀之,仁義之端,是非之塗,樊然殽亂⑳,吾惡能知
其辯!齧缺曰:"子不知利害,則至人固不知利害乎?"王倪
曰:"至人神矣! 大澤焚而不能熱㉑,河漢沍而不能寒㉒,疾雷
破山[飄]風振海而不能驚㉓。若然者㉔,乘雲氣,騎日月,而
遊乎四海之外。死生无變於己㉕,而況利害之端乎㉖!"

【校注】

①齧(niè)缺、王倪:人名,爲師徒二人。成玄英疏:"齧缺,許由之
　師,王倪弟子,並堯時賢人也。"

②同是:同樣如此。蔣錫昌《齊物論校釋》:"'同是'者,即同一之
　是,如下文所謂'正處'、'正味'、'正色'是也。"

③惡(wū):何也。陸德明《釋文》:"惡音烏。下皆同。"章案:王倪
　對於齧缺三問皆答不知,用反問式表述了《莊子》之徹底懷疑論
　思想。

④庸詎:何以。陸德明《釋文》:"李云:'庸,用也;詎,何也,猶言何
　用也。'"蔣錫昌《齊物論校釋》:"《經傳釋詞》:'庸'猶'何'也,
　'安'也,'詎'也。……'庸'與'詎'同意,故亦稱'庸詎'。是'庸
　詎知'猶言'安知'或'詎知'。"

⑤女:同"汝"。陸德明《釋文》:"女音汝。注及下同。"

⑥溼寢:睡於潮濕之地。　偏:病枯。陸德明《釋文》:"司馬云:
　'偏,枯死也。'"蔣錫昌《齊物論校釋》引馬叙倫曰:"'偏'借爲
　'瘺'。《說文》曰:'瘺',半枯也。"王叔岷《校詮》:"瘺本作偏。
　'半枯',今所謂半身不遂也。"

⑦鰌:泥鰍。成玄英疏:"言人溼地卧寢,則病腰偏枯而死,泥鰌豈如
　此乎?"王叔岷《校詮》:"鰌,俗作鰍。"　然:同"若"。成玄英疏:

"然乎哉,謂不如此也。"蔣錫昌《齊物論校釋》:"此言民如濕寢,則腰疾枯死,鰌若此乎?"

⑧木處:居住樹上。　　恂:恐懼。陸德明《釋文》:"恐貌。"成玄英疏:"人於樹上居住,則迫怖不安,猨猴跳躑,會無所畏。"王叔岷《校詮》:"惴、慄、恂、懼,四字疊義,皆恐貌也。"

⑨正:標準。王先謙《集解》:"民、鰌、猿,孰知所處爲正?"蔣錫昌《齊物論校釋》:"此謂三者孰知何爲標準之居。"章案:孔子有"正名"之説。儒家之"正"有"正統"之意。《莊子》所言"正處"、"正味"、"正色",亦有反諷儒家正統思想之意。

⑩芻豢:牛羊犬豕。陸德明《釋文》:"司馬云:'牛羊曰芻,犬豕曰豢,以所食得名也。'"成玄英疏:"芻,草也,是牛羊之類;豢,養也,是犬豕之徒,皆以所食爲名也。"王先謙《集解》:"《孟子》:'芻豢之悦我口。'"

⑪薦:草名。陸德明《釋文》:"司馬云:'美草也。'崔云:'甘草也。'郭璞云:'《三蒼》云,六畜所食曰薦。'"郭慶藩《集釋》:"《管子·八觀篇》:'薦草多衍,則六畜易繁也。'"

⑫蝍(jié)且:蟲名,一説爲蜈蚣。陸德明《釋文》:"且字或作蛆,子徐反。李云:'蝍且,蟲名也。'《廣雅》云:'蜈公也。'"蔣錫昌《齊物論校釋》:"《本草》蜈蚣下注云:'一名蝍蛆,其性能制蛇,見大蛇便緣而噉其腦。'陸容《菽園雜記》云:'《莊子》言即且,蜈蚣。'"　　甘:動詞,愛吃。　　帶:小蛇。陸德明《釋文》:"崔云:'蛇也。'司馬云:'小蛇也,蝍蛆好食其眼。'"成玄英疏:"蜈蚣食虵。"

⑬耆:同"嗜"。陸德明《釋文》:"字或作嗜。"成玄英疏:"鴟鳶鴉鳥便嗜腐鼠。"王叔岷《校詮》:"嗜、耆正假字。"

⑭正味:與上文"正處"對文。王先謙《集解》:"民、獸、蟲、鳥,孰知所食之味爲正?"蔣錫昌《齊物論校釋》:"四者孰知何爲標準之

味,可以推至萬物而不易乎?"

⑮猵(piàn)狙:種類似猴的動物。陸德明《釋文》:"崔云:'猵狙,一名獦牂,其雄意與猨雌爲牝牡。'向云:'猵狙以猨爲雌也。'"郭慶藩《集釋》:"《御覽》九百十引司馬云:'猵狙似猨而狗頭,食獼猴,好與雄狙接。'"

⑯交:交合,交游。王叔岷《校詮》:"交、游互文,交亦游也。"

⑰毛嬙:古代美女。陸德明《釋文》:"司馬云:'毛嬙,古美人,一云越王美姬也。'"　麗姬:春秋時晉獻公美妾。陸德明《釋文》:"晉獻公之嬖,以爲夫人。崔本作西施。"

⑱決驟:疾速奔跑。陸德明《釋文》:"李云:'疾貌。'崔云:'疾足不顧爲決。'"成玄英疏:"麋鹿走而不顧。"王叔岷《校詮》:"《説文》:'驟,馬疾步也。''決驟',複語,即疾走不顧之意。"

⑲正色:與上文"正處"、"正味"對文。成玄英疏:"舉此四者,誰知宇内定是美色耶?"蔣錫昌《齊物論校釋》:"四者孰知何爲標準之色,可以推至萬物而不易乎?"

⑳樊:同"煩"。陸德明《釋文》:"樊音煩。"王叔岷《校詮》:"樊與煩通,《周禮‧考工記‧弓人》:'夏治筋則不煩。'鄭注:'煩,亂。''樊然',亂貌。"　殽:雜亂。郭慶藩《集釋》:"《説文》:殽,雜錯也。"王叔岷《校詮》:"'殽亂',複語,《廣雅‧釋詁三》:'殽,亂也。'《文選》任彥昇《爲范尚書讓吏部封侯第一表》注引殽作淆,古字通用。"

㉑熱:使動用法,意即"使之熱"。以下"不能寒"、"不能驚"義同。

㉒沍(hù):結冰。陸德明《釋文》:"向云:'凍也。'"成玄英疏:"沍,凍也。"

㉓破:毀壞,劈開。《淮南子‧精神訓》作"大雷毀山而不能驚也"。飄風:旋風,暴風。《詩‧小雅‧何人斯》:"彼何人斯,其爲飄風,胡不自北,胡不自南。"《毛傳》:"飄風,暴起之風。""飄"字據《闕

誤》引本補。成玄英疏："飄風濤蕩而振海。"王叔岷《校詮》："陳
碧虛《闕誤》引江南李氏本風上有飄字，與成疏合。'疾雷破山，
飄風振海'，相對爲文。"王孝魚校郭慶藩《集釋》："飄字依趙諫議
本補。"

㉔若然：如此。成玄英疏："猶如此也。"章案：《莊子》下文描寫之
"至人"，與今日氣功某種境界類似。

㉕變於己：意謂自己跟隨變化。郭象注："與變爲體，故死生若一。"

㉖端：端點，與上文"仁義之端"義同。

瞿鵲子問乎長梧子曰①："吾聞諸夫子②，聖人不從事於
務③，不就利，不違害④，不喜求，不緣道⑤；无謂有謂，有謂无
謂⑥，而遊乎塵垢之外⑦。夫子以爲孟浪之言⑧，而我以爲妙
道之行也。吾子以爲奚若⑨？"

【校注】

①瞿鵲子、長梧子：皆人名。陸德明《釋文》："李云：'居長梧下，因
以爲名。'"郭慶藩《集釋》引俞樾曰："瞿鵲子必七十子之後人，所
稱聞之夫子，謂聞之孔子也。"王叔岷《校詮》："瞿鵲子與長梧子，
當是假託人名，不必實有其人，蓋《莊子》見瞿鵲棲於高梧上，因假
託二人之問答與？"章案：《莊子》中杜撰人名頗多，亦有孔子問道
於老聃，無需一一落實。此處直接對於孔子進行懷疑、批評，更無
需看作史實。

②夫子：孔丘。後文"丘也何足以知之"即孔子自稱。

③務：事務。成玄英疏："務，猶事也。"蔣錫昌《齊物論校釋》："此言
聖人不從事於治天下之務，《逍遙遊》所謂'孰弊弊焉以天下爲
事'、'孰肯以物爲事'也。"

④違：逃避。郭象注："任而直前，無所避就。"成玄英疏："違，
避也。"

⑤緣:攀緣。成玄英疏:"不以攀緣之心行乎虛通至道者也。"蔣錫昌
《齊物論校釋》:"道者,當以無心合之,非攀緣可得,故不緣道也。"

⑥謂:言説。成玄英疏:"謂,言教也。"錢穆《纂箋》引胡遠濬曰:"此
即《寓言篇》'終身不言,未嘗不言;終身言,未嘗言也'之旨。"蔣
錫昌《齊物論校釋》:"此言聖人無論'無謂'與'有謂',無論'有
謂'與'無謂',皆不著於心,一切都忘,而遊乎大道之中也。"

⑦塵垢:灰塵污垢,喻塵俗界。郭象注:"凡非真性,皆塵垢也。"

⑧孟浪:隨意,大略。陸德明《釋文》:"崔云:'不精要之貌。'"成玄
英疏:"孟浪,猶率略也。"蔣錫昌《齊物論校釋》:"'孟浪'即'無
慮'一聲之轉。《廣雅‧釋訓》:'無慮,都凡也。''都凡'者,猶今
人言'大凡'、'大氐'、'大略'、'大約'、'大概',乃總度事情,舉
其粗略,並不精細之意。"

⑨吾子:"你"之尊稱。　　奚若:如何。成玄英疏:"奚,何也;若,如
也;如何。"

　　長梧子曰:"是黄帝之所聽熒也①,而丘也何足以知之②!
且女亦大早計③,見卵而求時夜④,見彈而求鴞炙⑤。予嘗爲
女妄言之⑥,女以妄聽之。奚旁日月⑦,挾宇宙⑧?爲其脗
合⑨,置其滑涽⑩,以隸相尊⑪。衆人役役⑫,聖人愚芚⑬,參萬
歲而一成純⑭。萬物盡然⑮,而以是相蘊⑯。予惡乎知説生之
非惑邪⑰!予惡乎知惡死之非弱喪而不知歸者邪⑱!麗之姬,
艾封人之子也⑲。晉國之始得之也,涕泣沾襟;及其至於王
所,與王同筐牀⑳,食芻豢,而後悔其泣也。予惡乎知夫死者
不悔其始之蘄生乎㉑!夢飲酒者,旦而哭泣;夢哭泣者,旦而
田獵㉒。方其夢也㉓,不知其夢也。夢之中又占其夢焉㉔,覺
而後知其夢也。且有大覺而後知此其大夢也,而愚者自以爲
覺,竊竊然知之㉕。君乎,牧乎,固哉㉖!丘也與女,皆夢也;予

謂女夢,亦夢也。是其言也,其名爲弔詭㉗。萬世之後而一遇大聖㉘,知其解者,是旦暮遇之也㉙。

## 【校注】

①是:代詞。指上文孔子所述之言。 聽熒:疑惑之狀。陸德明《釋文》:"向、司馬云:'聽熒,疑惑也。'"成玄英疏:"聽熒,疑惑不明之貌也。"王叔岷《校詮》:"熒、瑩並借爲瞥,《説文》:'瞥,惑也。'"

②丘:孔丘。郭慶藩《集釋》引俞樾曰:"丘即是孔子之名,因瞿鵲子述孔子之言,故曰'丘也何足以知之也'。"

③女:同"汝"。下同。陸德明《釋文》:"女音汝。下同。" 大:同"太"。陸德明《釋文》:"大音泰。" 計:計算,計謀。成玄英疏:"今瞿鵲纔聞言説,將爲妙道,此計用之太早。"

④時夜:司晨雄雞。陸德明《釋文》:"時夜,司夜,謂雞也。"成玄英疏:"然卵有生雞之用,而卵時未能司晨。"

⑤彈(dàn):彈弓。 鴞炙:已烤炙之小斑鳩。陸德明《釋文》:"鴞,于驕反。司馬云:'小鳩,可炙。'《毛詩草木疏》云:'大如斑鳩,綠色,其肉甚美。'"蔣錫昌《齊物論校釋》:"此言瞿鵲子之爲計,猶見卵便求雄雞,見彈即欲鳩炙,固未免太早也。"

⑥予:我。成玄英疏:"予,我也。" 妄:姑妄。王叔岷《校詮》:"妄則不執著。"

⑦奚:何不。成玄英疏:"奚,何也。" 旁:依附。郭象注:"以死生爲晝夜,旁日月之喻也。"陸德明《釋文》:"司馬云:'依也。'"成玄英疏:"旁,依附也。"王叔岷《校詮》:"旁日月,喻順變化。"

⑧挾:懷藏。成玄英疏:"挾,懷藏也。"蔣錫昌《齊物論校釋》:"'挾'借作'夾',《説文》:'持也。'" 宇宙:天地四方與往來古今。郭象注:"以萬物爲一體,挾宇宙之譬也。"陸德明《釋文》引《尸子》云:"天地四方曰宇,往來古今曰宙。"王叔岷《校詮》:"挾宇宙,喻

懷萬物。”

⑨脗(wěn)：同“吻”。陸德明《釋文》：“司馬云：‘合也。’向音脗，云：‘若兩脣之相合。’”蔣錫昌《齊物論校釋》：“‘脗’乃俗字，疑爲‘吻’‘脗’二字之誤合。《説文》：‘吻，口邊也。’‘吻’或作‘脗’。《説文》：‘脗，吻，或从肉从昏。’”王叔岷《校詮》：“‘脗合’，複語。”

⑩置：任。成玄英疏：“置，任也。” 滑(gǔ)：亂。成玄英疏：“滑，亂也。” 涽：闇。成玄英疏：“涽，闇也。”蔣錫昌《齊物論校釋》：“‘涽’借爲‘昏’，《説文》：‘日冥也。’段注：‘引申爲凡闇之稱。’‘滑涽’與上‘滑疑’之義相近。”錢穆《纂箋》：“向秀曰：滑涽，未定之謂。”

⑪隸：奴僕、低賤之人。成玄英疏：“隸，皁僕之類也，蓋賤稱也。”王叔岷《校詮》：“以隸相尊，謂忘貴賤。”

⑫役役：辛勞狀。前文有“終身役役而不見其成功”，義同。郭象注：“馳騖於是非之境也。”成玄英疏：“役役，馳動之容也。”

⑬愚芚(chūn)：混沌不知。陸德明《釋文》：“司馬云：‘混沌不分察也。’”成玄英疏：“愚芚，無知之貌。”王叔岷《校詮》：“‘愚芚’亦複語。”

⑭參：參和。蔣錫昌《齊物論校釋》：“‘參’借爲‘糝’。‘糝’爲‘糂’之古文。《説文》：‘糂，以米和羹也。’引伸爲調和或雜糅。……‘參’即‘通道’之功夫。” 萬歲：指古今世界。蔣錫昌《齊物論校釋》：“‘萬歲’指古今無數變異而言。” 純：純粹不雜。郭象注：“純者，不雜者也。”成玄英疏：“參雜塵俗，千殊萬異，而淡然自若，不以介懷，抱一精純，而常居妙極也。”蔣錫昌《齊物論校釋》：“《説文》：‘純，絲也。’引伸爲純粹不雜。”王叔岷《校詮》：“‘參萬歲而一成純’，謂通古今之變也。”

⑮盡然：皆然，盡其然。郭象注：“無物不然。”王先謙《集解》：“萬物

無所不然。"蔣錫昌《齊物論校釋》:"即上文之'無物不然,無物不可';斯乃宇宙間'物化'唯一之原則,所以成爲'純'也。"

⑯是:指"盡然"。　蘊:積累。郭象注:"蘊,積也。積是於萬歲,則萬歲一是也。"蔣錫昌《齊物論校釋》:"'蘊'爲'薀'字之俗。《説文》:'薀,積也。'此謂萬物皆有其所以然,而各以其所以然者相積也。"王叔岷《校詮》:"'以是相蘊',謂積蓄於是,亦即'因是也'之意。"

⑰惡(wū):何也。陸德明《釋文》:"惡音烏。下惡乎皆同。"　説:同"悦"。陸德明《釋文》:"説音悦。"

⑱惡死:厭惡、恐懼死亡。　弱喪:少小失其居。郭象注:"少而失其故居,名爲弱喪。"成玄英疏:"遂其戀生惡死,豈非弱喪不知歸邪!"王先謙《集解》:"喪,失也。弱齡失其故居,安於他土。"

⑲麗之姬:即上文"麗姬"。王叔岷《校詮》:"'麗之姬'即麗姬,之,助詞。"　艾封人:指春秋時麗戎國艾地首領。成玄英疏:"昔秦穆公與晉獻公共伐麗戎之國,得美女一,玉環二。秦取環而晉取女,即麗戎國艾地守封疆人之女也。"

⑳筐牀:方牀。陸德明《釋文》:"司馬云:'筐牀,安牀也。'崔云:'筐,方也。一云:正牀也。'"

㉑蘄(qí):求。陸德明《釋文》:"蘄音祈,求也。"王叔岷《校詮》:"蘄借爲祈,《廣雅·釋詁三》:'祈,求也。'《養生主篇》:'不蘄畜乎樊中。'與此同例。"

㉒旦:早晨。郭象注:"此寤寐之事變也。"王叔岷《校詮》:"《列子·周穆王篇》:'將陰夢火,將疾夢食,飲酒者憂,歌儛者哭。'皆所謂寤寐之事變也。"

㉓方:方在,正在。

㉔占:占卜。郭象注:"夫夢者乃復夢中占其夢,則無以異於寤者也。"

㉕竊竊然：自得私語之狀。陸德明《釋文》：“司馬云：‘猶察察也。’”
成玄英疏：“昏在夢中，自以爲覺，竊竊然議專所知。”王叔岷《校
詮》：“竊、察一聲之轉，《庚桑楚篇》：‘竊竊乎又何足以濟世哉！’
《釋文》引崔本‘竊竊’作‘察察’，並引司馬云：‘細語也。’”

㉖君、牧：君上、牧圉，喻貴賤。蔣錫昌《齊物論校釋》：“‘君’，君上
也，貴者之稱；‘牧’，牧圉也，賤者之稱。‘君乎牧乎’，言貴賤之
別，適爲上文‘以隸相尊’之反。”　固：固陋。郭象注：“故竊竊
然以所好者爲君上，而所惡者爲牧圉，欣然信一家之偏見，可謂固
陋矣！”

㉗弔詭：詭異悖謬。郭象注：“弔當卓詭，而不識其懸解。”錢穆《纂
箋》引其昶曰：“弔詭猶諔詭。《天下篇》：‘其辭雖參差，而諔詭
可觀。’”蔣錫昌《齊物論校釋》：“‘弔詭’即幻怪或奇異之義，解見
上文‘恢恑憰怪’下。”

㉘而：如。王叔岷《校詮》：“而猶如也。”

㉙是：猶也。成玄英疏：“如此解人，甚爲希遇，論其賒促，是旦暮逢
之。三十年爲一世也。”王叔岷《校詮》：“是與猶同義。……旦暮
乃極短之時，意謂萬世之後，亦不易遇一大聖能瞭解其言也。”

　　既使我與若辯矣①，若勝我，我不若勝②，若果是也③，我
果非也邪？我勝若，若不吾勝，我果是也，而果非也邪④？其
或是也，其或非也邪？其俱是也，其俱非也邪？我與若不能
相知也，則人固受其黮闇⑤。吾誰使正之⑥？使同乎若者正
之？既與若同矣，惡能正之⑦！使同乎我者正之？既同乎我
矣，惡能正之！使異乎我與若者正之？既異乎我與若矣，惡
能正之！使同乎我與若者正之？既同乎我與若矣，惡能正
之！然則我與若與人俱不能相知也，而待彼也邪⑧？何謂和
之以天倪⑨？曰：是不是，然不然⑩。是若果是也⑪，則是之異

乎不是也亦無辯⑫；然若果然也，則然之異乎不然也亦無辯。化聲之相待，若其不相待⑬。和之以天倪，因之以曼衍⑭，所以窮年也⑮。忘年忘義，振於無竟⑯，故寓諸無竟⑰。”

【校注】

①若：你。下同。成玄英疏：“若，而，皆汝也。”

②不若勝：不勝若，即不勝你。

③是：正確，與“非”相對。

④而：同“爾”，即“你”。下同。郭象注：“若、而，皆汝也。”

⑤黮（dàn）闇：不明晰狀。陸德明《釋文》：“李云：‘黮闇，不明貌。’”成玄英疏：“各據妄情，總成闇惑，心必懷愛，此見所以黮闇不明。”

⑥誰使：使誰。　正：指正，糾正。蔣錫昌《齊物論校釋》：“然則再可使誰正其是非邪？”

⑦惡（wū）：何。下同。陸德明《釋文》：“惡音烏。下皆同。”

⑧彼：第四者。成玄英疏：“我與汝及人，固受黮闇之人。總有三人，各執一見，咸言我是，故俱不相知。三人既不能定，豈復更須一人！若別待一人，亦與前何異！”王叔岷《校詮》：“人，謂第三者。彼，謂第四人。”蔣錫昌《齊物論校釋》：“‘彼’指下文‘化聲’而言。”

⑨天倪：自然之分。郭象注：“天倪者，自然之分也。”成玄英疏：“天，自然也。倪，分也。”蔣錫昌《齊物論校釋》：“可知‘天倪’即‘天均’，亦即上文之‘天鈞’。”

⑩是不是，然不然：此指辯士之論。蔣錫昌《齊物論校釋》：“《秋水》：‘公孫龍……然不然，可不可；困百家之知，窮眾口之辯。’可知此文係述辯士之言。”

⑪果：果真。

⑫辯：分辯，辨別。郭象注：“是非然否，彼我更對，故無辯。”成玄英

疏：“辯，別也。”

⑬化聲：猶夢中之言。郭象注：“是非之辯爲化聲。”劉武《集解內篇
　補正》：“莊子夢身化爲蝶，謂之物化，則其夢中之言，可謂之聲化，
　即此化聲之意也。待夢中之化聲以正是非，更屬虛幻，故其相待，
　如其不相待也。乃極言是非無定，無可相正，故聖人和之，任其兩
　行也。”王叔岷《校詮》：“之猶乃也。是非然否之辯，乃相待
　而成。”

⑭因：因任，任其。成玄英疏：“因，任也。”　曼衍：雜亂無邏輯之
　言。陸德明《釋文》：“司馬云：‘曼衍，無極也。’”成玄英疏：“曼
　衍，猶變化也。”劉武《集解內篇補正》：“曼衍，成云‘變化’，司馬
　云‘無極’，實兼二義，謂變化於無極也。”蔣錫昌《齊物論校釋》：
　“‘蔓衍’謂支離無首尾之言。”

⑮窮年：享盡天年。郭象注：“是非之境自泯，而性命之致自窮也。”
　成玄英疏：“盡天年之性命也。”

⑯振於無竟：暢於無窮。成玄英疏：“振，暢也。竟，窮也。”劉武《集
　解內篇補正》：“振，《廣韻》‘動也’。《禮記·曲禮》：‘入竟而問
　禁。’疏：‘竟，疆首也。’武按：言是非轉動於無窮之竟，聖人和之
　之心，亦寄寓於無窮之竟。忘年，以時間言；忘義，以名理言；振
　竟，以環境言。意分三層，義方賅備。”王叔岷《校詮》：“竟、境古
　今字。”

⑰寓：寄也。郭象注：“至理暢於無極，故寄之者不得有窮也。”成玄
　英疏：“寓，寄也。”

　　罔兩問景曰①：“曩子行②，今子止；曩子坐，今子起，何其
無特操與③？”景曰：“吾有待而然者邪④？吾所待又有待而然
者邪⑤？吾待蛇蚹蜩翼邪⑥？惡識所以然？惡識所以不
然⑦！”

## 【校注】

①罔兩:影子外之陰翳。陸德明《釋文》:"罔兩,郭云:'景外之微陰也。'向云:'景之景也。'" 景:同"影"。陸德明《釋文》:"本或作影,俗也。"章案:此對話爲寓言。

②曩:過去。成玄英疏:"曩,昔也,向也。" 子:"你"之尊稱。

③特操:獨立操守。陸德明《釋文》:"向云:'無特者,行止無常也。'"成玄英疏:"獨立志操。"

④待:依賴。此處指有形者。成玄英疏:"影之所待,即是形也。"王先謙《集解》:"影不能自立,須待形。"王叔岷《校詮》:"案《寓言篇》:'景曰:火與日,吾屯也;陰與夜,吾代也。彼吾所以有待邪?'若謂影待形邪? 無火、日,雖有形亦無影。影待火、日邪? 無形,雖有火、日亦無影。"

⑤所待:所依賴者,即有形者。成玄英疏:"若使影待於形,形待造物,請問造物復何待乎? 斯則待待無窮,卒乎無待也。"王先謙《集解》:"形不自主,又待真宰。"王叔岷《校詮》:"若謂形待造物,造物者固無所待也。"

⑥蛇蚹(fù)蜩翼:蛇脱皮,蟬出殼。成玄英疏:"蚹者,蛇蜕皮也。蜩翼者,蜩甲也。言蛇脱舊皮,蜩新出甲,不知所以,莫辯其然,獨化而生,盡無待也。"錢穆《纂箋》引高亨曰:"'待'字疑涉上文而衍,《寓言篇》'予蜩甲也,蛇蜕也,似之而非也'即其證。"王叔岷《校詮》:"據《寓言篇》'似之而非也',則此文'待'疑本作'似',涉上文諸'待'字而誤耳。"

⑦惡(wū):同"何"。下同。 識:知。成玄英疏:"待與不待,然與不然,天機自張,莫知其宰,豈措情與尋責而思慮於心識者乎!"王叔岷《校詮》:"此答罔兩如何行止、坐起之問,蓋不知其然而自然,無所待而然也。"

**昔者莊周夢爲胡蝶①,栩栩然胡蝶也②。自喻適志與③!**

不知周也。俄然覺④,則蘧蘧然周也⑤。不知周之夢爲胡蝶與,胡蝶之夢爲周與? 周與蝴蝶,則必有分矣⑥。此之謂物化⑦。

【校注】

①昔:同"夕"。王叔岷《校詮》:"案昔者借爲夕,猶夜也。《廣雅·釋詁》曰:'昔,夜也。'"

②栩栩:猶"翩翩",喜悦狀。陸德明《釋文》:"喜貌,崔本作翩。"成玄英疏:"栩栩,忻暢貌也。"王叔岷《校詮》:"宋祝穆《事文類聚後集》四八、宋人《錦繡萬花谷後集》四〇引'栩栩'並作'翩翩',存崔本之舊。《漢書·叙傳》:'魏其翩翩,好節慕賢。'師古注:'翩翩,自喜之貌。'是'翩翩'與'栩栩'同義。"

③喻:曉。成玄英疏:"喻,曉也。"劉武《集解内篇補正》:"《玉篇》:'喻,曉也。'言適志惟自己知曉也。證上文'自知則知之'。"錢穆《纂箋》:"喻,猶云自謂。" 與:同"歟"。下同。陸德明《釋文》:"與音餘。"

④俄然:忽然。成玄英疏:"俄頃之間,夢罷而覺。" 覺:醒。

⑤蘧蘧然:驚訝狀。成玄英疏:"蘧蘧,驚動之貌。"

⑥分:分別,區別。王叔岷《校詮》:"莊周與蝴蝶,各有自然之分也。"

⑦物化:自然造化。成玄英疏:"故知生死往來,物理之變化也。"劉武《集解内篇補正》:"'物化'爲本書要語,後篇屢見。"錢穆《纂箋》引馬其昶曰:"物有分,化則一也。至人深達造化之原,絶無我相,故一切是非利害、貴賤生死,不入智次,忘年忘義,浩然與天地精神往來。"王叔岷《校詮》:"此莊子由夢覺體悟'物化'之理,即生死變化之理也。……在覺適於覺,在夢適於夢,則無所謂覺夢;然則在生適於生,在死適於死,則無所謂生死。破夢覺猶外生死也。"章案:《莊子》諸多處説夢,此爲最精要處。蝴蝶與莊周孰夢孰真,是對於人之自我存在之徹底懷疑。由此可知,建基於此的

人類所有問題，包括知識問題、倫理問題、政治問題、審美問題等，皆爲空中樓閣。十八世紀西哲笛卡爾通過論證夢，證明了自我存在的不可靠性。他最終用"我思"推出"我在"，爲哲學尋找到一個堅實的起點。《莊子》之莊周夢蝶，與笛卡爾論證基本相通。至於二十世紀奧地利哲學家弗洛伊德名著《釋夢》，則展示了人類的無意識世界，論證了無意識對於人類個人和社會的巨大影響。可見，對於夢的認識與分析，可以展示極爲深刻的哲學問題。

# 養生主第三

## 【題解】

本篇以庖丁解牛之養刀比喻養生,並提出道與技之關係。世俗種種行爲常違反自然,即遁天倍情,可謂"天刑",由此亦見養生之難。養生問題亦爲整部《莊子》主旨之一。

吾生也有涯①,而知也无涯。以有涯隨无涯,殆已②;已而爲知者③,殆而已矣。爲善无近名,爲惡无近刑④。緣督以爲經⑤,可以保身,可以全生⑥,可以養親,可以盡年⑦。

## 【校注】

①涯:邊際,分界。郭象注:"所稟之分各有極也。"陸德明《釋文》:"本亦作崖。"成玄英疏:"涯,分也。夫生也受形之載,稟之自然,愚智修短,各有涯分。"劉武《集解内篇補正》:"《玉篇》:'涯,水際也。'按:涯,邊際也。"

②隨:追隨,追逐。郭象注:"以有限之性尋無極之知。" 殆:危險。成玄英疏:"是以用有限之生逐無涯之知,故形勞神弊而危殆者也。" 已:語氣助詞。

③已:此。劉武《集解内篇補正》:"已,過事語辭。……言業已危殆,而仍以爲知者,則更殆也。"錢穆《纂箋》:"姚鼐曰:'已而之已,此此也。'"王叔岷《校詮》:"案《爾雅·釋詁》:'已,此也。''已

而爲知者’，言此而爲知者也。"

④名、刑：即"刑名"之意。郭象注："忘善惡而居中，任萬物之自爲，
悶然與至當爲一，故刑名遠己而全理在身也。"王叔岷《校詮》：
"所謂善、惡，乃就養生言之。‘爲善’，謂‘善養生’。‘爲惡’，謂
‘不善養生’。‘爲善無近名’，謂‘善養生無近於浮虚’。益生、長
壽之類，所謂浮虚也。‘爲惡無近刑’，謂‘不善養生無近於傷
殘’。勞形、虧精之類，所謂傷殘也。"章案：此句爲互文。"名"與
"刑"相對，"爲善"與"爲惡"相對。"惡"指不好、無益之事。人生
之中不可能全做善事，偶爲不好無益之事在所難免，但不要觸犯
刑罰。

⑤緣督：順中。陸德明《釋文》："李云：‘緣，順也。督，中也。’"王叔
岷《校詮》："督借爲裻，《説文》：‘裻，衣躬縫。’段注：‘《莊子》作
督，緣督以爲經。李云：……督，中也。’字亦作裻(dú)，《説文》：
‘裻，一曰：背縫。’朱駿聲云：‘督，叚借裻，衣之背縫。’" 經：
常，常態。郭象注："順中以爲常也。"陸德明《釋文》引李頤云：
"經，常也。"

⑥全生：保全生命。成玄英疏："保守身形，全其生道。"

⑦盡年：盡其天年。成玄英疏："盡其天命。"

庖丁爲文惠君解牛①，手之所觸，肩之所倚②，足之所
履③，膝之所踦④，砉然嚮然⑤，奏刀騞然⑥，莫不中音⑦。合於
桑林之舞⑧，乃中經首之會⑨。文惠君曰："譆，善哉！技蓋至
此乎⑩？"

【校注】

①庖丁：廚子屠夫之類，亦可指人名。成玄英疏："謂掌廚丁役之人，
今之供膳是也。亦言：丁，名也。" 文惠君：梁惠王，與莊周同時
代之魏國君主。成玄英疏："文惠君，即梁惠王也。" 解：宰割。

成玄英疏:"解,宰割之也。"

②倚:倚靠,此處意指用肩抵靠。成玄英疏:"用肩倚著。"

③履:行走,此處意指用腳踏。成玄英疏:"用腳蹋履。"

④踦:一足,此處意指用一隻膝蓋抵住。錢穆《纂箋》引馬其昶曰:"膝之所踦,謂曲一足之膝以案之也。《説文》:'踦,一足也。'"

⑤砉(huā):皮骨相分離聲音。陸德明《釋文》:"崔音畫……司馬云:'皮骨相離聲。'"王叔岷《校詮》引吳承仕《釋文舊音辨證》云:"砉爲畫之形譌,釋可洪《藏經音義隨函》卷二十三出'砉瓶'字,注云:'上音話,正作畫。'此俗書形近致譌之證。"　嚮:同"響"。王叔岷《校詮》:"嚮與響通。《應帝王篇》'嚮疾强梁',《達生篇》'猶應嚮景',成疏:'嚮並作響。'即其證。嚮下然字,義與焉同。"

⑥奏:進,意指操刀割肉。成玄英疏:"進奏鸞刀。"王叔岷《校詮》:"《説文》:'奏,進也。'"　騞(huō):形容割肉聲音。陸德明《釋文》:"崔云:'音近獲,聲大於砉也。'"王叔岷《校詮》:"《廣韻》有劃,云:'破聲。'《列子》(《湯問》)'騞然而過',殷敬順《釋文》云:'破聲。'《北山録注解隨函》(宋比丘珪撰)云:'騞與劃同,呼麥切,破聲也。'……案砉、騞二字,蓋畫、騞之俗變,德珪謂'騞與劃同',韓愈《聽穎師彈琴詩》:'劃然變軒昂。'歐陽修《葛氏鼎歌》:'劃然峯裂轟雲鼉。'劃亦劃之變也。"

⑦中音:切中樂音。

⑧桑林:上古曲名。陸德明《釋文》:"司馬云:'湯樂名。'崔云:'宋舞樂名。'"成玄英疏:"桑林,殷湯樂名也。"

⑨經首:上古曲名。陸德明《釋文》:"向、司馬云:'《咸池》樂章也。'崔云:'樂章名也。'"成玄英疏:"經首,《咸池》樂章名,則堯樂也。"　會:聚合,節拍。劉武《集解内篇補正》:"宣云:'會,節也。'……《急就篇》云:'五音總會歌謳聲。'顏師古注:'會,謂金

石竹絲匏土革木總合之也。'"王叔岷《校詮》:"會:聚也。"

⑩譆:歎詞。陸德明《釋文》:"譆,歎聲也。"    技:技藝。    蓋:同
"盍",即"何"。王叔岷《校詮》引王念孫云:"《廣雅》曰:'盍,何
也。'字亦作蓋。《莊子·養生主篇》技蓋至此乎,言技之善何至
於此也。"

庖丁釋刀對曰①:"臣之所好者道也,進乎技矣②。始臣
之解牛之時,所見无非牛者。三年之後,未嘗見全牛也。方
今之時,臣以神遇而不以目視③,官知止而神欲行④。依乎天
理⑤,批大郤⑥,導大窾⑦,因其固然⑧。技經肯綮之未嘗⑨,而
況大軱乎⑩!良庖歲更刀,割也⑪;族庖月更刀,折也⑫;今臣
之刀十九年矣,所解數千牛矣,而刀刃若新發於硎⑬。彼節者
有間⑭,而刀刃者无厚,以无厚者入有間,恢恢乎其於遊刃必
有餘地矣⑮,是以十九年而刀刃若新發於硎。雖然,每至於
族⑯,吾見其難爲,怵然爲戒⑰,視爲止⑱,行爲遲⑲,動刀甚微,
謋然已解⑳,如土委地㉑。提刀而立,爲之四顧,爲之躊躇滿
志,善刀而藏之㉒。"文惠君曰:"善哉!吾聞庖丁之言,得養生
焉㉓。"

【校注】

①釋:放下。成玄英疏:"捨釋驚刀。"

②進:超過。成玄英疏:"進,過也。"

③神遇:喻得之於心。郭象注:"但見其理閒也。"陸德明《釋文》:
"向云:'暗與理會,謂之神遇。'"

④官:五官。郭象注:"司察之官廢,縱心而順理。"成玄英疏:"官
者,主司之謂也,謂目主於色、耳司於聲之類是也。"    神:心神。
陸德明《釋文》:"向云:'從手放意,無心而得,謂之神遇。'"

⑤天理:天然肌理,指牛體之肌肉理路。成玄英疏:"依天然之腠

理。"王叔岷《校詮》:"《史記·扁鵲傳》:'君有疾,在腠理。'《正義》:'腠,謂皮膚。'"

⑥批:擊打。陸德明《釋文》:"《字林》云:擊也。"　郤:同"隙"。陸德明《釋文》:"閒也。"成玄英疏:"閒却交際之處,用刀而批戾之,令其筋骨各相離異。"王叔岷《校詮》:"郤、却並借爲隙,《説文》:'隙,壁際也。'段注:'引申之,凡閒空皆曰隙。段借以郤爲之。'"

⑦導:導入,順導。郭象注:"節解窾空,就導令殊。"　窾(kuǎn):空。陸德明《釋文》:"崔、郭、司馬云:'空也。'"王叔岷《校詮》:"《廣雅·釋詁三》:'窾、科,空也。'王氏《疏證》:'科與窾聲亦相近,高誘注《淮南子·原道訓》云:窾,空也。讀科條之科。空、窾一聲之轉。'"

⑧因:按照。　固然:原本之物。成玄英疏:"因其空郤之處,然後運刀。"

⑨技經:應爲"枝經",即經絡。郭慶藩《集釋》引俞樾曰:"技疑枝字之誤。《素問·三部九候論》:'治其經絡。'王注引《靈樞經》曰:'經脈爲裏,支而橫者爲絡。'古字支與枝通。枝,謂枝脈;經,爲經脈。枝經,猶言經絡也。經絡相連之處,亦必有礙於游刃。庖丁惟因其固然,故未嘗礙也。"王叔岷《校詮》:"元纂圖互注本技作枝,可證成俞説。"　肯:骨間之肉。陸德明《釋文》:"肯,《説文》作肎。《字林》同,口乃反,云:著骨肉也。一曰:骨無肉也。崔云:'許叔重曰:骨間肉。肯,肯著也。'"　綮(qìng):結。陸德明《釋文》:"司馬云:猶結處也。"　嘗:試也。郭慶藩《集釋》引李楨曰:"嘗當訓試。《説文》:'試,用也。'言經絡肯綮之微礙,未肯以刀刃嘗試之,所謂因其固然者。"王先謙《集解》:"言枝經肯綮,皆刃所未到。嘗,試也。"

⑩軱(gū):大骨。郭象注:"軱,戾大骨。"陸德明《釋文》:"音孤。向、郭云:'軱,戾大骨也。'崔云:'槃結骨。'"

⑪良:優良,優秀。陸德明《釋文》:"司馬云:'良,善也。'"　更:更換。　割:割肉。陸德明《釋文》:"司馬云:'以刀割肉。'"

⑫族:大衆,普通的。陸德明《釋文》:"司馬云:'族,雜也。'崔云:'族,衆也。'"　折:折骨。郭慶藩《集釋》引俞樾曰:"折,謂折骨,非謂折刀也。哀元年《左傳》曰:'無折骨。'"

⑬發:猶"磨"。成玄英疏:"其刀銳利,猶若新磨者也。"　硎(xíng):磨刀石。郭象注:"硎,砥石也。"陸德明《釋文》:"音刑,磨石也。"

⑭彼:牛。　節:骨節。　間:間隙。成玄英疏:"彼牛骨節,素有間郤。"

⑮恢恢:寬大之狀。成玄英疏:"遊刃恢恢,必寬大有餘矣。"王叔岷《校詮》:"恢恢,即寬大貌。"

⑯族:聚集,此處意指骨肉交錯聚結之處。郭象注:"交錯聚結爲族。"成玄英疏:"骨節交聚磐結之處,名爲族也。"

⑰怵然:怵惕。　戒:警戒,謹慎。成玄英疏:"爲其怵惕戒慎。"

⑱止:停止。郭象注:"不復屬目於他物也。"成玄英疏:"專視。"

⑲遲:慢,意謂小心。郭象注:"徐其手也。"成玄英疏:"徐手。"

⑳謋(huò):分離。王先謙《集解》:"謋與磔同,解脱貌。"　解:分解。

㉑委:積聚。郭象注:"若聚土也。"

㉒善:猶"拭",擦拭。郭象注:"拭刀而弢之也。"陸德明《釋文》:"善猶拭也。"

㉓得:獲也。意謂獲養生之理。郭象注:"以刀可養,故知生亦可養。"成玄英疏:"魏侯聞庖丁之言,遂悟養生之道也。"

公文軒見右師而驚曰①:"是何人也？惡乎介也②？天與？其人與③?"曰:"天也,非人也。天之生是使獨也④,人之貌有與也⑤。以是知其天也,非人也。"

【校注】

①公文軒:人名。陸德明《釋文》:"司馬云:'姓公文氏,名軒,宋人
也。'"　右師:官名。陸德明《釋文》:"司馬云:'宋人也。'簡文
云:'官名。'"

②惡(wū):同"何"。陸德明《釋文》:"惡音烏。"　介:獨也,意謂
一足。王先謙《集解》:"介,一足。"王叔岷《校詮》:"《廣雅・釋詁
三》:'介,獨也。'下文'天之生是使獨',獨與介相應。"

③天:先天的,自然的。　人:後天的,人爲的。　與:同"歟"。陸德
明《釋文》:"與音餘,又皆如字。司馬云:'爲天命,爲人事也?'"

④獨:一足,與下文"與"對言。陸德明《釋文》:"司馬云:'一足曰
獨。'"成玄英疏:"夫智之明闇,形之虧全,并禀自天然,非關人
事。假使犯於王憲,致此形殘,亦是天生頑愚,謀身不足。"

⑤與:天賦之意。郭象注:"兩足共行曰與。"成玄英疏:"與,共也。
凡人之貌,皆有兩足共行,禀之造物。"劉武《集解內篇補正》:
"《周禮・春官・太卜注》:'與,謂予人物也。'《德充符篇》:'道與
之貌,天與之形。'此句言人之貌有賦與之者,即天與之,非人爲
也。"王叔岷《校詮》:"獨與與對言,《治要》引《慎子・德立篇》:
'害在有與,不在獨也。'與、獨亦對言,與此同例。"

　　澤雉十步一啄①,百步一飲,不蘄畜乎樊中②。神雖王③,
不善也④。

【校注】

①澤雉:河澤中之野雞。王叔岷《校詮》:"《抱朴子・博喻篇》:'澤
雉樂百步之啄。'即本此文。"

②蘄:求。郭象注:"蘄,求也。"王叔岷《校詮》:"《一切經音義》七四
引蘄作祈。祈、蘄正假字。"　樊:樊籠。陸德明《釋文》:"李云:
'藩也,所以籠雉也。'"劉武《集解內篇補正》:"宣云:'雖飲食之
艱如此,不求樊中之養。'《韓詩外傳》九:'君不見大澤中雉乎?

五步一啄,終日乃飽……'本文'十步一啄,百步一飲',則更艱
也。至羽毛澤悦,聲響於陵澤,即本文所言之神王也。二者對照,
意更明顯。"

③王(wàng):旺盛。郭象注:"雉心神長王。"陸德明《釋文》:"王,
于況反。注同。"王叔岷《校詮》:"《廣韻》去聲四一漾云:'王,盛
也。'朱駿聲謂《莊子》兩王字,段借爲旺,《説文》:'旺,光美也。'
今字作旺。"

④不善:意謂不知是善也。郭象注:"忽然不覺善之爲善也。"劉武
《集解内篇補正》:"然神雖王矣,在雉固依乎天理,因其固然而
已,心固不自知其善也。以喻人有心爲善,則必得名,何異雉之求
畜乎樊中?蓋名,乃人之樊籠也。此段喻'爲善无近名'。"錢穆
《纂箋》引陳壽昌曰:"雉未歷樊中束縛之苦,故以澤中之飲啄爲
常,神氣雖旺,初不覺其善。忘適之適如此。"

老聃死①,秦失弔之②,三號而出③。弟子曰:"非夫子之
友邪④?"曰:"然⑤。""然則弔焉若此⑥,可乎?"曰:"然。始也
吾以爲其人也,而今非也⑦。向吾入而弔焉⑧,有老者哭之,如
哭其子;少者哭之,如哭其母。彼其所以會之⑨,必有不蘄言
而言⑩、不蘄哭而哭者。是遁天倍情⑪,忘其所受⑫,古者謂之
遁天之刑⑬。適來,夫子時也⑭;適去,夫子順也⑮。安時而處
順,哀樂不能入也⑯,古者謂是帝之縣解⑰。"

【校注】

①老聃:老子。成玄英疏:"即老子也。姓李,名耳,字伯陽,外字老聃。"

②秦失(yì):虚構人物之名。此爲寓言。陸德明《釋文》:"失,本又
作佚。"成玄英疏:"姓秦,名失,懷道之士,不知何許人也。"王叔
岷《校詮》:"《廣弘明集》一三釋法琳《辨正論·十喻篇上》及《十
喻篇下》、《北山録·聖人生第二》及《喪服問第九》注引秦失皆作

秦佚,失、佚古今字。"

③號:哭號。

④夫子:指老聃。郭象注:"怪其不倚户觀化,乃至三號也。"

⑤然:是。成玄英疏:"然,猶是也。秦失答弟子云:是我方外之友。"

⑥焉:猶"之"。成玄英疏:"號弔如此,於理可乎?"王叔岷《校詮》:
　"焉猶之也。下文'向吾入而弔焉',與此同例。"

⑦其:他,指老聃。　　人:意指世俗之人。劉武《集解内篇補正》:
　"其,指老子言;人,世俗之人也。謂始也,吾以爲老子乃世俗之人
　也,如爲世俗之人,吾當以世俗弔喪之禮哭之。而今非世俗之人
　也,其死,亦非死也,乃是帝之縣解也,吾何爲以世俗之禮哭焉?"

⑧向:剛才。

⑨彼:指衆弔喪者。成玄英疏:"彼,衆人也。"　　會:感觸。王叔岷
　《校詮》:"其猶之也。會謂感觸。"

⑩蘄:求。成玄英疏:"蘄,求也。"王叔岷《校詮》:"'不蘄'猶'無
　須'。此謂'哭者之所以感觸老聃死,必有無須言而言,無須哭而
　哭者'也。"劉武《集解内篇補正》:"老聃非老者之子,非少者之
　母,於天倫人情,不蘄乎如斯言哭,而竟言哭,是乃言哭之不當者,
　故下曰'遁天倍情'。"

⑪是:代詞,指衆哭者。成玄英疏:"是,指斥哭人也。"　　遁天倍情:
　意謂逃遁天理,倍加人情。郭象注:"天性所受,各有本分,不可
　逃,亦不可加。"成玄英疏:"倍,加也。言逃遁天然之性,加添流俗
　之情。"劉武《集解内篇補正》:"倍情,猶過情也。"王叔岷《校詮》:
　"遁、遁正假字。《説文》:'遁,逃也。'"

⑫受:天賦之物。王叔岷《校詮》:"人之生也,稟受才性於自然,死
　則還歸自然,哀哭太過,是'忘其所受'矣。"

⑬刑:刑罰。成玄英疏:"夫逃遁天理,倍加俗情,哀樂經懷,心靈困
　苦,有同捶楚,寧非刑哉!"王叔岷《校詮》:"哀哭太過,無異刑

戮也。”

⑭適來：意謂自然出生。郭象注：“時自生也。” 時：時運，亦謂自然之理。王叔岷《校詮》：“當來，夫子（老聃）應時而生。”

⑮去：死。 順：順應自然。郭象注：“理當死也。”成玄英疏：“適而生來，皆應時而降誕；蕭然死去，亦順理而返真耳。”王叔岷《校詮》：“當去，則夫子順時而死。”

⑯入：進入。“不能入”意謂不爲所動。錢穆《纂箋》引嚴復曰：“安時順處，是依乎天理注脚。”

⑰帝：指天。成玄英疏：“帝者，天也。” 縣：同“懸”。陸德明《釋文》：“縣音玄。崔云：‘以生爲縣，以死爲解。’”劉武《集解內篇補正》：“《吳都賦》注：‘有繫謂之縣，無謂之解。’武案：安時處順，哀樂不能入，是帝之縣解，非同夫世俗人之死也。此秦失所以號而不哭。此段再喻爲惡無近刑。蓋遁天倍情，過於哀哭，爲惡也；足以傷生損性，近刑也。”王叔岷《校詮》：“死生無變於己（《齊物論篇》），此是自然之解脱也。”

**指窮於爲薪，火傳也，不知其盡也①。**

【校注】

①指：所指，即“爲薪”之物。章案：《齊物論篇》：“以指喻指之非指，不若以非指喻指之非指也；以馬喻馬之非馬，不若以非馬喻馬之非馬也。”即是討論“能指”與“所指”關係，與此處一而貫之。“指窮於爲薪”，意謂稱作薪之物是能够窮盡的。 窮：窮盡。成玄英疏：“窮，盡也。” 薪：柴火。成玄英疏：“薪，柴樵也。”劉武《集解內篇補正》：“此段以薪喻生，以火喻知，以薪傳火喻以生隨知。蓋薪有盡而火無窮，以薪濟火，不知其薪之盡也，以喻生有涯而知無涯，以生隨知，不知其生之盡也。……即證明首段‘吾生也有涯’四句。”錢穆《纂箋》引錢澄之曰：“指薪爲火，此薪既盡，所指窮矣，而火故在也。”

# 人間世第四

**【題解】**

　　本篇歷陳人間社會種種險惡，以明全生之難。人君如虎，人臣則爲螳螂、草芥，故全生尤難。而文中三次以木喻人，皆因有材而致禍，無用而全生，故而提出無用之用乃爲大用。所述"唯道集虛"亦爲《莊子》核心命題之一。

　　顏回見仲尼，請行①。曰："奚之②?"曰："將之衛③。"曰："奚爲焉④?"曰："回聞衛君⑤，其年壯，其行獨⑥；輕用其國⑦，而不見其過⑧；輕用民死，死者以國量乎澤若蕉⑨，民其无如矣⑩。回嘗聞之夫子曰：'治國去之⑪，亂國就之⑫，醫門多疾。'願以所聞思其則⑬，庶幾其國有瘳乎⑭!"

**【校注】**

①顏回：孔子最得意弟子，姓顏，名回，字子淵。　　請行：臨行請辭。章案：此處事跡於史無徵，爲《莊子》所虛構，即寓言也。

②奚之：去何處。奚：何。之：適，行走。下同。成玄英疏："奚，何也。[之]，適也。質問顏回慾往何處耳。"

③衛：衛國。成玄英疏："衛，即殷紂之都，又是康叔之封，今汲郡衛州是也。"

④爲：作爲。成玄英疏："欲往衛國，何所云爲?"

⑤衛君:衛國君。陸德明《釋文》:"司馬云:'衛莊公蒯瞶也。'案《左傳》,衛莊公以魯哀十五年冬始入國,時顏回已死,不得爲莊公,蓋是出公輒也。"成玄英疏:"衛君,即靈公之子蒯瞶也,荒淫混亂,縱情無道。"章案:此爲寓言,不必與史實一一相符。

⑥獨:意謂專橫。陸德明《釋文》:"獨,崔云:'自專也。'向云:'與人異也。'郭云:'不與人同欲也。'"成玄英疏:"其年少壯而威猛可畏,獨行兇暴而不順物心。"

⑦輕:輕率,隨意。　國:國家權力。劉武《集解内篇補正》:"輕率用其國之權力。"

⑧過:過錯。成玄英疏:"有過而無敢諫者也。"劉武《集解内篇補正》:"不自覺其輕用之過。"

⑨量:比,度量。劉武《集解内篇補正》:"量,比也,度也。《則陽篇》云:'比於大澤,百材皆度。'《荀子·富國篇》云:'然後葷菜百蔬以澤量。'"　蕉:草芥。陸德明《釋文》:"向云:'草芥也。'崔云:'芟刈也,其澤如見芟夷,言野無青草。'"劉武《集解内篇補正》:"《列子·周穆王篇》:'覆之以蕉。'注:'與樵同。'此句言以國内死者之數比量於澤,若澤中之草薪之多焉。"王叔岷《校詮》:"蕉爲生枲,《説文》:'枲,麻也。''若蕉'猶'如麻'。"

⑩无如:無可奈何。劉武《集解内篇補正》:"《秋水篇》:'予无如矣。今子之使萬足獨奈何?'言予使一足,尚無如之何,今子使萬足,獨奈之何哉? 此句與'予无如矣'同一句法,謂民無如衛君之暴何也。"

⑪治國:安寧、有道之國。　去:遠離,迴避。成玄英疏:"治邦寧謐,不假匡扶。"

⑫亂國:紛亂、危殆之國。　就:赴就,趨赴。成玄英疏:"亂國孤危,應須規諫。"

⑬所聞:所聽之言,指孔子之言。王叔岷《校詮》:"此莊子假託孔子

之辭。《論語·泰伯篇》：‘子曰：危邦不入，亂邦不居。天下有道則見，無道則隱。’與此所言相反。”章案：此亦爲《莊子》弔詭之處。　　則：法則，規律，辦法。陸德明《釋文》：“崔、李云：‘則，法也。’”

⑭庶幾：或許。成玄英疏：“庶，冀也。幾，近也。”　　瘳（chōu）：治愈。陸德明《釋文》：“李云：‘愈也。’”王叔岷《校詮》：“有猶可也。《田子方篇》：‘庶幾乎民有瘳乎！’《列禦寇篇》：‘國其有瘳乎？’並與此同例。”

　　仲尼曰：“譆①！若殆往而刑耳②！夫道不欲雜③，雜則多④，多則擾⑤，擾則憂⑥，憂而不救⑦。古之至人，先存諸己而後存諸人⑧。所存於己者未定，何暇至於暴人之所行⑨！且若亦知夫德之所蕩而知之所爲出乎哉⑩？德蕩乎名⑪，知出乎爭⑫。名也者，相軋也⑬；知也者，爭之器也⑭。二者兇器，非所以盡行也⑮。

【校注】

①譆：語氣詞。成玄英疏：“怪笑聲也。”王叔岷《校詮》：“《養生主篇》：‘文惠君曰：譆！’《釋文》：‘譆，歎聲也。’此文譆，亦歎聲也。”

②若：你。成玄英疏：“若，汝也。”　　殆：將。下同。劉武《集解內篇補正》：“殆，將也。”王叔岷《校詮》：“殆猶將也。”　　刑：動詞，意謂遭受刑罰。成玄英疏：“汝若往於衛，必遭刑戮者也。”

③雜：雜多。成玄英疏：“同齡之道，唯在純粹。”王叔岷《校詮》：“案《刻意篇》：‘純粹而不雜。’”

④多：意謂頭緒繁多。成玄英疏：“必其喧雜則事緒繁多。”

⑤擾：擾亂。成玄英疏：“事多則中心擾亂。”

⑥憂：憂患。成玄英疏：“心中擾亂則憂患斯起。”

⑦救：拯救，意謂拯救別人。成玄英疏：“己尚不立，焉能救物哉！”錢

穆《纂箋》:"奚侗曰:'而借爲乃。'"王叔岷《校詮》:"而與上文則字互用,而猶則也。"

⑧存:存立,保全,引申爲安頓之意。成玄英疏:"存,立也。古昔至德之人,虛懷而游世間,必先安立己道,然後拯救他人,未有己身不存而能接物者也。"

⑨暇:空暇,意謂可能性。 至:借爲"質",意謂對質。王叔岷《校詮》:"至借爲質,(《天道篇》'道德之至',《刻意篇》至作質,《史記·蘇秦傳》:'趙得講於魏,至公子延。'《索隱》:'至當爲質。'並至、質通用之證。)《禮記·曲禮》'雖質君之前',鄭注:'質猶對也。''何暇至於暴人之所行!'謂'何暇對質於殘暴衛君之所行'也。" 暴人:暴君,指衛君。成玄英疏:"有何(庸)[容]暇,輒至於衛,欲諫暴君! 此行未可也。"劉武《集解內篇補正》:"暴人,謂衛君。"

⑩若:你。 蕩:流蕩,溢出。劉武《集解內篇補正》:"《外物篇》:'德溢乎名,名溢乎暴。'是蕩即溢也。" 知:同"智"。陸德明《釋文》:"知音智。下及注同。" 所爲:所以。王叔岷《校詮》:"案'所爲'猶'所以'。《史記·秦始皇本紀》:'凡所爲貴有天下者,得肆意極欲。'《李斯列傳》:'此所以貴於有天下也。'"

⑪名:名分。成玄英疏:"夫德之所以流蕩喪真,爲矜名故也。"又劉武《集解內篇補正》:"謂德洋溢於外,則德之名立焉,非喪真矜名也。"

⑫争:論争,暗喻諸子争鳴。成玄英疏:"智之所以橫出逾分者,争善故也。"

⑬軋:傾軋。陸德明《釋文》本作"札"。郭象注:"名起則相札,智用則争興。"成玄英疏:"札,傷也。"郭慶藩《集釋》:"盧文弨曰:'今本作軋。'"王叔岷《校詮》:"軋、札正假字。"

⑭器:器具,工具。

⑮兇器:兇禍之器。成玄英疏:"二者并兇禍之器。" 所以:猶"可以"。王叔岷《校詮》:"所猶可也。" 盡:任憑,完全。成玄英疏:"不可[盡]行於世。"王先謙《集解》:"非所以盡乎行世之道。"

　　且德厚信矼①,未達人氣②;名聞不爭③,未達人心。而彊以仁義繩墨之言術暴人之前者④,是以人惡有其美也⑤,命之曰菑人⑥。菑人者,人必反菑之,若殆爲人菑夫⑦!且苟爲悦賢而惡不肖⑧,惡用而求有以異⑨?若唯无詔⑩,王公必將乘人而鬬其捷⑪。而目將熒之⑫,而色將平之⑬,口將營之⑭,容將形之⑮,心且成之⑯。是以火救火,以水救水,名之曰益多⑰。順始无窮⑱,若殆以不信厚言⑲,必死於暴人之前矣!

【校注】

①矼(kòng):確實。陸德明《釋文》:"簡文云:'慤實貌。'"成玄英疏:"確實也。"錢穆《纂箋》引馬叙倫曰:"矼借爲鞏,堅固義。此言德之厚、信之堅,未足以感人。"亦通。

②人氣:人之意氣。王先謙《集解》:"雖慤厚不用智,而未孚乎人之意氣。"劉武《集解内篇補正》:"氣,即下文'聽之以氣'之氣。下文'入則鳴,不入則止',即能達人氣、達人心者也。"

③聞:意即以聞。劉武《集解内篇補正》:"不争善名令聞。"

④繩墨:木匠工具,此處意指規矩。成玄英疏:"繩墨之言,即五德聖智也。" 術:同"述"。王叔岷《校詮》引孫詒讓曰:"術與述古通。《禮記·祭義》'結諸心、形諸色而術省之',鄭注云:'術當作述,聲之誤也。'"郭慶藩《集釋》:"術暴人之前,猶言述諸暴人之前。"

⑤惡:厭惡。 有:《釋文》本作"育",賣也。郭慶藩《集釋》引俞樾曰:"有者,育字之誤。《釋文》云:'崔本作育,云賣也。'《説文》貝部:'賣,衒也,讀若育。'此育字即賣之叚字,經傳每以鬻爲之,鬻

亦音育也。以人惡育其美,謂以人之惡鬻己之美也。"王叔岷《校詮》:"《晏子春秋·內篇·問上》'誅之則爲人主所案據腹而有之',《韓詩外傳》有作育,亦有、育相亂之例。"

⑥命:同"名"。成玄英疏:"命,名也。"王叔岷《校詮》:"《廣雅·釋詁》:'命,名也。''命之曰'猶下文'名之曰',猶言'稱之爲'。"
菑:同"災",害也。陸德明《釋文》:"菑音災。"劉武《集解內篇補正》:"菑人,頂'以人惡'來。以人爲惡,是菑害人也。"王叔岷《校詮》:"《呂氏春秋·審時篇》:'稼就而不獲,必遇天菑。'高注:'菑,害也。'"

⑦若:你。劉武《集解內篇補正》:"若,汝也。" 殆:將,近。成玄英疏:"殆,近也。" 菑:此處作動詞。成玄英疏:"汝若往衛,必近危亡,爲暴人所災害。"劉武《集解內篇補正》:"'若殆爲人菑夫'句,應'若殆往而刑耳'。"

⑧苟爲:假使。王叔岷《校詮》:"爲猶使也。" 悅:取悅。成玄英疏:"悅愛賢人。" 惡不肖:憎惡愚小。成玄英疏:"憎惡不肖。"

⑨惡(wū):同"何"。陸德明《釋文》:"惡音烏。" 而:同"爾"。王先謙《集解》:"而,汝也。且衛君苟好善惡惡,則朝多正人,何用汝之求有以自異乎?"

⑩若:你。 詔:言說。陸德明《釋文》:"詔,告也,言也。"王先謙《集解》:"言汝唯無言。"王叔岷《校詮》:"'唯无'猶今語'除非不'。"

⑪王公:指衛君。成玄英疏:"王公,衛侯也。" 鬬其捷:鬬以捷辯。王先謙《集解》:"衛君必將乘人之隙,而以捷辯相鬬。"

⑫而:同"爾",下同。 熒:眩暈。成玄英疏:"熒,眩也。"

⑬色:面色。成玄英疏:"顏色靡順,與彼和平。"

⑭營:營救,揆度,意謂自救。成玄英疏:"口舌自營。"王先謙《集解》:"口將自救。"王叔岷《校詮》:"《呂氏春秋·孟冬紀》:'營丘

壅之大小。'高注：'營，度也。'《國語・晉語三》：'謀度而行。'韋

注：'度，揆也。'' 口將營之'，謂口將揆度也。"

⑮形：顯形。成玄英疏："形，見也。既懼菑害，故委順面從，擎跽曲

拳，形跡斯見也。"王先謙《集解》："容將益恭。"

⑯成：成就。郭象注："釋己以從彼也。"王先謙《集解》："心且舍己

之是，以成彼之非。"王叔岷《校詮》："且與上文將爲互文，且猶

將也。"

⑰益：增也。成玄英疏："故顏子之行，適足成衛侯之暴，不能匡勸，

可謂益多也。"王先謙《集解》："彼惡既多，汝又從而益之。"

⑱順始：順隨初始之狀。郭象注："尋常守故，未肯變也。"王先謙

《集解》："始既如此，後且順之無盡。"王叔岷《校詮》："'无窮'猶

言'不變'。"

⑲若：你。　　殆：將。句式與上文"若殆爲人菑夫"相同。　　厚言：

意謂深諫。郭象注："未信而諫，雖厚言爲害。"王先謙《集解》：

"宣云'未信而深諫'。"王叔岷《校詮》："吳汝綸云：'厚，多也。見

《考工記・弓人》厚其液。'案'不信厚言'，猶言'交淺言深'（《戰

國策・趙策四》、《淮南子・齊俗篇》）耳。"

　　且昔者桀殺關龍逢①，紂殺王子比干②，是皆脩其身以下

傴拊人之民③，以下拂其上者也④，故其君因其脩以擠之⑤。

是好名者也。昔者堯攻叢枝、胥敖，禹攻有扈⑥，國爲虛厲⑦，

身爲刑戮，其用兵不止，其求實无已⑧。是皆求名實者也⑨。

而獨不聞之乎⑩？名實者，聖人之所不能勝也⑪，而況若乎⑫！

雖然，若必有以也⑬，嘗以語我來⑭！"

【校注】

①桀：夏桀，傳說夏朝末代君主，爲商湯所滅。　　關龍逢：夏桀賢

臣。成玄英疏："姓關，字龍逢，夏桀之賢臣，盡誠而遭斬首。"

②紂:商紂王,商朝末代君主,爲周武王所滅。　　比干:商紂王之叔父。成玄英疏:"比干,殷紂之庶叔,忠諫而被割心。"

③是:同"此"。　　脩:同"修",美也。《離騷》:"老冉冉其將之兮,恐修名之不立。"游國恩《離騷纂義》:"修名者,美名也。""脩其身"意謂爲了美好聲譽,與下文"是好名者也"相應。　　偏拊(yǔfù):愛撫。陸德明《釋文》:"李云:'偏拊,謂憐愛之也。'崔云:'猶嘔呴,謂養也。'"成玄英疏:"偏拊,猶愛養。"王叔岷《校詮》:"《説文》偏下段注:'《莊子》以下偏拊人之民,借爲煦嫗字。《禮記·樂記》'煦嫗覆育萬物'是也。崔謂'偏拊'猶'嘔呴',亦即'嫗煦'也。"　　人:指君主。王先謙《集解》:"宣云:'人,謂君。'"

④拂:違背。陸德明《釋文》:"崔云:'違也。'"成玄英疏:"拂,逆戾也。"王叔岷《校詮》:"拂借爲咈,《説文》:'咈,違也。'……《史記·韓非傳》:'大忠無所拂悟。'《正義》:'拂悟當爲咈忤。'"

⑤擠:排擠,陷害。郭象注:"不欲令臣有勝君之名也。"陸德明《釋文》:"司馬云:毒也。一云:陷也。《方言》云:滅也。簡文云:排也。"王叔岷《校詮》:"《説文》:'擠,排也。'蓋簡文所本。"

⑥叢枝、胥敖、有扈:古小國名。參見《齊物論篇》注。成玄英疏:"叢枝、胥敖、有扈,并是國名。"錢穆《纂箋》:"朱亦棟曰:胥敖二字切音爲苗,即三苗也。叢枝,即宗也。奚侗曰:枝疑快字之誤。快膾音近,《齊物論》作宗膾。"可備一説。

⑦虛厲:同"墟戾"。陸德明《釋文》:"李云:居宅無人曰虛,死而無後爲厲。"郭慶藩《集釋》:"虛厲即虛戾也。《墨子·魯問篇》是以國爲虛戾,《趙策》齊爲虛戾,均作戾。戾厲古音義通。"王叔岷《校詮》:"《吕氏春秋·禁塞篇》亦云:'國爲丘墟,身爲刑戮。'虛、墟古今字。"

⑧實:實利。成玄英疏:"言此三國之君,悉皆無道,好起兵戈,征伐

他國……貪求實利。"王先謙《集解》:"求實,貪利。三國如此,故堯、禹攻滅之。" 已:同"止"。

⑨名實:虛名實利。王先謙《集解》:"蘇輿曰:'龍、比修德,而桀、紂以爲好名,因而擠之。桀、紂惡直臣之有其美,而自恥爲辟王,是易好名也。叢枝、胥敖、有扈,用兵不止,以求實也。堯、禹因而攻滅之,亦未始非求實也。'"王叔岷《校詮》:"'求名、實',蓋兼承上文桀、紂之'好名'及四國之君'求實'而言。"

⑩而:同"爾"。成玄英疏:"今古共知,汝獨不聞也。"王叔岷《校詮》:"'而獨'猶'爾何'。"

⑪聖人:指龍逢、比干、堯、禹。劉武《集解內篇補正》:"聖人,指龍、比、堯、禹言。" 勝:勝任。郭象注:"惜名貪欲之君,雖復堯禹,不能勝化也。"成玄英疏:"夫庸人暴主,貪利求名,雖堯禹聖君,不能懷之以德,猶興兵衆,問罪夷凶。"

⑫若:你,下同。郭象注:"而汝乃欲空手而往,化之以道哉?"

⑬以:依據,理由。成玄英疏:"汝之化道,雖復未弘,既欲請行,必有所以。"王先謙《集解》:"以者,挾持之具。"

⑭嘗:試。成玄英疏:"嘗,試也。" 語(yù):動詞,告訴。成玄英疏:"試陳汝意,告語我來。" 來:助詞。錢穆《纂箋》:"王引之曰:來,句末語詞。"

　　顏回曰:"端而虛①,勉而一②,則可乎?"曰:"惡③!惡可!夫以陽爲充孔揚④,采色不定⑤,常人之所不違⑥,因案人之所感⑦,以求容與其心⑧。名之曰日漸之德不成⑨,而況大德乎!將執而不化⑩,外合而內不訾⑪,其庸詎可乎⑫!"

【校注】

①端、虛:端正、謙虛。郭象注:"正其形而虛其心也。"成玄英疏:"端正其形,盡人臣之敬。虛豁心慮,竭匡諫之誠。"王先謙《集

解》:"端肅而謙虛。"

②勉:勉力,勉勵。成玄英疏:"勉厲身心,竭誠奉國。" 一:一致。郭象注:"言遜而不二也。"王叔岷《校詮》:"勉力而一志。"

③惡(wū):如何。陸德明《釋文》:"惡皆音烏。下同。"成玄英疏:"惡惡,猶於何也。於何而可,言未可也。"

④陽:陽剛。成玄英疏:"陽,剛猛也。" 充:充滿。成玄英疏:"充,滿也。" 孔:非常。成玄英疏:"孔,甚也。言衛君以剛猛之性滿實內心,强暴之甚,彰揚外跡。"王叔岷《校詮》:"夫猶彼也,謂衛君。"

⑤采色:面顏,意謂喜怒之色。成玄英疏:"神采氣色,曾無定準。"王叔岷《校詮》:"采色,謂浮夸之色。"

⑥常人:平常人。 違:違背,違逆。王先謙《集解》:"平人莫之敢違。"

⑦案:壓抑。成玄英疏:"案,抑也。……君乃因其忠諫而挫抑之。"

⑧容與:縱容,放縱。成玄英疏:"容與,猶放縱也。"王叔岷《校詮》:"宣解'容與'爲'暢快',於義爲長。此謂因而案抑人之所箴規者,以求暢快其心也。"

⑨日漸之德:意謂小德。成玄英疏:"日將漸漬之德,尚不能成。"王先謙《集解》:"雖日日漸漬之以德,不能有成。"錢穆《纂箋》:"陸長庚曰:'日漸者,以漸而進,小德也。'"

⑩執:固執。成玄英疏:"固執本心,誰肯變惡爲善者也。"錢穆《纂箋》:"宣穎曰:'自以爲是。'"

⑪外合:外形貌合。成玄英疏:"外形擎跽,以盡足恭。" 訾:同"貲",量也。王先謙《集解》:"姚鼐云:'訾,量也。聞君子之言,外若不違,而内不度量其義。'"王叔岷《校詮》:"訾訓量,則與貲通,《淮南子‧人間篇》:'金錢無量,財貨無貲。'《列子‧説符篇》貲作訾,《藝文類聚》三三引訾作貲,貲、量互文,貲亦量也。《金

樓子·雜記篇》作量,是其證。此謂衛君外若相合,而內心實不可度量也。"

⑫庸詎:何也。王叔岷《校詮》:"'庸詎'複語,義與何同。"

"然則我內直而外曲①,成而上比②。內直者,與天爲徒③。與天爲徒者,知天子之與己皆天之所子④,而獨以己言蘄乎而人善之,蘄乎而人不善之邪⑤? 若然者,人謂之童子,是之謂與天爲徒⑥。外曲者,與人之爲徒也。擎跽曲拳⑦,人臣之禮也,人皆爲之,吾敢不爲邪! 爲人之所爲者,人亦无疵焉⑧,是之謂與人爲徒。成而上比者,與古爲徒⑨。其言雖教,讁之實也⑩。古之有也,非吾有也。若然者,雖直不爲病⑪,是之謂與古爲徒。若是則可乎?"仲尼曰:"惡! 惡可! 大多政⑫,法而不諜⑬,雖固亦无罪⑭。雖然,止是耳矣,夫胡可以及化⑮! 猶師心者也⑯。"

## 【校注】

①內、外:內心與外表。劉武《集解內篇補正》:"外曲者,反應外合也;內直者,反應內不訾也。前後對勘,綫路極爲分明。"

②上比:意謂以古人爲借鑒。章案:此句爲倒裝,意謂"上比而成",與上文"日漸之德不成"義相連。

③徒:學徒。成玄英疏:"共自然之理而爲徒類。"王叔岷《校詮》:"'與天爲徒',則合天然之理。"

④天子:帝王。王先謙《集解》:"宣云:'天子,人君。'"　所:助詞。王叔岷《校詮》:"'天之所子',即'天之子'。所,語助。"

⑤蘄:求。成玄英疏:"蘄,求也。言我內心質素誠直,共自然之理爲徒類。是知帝王與我,皆禀天然,故能忘貴賤於君臣,遺善惡於榮辱,復矜名以避惡,求善於他人乎? 具此虛懷,庶其合理。"錢穆《纂箋》引王闓運曰:"稱己而言,不設機械,故無患也。"王叔岷

《校詮》:"蕲乃祈之借字,《廣雅·釋詁三》:'祈,求也。'兩而字並
與其同義,'蕲乎而人善之,蕲乎而人不善之',猶言'求乎其人善
之,求乎其人不善之'也。"

⑥然:如此。成玄英疏:"然,如此也。"   童子:嬰兒。成玄英疏:
"童子,嬰兒也。"王先謙《集解》:"依乎天理,純一無私,若嬰
兒也。"

⑦擎跽(jì)曲拳:意指行禮體式。成玄英疏:"擎手跽足,磬折曲躬,
俯仰拜伏者,人臣之禮也。"王先謙《集解》:"宣云:'擎,執笏。
跽,長跪。曲拳,鞠躬。'"王叔岷《校詮》:"擎,拱手。跽,跪足。
曲,鞠躬。拳,屈膝。"

⑧疵:同"訾",訾毁。王叔岷《校詮》:"疵與訾通。《荀子·不苟
篇》:'正義直指,舉人之過,非毁疵也。'楊注:'疵讀爲訾。'"

⑨古:意指古之聖賢。成玄英疏:"上比於古,故與古之忠臣比干等
類,是其義也。"

⑩教:教導,教訓。意謂述古人之教。   讁:同"謫",責備,指責。
郭象注:"雖是常教,實有諷責之旨。"王先謙《集解》:"所陳之言,
雖是古教,即有諷責之實也。"王叔岷《校詮》:"宣本讁作謫,謫、
讁正俗字。……《廣雅·釋詁一》:'謫,責也。'"

⑪病:過錯。郭象注:"寄直於古,故無以病我也。"成玄英疏:"若忠
諫之道,自古有之,我今誠直,亦幸無憂累。"

⑫大:同"太"。陸德明《釋文》:"大音泰……崔本作太。"   政:同
"正",意謂改正,修正。郭象注:"當理無二,而張三條以政之,與
事不冥也。"王先謙《集解》:"政、正同。"

⑬法:法度。   諜:便僻。郭慶藩《集釋》引俞樾曰:"《列禦寇篇》
'形諜成光',《釋文》曰:'諜,便僻也。'此諜字義與彼同,謂有法
度而不便僻也。"

⑭固:固執,引申爲偏頗。成玄英疏:"雖復固陋,既未行李,亦幸無

咎責者也。"王叔岷:"固,謂拘執。"

⑮止:止於。　　是:此,意指法度。　　胡:何。成玄英疏:"胡,何
也。"　　化:教化,感化。郭象注:"罪則無矣,化則未也。"成玄英
疏:"顏回化衞,止有是法,纔可獨善,未及濟時,故何可以及
化也。"

⑯師心:意指師法成見。成玄英疏:"師其有心也。"王叔岷《校詮》:
"自是其心,謂之師心。"

　　顏回曰:"吾无以進矣,敢問其方①。"仲尼曰:"齋,吾將
語若②! 有[心]而爲之③,其易邪④? 易之者,暤天不宜⑤。"
顏回曰:"回之家貧,唯不飲酒不茹葷者數月矣⑥。若此,則可
以爲齋乎?"曰:"是祭祀之齋⑦,非心齋也⑧。"回曰:"敢問心
齋。"仲尼曰:"若一志⑨,無聽之以耳而聽之以心,無聽之以心
而聽之以氣! 聽止於耳⑩,心止於符⑪。氣也者,虛而待物者
也⑫。唯道集虛⑬。虛者,心齋也。"

## 【校注】

①進:進展,更進。　　方:方法,辦法。成玄英疏:"顏生三術,一朝
頓盡,化衞之道,進趣無方,更請聖師,庶聞妙法。"

②齋:齋戒。　　語(yù):動詞,意即告訴。　　若:你。成玄英疏:
"顏回殷勤致請,尼父爲説心齋。"

③有心:有爲之心。原文無"心"字,據《闕誤》本加。郭象注:"夫有
其心而爲之者,誠未易也。"王叔岷《校詮》:"陳碧虛《闕誤》引張
君房本有下有心字,郭注云云,郭本蓋原作'有心而爲之'。"

④其:同"豈"。王叔岷《校詮》:"其猶豈也,'其易'猶'豈易'。"

⑤暤天:自然。陸德明《釋文》:"向云:'暤天,自然也。'"成玄英疏:
"以有爲之心而行道爲易者,暤天之下,不見其宜。言不宜以有爲
心齋也。"王叔岷《校詮》:"乃天之泛稱,無關春、夏。向釋爲'自

然’,是也。”

⑥茹葷:食魚肉之類。成玄英疏:“茹,食也。葷,辛菜也。”

⑦是:此。成玄英疏:“此是祭祀神君,獻宗廟,俗中致齋之法,非所謂心齋者也。”

⑧心齋:字面意爲心的齋戒。此爲《莊子》核心術語之一,描述《莊子》理想中一種高妙的内心體驗和人生境界。從下文可見心齋與養氣有關。

⑨一志:應爲“一汝志”,意謂純一汝心識。成玄英疏:“志一汝心,無復異端。”王先謙《集解》:“宣云:‘不雜也。’”王叔岷《校詮》:“成疏‘志一汝心’文不成義,蓋‘一汝心志’之誤錯。所據正文,一下蓋本有汝字。”

⑩止:停止,到達。

⑪符:符合。成玄英疏:“符,合也。心起緣慮,必與境合。”郭慶藩《集釋》引俞樾曰:“‘心止於符’,乃申說無聽之以心之義。言心之用止於符而已,故無聽之以心也。”

⑫待:等待,應對。成玄英疏:“如氣柔弱虛空,其心寂泊忘懷,方能應物。”

⑬集:集合。郭象注:“虛其心則至道集於懷也。”成玄英疏:“唯此真道,集在虛心。”

顏回曰:“回之未始得使①,實自回也②;得使之也,未始有回也③,可謂虛乎?”夫子曰:“盡矣④。吾語若!若能入遊其樊而无感其名⑤,入則鳴,不入則止⑥。无門无毒⑦,一宅而寓於不得已⑧,則幾矣⑨。絶迹易,无行地難⑩。爲人使易以僞,爲天使難以僞⑪。聞以有翼飛者矣,未聞以无翼飛者也;聞以有知知者矣⑫,未聞以无知知者也。瞻彼闋者⑬,虛室生白⑭,吉祥止止⑮。夫且不止,是之謂坐馳⑯。夫徇耳目内通而外於心知<sup>⑰</sup>，鬼神將來舍<sup>⑱</sup>，而況人乎！是萬物之化也，禹舜之所紐也<sup>⑲</sup>，伏戲几蘧之所行終<sup>⑳</sup>，而況散焉者乎<sup>㉑</sup>！"

## 【校注】

①使：使用，實施。此句意謂進入心齋。王叔岷《校詮》："使與事通。《國語·魯語下》：'大夫有貳車，備承事也。'韋注：'事，使也。'"

②實：實有，實體。此句意謂感覺到自身肉體存在。郭象注："未始使心齋，故有其身。"王先謙《集解》："自見有回。"

③之：指心齋。王叔岷《校詮》："此謂從事心齋之後，未始有回，即忘我也。"

④盡：完備。成玄英疏："心齋之妙，妙盡於此。"王叔岷《校詮》："顏回所言，已盡得心齋之妙。"

⑤樊：藩籬，樊籠，意指衛國。成玄英疏："且復遊入蕃傍，亦宜晦跡消聲，不可以名智感物。樊，蕃也。"王先謙《集解》："能遊其藩內，而無以虛名相感動。"

⑥入：意謂衛君從諫。郭象注："譬之宮商，應而無心，故曰鳴也。夫無心而應者，任彼耳，不强應也。"王叔岷《校詮》："此謂能入則與心齋之妙相應，不能入則不能與心齋之妙相應。"

⑦毒：同"壔"，土臺，土墻。王先謙《集解》引李楨曰："毒蓋壔之借字。《說文》壔下云：'保也，亦曰高土也，讀若毒。'"王叔岷《校詮》："《知北遊篇》：'无門无房，四達之皇皇也。'此文'無門無毒'，亦取通達無礙之義。"

⑧宅：喻心。成玄英疏："處心至一之道。"錢穆《纂箋》："釋德清曰：一宅者，安心於一，了無二念。"王叔岷《校詮》："宅，喻心。"　不得已：意謂必然之理。郭象注："不得已者，理智必然者也。"

⑨幾：庶幾，盡。郭象注："理盡於斯。"成玄英疏："幾，盡也。應物理盡於斯也。"王叔岷《校詮》："幾，庶幾，近詞也。"

⑩絶迹:不行走。郭象注:"不行則易,欲行而不踐地,不可能也。無爲則易,欲爲而不傷性,不可得也。"王先謙《集解》:"宣云:'人之處世,不行易,行而不著跡難。'"錢穆《纂箋》:"馬其昶曰:'不行而絶跡,此出世法。行而不踐地,則入世而不爲世攖者也。'"王叔岷《校詮》:"此喻避世易,入世而超世難也。"

⑪使:驅使,使用。　僞:同"爲",作爲。錢穆《纂箋》:"僞即爲也。爲人使易以僞,是以有翼飛也。爲天使難以僞,是以無翼飛也。"王叔岷《校詮》:"人與天對言,人,有待者也;天,無待者也。兩以字語助。《廣雅·釋詁三》:'僞,爲也。'此謂爲有待所驅使,易爲;順無待而動,不易爲也。"

⑫前"知"同"智",下同。陸德明《釋文》:"上知音智,下如字。下句同。"王叔岷《校詮》:"有知之知,是有待之知。無知之知,乃無待之知。《知北遊篇》:'孰知不知之知!'"

⑬闋(què):空。陸德明《釋文》:"司馬云:'空也。'"王叔岷《校詮》:"《説文》:'闋,事已閉門也。'此闋,喻空虛之境。"

⑭室:喻心室。陸德明《釋文》:"崔云:'白者,日光所照也。'司馬云:'室比喻心,心能空虛,則純白獨生也。'"成玄英疏:"觀察萬有,悉皆空寂,故能虛其心室,乃照真源,而智惠明白,隨用而生。白,道也。"王叔岷《校詮》:"《文選》嵇叔夜《養生論》注引此'虛室生白',並引向秀注:'虛其心,則純白獨著。'"

⑮止止:停止於某物之上。後止同"之",指心。郭象注:"夫吉祥之所集者,至虛至静也。"成玄英疏:"止者,凝静之智。言吉祥善福,止在凝静之心,亦能致吉祥之善應也。"錢穆《纂箋》:"奚侗曰:'下止字當作之。'"

⑯坐馳:意謂形坐神馳。此亦爲《莊子》重要術語。成玄英疏:"謂形坐而心馳者也。"王先謙《集解》:"若精神外騖而不安息,是形坐而心馳也。"王叔岷《校詮》:"《淮南子·原道篇》:'執玄德於

心,而化馳若神。'亦符'坐馳'之義。"

⑰徇:使。陸德明《釋文》:"李云:'使也。'"錢穆《纂箋》:"林雲銘曰:'徇與循同,率也。'"　　外:意謂超脫、阻斷。　　錢穆《纂箋》引林雲銘曰:"率其聰明而通於內,屏其心知而外之、虛之而也。"　　知:同"智"。陸德明《釋文》:"知音智。"

⑱舍:居住。成玄英疏:"虛懷任物,鬼神冥附而舍止。"王叔岷《校詮》:"《管子·心術上篇》:'虛其欲,神將入舍。'"

⑲是:此,指心齋。成玄英疏:"指以前心齋等法。"　　紐:關節處。陸德明《釋文》:"崔云:'系而行之曰紐。'簡文云:'紐,本也。'"成玄英疏:"應物綱紐。"

⑳伏戲:伏羲。陸德明《釋文》:"戲又作羲,亦作犧,同。即大皞,三皇之始也。"成玄英疏:"號曰伏戲,姓風,即太昊。"　　几蘧(qú):傳三皇之前上古帝王。成玄英疏:"几蘧者,三皇已前無文字之君也。"　　行終:行止。王先謙《集解》:"上古帝王之所行止。"錢穆《纂箋》:"王敔曰:'行終,行之終身也。'"王叔岷《校詮》:"馬其昶云:'行終猶詣極。'"

㉑散焉者:普通凡人。陸德明《釋文》:"散,李云:'放也。'崔云:'德不及聖王為散。'"成玄英疏:"世間凡鄙疏散之人。"錢穆《纂箋》:"宣穎曰:'散,眾人。'"

葉公子高將使於齊①,問於仲尼曰:"王使諸梁也甚重②,齊之待使者,蓋將甚敬而不急③。匹夫猶未可動也④,而況諸侯乎! 吾甚慄之⑤。子嘗語諸梁也曰:'凡事若小若大,寡不道以懽成⑥。事若不成,則必有人道之患⑦;事若成,則必有陰陽之患⑧。若成若不成而後无患者,唯有德者能之。'吾食也執粗而不臧⑨,爨无欲清之人⑩。今吾朝受命而夕飲冰,我其內熱與⑪! 吾未至乎事之情⑫,而既有陰陽之患矣;事若不成,必有人道之患。是兩也<sup>⑬</sup>，爲人臣者不足以任之，子其有以語我來<sup>⑭</sup>！"

## 【校注】

①葉(shè)公子高：楚國大夫，封於葉縣。陸德明《釋文》："楚大夫，爲葉縣尹，僭稱公，姓沈，名諸梁，字子高。"成玄英疏："楚莊王之玄孫尹成子，名諸梁，字子高，食采於葉，僭號稱公。"　使：動詞，出使。　齊：齊國。章案：此段故事亦屬寓言。

②王：楚王。成玄英疏："王者，春秋實爲楚子，而僭稱王。……齊楚二國，結好往來，玉帛使乎，相繼不絕，或急難而求救，或問罪而請兵，情事不輕，委寄甚重，是故諸梁憂慮，詢道仲尼也。"王叔岷《校詮》："王，楚昭王。"

③急：迫切。錢穆《纂義》："宣穎曰：'貌敬而緩於應事。'"王叔岷《校詮》："急，猶今語迫切。"

④動：被説動，説服。成玄英疏："匹夫鄙志，尚不可動，況夫五等，如何可動！"

⑤慄：懼怕。陸德明《釋文》："李云：'懼也。'"

⑥寡：少。成玄英疏："寡之言少。"　懽：同"歡"。王先謙《集解》："鮮不由道而以懽然成遂者。"錢穆《纂箋》："劉辰翁曰：'未有不依道而能使美滿成就無後悔者。'"王叔岷《校詮》："陳碧虛《闕誤》引江南古藏本作'寡有不道以成懽'，當從之。"

⑦人道：意謂職責。成玄英疏："有人倫之道、刑罰之憂。"王先謙《集解》："王必降罪。"

⑧陰陽：陰陽二氣，意謂情緒心境。王先謙《集解》："宣云：'喜懼交戰，陰陽二氣將受傷而疾作。'"王叔岷《校詮》："此所謂'陰陽之患'，就心之喜懼而言也。"章案：陰陽五行説作爲哲學範疇，應在《管子》之後。此處所謂陰陽，應指陰陽二氣，是一種樸素的經驗知識，正如五行最早表述爲"五材"一樣，皆與陰陽五行哲學思想

無關。

⑨粗:粗糧。　　臧:善,意指精糧。陸德明《釋文》:“臧,善也。”錢穆《纂箋》:“宣穎曰:‘甘守粗糲,不求精善。’”

⑩爨(cuàn):炊也。　　清:清涼。郭象注:“對火而不思涼,明其所饌儉薄也。”陸德明《釋文》:“清,涼也。言爨火爲食而不思清涼。”

⑪與:同“歟”。陸德明《釋文》:“與音餘。下慎與同。向云:‘食美食者必內熱。’”成玄英疏:“諸梁晨朝受詔,暮夕飲冰,足明怖懼憂愁,內心燻灼。”

⑫至:行。王叔岷《校詮》:“至猶行也,《禮記·樂記》:‘樂至則無怨,禮至則不爭。’鄭注:‘至猶行也。’‘未至乎事之情’,猶言‘未行乎事之實’。”

⑬兩:意指二患。成玄英疏:“有此二患,何處逃愆?”

⑭其:猶“試”,嘗試。王叔岷《校詮》:“其猶試也。”　　語(yù):動詞,告訴。　　來:語氣助詞。

仲尼曰:“天下有大戒二①:其一,命也;其一,義也。子之愛親,命也,不可解於心②;臣之事君,義也,无適而非君也③,无所逃於天地之間。是之謂大戒。是以夫事其親者④,不擇地而安之⑤,孝之至也;夫事其君者,不擇事而安之,忠之盛也⑥;自事其心者,哀樂不易施乎前⑦,知其不可奈何而安之若命,德之至也。爲人臣子者,固有所不得已。行事之情而忘其身,何暇至於悅生而惡死⑧!夫子其行可矣!丘請復以所聞⑨:凡交近則必相靡以信⑩,遠則必忠之以言,言必或傳之⑪。夫傳兩喜兩怒之言⑫,天下之難者也。夫兩喜必多溢美之言,兩怒必多溢惡之言。凡溢之類妄⑬,妄則其信之也莫⑭,莫則傳言者殃。故法言曰⑮:‘傳其常情⑯,无傳其溢言,則幾乎全⑰。’

## 【校注】

①戒:戒律,法則。成玄英疏:"戒,法也。"王叔岷《校詮》:"法,不可犯也。"

②解:解脫。郭象注:"自然結固,不可解也。"成玄英疏:"夫孝子事親,盡於敬愛。此之性命,出自天然,中心率由,故不可解。"王叔岷《校詮》:"受之於天,自然而然,謂之命;屬之於人,不得不然,謂之義。"

③適:行走。　非君:意謂無君之地。成玄英疏:"未有無君之國。"

④是以夫:故也。王叔岷《校詮》:"'是以'與'夫'連用,爲複語,猶'故夫'連用,申事之詞也。"

⑤地:地位。王叔岷《校詮》:"'不擇地'謂不擇地位高卑。"　安:安頓,意謂盡責。成玄英疏:"夫孝子養親,務在順適,登仕求祿,不擇高卑,所遇而安,方名至孝也。"

⑥事:事件,事務。成玄英疏:"事無夷險。"王叔岷《校詮》:"'不擇事'謂不擇事之利害。"　盛:大。成玄英疏:"盛,美也。"

⑦事:動詞,意謂對待。成玄英疏:"夫爲道之士而自安其心智者。"王先謙《集解》:"宣云:'事心如事君父之無所擇,雖哀樂之境不同,而不爲移易於其前。'"　施:移。王先謙《集解》:"王念孫云:'施讀爲移。此猶言不移易。《晏子春秋·外篇》君臣易施,《荀子·儒效篇》哀虛之相易也,《漢書·衛綰傳》人之所施易,義皆同。'"

⑧暇:閑暇。成玄英疏:"有何閑暇謀生慮死也!"

⑨復:言説。王先謙《集解》:"更以前聞告之。"王叔岷《校詮》:"《廣雅·釋詁一》:'復,語也。'"

⑩交:交往。王先謙《集解》:"交鄰。"　靡:同"摩",意謂親近。王叔岷《校詮》:"靡,古讀若摩,《馬蹄篇》'喜則交頸相靡',《釋文》:'靡,李云:摩也。'一云:'愛也。''相靡以信',猶言'相愛以

信’耳。”又，錢穆《纂箋》：“王敔曰：‘靡，同縻，維繫也。’”亦通。

⑪傳：傳達，流傳。王先謙《集解》：“宣云：‘必託使傳。’”

⑫兩喜兩怒：意指雙方國君之喜怒。王先謙《集解》：“宣云：‘兩國
君之喜怒。’”

⑬類：類似。成玄英疏：“類，似也。” 妄：妄想。郭象注：“似傳者
妄作。”

⑭莫：無。王叔岷《校詮》：“《廣雅·釋言》：‘莫，無也。’”

⑮法言：古格言。已失傳。成玄英疏：“夫子引先聖之格言。”王先謙
《集解》：“引古格言。揚子《法言》名因此。”

⑯常情：平實之情。王先謙《集解》：“宣云：‘但傳其平實者。’”

⑰幾：庶幾。 全：全身。成玄英疏：“近獲全身。”王先謙《集解》：
“宣云：‘庶可自全。’”

　　且以巧鬥力者①，始乎陽，常卒乎陰②，泰至則多奇巧③；
以禮飲酒者，始乎治④，常卒乎亂，泰至則多奇樂⑤。凡事亦
然。始乎諒，常卒乎鄙⑥；其作始也簡，其將畢也必巨⑦。言
者，風波也；行者，實喪也⑧。夫風波易以動，實喪易以危⑨。
故忿設无由⑩，巧言偏辭⑪。獸死不擇音，氣息茀然⑫，於是並
生心厲⑬。剋核太至⑭，則必有不肖之心應之⑮，而不知其然
也。苟爲不知其然也，孰知其所終！故法言曰：‘无遷令⑯，无
勸成⑰，過度益也⑱。’遷令勸成殆事⑲，美成在久，惡成不及
改⑳，可不慎與！且夫乘物以遊心㉑，託不得已以養中㉒，至
矣。何作爲報也㉓！莫若爲致命㉔。此其難者。”

**【校注】**

①鬥力：角力遊戲。成玄英疏：“較力相戲，非無機巧。”

②陽、陰：意謂喜樂，忿怒。成玄英疏：“陽，喜也。陰，怒也。……初
始戲謔，則情在喜歡；逮乎終卒，則心生忿怒，好勝之情，潛以

相害。"

③泰至:意謂極力取勝。郭象注:"欲勝情至,潛興害彼者也。"王先
謙《集解》:"欲勝之至,則奇譎百出矣。"

④治:秩序,禮節。郭象注:"尊卑有別,旅酬有次。"成玄英疏:"治,
理也。夫賓主獻酬,自有倫理。"

⑤奇樂:意謂淫樂。郭象注:"淫荒縱橫,無所不至。"

⑥諒:爲"諸"之誤。郭慶藩《集釋》引俞樾曰:"諒疑諸字之誤。諸
讀爲都。《爾雅·釋地》'宋有孟諸',《史記·夏本紀》作明都,是
其例也。'始乎都,常卒乎鄙',都鄙正相對。因字通作諸,又誤作
諒,失其旨矣。《淮南子·詮言篇》曰:'故始於都者,常大於鄙。'
即本《莊子》,可據以訂正。彼文大字乃卒字之誤,説見王氏念孫
《讀書雜志》。"　　鄙:與"都"相對的邊遠地區。

⑦簡:簡單。　　巨:大。郭象注:"夫煩生於簡,事起於微,此必至之
勢也。"成玄英疏:"初起簡少,後必巨大,是以煩生於簡,事起
於微。"

⑧實喪:意謂得失。郭慶藩《集釋》引郭嵩燾曰:"實喪,猶言得失。
實者,有而存之;喪者,忽而忘之。"

⑨危:危險。郭慶藩《集釋》引郭嵩燾曰:"倪得而倪失者,行之大患
也,故曰危。"王先謙《集解》:"得失無定,故曰'易以危'。"

⑩設:發作。郭象注:"忿怒之作。"王先謙《集解》:"忿怒之端設。"
王叔岷《校詮》:"《廣雅·釋詁》:'設,施也。'"　　由:理由,原由。
郭象注:"無他由也。"成玄英疏:"更無所由。"錢穆《纂箋》:"馬其
昶曰:'言忿起無端。'"

⑪偏:偏激。郭象注:"偏辭失當。"成玄英疏:"偏辭詔佞。"

⑫莁(bó):同"艴",慍怒。郭象注:"莁然暴怒。"陸德明《釋文》:
"李音怫。"王叔岷《校詮》:"馬氏《故》引王引之曰:'莁爲艴之借
字。'案王説見《讀書雜志》一之三《逸周書·官人篇》。《説文》:

‘𦙫,色𦙫如也。’段注：‘此當作𦙫,怒色也。’《孟子》：‘曾西𦙫然

　不悦。’趙曰：‘𦙫,愠怒色也。’”

⑬厲：惡。王叔岷《校詮》：“‘心厲’乃‘厲心’之倒語,《詩・大雅・

　桑柔》‘誰生厲階’,《傳》：‘厲,惡也。’‘厲心’猶‘惡心’,即下文

　所謂‘不肖之心’也。”

⑭剋核：刻薄苛求。成玄英疏：“剋切責核,逼迫太甚。”王叔岷《校

　詮》：“‘剋核’借爲‘刻覈’,《説文》：‘刻,鏤也。’段注：‘引伸爲刻

　覈、刻薄之刻。’陳碧虛《音義》本作刻,《記纂淵海》五七引

　同。……‘刻覈太至’,猶言‘逼迫太甚’耳。”

⑮不肖：不善。成玄英疏：“不善之心歘然自應。”

⑯遷：改動。成玄英疏：“承君令命,以實傳之,不得以臨時喜怒爲遷

　改者也。”王叔岷《校詮》：“《周禮・秋官・遂士》：‘王令三公會其

　期。’鄭注：‘令猶命也。’”

⑰勸：勸助。郭象注：“任其自成。”成玄英疏：“無勞勸獎,强令成就

　也。”王叔岷《校詮》：“《廣雅・釋詁二》：‘勸,助也。’”

⑱益：同“溢”。王叔岷《校詮》：“俞樾云：‘益當讀爲溢,言過其度則

　溢。’……劉師培云：‘益乃溢省。’”

⑲殆：危殆。郭象注：“此事之危殆者。”王先謙《集解》：“事必

　危殆。”

⑳美成：意謂成就好事,與“惡成”義相反。郭象注：“美成者任其時

　化,譬之種植,不可一朝成。”王先謙《集解》：“成而善,不在一時；

　成而惡,必有不及改者。”王叔岷《校詮》：“俞樾云：‘不及改,極言

　其速也。改且不及,速可知矣。’”

㉑乘物遊心：意謂超然物外。成玄英疏：“乘有物以遨遊,運虚心以

　順世。”王先謙《集解》：“宣云：‘隨物以游寄吾心。’”王叔岷《校

　詮》：“乘物,乃能物物而不物於物。游心者,心無所待也。”

㉒不得已：意指必然之事。成玄英疏：“不得已者,理之必然也。”

養中：意謂涵養中和之心。成玄英疏：“養中和之心。”

㉓報：回報。郭象注：“當任齊所報之實，何爲爲齊作意於其間哉！”

㉔爲：能。王叔岷《校詮》：“爲猶能也。” 致命：完成君王指令。

王先謙《集解》：“但致君命。”王叔岷《校詮》：“謂傳達君命。”

顏闔將傳衞靈公大子①，而問於蘧伯玉曰②：“有人於此，其德天殺③。與之爲无方④，則危吾國；與之爲有方，則危吾身。其知適足以知人之過，而不知其所以過⑤。若然者，吾奈之何？”蘧伯玉曰：“善哉問乎！戒之，慎之，正女身哉⑥！形莫若就⑦，心莫若和。雖然，之二者有患⑧。就不欲入⑨，和不欲出⑩。形就而入，且爲顛爲滅，爲崩爲蹶⑪。心和而出，且爲聲爲名，爲妖爲孽。彼且爲嬰兒⑫，亦與之爲嬰兒；彼且爲无町畦⑬，亦與之爲无町畦；彼且爲无崖⑭，亦與之爲无崖。達之，入於无疵⑮。

【校注】

①顏闔：魯國賢人。陸德明《釋文》：“魯之賢人，隱者。” 傅：動詞，作某人老師。 大子：太子，即蒯瞶。成玄英疏：“大子，蒯瞶也。顏闔自魯適衞，將欲爲太子之師傅也。”章案：此段故事亦爲寓言。

②蘧伯玉：衞國大夫。成玄英疏：“姓蘧，名瑗，字伯玉，衞之賢大夫。”

③天殺：意謂天性嗜殺。陸德明《釋文》：“謂如天殺物也。”成玄英疏：“蒯瞶稟天然之凶德，持殺戮以快心。”王先謙《集解》：“天性嗜殺。”

④方：方法，辦法。陸德明《釋文》：“李云：‘方，道也。’”成玄英疏：“方猶法。”

⑤所以過：過錯之原由。郭象注：“不知民過之由己，故罪責於民而

不自改。”

⑥女:同“汝”。王先謙《集解》:“先求身之無過。”王叔岷《校詮》:“《莊子》之學非放任,常言及正己之修養,屢申戒、慎、謹之義。”章案:《莊子》主旨在於全生全身,除出世逍遥之外,處世之時,當爲正身、慎、戒,二者並行不悖。

⑦就:遷就。成玄英疏:“身形從就,不乖君臣之禮。”王先謙《集解》:“宣云:‘外示親附之形,内寓和順之意。’”王叔岷《校詮》:“此謂外形莫若遷就,内心莫若寬和。”

⑧之:此。王叔岷《校詮》:“之猶此也。”　患:隱患,缺陷。王先謙《集解》:“宣云:‘猶未盡善。’”

⑨入:深入,意謂完全認同。郭象注:“就者形順,入者遂與同。”王叔岷《校詮》:“遷就過深,則與彼同。”

⑩出:顯出。成玄英疏:“不顯己能,斯不出也。”王叔岷《校詮》:“寬和過顯,則示彼小。”

⑪顛:顛覆。成玄英疏:“顛,覆也。”　蹶:失敗。成玄英疏:“蹶,敗也。形容從就,同入彼惡,則是顛危而不扶持,故致顛覆滅絶,崩蹶敗壞,與彼俱亡也矣。”

⑫彼:指蒯瞶。　嬰兒:意謂似嬰兒般無知。成玄英疏:“或同嬰兒之愚鄙,且復無知。”錢穆《纂箋》:“焦竑曰:‘無知也。’”

⑬町畦:邊界,界限。陸德明《釋文》:“李云:‘町畦,畔埒也。無畔埒,無威儀也。’”成玄英疏:“町,畔也。畦,埒也。……或類田野之無畦,略無界畔。”王先謙《集解》:“無界限,喻小有踰越。”

⑭崖:崖岸。陸德明《釋文》:“司馬云:不顧法也。”錢穆《纂箋》:“焦竑曰:‘崖猶崖岸,言無容止。’”

⑮疵:病患。陸德明《釋文》:“疵,病也。”王先謙《集解》:“以入於無疵病。”王叔岷《校詮》:“此謂通乎此,方致於無病累也。”

**汝不知夫螳蜋乎?怒其臂以當車轍①,不知其不勝任也,**

是其才之美者也②。戒之，慎之！積伐而美者以犯之，幾矣③。
汝不知夫養虎者乎？不敢以生物與之，爲其殺之之怒也④；不
敢以全物與之，爲其決之之怒也⑤；時其飢飽，達其怒心⑥。虎
之與人異類而媚養己者，順也⑦；故其殺者，逆也。夫愛馬者，
以筐盛矢，以蜄盛溺⑧。適有蚉虻僕緣⑨，而拊之不時⑩，則缺
銜毀首碎胷⑪。意有所至而愛有所亡⑫，可不慎邪！”

## 【校注】

①當：同“擋”。王叔岷《校詮》：“《藝文類聚》九七引當作拒。”章案：
此即成語“螳臂擋車”之來歷。

②其才之美：意謂自美其才。成玄英疏：“自恃才能之美善。”

③積：積累，蘊積。成玄英疏：“積，蘊蓄也。”王叔岷《校詮》：“《漢
書·食貨志》：‘夫縣法目誘民，使入陷阱，孰積於此？’師古注：
‘積，多也。’” 伐：誇讚。王先謙《集解》：“伐，誇功也。” 而：
同“爾”。王叔岷《校詮》：“‘積伐而美’，猶言‘多誇爾美’也。”
幾：危險。郭象注：“積汝之才，伐汝之美，以犯此人，危殆之道。”
成玄英疏：“幾，危也。”

④生物：活物。成玄英疏：“豬羊之類，不可生供猛獸，恐其因殺而生
嗔怒也。”

⑤全物：完整之動物。 決：分開。郭象注：“方使虎自齧分之，則
因用力而怒也。”王叔岷《校詮》：“《列子·黃帝篇》決作碎，《釋
文》：‘碎，一作決。’”

⑥時：伺候。王叔岷《校詮》：“《廣雅·釋言》：‘時，伺也。’” 達：
順達。郭象注：“知其所以怒而順之。”成玄英疏：“達喜怒之節。”

⑦順：意謂順其性情。郭象注：“順理則異類生愛。”

⑧矢：同“屎”。陸德明《釋文》：“矢或作屎，同。” 蜄（shèn）：大
蛤。陸德明《釋文》：“蜄，蛤類。”

⑨僕:附著。錢穆《纂箋》:"宣穎曰:'僕,附也。蚤虱附緣馬身。'"郭慶藩《集釋》引王念孫曰:"僕之言附也,言蚤虱附緣於馬體也。僕與附,聲近而義同。《大雅‧既醉篇》'景命有僕',毛《傳》曰:'僕,附也。'鄭《箋》曰:'天之大命又附著於女。'《文選‧子虛賦》注引《廣雅》曰:'僕,謂附著於人。'"

⑩拊:拍打。成玄英疏:"拊,拍也。"

⑪缺銜:衝缺銜勒。成玄英疏:"銜,勒也。……馬缺銜勒,挽破彎頭。"　毀首碎胸:意指馬體損毀嚴重。

⑫意:意指愛馬之情意。　亡:失去。成玄英疏:"亡猶失也。"錢穆《纂箋》:"林雲銘曰:'一時意所偶疏,平日之愛盡棄。'"

匠石之齊①,至乎曲轅②,見櫟社樹③。其大蔽[數千]牛④,絜之百圍⑤,其高臨山十仞而後有枝⑥,其可以爲舟者旁十數⑦。觀者如市,匠伯不顧,遂行不輟。弟子厭觀之⑧,走及匠石,曰:"自吾執斧斤以隨夫子,未嘗見材如此其美也。先生不肯視,行不輟,何邪?"曰:"已矣⑨,勿言之矣! 散木也⑩,以爲舟則沈,以爲棺槨則速腐,以爲器則速毀,以爲門戶則液樠⑪,以爲柱則蠹。是不材之木也,无所可用,故能若是之壽。"

【校注】

①匠石:匠人名石。成玄英疏:"匠是工人之通稱,石乃巧者之私名。"　之齊:往齊國去。

②曲轅:地名。成玄英疏:"地名也。其道屈曲,猶如嵩山之西有轘轅之道,即斯類也。"

③櫟社樹:生於社之櫟樹。成玄英疏:"櫟,木名也。社,土神也。祀封土曰社。"

④蔽:遮蔽。覆宋本作"數千牛"。成玄英疏:"櫟社之樹,特高常

木,枝葉覆蔭,蔽數千牛,以繩束之,圍粗百尺。江南《莊》本多言'其大蔽牛',無'數千'字,此本應錯。且商丘之木,既結駟千乘,曲轅之樹,豈蔽一牛?以此格量,'數千'之本是也。"章案:下文言此樹"絜之百圍",僅"其大蔽牛"則文意不通,故依覆宋本加"數千"二字。

⑤絜:匝,意指度量。郭慶藩《集釋》:"《文選》賈長沙《過秦論》注引司馬云:'絜,匝也。'"錢穆《纂箋》:"宣穎曰:'絜,量度。'"　百圍:十丈。陸德明《釋文》:"李云:'徑尺爲圍,蓋十丈也。'"成玄英疏:"圍粗百尺。"

⑥仞:七尺一仞。陸德明《釋文》:"七尺曰仞。"

⑦旁:同"方",且也。郭慶藩《集釋》引俞樾曰:"旁讀爲方,古字通用。《尚書·皋陶謨篇》'方施象刑,惟明',《新序·節士篇》方作旁;《甫刑篇》'方告無辜於上',《論衡·變動篇》方作旁,並其證也。《在宥篇》'出入無旁',即'出入無方',此本書叚旁爲方之證。《詩·正月篇》'民今方殆',鄭《箋》:'方,且也。''其可以爲舟者方十數',言可爲舟者且十數也。"王叔岷《校詮》:"俞氏讀旁爲方,訓且,是也。《廣雅·釋詁四》亦云:'旁,方也。'"　十數:以十計數。

⑧厭:飽。王先謙《集解》:"厭,飽也。"王叔岷《校詮》:"馬其昶云:'舊注:飽觀。'"

⑨已:止。成玄英疏:"已,止也。"

⑩散木:意謂無用之木。郭象注:"不在可用之數,故曰散木。"成玄英疏:"不材之木。"

⑪液構(mán):流液松脂。王先謙《集解》引李楨曰:"《廣韻》:'構,松心,又木名也。'松心有脂,液構正取此義。"

匠石歸,櫟社見夢曰①:"女將惡乎比予哉②?若將比予於文木邪③?夫柤梨橘柚,果蓏之屬④,實熟則剥⑤,則辱;大

枝折，小枝泄⑥。此以其能苦其生者也⑦，故不終其天年而中
道夭，自掊擊於世俗者也⑧。物莫不若是。且予求无所可用
久矣，幾死⑨，乃今得之，爲予大用⑩。使予也而有用，且得有
此大也邪？且也若與予也皆物也⑪，奈何哉其相物也⑫？而幾
死之散人，又惡知散木⑬！”

## 【校注】

①見：同“現”。陸德明《釋文》：“見，胡薦反。”成玄英疏：“匠石歸
　寢，櫟社感夢，問於匠石。”

②女：同“汝”。陸德明《釋文》：“女音汝。”　惡(wū)：何。陸德明
　《釋文》：“惡音烏。下同。”成玄英疏：“惡乎，猶於何也。”　予：
　我。成玄英疏：“予，我也。”

③若：你。成玄英疏：“若，汝也。”　文木：可用之材。郭象注：“凡
　可用之木爲文木。”

④柤(zhā)：一種果樹。錢穆《纂箋》引奚侗曰：“柤借爲樝。《説
　文》：‘樝果似梨而酢。’”　蓏(luǒ)：瓜之類。成玄英疏：“瓜瓠
　之徒。”

⑤剝：剝落。成玄英疏：“子實既熟，即遭剝落。”

⑥泄：同“抴”，牽引，攀折。郭慶藩《集釋》：“泄當讀爲抴。《荀子·
　非相篇》：‘接人則用抴。’楊注：抴，牽引也。小枝抴，謂見牽引
　也。”王叔岷《校詮》：“《御覽》三九九引此文有注云：‘泄亦折也。’
　泄、抴古通，《釋名·釋言語》：‘抴，泄也。’”

⑦能：才能。郭象注：“物皆以自用傷。”

⑧掊擊：打擊。成玄英疏：“掊，打也。”王先謙《集解》：“掊擊由其自
　取。”王叔岷《校詮》：“《文選》潘安仁《馬汧督誄》注引《廣雅》：
　‘掊，搥也。’……自古賢能才智之士，自掊擊於世俗者多矣！”

⑨幾：近。成玄英疏：“幾，近也。”王先謙《集解》：“幾伐而死。”

⑩大用：意謂無用之用。郭象注：“積無用乃爲濟生之大用。”成玄英

疏:"方得全生,爲我大用。"

⑪若:你。成玄英疏:"汝之與我,皆造化之一物也,與物豈能相知!"

⑫相:視,審察。錢穆《纂箋》:"物,類別義。同屬一物不能相類別,
猶言不能相評隲。"王叔岷《校詮》:"《達生篇》:'物與物何以相
遠? 夫奚足以至乎先!'《淮南子·精神訓》:'然則我亦物也,物
亦我也,物之與物也,又何以相物也!'本《人間世篇》。"章案:《説
文》:"相,省視也。從目,從木。"《詩經》:"相鼠有皮。"徐灝
《箋》:"戴氏侗曰:'相,度才也。工師用木,必相視其長短、曲直、
陰陽、剛柔之所宜也。'"此句意謂,只有彼此有分別,才能够評論。
而匠石與櫟樹皆爲物,故不能相互評論。

⑬而:你。王先謙《集解》:"而,汝。" 幾:近。王先謙《集解》:
"幾,近也。" 散人:與"散木"相對,意謂無用之人。成玄英疏:
"汝是近死之散人,安知我是散木耶? 託於夢中,以戲匠石也。"

匠石覺而診其夢①。弟子曰:"趣取无用,則爲社何
邪②?"曰:"密③! 若无言④! 彼亦直寄焉⑤,以爲不知己者詬
厲也⑥。不爲社者,且幾有翦乎⑦! 且也彼其所保與衆異⑧,
而以義譽之⑨,不亦遠乎!"

【校注】

①診:告。郭慶藩《集釋》引王念孫曰:"向秀、司馬彪並云:'診,占
夢也。'案下文皆無匠石與弟子論櫟社之事,無占夢之事。診當讀
爲畛。《爾雅》云:'畛,告也。'郭注引《曲禮》曰:'畛於鬼神。'畛
與診,古字通。"

②趣:志趣。意謂櫟社之志趣在於無用。成玄英疏:"櫟木意趣取於
無用爲用全其生者,則何爲爲社以自榮乎? 門人未解,故起斯問
也。"王叔岷《校詮》:"此謂櫟樹意趣取於無用,則成爲櫟社
何故?"

③密：同"默"或"謐"。王叔岷《校詮》："馬氏《故》引姚鼐曰：'《田子方篇》：默！女無言。密、默字通，《達生篇》云：公密而不應。'章太炎云：'密借爲謐，《説文》：謐，靜語也。一曰，無聲也。'"

④若：你。成玄英疏："若，汝也。"

⑤彼：指櫟樹。成玄英疏："彼，謂社也。"　直寄：特爲寄託。王先謙《集解》："彼亦特寄於社。"王叔岷《校詮》："直猶特也，焉猶耳也，謂櫟樹亦特寄於社耳。"

⑥詬厲：辱罵。陸德明《釋文》："司馬云：'詬，辱也。厲，病也。'"王先謙《集解》："以聽不知己者詬病之而不辭也。"王叔岷《校詮》："以猶乃也，此謂'乃爲不知己之弟子所辱病也'。"

⑦翦：同"剪"。成玄英疏："假令不爲社樹，豈近於翦伐之害乎！"王叔岷《校詮》："前、翦古今字，俗作剪。此謂'不成爲櫟社者，則殆見翦伐乎也'。"

⑧所保：意謂自保。王叔岷《校詮》："所亦猶自也……此謂'櫟樹之自保與衆異'。蓋無用之櫟樹寄託于社以自保也。《天地篇》：'畢見其慎事而行其所爲，行言自爲而天下化。''所爲'亦'自爲'也。"

⑨而：你。郭象注："汝以社譽之，無緣近也乎！"王叔岷《校詮》："而讀爲爾，汝也。"　義：同"儀"，外表。錢穆《纂箋》引吳汝綸曰："義與儀同。《廣雅疏證》：'儀、貌同義。'"王叔岷《校詮》："義讀爲儀，義、儀古今字，儀，外貌，今語外表也。"　譽：度量。王叔岷《校詮》："《禮記·表記》：'君子不一口譽人。'鄭注：'譽，繩也。'孔疏：'繩可以度量於物。'"

南伯子綦遊乎商之丘①，見大木焉，有異②，結駟千乘③，隱將芘其所藾④。子綦曰："此何木也哉？此必有異材夫⑤！"仰而視其細枝，則拳曲而不可以爲棟梁；俯而視其大根，則軸解而不可以爲棺槨⑥；咶其葉⑦，則口爛而爲傷；嗅之，則使人狂酲，三日而不已⑧。子綦曰："此果不材之未也⑨，以至於此其大也⑩。嗟乎，神人以此不材⑪！"

## 【校注】

①南伯子綦：即南郭子綦，詳見《齊物論》注。陸德明《釋文》："南伯，李云：'即南郭。'" 商之丘：地名。陸德明《釋文》："司馬云：'今梁國睢陽縣是也。'"

②異：異常。成玄英疏："異於尋常。"王叔岷《校詮》："《史記·魯世家》：'群臣不能事魯君，有異焉。'……《集解》引服虔曰：'異猶怪也。'"

③駟：四匹馬，又指四匹馬一套的車。 乘：四匹馬駕一車爲一乘。成玄英疏："駟馬曰乘。"

④芘(bì)：同"庇"，庇蔭。王叔岷《校詮》："'隱將'乃'將隱'之誤倒……庇、芘正假字。" 藾(lài)：陰庇。陸德明《釋文》："向云：'蔭也，可以蔭芘千乘也。'"

⑤異材：異常之能。郭象注："疑有異能。"王叔岷《校詮》："《文中子·魏相篇》：'是必有異人者也焉。'句法本此。"

⑥軸解：軸心鬆散不密。成玄英疏："軸解者，如車軸之轉，謂轉心木也。"王先謙《集解》："解者，文理解散，不密綴。"錢穆《纂箋》："嚴復曰：軸解者，木橫截時，見其心而裂，至於外也。"王叔岷《校詮》："軸，蓋今所謂年輪。"

⑦咶(shì)：同"舐"。陸德明《釋文》："食紙反。"王叔岷《校詮》："咶，俗舓字。《說文》：'舓，以舌取食也。'"

⑧酲(chéng)：醉酒。陸德明《釋文》："李云：'狂如酲也。酒病曰酲。'" 已：止。成玄英疏："用鼻嗅之，則醉悶不止。"

⑨未：爲"木"之訛誤。覆宋本、世德堂本等諸本皆作"木"。

⑩於此：如此。王叔岷《校詮》："於猶如也。"

⑪以：用。王叔岷《校詮》："馬其昶曰：'以，用也。'案神人妙用不

測,故能用此不材。"

　　宋有荆氏者<sup>①</sup>,宜楸柏桑<sup>②</sup>。其拱把而上者,求狙猴之杙者斬之<sup>③</sup>;三圍四圍,求高名之麗者斬之<sup>④</sup>;七圍八圍,貴人富商之家求禪傍者斬之<sup>⑤</sup>。故未終其天年,而中道之夭於斧斤,此材之患也。故解之以牛之白顙者<sup>⑥</sup>,與豚之亢鼻者<sup>⑦</sup>,與人有痔病者,不可以適河<sup>⑧</sup>。此皆巫祝以知之矣<sup>⑨</sup>,所以爲不祥也。此乃神人之所以爲大祥也。

【校注】

①宋:宋國。　　荆氏:地名。成玄英疏:"荆氏,地名也。宋國有荆氏之地。"

②宜:適宜種植。成玄英疏:"宜此楸柏桑之三木,悉皆端直,堪爲材用。"

③拱把:合手之粗。陸德明《釋文》:"司馬云:'兩手曰拱,一手曰把。'"　　杙(yì):短木棍,用以擊獼猴。成玄英疏:"杙,橜也,亦杆也。"王叔岷《校詮》:"奚侗云:'杙,古作弋,與橜同訓。《説文》:弋,橜也。橜,弋也。《爾雅·釋宮》:橜謂之杙。《周禮》牛人:以授職人。注:職讀爲橜,可以繫牛。此言求狙猴之杙,謂求可以繫狙猴者耳。'案杙乃弋之借字。《説文》弋、橜互訓,《廣雅·釋宮》:'橜,杙也。'王氏《疏證》云:'凡木形之直而短者謂之橛。'即斷木也。"

④圍:長度單位。陸德明《釋文》:"崔云:'圍環八尺爲一圍。'"　　名:大也。郭慶藩《集釋》:"名,大也。謂求高大之麗者,用三圍四圍之木也。"王叔岷《校詮》:"王念孫云:'名,大也。《禮器》:因名山升中於天。鄭注曰:名猶大也。'"　　麗:同"欐",即屋棟樑。成玄英疏:"麗,屋棟也。"錢穆《纂箋》:"吳汝綸曰:'麗與欐同。'"王叔岷《校詮》:"《列子·力命篇》:'居則連欐。'《釋文》:'欐,屋棟。'"

⑤椑(shàn)傍:棺材。《釋文》本作"椑傍"。陸德明《釋文》:"崔云:'椑傍,棺也。'司馬云:'棺之全一邊者,謂之椑傍。'"成玄英疏:"椑傍,棺材也。"

⑥解:解除,祛除。意謂以巫祝祭祀祛除不祥。郭象注:"巫祝解除。"王叔岷《校詮》:"《漢書·郊祀志》:'古天子常以春解祠。'顏師古注:'解祠者,謂祠祭以解罪求福。'……《論衡·解除篇》:'世信祭祀,謂祭祀必有福;又然解除,謂解除必去凶。'" 顙(sǎng):額頭。成玄英疏:"顙,額也。"章案:此處白額之牛,與下文高鼻之豬,以及痔漏病之人,皆為不祥之物,不能用於祭祀,而此等生物因此得以保命。

⑦豚:豬。 亢:高。成玄英疏:"亢,高也。……今乃有高鼻折額之豚,白額不騂之犢,痔漏穢病之人,三者既不清潔,故不可往於靈河而設祭奠者也。"

⑧適:同"擿",投擲。成玄英疏:"古者將人沈河以祭河伯,西門豹為鄴令,方斷之,即其類是也。"錢穆《纂箋》:"莊子在西門豹之後,蓋此風不止於鄴。"王叔岷《校詮》:"適借為擿,即今投擲字。'適河',猶言'投河'也。"

⑨巫祝:祭祀神職人員。成玄英疏:"女曰巫,男曰覡。祝者,執板讀祭文者也。"王先謙《集解》:"宣云:'可全生,則祥莫大焉。'"

　　支離疏者①,頤隱於齊②,肩高於頂③,會撮指天④,五管在上⑤,兩髀為脅⑥。挫鍼治綱⑦,足以餬口⑦;鼓筴播精⑧,足以食十人。上徵武士,則支離攘臂於其間⑨;上有大役⑩,則支離以有常疾不受功;上與病者粟,則受三鍾與十束薪⑪。夫支離其形者⑫,猶足以養其身,終其天年,又況支離其德者乎!

【校注】

①支離疏:形體不全之人,名為疏。陸德明《釋文》:"支離,司馬云:

‘形體支離不全貌。疏,其名也。’”

②頤:臉頰。　齊:同“臍”。成玄英疏:“四支離拆,百體寬疏,遂使頤頰隱在臍間。”王叔岷《校詮》:“齊,覆宋本作臍。”章案:支離疏,即含有支離破碎、雜亂疏鬆之意。此爲寓言人物,所述之狀,不可逐一落實。下文所述亦復如此。

③頂:頭頂。陸德明《釋文》:“司馬云:‘言脊曲頸縮也。《淮南》曰脊管高於頂也。’”

④會撮:髮髻。陸德明《釋文》:“司馬云:會撮,髻也。古者髮髻在頂中,脊曲頭低,故髻指天也。”錢穆《纂箋》:“奚侗曰:‘會借作鬠,髻之異文,義取會聚。單言曰鬠,複言則曰鬠撮。’”

⑤五管:五臟。陸德明《釋文》:“李云:‘管,腧也。五藏之腧皆在上也。’”王叔岷《校詮》:“‘五管’,五臟之腧穴也。腧,古作俞,《素問·欬論》注引《靈樞經》:‘脈之所注爲俞。’是腧即血管矣。”

⑥髀:股骨。　脅:脅肋。陸德明《釋文》:“司馬云:‘脊曲髀豎,故與脅并也。’”成玄英疏:“脅肋。”

⑦挫鍼:縫衣。陸德明《釋文》:“司馬云:‘挫鍼,縫衣也。’”　治繲(jiè):洗衣。陸德明《釋文》:“司馬云:‘浣衣也。’”　餬口:不挨餓。陸德明《釋文》:“餬,徐音胡。李云:‘食也。’”成玄英疏:“餬,飼也,庸役身力以飼養其口命也。”

⑧鼓筴播精:用簸箕揚米。陸德明《釋文》:“司馬云:‘簡米曰精。’”成玄英疏:“筴,小箕也。精,米也。言其掃市場,鼓箕筴,播揚土,簡精麤也。”

⑨徵:徵求,徵用。成玄英疏:“徵求勇夫。”　攘臂:捋袖出臂。郭象注:“恃其無用,故不自竄匿。”

⑩役:徭役。成玄英疏:“國家有重大徭役,爲有痼疾,故不受其功程者也。”錢穆《纂箋》:“宣穎曰:‘不任功作。’”

⑪鍾:量粟單位。成玄英疏:“六石四斗曰鍾。”

⑫形:外形。成玄英疏:"夫忘形者猶足以養身終年,免乎人間之害,何況忘德者邪!"

孔子適楚,楚狂接輿遊其門曰①:"鳳兮鳳兮,何如德之衰也②!來世不可待,往世不可追也③。天下有道,聖人成焉④;天下无道,聖人生焉⑤。方今之時,僅免刑焉。福輕乎羽,莫之知載⑥;禍重乎地,莫之知避⑦。已乎已乎,臨人以德⑧!殆乎殆乎,畫地而趨⑨!迷陽迷陽,无傷吾行⑩!吾行郤曲,无傷吾足⑪!"

【校注】

①接輿:楚國人。事跡見《論語·微子》。成玄英疏:"楚有賢人,姓陸,名通,字接輿,知孔子歷聘,行歌譏刺。"

②如:乃。王叔岷《校詮》:"馬其昶云:'如猶乃也。'(章太炎説同)……案如當釋爲乃,漢石經《論語》(《微子篇》)如作而,阮元《校勘記》已云:'如與而古字通。'而亦猶乃也。"　衰:衰敗。郭象注:"世之盛衰,蔑然不足覺,故曰何如。"

③來世:未來。　往世:過去。郭象注:"趣當盡臨時之宜耳。"

④成:成就。成玄英疏:"成就天下。"王叔岷《校詮》:"成謂成化。"

⑤生:全生。成玄英疏:"全生遠害。"王叔岷《校詮》:"生謂全生。《天地篇》:'天下有道,則與物皆昌;天下无道,則修德就閒。'與此文義相符。"

⑥載:承載,意謂抓住。王先謙《集解》:"易取不取。"王叔岷《校詮》:"《國語·晉語六》:'范文子曰:擇福莫若重,擇禍莫若輕。福無所用輕,禍無所用重。'然而知載輕福、避重禍者寡矣。"

⑦地:大地。成玄英疏:"分外之禍,重於厚地。執迷之徒,不知避之去身。"王叔岷《校詮》:"《劉子·防慾篇》:'内疾之害,重於大山,而莫之避。'本《莊子》。"

⑧已：止，停止。成玄英疏："已，止也。"　　臨：顯露。王先謙《集解》："宣云：'亟當止者，示人以德之事。'"王叔岷《校詮》："勸孔子勿露德也。"

⑨殆：危殆。成玄英疏："殆，危也。"　　畫地：畫定行走路綫。趨：行走。郭象注："畫地而使人循之。"王叔岷《校詮》："'畫地而趨'謂露跡也。《山木篇》大公任語孔子'削跡捐勢'，勸孔子勿露跡也。"

⑩迷陽：意謂佯狂。陸德明《釋文》："司馬云：'迷陽，伏陽也，言詐狂。'"成玄英疏："迷，亡也。陽，明也，動也。陸通勸尼父，令其晦跡韜光，宜放獨任之無爲，忘遣應物之明智，既而止於分内，無傷吾全生之行也。"劉武《集解内篇補正》："蓋迷陽者，因邪入之，故陽迷而爲狂。然則所謂'迷陽'之陽，指身之陽氣也。"

⑪郤：空隙。此句應作"郤曲郤曲，無傷吾足"，意謂尋空隙之地行走。成玄英疏："郤，空也。曲，從順也。"王先謙《集解》："宣云：'郤步委屈，不敢直道。'"王叔岷《校詮》："陳碧虛《闕誤》引張君房本'吾行郤曲'作'郤曲郤曲'，《高士傳》同，與上文'迷陽迷陽'對文，當從之。今本'郤曲'作'吾行'，涉上'无傷吾行'而誤。'郤曲郤曲，无傷吾足'，承上文'殆乎殆乎，畫地而趨'而言。'郤曲'，謂晦跡也。"

山木自寇也①，膏火自煎也②。桂可食③，故伐之；漆可用，故割之④。人皆知有用之用，而莫知无用之用也⑤。

【校注】

①寇：侵犯，劫掠。陸德明《釋文》："司馬云：'木生斧柄，還自伐。'"成玄英疏："寇，伐也。"

②膏：油膏，油脂。陸德明《釋文》："司馬云：'膏起火，還自消。'"

③桂：桂樹。成玄英疏："桂心辛香，故遭斫伐。"

④漆：油漆。成玄英疏："漆供器用，所以割之。"章案：《史記》曰：

"周嘗爲蒙漆園吏。"此處割漆云云,頗與海德格爾以斧頭劈柴爲喻相通。

⑤无用之用:意謂全生之用。郭象注:"有用則與彼爲功,無用則自全其身。"成玄英疏:"楸柏橘柚,膏火桂漆,斯有用也;曲轅之樹,商丘之木,白顙之牛,亢鼻之豕,斯無用也。而世人皆炫己才能爲有用之用,而不知支離其德爲無用之用也。"

# 德充符第五

【題解】

　　通篇以寓言方式討論德與形之問題。有德之人,幾乎皆爲形殘者,即所謂形殘而德全者,或曰德不全者,故有"德有所長而形有所忘"之説。德全者則可全身,可以得道。形全者則易於失德、失智、失道,如子産、惠子諸人。

　　魯有兀者王駘①,從之遊者與仲尼相若②。常季問於仲尼曰③:"王駘,兀者也,從之遊者與夫子中分魯④。立不教,坐不議⑤,虚而往,實而歸⑥。固有不言之教,无形而心成者邪⑦? 是何人也?"仲尼曰:"夫子,聖人也,丘也直後而未往耳⑧。丘將以爲師,而況不若丘者乎⑨! 奚假魯國⑩! 丘將引天下而與從之。"常季曰:"彼兀者也,而王先生⑪,其與庸亦遠矣⑫。若然者,其用心也獨若之何⑬?"仲尼曰:"死生亦大矣,而不得與之變⑭,雖天地覆墜,亦將不與之遺⑮。審乎无假而不與物遷⑯,命物之化而守其宗也⑰。"

【校注】

　　①魯:魯國。　　兀者:斷足殘疾人。陸德明《釋文》:"李云:'刖一足曰兀。'"成玄英疏:"刖一足曰兀。"　　王駘(tái):人名。陸德明《釋文》:"駘音臺。"成玄英疏:"姓王,名駘,魯人也。"

②遊:遊學。　　若:如同。陸德明《釋文》:"若,如也,弟子如夫子多少也。"成玄英疏:"若,如也。陪從王駘遊行稟學,門人多少似於仲尼者也。"

③常季:人名,或孔子弟子。陸德明《釋文》:"或云:孔子弟子。"成玄英疏:"姓常,名季,魯之賢人也。"章案:此段文字亦爲寓言。

④中分:等分。成玄英疏:"與孔子之徒中分魯國。"

⑤教:教授,教導。　　議:議論,評議。陸德明《釋文》:"司馬云:'立不教授,坐不議論。'"

⑥虚:虚心。　　實:充實,收穫。成玄英疏:"請從則虚心而往,得理則實腹而歸。"

⑦无形:意謂忘形、遺形。郭象注:"遺身形,忘五藏。"王叔岷《校詮》:"'无形'猶'忘形'。"　　成:全也,足也。郭象注:"心乃充足也。"成玄英疏:"玄道至德,内心成滿。必故有此,衆乃從之也。"

⑧直:僅僅,只是。《孟子·梁惠王上》:"直不百步耳,是亦走也。"　　後:落後。陸德明《釋文》:"李云:'自在衆人後,未得往師之耳。'"成玄英疏:"丘直爲參差在後,未得往事。"王先謙《集解》:"未及往從。"章案:此處孔子所言,均爲杜撰,其含義亦頗弔詭。

⑨若:如。成玄英疏:"何況晚學之類,不如丘者乎!"

⑩奚假:何止。奚:何。假:假借,假設。郭象注:"奚但一國而已哉!"成玄英疏:"奚:何也。"劉武《集解内篇補正》:"假者,假設也。"

⑪王(wàng):盛於,勝過。陸德明《釋文》:"李云:'勝也。'"成玄英疏:"王,盛也。"劉武《集解内篇補正》:"王,長也。"王叔岷《校詮》:"王乃旺之借字,今字作旺。《養生主篇》:'神雖王,不善也。'與此王字同義。"

⑫庸:庸常,庸人。陸德明《釋文》:"崔云:'庸,常人也。'"錢穆《纂

箋》："宣穎曰：'與庸人相遠。'"

⑬若然：如此。成玄英疏："然猶如是也。"　　獨：與衆不同。成玄英疏："未審運智用心，獨若何術？"

⑭與：爲。王叔岷《校詮》："與猶爲也。下同。《淮南子·精神篇》作'死生亦大矣，而不爲變'。本書《田子方篇》亦云：'死生亦大矣，而无變乎己。'《文中子·周公篇》：'死生一矣，不得與之變。'並本《莊子》。"

⑮遺：遺失，消亡。成玄英疏："遺，失也。雖復圜天顛覆，方地墜陷，既冥於安危，故未嘗喪我也。"錢穆《纂箋》："馬其昶曰：'遺，亡也。'"

⑯假：假借。劉武《集解內篇補正》："'无假'者，真之謂也。"錢穆《纂箋》："《莊子》又云：'假乎異物，託於同體。'無假則其非假之異物，是我之真也。"王叔岷《校詮》："假乃假借之假，無所假借，故'不與物遷'。"　　遷：變遷。郭象注："任物之自遷。"錢穆《纂箋》："遷即物之化。"

⑰命：信也。錢穆《纂箋》引奚侗曰："《周語》：'命，信也。'信物之化，即順其自然。"又：王叔岷《校詮》："《廣雅·釋詁三》：'命，名也。'《釋名·釋言語》：'名，明也。''命物之化'，猶言'明物之化'。"亦通。　　宗：宗旨，根本。郭象注："不離至當之極。"成玄英疏："恒住其宗本者也。"王先謙《集解》："宣云：'執其樞紐。'"

常季曰："何謂也？"仲尼曰："自其異者視之，肝膽楚越也①；自其同者視之，萬物皆一也。夫若然者，且不知耳目之所宜②，而遊心乎德之和③。物視其所一而不見其所喪④，視喪其足猶遺土也⑤。"常季曰："彼爲己⑥，以其知得其心，以其心得其常心⑦。物何爲最之哉⑧？"仲尼曰："人莫鑒於流水而鑒於止水⑨，唯止能止衆止⑩。受命於地⑪，唯松柏獨也在冬夏青青；受命於天，唯舜獨也正<sup>⑫</sup>，幸能正生，以正衆生。夫保始之徵，不懼之實<sup>⑬</sup>。勇士一人，雄入於九軍<sup>⑭</sup>。將求名而能自要者<sup>⑮</sup>，而猶若是，而況官天地，府萬物<sup>⑯</sup>，直寓六骸，象耳目<sup>⑰</sup>，一知之所知<sup>⑱</sup>，而心未嘗死者乎！彼且擇日而登假，人則從是也<sup>⑲</sup>。彼且何肯以物爲事乎<sup>⑳</sup>！"

## 【校注】

①楚越：楚國、越國。意謂肝膽本屬一體，而竟有楚、越之異之遥。劉武《集解内篇補正》："是吾與吾身中之物，亦如楚、越之截然爲二也。"

②宜：適宜。成玄英疏："耳目之宜，宜於聲色者也。"錢穆《纂箋》："耳宜聲，目宜色。"

③德之和：意謂全德。成玄英疏："能遊道德之鄉，放任乎至道之境者也。"王叔岷《校詮》："'德之和'，即全德。"

④一：一體。王先謙《集解》："宣云：'視萬物爲一致，無有得喪。'"章案：此句意謂，若視萬物爲一體，則不見其所缺失。

⑤遺：遺失，缺失。錢穆《纂箋》："王闓運曰：'萬物一體，故足如土。'"王叔岷《校詮》："《田子方篇》：'夫天下也者，萬物之所一也。得其所一而同焉，則四肢百體將爲塵垢，而死生終始將爲晝夜，而莫之能滑，而況得喪禍福之所介乎！棄隸者若棄泥塗，知身貴於地也。貴在於我，而不失於變。'可發明此文之義。"

⑥彼：王駘。　爲己：意謂修己。成玄英疏："謂王駘修善修己。"王夫之《莊子解》："特爲己而已。"王先謙《集解》："言駘但能修己耳。"

⑦常心：平常之心。劉武《集解内篇補正》："常心，常恒不變之心，指上死生不變，天地覆墜不遺之心也。"錢穆《纂箋》："方潛曰：以知得心，明心也。以其心得其常心，見性也。"王叔岷《校詮》："此謂王駘内通之修養，以其分别作用之知，得其起分别作用之心，更

以其起分别作用之心,得其無分别作用之常心也。”

⑧物:意指世俗、衆人。　　最:聚集。陸德明《釋文》:“司馬云:‘聚也。’”成玄英疏:“最,聚也。”郭慶藩《集釋》:“《説文》:‘冣,積也。’……徐鍇曰:‘古以聚物之聚爲冣。世人多見最,少見冣,故書傳冣字皆作最。’”王先謙《集解》:“最,聚也。衆人何爲群聚而從之哉?”

⑨鑒:自照。成玄英疏:“鑒,照也。”　　止水:平静之水。成玄英疏:“夫止水所以鑒者,爲其澄清故也。”

⑩止:停止,平静。郭象注:“動而爲之,則不能居衆物之止。”王叔岷《校詮》:“此謂惟静止乃能停留一切歸止者也。”

⑪受命:意謂得自然之命。郭象注:“言特受自然之正氣者至希也,下首則唯有松柏,上首則唯有聖人。”

⑫正:正當,亦謂天地正氣。劉武《集解内篇補正》:“《管子·法法篇》:‘故正者,所以止過而逮不及也。過猶不及也,皆非正也。’可爲此‘正’字的解。”錢穆《纂箋》:“陸長庚曰:正,如各正性命之正。”王叔岷《校詮》:“陳碧虚《闕誤》引張君房本作‘受命於地,唯松柏獨也正,在冬夏青青;受命於天,唯堯舜獨也正,在萬物之首’,較今本多七字,文意完好。”章案:下文“以正衆生”之“正”爲動詞,即矯正、修正之義。

⑬始:初始,本始,意指性命。王先謙《集解》:“保守本始之性命。”　徵:成。陸德明《釋文》:“李云:‘徵,成也,終始可保成也。’”王叔岷《校詮》:“‘保始之徵’猶言‘保始之成’。”　　實:實質,意指“志”。成玄英疏:“内懷不懼之志。”

⑭九軍:古時對軍隊的一種通稱。陸德明《釋文》:“天子六軍,諸侯三軍,通爲九軍也。”

⑮要:求,成。意指獲取名譽,以成名節。成玄英疏:“既而直入九軍,以求名位,尚能伏心要譽,忘死忘生。”王叔岷《校詮》:“‘自

要’猶‘自成’也。(《呂氏春秋・簡選篇》：‘以要甲子之事於牧野。’高注：要，成也。)上言‘保始之徵’謂保始者之成。此則言不懼者(勇士)之成也。”

⑯官：掌管，意謂神通。　府：聚集，包藏。成玄英疏：“綱維二儀曰官天地，苞藏宇宙曰府萬物。”劉武《集解內篇補正》：“言官使天地，府聚萬物也。”王叔岷《校詮》：“《在宥篇》：‘天地有官，陰陽有藏。’官、藏對文，猶此以官、府對文也。”

⑰寓：同“偶”。　六骸：四肢身首。陸德明《釋文》：“崔云：手足身首也。”　象：同“像”。王叔岷《校詮》：“章太炎云：‘上言官天地、府萬物，官、府同物也，則寓象亦同物。《郊祀志》：木寓龍一駟，木寓車馬一駟。寓即今偶像字。寓六骸，象耳目，所謂形如槁木也。’案章説是，《淮南子》寓正作偶。《田子方篇》：‘當是時，猶象人也。’與此象字同，今字作像。”錢穆《纂箋》：“六骸耳目，假於異物，皆非真我。守宗者，以偶像視之也。”

⑱一：動詞，意謂歸一。成玄英疏：“知與不知，通而爲一。”

⑲登假：即“登霞”，意指仙遊。王叔岷《校詮》：“假、遐並霞之借字，《墨子・節葬篇》：‘秦之西有儀渠之國者，其親戚死，聚柴薪焚之，燻上，謂之登遐。’《劉子・風俗篇》作‘昇霞’。……《楚辭・遠遊》：‘載營魄而登霞兮。’……此文‘擇日而登假’，謂擇日而升於玄遠之域也。”　是：之。錢穆《纂箋》：“吳汝綸曰：‘是猶之也。’”

⑳彼：指王駘。成玄英疏：“虛假之物自來歸之，彼且何會以爲己務。”劉武《集解內篇補正》：“物最非彼用心以要之。”王叔岷《校詮》：“《逍遙遊篇》：‘孰肯以物爲事！’”

申徒嘉，兀者也，而與鄭子產同師於伯昏无人①。子產謂申徒嘉曰：“我先出則子止②，子先出則我止。”其明日，又與合堂同席而坐。子產謂申徒嘉曰：“我先出則子止，子先出則我止。今我將出,子可以止乎,其未邪③? 且子見執政而不違,子齊執政乎④?"申徒嘉曰:"先王之門,固有執政焉如此哉⑤? 子而説子之執政而後人者也⑥? 聞之曰:'鑑明則塵垢不止,止則不明也⑦。久與賢人處則无過。'今子之所取大者先生也⑧,而猶出言若是,不亦過乎⑨!"

【校注】

①申徒嘉:人名。成玄英疏:"姓申徒,名嘉,鄭之賢人。"　子産:鄭國大夫。成玄英疏:"姓公孫,名僑,字子産,鄭之賢大夫也。"伯昏无人:寓言人名。成玄英疏:"伯,長也。昏,闇也。德居物長,韜光若闇,洞忘物我,故曰伯昏无人。"

②出:意指出門。　止:停止。郭象注:"羞與刖者並行。"

③其:意謂"抑"。郭象注:"質而問之,欲使必不并己。"王叔岷《校詮》:"其猶抑也。"

④執政:子産自稱。王先謙《集解》:"執政,子産自稱。"　違:避也。王先謙《集解》:"違,避也。"　齊:同,平等。王先謙《集解》:"齊,同也。斥其必遜讓。"

⑤王:應爲"生"。覆宋本、世德堂本、《道藏》諸本皆爲"生"。先生指伯昏無人。　固:乃。王叔岷《校詮》:"固猶乃也……言先生之門,乃有執政者似此哉?"

⑥説:同"悦"。陸德明《釋文》:"音悦。"　而:乃。錢穆《纂箋》:"胡遠濬曰:'而猶乃也。'"　後:動詞,意謂讓人後出。郭象注:"笑其矜説在位,欲處物先。"王叔岷《校詮》:"子産斥嘉'子齊執政乎'正是'後人'之意。後對齊而言。"

⑦鑑:鏡子。　止:留止,積累。劉武《集解内篇補正》:"止猶集也。明鏡無塵,親賢無過。"

⑧取大:意謂尊重。成玄英疏:"今子之所取,可重可大者,先生之道也。"王先謙《集解》:"宣云:'取大,求廣見識。'案:取大猶言引

重。"錢穆《纂箋》："唐順之曰：'取大猶言尊信。'"王叔岷《校詮》："此謂子產之所取大者當是先生，不當自大也。"

⑨過：過錯，過失。郭象注："乃真過也。"

　　子產曰："子既若是矣①，猶與堯爭善，計子之德，不足以自反邪②？"申徒嘉曰："自狀其過以不當亡者衆，不狀其過以不當存者寡③。知不可奈何而安之若命，唯有德者能之。遊於羿之彀中④，中央者，中地也⑤；然而不中者，命也。人以其全足笑吾不全足者衆矣，我怫然而怒⑥；而適先生之所，則廢然而反⑦。不知先生之洗我以善邪⑧？吾與夫子遊十九年矣，而未嘗知吾兀者也。今子與我遊於形骸之內，而子索我於形骸之外⑨，不亦過乎！"子產蹵然改容更貌曰⑩："子无乃稱⑪！"

【校注】

①若是：若此。意指身殘。郭象注："若是形殘。"

②反：平復，彌補。郭象注："不足以補形殘之過。"成玄英疏："反猶復也。……以德補殘，猶未平復也。"

③狀：陳列，展示。王先謙《集解》："狀猶顯白也。自顯言其罪過，以爲不至亡足者多矣。不顯言其罪過而自反，以爲不當存足者少矣。"

④羿：古之善射者，有"后羿射日"之說。成玄英疏："羿，堯時善射者也。"　彀（gòu）中：箭矢所及之內。郭象注："弓矢所及爲彀中。"成玄英疏："其矢所及，謂之彀中。"郭慶藩《集釋》引郭嵩燾曰："《玉篇》：'彀，張弓弩。'《漢書·周亞夫傳》：'彀弓弩待滿。'遊於羿之彀中，觸處皆危機也。"

⑤中（zhòng）地：命中之地。陸德明《釋文》："中，丁仲反。"錢穆《纂箋》："褚伯秀曰：'遊羿彀中，莫非中地。其不中，幸免耳。人處世苟得免患，亦幸也。'"王叔岷《校詮》："遊羿彀中，喻處亂世。

處亂世,形殘,命也;形全,亦命也。"

⑥怫:憤怒之狀。成玄英疏:"怫然,暴戾之心也。"王叔岷《校詮》:"怫借爲艴,《説文》:'艴,色艴如也。'段注:當作'艴,怒色也'。"

⑦廢:止,罷。郭象注:"廢向者之怒而復常。"王叔岷《校詮》:"《禮記·中庸》:'半塗而廢。'鄭注:'廢,罷止也。'此謂自往先生之所,則罷止向者之怒而歸也。"　反:同"返",意謂恢復常態。

⑧洗:洗滌。成玄英疏:"以善水洗滌我心。"王先謙《集解》:"以善道净我心累。"

⑨形骸之内:意謂道德之域。　形骸之外:意謂形體之域。郭象注:"今子與我德游耳,非與我形交也,而索我外好,豈不過哉!"

⑩蹵(cù)然:驚慚之狀。成玄英疏:"蹵然,驚慚貌也。"劉武《集解内篇補正》:"《大宗師篇》'仲尼蹵然曰',《釋文》:'崔云:變色貌。'《韓詩外傳》四:'顔淵蹵然變色。'"王叔岷《校詮》:"蹵借爲欨,《説文》:'欨,欨然也。《孟子》曰:曾西欨然。'段注:'心部曰:愁,憂也。欨然,心口不安之兒也。[《孟子》]見《公孫丑篇》,今作蹵。'"

⑪稱:指稱,言説。成玄英疏:"不用稱説者也。"王先謙《集解》:"子無乃言,謂子毋如此言也。"

魯有兀者叔山无趾①,踵見仲尼②。仲尼曰:"子不謹前,既犯患若是矣③。雖今來,何及矣④!"无趾曰:"吾唯不知務而輕用吾身,吾是以亡足⑤。今吾來也,猶有尊足者存⑥,吾是以務全之也⑦。夫天无不覆,地无不載,吾以夫子爲天地,安知夫子之猶若是也⑧!"孔子曰:"丘則陋矣⑨。夫子胡不入乎⑩,請講以所聞⑪!"无趾出⑫。孔子曰:"弟子勉之⑬! 夫无趾,兀者也,猶務學以復補前行之惡,而況全德之人乎⑭!"

【校注】

①叔山无趾:人名,義含無足趾之人。成玄英疏:"叔山,字也。……

既無足趾,因以爲其名也。"

②踵:腳跟。此處用作動詞。陸德明《釋文》:"崔云:'無趾,故踵行。'"王叔岷《校詮》:"《説文》朓下段注引此文及崔注,云:'然則朓荆,即漢之斬趾。無足指,故以足跟行也。'" 見:同"現"。

③謹:謹慎。成玄英疏:"子之修身,不能謹慎。" 若是:如此。意指受到斬趾刑罰。成玄英疏:"形殘若此。"

④及:逮,彌補。成玄英疏:"今來請益,何所逮耶!"章案:此處孔子之言亦爲杜撰,文意同樣弔詭。

⑤唯:以。王叔岷《校詮》:"唯猶以也。" 務:世務,時務,義含大道之精義。成玄英疏:"唯欲務借聲名,不知務全生道。" 亡:丟失。

⑥尊足者:意謂尊貴於足者,即德。成玄英疏:"以德比形,故言尊足者存。存者,在也。"王先謙《集解》:"宣云:'有尊於足者,不在形骸。'"

⑦務全:意謂追求全德。成玄英疏:"務全道德。"

⑧若是:如此。郭象注:"責其不謹,不及天地也。"成玄英疏:"寧知夫子尚不捨形殘? 善救之心,豈其如是也?"

⑨陋:淺陋。

⑩夫子:叔山无趾。王叔岷《校詮》:"前云'子不謹前',稱无趾爲子,此改稱'夫子',知其非常人也。" 胡:何。 入:進屋。

⑪以所聞:意謂孔子欲以所聞之事教誨之。成玄英疏:"仲尼所陳,不過聖跡。"

⑫出:出走。成玄英疏:"无趾惡聞,故默然而出也。"王先謙《集解》:"宣云:'徑去。'"

⑬勉:勉勵。成玄英疏:"勉,勗勉也。"

⑭全德:意謂形德兩全。成玄英疏:"形德兩全。"

**无趾語老聃曰:"孔丘之於至人,其未邪**①**? 彼何賓賓以**

學子爲②？彼且蘄以諔詭幻怪之名聞③,不知至人之以是爲己桎梏邪④？"老聃曰:"胡不直使彼以死生爲一條⑤,以可不可爲一貫者,解其桎梏,其可乎?"无趾曰:"天刑之,安可解⑥!"

## 【校注】

①其:猶。王叔岷《校詮》:"其與猶同義。《楚辭·離騷》:'覽椒蘭其若茲兮,又況揭車與江離?'洪興祖補注:'子椒、子蘭宜有椒蘭之芬芳,而猶若是,況衆臣若揭車江離者乎?'釋其爲猶,是也。《書·皋陶謨》:'禹曰:吁!咸若時,惟帝其難之。'《國語·晉語四》:'懼其未可也,又何疑焉?'其亦并與猶同義。"

②賓賓:頻頻。郭慶藩《集釋》引俞樾曰:"賓賓猶頻頻也。《漢書·司馬相如傳》'仁頻并閭',顏注曰:'頻字或作賓。'是其例也。"
　　以學子爲:意謂以授弟子爲業。劉武《集解內篇補正》:"學子:弟子也。孔子弟子三千,猶言'束脩以上,未嘗無誨',即賓賓之意也。"

③蘄:追求。成玄英疏:"蘄,求也。"王叔岷《校詮》:"蘄乃祈之借字。"　諔詭:弔詭。郭慶藩《集釋》引俞樾曰:"淑詭當作弔詭。《齊物論篇》'其名爲弔詭',正與此同。弔作淑者,古字通用。哀十六年《左傳》'昊天不弔',《周官》'大祝職先',鄭注引[作]'閔天不淑',是其證矣。"王先謙《集解》:"《吕覽·傷樂篇》作'俶詭'。"王叔岷《校詮》:"'諔詭'、'俶詭'、'淑詭',皆與'弔詭'同,奇異也。"

④是:此。　桎梏:鎖人之木械。成玄英疏:"在手曰桎,在足曰梏,即今之杻械也。"

⑤胡:何。　直:直接。郭象注:"以直理冥之。"　一條:一體,與下文"一貫"爲互文。成玄英疏:"何不使孔丘忘於仁義,混同生死,齊一是非?"王先謙《集解》:"何不使以死生是非爲一條貫者,解其迷惑,庶幾可乎?"王叔岷《校詮》:"此謂齊生死也。《大宗師

篇》:‘孰能知死生存亡之一體者,吾與之友矣。’” 者:同“邪”。
王叔岷《校詮》:“者猶邪也。(《史記·魏世家》:‘王獨不見夫博
之所以貴梟者?’《戰國策·魏策三》者作邪,與此同例。)”章案:
此處老聃之言亦爲杜撰。

⑥天刑:天判之刑罰。成玄英疏:“天然刑戮,不可解也。”章案:《莊
子》用“天刑”界説孔子,其語言和思想之批判性可謂獨到、深刻
甚至刻毒。

　　魯哀公問於仲尼曰①:“衛有惡人焉,曰哀駘它②。丈夫
與之處者,思而不能去也③。婦人見之,請於父母曰‘與爲人
妻,寧爲夫子妾’者④,十數而未止也⑤。未嘗有聞其唱者也,
常和人而已矣⑥。无君人之位以濟乎人之死⑦,无聚禄以望人
之腹⑧。又以惡駭天下⑨,和而不唱,知不出乎四域⑩,且而雌
雄合乎前⑪。是必有異乎人者也。寡人召而觀之,果以惡駭
天下。與寡人處,不至以月數⑫,而寡人有意乎其爲人也;不
至乎期年⑬,而寡人信之。國无宰,寡人傳國焉⑭。悶然而後
應⑮,氾而若辭⑯。寡人醜乎,卒授之國⑰。无幾何也,去寡人
而行,寡人恤焉若有亡也⑱,若无與樂是國也⑲。是何人者
也?”

【校注】

①哀公語皆爲杜撰,此爲寓言。

②衛:衛國。成玄英疏:“言衛國有人,形容醜陋。” 惡:醜。郭象
注:“惡,醜也。” 哀駘它(tuó):人名。陸德明《釋文》:“它,徒
何反。李云:‘哀駘,醜貌;它,其名。’”

③去:離開。成玄英疏:“丈夫與同處,戀仰不能捨去。”

④與:同“如”。王叔岷《校詮》:“與猶如也。……《左》襄二十六年
《傳》引《夏書》曰:‘與其殺不辜,寧失不經。’《論語·八佾篇》:

‘與其媚於奧，寧媚於竈。’并與此句法同。”　　夫子：指哀駘它。

⑤十數：以十計數。成玄英疏：“十數未止，明其慕義者多。”

⑥和：應和。郭象注：“應和而已，未嘗誘引先唱。”王叔岷《校詮》：“《淮南子·詮言篇》：‘聖人常後而不先，常應而不唱。’”

⑦濟：救濟，拯救。王先謙《集解》：“宣云：‘濟猶拯也。’”

⑧聚祿：俸祿。錢穆《纂箋》引武延緒曰：“《周禮》：‘稍聚甸聚，聚祿平列。’”　　望：滿足。郭慶藩《集釋》引李楨云：“《説文》：‘朢，月滿也。’與望各字。腹滿則飽，猶月滿爲朢，故以擬之。與《逍遥遊篇》‘腹猶果然’同一字法。”錢穆《纂箋》：“焦竑曰：‘望如月望，滿足也。’”

⑨骸：驚駭。成玄英疏：“論其醜惡，驚駭天下。”

⑩知：同“智”。劉武《集解内篇補正》：“《淮南·主術訓》：‘昔者神農之治天下也，神不馳于胸中，智不出於四域。’注云：‘信身在中。’是此‘知’字當讀智。”　　四域：四方。王先謙《集解》：“知名不出四境之遠。”

⑪且而：今乃。王叔岷《校詮》：“‘且而’猶‘今乃’。《史記·刺客列傳》：‘豫讓曰：且吾所爲者極難耳。’且亦與今同義。”　　雌雄：意指男女。王先謙《集解》：“宣云：‘婦人丈夫，皆來親之。’”劉武《集解内篇補正》：“《管子·霸形篇》‘令其人有喪雌雄’，注：‘失男女之偶。’則人之男女亦得名之。此總上丈夫婦人皆來會聚於其前也。”

⑫以：乎，與下文“不至乎期年”之“乎”互文。王叔岷《校詮》：“以、乎互文，以猶乎也。”　　月數：意謂計數一月。郭象注：“未經月已覺其有遠處。”成玄英疏：“共其同處，不過二旬，觀其爲人，察其意趣，心神凝淡，似覺深遠也。”

⑬期：與上文“數”互文。陸德明《釋文》：“期音基。”成玄英疏：“是以共處一年，情相委信。”

⑭宰:宰相,首輔。　　傳國:賦予國政。郭象注:"委之以國政。"

⑮悶然:形容無動於衷。陸德明《釋文》:"李云:'不覺貌。'"成玄英
疏:"不覺之容。"　　後應:不應。王叔岷《校詮》:"'後應'猶'不
應'。《田子方篇》:'臧丈人昧然而不應。'彼文作不,此文作後,
其義一也。(《古書虛字新義》二七後條有説甚詳。)"

⑯氾:同"泛",不關注之貌。陸德明《釋文》:"氾,浮劍反,不係也。"
王叔岷《校詮》:"奚侗云:'氾而若辭',文不成義,當作'氾若而
辭','氾若'與上'悶然'相對,《田子方篇》:'昧然而不應,泛然而
辭。'氾、泛通用。《一切經音義》十四:'泛,古文氾。'是'氾若'猶
'泛然'也。此可爲'而若'誤到之證。案《道藏》成疏本、趙諫議
本、覆宋本皆作'氾若而辭',與成疏合。'而若'乃'若而'之誤
倒,奚説是。王績《無心子傳》'泛若而從',可爲旁證。"　　辭:
不就。

⑰醜:慚愧。陸德明《釋文》:"李云:'醜,慼也。'崔云:'愧也。'"
卒:最後。成玄英疏:"卒,終也。"

⑱幾何:俄頃。成玄英疏:"幾何,俄頃也。"　　卹:憂慮。成玄英疏:
"卹,憂也。"王先謙《集解》:"宣云:'卹,憂貌。'"王叔岷《校詮》:
"《説文》:'卹,憂也。一曰,鮮少也。'"　　亡:失去。

⑲是:此。意指自己國。成玄英疏:"雖君魯國,曾無歡樂。"

仲尼曰:"丘也嘗使於楚矣,適見㹠子食於其死母者①,少
焉眴若②,皆棄之而走。不見己焉爾,不得類焉爾③。所愛其
母者,非愛其形也,愛使其形者也④。戰而死者,其人之葬也
不以翣資⑤;刖者之屨,无爲愛之,皆无其本矣⑥。爲天子之諸
御,不爪翦,不穿耳⑦;取妻者止於外,不得復使⑧。形全猶足
以爲爾⑨,而況全德之人乎!今哀駘它未言而信⑩,无功而
親⑪,使人授己國,唯恐其不受也,是必才全而德不形者也⑫。"

**【校注】**

①犉(tún)：同"豚"。陸德明《釋文》："本又作豚。"　食(sì)：呔乳。郭象注："食乳也。"陸德明《釋文》："食音飮,邑錦反。"

②少焉：少頃。成玄英疏："少時之間,棄其死母。"　眴若：驚恐狀。陸德明《釋文》："司馬云：'驚貌。'"郭慶藩《集釋》引俞樾曰："眴若,猶眴然也。《徐无鬼篇》：'衆狙見之,恂然棄而走。'此云眴若,彼云恂然,文異義同。眴恂并夐之叚字。《説文》分部：'夐,驚辭也。從夰,旬聲。'眴恂亦從旬聲,故得通用。……蓋始焉不知其母死,就之而食；少焉覺其死,故皆驚走也。"

③類：同類。成玄英疏："非是己類,棄捨而去。"錢穆《纂箋》："死者與己不類,則驚爲異物。"

④使其形者：使其成形者,即生命。郭象注："使形者,才德也。"成玄英疏："才德者,精神也。豚子愛母,愛其精神；人慕騊它,慕其才德者也。"王叔岷《校詮》："使形者神也。嵇康《養生論》：'君子知形恃神以立。'"

⑤翣(shà)：武將出行裝飾之具,形似方扇。成玄英疏："翣者,武飾之具,武王爲之,或云周公作也。其形似方扇,(使)〔飾〕車兩邊。"　資：送。陸德明《釋文》："李云：'資,送也。'"郭象注："戰而死者無武也,翣將安施！"

⑥本：根本。成玄英疏："無足履無所用,無武則翣無所資,無神則形無所愛。"

⑦御：所御之女,即后妃。　翦：同"剪"。成玄英疏："夫帝王宮闈,揀擇御女,穿耳翦爪,恐傷其形。"劉武《集解内篇補正》："《淮南·兵略訓》'不爪翦',注云：'去手足爪。鬋、翦同。'"錢穆《纂箋》："馬其昶曰：不爪翦,不穿耳,疑古女子在室之容。今新婦始翦面髮,是其遺意。此言女御。"王叔岷《校詮》："'爪翦'即'翦爪'之倒語,成疏作'翦爪',得其義矣。"

⑧取：同"娶"。王叔岷《校詮》："取讀爲娶。馬氏《故》作娶,是也。" 使：同"事",即事務。錢穆《纂箋》："娶妻者不使,言男御。蓋天子諸御,必男女之未婚娶者。體純全也。"王叔岷《校詮》："《禮記·禮運》：'新有昏者,期不使。'《荀子·大略篇》：'新有昏,期不事。'(楊注：事謂力役。)使、事古通,《國語·魯語》：'備承事也。'韋注：'事,使也。'"

⑨爲爾：如此。王叔岷《校詮》："'爲爾'猶言'如此'。"

⑩信：信任。成玄英疏："今駘它未至言說而已遭委信。"

⑪親：被親近。成玄英疏："本無功績而付託實親。"

⑫德不形：德不形諸外表。成玄英疏："德不形見之也。"劉武《集解內篇補正》："德充於內,不形於外。"錢穆《纂箋》："陸長庚曰：'才即孟子所謂降才之才。自其賦於天者言。德指其成於己者也。'"王叔岷《校詮》："才由天賦,德由修養。全德者德不形。"

哀公曰："何謂才全?"仲尼曰："死生存亡,窮達貧富,賢與不肖,毀譽,飢渴寒暑,是事之變,命之行也①;日夜相代乎前,而知不能規乎其始者也②。故不足以滑和③,不可入於靈府④。使之和豫,通而不失於兌⑤;使日夜无郤而與物爲春⑥,是接而生時乎心者也⑦。是之謂才全。""何謂德不形?"曰："平者,水停之盛也⑧。其可以爲法也⑨,內保之而外不蕩也⑩。德者,成和之脩也⑪。德不形者⑫,物不能離也。"哀公異日以告閔子曰⑬："始也吾以南面而君天下⑭,執民之紀而憂其死⑮,吾自以爲至通矣⑯。今吾聞至人之言,恐吾无其實,輕用吾身而亡吾國⑰。吾與孔丘,非君臣也,德友而已矣⑱。"

【校注】

①命之行：天命流行。成玄英疏："故前之八對,並是事物之變化,天命之流行。"

②規:測度,窺省。成玄英疏:"雖有至知,不能測度。"錢穆《纂箋》:
"馬叙倫曰:'規爲窺省。'馬其昶曰:'命行事變,知者不能預
圖。'"王叔岷《校詮》:"《田子方篇》:'知命不能規乎其前。'規亦
測度之意。"

③滑(gǔ)和:攪亂和諧心境。陸德明《釋文》:"滑音骨。"成玄英疏:
"滑,亂也。……不亂於中和之道。"王叔岷《校詮》:"《淮南子·
原道篇》:'不欲以滑和。'(高注:不以情欲亂中和之道也。)《俶真
篇》:'不足以滑其和。'《精神篇》:'何足以滑和。'又云:'不以滑
和。'《齊俗篇》:'羞以物滑和。'《抱朴子·廣譬篇》:'窮通不足以
滑和。'皆本於《莊子》。"

④靈府:心靈。成玄英疏:"靈府者,精神之宅,所謂心也。"王叔岷
《校詮》:"《庚桑楚篇》'靈府'作'靈臺',郭注:'靈臺者,心也。'
是'靈府'即'靈臺'。"

⑤和豫:和順安逸。成玄英疏:"所遇和樂,中心逸豫。"　通:流
通。　兌:出口。劉武《集解內篇補正》:"《韻會》:'兌,穴也。'
《易·說卦傳》云:'兌爲口。'《淮南·道應訓》:'則塞民於兌。'
注:'兌,耳目口鼻也。'《老子》:'塞其兌,閉其門。'王弼注:'兌,
事欲之所由生;門,事欲之所由從。'則王意亦以穴訓兌也。"錢穆
《纂箋》:"姚鼐曰:'劉辰翁言,兌即《老子》塞其兌之兌。'正是
要義。"

⑥郤:同"隙"。成玄英疏:"郤,閒也。駘它流轉,日夜不停,心心相
系,亦無間斷也。"王叔岷《校詮》:"奚侗云:'郤爲隙之叚字,
《禮·三年問》:若駟之過隙然。《釋文》:隙,本作郤。可證。'"王
先謙《集解》:"宣云:'……日夜無一息間隙。'"　與物爲春:意
謂與物同處春和之中。王先謙《集解》:"宣云:'……隨物所在,
同游於春和之中。'"錢穆《纂箋》:"春有生意,當連下句看。"

⑦是:此。成玄英疏:"是者,指斥以前事也。"　接:合也。王叔岷

《校詮》引朱桂曜曰:"《淮南子·精神訓》:'則是合而生時於心也。'又《文子·九守篇》:'即是合而生時于心者也。'接並作合,《廣雅·釋詁》:'接,合也。'是二字義通。" 生時:意謂產生春意。劉武《集解內篇補正》:"'接'字,承'日夜無郤';'時'字,承'春'。即日夜接續,生春和之氣於心而不間也。"錢穆《纂箋》:"宣穎曰:'吾心之春,無有間斷。'"

⑧停:止。郭象注:"天下之平,莫盛於停水也。"成玄英疏:"停,止也。而天下均平,莫盛於止水。"

⑨法:法則。郭象注:"無情至平,故天下取正焉。"成玄英疏:"大匠雖巧,非水不平。"錢穆《纂箋》:"嚴復曰:'法,準也。'"王叔岷《校詮》:"其猶此也。《天道篇》:'水靜則明燭鬚眉,平中準,大匠取法焉。'"

⑩內保之:意謂保持水自清明。"內"與"外"相對應。成玄英疏:"能保守其明而不波蕩者。"王叔岷《校詮》:"內保清明,則外不波蕩。《劉子·清神篇》:'清虛棲心,則不誘於外。'義亦近之。"錢穆《纂箋》:"焦竑曰:'平則內保,停則外不蕩。'"

⑪脩:外飾。錢穆《纂箋》:"王闓運曰:'脩,外飾也。心先和豫,人見爲德耳。'"

⑫德不形者:意指至人。王叔岷《校詮》:"《田子方篇》:'至人之於德也,不脩而物不能離焉。若天之自高,地之自厚,日月之自明,夫何脩焉!'德乃成和之脩,已爲至人,其德已全,則無須脩而物自歸矣。"

⑬異日:它日。成玄英疏:"異日猶它日也。" 閔子:閔子騫,孔子弟子。成玄英疏:"姓閔,名損,字子騫,宣尼門人,在四科之數,甚有孝德,魯人也。"

⑭南面:國君之位。成玄英疏:"南面,君位也。"

⑮紀:綱紀。成玄英疏:"執持綱紀,憂於兆庶,養育教誨,恐其夭

死。"王叔岷《校詮》:"謂執持綱紀,恐民之傷。"

⑯至通:通達道之至。

⑰亡:危及。

⑱德友:以道德爲友情。成玄英疏:"友仲尼以全道德。"

　　闉跂支離无脤説衛靈公①,靈公説之②;而視全人,其脰肩肩③。甕㼜大癭説齊桓公④,桓公説之;而視全人,其脰肩肩。故德有所長而形有所忘⑤,人不忘其所忘而忘其所不忘,此謂誠忘。故聖人有所遊⑥,而知爲孽⑦,約爲膠⑧,德爲接⑨,工爲商⑩。聖人不謀,惡用知⑪?不斲,惡用膠⑫?无喪⑬,惡用德?不貨,惡用商⑭?四者,天鬻也⑮。天鬻也者,天食也⑯。既受食於天,又惡用人⑰!有人之形,无人之情。有人之形,故群於人⑱。无人之情,故是非不得於身。眇乎小哉,所以屬於人也!謷乎大哉,獨成其天⑳!

【校注】

①闉跂(yīnqǐ):曲折行走。陸德明《釋文》:"司馬云:'闉,曲;跂,企也。闉跂支離,言脚常曲,形體不正卷縮也。'……簡文云:'跂,行也。'"　脤(shèn):同"脣",即嘴脣。陸德明《釋文》:"崔云:'脤、脣同。'"成玄英疏:"脤,脣也。"　説(shuì):遊説。下説桓公同。章案:此段文字所述之事無考,寓言也。

②説:同"悦"。陸德明《釋文》:"説音悦。下説之同。"

③脰(dòu):頸。陸德明《釋文》:"脰音豆,頸也。"　肩肩:細小狀。陸德明《釋文》:"李云:'羸小貌。'"成玄英疏:"肩肩,細小貌也。"

④甕㼜:大盆。陸德明《釋文》:"李云:'甕㼜,大癭貌。'"成玄英疏:"㼜,盆也。……瘤癭之病,大如盆甕。"　癭:腫瘤。陸德明《釋文》:"《説文》云:'瘤也。'"

⑤忘:遺漏,遺失。王叔岷《校詮》:"重形則昧於德,長於德則忘其

形也。"

⑥遊:意指逍遥之遊。成玄英疏:"遨遊於至虚之域也。"

⑦知:同"智"。陸德明《釋文》:"知音智。" 蘖:同"櫱"。王叔岷《校詮》引洪頤煊云:"蘖當讀如萌蘖之蘖,言知爲思想之萌蘖,故下文云:'聖人不謀,惡用知!'蘖、櫱古字通用。"

⑧約:約束。錢穆《纂箋》:"宣穎曰:'約束乃膠漆,非自然而合。'"

⑨德:同"得"。下"惡用德"同。王叔岷《校詮》:"吳汝綸云:'德、得同。'……吳説是,下文'無喪,惡用德'猶言'無失,惡用得'耳。" 接:接物。陸德明《釋文》:"司馬云:'散德以接物也。'"

⑩工:工巧。陸德明《釋文》:"司馬云:'工巧而商賈起。'"

⑪惡(wū):何。陸德明《釋文》:"惡音烏。下同。"成玄英疏:"惡,何也。至人不殃蘖謀謨,何用智惠?"

⑫斲:雕琢。王先謙《集解》:"質不彫琢,何須約束?"王叔岷《校詮》:"《駢拇篇》:'待繩約膠漆而固者是侵其德也。'"

⑬喪:失去。

⑭貸:借貸,意指經商。成玄英疏:"不貴難得之貨,無勞商賈。"王叔岷《校詮》:"與世無争,何勞商賈!"

⑮鬻:養。陸德明《釋文》:"鬻,養也。"成玄英疏:"鬻,食也。"王叔岷《校詮》:"故'天鬻'即'天食',謂自然之養也。"

⑯食(sì):餵養。陸德明《釋文》:"食音嗣。"

⑰人:意謂俗人之務。王叔岷《校詮》:"知、膠、德、商,皆屬於人也。"

⑱群:群聚。成玄英疏:"和光混跡,群聚世間。"王叔岷《校詮》:"'群於人',所謂外化也,順人也。'是非不得於身'(得猶在也,《古書虚字新義》四五得條有説。)所謂内不化也,不失己也。"

⑲眇:渺小。劉武《集解内篇補正》:"《釋名·釋疾病》云:'眇,小也。'"

⑳警(áo):大貌。成玄英疏:"警,高大貌也。……嘆美大人,獨成
　　自然之至。"錢穆《纂箋》引王念孫曰:"《廣雅》:'鼇,大也。'鼇與
　　警通。"　　天:自然。王叔岷《校詮》:"'獨成其天',謂獨全於自
　　然也。"

　　惠子謂莊子曰:"人故无情乎?"莊子曰:"然。"惠子曰:
"人而无情,何以謂之人?"莊子曰:"道與之貌①,天與之形,
惡得不謂之人②?"惠子曰:"既謂之人,惡得无情?"莊子曰:
"是非吾所謂情也。吾所謂无情者,言人之不以好惡内傷其
身,常因自然而不益生也③。"惠子曰:"不益生,何以有其
身④?"莊子曰:"道與之貌,天與之形,无以好惡内傷其身。今
子外乎子之神⑤,勞乎子之精⑥,倚樹而吟⑦,據槁梧而瞑⑧。
天選子之形,子以堅白鳴⑨!"

【校注】

①與:給予,賦予。錢穆《纂箋》:"一陰一陽之謂道。天與道,所以
　　爲氣者之號名也。"

②惡(wū):何。陸德明《釋文》:"惡音烏。下惡得同。"成玄英疏:
　　"惡,何也。"

③益:增益。劉武《集解内篇補正》:"《老子》曰'益生曰祥',《前
　　漢·五行志》'妖孽自外來謂之祥',謂增益其生爲凶妖也。"王叔
　　岷《校詮》:"《達生篇》:'達生之情者,不務生之所无以爲。''不益
　　生',即'不務生之所无以爲'也。"

④身:形體。成玄英疏:"若不資益生道,何得有此身乎?"錢穆《纂
　　箋》:"此即荀卿所以譏莊子,謂其知有天而不知人也。"

⑤子:指惠子。　　外:出外,超出。郭象注:"夫神不休於性分之内,
　　則外也。"成玄英疏:"分外誇談。"

⑥勞:辛勞,費神。郭象注:"精不止於自生之極則勞矣。"

⑦倚:倚靠。成玄英疏:"故行則倚樹而吟。"

⑧據:憑據,憑藉。 槁梧:枯槁梧樹。劉武《集解內篇補正》:"梧亦樹也,吟既倚樹,瞑自可據梧。惟吟則徙倚不定,故概言樹;瞑則據而不移,故梧可指名。其必以梧者,以其槁也。槁則風難動搖,據之方可以瞑。" 瞑:同"眠"。郭象注:"據梧而睡。"陸德明《釋文》:"瞑音眠。"王叔岷《校詮》:"瞑、眠正俗字。"

⑨選:授予。成玄英疏:"選,授也。"王叔岷《校詮》:"馬氏《故》引姚鼐曰:'選與撰同,具也。'案選借爲僎,《説文》:'僎,具也。'《論語·先進》:'異乎二三子之撰。'孔注:'撰,具也。'蓋姚説所本。《説文》無撰字。"章案:王説亦通。 堅白鳴:意指惠子"離堅白"之辯。

# 大宗師第六

【題解】

　　得道者爲《莊子》人格理想。何謂道？如何得道？"墮枝體,黜聰明,離形去知,同於大通",是爲得道者。得道之最大障礙乃儒家禮樂仁義,故孔子爲"天之戮民",而儒者皆爲仁義所"黥",爲是非所"劓"。語詞之深刻犀利,世所罕見。而真人之"入水不濡,入火不熱"云云,疑爲當時一種健身功法,此法亦爲得道之路徑。由此可見《莊子》之另一世界。

　　知天之所爲,知人之所爲者,至矣①。知天之所爲者,天而生也；知人之所爲者,以其知之所知以養其知之所不知②,終其天年而不中道夭者,是知之盛也③。雖然,有患④。夫知有所待而後當⑤,其所待者特未定也⑥。庸詎知吾所謂天之非人乎⑦？所謂人之非天乎？且有真人而後有真知。

【校注】

　①天：自然。郭象注："知天之所爲者,皆自然也。"成玄英疏："天者,自然之謂。"　至：極致。成玄英疏："至者,造極之名。"錢穆《纂箋》："林雲銘曰：'天與人相待而成。天固自然矣,又必以人爲合之,而後人事盡而天理見,故曰至。'"

　②養：彌補,補救。錢穆《纂箋》："陸長庚曰：'以其可知者盡之己,

其不可知者付之天。'"王叔岷《校詮》:"《繕性篇》:'古之治道者,以恬養知。'《則陽篇》:'人皆知尊其知之所知,而莫知恃其知之所不知而後知。'(恃借爲待。)所知以養其所不知,乃得真知耳。"

③盛:充足,完美。成玄英疏:"可謂知之盛美也。"

④患:病,缺陷。成玄英疏:"知雖盛美,猶有患累,不若忘知而任獨也。"

⑤所待:所依賴之物,意謂所指對象。郭象注:"夫知者未能無可無不可,故必有待也。" 當:妥當,確定。成玄英疏:"夫知必對境,非境不當。"章案:所謂知識,皆爲關於某事某物之知識,從宇宙世界,到柴米油鹽,從眼見耳聞,到心靈魂魄,皆在所指之內。若無所指,則知識不能確定,亦無法成立矣。

⑥特:特別,尤其。郭象注:"有待則無定也。"成玄英疏:"境既生滅不定,知亦待奪無常。"章案:知識所指對象,皆變化無常,生滅不定。不僅精神世界如此,物質世界亦如此,故關於這些對象的知識亦難以確定。

⑦庸詎:何以。王叔岷《校詮》:"'庸詎',複語,猶何也,豈也。(《經傳釋詞》五有説。)自然之理用於人爲,則天亦人也;人爲之理合乎自然,則人亦天也。"

何謂真人? 古之真人,不逆寡①,不雄成②,不謩士③。若然者④,過而弗悔⑤,當而不自得也⑥。若然者,登高不慄,入水不濡,入火不熱⑦。是知之能登假於道也若此⑧。古之真人,其寢不夢,其覺无憂,其食不甘,其息深深⑨。真人之息以踵⑩,衆人之息以喉。屈服者,其嗌言若哇⑪。其耆欲深者,其天機淺⑫。

【校注】

①逆:忤逆。 寡:少。成玄英疏:"寡,少也。"王先謙《集解》:"虛

懷任物,雖寡少,不逆忤。"

②雄成:以功成自雄。王先謙《集解》:"不以成功自雄。"王叔岷《校詮》:"《老子》:'知其雄,守其雌。'……又云:'功成而弗居。'故不自雄其成也。"

③謩(mó)士:謀事。王叔岷《校詮》:"馬氏《故》引褚秀伯曰:'士同事,不豫謀也。'章太炎云:'《說文》:士,事也。古士、事本一字。不謩士者,不謀事也。'案《德充符篇》:'聖人不謀。'《庚桑楚篇》:'至知不謀。'《刻意篇》及古佚帛書《稱篇》并云:'不豫謀。'"

④若然:如此。下同。

⑤過:意謂時運已過。成玄英疏:"天時已過,曾無悔吝之心。"

⑥當:意謂把握到機遇。成玄英疏:"分命偶當,不以自得爲美也。"王叔岷《校詮》:"《秋水篇》:'得而不喜,失而不憂。'"

⑦慄(lì):懼怕。陸德明《釋文》:"慄音栗。"成玄英疏:"慄,懼也。" 濡:溼。成玄英疏:"濡,溼也。"章案:《莊子》此處對於真人之描述,與人們日常經驗迥異,匪夷所思。然却與今日某些氣功之論所言,有相通之處。從下文以及整個《莊子》關於真人之描述來看,《莊子》時代應該有類似氣功一類功法。《莊子》所謂真人之某些特殊功能,即是吸取這類功法加以描述。若不能回歸《莊子》所屬時代,擯棄這一具體社會生活現象之考量,則《莊子》關於真人之獨特論說可謂皆無解。

⑧登假:即"登霞",意指仙遊。王叔岷《校詮》關於《德充符篇》"擇日而登假"注:"假、遐并霞之借字,《墨子·節葬篇》:'秦之西有儀渠之國者,其親戚死,聚柴薪焚之,燻上,謂之登遐。'《劉子·風俗篇》作'昇霞'。……《楚辭·遠遊》:'載營魄而登霞兮。'"章案:王叔岷《校詮》認爲此處"登假"與《德充符篇》之"登假"異議,訓"假"爲"至"。我認爲此處與《德充符篇》"登假"文義一致,上下文義與此更加契合,故引用之。

⑨息:呼吸,與今日氣功之吐納相似。陸德明《釋文》:"深深,李云:'内息之貌。'"

⑩踵:脚跟。陸德明《釋文》:"王穆夜云:'起息於踵,遍體而深。'"成玄英疏:"踵,足根也。"王先謙《集解》:"宣云:'呼吸通於湧泉。'"章案:此乃彼功法之運氣之法。

⑪屈服:曲直起伏,意指運氣不調。成玄英疏:"屈折起伏,氣不調和。"王叔岷《校詮》:"成疏'服'作'伏',古字通用。" 嗌(yì)言:吞吐之際。王先謙《集解》:"嗌,聲之未出;言,聲之已出。吞吐之際。"錢穆《纂箋》:"宣穎曰:'嗌,聲之入;言,聲之出。喉間吞吐。'" 哇:阻礙。陸德明《釋文》:"結也,言咽喉之氣結礙不通也。簡文云:'哇,嘔也。'"成玄英疏:"哇,礙也。"

⑫耆:同"嗜"。王叔岷《校詮》:"嗜、耆正假字。" 天機:意謂自然敏悟之能力。成玄英疏:"夫耽耆諸塵而情欲深重者,其天然機神淺鈍故也。"錢穆《纂箋》引曹受坤曰:"《説文》:'主發動謂之機。'天機,是發動出於自然之義。"王先謙《集解》:"情欲深重,機神淺鈍。"

　　古之真人,不知説生,不知惡死①;其出不訴,其入不距②;翛然而往,翛然而來而已矣③。不忘其所始④,不求其所終;受而喜之,忘而復之⑤,是之謂不以心捐道,不以人助天⑥,是之謂真人。若然者,其心志⑦,其容寂⑧,其顙頯⑨;淒然似秋,煖然似春⑩,喜怒通四時,與物有宜而莫知其極⑪。

【校注】

①説:同"悦"。陸德明《釋文》:"説音悦。" 惡(wù):厭惡。與"説"對言。陸德明《釋文》:"惡音烏。"

②出:出生。與下文"入"相對。 訴:同"忻",意爲開。下文"距",意爲閉,與開相對。王叔岷《校詮》引章太炎曰:"訴借爲

忻，《説文》：‘忻，闓也。’《司馬法》曰：‘善者忻民之善，閉民之惡。’距亦閉也，忻、距相對爲文。”

③翛（xiāo）然：輕靈飄逸之貌。陸德明《釋文》：“翛音蕭。本又作儵。……司馬云：‘儵，疾貌。’”成玄英疏：“翛然，無係貌也。”

往：意指死，下文“來”意指生，與此相對。成玄英疏：“雖復死生往來，曾無意戀之者也。”

④忘：疑爲“志”之誤。錢穆《纂箋》：“忘疑志字之誤。”王叔岷《校詮》：“忘當作志，字之誤也。志、求對言，文義一律。《淮南子・本經篇》作‘不謀所始，不議所終’，謀、議對言，義亦一律。《呂氏春秋・貴公篇》：‘上志而下求。’亦以志、求對言，與此同例。”

始：生。下文“終”義爲死，與此相對。成玄英疏：“始，生也；終，死也。”

⑤受：接受，意爲受生。錢穆《纂箋》：“馬其昶曰：‘受而喜者，鼠肝蟲臂，無往不可也。’”　忘：同“亡”。成玄英疏：“反未生也。”錢穆《纂箋》：“馬叙倫曰：‘忘，當作亡。’”　復：復本，復原。錢穆《纂箋》引馬其昶曰：“忘而復者，安時處順，哀樂不入也。”王叔岷《校詮》：“此謂無所受而不適（本郭注），無所係以返其本也。”

⑥捐：棄也。成玄英疏：“捐，棄也。”劉武《集解內篇補正》：“《説文》：‘捐，棄也。’上文‘不忘其所始’，‘受而喜之，忘而復之’，即不以心捐棄其道也。不以人助天者，承上‘不求其所終’來。求其所終者，人爲以求之也，猶之宋人助苗之長也。”

⑦志：疑爲“忘”。錢穆《纂箋》：“焦竑曰：‘志字，趙氏正爲忘字。’”王叔岷《校詮》：“褚伯秀云：‘志字諸解多牽强不通，趙氏正爲忘字，與容寂義協，其論甚當。元本應是如此，傳寫小差耳。’案志爲忘之形誤，《徐无鬼篇》‘上忘而下畔’，《呂氏春秋・貴公篇》忘作志，亦二字相亂之例。”

⑧寂：寂静，寂寥。王先謙《集解》：“宣云：‘無爲。’”

⑨顙:額頭。成玄英疏:"顙,額也。" 頯(kuí):樸厚之狀。郭象
注:"大朴之貌。"陸德明《釋文》:"王云:'質樸無飾也。'"錢穆
《纂箋》引王念孫曰:"《廣雅》:'頯,厚也。'"

⑩煖:同"暄"。陸德明《釋文》:"煖音暄。"王叔岷《校詮》:"《淮南
子·主術篇》:'夫至精之動,若春氣之生,秋氣之殺也。'《劉子·
言苑篇》:'暄然而春,榮華者不謝;淒然而秋,凋零者不憾。'"

⑪宜:適宜,宜便。郭象注:"無物不宜,故莫知其極。"成玄英疏:
"與物交涉,必有宜便。"王先謙《集解》:"隨事合宜,而莫窺其
際。"王叔岷《校詮》:"隨事合宜,不可窮極。"

　　故聖人之用兵也,亡國而不失人心①;利澤施乎萬世,不
爲愛人②。故樂通物③,非聖人也;有親④,非仁也;天時,非賢
也⑤;利害不通,非君子也⑥;行名失己,非士也⑦;亡身不真,
非役人也⑧。若狐不偕⑨、務光⑩、伯夷、叔齊⑪、箕子⑫、胥
餘⑬、紀他、申徒狄⑭,是役人之役,適人之適,而不自適其適者
也⑮。

【校注】

①亡:動詞,亡敵人之國。陸德明《釋文》:"崔云:'亡敵國而得其人
心。'"錢穆《纂箋》:"孟子曰:'以生道殺人,雖死不怨。'與此意
略似。"

②不爲愛人:自然無心。成玄英疏:"而芻狗百姓,故無偏愛之情。"
章案:《老子》曰:"天地不仁,以萬物爲芻狗;聖人不仁,以百姓爲
芻狗。"

③樂通物:樂以通萬物。郭象注:"夫聖人無樂也,直莫之塞而物自
通。"劉武《集解內篇補正》:"聖人喜怒哀樂通四時,而不通物。
四時運行,而萬物自通。"

④親:親愛。郭象注:"至仁無親。"王叔岷《校詮》:"《天運篇》:'至

仁無親。'"劉武《集解內篇補正》:"有親則私也,與利澤施于萬物者異矣。"

⑤天時:按時行爲。"時"爲動詞。王先謙《集解》:"宣云:'擇時而動,有計較成敗之心。'"

⑥通:窮通,悟通。郭象注:"不能一是非之塗而就利違害,則傷德而累當矣。"成玄英疏:"未能一窮通,均利害。"王先謙《集解》:"利害不觀其通,故有趣避。"王叔岷《校詮》:"《齊物論篇》言:'聖人不就利,不違害。'"

⑦行:疑爲"殉"。王叔岷《校詮》:"吳汝綸云:'行名疑當作徇名。'案'行名'義頗難通,吳説蓋是,徇正作徇,徇與行形尤相近。徇乃徇之隸變,俗又作殉。《文選》賈誼《鵩鳥賦》:'烈士殉名。'注引瓚曰:'以身從物曰殉。'(褚伯秀《義海纂微》本殉作徇。)此則言'殉名失己,非士也',意甚明白。郭注'善爲士者,遺名而自得','遺名'正對'徇名'而言。《秋水篇》:'无以得徇名。'亦可證此'行名'之誤。"

⑧役:役使,駕馭。郭象注:"自失其性而矯以從物,受役多矣,安能役人乎!"成玄英疏:"夫矯行喪真,求名亡己,斯乃受人趨役,焉能役人乎!"王先謙《集解》:"宣云:'徒棄其身,而無當真性,爲世所役,非能役人。'"王叔岷《校詮》:"《讓王篇》:'道之真,以治身。''不真'猶'失真'。(郭注蓋説不爲失。)亡身失真,則爲人所役矣。"

⑨狐不偕:人名。成玄英疏:"姓狐,字不偕,古之賢人。又云:堯時賢人,不受堯讓,投河而死。"

⑩務光:人名。成玄英疏:"黃帝時人,身長七尺。又云:夏時人,餌藥養性,好鼓琴,湯讓天下不受,自負石沈於廬水。"

⑪伯夷、叔齊:商周時人。成玄英疏:"遼西孤竹君之二子,神農之裔,姓姜氏。父死,兄弟相讓,不肯嗣位,聞西伯有道,試往觀焉。

逢文王崩,武王伐紂,夷齊扣馬而諫,武王不從,遂隱於河東首陽山,不食其粟,卒餓而死。”

⑫箕子:商紂王賢臣。成玄英疏:“殷紂賢臣,諫紂不從,遂遭奴戮。”

⑬胥餘:一説爲比干之名,二爲箕子之名,三説爲伍子胥,四説爲接輿。陸德明《釋文》:“或云:《尸子》曰:‘比干也,胥餘其名。’”成玄英疏:“胥餘者,箕子名也。又解:是楚大夫伍奢之子,名員,字子胥,吳王夫差之臣,忠諫不從,抉眼而死,屍沈於江。”王叔岷《校詮》:“馬氏《故》引朱亦棟曰:‘《釋文》:《尸子》曰:箕子、胥餘,漆身爲厲,被髮佯狂。與《秦策》箕子、接輿漆身爲厲,被髮爲狂,無益於殷、楚,語同。是胥餘即接輿也。’……據《戰國策·秦策》,接輿即胥餘,則箕子、胥餘是二人。”

⑭紀他、申徒狄:傳湯時隱逸之人。成玄英疏:“湯時逸人也;聞湯讓務光,恐及乎己,遂將弟子,陷於窾水而死。申徒狄聞之,因以踣河。”

⑮自適:自適其性。郭象注:“斯皆舍己效人,徇彼傷我者也。”王先謙《集解》:“宣云:‘爲人用,快人意,與真性何益!’”

　　古之真人,其狀義而不朋①,若不足而不承②;與乎其觚而不堅也③,張乎其虛而不華也④;邴邴乎其似喜乎⑤!崔乎其不得已乎⑥!滀乎進我色也⑦,與乎止我德也⑧;厲乎其似世乎⑨!謷乎其未可制也⑩;連乎其似好閉也⑪,悗乎忘其言也⑫。

【校注】

①義:同“峨”。郭慶藩《集釋》引俞樾云:“義當讀爲峨,峨與義并從我聲,故得通用。《天道篇》‘而狀義然’,義然即峨然也。” 朋:同“崩”。郭慶藩《集釋》引俞樾云:“朋讀爲崩。《易·復·象辭》‘朋來无咎’,《漢書·五行志》引作‘崩來无咎’,是也。‘其狀峨

而不崩'者,言其狀峨然高大而不崩壞也。"

②不足:意謂缺失。劉武《集解內篇補正》:"《老子》曰:'廣德若不足。'蓋德足若不足也。"　承:承受。錢穆《纂箋》引曹受坤曰:"《説文》:'承,受也。'"王叔岷《校詮》:"若不足者,非不足也。既非不足,則無所受也。"

③與:同"趣",行走。王先謙《集解》:"'與'當是'趣'之借字。《説文》:'趣,安行也。'"　觚:同"孤"。成玄英疏:"觚,獨也。"郭慶藩《集釋》:"王云:'觚,特立群也。'"　堅:固執。郭象注:"常遊於獨而非固守。"王先謙《集解》:"不堅,謂不固執。"

④張:擴張,展開。成玄英疏:"張,廣大貌也。"王先謙《集解》:"廓然清虛,而不浮華。"王叔岷《校詮》:"謂曠然空虛,而不浮華。"

⑤邴:同"炳",開朗之狀。陸德明《釋文》:"簡文云:'明貌。'"王叔岷《校詮》:"朱駿聲云:'邴借爲炳。'案《説文》:'炳,明也。''邴邴乎',開朗貌。"

⑥崔:動貌。成玄英疏:"崔,動也。"陸德明《釋文》:"向云:'動貌。'簡文云:'速貌。'"王叔岷《校詮》:"章太炎云:'崔借爲摧、誰、催,《邶風音義》引《韓詩》摧作誰,就也。就即蹴之省借。誰就即今言催蹙。《説文》無誰,但作摧、催。誰乎其不得已,言蹙然如不得已也。簡文云:速貌,得之。'案陳碧虛《闕誤》引成、文、張諸本'崔乎'皆作'崔崔乎',與上句'邴邴乎'對文。崔借爲催,《説文》:'催,相擣也。'段注:'猶相迫也。''崔乎'或'崔崔乎',訓'動貌'或'迫貌'并與'不得已'相應。《刻意篇》:'感而後應,迫而後動,不得已而後起。'即此文之義。"

⑦滀(xù):同"蓄",積也,聚也。陸德明《釋文》:"簡文云:'聚也。'"成玄英疏:"滀,聚也。進,益也。心同止水,故能滀聚群生。"　色:面色,容顏。王先謙《集解》:"宣云:'水聚則有光澤。言和澤之色,令人可親。'"劉武《集解內篇補正》:"德充於內,故

色澤於外也。下文女偊‘色若孺子’，即證此義。”王叔岷《校詮》：
“如簡文説，則滀借爲蓄，《説文》：‘蓄，積也。’‘滀乎進我色也’，
與‘充實而又光輝’(《孟子‧盡心篇》)之義近。”

⑧與：同“豫”，安然。王叔岷《校詮》：“朱桂曜云：‘與與豫通，《儀
禮‧士虞禮》：主人不豫。豫，今文作與。《爾雅‧釋地》李注：河
南其氣著密，厥性安舒，故曰豫。豫，舒也。’……與當讀爲豫，《爾
雅‧釋詁》：‘豫，安也。安，止也。’豫與止義正相應。”

⑨厲：同“廣”。陸德明《釋文》：“崔本作廣，云：‘包羅者廣也。’”郭
慶藩《集釋》：“厲當從崔本作廣者是。……如《禮‧月令》‘天子
乃厲飾’，《淮南‧時則篇》作‘廣飾’。”　　世：同“泰”。郭慶藩
《集釋》：“古無泰字，其字作大。大、世二字，古音義同，得通用
也。《禮‧曲禮》‘不敢與世子同名’，注：‘世，或爲大。’”錢穆《纂
箋》引俞樾曰：“世乃泰之借字。”

⑩謷(áo)：同“傲”。陸德明《釋文》：“司馬云：‘志遠貌。’王云：‘高
邁於俗也。’”王叔岷《校詮》：“《廣雅‧釋詁四》：‘頧，高也。’王
氏《疏證》引此文及郭注，云：‘謷與頧同義。’是也。朱駿聲引此
文及馬注，云：‘謷借爲傲。’説亦近之。”　　制：制止。成玄英疏：
“超於世表，故不可禁制也。”

⑪連：連綿，謇連。陸德明《釋文》：“李云：‘連，綿長貌。’崔云：‘謇
連也，音輦。’”王叔岷《校詮》：“馬氏《故》引姚永概曰：‘《文選
注》：謇連，言語不便利也。’錢《纂箋》引姚鼐曰：‘閉當作閑。’案
姚所引《文選注》，乃楊子雲《解嘲》‘孟軻雖連謇’，蘇林注‘謇連’
本作‘連謇’。宣解本徑改閉爲閑，閑與下文言爲韻。閑亦有閉
義，《太玄經‧閑》：‘閑其藏。’范注：‘閑，閉也。’謇連與閑閉，義
正相應。”

⑫悗(màn)：無心之狀。陸德明《釋文》：“王云：‘廢忘也。’”成玄英
疏：“悗，無心貌也。”王叔岷《校詮》：“《韓非子‧忠孝篇》‘古者黔

首悗密蠢愚’，注：‘悗，忘情貌。’……《說文》無悗字，審其義，當
讀爲慢，《釋名·釋言語》：‘慢，漫也。漫漫心無所限忌也。’”

　　以刑爲體，以禮爲翼，以知爲時，以德爲循①。以刑爲體
者，綽乎其殺也②；以禮爲翼者，所以行於世也；以知爲時者，
不得已於事也③；以德爲循者，言其與有足者至於丘也④；而人
真以爲勤行者也⑤。故其好之也一，其弗好之也一⑥。其一也
一，其不一也一⑦。其一與天爲徒，其不一與人爲徒⑧。天與
人不相勝也⑨，是之謂真人。

【校注】

①循：順也。郭象注：“刑者，治之體，非我爲。禮者，世之所以自行
　　耳，非我制。知者，時之動，非我唱。德者，自彼所循，非我作。”成
　　玄英疏：“用刑法爲治，政之體本；以禮樂爲御，物之羽儀；……用
　　智照機，不失時候；以德接物，俯順物情。”

②綽：寬也。成玄英疏：“綽，寬也。所以用刑法爲治體者，以殺止
　　殺，殺一懲萬，故雖殺而寬簡。”錢穆《纂箋》：“王闓運曰：‘殺減之
　　乃寬綽也。’”

③不得已：不得不然。王叔岷《校詮》：“不得不然也，亦即必然也。
　　此謂運知應時，形必然之事。”

④丘：虛。王叔岷《校詮》引劉師培云：“丘與虛同，《說文》丘字注
　　云：‘丘謂之虛。’《左傳》昭十二年疏引張衡説云：‘丘，空也。’丘、
　　虛二字，古籍互用靡區，‘至於丘’者，《人間世》所云‘集虛’也。”
　　另，丘爲“丘墟”。劉武《集解內篇補正》：“《淮南·詮言訓》：‘至
　　德者若山丘，嵬然不動，行者以爲期也。’注：‘行道之人，以指爲
　　期。’據此，可以明本義。”亦通。

⑤勤行：勤於行動。王先謙《集解》：“宣云：‘人視真人爲勤勤不怠，
　　豈知其毫未以我與乎！’”王叔岷《校詮》：“《老子》四十一章：‘上

士聞道,勤行行之。'真人動合乎德,豈復勤行邪!"

⑥一:意謂無差別。成玄英疏:"既忘懷於美惡,亦遣蕩於愛憎。故好與弗好,出自凡情,而聖智虛融,未嘗不一。"劉武《集解内篇補正》:"人情好有差等,不好亦然。真人於此,不生差別心,視之一也。"

⑦不一:有差別。成玄英疏:"其一,聖智也;其不一,凡情也。既而凡聖不二,故不一皆一之也。"王叔岷《校詮》:"《淮南子·精神篇》:'夫天地運而相通,萬物總而爲一。能知一,則無一之不知也;不能知一,則無一能知也。'能知一者,則知不一者亦一也。"

⑧天、人:意謂天然與人爲。郭象注:"無有而不一者,天也。彼彼而我我者,人也。"

⑨相勝:意謂分別、對抗。郭象注:"夫真人同天人,齊萬致。萬致不相非,天人不相勝,故曠然無不一,冥然無不在,而玄同彼我也。"成玄英疏:"若使天勝人劣,豈謂齊乎! 此又混一天人,冥同勝負。體此趣者,可謂真人者也。"

　　死生,命也,其有夜旦之常,天也①。人之有所不得與②,皆物之情也。彼特以天爲父,而身猶愛之,而況其卓乎③! 人特以有君爲愈乎已④,而身猶死之,而況其真乎⑤! 泉涸,魚相與處於陸,相呴以濕⑥,相濡以沫⑦,不如相忘於江湖。與其譽堯而非桀也,不如兩忘而化其道⑧。夫大塊載我以形⑨,勞我以生,佚我以老⑩,息我以死。故善吾生者,乃所以善吾死也⑪。

【校注】

①常:常道,常規。成玄英疏:"夫旦明夜闇,天之常道;死生來去,人之分命。"

②與:參與。成玄英疏:"流俗之徒,逆於造化,不能安時處順,與變

俱往,而欣生惡死,哀樂存懷。斯乃凡物之滯情,豈是真人之通智
也!"錢穆《纂箋》:"宣穎曰:'非人所得參與。'"王叔岷《校詮》:
"朱桂曜云:'與讀曰豫,即參預之預也。'豫、預正俗字。"

③卓:卓然。王先謙《集解》:"身知愛天,而況卓然出於天者乎!"王
叔岷《校詮》:"《人間世篇》:'子之愛親,命也,不可解於心。''以
天爲父',故亦愛之也。《淮南子・精神篇》:'聖人法天順情,以
天爲父。'《莊子》此文,則謂眾人耳。"

④愈:勝也。成玄英疏:"愈猶勝也。"錢穆《纂箋》:"陳壽昌曰:'愈,
勝也。'"　　已:王叔岷《校詮》引楊樹達云:"'已'字當爲'已止'
之'已',已,止也。言人特以有君爲愈乎無君也。《論語・陽貨
篇》:'不有博弈者乎!爲之猶賢乎已。''愈乎已'與'賢乎
已'同。"

⑤死之:謂爲君效忠。王先謙《集解》:"宣云:'效忠。'"　　真:意謂
得道。郭象注:"夫真者,不假于物而自然也。"王叔岷《校詮》:
"此文之真,猶上文之卓,并謂道也。"

⑥呴(xū):吹。王叔岷《校詮》:"呴與煦同,《説文》:'昫,吹也。'
《文選》劉孝標《廣絶交論注》、《御覽》五六及四八六、《事類賦》二
九《鱗介部二》注引此'呴'皆作'煦','煦'亦與'昫'同。《抱朴
子・詰鮑篇》:'陸處之魚,相煦以沫也。'即本此文,字亦作煦。"

⑦濡:同"濡"。本又作"濡"。郭慶藩《集釋》:"趙諫議本作'濡'。"

⑧化:變化,化成。成玄英疏:"善惡兩忘,不是不非,是非雙遣,然後
出生入死,隨變化而遨遊。"王叔岷《校詮》:"'化其道',猶'化於
道'也。"

⑨大塊:造化自然。成玄英疏:"大塊者,自然也。"

⑩佚:同"逸"。陸德明《釋文》:"佚音逸。"

⑪善:知解。王叔岷《校詮》:"善有知解義,此謂知解吾生者,乃所
以知解吾死也。《論語・先進篇》:'季路問死。[子]曰:未知生,

焉知死！'皇疏引顧歡曰：'夫從生可以善死，雖幽顯路殊，而誠恒一。'蓋知生即可以知死也。"

　夫藏舟於壑，藏山於澤，謂之固矣。然而夜半有力者負之而走，昧者不知也①。藏小大有宜，猶有所遯②。若夫藏天下於天下而不得所遯，是恒物之大情也③。特犯人之形而猶喜之④。若人之形者，萬化而未始有極也，其為樂可勝計邪⑤！故聖人將遊於物之所不得遯而皆存。善夭善老⑥，善始善終，人猶效之，又況萬物之所係⑦，而一化之所待乎⑧！

【校注】

①有力者：意指自然造化。成玄英疏："有力者，造化也。夫藏舟船於海壑，正合其宜；隱山岳於澤中，謂之得所。然而造化之力，擔負而趨；變故日新，驟如逝水。凡惑之徒，心靈愚昧，真謂山舟牢固，不動歸然。豈知冥中貿遷，無時暫息。"王先謙《集解》："舟可負，山可移。宣云：'造化默運，而藏者猶謂在其故處。'"

②有宜：得宜。王叔岷《校詮》："'有宜'猶'得宜'。《論語·述而》：'三人行，必有我師焉。'《治要》引'有'作'得'。《史記·高祖本紀》：'吾所以有天下者何？'《漢紀》三'有'作'得'，《馮唐列傳》：'陛下雖得廉頗、李牧，弗能用也。'《漢書》'得'作'有'，皆'有'、'得'同義之證。"　遯：同"遁"。下同。郭象注："故夫藏而有之者，不能止其遯也。"成玄英疏："遁，變化也。……是知變化之道，無處可逃也。"

③恒：常。成玄英疏："恒，常也。夫藏天下於天下者，豈藏之哉？蓋無所藏也。"王先謙《集解》："'恒物之大情'，猶言常物之通理。"王叔岷《校詮》："'藏天下于天下'，乃不藏之藏也。不藏之藏，自無所失。'恒物'者，不變之物，喻道也。在物謂之情，在道謂之'大情'。"

④特：獨。成玄英疏：“特，獨也。”　　犯：遭遇。郭象注：“人形乃是萬化之一遇耳，未足獨喜也。”成玄英疏：“犯，遇也。”王叔岷《校詮》：“《德充符篇》：‘既犯患若是矣。’《達生篇》：‘而犯患與人異。’《山木篇》：‘吾犯此數患。’犯皆猶遇也，遭也。”錢穆《纂箋》：“訓遇較愜。”章案：西哲海德格爾云，人之生則是“被拋”（throughness）入世界之中，因此，人一出生便是與世界遭遇（encounter）。

⑤極：極限，邊際。郭象注：“無極之中，所遇者皆若人耳，豈特人形可喜而餘物無樂耶！”成玄英疏：“變化無窮，何所不遇！所遇而樂，樂豈有極乎！”　　勝計：勝數。成玄英疏：“是以唯形與喜，不可勝計。”

⑥夭：夭折。《釋文》本作“妖”。郭慶藩《集釋》：“‘妖’字，正作‘夭’。‘夭’‘妖’古通用。《史記·周本紀》‘後宮童妾所棄妖子’，徐廣曰：‘妖，一作夭。’”郭象注：“不善少而否勞，未能體變化，齊生死也。”

⑦係：屬。成玄英疏：“係，屬也。”

⑧一化所待：意指道。成玄英疏：“而況混同萬物，冥一變化。屬在至人，必資聖知，爲物宗匠，不亦宜乎！”錢穆《纂箋》：“‘萬物所係，一化所待’，指下道字。”王叔岷《校詮》：“一猶凡也，猶今語‘一切’也。”

　　夫道，有情有信，无爲无形①；可傳而不可受，可得而不可見②；自本自根③，未有天地，自古以固存；神鬼神帝，生天生地④；在太極之先而不爲高⑤，在六極之下而不爲深⑥，先天地生而不爲久，長於上古而不爲老。狶韋氏得之，以挈天地⑦；伏戲得之，以襲氣母⑧；維斗得之，終古不忒⑨；日月得之，終古不息；堪坏得之，以襲崑崙⑩；馮夷得之，以遊大川⑪；肩吾得

之,以處大山⑫;黃帝得之,以登雲天;顓頊得之,以處玄宮⑬;
禺強得之,立乎北極⑭;西王母得之,坐乎少廣⑮,莫知其始,莫
知其終;彭祖得之,上及有虞,下及五伯⑯;傅説得之⑰,以相武
丁⑱,奄有天下⑲,乘東維,騎箕尾,而比於列星⑳。

【校注】

①情:實也。成玄英疏:"明鑒洞照,有情也。趣機若響,有信也。恬
淡寂寞,無爲也。視之不見,無形也。"王叔岷《校詮》:"情猶
實也。"

②受:接受。郭象注:"古今傳而宅之,莫能受而有之。"成玄英疏:
"寄言詮理,可傳也。體非數量,不可受也。方寸獨悟,可得也。
離於形色,不可見也。"

③自:自己,自爲。王先謙《集解》:"宣云:'道爲事物根本,更無有
爲道之根本者,自本自根耳。'"

④神:同"生"。王叔岷《校詮》:"章太炎云:'神與生同義。《説文》:
神,天地引出萬物者也。'……案《管子·四時篇》:'道生天地。'"
姚維鋭《古書疑義舉例增補》:"'神'與'生',字異而義實同也。
《説文》云:'神,天神引出萬物者也。'又云:'出,進也,象草木益
滋上出達也。'又云:'生,進也,象草木生出土上。'是'神'與'生'
俱有引出之義明矣。"

⑤太極:謂渾沌未開之時。成玄英疏:"太極,五氣也。"王先謙《集
解》:"陰陽未判,是爲太極。"錢穆《纂箋》:"本文疑當作在太極之
上。"王叔岷《校詮》:"《淮南子·覽冥篇》高注:'太極,天地始形
之時也。'"

⑥六極:六合,即天地四方。成玄英疏:"六極,六合也。"王先謙《集
解》:"天地四方,謂之六極。"錢穆《纂箋》:"此稱必出易有太極
之後。"

⑦豨韋氏:遠古帝王。陸德明《釋文》:"司馬云:'上古帝王名。'"成

玄英疏:"豨韋氏,文字已前遠古帝王號也。"王先謙《集解》:"豨韋,即豕韋,蓋古帝王也。"　挈:同"契",合也。成玄英疏:"又作契字者,契,合也,言能混同萬物。"王叔岷《校詮》:"朱駿聲云:'挈叚借爲契。'案李白《大獵賦》:'粵若皇唐之契天地而襲氣母兮。'本《莊子》。契,一作挈,亦當以契爲正。《淮南子‧俶真篇》:'提挈天地。'本此。"

⑧伏戲:即伏羲,三皇之一。陸德明《釋文》:"戲音羲。"王叔岷《校詮》:"《道藏》王元澤新傳本戲作羲,成疏本、覆宋本並作'伏犧氏得之'。(戲、羲古通,義、犧古今字,《人間世篇》已有説。)"　襲:入也。下同。陸德明《釋文》:"司馬云:襲,入也。"　氣母:元氣之母。陸德明《釋文》:"氣母,元氣之母也。"成玄英疏:"氣母者,元氣之母,應道也。"

⑨維斗:北斗。陸德明《釋文》:"李云:北斗,所以爲天下綱維。"成玄英疏:"維斗,北斗也,爲衆星綱維,故謂之維斗。"　忒:差錯。陸德明《釋文》:"忒,差也。"成玄英疏:"忒,差也。"

⑩堪坏:神名。陸德明《釋文》:"司馬云:'堪坏,神名,人面獸形。《淮南》作欽負。'"成玄英疏:"堪坏人面獸身,得道入崑崙山爲神也。"

⑪馮夷:傳説得道之人。陸德明《釋文》:"司馬云:'《清泠傳》曰:馮夷,華陰潼鄉隄首里人也,服八石,得水仙,是爲河伯。'"　大川:黄河。成玄英疏:"大川,黄河也。天帝錫馮夷爲河伯,故有處盟津大川之中也。"

⑫肩吾:神名。陸德明《釋文》:"司馬云:'山神,不死,至孔子時。'大山,音泰。"成玄英疏:"肩吾,神名也。得道,故處東岳爲太山之神。"

⑬顓頊:五帝之一。陸德明《釋文》:"李云:'顓頊,帝高陽氏。'"　玄宫:帝王居住的北方之宫。陸德明《釋文》:"玄宫,北方之宫

也。《月令》曰:‘其帝顓頊,其神玄冥。’”錢穆《纂箋》:“此晚周陰陽家言。”章案:陰陽家最早出於春秋戰國之際,故此說可能出於戰國時期。

⑭禺强:水神名。陸德明《釋文》:“司馬云:‘《山海經》曰:北海之渚有神,人面鳥身,珥兩青蛇,踐兩赤蛇,名禺强。’崔云:‘《大荒經》曰:北海之神,名曰禺强,靈龜爲之使。’”成玄英疏:“雖復得道,不居帝位而爲水神。水位北方,故位號北極也。”

⑮西王母:傳説中仙人。陸德明《釋文》:“《山海經》云:‘狀如人,狗尾,蓬頭,戴勝,善嘯,居海水之涯。’《漢武内傳》云:‘西王母與上元夫人降帝,美容貌,神仙人也。’”成玄英疏:“王母,太陰之精也,豹尾,虎齒,善笑。舜時,王母遣使獻玉環。漢武帝時,獻青桃。”　　少廣:西方山名。成玄英疏:“少廣,西極山名也。”陸德明《釋文》:“崔云:‘山名。或云,西方空界之名。’”

⑯有虞:夏朝。　　五伯:五位夏商周歷史名人。陸德明《釋文》:“伯,又音霸。崔、李云:‘夏伯昆吾,殷大彭、豕韋,周齊桓、晉文。’”成玄英疏:“五伯者,昆吾爲夏伯,大彭、豕韋爲殷伯,齊桓、晉文爲周伯,合爲五伯。而彭祖得道,所以長年,上至有虞,下及殷周,凡八百年也。”

⑰傅説(yuè):著名殷代賢相。陸德明《釋文》:“説音悦。……司馬云:‘傅説,殷相也。’”

⑱武丁:殷王高宗。成玄英疏:“高宗夢得傅説,使求之天下,於陝州河北縣傅岩版築之所而得之,相於武丁。”

⑲奄:覆。劉武《集解内篇補正》:“《説文》‘奄’下云:‘大有餘也,覆也。’”王叔岷《校詮》:“《説文》:‘奄,覆也。’‘奄有’猶‘覆有’。”

⑳維:隅也。《廣雅·釋言》:“維,隅也。”陸德明《釋文》:“東維,箕斗之間,天漢津之東維也。”章案:“東維”意即星漢之東。《詩經·小雅·大東》:“維南有箕,不可以簸揚。維北有斗,不可以

挹酒漿。"“維南"、“維北"即星漢之南、之北。"東維"即“維東"。　　箕:星宿,二十八宿之一。陸德明《釋文》:"《星經》曰‘傅説一星在尾上',言其乘東維,騎箕尾之間也。崔云:‘傅説死,其精神乘東維,託龍尾,乃列宿。今尾上有傅説星。'"錢穆《纂箋》:"此章言伏羲、黃帝、顓頊云云,似頗晚出。崔本列星下,尚有‘其生無父母,死登假三年而形遯,此言神之無能名者也',凡二十二字。蓋郭象疑而删之。"章案:此爲占星學之説法,而占星學之出現最早當在春秋戰國之際。《莊子》内篇全無占星學思想,僅此一處,故錢穆之言應可信。

　　南伯子葵問乎女偊曰①:"子之年長矣,而色若孺子②,何也?"曰:"吾聞道矣。"南伯子葵曰:"道可得學邪?"曰:"惡!惡可!子非其人也③。夫卜梁倚有聖人之才而无聖人之道④,我有聖人之道而无聖人之才,吾欲以教之,庶幾其果爲聖人乎⑤!不然⑥,以聖人之道告聖人之才,亦易矣。吾猶守而告之⑦,參日而後能外天下⑧;已外天下矣,吾又守之,七日而後能外物⑨;已外物矣,吾又守之,九日而後能外生⑩;已外生矣,而後能朝徹⑪;朝徹,而後能見獨⑫;見獨,而後能无古今;无古今,而後能入於不死不生。殺生者不死,生生者不生⑬。其爲物,无不將也,无不迎也⑭;无不毁也,无不成也。其名爲攖寧⑮。攖寧也者,攖而後成者也。"

【校注】

①南伯子葵:即南伯子綦。詳見《齊物論篇》注。陸德明《釋文》:"李云:‘葵當爲綦,聲之誤也。'"成玄英疏:"葵當爲綦字之誤,猶《人間世篇》中南郭子綦也。"　女偊(yǔ):傳説中得道之人。成玄英疏:"女偊,古之懷道人也。"

②孺子:孩童。本亦作“孺子"。成玄英疏:"孺子,猶稚子也。"王叔

岷《校詮》：“《道藏》各本、覆宋本孺皆作孺，孺、孺正俗字。”

③惡(wū)：不。陸德明《釋文》：“惡音烏。下惡乎同。” 其人：意謂不能學道之人。成玄英疏：“〔女偊〕嫌其所問，故抑之謂非其人。”

④卜梁倚：人名。陸德明《釋文》：“李云：‘卜梁，姓；倚，名。’”成玄英疏：“卜梁，姬姓也；倚，名也。虛心凝淡爲道，智用明敏爲才。”錢穆《纂箋》：“曹耀湘曰：‘卜梁倚，蓋墨子後。’”

⑤庶幾：或許。 其：代詞，指卜梁倚。

⑥不然：意謂“否則”。成玄英疏：“若其不然，告示甚易。”

⑦守：修持。成玄英疏：“爲須修守，所以成難。”王先謙《集解》：“守而不去，與爲諄復。”

⑧參：同“叁”。陸德明《釋文》：“參音三。” 外：遺忘。郭象注：“外猶遺也。”成玄英疏：“外，遺忘也。”

⑨外物：遺忘萬物。郭象注：“物者，朝夕所須，切己難忘。”

⑩外生：忘我。成玄英疏：“墮體離形，坐忘我喪。”王叔岷《校詮》：“宣解：‘三、七、九，是內修家語，偶用之。’……然不必爲內修家語，數目字連用，習見於古書，《淮南子·道應篇》：‘昔堯之佐九人，舜之佐七人，武王之佐五人。’亦其例也。”

⑪朝徹：意謂豁然開朗之境。郭象注：“豁然無滯，見機而作，斯朝徹也。”成玄英疏：“朝，旦也。徹，明也。死生一觀，物我兼忘，惠照豁然，如朝陽初啓，故謂之朝徹也。”王先謙《集解》：“宣云：‘朝徹，如平淡之清明。’”錢穆《纂箋》：“武延緒曰：‘朝當讀爲周。周徹，猶洞徹也。’”

⑫見獨：意謂發現、獲得獨一勝境。郭象注：“當所遇而安之，忘先後之所接，斯見獨者也。”成玄英疏：“妙絕言象，非無非有，不古不今，獨往獨來，絕待絕對，覩斯勝境，謂之見獨。”王先謙《集解》：“見一而已。”錢穆《纂箋》：“無空間相。”王叔岷《校詮》：“宣解：

‘獨即一也。’”

⑬殺生者、生生者：意指道。王叔岷《校詮》：“殺生者，生生者，道
　　也。道生、殺萬物，而道不死、不生。”

⑭將：送也。成玄英疏：“將，送也。……（道）是以迎無窮之生，送
　　無量之死也。”王叔岷《校詮》：“爲猶於也。《應帝王篇》：‘至人之
　　用心若鏡，不將不迎。’唯其不將、不迎，所以無不將、無不迎。”

⑮攖寧：意謂紛擾中淡定大成。成玄英疏：“攖，擾動也。寧，寂静
　　也。”郭慶藩《集釋》：“趙岐《孟子注》：‘攖，迫也。’物我生死之見
　　迫於中，將迎成毀之機迫於外，而一無所動其心，乃謂之攖寧。置
　　身紛紜蕃變交爭互觸之地，而心固寧焉，則幾於成矣，故曰攖而
　　後成。”

　　南伯子葵曰：“子獨惡乎聞之①？”曰：“聞諸副墨之子②，
副墨之子聞諸洛誦之孫③，洛誦之孫聞之瞻明④，瞻明聞之聶
許⑤，聶許聞之需役⑥，需役聞之於謳⑦，於謳聞之玄冥⑧，玄冥
聞之參寥⑨，參寥聞之疑始⑩。”

【校注】

①獨：乃。王叔岷《校詮》：“獨猶乃也。《秋水篇》：‘今子之使萬足
　　獨奈何？’獨亦與乃同義。”　　惡（wū）：何。

②副墨：寓言人物，然人名寓付諸筆墨之意。以下諸人名皆如此。
　　陸德明《釋文》：“李云：‘可以副貳玄墨也。’崔云：‘此已下皆古人
　　姓名，或寓之耳，無其人。’”王先謙《集解》：“宣云：‘文字是翰墨
　　爲之，然文字非道，不過傳道之助，故謂之副墨。又對初作之文字
　　言，則後之文字，皆其孳生者，故曰副墨之子。’”

③洛誦：寓意誦讀、背誦。成玄英疏：“臨本謂之副墨，背文謂之洛
　　誦。”王叔岷《校詮》：“陳碧虛云：‘副墨，教典也。洛誦，習
　　誦也。’”

④瞻明：意謂明晰、明瞭。陸德明《釋文》："瞻音占。李云：'神明洞徹也。'"

⑤聵許：意謂竊竊私語。錢穆《纂箋》："王闓運曰：'瞻明，孟子所云見而知。聵許，孟子云聞知也。'"王叔岷《校詮》："成疏：'聵，附耳私語也。'陳碧虛云：'見理曰瞻明，耳告曰聵許。'"

⑥需役：意謂需求、行動。王先謙《集解》："成云：'需，須。役，行也。'需勤行，勿怠慢。"

⑦於謳：意謂謳歌。王先謙《集解》："宣云：'詠歎歌吟，寄趣之深。'"王叔岷《校詮》："陳碧虛云：'需役有待用，於謳則詠歌。'"

⑧玄冥：意謂幽寂。郭象注："玄冥者，所以名無而非無也。"成玄英疏："玄者，深遠之名也。冥者，幽寂之稱。"

⑨參寥：意謂徹悟。郭象注："玄之又玄也。"王先謙《集解》："宣云：'參悟空虛。'"王叔岷《校詮》："寥，正作廖，《說文》：'廖，空虛也。'廖、寥正俗字。下文'乃入於寥天一'，《釋文》：'寥，本亦作廖。'廖亦廖之俗省。"

⑩始疑：意謂疑惑。陸德明《釋文》："李云：'又疑無是始，則始非無名也。'"成玄英疏："本無所本，疑名爲本，亦無的可本，故謂之始疑也。"王先謙《集解》："宣云：'至於無端倪，乃聞道也。疑始者，似有始而未嘗有始。'"章案：以上諸寓言人名，揭示一學道過程。西哲亞里士多德云知識緣起於驚疑（wander），與《莊子》此處所述之義亦相近耳。

　　子祀、子輿、子犁、子來四人相與語曰①："孰能以无爲首，以生爲脊，以死爲尻②，孰知死生存亡之一體者，吾與之友矣。"四人相視而笑，莫逆於心，遂相與爲友。俄而子輿有病，子祀往問之③。曰："偉哉夫造物者，將以予爲此拘拘也④！曲僂發背⑤，上有五管，頤隱於齊，肩高於頂，句贅指天⑥。"陰陽之氣有沴⑦，其心閒而无事，跰𨇮而鑑于井⑧，曰："嗟乎！夫造物者又將以予爲此拘拘也！"子祀曰："女惡之乎⑨?"曰："亡⑩，予何惡！浸假而化予之左臂以爲雞⑪，予因以求時夜⑫；浸假而化予之右臂以爲彈，予因以求鴞炙⑬；浸假而化予之尻以爲輪，以神爲馬，予因而乘之，豈更駕哉⑭！且夫得者，時也⑮；失者，順也。安時而處順，哀樂不能入也。此古之所謂縣解也⑯，而不能自解者，物有結之⑰。且夫物不勝天久矣，吾又何惡焉⑱！"

## 【校注】

①子祀、子輿、子犂、子來：皆寓言人物。成玄英疏："子祀四人，未詳所據。觀其心跡，并方外之士，情同淡水，共結素交。"

②尻(kāo)：脊梁骨端。下同。錢穆《纂箋》："陳壽昌曰：'脊骨盡處爲尻。'王敔曰：'首脊尻，一體也。'"

③問：探問。

④拘拘：形容身體拘攣不申。此爲子輿自言。陸德明《釋文》："郭音駒。司馬云：'體拘攣也。'王云：'不申也。'"成玄英疏："拘拘，攣縮不申之貌也。……子輿達理，自歎此辭也。"王叔岷《校詮》："拘借爲痀，《說文》：'痀，曲脊也。''拘拘'即《淮南子》所謂'傴僂'，亦即《達生篇》仲尼'見痀僂者'之'痀僂'。"

⑤曲僂發背：意謂腰背曲僂。成玄英疏："傴僂曲腰，背脊發露。"

⑥句贅：髮髻。錢穆《纂箋》引奚侗曰："'句贅'，《淮南·精神訓》作'獨贅'。高誘注：'讀曰括撮。蓋以括爲髻。'"劉武《集解內篇補正》："句贅，即《人間世》之'會撮'，一作'括撮'。言括撮其髮，句曲如附贅也。"王叔岷《校詮》："《人間世篇》'句贅'作'會撮'……司馬注'會撮，髻也'。'句贅'與'會撮'、'括撮'并同。"章案：此數句參閱《德充符篇》中"支離疏者，頤隱於臍，肩高於

頂,會撮指天,五管在上"注。

⑦沴(lì):淩亂。郭象注:"沴,陵亂也。"陸德明《釋文》:"沴音麗。"王叔岷《校詮》:"朱駿聲云:'《漢書·五行志》:氣相傷謂之沴。沴,猶臨莅不和意也。'《説文》引《五行傳》曰:'若其沴作。'按拂戾之氣也。"

⑧跰躚(piánxiān):蹣跚。陸德明《釋文》:"司馬云:'病不能行,故跰躚也。'"成玄英疏:"跰躚,曳疾貌。"錢穆《纂箋》:"王闓運曰:'跰躚、盤姍,通用字。'"王叔岷《校詮》引王念孫云:"《廣雅》:'蹁躚,盤姍也。'見《衆經音義》卷十一,此疊韻之相近者也。侈言之則曰'盤姍',約言之則曰'蹁躚',皆行不正之貌也。《説文》:'蹁,足不正也。'《廣韻》:'蹣跚,跛行兒。''蹣跚'與'盤姍'同。《莊子·大宗師篇》'跰躚',崔本作'邊鮮',並與'蹁躚'同。"

⑨女:同"汝"。陸德明《釋文》:"女音汝。下同。" 惡(wù):厭惡,討厭。陸德明《釋文》:"惡,烏路反。下及注同。"成玄英疏:"見其嗟歎,故有驚疑。"

⑩亡:無,沒有。成玄英疏:"亡,無也。"

⑪浸假:假如。下同。成玄英疏:"假令陰陽二氣,漸而化我左右兩臂爲雞爲彈,彈則求於鴞鳥,雞則夜候天時。"

⑫時:動詞,報時,即雞鳴報晨。王先謙《集解》:"司夜也。"

⑬彈:彈弓。 鴞炙:炙烤之鳥肉。王叔岷《校詮》:"蓋以彈求鴞,乃可爲炙。"

⑭更:更改,改換。成玄英疏:"尻無識而爲輪,神有知而作馬,因漸漬而變化,乘輪馬以遨遊,苟隨任以安排,亦於何而不適者也。"

⑮得:意謂"生",與下文"失"相對。成玄英疏:"得者,生也。失者,死也。" 時:時運。郭象注:"當所遇之時,世謂之得。"成玄英疏:"夫忽然而得,時應生也;倏然而失,順理死也。"

⑯縣解：天然解脫。縣同“懸”。陸德明《釋文》：“縣音玄。解音蟹。下及注同。向云：‘縣解，無所係也。’”成玄英疏：“處順忘時，蕭然無係，古昔至人，謂爲縣解。”章案：參閱《養生主篇》“安時而處順，哀樂不能入也。古者謂是帝之縣解”注。

⑰結：糾結，鬱結。成玄英疏：“既内心不能自解，故爲外物結縛之也。”

⑱物：人與物。郭象注：“天不能無晝夜，我安能無死生而惡之哉！”成玄英疏：“玄天在上，猶有晝夜之殊，況人居世間，焉能無死生之變！且物不勝天，非唯今日，我復何人，獨生憎惡！”

　　俄而子來有病，喘喘然將死①，其妻子環而泣之②。犁往問之，曰：“叱！避③！无怛化④！”倚其户與之語曰：“偉哉造化！又將奚以汝爲⑤？將奚以汝適⑥？以汝爲鼠肝乎？以汝爲蟲臂乎⑦？”子來曰：“父母於子⑧，東西南北，唯命之從。陰陽於人，不翅於父母⑨；彼近吾死而我不聽⑩，我則悍矣⑪，彼何罪焉！夫大塊載我以形，勞我以生，佚我以老，息我以死。故善吾生者，乃所以善吾死也⑫。今大冶鑄金⑬，金踊躍曰：‘我且必爲鏌鋣⑭！’大冶必以爲不祥之金。今一犯人之形⑮，而曰：‘人耳人耳！’夫造化者必以爲不祥之人。今一以天地爲大爐，以造化爲大冶，惡乎往而不可哉！”成然寐⑯，蘧然覺⑰。

【校注】

①喘喘：呼吸困難之狀。成玄英疏：“喘喘，氣息急也。”王叔岷《校詮》：“《説文》：‘喘，疾息也。’”

②環：環繞。成玄英疏：“環，繞也。”

③叱：呵斥聲。成玄英疏：“叱，訶聲也。”　避：避開。王先謙《集解》：“叱令其妻子避。”

④怛(dá)：驚動。陸德明《釋文》：“怛，驚也，鄭衆注《周禮·考工記》‘不能驚怛’是也。”王叔岷《校詮》：“《廣雅·釋詁》：‘怛、憚，驚也。’《釋文》引《考工記》鄭注‘驚怛’字，洪頤煊云：‘今本鄭注作憚字。’”　化：變化。成玄英疏：“正欲變化，不欲驚怛也。”

⑤奚：如何。成玄英疏：“奚，何也。”王先謙《集解》：“爲何物？”

⑥適：往，去向。成玄英疏：“適，往也。”

⑦鼠肝、蟲臂：老鼠之肝，蟲子之臂。陸德明《釋文》：“王云：‘趣微蔑至賤。’”成玄英疏：“不知方外適往何道，變作何物。將汝五藏爲鼠之肝，或化四支爲蟲之臂。”

⑧於：同“與”，下同。王叔岷《校詮》：“於猶與也，下文‘陰陽於人’，於亦猶與也。”

⑨翅：同“啻”。成玄英疏：“夫孝子侍親，尚驅馳唯命。況陰陽造化，何啻二親乎！”劉武《集解内篇補正》：“王引之曰：‘翅與啻同。’《説文》曰：‘啻，語時不啻也。’”王叔岷《校詮》：“成所見本翅蓋作啻，或説翅爲啻。啻、翅正假字。”

⑩彼：指陰陽造化。成玄英疏：“彼，造化也。”　近：要求。王先謙《集解》：“宣云：‘近，迫也。’”

⑪悍：抵抗，對抗。亦作“捍”。陸德明《釋文》：“本亦作捍，胡旦反，又音旱。《説文》云：‘捍，抵也。’”王先謙《集解》：“悍，不順。”

⑫此數句與上文同。

⑬大冶：意指冶金匠人。王先謙《集解》：“大冶，鑄金匠。”

⑭鏌鋣(mòyé)：古代名劍，亦可作人名。成玄英疏：“昔吴人干將爲吴王造劍，妻名鏌鋣，因名雄劍曰干將，雌劍曰鏌鋣。”

⑮犯：遭遇。郭象注：“夫變化之道，靡所不遇，今一遇人形，豈故爲哉！”成玄英疏：“偶爾爲人，遂即欣愛，鄭重啓請，願更爲人，而造化之中，用爲妖孽也。”

⑯成：疑爲“戌”，意爲“滅”。陸德明《釋文》：“本或作戌，音恤。簡

文云:‘當作滅。’"錢穆《纂箋》引奚侗曰:"成,《釋文》本作戌。
《說文》:‘戌,威也。威,滅也。’寐狀若火之熄滅。"　　寐:睡,意
謂死。成玄英疏:"寐,寢也,以譬喻死也。"

⑰蘧然:驚動之狀。成玄英疏:"蘧然是驚喜之貌。"王叔岷《校詮》:
"《齊物論篇》:‘蘧蘧然周也。’即‘蘧然覺’之意。……成疏於彼
文云:‘蘧蘧,驚動之貌。’是也。"劉武《集解內篇補正》:"故知死
也如夢之滅然寐耳,生也如夢之蘧然覺也。"

　　子桑戶、孟子反、子琴張三人相與友①,曰:"孰能相與於
无相與②,相爲於无相爲? 孰能登天遊霧③,撓挑无極④;相忘
以生,无所終窮⑤?"三人相視而笑,莫逆於心,遂相與友。莫
然有間而子桑戶死⑥,未葬。孔子聞之,使子貢往待事焉⑦。
或編曲,或鼓琴,相和而歌曰:"嗟來桑戶乎⑧! 嗟來桑戶乎!
而已反其真⑨,而我猶爲人猗⑩!"子貢趨而進曰⑪:"敢問臨尸
而歌,禮乎?"二人相視而笑曰:"是惡知禮意⑫!"

## 【校注】

①子桑戶、孟子反、子琴張:寓言人名。成玄英疏:"此之三人,並方
外之士,冥於變化,一於生死,志行既同,故相與交友。"

②與:給予,此處意謂親近。陸德明《釋文》:"崔云:‘猶親也。’"成
玄英疏:"豈有心於相與,情係於親疏哉!"

③遊霧:遨遊雲霧。成玄英疏:"清高輕舉,遨遊雲霧。"王先謙《集
解》:"宣云:‘超於物外。’"

④撓挑:宛轉之意。陸德明《釋文》:"李云:撓挑,猶宛轉也,宛轉玄
曠之中。簡文云:循環之名。"

⑤終窮:死。成玄英疏:"終窮,死也。相與忘生復忘死,死生混一,
故順化而無窮也。"

⑥莫然:漠然。王叔岷《校詮》引奚侗云:"《廣雅》:‘莫,漠也。’莫

然,謂家漠無言也。《文子・上德篇》'漠然無聲',《天道篇》'漠
然不應',即此義。" 　有間:有頃。陸德明《釋文》:"李云:
頃也。"

⑦子貢:孔子弟子。此爲寓言,於史無徵。　待:同"侍",本又作
"侍"。成玄英疏:"仲尼聞之,使子貢往弔,仍令供給喪事。"王叔
岷《校詮》:"覆宋本待作侍,《文選》東方朔《畫像贊》注引同。待、
侍古通,《田子方篇》:'孔子便而待之。'《釋文》:'待,或作侍。'"

⑧嗟來:語氣詞,猶"嗟乎"。成玄英疏:"嗟來,歌聲也。"王叔岷《校
詮》引王引之云:"'來',句中語助也。'嗟來'猶'嗟乎'也。"章
案:《莊子》中"來"常作語氣詞。

⑨而:同"爾"。成玄英疏:"汝今既還空寂,便是歸本反真。"王叔岷
《校詮》:"'而已反其真',猶言'汝已歸於真'。"

⑩猗:同"兮"。王叔岷《校詮》引王引之云:"猗,兮也。《書・泰誓》
曰'斷斷猗',《禮記・大學》猗作兮,《詩・伐檀》曰:'坎坎伐檀
兮,置之河之干兮,河水清且漣猗。'猗猶兮也,故漢《魯詩》殘碑
猗作兮。"

⑪趨:小跑,示尊敬之意。成玄英疏:"子貢怪其如是,故趨走進問
也。"　進:進言。

⑫是:如是(之人)。成玄英疏:"如是之人。"王先謙《集解》:"是,謂
子貢。"　惡(wū):何。陸德明《釋文》:"惡音烏,下皆同。"成玄
英疏:"於何知禮之深乎!"

子貢反①,以告孔子,曰:"彼何人者邪②?脩行无有③,而
外其形骸④,臨尸而歌,顏色不變⑤,无以命之⑥。彼何人者
邪?"孔子曰:"彼,遊方之外者也⑦;而丘,遊方之内者也。外
内不相及,而丘使女往弔之,丘則陋矣。彼方且與造物者爲
人,而遊乎天地之一氣。彼以生爲附贅縣疣⑧,以死爲決㿈潰

癰⑨,夫若然者,又惡知死生先後之所在⑩!假於異物⑪,託於同體⑫;忘其肝膽,遺其耳目;反覆終始,不知端倪⑬;芒然彷徨乎塵垢之外,逍遙乎无爲之業⑭。彼又惡能憒憒然爲世俗之禮⑮,以觀衆人之耳目哉⑯!"

## 【校注】

①反:同"返"。成玄英疏:"子貢使返。"

②彼:他們。

③脩行:脩養德行。成玄英疏:"修己德行,無有禮儀。"王先謙《集解》:"無自修之行。"

④外:動詞,脫離,超出。成玄英疏:"忘外形骸,混同生死。"

⑤顏色:神色。成玄英疏:"神形不變。"

⑥命:名,稱。陸德明《釋文》:"崔、李:'命,名也。'"

⑦方:意指禮法。郭慶藩《集釋》:"《文選》謝靈運《之郡初發都》詩注、夏侯孝若《東方朔贊》注並引司馬云:'方,常也,言彼游心于常教之外也。'"王叔岷《校詮》引奚侗云:"《論語》:'且知方也。'鄭注:'方,禮法也。''遊方之外'指'臨尸而歌'言之。"

⑧附贅縣疣:懸掛之贅肉。縣同"懸"。陸德明《釋文》:"縣音玄。"王叔岷《校詮》:"《荀子·宥坐篇》楊注引'疣'作'肬',肬、疣正俗字。《說文》:'肬,贅也。'《衆經音義》一六云:'小曰肬,大曰贅。'"

⑨疽(huàn):癰疽之類。王先謙《集解》:"宣云:'疽屬。'"王叔岷《校詮》:"疽正作胅,(猶疣正作肬也。)《說文》:'胅,搔生創也。'《廣韻》別胅、疽爲二字,云:'胅,皰胅。疽,癰疽屬也。'"

⑩惡:何也。下同。成玄英疏:"若以此方於生死,亦安知優劣之所在乎!"王先謙《集解》:"宣云:'一氣循環。'"王叔岷《校詮》:"《知北遊篇》:'生也死之徒,死也生之始,孰知其紀!'"

⑪假:借。王叔岷《校詮》:"《至樂篇》:'生者假借也,假之而生。'"

⑫同體：與“異物”爲互文。郭象注：“今死生聚散，變化無方，皆異物也。無異而不假，故所假雖異而共成一體也。”

⑬終始：意謂死生。成玄英疏：“終始，猶生死也。” 端倪：端緒，跡象。成玄英疏：“端，緒也。倪，畔也。”錢穆《纂箋》：“曹受坤曰：‘端倪，皆始義。莫知其始，即如環無端也。’”王叔岷《校詮》：“‘端倪’猶‘端緒’也。”

⑭芒然：無知之狀。陸德明《釋文》：“李云：‘無係之貌。’”成玄英疏：“無知之貌也。” 業：始也。錢穆《纂箋》引俞樾云：“《達生篇》‘無爲’作‘無事’，‘無事之業’，謂無事之始。《廣雅》：‘業，始也。’”

⑮憒憒然：煩亂之狀。陸德明《釋文》：“憒，《説文》、《倉頡篇》並云：‘亂也。’”成玄英疏：“憒憒，猶煩亂也。”

⑯觀：示。陸德明《釋文》：“示也。”王叔岷《校詮》：“《爾雅·釋言》：‘觀，示也。’”

　　子貢曰：“然則夫子何方之依①？”曰：“丘，天之戮民也②。雖然，吾與汝共之③。”子貢曰：“敢問其方④。”孔子曰：“魚相造乎水⑤，人相造乎道。相造乎水者，穿池而養給⑥；相造乎道者，无事而生定⑦。故曰：魚相忘乎江湖，人相忘乎道術⑧。”子貢曰：“敢問畸人⑨。”曰：“畸人者，畸於人而侔於天⑩。故曰：天之小人，人之君子⑪；人之君子，天之小人也⑫。”

【校注】

①何方：意謂“方内”或“方外”。成玄英疏：“方内方外，淺深不同，未知夫子依從何道。”

②戮：刑戮。成玄英疏：“夫聖跡禮義，乃桎梏形性。仲尼既依方内，則是自然之理、刑戮之人也。”錢穆《纂箋》：“《德充符》：‘天刑之，安可解。’與此同義。”章案：《莊子》云孔子自稱爲“天之戮民”，是

對於孔子及其學説之毀滅性抨擊。

③共:共享。王先謙《集解》:"宣云:'己之所得不欲隱。'"

④方:意指道。成玄英疏:"方猶道也。"

⑤造:詣,生也。可引申爲"激活"、"適宜"之意。陸德明《釋文》: "造,詣也。下同。"成玄英疏:"造,詣也。魚之所詣者,適性莫過 深水;人之所至者,得意莫過道術。"王叔岷《校詮》:"造猶生也, 《易·屯》'天造草昧',虞注:'造,生也。'"王先謙《集解》:"造乎 水者魚之樂,造乎道者人之樂。"

⑥穿:鑿也。

⑦生:同"性"。王先謙《集解》:"生、性字通。"錢穆《纂箋》:"馬其 昶曰:'生讀爲性。'"

⑧道術:諸子各家學術,可引申爲所有知識。郭象注:"各自足而相 忘者,天下莫不然也。至人常足,故常忘也。"劉武《集解内篇補 正》:"夫方内方外,道術不同,猶之堯、桀之性不同也。然道術雖 殊,各有所適,與其互相是非,不如兩忘而化其道。"

⑨畸:同"奇"。陸德明《釋文》:"畸,司馬云:'不耦也。不耦於人, 謂闕於禮教也。'"成玄英疏:"畸者,不耦之名也。修行無有,而 疏外形體,乖異人倫,不耦於俗。"王叔岷《校詮》引王引之曰:"王 逸注《九章》云:'奇,異也。'古字倚與奇通,字或作畸。"

⑩侔:等同。陸德明《釋文》:"侔音謀。司馬云:'等也,亦從也。'" 成玄英疏:"侔者,等也,同也。"王叔岷《校詮》引王引之曰:"'畸 於人而侔於天',謂異於人而同於天也。"

⑪天:意謂自然。郭象注:"以自然言之,則人無小大;以人理言之, 則侔於天者可謂君子矣。"成玄英疏:"人倫謂之君子,而天道謂之 小人也。故知子反、琴張不偶於俗,乃曰畸人,實天之君子。"劉武 《集解内篇補正》:"謂以人情言之,於能篤守禮文者則稱之爲君 子,而實天之小人也。"

⑫王先謙《集解》："疑複語無義，當作'天之君子，人之小人
也'。……不偶於俗，即謂不偕於禮，則人皆不然之，故曰'天之君
子，人之小人也'，文意甚明。"

顏回問仲尼曰①："孟孫才②，其母死，哭泣无涕，中心不
慼③，居喪不哀。无是三者，以善喪蓋魯國④。固有无其實而
得其名者乎？回壹怪之⑤。"仲尼曰："夫孟孫氏盡之矣⑥，進
於知矣⑦。唯簡之而不得⑧，夫已有所簡矣。孟孫氏不知所以
生，不知所以死；不知就先，不知就後⑨；若化爲物，以待其所
不知之化已乎⑩！且方將化，惡知不化哉⑪？方將不化，惡知
已化哉？吾特與汝⑫，其夢未始覺者邪！且彼有駭形而无損
心⑬，有旦宅而无情死⑭。孟孫氏特覺⑮，人哭亦哭，是自其所
以乃⑯。且也相與吾之耳矣⑰，庸詎知吾所謂吾之乎⑱？且汝
夢爲鳥而厲乎天⑲，夢爲魚而没於淵⑳。不識今之言者，其覺
者乎，其夢者乎？造適不及笑，獻笑不及排㉑，安排而去化，乃
入於寥天一㉒。"

**【校注】**

①顏回：孔子弟子。此亦爲寓言。

②孟孫才：人名。陸德明《釋文》："李云：'三桓後，才其名也。'崔
云：'才，或作牛。'"成玄英疏："姓孟孫，名才，魯之賢人。"

③中心：心中。成玄英疏："心不悲慼。" 慼：同"戚"。本又作
"戚"。王叔岷《校詮》："覆宋本、《道藏》、褚伯秀《義海纂微》本
慼並作戚，慼、戚正假字，《説文》作慽，云：'憂也。'"

④蓋：覆蓋。陸德明《釋文》："《小爾雅·廣詁》：'蓋，覆也。'《釋
名·釋言語》：'蓋，加也。'"

⑤壹：同"一"，世德堂本作"一"，則也。王叔岷《校詮》："王引之云：
'一，語助也，字或作壹。'裴學海云：'一猶則也。'裴説較勝。"

⑥盡：窮盡。郭象注：“盡死生之理。”

⑦進：同“盡”。王叔岷《校詮》：“盡、進互文，進亦盡也。《養生主篇》：‘臣之所好者道也，進乎技矣！’進亦借爲盡，與此同例。”

⑧簡：簡省。王先謙：“宣云：‘簡者，略於事。世俗相因，不能獨簡，故未免哭泣居喪之事。然已無涕、不戚、不哀，是已有所簡矣。’”

⑨先、後：意指生、死。成玄英疏：“先，生也。後，死也。”王叔岷《校詮》：“先、後就生、死言，就疑執之誤。”

⑩已：而已。王先謙《集解》：“宣云：‘順其所以化，以待其將來所不可知之化，如此而已。’按：死爲鬼物，化也。鼠肝、蟲臂，所不知之化也。”王叔岷《校詮》：“已猶‘而已’也。”

⑪惡（wū）：何。郭象注：“已化而生，焉知未生之時哉！未化而死，焉知已死之後哉！故無所避就，而與化俱往也。”王先謙《集解》：“宣云：‘四語正不知之化，總非我所能與。’”王叔岷《校詮》：“‘方將’，複語，將亦方也。”

⑫特：同“獨”，特爲，特別。王先謙《集解》：“宣云：‘未能若孟孫之進於知也。’”王叔岷《校詮》：“吾與汝皆拘俗情，故未覺。然仲尼言此，是已覺，但恐顔回未覺耳。”

⑬彼：指孟孫氏。　駴：應同“戒”，意謂改變。錢穆《纂箋》：“馬叙倫曰：‘駴形，《淮南・精神訓》作戒形。高注：戒或作革。’”王叔岷《校詮》：“（《德充符篇》：‘又以惡駴天下’，《釋文》引崔本駴作駭，《外物篇》‘聖人之所以駴天下’，《淮南子・俶真篇》駴作駭，并其證。）駴亦借爲革，‘駴形’與‘戒形’同旨，謂更改形骸也。”損：損傷，拖累。王先謙《集解》：“彼孟孫氏雖有駴變之形，而不以損累其心。”

⑭旦宅：日新之所，意指身體。陸德明《釋文》：“王云：‘旦暮改易，宅是神居也。’”成玄英疏：“旦，日新也。宅者，神之舍也。”劉武《集解內篇補正》：“旦宅，言人生駒隙，如一朝之居於宅耳。”

情：實也。“情死”與“旦宅”對文。錢穆《纂箋》引馬其昶曰：“旦
宅與情死對文。情者，誠也，實也。形爲假宅，故有駭動。心非實
死，故無損累。”王叔岷《校詮》：“‘有駭形而无損心，有旦宅而无
死情’，謂形骸有更改，而心靈無損減。”

⑮特覺：獨覺。與上文之“特”義同。錢穆《纂箋》：“蘇輿曰：‘特覺
句絶。言吾與汝皆夢，而孟孫獨覺。’”

⑯乃：同“然”。錢穆《纂箋》：“章炳麟曰：‘乃然雙聲，然，如此也。’”
王叔岷《校詮》：“乃猶然也，然有宜義。《淮南子·原道篇》：‘因
物之相然也。’高注：‘然猶宜也。’”

⑰相與：相關。郭象注：“吾生吾死，相與皆吾。”錢穆《纂箋》：“莊意
特謂人皆自名曰吾，而豈知吾之真。”

⑱庸詎：意謂如何。下同。郭象注：“豈知吾之所在也！”章案：《莊
子》中有“庸詎”、“浸假”等語，疑爲蒙地方言，只可從上下文意中
見其意旨。

⑲厲：同“戾”，至也。成玄英疏：“厲，至也。”王叔岷《校詮》：“《爾
雅·釋詁》：‘戾，至也。’《詩·小雅·四月》：‘翰飛戾天。’《文
選》班孟堅《西都賦》注引《韓詩》戾作厲，即厲、戾通用之證。”

⑳没：没入，湮没。

㉑造：至，達到。成玄英疏：“造，至也。” 獻：展示，現出。陸德明
《釋文》：“王云：‘章也，意有適，章於笑，故曰獻笑。’” 排：安
排，掌控。王先謙《集解》：“宣云：‘人但知笑爲適意，不知當其忽
造適意之境，心先喻之，不及笑也。及忽發爲笑，又是天機自動，
亦不及推排而爲之，是適與笑不自主也。’”錢穆《纂箋》引陳壽昌
曰：“人造適意之境，不待笑而已適。既動發笑之容，不及排而已
笑。適笑，只在當境之須臾。如夢者不及覺，亦猶是也。”

㉒寥天一：自然空寂之道。郭象注：“安於推移而與化俱去，故乃入
於寂寥而與天爲一也。”成玄英疏：“所在皆適，故安任推移，未始

非吾，而與化俱去。如此之人，乃能入於寥廓之妙門、自然之一道也。"王叔岷《校詮》："寥，正作廫，《說文》：'廫，空虛也。'《大方廣佛華嚴經隨疏演義鈔》一引《莊子》佚文：'天即自然。'（《大正藏經疏部》）一喻道。'入於寥天一'，謂入於空虛自然之道也。"

意而子見許由①。許由曰："堯何以資汝②？"意而子曰："堯謂我：'汝必躬服仁義而明言是非③。'"許由曰："而奚來爲軹④？夫堯既已黥汝以仁義，而劓汝以是非矣⑤，汝將何以遊夫遙蕩恣睢轉徙之塗乎⑥？"意而子曰："雖然，吾願遊於其藩⑦。"許由曰："不然。夫盲者无以與乎眉目顏色之好⑧，瞽者无以與乎青黃黼黻之觀⑨。"意而子曰："夫无莊之失其美⑩，據梁之失其力⑪，黃帝之亡其知⑫，皆在鑪捶之間耳⑬。庸詎知夫造物者之不息我黥而補我劓⑭，使我乘成以隨先生邪⑮？"許由曰："噫⑯！未可知也。我爲汝言其大略。吾師乎⑰！吾師乎！齏萬物而不爲義⑱，澤及萬世而不爲仁，長於上古而不爲老，覆載天地刻彫衆形而不爲巧。此所遊已⑲。"

【校注】

①意而子：傳說古代賢人。陸德明《釋文》："李云：'賢士也。'"

　許由：傳說中賢人，堯欲禪位與之。

②資：給予，資助。陸德明《釋文》："資，給也。"成玄英疏："資者，給濟之謂也。"

③躬：己之身。成玄英疏："躬，身也。……汝必須己身服行。"章案：此謂寓言，史實無考。

④而：你。成玄英疏："而，汝也。"　　奚：何。成玄英疏："奚，何也。"　　軹（zhǐ）：同"只"，語助詞。陸德明《釋文》："軹，辭也。"成玄英疏："何爲更來矣？"王先謙《集解》："軹同只。"王叔岷《校詮》引王引之云："《說文》：'只，語助詞也。'字亦作軹。"

⑤黥:古代在犯人臉上刺字之刑罰。　劓:古代將犯人割鼻之刑罰。陸德明《釋文》:"李云:'毀道德以爲仁義,不似黥乎! 破玄同以爲是非,不似劓乎!'"章案:《莊子》謂以仁義黥汝、以是非劓汝,是對儒家之最深刻、最刻薄的批判。

⑥遥蕩恣睢轉徙:意謂逍遥自得、順時任化之狀。陸德明《釋文》:"遥蕩,王云:'縱散也。'……李、王皆云:'恣睢,自得貌。'"成玄英疏:"轉徙,變化也。"

⑦藩:境域,範圍。陸德明《釋文》:"崔云:'域也。'"

⑧與:被給予。

⑨瞽:亦盲人。成玄英疏:"盲者,有眼睛而不能見物;瞽者,眼無聯縫如鼓皮也。"　黼黻(fǔfú):古代禮服上之花紋,黑白相間爲黼,青黑相間爲黻。王叔岷《校詮》:"《周禮·冬官·考工記》:'白與黑謂之黼,黑與青謂之黻。'"

⑩无莊:傳說古代美人。成玄英疏:"古之美人,爲聞道故,不復莊飾,而自忘其美色也。"

⑪據梁:傳說古代大力士。陸德明《釋文》:"據梁,强梁也。"成玄英疏:"據梁,古之多力人,爲聞道守雌,故不勇其力也。"

⑫亡:遺失,遺忘。成玄英疏:"黃帝,軒轅也,有聖知,亦爲聞道,故能忘遺其知也。"

⑬鑪捶:冶煉鍛造,此處意謂修道過程。郭象注:"言天下之物,未必皆自成也,自然之理,亦有須冶鍛而爲器者耳。故此三人,亦皆聞道而後忘其所務也。"成玄英疏:"鑪,竈也。錘,鍛也。……故知自然造物,在鑪冶之間,則是有修學冶鍛之義也。"王叔岷《校詮》:"朱駿聲云:'捶,叚借爲錘。'章太炎云:'《知北遊篇》:大馬之捶鉤者。《釋文》云:江東三魏之間人,皆謂鍛爲捶。《淮南·道應訓》注亦云:捶,鍛擊也。'"

⑭庸詎:何以。見前注。　息:養息,復生。錢穆《纂箋》:"王闓運

曰：‘息，肉復生。讀若息壤。’”

⑮乘：載乘。郭慶藩《集釋》：“乘猶載也。”　成：完整，完備。郭慶藩《集釋》：“黥劓則形體不備，息之補之，復完成矣。”王叔岷《校詮》：“鑪捶之後故成，前文所謂‘攖而後成’也。”

⑯噫：嘆詞。成玄英疏：“噫，歎聲也。”

⑰吾師：意指道。成玄英疏：“吾師乎者，至道也。”

⑱鼇：同“濟”，意謂成。錢穆《纂箋》引陶光曰：“鼇讀爲濟。鼇或體作齏，與濟皆從齊聲。《爾雅》：‘濟，成也。’”

⑲已：語助詞。成玄英疏：“吾師之所遊心，止如此説而已。”

顏回曰：“回益矣①。”仲尼曰：“何謂也?”曰：“回忘仁義矣。”曰：“可矣，猶未也②。”它日③，復見，曰：“回益矣。”曰：“何謂也?”曰：“回忘禮樂矣。”曰：“可矣，猶未也。”它日，復見，曰：“回益矣。”曰：“何謂也?”曰：“回坐忘矣④。”仲尼蹴然曰⑤：“何謂坐忘?”顏回曰：“墮枝體⑥，黜聰明⑦，離形去知⑧，同於大通⑨，此謂坐忘。”仲尼曰：“同則无好也⑩，化則无常也⑪。而果其賢乎⑫！丘也請從而後也⑬。”

【校注】

①益：增益，長進。郭象注：“以損之爲益也。”成玄英疏：“覺己進益。”

②未：意謂不完善。成玄英疏：“仁義已忘，於理漸可；解心尚淺，所以猶未。”錢穆《纂箋》：“胡遠濬曰：‘仁義就及物言，此謂忘物。’”

③它日：異日，本又作“異日”。陸德明《釋文》：“崔本作異日。下亦然。”成玄英疏：“他日，猶異日也。”

④坐忘：忘其自身。郭慶藩《集釋》：“司馬云：‘坐而自忘其身。’”錢穆《纂箋》：“曾國藩曰：‘無故而忘，曰坐忘。’”章案：“坐忘”爲《莊子》最重要術語之一，與“心齋”等屬同類。

⑤蹵然：遽然。陸德明《釋文》："崔云：'變色貌。'"成玄英疏："蹵然，驚悚貌也。"王叔岷《校詮》："'蹵然'猶'遽然'，良是。"

⑥墮：毀也。成玄英疏："墮，毀廢也。" 枝：同"肢"，本亦作"肢"。

⑦黜：廢黜，退除。成玄英疏："黜，退除也。"

⑧知：同"智"。陸德明《釋義》："知音智。"

⑨大通：意指大道。成玄英疏："大通，猶大道也。道能通生萬物，故謂道爲大通也。"

⑩好(hào)：偏好。陸德明《釋文》："好，呼報反。"成玄英疏："既同於大道，則無是非好惡。"王先謙《集解》："宣云：'無私心。'"

⑪化：變化。郭象注："同於化者，唯化所適，故無常也。"成玄英疏："冥於變化，故不執滯守常也。"錢穆《纂箋》："阮毓崧曰：'同字橫說，化字豎説。'"

⑫而：你。 果：果真。王先謙《集解》："爾誠賢乎！" 其：爲。王叔岷《校詮》："其猶爲也。"

⑬而後：你之後。意謂跟從學習。成玄英疏："丘雖汝師，遂落汝後。從而學之，是丘所願。"

　　子輿與子桑友①，而霖雨十日②。子輿曰："子桑殆病矣③！"裹飯而往食之④。至子桑之門，則若歌若哭，鼓琴曰："父邪！母邪！天乎！人乎⑤！"有不任其聲而趨舉其詩焉⑥。子輿入，曰："子之歌詩，何故若是⑦？"曰："吾思夫使我至此極者而弗得也⑧。父母豈欲吾貧哉⑨？天无私覆，地无私載，天地豈私貧我哉？求其爲之者而不得也⑩。然而至此極者，命也夫⑪！"

【校注】

　①子輿、子桑：皆人名，見前注。

　②霖：同"淋"，趙諫議本又作"淋"。陸德明《釋文》："本又作淋，音

林。《左傳》云：‘雨三日以往爲霖。’”王叔岷《校詮》：“霖、淋正
假字。”

③殆：近於。成玄英疏：“殆，近也。”

④裹：包裹，裝裹。　食（sì）：動詞。陸德明《釋文》：“食音嗣。”

⑤此爲子桑之歌哭。王叔岷《校詮》：“《史記·屈原傳》：‘夫天者人
之始也，父母者人之本也，人窮則反本。故勞苦倦極，未嘗不呼天
也。疾痛慘怛，未嘗不呼父母也。’”

⑥任：堪，勝。陸德明《釋文》：“崔云：‘不任其聲，憊也。’”成玄英
疏：“任，堪也。”王叔岷《校詮》：“《國語·魯語》：‘不能任重。’韋
注：‘任，勝也。’成疏釋任爲堪，堪亦勝也。《國語·晉語》：‘口弗
堪也。’注：‘堪猶勝也。’”　趨：同“趣”，快疾。陸德明《釋文》：
“趨舉其詩，無音曲也。”成玄英疏：“趨，卒疾也。”錢穆《纂箋》：
“王敔曰：‘不能歌，且口誦之。’”王叔岷《校詮》：“趨借爲趣，《説
文》：‘趣，疾也。’《徐無鬼篇》：‘王命相者趨射之。’趨亦趣之
借字。”

⑦若是：如此。成玄英疏：“入門驚怪，問其所由也。”

⑧極：困窘。王叔岷《校詮》：“極猶困也。《廣雅·釋詁一》：‘困，
極也。’”

⑨貧：貧困。成玄英疏：“父母慈造，不欲饑凍。”

⑩爲：使也。王叔岷《校詮》：“爲字與上文使字互用，爲猶使也。”

⑪極：意謂窮極。成玄英疏：“夫父母慈造，不欲飢凍；天地無私，豈
獨貧我！思量主宰，皆是自然，尋求來由，竟無兆朕。而使我至此
窮極者，皆我之賦命也，亦何惜之有哉！”王先謙《集解》：“知命所
爲，順之而已。”

# 應帝王第七

【題解】
　　全篇主旨在於倡導順物自然、清虛自守、淡泊無爲之人生觀念。其中壺子與季咸鬥法事跡,展示了古代類似氣功的一種道法,與《大宗師篇》真人“入水不濡、入火不熱”之法相通。篇末關於渾沌的著名寓言,告誡世人不能以簡單、粗暴態度對待異己。在各種文明相互遭遇之今日,其含義極爲深刻,可視爲警鐘。

　　齧缺問於王倪①,四問而四不知②。齧缺因躍而大喜,行以告蒲衣子③。蒲衣子曰:“而乃今知之乎④? 有虞氏不及泰氏⑤。有虞氏,其猶藏仁以要人⑥;亦得人矣,而未始出於非人⑦。泰氏,其臥徐徐⑧,其覺于于⑨;一以己爲馬,一以己爲牛⑩;其知情信⑪,其德甚真⑫,而未始入於非人⑬。”

【校注】
　　①齧(niè)缺、王倪:皆人名。成玄英疏:“齧缺,許由之師,王倪弟子,並堯時賢人也。”王叔岷《校詮》:“《天地篇》:‘齧缺之師曰王倪,王倪之師曰被衣。’”
　　②四問:事見《齊物論篇》中,一問物是否所同,二問有何不知,三問物是否無知,四問至人是否不知利害。王倪回答了後兩個問題。錢穆《纂箋》:“陳景元曰:‘四問,一同是,二所不知,三物無知,四

利害。'"

③行:往。成玄英疏:"齧缺得不知之妙旨,仍踴躍而喜歡,走以告於
蒲衣子,述王倪之深義。"　蒲衣子:人名,即被衣子,堯時賢人,
舜曾師之。陸德明《釋文》曰:"蒲衣子,《尸子》云:'蒲衣八歲,舜
讓以天下。'崔云:'即被衣,王倪之師也。'《淮南子》云:'齧缺問
道於被衣。'"王叔岷《校詮》:"《御覽》四〇四、《天中記》二〇並
引《莊子》佚文:'蒲衣八歲而舜之師。'(舜上而字,義與爲同。)亦
見《高士傳》。"

④而:你。成玄英疏:"汝今日乃知也?"

⑤有虞氏、泰氏:舜、伏羲。陸德明《釋文》曰:"泰氏,司馬云:'上古
帝王也。'"成玄英疏:"有虞氏,舜也。泰氏,即太昊伏羲也。"王
叔岷《校詮》:"泰氏即泰帝,《史記·封禪書》:'聞昔泰帝與神鼎
一。'《索隱》引孔文祥云:'泰帝,太昊也。'"

⑥要(yāo):尋取。《淮南子·原道訓》:"重之羿、逄蒙子之巧,以要
飛鳥。"高誘注:"要,取也。"陸德明《釋文》曰:"崔云:'懷仁心以
結人也。'"成玄英疏:"夫舜,包藏仁義,要求士庶,以得百姓
之心。"

⑦非人:物。王先謙《集解》曰:"宣云:'非人者,物也。有心要人,
猶繫於物,是未能超出於物之外。'"郭慶藩《集釋》曰:"出於非
人,忘非我之分矣。"章案:"未始出於非人",意謂還没有達到與
物混同爲一的境界。"出"意指從自我走出來,與下文"入"相對。

⑧徐徐:安然之狀。陸德明《釋文》:"司馬云:'徐徐,安穩貌。'"成
玄英疏:"徐徐,寬緩之貌。"

⑨覺:醒來。　于于:無知自得狀。陸德明《釋文》引司馬彪曰:"無
所知貌。"成玄英疏:"自得之貌。"郭慶藩《集釋》曰:"于于,即盱
盱也。《説文》:盱,張目也。于與盱,聲近義同。……《淮南·覽
冥篇》'臥倨倨,興盱盱',高注曰:盱盱,無智巧貌也。"

⑩一:或也。成玄英疏:"忘物我,遣是非,或馬或牛,隨人呼召。"錢穆《纂箋》:"李威曰:'呼我爲馬,應之曰馬。呼我爲牛,應之曰牛。此非玩世不恭也,心無我相,已解脱形骸之外也。'"王叔岷《校詮》:"一猶或也,成疏'或馬或牛'是也。"章案:全句意謂與牛馬混同爲一。

⑪情:實也。成玄英疏:"率其真知,情無虚矯,故實信也。"錢穆《纂箋》:"馬其昶曰:'情,實也。'"

⑫德:同"得"。義即得"道"。郭象注:"任其自得,故無偏。"

⑬入:與上文"出"相對,意指完全進入物之中。王先謙《集解》:"宣云:'混同自然,毫無物累,未始陷入於物之中。'"郭慶藩《集釋》:"入於非人,人我之分之兩忘者,不以心應焉。"章案:此句義在與上文"未始出於非人"對舉,意謂没有完全等同於物。《莊子》玄妙之意在於:人既要與物混同,又不能變成純粹之物。

　　肩吾見狂接輿①。狂接輿曰:"日中始何以語女②?"肩吾曰:"告我君人者以己出經式義度③,人孰敢不聽而化諸④!"接輿曰:"是欺德也⑤;其於治天下也,猶涉海鑿河而使蚉負山也⑥。夫聖人之治也,治外乎⑦?正而後行,確乎能其事者而已矣⑧。且鳥高飛以避矰弋之害⑨,鼷鼠深穴乎神丘之下以避熏鑿之患⑩,而曾二蟲之无知⑪!"

【校注】

　①肩吾、狂接輿:皆人名。參見《逍遥遊篇》注。

　②日中始:人名。陸德明《釋文》:"李云:'日中始,人姓名,賢者也。'"成玄英疏:"賢人姓名,即肩吾之師也。"郭慶藩《集釋》引俞樾云:"中始,人名。日,猶云日者也。謂日者中始何以語女也。文七年《左傳》曰衛不睦……並與此日字同義。"章案:日者即擇日者,與星象、命算、風水等術士一類。二説皆通。　語(yù):動

詞,說。陸德明《釋文》:“語,魚據反。”　　女:同“汝”。下同。陸
德明《釋文》:“女音汝。後皆同。”

③君人者:國君,君王。《荀子·天論篇》:“君人者隆禮尊賢而王。”
出:推行。陸德明《釋文》曰:“司馬云:‘出,行也。’”　　經式義
度:法度。陸德明《釋文》曰:“經,常也。式,法也。”王先謙《集
解》曰:“王念孫云:‘經式義度,皆謂法也。義讀爲儀,古字通。’”
郭慶藩《集釋》曰:“皆指法度也。”章案:此句意謂君王要按自己
意旨來制定、推行法度。

④化諸:被它(法度)教化。王叔岷《校詮》:“此謂以己行法度用法
度,庶民誰敢不從化乎!”

⑤是:代詞,指日中始之言。成玄英疏:“夫以己制物,物喪其真,欺
詆之德,非實道。”錢穆《纂箋》:“錢澄之曰:‘是非自然之德。’”王
叔岷《校詮》:“《吕氏春秋·有度篇》:‘則不可欺矣。’高注:‘欺,
誤也。’‘欺德’,謂誤其自得之性也。”

⑥其:代詞,指用此方法。　　涉海鑿河:跋涉過海,穿鑿成河。意謂
不可能之事。陸德明《釋文》:“李云:‘涉海必陷波,鑿河無成
也。’”　　蚉:同“蚊”。陸德明《釋文》:“蚉音文。”　　負:揹負。
王叔岷《校詮》:“‘如蚊負山’,喻不勝其累。”

⑦外:意指法度倫理之類。與此相對,“内”意指心性。王先謙《集
解》:“用法,是治外也。”王叔岷《校詮》:“宣穎云:‘經、義,正是治
外也。’”

⑧正:正性。郭象注:“各正性命之分。”成玄英疏:“順其正性而後
行。”王先謙《集解》:“正其性而後行。”　　確:確定,堅持。陸德
明《釋文》:“李云:‘堅貌。’”王先謙《集解》引宣穎曰:“不强人以
性之所難爲。”郭慶藩《集釋》:“《文選》劉孝標《辯命論注》引司馬
云:‘確乎,不移易。’”　　能其事:意謂無爲而治。郭象注:“不爲
其所不能。”

⑨矰(zēng)弋:用於射鳥的繫有絲繩的箭。成玄英疏:"弋,以繩繫箭而射之也。"王叔岷《校詮》引朱駿聲曰:"《説文》:'矰,弋射矢也。'《廣雅·釋器》:'矰,箭也。'《周禮·司弓》:'矰矢茀矢,用諸弋射。'《注》:'結繳于矢謂之矰。'《吕覽·直諫》:'宛路之矰。'注:'弋射短矢。'"

⑩鼷(xī)鼠:小鼠。成玄英疏:"小鼠也。" 穴:造穴,打洞。 神丘:社稷壇。成玄英疏:"社壇也。"錢穆《纂箋》引邵晉涵曰:"《漢書》所謂'社鼷不灌,屋鼠不燻'。" 重:應爲"熏"。覆宋本、世德堂本、《釋文》本諸本皆作"熏"。陸德明《釋文》:"熏,香云反。"

⑪而:你。郭象注:"言汝曾不知此二蟲之各存而不待教乎!"成玄英疏:"而,汝也。汝不曾知此二蟲,不待教令,而解避害全身乎?"王先謙《集解》:"曾是人之無知不如二蟲乎!"王叔岷《校詮》:"曾猶乃也,无猶不也,謂汝乃不知此二蟲!"章案:此句意即二蟲未受教化而能避害全身,你還比它們更無知!

天根遊於殷陽①,至蓼水之上②,適遭无名人而問焉③,曰:"請問爲天下④。"无名人曰:"去!汝鄙人也⑤,何問之不豫也⑥!予方將與造物者爲人⑦,厭⑧,則又乘夫莽眇之鳥⑨,以出六極之外⑩,而遊无何有之鄉⑪,以處壙埌之野⑫。汝又何帠以治天下感予之心爲⑬?"又復問。无名人曰:"汝遊心於淡⑭,合氣於漠⑮,順物自然而无容私焉⑯,而天下治矣。"

【校注】

①天根:寓言人物。成玄英疏:"天根、無名,並爲姓字,寓言問答也。"王叔岷《校詮》:"陳碧虛云:'天根,喻元氣也。'" 殷陽:寓言中地名。陸德明《釋文》曰:"李云:'殷,山名。陽,山之陽。'"成玄英疏:"殷山之陽。"章案:此段寓言,山水及人物之名皆有含義,"天根"有"天之根"之意,"殷陽"與"陰陽"音同,"蓼"與"了"

音同。下文"无名人"亦屬此類,皆爲虛構,無需落實。

②蓼(liǎo)水:寓言中水名。陸德明《釋文》曰:"李云:'水名也。'"

③適遭:恰好遇到。成玄英疏:"遭,遇也。"　无名人:寓言人物。劉武《集解內篇補正》曰:"《老子》曰:'道常無名。'"

④爲:治理。王叔岷《校詮》:"爲猶治也。《淮南子·精神篇》:'猶未足爲也。'高注:'爲,治也。'"

⑤鄙:鄙陋。成玄英疏:"汝是鄙陋之人,宜其速去。"

⑥豫:厭也。郭慶藩《集釋》引俞樾曰:"《爾雅·釋詁》:'豫,厭也。'《楚辭·惜誦篇》'行婞直而不豫兮',王逸注亦曰:'豫,厭也。'"

⑦人:猶"偶"。此句意謂與自然爲友。郭象注:"任人之自爲。"成玄英疏:"夫造物爲人,素分各足,何勞作法,措意治之!"王叔岷《校詮》曰:"人猶偶也。"

⑧厭:厭煩。成玄英疏:"若其息用歸本,厭離世間,則乘深遠之大道。"

⑨莽眇(miǎo):輕虛之狀。陸德明《釋文》:"莽眇,輕虛之狀也。崔云:猛眇之鳥首也,取其行而無跡。"王先謙《集解》:"謂清虛之氣若鳥然。"錢穆《纂箋》:"王闓運曰:'莽眇,眇茫也。'"

⑩六極:上下四方。成玄英疏:"猶六合也。"

⑪无何有之鄉:説見《逍遙遊篇》。陸德明《釋文》:"無何有之鄉,廣莫之野,謂寂絕無爲之地也。"成玄英疏:"無何有,猶無有也。"

⑫壙埌(làng):空曠廣漠。陸德明《釋文》:"无滯爲名也。崔云:'猶曠蕩也。'"章案:"鄉"、"野"原爲西周都城以外偏遠地區之行政建制,這裏與"之外"一起,表示荒漠遼遠、空闊無垠之空間概念。

⑬帠(yì):同"叚"。錢穆《纂箋》引孫詒讓曰:"帠疑當同叚,'何叚'猶言'何籍'也。"王叔岷《校詮》引朱桂曜云:"孫詒讓以帠爲叚之誤字,甚是。但以'何叚'爲'何藉'則非。'何叚'猶'何假'、'何

暇'也。《人間世篇》:'何暇至于暴人之所行。'"　爲:猶"乎"。王叔岷《校詮》:"句末爲字,猶乎也。"

⑭淡:恬淡。成玄英疏:"可遊汝心神於恬淡之域。"王叔岷《校詮》:"案淡借爲憺,《廣雅·釋詁四》:'憺,静也。'"

⑮漠:漠然。郭象注:"漠然静於性而止。"王叔岷《校詮》:"《爾雅·釋言》:'漠,清也。''遊心於淡,合氣於漠',即清静無爲耳。"

⑯容:包藏。郭象注:"任性自生,公也;心欲益之,私也;容私果不足以生生,而順公乃全也。"又王叔岷《校詮》:"《釋名·釋姿容》:'容,用也。''無容私'猶言'不用私'也。"亦通。

陽子居見老聃①,曰:"有人於此,嚮疾彊梁②,物徹疏明③,學道不勌。如是者,可比明王乎④?"老聃曰:"是於聖人也⑤,胥易技係⑥,勞形怵心者也⑦。且也虎豹之文來田⑧,猨狙之便、執斄之狗來藉⑨。如是者,可比明王乎?"陽子居蹵然曰⑩:"敢問明王之治?"老聃曰:"明王之治:功蓋天下而似不自已⑪,化貸萬物而民弗恃⑫;有莫舉名⑬,使物自喜;立乎不測⑭,而遊於无有者也⑮。"

【校注】

①陽子居:楊朱。成玄英疏:"姓陽,名朱,字子居。"王叔岷《校詮》:"案陽、楊古通,《山木篇》陽子,《韓非子·説林上篇》作楊子,《列子·黄帝篇》作楊朱。"章案:楊朱學派著名觀點即"拔一毛而利天下而不爲"。此段文字亦爲寓言。　老聃:老子。

②嚮疾:像聲音一樣迅疾。嚮:同"響"。陸德明《釋文》:"李云:'敏疾如嚮也。'簡文云:'如嚮,應聲之疾,故是强梁之貌。'"成玄英疏:"素性聰達,神智捷疾,猶如響應。涉事理務,强幹果決。"王叔岷《校詮》:"成疏嚮作響,古字通用,《養生主篇》:'砉然嚮然。'《達生篇》:'猶應嚮景。'(成疏嚮作響)與此同例。"　梁:棟梁。

③徹：洞徹。成玄英疏：“鑒物洞徹，疏通明敏。”王先謙《集解》：“事物洞徹，疏通明達。”

④明王：聖明君王。成玄英疏：“如是之人，可得與明王聖帝比德乎！”

⑤是：這樣，代詞。成玄英疏：“若將彼人比聖王。”

⑥胥易技係：爲胥徒瑣事羈絆。郭慶藩《集釋》：“鄭注《周禮》：‘胥徒，民給徭役者。’易，讀如《孟子》‘易其田疇’之易。‘胥易’，謂胥徒供役治事。鄭注《檀弓》：‘易墓，謂治草木。’易猶治也。‘技係’，若《王制》‘凡執技以事上者，不貳事，不移官’，謂爲技所繫也。”

⑦怵：怵惕。成玄英疏：“神慮劬勞，故形容改變；係累，故心靈怵惕也。”

⑧來田：召來狩獵。與下文“來藉”義近。田：田獵。陸德明《釋文》：“李云：‘虎豹以皮有文章見獵也。田，獵也。’”成玄英疏：“虎豹之皮有文章，故來田獵。”王先謙《集解》：“以文致獵。”

⑨猨（yuán）狙：獼猴。成玄英疏：“獼猴也。”　便：便捷。王先謙《集解》：“捷也。”　貍：同狸。錢穆《纂箋》：“孫詒讓曰：‘貙犁貍留，並一聲之轉。’”　藉：繩，用作動詞。陸德明《釋文》：“司馬云：‘藉，繩也，由捷見結縛也。’崔云：‘藉，繫也。’”成玄英疏：“獼猴以跳躍便捷，恒被繩拘；狗以執捉狐貍，每遭係頸。”王先謙《集解》：“猴、狗以能致繫。”章案：此句意謂，獼猴、狗正是由於敏捷反被人用繩子捉住。

⑩蹵（cù）然：驚悚。陸德明《釋文》：“蹵然，改容之貌。”成玄英疏：“既失其問，故驚悚變容。”

⑪自已：自得，自居。郭象注：“然功在無爲而還任天下。天下皆得自任，故似非明王之功。”成玄英疏：“功成不處，故非己爲之也。”

⑫化貸：施化貸借，意謂造福。王先謙《集解》：“宣云：‘貸，施也。’”

恃：依賴，依靠。郭象注：“夫明王皆就足物性，故人人皆云我自爾，而莫知恃賴於明王。”錢穆《纂箋》引陸長庚曰：“與《老子》‘生而不有，爲而不恃，功成而弗居’意相同。”

⑬莫：無。成玄英疏：“莫，無也。舉，顯也。推功於物，不顯其名，使物各自得而歡喜適悅也。”王先謙《集解》：“宣云：‘似有，而無能名。’”

⑭不測：變化莫測。郭象注：“居變化之塗，日新而無方者也。”王先謙《集解》：“宣云：‘所存者神。’”

⑮无有者：虛冥之意。郭象注：“與萬物爲體，則所遊者虛也。”成玄英疏：“樹德立功，神妙不測，而即跡即本，故常游心於至極也。”王先謙《集解》曰：“宣云：‘所行無事。’”

鄭有神巫曰季咸①，知人之死生存亡，禍福壽夭，期以歲月旬日②，若神。鄭人見之，皆弃而走③。列子見之而心醉④。歸，以告壺子⑤，曰：“始吾以夫子之道爲至矣，則又有至焉者矣⑥。”壺子曰：“吾與汝既其文，未既其實⑦，而固得道與⑧？衆雌而无雄，而又奚卵焉⑨！而以道與世亢⑩，必信，夫故使人得而相汝⑪。嘗試與來，以予示之⑫。”

【校注】

①鄭：鄭國。　巫：作巫術者。陸德明《釋文》：“李云：‘女曰巫，男曰覡。’”王叔岷《校詮》：“《國語·楚語下》：‘在男曰覡，在女曰巫。’韋注：‘覡，見鬼者也。《周禮》男亦曰巫。’”　季咸：巫師名。成玄英疏：“鄭國有神異之巫，甚有靈驗，從齊而至，姓季名咸也。”王先謙《集解》：“《列子·黃帝篇》：‘有神巫自齊來，處於鄭，命曰季咸。’”章案：傳殷史官巫咸著有《巫咸星經》，爲我國第一部天文學著作，並有最早星表，據説含 33 座共 144 星，《晉書·天文志》《隋書·天文志》、唐《開元占經》等皆有記載。但原本亡

佚,後世存本列齊、趙國名,顯然屬於僞託。又傳西周有巫咸學派爲宋國司星繼承,巫咸祒(字子韋)是代表,《史記·天官書》記有宋國星象家子韋,《莊子·天運篇》有"巫咸祒"可證。此處季咸亦可能來源於巫咸。《尚書·君奭》提及殷代大臣巫咸。《世本·作篇》:"巫咸作筮。"《史記·天官書》:殷商傳天數者有"巫咸"。此段文字亦屬寓言。

②期:算。　歲:年。意謂算的應驗日期精確到年、月、旬、日。成玄英疏:"占候吉凶,必無差失,剋定時日,驗若鬼神。"王先謙《集解》:"或歲或月或旬日,無不神驗。"

③弃:背棄。成玄英疏:"不喜預聞凶禍,是以棄而走避也。"

④列子:列禦寇,《逍遙遊篇》有其事跡,後有《列子》一書,係僞託。　醉:羨仰,迷惑。陸德明《釋文》:"迷惑於其道也。"

⑤壺子:列子師。成玄英疏:"鄭之得道人也。號壺子,名林,即列子之師也。"王先謙《集解》:"《列子》作'壺邱子'。"

⑥至:極。郭象注:"謂季咸之至又過於夫子。"成玄英疏:"至,極也。"

⑦與:傳授。成玄英疏:"與,授也。"　既:盡也。陸德明《釋文》:"李云:'既,盡也。'"成玄英疏:"盡也。"王叔岷《校詮》:"《廣雅·釋詁一》:'既,盡也。'"　文、實:表面、實質。成玄英疏:"吾比授汝,始盡文言,於其妙理,全未造實。"王叔岷《校詮》:"文猶華也。此謂吾許汝盡道之華,未盡道之實也。"

⑧而:你。　固:猶"乃"。王叔岷《校詮》:"固猶乃也。"　與:同"歟"。陸德明《釋文》:"與音餘。"

⑨雌、雄:意指上文所謂"文、實"。陸德明《釋文》:"司馬云:'言汝受訓未熟,故未成,若眾雌无雄則無卵也。'"成玄英疏:"眾雌無雄,無由得卵。既文無實,亦何道之有哉!"錢穆《纂箋》曰:"言列子盡文而未盡其實也。"　而:你。下同。王先謙《集解》:"而,

汝也。"　奚:如何。

⑩亢:同"抗"。成玄英疏:"女用文言之道而與世間亢對。"王叔岷
《校詮》:"《列子》亢作抗,《釋文》:'亢,或作抗。'注引向秀注作
亢。抗、亢正假字。"

⑪相:動詞,有看破之意。郭象注:"以必信於世,故可得而相之。"王
先謙《集解》:"故使人得而窺測之。"錢穆《纂箋》:"王旦曰:'古者
帝王之治天下,必有不測之用,使人不可得而相。'"

⑫與來:與之(季咸)一起來。　示:顯示,展現。"以予示之"即
"予以示之"。成玄英疏:"故召令至,以我示之也。"

　明日,列子與之見壺子①。出而謂列子曰:"嘻②!子之
先生死矣!弗活矣!不以旬數矣③!吾見怪焉,見濕灰
焉④。"列子入,泣涕沾襟以告壺子。壺子曰:"鄉吾示之以地
文⑤,萌乎不震不正⑥。是殆見吾杜德機也⑦。嘗又與來。"

【校注】

①之:指季咸。

②嘻:感嘆詞。成玄英疏:"歎聲也。"

③數:計算。成玄英疏:"不過十日。"王叔岷《校詮》:"《説文》:'數,
計也。'"

④濕灰:意謂死灰可以復燃,濕灰決不可復燃。成玄英疏:"弗活之
兆,類彼濕灰也。"王先謙《集解》:"宣云:'言無氣燄。'"王叔岷
《校詮》:"《列子釋文》引司馬云:'氣如溼灰。'此死寂之兆也。"

⑤鄉:同"向",剛才。下同。陸德明《釋文》:"本作曏,亦作向,同。"
王叔岷《校詮》:"鄉、向并借爲曏,《説文》:'曏,不久也。'"　文:
表象。陸德明《釋文》:"地文,與土同也。"成玄英疏:"文,象也。"
王先謙《集解》:"《列子注》引向云:'塊然若土也。'"王叔岷《校
詮》曰:"地文者,陰静之兆也。"章案:"地文"應指壺子展示給季

咸看的一種道法名稱。下文“天壤”、“太沖莫勝”等皆屬此類。

⑥震:動也。成玄英疏:“震,動也。”　　正:應爲“止”。陸德明《釋文》:“崔本作不㽔不止,云:‘如動不動也。’”郭慶藩《集釋》引俞樾曰:“《列子·黃帝篇》作罪乎不㽔不止,當從之。……㽔即震之異文。不㽔不止者,不動不止也。”王叔岷《校詮》:“陳碧虛《闕誤》引江南古藏本‘不正’亦作‘不止’。㽔即震之異文,正乃止之形誤,俞說是。惟‘萌乎’《列子》作‘罪乎’,義頗難通。張注:‘罪,或作萌。’(殷敬順《釋文》同。)與此文合。作萌者是也。萌有生義,(《淮南子·俶真篇》:‘孰知其所萌。’高注:‘萌,生也。’)‘萌乎不震不止’,猶云‘生於不動不止’。”

⑦是:代詞,即上述之狀。　　殆:接近。成玄英疏:“近也。”　　杜:關閉。郭象注:“德機不發曰杜。”陸德明《釋文》:“塞吾德之機。”成玄英疏:“杜,塞也。”　　機:機關。成玄英疏:“至德之機,開而不發,示其凝淡,便爲淫灰。”王叔岷《校詮》:“謂堵塞其自得之機兆也。”章案:壺子這裏嚮季咸展示的是一種類似氣功的道法。所謂“杜德機”、“不震不正”,以及下面的一些文字,都是描述這種功法的語言,無法具體解釋。

　　明日,又與之見壺子。出而謂列子曰:“幸矣子之先生遇我也①! 有瘳矣②,全然有生矣③! 吾見其杜權矣④。”列子入,以告壺子。壺子曰:“鄉吾示之以天壤⑤,名實不入⑥,而機發於踵⑦。是殆見吾善者機也⑧。嘗又與來。”

【校注】

①幸:幸運。

②瘳(chōu):病愈。成玄英疏:“謬言遇我,幸矣有瘳也。”

③全:同“痊”,痊愈。王叔岷《校詮》:“全與瘳相應,……《徐无鬼篇》:‘今予病少痊。’全、痊正俗字。”　　生:生機。錢穆《纂箋》引

向秀曰：“覩其神動而天隨，因謂之有生。”

④權：權變。郭象注：“權，機也。”王先謙《集解》：“宣云：‘杜閉中覺有權變。’”王叔岷《校詮》：“權與上文機爲互文。”

⑤天壤：道法名稱，與上文“地文”相對。郭象注：“天壤之中，覆載之功見矣。”成玄英疏：“示之以天壤，謂示以應動之容也。譬彼兩儀，覆載萬物，至人應感，其義亦然。”郭慶藩《集釋》：“《文選》陸士衡《演連珠注》引司馬云：壤，地也。”錢穆《纂箋》：“王敔曰：天氣入於壤中。”

⑥入：意謂進入心中。成玄英疏：“名譽真實，曾不入於靈府也。”王叔岷《校詮》：“‘名實不入’，蓋謂一切不存於心也。”

⑦踵：腳跟。王先謙《集解》曰：“宣云：‘一段生機，自踵而發。’”章案：《大宗師篇》：“真人之息以踵。”與壺子此種道法相通。

⑧是：代詞，如此之狀。　殆：接近。　善：好。成玄英疏：“全然有生，則是見善之謂也。”王先謙《集解》：“宣云：‘善即生意。’”

明日，又與之見壺子。出而謂列子曰：“子之先生不齊①，吾无得而相焉②。試齊，且復相之③。”列子入，以告壺子。壺子曰：“吾鄉示之以太沖莫勝④，是殆見吾衡氣機也⑤。鯢桓之審爲淵⑥，止水之審爲淵，流水之審爲淵。淵有九名⑦，此處三焉。嘗又與來。”明日，又與之見壺子。立未定，自失而走⑧。壺子曰：“追之！”列子追之不及。反⑨，以報壺子曰：“已滅矣⑩，已失矣，吾弗及已⑪。”壺子曰：“曏吾示之以未始出吾宗⑫。吾與之虛而委蛇⑬，不知其誰何⑭，因以爲弟靡⑮，因以爲波流，故逃也。”

【校注】

①齊：同“齋”。下同。陸德明《釋文》曰：“側皆反。本又作齋。下同。”王叔岷《校詮》：“宣穎云：‘動靜不定。’”

②相：動詞，意謂看到真相。

③復：再。成玄英疏：“謂齊其心跡，試相之焉。不敢的定吉凶，故言且復相者耳。”

④太沖：太虛。成玄英疏：“沖，虛也。”　莫：無。郭象注：“居太沖之極，浩然泊心而玄同萬方，故勝負莫得厝其間也。”成玄英疏：“莫，無也。”劉武《集解內篇補正》：“《文子・上仁篇》：‘天地之氣，莫大於和。和者，陰陽調。’《列子・天瑞篇》：‘沖和氣者爲人。’慎子謂陰陽二者合爲太和。據此諸説，此太沖之所由名也。陰陽和，則無爭；無爭，何有勝？故曰‘太沖莫勝’也。”章案：“太沖莫勝”亦爲壺子一種道法名稱，與上文“地文”、“天壤”相類。

⑤衡：平衡。郭象注：“無往不平，混然一之。以管闚天者，莫見其涯，故似不齊。”成玄英疏：“衡，平也。”　氣機：發氣機關。成玄英疏：“無優無劣，神氣平等，以此應機。”王叔岷《校詮》：“謂神氣平和之機兆也。蘇軾《答孔常父見訪詩》：‘豈復見吾衡氣機。’本此。”

⑥鯢：鯨魚。陸德明《釋文》：“簡文云：‘鯢，鯨魚也。’”成玄英疏：“鯢，大魚也。”　桓：盤桓。陸德明《釋文》引簡文曰：“桓，盤桓也。”成玄英疏：“桓，盤也。”　審：聚也。陸德明《釋文》：“審，簡文云：處也。”成玄英疏：“審，聚也。”　淵：至深之水。郭慶藩《集釋》引郭嵩燾曰：“《説文》：‘淵，回水也。’”錢穆《纂箋》：“釋德清曰：‘鯢桓處深泥，喻至静，即初止。止水澄清，萬象斯鑒，即天壤之觀。流水雖動，而水性湛然，即太沖莫勝，止觀不二也。’陳壽昌曰：‘鯢桓之水非静非動，喻衡氣機。止水静，喻杜德機。流水動，喻善者機。三者不同，其淵深莫測一也。’”王叔岷《校詮》：“《淮南子》：‘有九璇之淵。’許重叔云：‘至深也。’”章案：“鯢桓之審爲淵，止水之審爲淵，流水之審爲淵”，皆描述壺子之道法。

⑦淵有九名:《列子·黃帝篇》列九淵之名:鯢旋之潘、止水之潘、流水之潘、濫水之潘、沃水之潘、氿水之潘、雍水之潘、汧水之潘、肥水之潘,當是附會。成玄英疏:"而言淵有九名者,謂鯢桓、止水、流水、(汛)[氿]水、濫水、沃水、雍水、(文)[汧]水、肥水,故謂之九也。並出《列了》。"

⑧失:同"逸"。陸德明《釋文》:"徐音逸。"成玄英疏:"聖行心虛,非凡所測,遂使立未安定,奔逸而走也。"王叔岷《校詮》:"《秋水篇》言公孫龍'乃逸而走',與此合。"

⑨反:同"返"。

⑩滅:消逝。陸德明《釋文》:"崔云:'滅,不見也。'"

⑪已:語助詞。成玄英疏:"莫知所之也。"

⑫宗:根本。郭象注:"雖變化無常,而常深根冥極也。"王先謙《集解》:"深根冥極,不出見吾之宗主。"

⑬委蛇(yí):隨順之意。郭象注:"無心而隨物化。"陸德明《釋文》:"委蛇,至順之貌。"成玄英疏:"委蛇,隨順之貌也。至人應物,虛己忘懷,隨順逗機,不執宗本。"

⑭誰何:複語。郭象注:"汎然无所係也。"成玄英疏:"既不可名目,故不知的是何誰也。"錢穆《纂箋》:"向秀曰:泛然無所係。"王叔岷《校詮》:"'誰何',複語。《説文》:'誰,何也。'《漢書·陳勝項籍傳贊》引賈生《過秦論》:'陳利兵而誰何!'顏師古注:'問之爲誰,又云何人,其義一也。'複語可顛倒,故成疏作'何誰'也。"

⑮弟靡:頹弛之意。郭象注:"變化頹靡,世事波流,無往而不因也。"陸德明《釋文》:"弟,徐音頹,丈回反。弟靡,不窮之貌。"成玄英疏:"頹者,放任;靡者,順從。"錢穆《纂箋》:"王闓運曰:'弟,頹借字。'"王叔岷《校詮》引奚侗云:"弟當作夷,篆形相似而誤。《易·渙卦》:'匪夷所思。'《釋文》云:'荀本作弟。'是其證。《文選》潘安仁《射雉賦》:'崇墠夷靡。'徐爰注:'夷靡,頹弛也。'《笙賦》:'或案衍夷

靡。'五臣注:'夷靡,平而漸靡也。'"章案:此句意指壺子道法展示的狀態,被季咸看作變化頹靡,看作流波不息。

　　然後列子自以爲未始學而歸①,三年不出。爲其妻爨,食豕如食人②。於事无與親③,雕琢復朴④,塊然獨以其形立⑤。紛而封哉⑥,一以是終⑦。无爲名尸⑧,无爲謀府⑨,无爲事任⑩,无爲知主⑪。體盡无窮,而遊无朕⑫;盡其所受乎天,而无見得,亦虛而已⑬。至人之用心若鏡,不將不迎⑭,應而不藏,故能勝物而不傷⑮。

## 【校注】

①歸:回歸,意即繼續跟壺子學道。成玄英疏:"始覺壺子道深,神巫術淺。自知未學,請乞其退歸,習尚無爲,伏膺玄業也。"

②爨(cuàn):同"炊"。　食(sì):同"飼"。郭象注:"忘貴賤也。"陸德明《釋文》:"食音嗣。下同。"成玄英疏:"忘於榮辱。食豕如人,净穢均等。"

③親:親疏。成玄英疏:"涉於世事,無親疏也。"王先謙《集解》:"不近世事。"

④雕琢:外飾。郭象注:"去華取實。"成玄英疏:"彫琢華飾之務,悉皆棄除,直置任真,復於朴素之道也。"

⑤塊然:無情之貌。郭象注:"外飾去也。"成玄英疏:"塊然,無情之貌也。外除彫飾,内遣心智,槁木之形,塊然無偶也。"王叔岷《校詮》:"《荀子·君道篇》'塊然獨坐',《性惡篇》'傀然獨立天地之間而不畏',楊注:'傀與塊同,獨居之貌也。'朱駿聲云:'與塊然同,孤立之貌。'"

⑥紛:紛亂。陸德明《釋文》:"崔云:'亂貌。'"　封哉:應爲"封戎",散亂。陸德明《釋文》:"封哉,崔本作戎,云:封戎,散亂也。"郭慶藩《集釋》引李楨曰:"'紛而封哉',《列子·黄帝篇》作'忿然

而封戎’。按封戎是也。六句並韻語。食豕二句,人親爲韻。彫琢二句,朴立爲韻。紛而二句,戎終爲韻。哉字,傳寫之偽。下四亦韻語。惟崔本不誤,與《列子》同。”王叔岷《校詮》:“《列子》作‘忿然而封戎’。張注:‘戎或作哉。’《釋文》本作哉,云:‘忿音紛。哉,一本作戎。’忿與紛通,哉乃戎之形誤。”

⑦一:總一,皆。王叔岷《校詮》:“一猶皆也,總也。” 是:代詞,指此道。成玄英疏:“動不乖寂,雖紛擾而封哉;應不離真,常抱一以終始。”王叔岷《校詮》:“是,謂正道也。”

⑧尸:主也。成玄英疏:“尸,主也。身尚忘遺,名將安寄,故無復爲名譽之主也。”

⑨府:靈府,心靈。成玄英疏:“虛淡無心,忘懷任物,故無復運爲謀慮於靈府耳。”王先謙《集解》:“無爲謀慮之府。”王叔岷《校詮》:“《庚桑楚篇》:至知不謀。”

⑩任:任用。郭象注:“付物使各自任。”成玄英疏:“各率素分,恣物自爲,不復於事,任用於己。”王叔岷《校詮》:“即上文‘於事无與親’之意。《庚桑楚篇》謂至人‘不相與爲事’。”

⑪知:同“智”。郭象注:“無心則物各自主其知也。”陸德明《釋文》:“知音智。注同。”成玄英疏:“忘心絕慮,大順群生,終不運知,以主於物。”王叔岷《校詮》:“此謂不執着己智也。”

⑫朕:蹤跡。郭象注:“任物,故無跡。”成玄英疏:“朕,迹也。雖遨遊天下,接濟蒼生,而晦跡韜光,故无朕也。”王先謙《集解》:“體悟真源,冥會無窮。”

⑬天:自然。郭象注:“見得則不知止。”王先謙《集解》:“全所受於天,而無自以爲得之見。”王叔岷《校詮》:“案其讀爲己,《莊子》佚文:‘天即自然。’(《大方廣佛華嚴經隨疏演義鈔》一引。)無猶忘也,‘見得’二字平列。謂盡己所禀受於自然,而忘其所見、忘其所得。蓋所見、所得,皆朕跡也。”

⑭將:送也。成玄英疏:"將,送也。夫物有來去而鏡無送迎,來者即
　照,必不隱藏。"

⑮勝:勝任。郭象注:"物來乃鑒,鑒不以心,故雖天下之廣,而無勞
　神之累。"成玄英疏:"用心不勞,故無損害,爲其勝物,是以不
　傷。"錢穆《纂箋》:"陸長庚曰:'勝字平讀,任萬感而不傷本體。'"

　　南海之帝爲儵,北海之帝爲忽,中央之帝爲渾沌①。儵與
忽時相與遇於渾沌之地,渾沌待之甚善。儵與忽謀報渾沌之
德,曰:"人皆有七竅以視聽食息②,此獨无有,嘗試鑿之。"日
鑿一竅,七日而渾沌死③。

【校注】

①儵(shū)、忽、渾沌:皆寓言人名。陸德明《釋文》:"崔云:'渾沌,
　無孔竅也。'李云:'清濁未分也。比喻自然。'簡文云:'儵、忽取
　神速爲名,渾沌以合和爲貌。神速譬有爲,合和譬無爲。'"章案:
　"儵"、"忽"有來去無蹤跡之意,"渾沌"即無形無知之狀。

②七竅:五官。陸德明《釋文》:"竅,《說文》云:'孔也。'"

③郭象注:"爲者敗之。"陸德明《釋文》:"崔云:'言不順自然,強開
　耳目也。'"成玄英疏:"勖哉學者,幸勉之焉!"章案:渾沌之死的
　寓言具有深刻含義,它告誡人們,如果只用自己的標準,來簡單、
　粗暴地對待、處理異己之人之事,不僅事與願違,還會出現意想不
　到的災難性後果。人類的論爭、械鬥甚至戰爭,大多根源於此。
　在各種宗教、文化以及價值觀激烈碰撞的當今世界,這個告誡值
　得我們警策、深思和記取。

# 外 篇

# 駢拇第八

## 【題解】

本篇抨擊儒家仁義觀念，著意自然、適性、全身，論證殉於仁義與殉於私利並無二致。自三代以下崇尚仁義，皆失性也。

駢拇枝指①，出乎性哉②！而侈於德③。附贅縣疣④，出乎形哉⑤！而侈於性。多方乎仁義而用之者⑥，列於五藏哉⑦！而非道德之正也。是故駢於足者，連无用之肉也；枝於手者，樹无用之指也⑧；多方駢枝於五藏之情者⑨，淫僻於仁義之行⑩，而多方於聰明之用也⑪。

## 【校注】

①駢拇(piánmǔ)：足大指與二指相連。陸德明《釋文》：“駢，步田反，《廣雅》云：‘并也。’李云：‘併也。拇音母，足大指也。’司馬云：‘駢拇，謂足拇指連第二指也。’崔云：‘諸指連大指也。’”成玄英疏：“駢，合也；[拇，足]大[指]也；謂足大拇指與第二指相連，合爲一指也。” 枝指：手大拇指旁生一指，六指。陸德明《釋文》：“《三蒼》云：‘枝指，手有六指也。’崔云：‘音歧，謂指有歧也。’”成玄英疏：“枝指者，謂手大拇指傍枝生一指，成六指也。”王叔岷《校詮》：“《説文》：‘枝，木別生條也。’段注：‘枝必岐出也，

　　故古枝、岐通用。’”

②性：本性，性命。陸德明《釋文》：“司馬云：‘性，人之本體也。’”成
　　玄英疏：“出乎性者，謂此駢枝二指，并稟自然，性命生分中有之。”

③侈：多余。陸德明《釋文》：“郭云：‘多貌。’司馬云：‘溢也。’崔云：
　　‘過也。’”　德：德性。錢穆《纂箋》引宣穎云：“人所同得曰德。”
　　王叔岷《校詮》：“德，謂自然之性也。《禮記·樂記》：‘德者，性之
　　端也。’《淮南子·齊俗篇》：‘得其天性謂之德。’”

④附贅縣疣：附生之贅肉、小疣。縣同“懸”。成玄英疏：“附生之贅
　　肉，縣係之小疣。”

⑤形：成形。王先謙《集解》：“形既成而後附，故曰：出乎形，然過於
　　自然之性。”郭慶藩《集釋》引俞樾曰：“駢拇枝指，生而已然者也，
　　故曰出乎性。附贅縣疣，成形之後而始有者也，故曰出乎形。德
　　者，所以生者也。《天地篇》曰‘物得以生謂之德’，是也。駢拇枝
　　指出乎性，而以德言之則侈也；附贅縣疣出乎形，而以性言之則
　　侈也。”

⑥方：術。成玄英疏：“方，道術也。”王叔岷《校詮》：“方猶術也。
　　《天下篇》：‘惠施多方。’謂多術也。”

⑦列：分解。王叔岷《校詮》：“《説文》：‘列，分解也。’”　五藏：五
　　臟。陸德明《釋文》：“《黄帝·素問》云：‘肝心脾肺腎爲五藏。’”
　　王叔岷《校詮》：“此謂用仁義多術，分列如五臟，此非道德之
　　正也。”

⑧樹：立也。成玄英疏：“故雖樹立此肉，終是無用之指也。”王先謙
　　《集解》：“樹，立。”

⑨情：實也。王先謙《集解》：“情，實。”

⑩淫僻：淫濫邪僻。成玄英疏：“淫者，耽滯；僻者，不正之貌。”王先
　　謙《集解》：“淫，過也。過詭於正，故曰淫僻。”王叔岷《校詮》：“淫
　　僻，謂淫濫邪僻。”

⑪方:疑爲衍字。錢穆《纂箋》:"闕誤。張君房本無方字。"

是故駢於明者,亂五色①,淫文章②,青黄黼黻之煌煌非乎③?而離朱是已④。多於聰者,亂五聲⑤,淫六律⑥,金石絲竹黄鍾大吕之聲非乎?而師曠是已⑦。枝於仁者,擢德塞性以收名聲⑧,使天下簧鼓以奉不及之法非乎⑨?而曾史是已⑩。駢於辯者,纍瓦結繩竄句⑪,遊心於堅白同異之間⑫,而敝跬譽无用之言非乎⑬?而楊墨是已⑭。故此皆多駢旁枝之道,非天下之至正也⑮。

## 【校注】

①五色:成玄英疏:"五色,青黄赤白黑也。"

②文章:花紋。成玄英疏:"青與赤爲文,赤與白爲章。"

③黼黻:兩種花紋。陸德明《釋文》:"《周禮》云:'白與黑謂之黼,黑與青謂之黻。'" 煌煌:炫目狀。成玄英疏:"煌煌,炫目貌也。" 非乎:意即"不是嗎"。陸德明《釋文》:"向云:'非乎,言是也。'"

④而:如,則。下同。錢穆《纂箋》:"俞樾曰:'而、如古通用。'"王叔岷《校詮》:"而猶則也,下文'而師曠'、'而曾史'、'而楊墨'皆同。" 離朱:人名。陸德明《釋文》:"離朱,司馬云:'黄帝時人,百步見秋毫之末。一云:見千里針鋒。'《孟子》作離婁。"王先謙《集解》:"言自離朱諸人始也。" 已:語助詞。成玄英疏:"已,助聲也。"陸德明《釋文》:"是已,向云:'猶是也。'"

⑤五聲:宮、商、角、徵、羽。

⑥六律:黄鐘、大吕、姑洗、蕤賓、無射、夾鐘。

⑦師曠:古樂師。陸德明《釋文》:"司馬云:'晉大夫也,善音律,能致鬼神。《史記》云:冀州南和人,生而無目。'"成玄英疏:"師曠,字子野,晉平公樂師,極知音律。"

⑧擢（zhuó）：拔。陸德明《釋文》：“擢音濯。司馬云：‘拔也。’”成玄英疏：“擢，拔；謂拔擢偽德，塞其真性也。”

⑨簧鼓：如笙簧鼓動。陸德明《釋文》：“簧，謂笙簧也。鼓，動也。”成玄英疏：“遂使蒼生馳動競奔，（由）〔猶〕如笙簧鼓吹。”　奉不及之法：奉行不相干之準則。王叔岷《校詮》：“《國語·晉語二》：‘是之謂不果奉。’韋注：‘奉，行也。’不及，謂不相干。法，謂準則。此謂使天下喧囂如鼓以奉行不相干之準則也。”

⑩曾史：曾參、史鰌。成玄英疏：“曾者，姓曾，名參，字子輿，仲尼之弟子。史者，姓史，名鰌，字子魚，衛靈公臣。此二人并秉性仁孝，故舉之。”

⑪纍瓦結繩：無用之物如瓦之纍、繩之結。陸德明《釋文》：“崔云：‘聚無用之語，如瓦之纍，繩之結也。’”　竄句：穿鑿語句。陸德明《釋文》：“司馬云：‘竄句，謂邪說微隱，穿鑿文句也。’”

⑫堅白同異：意指名家“離堅白”、“合同異”之論。

⑬敝：疲敝，勞頓。王先謙《集解》：“郭嵩燾云：‘敝，謂勞敝也。’”跬（kuí）譽：意謂虛小之名譽。跬：半步距離。王先謙《集解》引郭嵩燾曰：“半步爲跬。《司馬法》：‘一舉足曰跬。’跬，三尺也。跬譽者，邀一時之近譽。勞敝於有近譽、無實用之言，故謂之駢於辯。”

⑭楊墨：楊朱、墨翟。成玄英疏：“楊墨之徒，并矜其小學，炫燿衆人，誇無用之言，惑於群物。”

⑮正：正道。成玄英疏：“由此數人，以一正萬，故非天下至道正理也。”

彼正正者①，不失其性命之情。故合者不爲駢，而枝者不爲跂②；長者不爲有餘，短者不爲不足。是故鳧脛雖短③，續之則憂；鶴脛雖長，斷之則悲。故性長非所斷，性短非所續，无所去憂也④。意仁義其非人情乎⑤！彼仁人何其多憂也⑥？

且夫駢於拇者,決之則泣⑦;枝於手者,齕之則啼⑧。二者,或有餘於數,或不足於數,其於憂一也。今世之仁人,蒿目而憂世之患⑨;不仁之人,決性命之情而饕貴富⑩。故意仁義其非人情乎⑪!

## 【校注】

①正正:應爲"至正"。郭慶藩《集釋》引俞樾曰:"上'正'字乃'至'字之誤。上文云故此皆多駢旁枝之道,非天下之至正也,此云彼至正者不失其性命之情,兩文相承。"錢穆《纂箋》引宣穎曰:"上'正'字乃'至'字之誤。"

②跂:同"岐"。王先謙《集解》:"跂、岐同。"王叔岷《校詮》:"陳碧虛《闕誤》引江南古藏本'跂'作'岐',跂、岐義通,跂必岐出也。"錢穆《纂箋》引奚侗曰:"《説文》:'跂,足多指也。'此段以言手。"

③鳧(fú):小鴨。成玄英疏:"鳧,小鴨也。"

④去:去除,免除。成玄英疏:"憂自去也。"王先謙《集解》:"宣云:'率其本然,自無憂,何待去?'"

⑤意:同"噫"、"抑",疑問語助詞。陸德明《釋文》:"亦作醫。"王叔岷《校詮》引王念孫曰:"'噫'讀爲'抑',語詞也。'抑'字或作'意',(《論語·學而篇》:'抑與之與?'漢《石經》'抑'作'意'。)《在宥篇》:'意治人之過也!'《釋文》曰:'意,本又作噫。'《外物篇》:'噫其非至知厚德之任與!'意、噫并與抑同。説者多以噫爲嘆聲,失之矣。"

⑥仁人:指曾、史之類。下文"仁人"意同。成玄英疏:"彼仁人者,則是曾史之徒。"

⑦決:斷。成玄英疏:"決者,離析也。"

⑧齕(hé):咬斷。陸德明《釋文》:"齒斷也。"王叔岷《校詮》:"《説文》:'齕,齧也。'"

⑨蒿:同"睸",意謂明遠。郭慶藩《集釋》引俞樾曰:"蒿乃睸之叚

字。《玉篇·目部》：‘睢，庾鞠切。目明又望也。’是睢爲望視之貌。仁人之憂天下，必爲之睢然遠望，故曰睢目而憂世之患。睢與蒿，古音相近，故得通用。”

⑩饕：貪婪。陸德明《釋文》：“杜預注《左傳》云：貪財曰饕。”成玄英疏：“饕，貪財也。素分不懷仁義者，謂之不仁之人也。意在貪求利祿，偷竊富貴，故絕己之天性，亡失分命真情。”王叔岷《校詮》：“此文饕，兼貪貴富言之。《説文》：‘饕，貪也。’”

⑪意：同“噫”、“抑”。成玄英疏：“此重結前旨也。”郭慶藩《集釋》：“意讀爲抑。抑或作意，語詞也。”

　　自三代以下者，天下何其囂囂也①？且夫待鉤繩規矩而正者②，是削其性者也；待繩約膠漆而固者③，是侵其德也；屈折禮樂④，呴俞仁義⑤，以慰天下之心者，此失其常然也⑥。天下有常然。常然者，曲者不以鉤，直者不以繩，圓者不以規，方者不以矩，附離不以膠漆⑦，約束不以纆索⑧。故天下誘然皆生而不知其所以生⑨，同焉皆得而不知其所以得⑩。故古今不二，不可虧也⑪。則仁義又奚連連如膠漆纆索而遊乎道德之間爲哉⑫，使天下惑也！

【校注】

①三代：夏、商、周。下同。成玄英疏：“三代，夏殷周也。”　　囂囂：喧囂嘈雜。成玄英疏：“囂囂，猶讙聒也。……三代以下，囂囂競逐，何愚之甚！”王叔岷《校詮》：“《説文》：‘嚚，嘑也。讀若讙。讙，譁也。’（讙，今字作喧。）”

②鉤繩規矩：矯正之器。成玄英疏：“鉤，曲；繩，直；規，圓；矩，方也。夫物賴鉤繩規矩而後曲直方圓也，此非天性也。”

③約：約束。成玄英疏：“附待繩索約束、膠漆堅固者，斯假外物，非真牢者也。……既乖本性，所以侵傷其德也。”

④屈折:動詞,意謂使其曲屈折截。陸德明《釋文》:"謂屈折支體爲禮樂也。"王先謙《集解》:"禮樂周旋,是屈折也。"

⑤呴俞:即"煦嫗",形容虛假之貌。陸德明《釋文》:"謂呴喻顏色爲仁義之貌。"成玄英疏:"呴俞,猶嫗撫也。"王先謙《集解》:"呴俞,猶煦嫗,假仁義也。"王叔岷《校詮》:"'呴俞',疊韻。作'傴呴',同。亦作'嘔煦',《廣雅·釋詁二》:'嘔、煦,色也。'與《釋文》所謂'呴喻顏色'合。又作'呴諭',《淮南子·原道篇》:'呴諭覆育,萬物群生。'(高注:呴諭,溫恤也。)《云笈七籤》一引作'呴俞',與此文同。"

⑥常:正也,本也。成玄英疏:"既而棄本逐末,故失其真常自然之性者也。"

⑦附離:依附。成玄英疏:"附離,離,依也。故《漢書》云,哀帝時附離董氏者,皆起家至二千石。注云:離,依之也。"

⑧纆(mò):繩索。陸德明《釋文》:"纆音墨。《廣雅》云:索也。"

⑨誘:進也。王叔岷《校詮》:"《爾雅·釋詁》:'誘,進也。'誘與羑同,《説文》:'羑,進善也。'"

⑩同:同"童",意謂童蒙無知。王叔岷《校詮》:"《淮南子·覽冥篇》:'侗然皆得其和,莫知所由生。'蓋本此文。'同焉'猶'侗然'。亦作'侗乎',《山木篇》'侗乎其無識',《釋文》:'侗乎,無知貌。'字又作佝,《庚桑楚篇》:'能侗然乎?'《釋文》本作佝。蓋皆童之借字。《國語·晉語四》:'童昏不可使謀。'韋注:'童,無智。'"

⑪不二:即"常然"。成玄英疏:"千變萬化,常唯一也。"錢穆《纂箋》:"不二,即常然也。" 虧:缺損。成玄英疏:"雖復時有古今而法無虧損。"王先謙《集解》:"古今無二理,不可以人爲損之。"

⑫奚:何。成玄英疏:"奚,何也。" 連連:連續。陸德明《釋文》:"司馬云:'謂連續仁義,游道德間也。'"成玄英疏:"連連,猶接續

也。”王先謙《集解》：“連連，相續貌。此尊道德而斥仁義。”

　　夫小惑易方<sup>①</sup>，大惑易性<sup>②</sup>。何以知其然邪？自虞氏招仁義以撓天下也<sup>③</sup>，天下莫不奔命於仁義，是非以仁義易其性與<sup>④</sup>？故嘗試論之，自三代以下者，天下莫不以物易其性矣<sup>⑤</sup>。小人則以身殉利<sup>⑥</sup>，士則以身殉名，大夫則以身殉家，聖人則以身殉天下。故此數子者，事業不同，名聲異號，其於傷性以身爲殉，一也。

【校注】

①方：方向。王先謙《集解》：“迷於所向。”

②性：本性。成玄英疏：“滯跡喪真，爲惑更大。”王先謙《集解》：“失其真性。”

③虞氏：舜。成玄英疏：“虞氏，舜也。”　招：舉。郭慶藩《集釋》引俞樾曰：“《國語・周語》‘好盡言以招人過’，韋注曰：‘招，舉也。’舊音曰：招音翹。”　撓：亂。陸德明《釋文》：“《廣雅》云：‘亂也。’”

④是非：意謂“豈非”。成玄英疏：“豈非用仁義聖跡撓亂天下，使天下蒼生，棄本逐末而改其天性耶？”　與：同“歟”。陸德明《釋文》：“與音餘。”

⑤物：意謂名利。

⑥殉：殺身從之。陸德明《釋文》：“崔云：‘殺身從之曰殉。’”

　　臧與穀<sup>①</sup>，二人相與牧羊而俱亡其羊。問臧奚事，則挾筴讀書<sup>②</sup>；問穀奚事，則博塞以遊<sup>③</sup>。二人者，事業不同，其於亡羊均也<sup>④</sup>。伯夷死名於首陽之下<sup>⑤</sup>，盜跖死利於東陵之上<sup>⑥</sup>，二人者，所死不同，其於殘生傷性均也，奚必伯夷之是而盜跖之非乎！天下盡殉也。彼其所殉仁義也，則俗謂之君子；其所殉貨財也,則俗謂之小人。其殉一也,則有君子焉,有小人焉;若其殘生損性,則盜跖亦伯夷已,又惡取君子小人於其間哉⑦!

## 【校注】

①臧、穀:某類人之統稱。此處意指貧寒子弟。陸德明《釋文》:"《方言》云:'齊之北部,燕之北郊,凡民男而壻婢謂之臧,女而婦奴謂之獲。'張揖云:'壻婢之子謂之臧,婦奴之子謂之獲。'"成玄英疏:"《孟子》云:'臧,善學人;穀,孺子也。'揚雄云:'男壻婢曰臧。'穀,良家子也。"

②奚:何。下同。成玄英疏:"奚,何也。" 筴:"策"之異體字。陸德明《釋文》:"筴又作策,初革反。李云:'竹簡也。古以寫書,長二尺四寸。'"

③博塞:一種遊戲。陸德明《釋文》:"吾丘壽王以善格五待詔,謂博塞也。"王叔岷《校詮》:"'博塞'正作'簙簺',《説文》:'簙,局戲也,六箸十二棋也。古者烏曹作簙。簺,行棋相塞謂之簺。'段注:'《莊子》作博塞。'《御覽》六〇七引《莊子》佚文:'吾聞君子不學《詩》、《書》、射、御,必有博塞之心。'亦作'博塞'。《事類賦》二二注引此文塞作簺。"

④均:同。成玄英疏:"問臧問穀,乃有書塞之殊;牧羊亡羊,實無復異也。"王叔岷《校詮》:"《白帖》二九引'均也'作'一也',義同。下文'均也',《意林》亦引作'一也'。"

⑤伯夷:周時死節之士。成玄英疏:"伯夷、叔齊,并孤竹君之子也。孤竹,神農氏之後也,姜姓。伯夷,名允,字公信;叔齊,名致,字公遠。夷長而庶,齊幼而嫡,父常愛齊,數稱之於夷。及其父薨,兄弟相讓,不襲先封。聞文王有德,乃往於周。遇武王伐紂,扣馬而諫。諫不從,走入首陽山,采薇爲糧,不食周粟,遂餓死首陽山。山在蒲州河東縣。"

⑥盗跖:古時著名盜賊。成玄英疏:"盜跖者,柳下惠之從弟,名跖,徒卒九千,常爲巨盜,故以盜爲名。東陵者,山名,又云即太山也,在齊州界,去東平十五里,跖死其上也。"

⑦惡(wū):何。陸德明《釋文》:"惡音烏。"成玄英疏:"惡,何也。其所殉名利,則有君子小人之殊;若殘生損性,曾無盜跖伯夷之異。"

　　且夫屬其性乎仁義者①,雖通如曾史,非吾所謂臧也②;屬其性於五味,雖通如俞兒③,非吾所謂臧也;屬其性乎五聲,雖通如師曠,非吾所謂聰也;屬其性乎五色,雖通如離朱,非吾所謂明也。吾所謂臧,非仁義之謂也,臧於其德而已矣;吾所謂臧者,非所謂仁義之謂也,任其性命之情而已矣;吾所謂聰者,非謂其聞彼也,自聞而已矣;吾所謂明者,非謂其見彼也,自見而已矣。夫不自見而見彼,不自得而得彼者,是得人之得而不自得其得者也,適人之適而不自適其適者也④。夫適人之適而不自適其適,雖盜跖與伯夷,是同爲淫僻也⑤。余愧乎道德,是以上不敢爲仁義之操,而下不敢爲淫僻之行也⑥。

【校注】

①屬:係。下同。郭象注:"以此係彼爲屬。屬性於仁,殉仁者耳,故不善也。"成玄英疏:"屬,係也。"

②臧:善。下同。成玄英疏:"臧,善也。"

③俞兒:古時善識味之人。陸德明《釋文》:"司馬云:'古之善識味人也。'崔云:'《尸子》曰:膳俞兒和之以薑桂,爲人主上食。《淮南》云:俞兒狄牙,嘗淄澠之水而別之。'一云:俞兒,黃帝時人。"成玄英疏:"《孟子》云:'俞兒,齊之識味人也。'"

④適:適意,適性。郭象注:"此舍己効人者也,雖効之若人,而已已亡矣。"

⑤淫僻:意指失性。郭象注:"苟以失性爲淫僻,則雖所失之塗異,其
於失之一也。"成玄英疏:"淫,滯也。僻,邪也。"

⑥操:操守。錢穆《纂箋》:"蘇輿曰:'篇首云淫僻與仁義之行,此復
以淫僻仁義並列,踳駁顯然。且云余愧乎道德,莊子焉肯爲此謙
辭乎?'"王叔岷《校詮》:"通篇皆卑薄仁義,而此所言,乃願居仁
義、淫僻之間,何其不倫不類邪!"章案:通篇非議仁義,而篇首與
篇末言仁義頗有推崇之意,實爲矛盾。

# 馬蹄第九

**【題解】**

本篇以馬爲喻，論述儒家仁義爲殘生害性之源，歷數聖人之過、伯樂之罪。作者着力推崇上古世界之原始自然生活。

馬，蹄可以踐霜雪，毛可以禦風寒，齕草飲水[1]，翹足而陸[2]，此馬之真性也。雖有義臺路寢[3]，无所用之。及至伯樂[4]，曰：“我善治馬。”燒之[5]，剔之[6]，刻之[7]，雒之[8]，連之以羈馽[9]，編之以皁棧[10]，馬之死者十二三矣；飢之，渴之，馳之，驟之[11]，整之[12]，齊之[13]，前有橛飾之患[14]，而後有鞭筴之威[15]，而馬之死者已過半矣。

**【校注】**

①齕(hé)：咬。成玄英疏：“齕，齧也。”

②翹：舉。成玄英疏：“翹，舉也。”　足：應爲“尾”，本亦作“尾”。陸德明《釋文》：“崔本作尾。”郭慶藩《集釋》：“足作尾是也。《文選》[郭景純]《江賦》注引《莊子》正作尾。”　陸：同“踛”，跳。陸德明《釋文》：“司馬云：‘陸，跳也。’《字書》作踛。踛，馬健也。”王叔岷《校詮》引朱駿聲曰：“‘翹足而陸’謂舉足也。《淮南·脩務》：‘翹尾而走。’注：‘舉也。’”

③義臺：高臺。錢穆《纂箋》：“奚侗曰：‘義借爲峨。《廣雅》：峨，高

也。'章炳麟曰:'義借爲巍。《説文》:巍,高也。巍臺者,《周禮》有象巍。鄭司農云:闕也。巍闕有觀臺,故曰巍臺。'"郭慶藩《集釋》引俞樾曰:"義,徐音儀,當從之。《周官》'肆師職',鄭注曰:'故書儀爲義。'是義即古儀字也。義臺,猶言容臺。《淮南子·覽冥篇》'容臺振而掩覆',高注曰:'容臺,行禮容之臺。'" 路寢:正室。陸德明《釋文》:"路,大也,正也。崔云:'路寢,正室。'"成玄英疏:"路,大也,正也,即正寢之大殿也。"

④伯樂:古善相馬者。陸德明《釋文》:"伯樂,姓孫,名陽,善馭馬。"成玄英疏:"《列子》云:'姓孫,名陽,字伯樂,秦穆公時善治馬人。'"

⑤燒:意指燒鐵烙印。陸德明《釋文》:"司馬云:'燒,謂燒鐵以爍之。'"成玄英疏:"燒,鐵炙之也。"

⑥剔:意指剪毛。陸德明《釋文》引司馬彪曰:"剔,謂翦其毛。"

⑦刻:意指削蹄。成玄英疏:"刻,謂削其蹄。"郭慶藩《集釋》引郭嵩燾曰:"刻,謂鑿蹄。"

⑧雒:同"烙"。郭慶藩《集釋》引郭嵩燾曰:"雒當爲烙,所謂火鍼曰烙也。……燒之剔之以理其毛色。刻之雒之以存其表識。"又引俞樾曰:"雒疑當爲烙。《説文·火部》新附有烙字,曰:'灼也。今馬官以火烙其皮毛爲識,即其事也。'"

⑨羈:馬勒。陸德明《釋文》:"《廣雅》云:'勒也。'" 縶(zhí):絆。陸德明《釋文》:"丁邑反,徐丁立反,絆也。"王叔岷《校詮》:"《藝文類聚》九三、《御覽》八九六引縶並作絆,蓋引其義。"

⑩皂(zào):槽櫪。陸德明《釋文》:"櫪也。一云:槽也。崔云:'馬閑也。'"成玄英疏:"皂,謂槽櫪也。" 棧:褥牀,一種馬睡之牀。陸德明《釋文》:"編木作靈似牀曰棧,以籓濕也。崔云:'木棚也。'"郭慶藩《集釋》:"盧文弨曰:'靈即櫺字。濕當作溼,後人多混用。棚,疑當作删。'"

⑪驟：疾馳。

⑫整：用衡扼約束。成玄英疏：“整之以衡扼。”

⑬齊：用鑣轡約束。成玄英疏：“齊之以鑣轡。”

⑭橛：馬銜口。陸德明《釋文》：“司馬云：‘銜也。’”成玄英疏：“橛，銜也，謂以實物飾於鑣也。”郭慶藩《集釋》：“橛，一作樧。《説文》齭下曰：‘齭，馬口中樧也。’《史記索隱》引《周輿服志》云：‘鉤逆上者爲樧，樧在銜中，以鐵爲之，大如雞子。’”

⑮筴：“策”之異體字。王叔岷《校詮》：“《文選》司馬相如《上諫獵書》注、《一切經音義》、《御覽》三五九、八九六、《記纂淵海》六一引筴皆作策，筴即策之隸變，前已有説。《荀子·性惡篇》亦云：‘前必有銜轡之制，後有鞭策之威。’”

　　陶者曰：“我善治埴①，圓者中規，方者中矩。”匠人曰：“我善治木，曲者中鉤，直者應繩②。”夫埴木之性，豈欲中規矩鉤繩哉？然且世世稱之曰：“伯樂善治馬而陶匠善治埴木。”此亦治天下者之過也。吾意善治天下者不然。彼民有常性，織而衣，耕而食，是謂同德③；一而不黨④，命曰天放⑤。

【校注】

①埴（zhí）：製陶黏土或土坯。陸德明《釋文》：“《尚書傳》云：‘土黏曰埴。’”成玄英疏：“埴，黏也，亦土也。謂陶者能調和水土而爲瓦器，運用方圓，必中規矩也。”

②鉤、繩：匠人器具。成玄英疏：“鉤，曲也。繩，直也。謂匠人機巧，善能治木，木之曲直，必中鉤繩。”

③同德：德行相同。郭象注：“夫民之德，小異而大同。”成玄英疏：“德者，得也。率其真常之性，物各自足，故同德。”

④黨：偏頗。成玄英疏：“黨，偏也。”

⑤命：名也。成玄英疏：“命，名也。”　　天放：自然而然。成玄英疏：

“天，自然也。”王先謙《集解》：“宣云：‘渾一無偏，任天自在。’”

故至德之世，其行填填①，其視顛顛②。當是時也，山无蹊隧③，澤无舟梁④；萬物群生，連屬其鄉⑤；禽獸成群，草木遂長⑥。是故禽獸可係羈而遊⑦，鳥雀之巢可攀援而闚⑧。夫至德之世，同與禽獸居，族與萬物並⑨，惡乎知君子小人哉⑩！同乎无知，其德不離⑪；同乎无欲，是謂素樸；素樸而民性得矣。及至聖人，蹩躠爲仁，踶跂爲義⑬，而天下始疑矣⑭；澶漫爲樂⑮，摘僻爲禮⑯，而天下始分矣⑰。故純樸不殘⑱，孰爲犠尊⑲！白玉不毀，孰爲珪璋⑳！道德不廢，安取仁義！性情不離，安用禮樂！五色不亂，孰爲文采！五聲不亂，孰應六律！夫殘樸以爲器，工匠之罪也；毀道德以爲仁義，聖人之過也。

【校注】

①填填：持重之狀。陸德明《釋文》：“質重貌。崔云：‘重遲也。’一云：詳徐貌。”

②顛顛：專一之狀。陸德明《釋文》：“崔云：‘專一也。’”

③蹊（xī）隧：道路。陸德明《釋文》：“蹊，徐音兮。李云：‘徑也。’隧，崔云：‘道也。’”成玄英疏：“蹊，徑；隧，道也。”

④梁：橋梁。郭象注：“不求非望之利，故止於一家而足。”成玄英疏：“莫往莫來，船橋於是乎廢。”

⑤連屬：相連係屬。陸德明《釋文》：“王云：‘既無國異家殊，故其鄉連屬。’”成玄英疏：“故無情萬物，連接而共里閭；有識群生，係屬而同鄉縣。”

⑥遂：成。王叔岷《校詮》：“‘遂長’猶‘成長’。《禮記·月令》：‘百事乃遂。’鄭注：‘遂猶成也。’”

⑦係羈：以繩纆栓係。郭象注：“與物無害，故物馴也。”

⑧援：牽，引。陸德明《釋文》：“《廣雅》云：‘牽也，引也。’”成玄英

疏：“人無害物之心，物無畏人之慮。”

⑨族：群，聚。王叔岷《校詮》：“族有群也，《逸周書‧程典篇》：‘工不族居。’孔注：‘族，謂群也。’”王先謙《集解》：“族，聚也。”

⑩惡：何。陸德明《釋文》：“惡音烏。”成玄英疏：“於何而辨小人哉！”

⑪離：分離。成玄英疏：“抱一而不離也。”

⑫素樸：本色，單純。郭象注：“欲則離性以飾也。”成玄英疏：“異末代之浮華，人皆淳樸。”錢穆《纂箋》：“老子曰：‘使民無知無欲。’”

⑬鷩躠（biéxiè）、踶跂（zhìqǐ）：跛行之狀，相爲互文。王叔岷《校詮》：“《説文》：‘鷩，躠也。一曰：跛也。’《錦繡萬花谷別集》三〇引此文，並有注云：‘鷩躠，旋行貌。一曰：跛也。踶，蹋也。跂，脚跟不著地。’旋行或跛行，與用力之義相因。‘鷩躠’與‘踶跂’，當爲互文。”

⑭疑：疑惑。成玄英疏：“宇内分離，蒼生疑惑，亂天之經，自斯而始矣。”

⑮澶（dàn）漫：縱逸，淫衍。陸德明《釋文》：“李云：‘澶漫，猶縱逸也。’崔云：‘但漫，淫衍也。’”成玄英疏：“澶漫是縱逸之心。”王叔岷《校詮》：“‘但漫’與‘澶漫’同，‘縱逸’與‘淫衍’義亦相通。《後漢書‧仲長統傳》：‘澶漫彌流，無所底極。’注：‘澶漫，猶縱逸也。’《抱朴子‧詰鮑篇》：‘澶漫於淫荒之域。’亦淫衍也。”

⑯摘僻：煩瑣多節。陸德明《釋文》：“李云：‘糾摘邪辟而爲禮也。’……崔云：‘摘辟，多節。’”郭慶藩《集釋》引郭嵩燾曰：“王逸注《楚辭》：‘擗，析也。’摘者，摘取之；擗者，分之，謂其煩碎也。”

⑰分：分別，等級。成玄英疏：“宇内分離。”

⑱純樸：全木。成玄英疏：“純樸，全木也。”　殘：殘破，意指雕刻。成玄英疏：“不殘，未彫也。”

⑲犧尊：祭祀用之酒器，刻有動物形象。陸德明《釋文》：“尊，或作

樽。司馬云：‘畫犧牛象以飾樽也。’”成玄英疏：“犧尊，酒器，刻爲牛頭，以祭宗廟也。”

⑳珪璋：玉器。陸德明《釋文》：“李云：‘皆器名也。銳上方下曰珪，半珪曰璋。’”王叔岷《校詮》：“《記纂淵海》六二引珪作圭。《説文》：‘剡上爲圭，半圭爲璋。珪，古文圭。’”

　　夫馬，陸居則食草飲水，喜則交頸相靡①，怒則分背相踶②。馬知已此矣③。夫加之以衡扼④，齊之以月題⑤，而馬知介倪闉扼鷙曼詭銜竊轡⑥。故馬之知而能至盜者⑦，伯樂之罪也。夫赫胥氏之時⑧，民居不知所爲，行不知所之⑨，含哺而熙⑩，鼓腹而遊⑪，民能以此矣⑫。及至聖人，屈折禮樂以匡天下之形⑬，縣跂仁義以慰天下之心⑭，而民乃始踶跂好知⑮，爭歸於利，不可止也。此亦聖人之過也。

【校注】

①靡：摩。陸德明《釋文》：“李云：‘摩也。’一云：愛也。”成玄英疏：“靡，摩也，順也。”

②踶：蹋。陸德明《釋文》：“李云：‘踶，蹋也。’《廣雅》、《字韻》、《聲類》並同。《通俗文》云：‘小蹋謂之踶。’”王先謙《集解》：“宣云：‘馬之踶必向後，故曰分背。’”

③已：止。成玄英疏：“已，止也。”王先謙《集解》：“馬所知止此矣。”

④衡扼：御馬器械。陸德明《釋文》：“衡，轅前橫木，縛軛者也。扼，（又）〔叉〕馬頸者也。”錢穆《纂箋》：“宣穎云：‘扼，同軶，橫木駕馬領曰衡軶。’”王叔岷《校詮》：“《釋文》：‘扼，又馬頸者也。’郭氏《集釋》改‘又’爲‘叉’，是也。”

⑤月題：馬頭之飾物。陸德明《釋文》：“司馬、崔云：‘馬額上當顱如月形者也。’”成玄英疏：“月題，額上當顱，形似月者也。”

⑥介倪：用齒嚙衡木。王叔岷《校詮》：“朱駿聲云：介，叚借爲齘，介

倪,按齘輗也。……朱氏謂介爲齘,蓋取摩切義,《説文》:‘齘,齒相切也。’段注:‘謂上下齒相摩切也。’”錢穆《纂箋》引孫詒讓曰:“倪,借爲輗。《説文》:‘大車揋持衡者也。’”　闉(yīn)扼:曲首緤扼。陸德明《釋文》:“李云:‘闉,曲也。’……司馬云:‘言曲頸於扼以抵突也。’”成玄英疏:“曲頭緤扼。”　鷙(zhì)曼:抵車幔。陸德明《釋文》:“李云:‘鷙,抵也。’”錢穆《纂箋》引孫詒讓曰:“曼,即《周禮》巾車之禩,車覆苓也。曼從冒得聲,冒禩一聲之轉。”王叔岷《校詮》:“朱氏説曼爲幔,《説文》:‘幔,衣車蓋也。’段注:‘幔之言幔也。’朱氏亦謂‘實即幔也’。故又謂‘曼,段借爲幔’。”　詭銜:戻銜橛。陸德明《釋文》:“詭銜,吐出銜也。……崔云:‘戻銜橛。’”王叔岷《校詮》:“朱氏謂詭借爲恑,《説文》:‘恑,變也。’《齊物論》‘恢恑憰怪’,《釋文》引李云:‘恑,戻也。’此文‘詭銜’,崔釋爲‘戻銜橛’,是也。”　竊轡:齧咬馬轡。陸德明《釋文》:“竊銜,齧轡。”　章案:介倪、闉扼、鷙曼、詭銜、竊轡,皆馬抗争被御之事。錢穆《纂箋》引孫詒讓曰:“倪也、扼也、曼也、銜也、轡也,皆車馬被具之物。而馬介之、闉之、鷙之、詭之、竊之也。……皆不安於御事。”

⑦能:同“態”,覆宋本、《釋文》本作“態”。陸德明《釋文》:“態,吐代反。”成玄英疏:“態,姦詐也。……即矯詐心生,詭竊之態,罪歸伯樂也。”王先謙《集解》:“充其所知,而態至能盜。”王叔岷《校詮》:“《釋文》本、覆宋本並作態。……能亦借爲態。”

⑧赫胥氏:傳説上古帝王。陸德明《釋文》:“司馬云:‘赫胥氏,上古帝王也。’”郭慶藩《集釋》引俞樾曰:“赫胥,疑即《列子》書所稱華胥氏。華與赫,一聲之轉耳。《廣雅·釋器》:‘赫,赤也。’而古人名赤者多字華,羊舌赤字伯華、公西赤字子華是也。是華亦赤也。赤謂之赫,亦謂之華,可證赫胥之即華胥矣。”

⑨之:行,去處。成玄英疏:“之,適也。”

⑩哺：嚼食。王叔岷《校詮》：“《説文》：‘哺，哺咀也。’段注：‘哺咀，蓋疊韻字。釋玄應引許《淮南》注曰：哺，口中嚼食也。’”　熙：同“嬉”。王先謙《集解》：“熙與嬉同。”王叔岷《校詮》：“《書鈔》一五、《韻府群玉》一三引熙並作嘻，《初學記》九、《事文類聚後集》二〇、《韻府群玉》二皆引作嬉，嘻、嬉二字《説文》所無，本字作娭，《説文》：‘娭，戲也。’熙，借字。”

⑪鼓腹：腹圓如鼓，意謂飽也。

⑫以：止。王叔岷《校詮》：“此與上文‘馬知已此矣’對言，以猶已也。……已即止也。”

⑬匡：正。成玄英疏：“夫屈曲折旋，行禮樂以正形體。”王先謙《集解》：“匡，正也。”

⑭縣跂：懸置期望。縣通“懸”。陸德明《釋文》：“縣音玄。”成玄英疏：“高縣仁義，令企慕以慰心靈。”王叔岷《校詮》：“司馬本、《釋文》本跂并作企，古字通用。”王先謙《集解》：“縣企，縣舉而企及之，使人共慕也。”

⑮蹩跂：提脚跟，意謂争搶名利。成玄英疏：“於是始蹩跂自矜，好知而興矯詐；經營利祿，争歸而不知。”錢穆《纂箋》：“《老子》‘延頸舉踵’，蹩跂即舉踵義。”

# 胠篋第十

【題解】

通篇立論聖人爲亂天下者。絕聖去智,則天下至治。"竊鉤者盜,竊國者侯",爲後世之名言。

將爲胠篋探囊發匱之盜而爲守備[1],則必攝緘縢[2],固扃鐍[3],此世俗之所謂知也。然而巨盜至,則負匱揭篋擔囊而趨[4],唯恐緘縢扃鐍之不固也。然則鄉之所謂知者[5],不乃爲大盜積者也[6]?

【校注】

①胠篋(qūqiè):開箱。陸德明《釋文》:"司馬云:'從旁開爲胠。'"成玄英疏:"胠,開;篋,箱。"王叔岷《校詮》:"《索隱》:'胠篋,猶言開篋也。胠音袪。'《正義》:'胠,開也。篋,箱類也。'" 發匱(guì):開匣。王先謙《集解》引蘇輿云:"《説文》:'匱,匣也。'俗加木作櫃。"錢穆《纂箋》引馬其昶曰:"《楚辭注》:'匱,匣也。'"

②攝:捆結。錢穆《纂箋》:"李頤曰:'攝,結也。'" 緘(jiān)縢:繩索。陸德明《釋文》:"《廣雅》云:'緘縢,皆繩也。'"

③扃鐍(jiōngyué):關鈕。陸德明《釋文》:"崔、李云:'關也。'鐍,古穴反,李云:'鈕也。'崔云:'環舌也。'"

④揭:舉,擔,負也。陸德明《釋文》:"揭,徐其謁反,又音桀。《三

蒼》云:'舉也,擔也,負也。'" 趨:疾走。陸德明《釋文》:"李
云:'走也。'"

⑤鄉:同"向",意謂一向。陸德明《釋文》:"本又作向,亦作嚮,同。"

⑥積:儲積,準備。成玄英疏:"向之守備,翻爲盜資,是故俗知不足
可恃。"

　　故嘗試論之,世俗所謂知者,有不爲大盜積者乎? 所謂
聖者,有不爲大盜守者乎? 何以知其然邪? 昔者齊國鄰邑相
望①,雞狗之音相聞,罔罟之所布②,耒耨之所刺③,方二千餘
里④。闔四竟之内⑤,所以立宗廟社稷⑥,治邑屋州閭鄉曲
者⑦,曷嘗不法聖人哉⑧! 然而田成子一旦殺齊君而盜其
國⑨。所盜者豈獨其國邪? 并與其聖知之法而盜之⑩。故田
成子有乎盜賊之名,而身處堯舜之安;小國不敢非⑪,大國不
敢誅⑫,十二世有齊國。則是不乃竊齊國,并與其聖知之法以
守其盜賊之身乎?

【校注】

①鄰邑:相鄰之鄉邑。成玄英疏:"鄰邑棟宇相望。"

②罔罟:網罟。成玄英疏:"罔罟布以事畋漁。"

③耒耨(lěinòu):農具。成玄英疏:"耒,犁也。耨,鋤也。" 刺:刺
開,意謂耕種。

④方:方圓。

⑤闔:合,全。成玄英疏:"闔,合也。" 竟:同"境"。陸德明《釋
文》:"竟音境。"王叔岷《校詮》:"竟、境古今字。"

⑥社稷:祭祀土地、五穀之所,后來代稱國家。成玄英疏:"夫人非土
不立,非穀不食,故邑封土祠曰社,封稷祠曰稷。"

⑦治:治理。 邑、屋、州、閭、鄉曲:皆行政區劃。陸德明《釋文》:
"《周禮》:'夫三爲屋。五黨爲州,二千五百家也。五比爲閭,二

十五家也。五州爲鄉，萬二千五百家也。'"成玄英疏："《司馬
法》：'六尺爲步，步百爲畝，畝百爲夫，夫三爲屋，屋三爲井，井四
爲邑。'又云：'五家爲比，五比爲閭，五閭爲族，五族爲黨，五黨爲
州，五州爲鄉。'"

⑧曷嘗：何嘗。成玄英疏："曷，何也。"　　法：效法。郭象注："法聖
人者，法其跡耳。"

⑨田成子：名陳恒，齊國大夫。成玄英疏："田成子，齊大夫陳恒，是
敬仲七世孫。初，敬仲適齊，食（菜）［采］於田，故改爲田氏。魯
哀公十四年，陳恒弒其君，君即簡公也。割安平至于郎邪，自爲封
邑。至恒曾孫太公和，遷齊康公於海上，乃自立爲齊侯。自敬仲
至莊公，凡九世知齊政；自太公至威王，三世爲齊侯，通計爲十
二世。"

⑩知：同"智"。陸德明《釋文》："知音智。"成玄英疏："田恒所盜，豈
唯齊國？先盜聖智，故得諸侯。是知仁義陳跡，適爲盜本也。"

⑪非：非毀。成玄英疏："子男之國，不敢非毀。"

⑫誅：討伐。成玄英疏："伯侯之過，詎能征伐！"王叔岷《校詮》：
"《説文》：誅，討也。"

嘗試論之，世俗之所謂至知者，有不爲大盜積者乎？所
謂至聖者，有不爲大盜守者乎？何以知其然邪？昔者龍逢
斬①，比干剖②，萇弘胣③，子胥靡④，故四子之賢而身不免乎
戮。故跖之徒問於跖曰："盜亦有道乎？"跖曰："何適而无有
道邪⑤！"夫妄意室中之藏⑥，聖也；入先，勇也；出後，義也；知
可否，知也⑦；分均，仁也。五者不備而能成大盜者，天下未之
有也。由是觀之，善人不得聖人之道不立，跖不得聖人之道
不行；天下之善人少而不善人多，則聖人之利天下也少而害
天下也多。故曰，脣竭則齒寒⑧，魯酒薄而邯鄲圍⑨，聖人生而

大盜起。擉擊聖人⑩，縱舍盜賊⑪，而天下始治矣。夫川竭而谷虛，丘夷而淵實⑫。聖人已死，則大盜不起，天下平而无故矣。

【校注】

①龍逢：夏桀賢臣。成玄英疏："龍逢，姓關，夏桀之賢臣，爲桀所殺。"

②比干：殷王子，紂王賢臣。成玄英疏："比干，王子也，諫紂，紂剖其心而視之。"

③萇弘：周靈王賢臣。　胣（chǐ）：刳腸。陸德明《釋文》："胣，裂也。《淮南子》曰：'萇弘鈹裂而死。'"成玄英疏："胣，裂也。亦言：胣，刳腸。"王叔岷《校詮》："胣與胣同。"

④子胥：伍子胥，吳國賢臣。陸德明《釋文》："子胥，伍員也，諫夫差，夫差不從，賜之屬鏤以死，投之江也。"　靡：糜爛。陸德明《釋文》："靡，司馬如字，云：'糜爛。'崔云：'爛之於江中也。'"成玄英疏："靡，爛也，碎也。言子胥遭戮，浮屍於江，令靡爛也。"

⑤適：往也。成玄英疏："道無不在，何往非道！"

⑥妄意：妄心億度。成玄英疏："室中庫藏，以貯財寶，賊起妄心，斟量商度，有無必中，其驗若神，故言聖也。"

⑦知：同"智"。成玄英疏："知可則爲，不可則止，識其安危，審其吉凶，往必克捷，是其智也。"

⑧竭：亡。王叔岷《校詮》："《左》哀八年《傳》亦云：'脣亡齒寒。'高誘訓竭爲亡，朱駿聲以爲竭之借字，《說文》：'揭，去也。'"

⑨薄：希，淡。　邯鄲：趙國都城。陸德明《釋文》："楚宣王朝諸侯，魯恭公後至而酒薄。宣王怒，將辱之。恭公不受命，乃曰：'我周公之胤，長於諸侯，行天子禮樂，勳在周室。我送酒已失禮，方責其薄，無乃太甚！'遂不辭而還。宣王怒，乃發兵與齊攻魯。梁惠王常欲擊趙，而畏魯救。楚以魯爲事，故梁得圍邯鄲。言事相由

也,亦是感應。"

⑩掊擊:打擊。成玄英疏:"掊,打也。……今言掊擊者,亦示貶斥仁
　　義絶聖棄智之意也。"王叔岷《校詮》:"掊擊,複語,《逍遥遊篇》:
　　'吾爲其無用而掊之。'《釋文》引司馬注:'掊,擊破也。'"

⑪縱舍:放任。陸德明《釋文》:"舍音捨。"

⑫夷:平。成玄英疏:"夫智惠出則姦僞生,聖跡亡則大盜息。猶如
　　川竭谷虛,丘夷淵實,豈得措意,必至之宜。"王叔岷《校詮》:"《説
　　文》:'泉出通川爲谷。'《淮南子・説林篇》:'川竭而谷虛,丘夷而
　　淵塞。'本《莊子》。高注:'虛,無水也。夷,平。塞,滿也。'"

　　聖人不死,大盜不止。雖重聖人而治天下,則是重利盜
跖也①。爲之斗斛以量之②,則并與斗斛而竊之;爲之權衡以
稱之③,則并與權衡而竊之;爲之符璽以信之④,則并與符璽而
竊之;爲之仁義以矯之⑤,則并與仁義而竊之。何以知其然
邪? 彼竊鉤者誅⑥,竊國者爲諸侯。諸侯之門而仁義存焉,則
是非竊仁義聖知邪⑦? 故逐於大盜⑧,揭諸侯⑨,竊仁義并斗
斛權衡符璽之利者,雖有軒冕之賞弗能勸⑩,斧鉞之威弗能
禁⑪。此重利盜跖而使不可禁者,是乃聖人之過也⑫。

【校注】

①利:利益,利於。郭象注:"將重聖人以治天下,而桀、跖之徒亦資
　　其法。所資者重,故所利不得輕也。"

②斗斛(hú):穀物之類量器。成玄英疏:"斛,今之函,所以量物之
　　多少。"

③權衡:衡輕重之器,即秤與秤砣。陸德明《釋文》:"李云:'權,稱
　　錘;衡,稱衡也。'"

④符璽:君王信物。成玄英疏:"符者,分爲兩片,合而成一,即今之
　　銅魚木契也。璽者,是王者之玉印,握之所以攝召天下也。"

⑤矯:矯正。成玄英疏:"仁,恩也;義,宜也;王者恩被蒼生,循宜作則,所以育養黔黎也。此八者,天下之利器也,不可相無也。夫聖人立教以正邦家,田成用之以竊齊國,豈非害於小賊而利大盜者乎!"

⑥鉤:腰帶上之鉤。成玄英疏:"鉤者,腰帶鉤也。"

⑦非……邪:不是……嗎? 成玄英疏:"以此而言,豈非竊聖跡而盜國邪?"

⑧逐:追隨。成玄英疏:"逐,隨也。"王叔岷《校詮》:"宣穎云:'逐,趨逐。'"

⑨揭:持,劫持。王叔岷《校詮》:"揭有持義,(《後漢書·馮衍傳》'揭節奉使',注:'揭,持也。')'揭諸侯',(諸)[即]劫持諸侯也。《史記·高祖本紀》,漢王數項羽'擅劫諸侯兵入關'。此文'揭諸侯'猶彼文'劫諸侯'也。"

⑩軒冕:車與冠,意指爵祿。成玄英疏:"軒,車也;冕,冠也。" 勸:勸止。王先謙《集解》:"止之。"

⑪斧鉞:意指刑罰。成玄英疏:"小曰斧,大曰鉞。"

⑫過:過錯。成玄英疏:"盜跖所以擁卒九千橫行天下者,亦賴於五德故也。向無聖智,豈得爾乎! 是知驅馬掠人,不可禁制者,原乎聖人作法之過也。"

故曰:"魚不可脫於淵,國之利器不可以示人①。"彼聖人者,天下之利器也,非所以明天下也②。故絕聖弃知,大盜乃止;擿玉毁珠③,小盜不起;焚符破璽,而民朴鄙④;掊斗折衡⑤,而民不爭;殫殘天下之聖法⑥,而民始可與論議。擢亂六律⑦,鑠絕竽瑟⑧,塞瞽曠之耳,而天下始人含其聰矣⑨;滅文章,散五采,膠離朱之目⑩,而天下始人含其明矣;毁絕鉤繩而弃規矩⑪,攦工倕之指⑫,而天下始人有其巧矣。故曰:"大巧若拙。"削曾史之行⑬,鉗楊墨之口⑭,攘弃仁義⑮,而天下之德始玄同矣⑯。彼人含其明,則天下不鑠矣⑰;人含其聰,則天下不累矣⑱;人含其知,則天下不惑矣;人含其德,則天下不僻矣⑲。彼曾、史、楊、墨、師曠、工倕、離朱者,皆外立其德而以爁亂天下者也⑳,法之所无用也。

【校注】

①利器:意謂至要之物。《老子》:"魚不可脱于深淵,邦之利器不可以示人。"成玄英疏:"利器,聖跡也。"　示:顯示。成玄英疏:"示,明也。"

②明:示也。王先謙《集解》:"明,示也。"王叔岷《校詮》:"'非所以明天下',文意不完,明下疑脱示字,注、疏可證。"

③摘(zhì):擲。陸德明《釋文》:"義與擲字同。崔云:'猶投弃之也。'"王叔岷《校詮》:"《北山録・論業理篇》注引摘作擲,摘、擲古今字。"

④朴鄙:純樸,鄙野。成玄英疏:"反樸還淳而歸鄙野矣。"

⑤掊:擊也。成玄英疏:"掊擊破壞,合於古人之智守,故無忿争。"

⑥殫殘:盡毀。陸德明《釋文》:"殫音丹,盡也。"成玄英疏:"殫,盡也。殘,毀也。"王叔岷《校詮》:"唐寫《釋文》本無殘字,注作'司馬曰:殫,盡也。盡天下之法也'。"　聖法:意指五德。成玄英疏:"謂五德也。"

⑦擢(zhuó):拔也。成玄英疏:"擢,拔也。"王叔岷《校詮》:"《小爾雅・廣物》:'拔根曰擢。'"　六律:黄鐘、太蔟、姑洗、蕤賓、夷則、無射爲六陽律,大吕、夾鐘、中吕、林鐘、南吕、應鐘爲六陰律,統稱六律。

⑧鑠:銷毀。陸德明《釋文》:"鑠絶,崔云:'燒斷之也。'"成玄英疏:"鑠,消也。"

⑨含:懷養。下同。成玄英疏:"含,懷養也。"王叔岷《校詮》:"瞽曠

必師曠之誤。《駢拇篇》兩以師曠、離朱對文,可爲旁證。”

⑩膠:粘連。

⑪鉤繩、規矩:曲直、方圓之具。成玄英疏:“鉤,曲;繩,直;規,圓;矩,方。”

⑫攦(lì):撕,意指拗指。陸德明《釋文》:“崔云:‘攦,撕之也。’”錢穆《纂箋》引孫詒讓曰:“攦與歷通。撕與捌同。《説文》:‘榣捌,枒指也。’段玉裁曰:‘枒指如今之拗指。’” 工倕:傳堯時巧匠。陸德明《釋文》:“堯時巧者也。”成玄英疏:“工倕是堯工人,作規矩之法,亦云舜臣也。”

⑬削:除也。成玄英疏:“削,除也。” 曾史:曾參、史魚。成玄英疏:“曾參至孝,史魚忠直。”

⑭鉗:閉也。成玄英疏:“鉗,閉也。” 楊墨:楊朱、墨翟。

⑮攘:排也。王叔岷《校詮》:“攘猶排也,《楚辭·七諫·沈江》:‘反離謗而見攘。’王注:‘攘,排也。’”

⑯玄同:意謂與玄道混同,出自《老子》五十六章。成玄英疏:“與道玄同也。”

⑰鑠:消壞。陸德明《釋文》:“不鑠,崔云:‘不消壞也。’”

⑱累:憂患。成玄英疏:“累,憂患也。”

⑲僻:邪僻。成玄英疏:“豈有倒置邪僻於其間哉!”

⑳爚(yuè):同“爍”。陸德明《釋文》:“音樂,《三蒼》云:‘火光銷也。’”成玄英疏:“標名於外,引物從己,炫燿群生。天下亡德而不反本,失我之原,斯之由也。”王叔岷《校詮》:“朱駿聲云:‘鑰,叚借爲爍。’”

子獨不知至德之世乎?昔者容成氏①、大庭氏、伯皇氏、中央氏、栗陸氏、驪畜氏、軒轅氏、赫胥氏、尊盧氏、祝融氏、伏戲氏、神農氏,當是時也,民結繩而用之,甘其食,美其服,樂其俗,安其居,鄰國相望,雞狗之音相聞,民至老死而不相往來。若此之時,則至治已<sup>②</sup>。今遂至使民延頸舉踵曰<sup>③</sup>:"某所有賢者。"贏糧而趣之<sup>④</sup>,則内弃其親而外去其主之事,足跡接乎諸侯之境,車軌結乎千里之外<sup>⑤</sup>,則是上好知之過也<sup>⑥</sup>。

## 【校注】

①容成氏:傳説中遠古帝王。以下十一氏皆爲傳説中遠古帝王。陸德明《釋文》:"司馬云:'此十二氏皆古帝王。'"成玄英疏:"上十二氏,並上古帝王也。當時既未有史籍,亦不知其次第前後。刻木爲契,結繩表信,上下和平,人心淳樸。"王叔岷《校詮》:"奚侗云:'《古今人表》、《帝王世紀》、司馬貞《補史記三皇本紀》、《路史》所載十二世,先後各有不同,荒遠無稽,存疑可也。'案《金樓子·興王篇》所載古帝王先後次第,與《莊子》較合。《路史·前紀六》及《發揮一》引容成氏,容並作庸,古字通用。《漢書·古今人表》大庭氏,庭作廷;伯皇氏,伯作柏,並古字通用。《文選》干令升《晉紀總論》注、《藝文類聚》一一、《初學記》九、《御覽》七六引《莊子》伯亦皆作柏,《初學記》九引《帝王世紀》同。陳碧虚《音義》引江南古藏本驪畜氏,畜作連,《御覽》引同。《古今人表》、《禮記》孔疏卷第一及《初學記》引《帝王世紀》、《金樓子》、司馬貞《補史記三皇本紀》亦皆作連。畜與蓄通,蓄、連同義,《廣雅·釋詁》:'蓄,聚也。'《禮記·王制》:'十國以爲連。'鄭注:'連猶聚也。'《金樓子》赫胥氏,胥作蘇;尊盧氏,尊作宗,並古字通用。《文選》左太沖《魏都賦》劉逵注引伏戲氏,伏作宓。《藝文類聚》引戲作羲,《古今人表》作宓羲,《道藏》成疏本、褚伯秀《義海纂微》本戲作犧,《御覽》引同,《帝王世紀》亦作犧,皆古字通用。"

②已:語助詞。成玄英疏:"無欲無求,懷道抱德,如此時也,豈非至哉!"

③延:伸長。成玄英疏:"尚賢路開,尋師訪道,引頸舉足,遠適他方。"

④赢:背裹,攜帶。陸德明《釋文》:"赢音盈。崔云:'裹也。'《廣雅》
云:'負也。'"成玄英疏:"裹糧負戴。" 趣:同"趨"。王叔岷《校
詮》:"趨、趣古通。《方言》七注引趣作赴。"

⑤軌:車轍。郭慶藩《集釋》:"軌,徹跡也。《説文》:'軌,車徹
也。'……車軌與足跡對文。" 結:交也。王先謙《集解》:"結,
交也。"郭慶藩《集釋》:"車輪之跡,往來縱橫,彼此交錯,故曰結
交也。"

⑥上:君王。郭象注:"上,謂好知之君。知而好之,則有斯過也。"

上誠好知而无道,則天下大亂矣。何以知其然邪? 夫弓
弩畢弋機變之知多①,則鳥亂於上矣;鉤餌網罟罾笱之知多②,
則魚亂於水矣;削格羅落罝罘之知多③,則獸亂於澤矣;知詐
漸毒頡滑堅白解垢同異之變多④,則俗惑於辯矣。故天下每
每大亂⑤,罪在於好知。故天下皆知求其所不知,而莫知求其
所已知者⑥;皆知非其所不善⑦,而莫知非其所已善者,是以大
亂。故上悖日月之明⑧,下爍山川之精⑨,中墮四時之施⑩;惴
耎之蟲⑪,肖翹之物⑫,莫不失其性。甚矣夫好知之亂天下
也⑬! 自三代以下者是已⑭,舍夫種種之民而悦夫役役之
佞⑮,釋夫恬淡无爲而悦夫啍啍之意⑯,啍啍已亂天下矣!

【校注】

①畢、弋、機、變:皆捕鳥工具。陸德明《釋文》:"李云:'兔網曰畢,
繳射曰弋,弩牙曰機。'"郭慶藩《集釋》引郭嵩燾曰:"《説文》:
'率,捕鳥畢也。'《詩·小雅》:'畢之羅之。'鳥罟亦謂之畢。"王叔
岷《校詮》:"奚侗云:'弓弩畢弋機變六者,與鉤餌网罟罾笱、削格
羅落罝罘平列,皆器用也。變非器用,當是纙字誤,《爾雅·釋
器》:彘罟謂之纙。此段借掩獸之具以言掩鳥,猶羅爲掩鳥之具,
(《釋器》:鳥罟謂之羅。《説文》:羅,以絲罟鳥也。《王風》傳曰:

鳥網爲羅。)下文借以掩獸也。'……竊疑變本作戀,戀即羉之借字,《爾雅·釋文》:'羉,莫潘反。'羉從網,戀聲,故與戀通。後人罕見戀,習見變,故誤爲變耳。" 知:同"智"。下同。陸德明《釋文》:"知音智。下及注並下'知詐'皆同。"

②鉤、餌、罔、罟、罾(zēng)、笱(gǒu):皆捕魚工具。陸德明《釋文》:"鉤,釣鉤也。餌,魚餌也。《廣雅》云:'罟,謂之罔。'罾,魚網也。《爾雅》云:'嫠婦之笱謂之罾。'"

③削、格、羅、落、罝(jū)、罦(fú):皆捕獸工具。王叔岷《校詮》:"奚侗云:'削借作梢,《漢書·禮樂志》:飾玉梢以舞歌。注:梢,竿也。'"王先謙《集解》:"郭嵩燾云:'《説文繫傳》云:長枝爲格。'"錢穆《纂箋》:"《漢書》:'爲中周虎落。'顏注:'謂遮落之。'削格羅落,皆所以要遮禽獸。"王叔岷《校詮》:"《秋水篇》:'落馬首。'《淮南子·原道篇》落作絡,並本書落、絡通用之證。"陸德明《釋文》:"罦本又作罘,音浮。《爾雅》云:'鳥罟謂之羅,兔罟謂之罝,罬謂之罦,罦,覆車也。'郭璞云:'今翻車也。'"

④知詐漸毒:皆謂欺詐。王先謙《集解》:"'知詐漸毒'四字義同,皆謂欺詐也。"郭慶藩《集釋》:"漸,詐也。《荀子·議兵》'是漸之也',《正論》'上兇險則下漸詐也',皆欺詐之意。……《尚書》'民興胥漸',王念孫曰:'漸,詐也。'"錢穆《纂箋》:"王引之曰:'知,謂智故也。漸,欺詐。'"王叔岷《校詮》:"《廣雅·釋言》:'毒,憎也。'《釋詁三》:'毒,憎,惡也。'王氏《疏證》:'凡相憎惡謂之毒。'" 頡滑:錯亂無理。陸德明《釋文》:"頡滑,謂難料理也。崔云:'纏屈也。'"王先謙《集解》:"頡,'黠'借字。"王叔岷《校詮》:"王氏《疏證》云:'《莊子·徐無鬼篇》:頡滑有實。向秀注云:頡滑,錯亂也。'" 解垢:詭曲狡辯。陸德明《釋文》:"詭曲之辭。"成玄英疏:"解垢,詐偽也。夫滑稽堅白之智,譎詭同異之談,諒有虧於真理,無益于世教。"錢穆《纂箋》:"馬其昶曰:'解

垢,即喫詬。《集韻》:喫詬,力静也。’”章案:“堅白”、“異同”皆爲
名家論辯之命題。

⑤每每:昏昏。陸德明《釋文》:“李云:‘猶昏昏也。’”郭慶藩《集
釋》:“每每即夢夢也。《爾雅·釋訓》:‘夢夢訰訰,亂也。’夢之爲
每,猶薨之爲薧。”

⑥所已知:意謂應該知道者。唐寫本“已”作“以”,義同。成玄英
疏:“所以知者,分内也;所不知者,分外也。舍内求外,非惑如
何也!”

⑦非:非難,否認。　善:擅長,長處。郭象注:“善其所善,争尚之
所由生也。”成玄英疏:“所不善者,桀跖也;所以善者,聖跡也。”

⑧悖:亂。陸德明《釋文》:“司馬云:‘薄食也。’”成玄英疏:“悖,亂
也。”王叔岷《校詮》:“悖與誖同,《説文》:‘誖,亂也。悖,誖或从
心。’《鶡冠子·泰鴻篇》陸注引此文作倍,古字通用,《吕氏春
秋·明理篇》:‘有倍、僑。’高注:‘倍,日旁之危氣也。’與司馬釋
爲‘薄食’之意合。”

⑨爍:銷毁。陸德明《釋文》:“崔云:‘消也。’司馬云:‘崩竭也。’”成
玄英疏:“爍,銷也。”

⑩墮:毁壞。陸德明《釋文》:“毁也。”成玄英疏:“墮,壞也。”　施:
施化,與上文“明”、“精”對文。成玄英疏:“風雨所以不時。”

⑪惴耎(ruǎn):即喘蝡,意指蟲軟體之狀。陸德明《釋文》:“惴本作
蝡,又作喘,川兖反。向音揣。耎,耳轉反。崔云:‘蠕蝡動蟲也。’
一云:惴耎,謂無足蟲。”成玄英疏:“附地之徒曰喘耎。”王叔岷
《校詮》:“趙諫議本、南宋蜀本、覆宋本、《道藏》各本惴皆作喘,
《一切經音義》三一引惴亦作喘,耎作蝡,五五引耎亦作蝡,並引司
馬注:‘蝡亦動也。’‘惴耎’即‘喘蝡’之借字。”

⑫肖翹:微小飛蟲。陸德明《釋文》:“李云:‘翾飛之屬也。’”成玄英
疏:“飛空之類曰肖翹。”王叔岷《校詮》:“‘肖翹之物’,謂微小之

物也。《云笈七籤》九三《神仙可學論》云：‘與飛走蚑翹同。’‘蚑翹’二字本此，肖即蚑之借字，《說文》：‘蚑，蟲蚑，堂蜋子。’翹借爲蟯，《淮南子·原道篇》‘澤及蚑蟯’，高注：‘蟯，微小之蟲也。’”

⑬甚：嚴重。成玄英疏：“三代用知更甚。”

⑭三代：夏、商、周。成玄英疏：“三代，謂夏、殷、周也。”

⑮種種：淳樸憨厚之貌。陸德明《釋文》：“李云：‘謹愨貌。’一云：淳厚也。”成玄英疏：“種種，淳樸之人。”　役役：狡猾之狀。陸德明《釋文》：“李云：‘鬼黠貌。’”成玄英疏：“役役，輕黠之貌。”

⑯釋：放棄，廢棄。成玄英疏：“釋，廢也。”　悅：愉悅。與“釋”對言。成玄英疏：“舍淳樸之素士，愛輕黠之佞夫。”　啍啍：誨人之狀。郭象注：“啍啍，以己誨人也。”錢穆《纂箋》：“姚鼐曰：‘荀子云：口啍誕也。’”

# 在宥第十一

**【題解】**

　　本篇對比論述天道與人道。天道自然爲上,人道有爲則下。寓言述老聃、雲將、鴻蒙諸人或神靈,皆行自然無爲之事,頗有内篇風格。廣成子與南郭子綦幾爲一人,"混沌"之説可謂"逍遥"説之續篇。道、氣與渾沌一體,亦爲《大宗師篇》某功法理論之延續。

　　聞在宥天下①,不聞治天下也。在之也者,恐天下之淫其性也②;宥之也者,恐天下之遷其德也③。天下不淫其性,不遷其德,有治天下者哉! 昔堯之治天下也,使天下欣欣焉人樂其性④,是不恬也⑤;桀之治天下也,使天下瘁瘁焉人苦其性⑥,是不愉也。夫不恬不愉,非德也。非德也而可長久者,天下无之。

**【校注】**

①在宥:自在寬餘。陸德明《釋文》:"宥音又,寬也。"成玄英疏:"宥,寬也。在,自在也。……寓言云:聞諸賢聖任物,自在寬宥,即天下清謐。"王叔岷《校詮》:"竊疑在本作任,下文'賤而不可不任者,物也',正'任天下'之義也。且任與寬宥義亦相因。任、在形近易亂。《淮南子·道應篇》:'故本任在於身,不敢對以末。'《文子·上仁篇》、《列子·説符篇》任並作在,《史記·外戚世

家》：‘男方在身時。’《御覽》三九七引在作任。《文子·上義篇》：
‘所在甚大。’景宋本、《纘義》本在並作任，（《治要》引同。）皆其
證。郭、司馬所見此文已作在，惜無任誤爲在較早之直接證據，姑
識之以存疑。”

②淫：過分。成玄英疏：“性者，禀生之理；德者，功行之名，故致在宥
　之言，以防遷淫之過。若不任性自在，恐物淫僻喪性也。若不宥
　之，復恐効他，其德遷改也。”王先謙《集解》：“淫，過也。”

③遷：遷移，改變。成玄英疏：“若不宥之，復恐効他，其德遷改也。”

④欣欣：快樂之狀。成玄英疏：“堯以德臨人，人歌擊壤，乖其静
　性也。”

⑤恬：静。成玄英疏：“恬，静也。”

⑥瘁瘁：憂愁病狀。陸德明《釋文》：“病也。《廣雅》云：‘憂也。’”成
　玄英疏：“瘁，憂也。”

　　人大喜邪？毗於陽①；大怒邪？毗於陰。陰陽并毗，四時
不至，寒暑之和不成，其反傷人之形乎！使人喜怒失位，居處
无常，思慮不自得，中道不成章②，於是乎天下始喬詰卓鷙③，
而後有盜跖曾史之行。故舉天下以賞其善者不足，舉天下以
罰其惡者不給④，故天下之大不足以賞罰。自三代以下者，匈
匈焉終以賞罰爲事⑤，彼何暇安其性命之情哉⑥？

【校注】

①毗：傷害。郭慶藩《集釋》引俞樾曰：“此毗字當讀爲毗劉暴樂之
　毗。《爾雅·釋詁》云：‘毗劉，暴樂也。’合言之則毗劉，分言之則
　或止曰劉，《詩·桑柔篇》‘捋采其劉’是也；或止曰毗，此言‘毗於
　陽’、‘毗於陰’是也。暴樂，毛公傳作‘爆爍’。鄭氏箋云：‘捋采
　之則爆爍而疏。’然則爆爍猶剝落也。喜屬陽，怒屬陰，故大喜則
　傷陽，大怒則傷陰。毗陰毗陽，言傷陰陽之和也，故四時不至，寒

暑之和不成。……《淮南子·原道篇》人大怒破陰,大喜破陽,正與此同義。"章案:此處陰陽指陰陽二氣,與後日陰陽家之陰陽五行説有一定區別。

②中道:執中之道。郭象注:"人在天地之中,最能以靈知喜怒擾亂群生而振盪陰陽也。" 章:章程,規則。王叔岷《校詮》:"《國語·周語中》:'將以講事成章。'韋注:'章,章程也。''不成章',謂不成章程,猶言失度耳。"

③喬詰:狡黠。陸德明《釋文》:"崔云:'喬詰,意不平也。'"成玄英疏:"喬,詐僞也。詰,責問也。"錢穆《纂箋》:"于省吾曰:'喬詰,即狡黠。'" 卓鷙(zhì):獨立橫行。陸德明《釋文》:"崔云:'卓鷙,行不平也。'"成玄英疏:"卓,獨也。鷙,猛也。…… 卓爾不群,獨懷鷙猛。"

④給:足。成玄英疏:"給猶足也。"王叔岷《校詮》:"足、給互文,給亦足也。《淮南子·本經篇》:'古者上求薄而民用給。'高注:'給,足。'即其證。"

⑤匈匈:喧嘩之聲。成玄英疏:"匈匈,讙譁也,競逐之謂也。"錢穆《纂箋》:"奚侗曰:'《荀子》楊倞注:匈匈,諠譁之聲。字當作訩。'"王叔岷《校詮》:"焉猶然也,終猶皆也。《淮南子·説山篇》:'鼻之所以息,耳之所以聽,終以其無用者爲用矣。'終亦皆也。"

⑥何暇:意謂何能、何需。下文"吾又何暇治天下哉"義同。成玄英疏:"有何容暇安其性命!"

而且説明邪①?是淫於色也;説聰邪?是淫於聲也;説仁邪?是亂於德也;説義邪?是悖於理也;説禮邪?是相於技也②;説樂邪?是相於淫也;説聖邪?是相於藝也③;説知邪?是相於疵也④。天下將安其性命之情,之八者⑤,存可也,亡可也;天下將不安其性命之情,之八者,乃始臠卷傖囊而亂天下也⑥。而天下乃始尊之惜之，甚矣天下之惑也！豈直過也而去之邪⑦！乃齊戒以言之⑧，跪坐以進之，鼓歌以儛之⑨，吾若是何哉⑩！

## 【校注】

①説：同“悦”。下同。陸德明《釋文》：“説音悦。”成玄英疏：“説，愛染也。淫，耽滯也。”王叔岷《校詮》：“‘而且’，複語，義與將同。（而猶將也，《古書虛字新義》五、而條有説。）……淫與下文亂、悖互用，淫、悖並亂也。”

②相：助，依賴。郭象注：“相，助也。”成玄英疏：“説禮乃助華浮技能，説樂更助宮商淫聲。”錢穆《纂箋》：“王夫之曰：‘與之偕而自失曰相。’”

③藝：才藝。成玄英疏：“説聖跡，助世間之藝術。”王叔岷《校詮》：“聖謂通識，藝謂多才。《周禮・地官・大司徒》：‘六德：知、仁、聖、義、忠、和。’鄭注：‘聖，通而先識。’《論語・雍也篇》：‘求也藝。’孔注：‘藝，謂多才能也。’”

④知：同“智”。陸德明《釋文》：“知音智。”　疵：同“訾”。成玄英疏：“愛智計，益是非之疵病也。”王叔岷《校詮》：“疵與訾通，《廣雅・釋詁二》：‘訾，毀也。’（通作毀。）《人間世篇》：‘知也者，爭之器也。’故助於訾毀。”

⑤八者：聰、明、仁、義、禮、樂、聖、智。成玄英疏：“八者，聰明仁義禮樂聖智是也。言人稟分不同，性情各異。離曠曾史，素有分者，存之可也；衆人性分本無，企慕乖真，亡之可也。”

⑥臠（luǎn）卷：痙攣卷曲。陸德明《釋文》：“司馬云：‘臠卷，不申舒之狀也。’崔同。一云：相牽引也。”王叔岷《校詮》：“崔本臠作攣，攣亦借爲臠，《釋名・釋宮室》：‘攣，攣也，其體上曲攣拳然也。’（拳與卷通。）”　獊（cāng）囊：紛亂之狀。陸德明《釋文》：“獊音倉。崔本作戕。……崔云：戕囊，猶搶攘。”王叔岷《校詮》：“崔

本傖作戕,元纂圖互注本、世德堂本並作愴。郭氏《集釋》本作猏,（王氏《集解》本同。）引盧文弨曰:'今本猏作愴。'戕、傖、愴並借爲槍,猏乃俗字。《說文》:'槍,一曰,槍攘也。'段注:'《莊子·在宥》傖囊,崔譔作戕囊,云:戕囊猶搶攘。晉灼注《漢書》曰:搶攘,亂皃也。'"

⑦直:只是,僅僅。　　過:過往,流逝。郭象注:"非直由寄而過去也,乃珍貴之如此。"王先謙《集解》:"宣云:'豈但過時便任其去乎!'"

⑧齊:同"齋"。本又作"齋"。王叔岷《校詮》:"《道藏》成疏本、褚秀伯《義海纂微》本齊並作齋。"

⑨儛:同"舞"。成玄英疏:"鼓九韶之歌,舞大章之曲。"

⑩何:奈何。成玄英疏:"莊生目擊,無奈之何也。"

故君子不得已而臨莅天下①,莫若无爲。无爲也而後安其性命之情。故貴以身於爲天下,則可以託天下②;愛以身於爲天下,則可以寄天下。故君子苟能无解其五藏③,无擢其聰明④;尸居而龍見⑤,淵默而雷聲⑥,神動而天隨⑦,從容无爲而萬物炊累焉⑧。吾又何暇治天下哉!

## 【校注】

①臨莅:莅臨,君臨。成玄英疏:"君子,聖人也。不得已而臨莅天下,恒自無爲。"

②於爲:複語。《老子》十三章:"貴以身爲天下,則可以託天下;愛以身爲天下,則可以寄天下。"王叔岷《校詮》:"帛書甲本《老子》作'故貴爲身於爲天下……',乙本《老子》作'故貴爲身於爲天下……',首句正以'於爲'連文,'於爲'爲複語……然則《莊子》此文雖未明引《老子》,而兩以'於爲'連文,正可以探索《老子》之舊觀矣。"

③解(xiè)：鬆懈。陸德明《釋文》："一音蟹，散也。"　五藏：五臟。下同。成玄英疏："五藏，精靈之宅。"王叔岷《校詮》："《淮南子·俶真篇》：'内愁五藏，外勞耳目。'"

④擢：拔，引，顯露。王先謙《集解》："擢猶拔也。謂顯拔之。言以聰明自詡也。"錢穆《纂箋》："《駢拇》云：'擢德塞性。'"王叔岷《校詮》："《説文》：'擢，引也。'"

⑤尸居：静處，齋居。王叔岷《校詮》："尸居，猶静處。"錢穆《纂箋》："馬其昶曰：'尸居，猶齋居。'"　龍見(xiàn)：如飛龍顯現。陸德明《釋文》："見，賢遍反。"成玄英疏："聖人寂同死尸寂泊，動類飛龍在天。"

⑥淵默：沉默如深淵。郭象注："出處默語。"

⑦天隨：自然跟隨。王先謙《集解》："精神方動，天機自赴。"王叔岷《校詮》："心神之動，順乎自然。"

⑧炊累：意謂自成自熟。陸德明《釋文》："本或作吹，同。……司馬云：'炊累，猶勤升也。'向、郭云：'如埃塵之自動也。'"王先謙《集解》："陽春和煦，如萬物層累而炊熟之。"王叔岷《校詮》："炊、吹古通。《逍遥遊篇》：'生物之以息相吹也。'《釋文》：'吹，崔本作炊。'《荀子·仲尼篇》：'可炊而僙也。'楊注：'炊與吹同。'並其證。"

崔瞿問於老聃曰①："不治天下，安藏人心②?"老聃曰："汝慎无攖人心③。人心排下而進上④，上下囚殺⑤，淖約柔乎剛彊⑥。廉劌彫琢⑦，其熱焦火，其寒凝冰。其疾俛仰之間而再撫四海之外⑧，其居也淵而静⑨，其動也縣而天⑩。僨驕而不可係者⑪，其唯人心乎！

【校注】

①崔瞿：虛構人名。成玄英疏："姓崔，名瞿，不知何許人也。"

②臧：善，動詞。王先謙《集解》："'安臧人心'，言人心無由善。"

③攖：擾亂。陸德明《釋文》："司馬云：'引也。'崔云：'羈落也。'"成玄英疏："攖撓人心。"王叔岷《校詮》："崔釋攖爲'羈落（同絡）'，則攖與嬰同。《説文》：'嬰，繞也。'（段注本）成疏釋'攖人心'爲'攖撓人心'，猶'亂人心'耳，《廣雅・釋詁三》：'攖、撓，亂也。'"

④排：排抑。王先謙《集解》："宣云：'排抑則降下。'"　進：同"競"。王叔岷《校詮》："《吕氏春秋・分職篇》：'以其財賞，而天下皆競。'高注：'競，進也。'此文進猶競也。謂人心排抑卑下而競爭高上也。"

⑤囚殺：若囚若殺。錢穆《纂箋》："宣穎曰：'上下之間，係之若囚，傷之若殺。'蘇輿曰：'其亢上也如殺，其排下也如囚。'"

⑥淖約：柔弱。郭象注："言能淖約，則剛彊者柔矣。"成玄英疏："淖約，柔弱也。矯情行於柔弱，欲制服於剛彊。"

⑦廉劌（guì）：意謂若利器傷害。王先謙《集解》："廉，棱。劌，利。"王叔岷《校詮》："《廣雅・釋言》：'廉，棱也。'（棱，俗作稜。）《説文》：'劌，利傷也。'"　彫琢：刻削。王先謙《集解》："彫琢，刻削也。言尖利刻削之人，其心燥急則熱如焦火，戰惕則寒如凝冰。"

⑧疾：快速。　俛：即"俯"。　撫：臨。成玄英疏："逐境之心，一念之頃，已遍十方，況俛仰之間，不再臨四海哉！"王先謙《集解》："撫，臨。喻其疾速。"錢穆《纂箋》："朱子曰：'心之變化如此，止是人自不求。纔思便在，更不移步。'"章案：此句描繪人操心焦慮之情狀。

⑨淵：意謂深藏不露。王先謙《集解》："宣穎曰：'言其深伏。'"成玄英疏："有欲之心，去無定準。偶爾而静，如流水之遇深淵。"錢穆《纂箋》："吴延緒曰：'當作静而淵，天淵爲韻。'"

⑩縣：同"懸"。陸德明《釋文》："縣音玄。向本無而字，云：'希高慕遠，故曰縣天。'"成玄英疏："觸境而動，類高天之縣。"王先謙《集

解》："宣云：'言其飛浮。'"

⑪債：同"憤"。錢穆《纂箋》："林希逸曰：'債、憤同。'"　　係：拴係，
意謂操控。郭象注："債驕者，不可禁之勢也。"王先謙《集解》：
"債驕不可禁係。"

　　昔者黄帝始以仁義攖人之心，堯舜於是乎股无胈<sup>①</sup>，脛无
毛<sup>②</sup>，以養天下之形<sup>③</sup>，愁其五藏以爲仁義<sup>④</sup>，矜其血氣以規法
度<sup>⑤</sup>。然猶有不勝也<sup>⑥</sup>，堯於是放讙兜於崇山<sup>⑦</sup>，投三苗於三
峗<sup>⑧</sup>，流共工於幽都<sup>⑨</sup>，此不勝天下也。夫施及三王而天下大
駭矣<sup>⑩</sup>。下有桀跖，上有曾史，而儒墨畢起<sup>⑪</sup>。於是乎喜怒相
疑，愚知相欺<sup>⑫</sup>，善否相非<sup>⑬</sup>，誕信相譏<sup>⑭</sup>，而天下衰矣；大德不
同<sup>⑮</sup>，而性命爛漫矣<sup>⑯</sup>；天下好知，而百姓求竭矣<sup>⑰</sup>。於是乎釿
鋸制焉<sup>⑱</sup>，繩墨殺焉<sup>⑲</sup>，椎鑿決焉<sup>⑳</sup>。天下脊脊大亂<sup>㉑</sup>，罪在攖
人心。故賢者伏處大山嵁巖之下<sup>㉒</sup>，而萬乘之君憂慄乎廟堂
之上<sup>㉓</sup>。

【校注】

①胈(bá)：白肉。陸德明《釋文》："李云：'白肉也。'"

②脛：小腿。成玄英疏："堯舜行黄帝之跡，心形瘦弊，股瘦無白肉，
脛秃無細毛。"

③形：有形之物。《知北遊篇》："夫昭昭生於冥冥，有形生於無形，
精神生於道。"

④愁其五藏：意謂五藏皆愁。成玄英疏："五藏憂愁於內。"王叔岷
《校詮》："《淮南子·俶真篇》：'內愁五藏。'"

⑤矜：苦。郭慶藩《集釋》："矜其血氣，猶《孟子》言'苦其心志'也。
矜，苦也。訓見《爾雅·釋言篇》。"

⑥勝：勝任。下同。王叔岷《校詮》："《人間世篇》：'名實者，聖人之
所不能勝也。'"

⑦放：放逐。下文"投"、"流"皆放逐之意。　讙（huān）兜：傳説堯時叛亂者。陸德明《釋文》："讙音歡。……崇山，南裔也。堯十六年，放讙兜於崇山。"成玄英疏："昔帝鴻氏有不才子，天下謂之渾沌，即讙兜也，爲黨共工，放南裔也。"

⑧三苗：傳説堯時反叛者。陸德明《釋文》："三苗者，縉雲氏之子，即饕餮也。嵬音危。本亦作危。三危，西裔之山也，今屬天水。堯十六年，竄三苗於三危。"

⑨共工：傳説堯時反叛者。成玄英疏："少昊氏有不才子，天下謂之窮奇，即共工也，爲堯水官。幽都在北方，即幽州之地。"

⑩施：延續。陸德明《釋文》："崔云：'延也。'"　三王：夏、商、周帝王。　駭：亂。錢穆《纂箋》："嚴復曰：'駭通絯，亂也。'"

⑪畢：都，全部。

⑫知：同"智"。下同。陸德明《釋文》："知音智。下及注同。"成玄英疏："飾智驚愚，互爲欺侮。"

⑬否（pǐ）：鄙。成玄英疏："善與不善，彼此相非。"王叔岷《校詮》："否讀爲鄙，《釋名·釋言語》：'否，鄙也。'"

⑭誕：虛誕，荒誕。　信：誠信。成玄英疏："虛誕信實，自相譏誚。"

⑮德：得道爲德。王先謙《集解》："德本玄同，而此有不同之跡。"王叔岷《校詮》："天下本同焉皆得，（《駢拇篇》）'大德不同'，則皆失其自得矣。"

⑯爛漫：散亂。成玄英疏："爛漫，散亂也。"

⑰求竭：糾葛。錢穆《纂箋》："章炳麟曰：'求竭即膠葛。今作糾葛，雙聲語。上爛漫，疊韻語也。'"

⑱釿（jīn）鋸：斧斤，鋸子。陸德明《釋文》："釿音斤，本亦作斤。"成玄英疏："工匠運斤鋸以殘木，聖人用禮法以傷道。"王叔岷《校詮》："斤、釿正假字。"

⑲殺：當爲"設"。王先謙《集解》："工匠以繩墨正木，人君以禮法正

人。"錢穆《纂箋》:"吳汝綸曰:'殺,當爲設。'"王叔岷《校詮》:
"《御覽》六〇六引《風俗通》佚文:'殺亦治也。'"

⑳椎(zhuī)鑿:木工工具。成玄英疏:"椎鑿,穿木之孔竅。"王先謙
《集解》:"工匠以斤鋸椎鑿殘木,人君以刑法殘人。"　決:決斷。
成玄英疏:"刑法,決人之身首。"

㉑脊脊:同"藉藉",亂貌。陸德明《釋文》:"相踐藉也。"王先謙《集
解》:"與藉藉同。"王叔岷《校詮》:"'脊脊',亂貌。脊借爲藉,不
必取'踐藉'義,《説文》:'藉,一曰:艸不編狼藉。''狼藉',亂
貌也。"

㉒嶄(zhàn):同"湛",深也。王先謙《集解》引俞樾曰:"嶄讀爲湛。
《文選·封禪文》李注:'湛,深也。'山以大言,巖以深言。"

㉓乘:駟馬一車曰一乘。

今世殊死者相枕也①,桁楊者相推也②,刑戮者相望也,而
儒墨乃始離跂攘臂乎桎梏之間③。意④,甚矣哉!其无愧而不
知恥也甚矣!吾未知聖知之不爲桁楊椄槢也⑤,仁義之不爲
桎梏鑿枘也⑥,焉知曾史之不爲桀跖嚆矢也⑦!故曰:'絕聖
弃知而天下大治⑧。'"

【校注】

①殊死者:身首異處者。陸德明《釋文》:"《廣雅》云:'殊,斷也。'司
馬云:'決也。'一云:誅也。"王叔岷《校詮》:"《漢書·高帝紀》:
'其赦天下殊死以下。'韋昭注:'殊死,斬刑也。'師古注:'殊,絕
也,異也。言其身首離絕而異處也。'"　相枕:相互爲枕。王先
謙《集解》:"相枕,謂已死者。"

②桁(háng)楊:刑具。陸德明《釋文》:"桁,户剛反。司馬云:'腳長
械也。'……崔云:'械夾頸及脛者,皆曰桁楊。'"成玄英疏:"桁楊
者,械也,夾腳及頸,皆曰桁楊。"　想推:意指多,與下文"相望"

互文。成玄英疏:"相推相望,明其多也。"王先謙《集解》:"相推、相望,言其多。"

③離跂:自異於衆。郭慶藩《集釋》:"離跂即《荀子·榮辱篇》'離縱而跂訾'之義,謂自異於衆也。"錢穆《纂箋》:"王念孫曰:'離跂,疊韻字,自異於衆之意。'"　攘臂:捋袖出臂,意謂振奮。

④意:同"噫"。成玄英疏:"發噫歎息。"王叔岷《校詮》:"宣穎云:'意同噫。'"

⑤聖知:聖智。　梲榍(jiédié):桎梏上之梁。郭象注:"桁楊以梲榍爲管。"陸德明《釋文》:"崔本作牒,云:'讀爲牒,或作諜字。梲榍,桎梏梁也。'《淮南》曰:'大者爲梁柱,小者爲梲榍也。'"成玄英疏:"梲榍,械楔也。"

⑥鑿枘(ruì):榫頭。郭象注:"桎梏以鑿枘爲用。"陸德明《釋文》:"《三蒼》云:'柱頭枘也。鑿頭廁木,如柱頭枘。'"

⑦嚆(hāo)矢:響箭。陸德明《釋文》:"向云:'嚆矢,矢之鳴者。'"錢穆《纂箋》:"陸長庚曰:'嚆矢,今之響箭,行劫者之先聲也。'"

⑧《老子》第十九章:"絕聖棄智,而民利百倍。"

黃帝立爲天子十九年,令行天下。聞廣成子在於空同之上①,故往見之,曰:"我聞吾子達於至道②,敢問至道之精。吾欲取天地之精,以佐五穀,以養民人,吾又欲官陰陽③,以遂群生④,爲之奈何?"廣成子曰:"而所欲問者⑤,物之質也⑥;而所欲官者,物之殘也⑦。自而治天下,雲氣不待族而雨⑧,草木不待黃而落,日月之光益以荒矣⑨。而佞人之心翦翦者⑩,又奚足以語至道⑪!"

【校注】

①廣成子:即老子。陸德明《釋文》:"或云:即老子也。"成玄英疏:"廣成,即老子別號也。"　空同:山名。陸德明《釋文》:"司馬

云：‘當北斗下山也。’”王叔岷《校詮》：“《史記·五帝本紀》、《路
史·後紀五》亦作空峒。謝靈運《山居賦》自注、《文選》王元長
《永明九年策秀才文》注及曹植《七啓》注、《史記·五帝本紀正
義》、《一切經音義》八五、《書鈔》一二及八五、《藝文類聚》七八、
《御覽》七九、三七二及六二四、《事類賦》七《地部二》注引此皆作
崆峒。”

②吾子：“你”之尊稱。下同。

③官：猶“法”。成玄英疏：“欲象陰陽設官分職。”王叔岷《校詮》：
“‘官陰陽’猶‘法陰陽’。《禮記·禮運》：‘同官於天也。’鄭注：
‘官猶法也。’”章案：此處“陰陽”指陰陽二氣，與陰陽五行説之
“陰陽”不盡相同。

④遂：育。王叔岷《校詮》：“《廣雅·釋言》：‘遂，育也。’《禮記·樂
記》‘氣衰則生物不遂’，《史記·樂書》遂作育。《淮南子·兵略
篇》‘天化育而無形象’，《文子·自然篇》育作遂，並遂、育同義
之證。”

⑤而：汝。下同。成玄英疏：“而，汝也。”

⑥質：本。郭象注：“至道之精，可謂質也。”陸德明《釋文》：“《廣雅》
云：‘質，正也。’”錢穆《纂箋》：“陸長庚曰：‘質者，猶云未散之
朴。’”王叔岷《校詮》：“‘物之質’，猶言‘物之本’。”

⑦殘：末。與上文“質”之“本”義相對。錢穆《纂箋》引陸長庚曰：
“殘者，猶云朴散之器。”王叔岷《校詮》：“‘物之殘’，猶言‘物之
末’。謂所問與所欲取法者本末不同也。”

⑧族：聚合。陸德明《釋文》：“司馬云：‘族，聚也。’未聚而雨，言
澤少。”

⑨益：漸漸。　荒：同“芒”、“盲”。錢穆《纂箋》：“奚侗曰：‘荒，借
作芒。’”王叔岷《校詮》：“荒與芒通，本字當作盲。《文選》司馬長
卿《長門賦》：‘荒亭亭而復明。’李善注引《莊子》此文，並云：‘荒，

欲明貌。'欲明者,未明也。朱駿聲謂'荒,叚借爲盲'。"

⑩蹇蹇:巧言善辯之貌。陸德明《釋文》:"司馬云:'善辯也。'一曰: 佞貌。李云:'淺短貌。'"王叔岷《校詮》引奚侗曰:"'蹇蹇'當作 '戔戔',同音相叚也。《說文》戔下引《周書》曰:'戔戔,巧 言也。'"

⑪奚:何。成玄英疏:"諂佞之人,心甚狹劣,何能語至道也!"

　　黃帝退,捐天下,築特室①,席白茅②,閒居三月③,復往邀 之④。廣成子南首而臥⑤,黃帝順下風膝行而進⑥,再拜稽首 而問曰⑦:"聞吾子達於至道,敢問,治身奈何而可以長久?"廣 成子蹶然而起⑧,曰:"善哉問乎! 來! 吾語女至道⑨。至道 之精,窈窈冥冥⑩;至道之極,昏昏默默⑪。无視无聽,抱神以 靜,形將自正⑫。必靜必清,无勞女形,无搖女精,乃可以長 生。目无所見,耳无所聞,心无所知,女神將守形,形乃長生。 慎女內,閉女外⑬,多知爲敗。我爲女遂於大明之上矣,至彼 至陽之原也⑭;爲女入於窈冥之門矣,至彼至陰之原也。天地 有官⑮,陰陽有藏,慎守女身,物將自壯。我守其一以處其 和⑯,故我脩身千二百歲矣,吾形未常衰。"黃帝再拜稽首曰: "廣成子之謂天矣⑰!"

【校注】

①特:單獨。成玄英疏:"舍九五尊位,築特室,避讙囂。"

②席:置席。　白茅:草名。成玄英疏:"藉白茅以絜净。"王先謙 《集解》:"示潔净。"

③閒:休閒。陸德明《釋文》:"閒音閑。"

④邀之:求請廣成子。王先謙《集解》:"邀,求請也。"王叔岷《校 詮》:"《寓言篇》:'陽子居南之沛,老聃西遊于秦,邀于郊。'《釋 文》:'邀,要也,遇也。《玉篇》云:求也。'"

⑤南首：頭朝南。

⑥膝行：以膝着地，跪而行走。　　進：前進。

⑦稽首：叩首，磕頭。

⑧蹷(jué)：驚厥。陸德明《釋文》：“驚而起也。”郭慶藩《集釋》：“《文選》張景陽《七命》注引司馬云：‘蹷，疾起貌。’”

⑨語(yù)：動詞。陸德明《釋文》：“語，魚據反。下同。”　　女：同“汝”。下同。陸德明《釋文》：“女音汝。後倣此。”

⑩窈窈冥冥：幽眇玄秘之狀。窈同“杳”。《老子》二十一章：“道之爲物，窈兮冥兮，其中有精。”王叔岷《校詮》引朱駿聲云：“窈與冥連文者，義當作杳。”

⑪昏昏默默：幽静玄秘之狀。錢穆《纂箋》：“蘇軾曰：‘所以全真也。’”

⑫正：定。郭象注：“神不擾而形不邪也。”錢穆《纂箋》：“胡遠濬曰：‘正，定也。’”

⑬內、外：意指思慮、行爲。成玄英疏：“不慎思慮，心神既困，耳目竭於外，何不敗哉！”王先謙《集解》：“絕思慮，止動作。”

⑭遂：往，進入。王叔岷《校詮》：“奚侗云：‘《説文》：遂，亡也。引伸爲登進之義。《易・大壯》：不能遂。虞注：遂，進也。《禮・月令》：遂賢良。鄭注：遂猶進也。’案《廣雅・釋詁一》：‘遂，往也。’”　　大明：如日月之明。成玄英疏：“至人應動之時，智照如日月，名大明也。”　　陽：動，下文“陰”意爲寂，與此對文。成玄英疏：“陽，動也。陰，寂也。……廣成示黃帝動寂兩義，故託陰陽二門也。”王叔岷《校詮》：“陰、陽之原，即道也。謂動、寂皆合乎道耳。”

⑮官：官職。成玄英疏：“天官，謂日月星辰，能照臨四方，綱維萬物，故稱官也。地官，謂金木水火土，能維持動植，運載群品，亦稱官也。陰陽二氣，春夏秋冬，各有司存，如藏府也。”

⑯一:道。王叔岷《校詮》:"一,喻道。《繕性篇》:'夫德,和也。'此
謂守道而處德耳。"

⑰天:意自然無爲。郭象注:"天,無爲也。"成玄英疏:"歎聖道之清
高,可與玄天合德也。"

　　廣成子曰:"來! 余語女。彼其物无窮①,而人皆以爲終;
彼其物无測②,而人皆以爲極。得吾道者,上爲皇而下爲王③;
失吾道者,上見光而下爲土④。今夫百昌皆生於土而反於
土⑤,故余將去女⑥,入无窮之門,以遊无極之野。吾與日月參
光⑦,吾與天地爲常⑧。當我⑨,緡乎⑩! 遠我,昏乎⑪! 人其盡
死,而我獨存乎⑩!"

## 【校注】

①彼:意指道。成玄英疏:"死生變化,物理無窮,俗人愚惑,謂有終
始。"王先謙《集解》:"道如循環然,而人以爲没則已焉。"

②測:盡也。郭慶藩《集釋》:"'無測',言'無盡'也。《説文》:'測,
深所至也。'深所至,謂深之盡極處。"王先謙《集解》:"道本無盡,
而人以爲有盡。"王叔岷《校詮》:"'有終'與'無窮'對言,'有極'
與'無測'對言。"

③皇、王:上古之帝與三代之君。成玄英疏:"得自然之道,上逢淳樸
之世,則作羲、農;下遇澆季之世,應爲湯、武。"

④光:光明。成玄英疏:"生則覩於光明,死則便爲土壤。"王先謙
《集解》:"雖見光明,已爲土壤。"

⑤百昌:百物。陸德明《釋文》:"司馬云:'猶百物也。'" 反:同
"返"。

⑥去:離開。郭象注:"生於無心,故當反守無心而獨往也。"

⑦參:同。成玄英疏:"參,同也。"

⑧常:常久。王叔岷《校詮》:"《文選》謝靈運《入華子岡詩》注引司

馬彪注：‘常，久也。’”

⑨當：向。與下文“遠”相對言。郭慶藩《集釋》引郭嵩燾曰：“當我，
鄉我而來。遠我，背我而去。”

⑩緡(mín)：泯合。陸德明《釋文》：“泯合也。”

⑪昏：同“緡”。陸德明《釋文》：“司馬云：‘緡、昏，並無心之謂也。’”
王叔岷《校詮》：“蓋謂向我而來、離我而去，於我皆合也。即視物
之去來如一耳。”

⑫存：長存，實存。王叔岷《校詮》：“《秋水篇》：‘道無終始，物有生
死。’黃帝得道者也，故能獨存。”

　　雲將東遊①，過扶搖之枝而適遭鴻蒙②。鴻蒙方將拊脾雀
躍而遊③。雲將見之，倘然止④，贄然立⑤，曰：“叟何人邪？叟
何爲此？”鴻蒙拊脾雀躍不輟⑥，對雲將曰：“遊！”雲將曰：“朕
願有問也⑦。”鴻蒙仰而視雲將曰：“吁⑧！”雲將曰：“天氣不
和，地氣鬱結，六氣不調⑨，四時不節⑩。今我願合六氣之精以
育群生，爲之奈何？”鴻蒙拊脾雀躍掉頭曰：“吾弗知！吾弗
知！”雲將不得問。

【校注】

①雲將：寓言人名，亦含寓意。陸德明《釋文》：“李云：‘雲主
帥也。’”

②扶搖：寓言樹名。陸德明《釋文》：“李云：‘扶搖，神木也，生東
海。’”　鴻蒙：寓言人名，亦有寓意。陸德明《釋文》：“司馬云：
‘自然元氣也。’一云：海上氣也。”

③拊(fǔ)：拍。成玄英疏：“拊，拍也。”　脾：同“髀”，即股也。王
叔岷《校詮》引奚侗云：“作髀者正字，脾乃叚借字也。《說文》：
‘髀，股也。’若脾則不可拊也。《儀禮‧士冠禮》、《既夕》、《特牲
饋食禮》：‘髀不升。’鄭注並云：‘古文髀爲脾。’”　雀躍：如雀之

躍。陸德明《釋文》：“司馬云：‘雀躍，如雀浴也。’一云：如雀之跳

躍也。”成玄英疏：“跳躍也。”

④倘：自失之狀。陸德明《釋文》：“司馬云：‘欲止貌。’李云：‘自失

貌。’”成玄英疏：“倘，驚疑貌。”王叔岷《校詮》：“《集韻》上聲六：

‘倘，止皃。一曰：自失皃。’”

⑤贄(zhì)：同“蟄”。陸德明《釋文》：“李云：‘不動貌。’”成玄英疏：

“贄，不動也。”王叔岷《校詮》：“贄，亦借爲蟄。《爾雅·釋詁》：

‘蟄，靜也。’靜則不動也。”

⑥輟：停止。陸德明《釋文》：“李云：‘止也。’”

⑦朕：自稱。下同。後代只用於皇帝自稱。

⑧吁：嘆聲。陸德明《釋文》：“亦作呼。”郭慶藩《集釋》：“呼吁，古通

用字。《説文》：‘吁，驚[語]也。’文元年《左傳》‘呼役夫’，杜注：

‘呼，發聲也。’《堯典》‘帝曰吁’，《傳》曰：‘吁，疑怪之辭。’”

⑨六氣：成玄英疏：“陰陽風雨晦明，此六氣也。”

⑩節：動詞，意合乎節氣。成玄英疏：“春夏秋冬，節令愆滯其序。”

又三年，東遊，過有宋之野而適遭鴻蒙①。雲將大喜，行
趨而進曰：“天忘朕邪②？天忘朕邪？”再拜稽首，願聞於鴻蒙。
鴻蒙曰：“浮遊③，不知所求；猖狂④，不知所往；遊者鞅掌⑤，以
觀无妄⑥。朕又何知！”雲將曰：“朕也自以爲猖狂，而民隨予
所往；朕也不得已於民⑦，今則民之放也⑧。願聞一言。”鴻蒙
曰：“亂天之經⑨，逆物之情，玄天弗成⑩；解獸之群⑪，而鳥皆
夜鳴；災及草木，禍及止蟲⑫。意⑬，治人之過也！”

【校注】

①有宋：寓言中之國名。陸德明《釋文》：“國名也。”

②天：對鴻蒙尊稱。王先謙《集解》：“尊之曰天，如黃帝之稱廣

成子。”

③浮遊:隨意之狀。成玄英疏:"浮遊處世,無貪取也。"王先謙《集解》:"自得所求。"王叔岷《校詮》:"'浮遊不知所求',謂逍遥自得也。"

④猖狂:放任之狀。成玄英疏:"無心妄行,無的當也。"王先謙《集解》:"自適所往。"

⑤鞅掌:自得之狀。陸德明《釋文》:"《毛詩傳》云:'鞅掌,失容也。'今此言自得而正也。"王叔岷《校詮》:"《庚桑楚篇》'鞅掌之爲使',郭注:'鞅掌,自得也。'此文'鞅掌'亦取'自得'義。"

⑥妄:同"望"。王叔岷《校詮》:"'無妄'猶'無望',《吕氏春秋·下賢篇》:'神覆宇宙而無望。'高注:'無望,無界畔也。'《易·无望》:'无望之往何之矣。'鄭注:'妄之言望。'即妄、望通用之證。"

⑦不得已於民:意謂爲民之君。成玄英疏:"不得已臨人。"王先謙《集解》:"宣云:'謝之不去。'"王叔岷《校詮》:"'君子不得已而臨莅天下',所謂'不得已於民'也。"

⑧放:依靠。錢穆《纂箋》:"吴汝綸曰:'放,依也。'"王叔岷《校詮》:"《爾雅·釋詁四》:'放,依也。'"

⑨經:常道。成玄英疏:"亂天然常道。"

⑩玄天:即天,意謂自然。成玄英疏:"自然之化不成。"王叔岷《校詮》:"《吕氏春秋·有始篇》、《淮南子·天文篇》並云:'北方曰玄天。'此文玄天,乃天之泛稱,成疏釋爲自然,是也。"

⑪解:散也。成玄英疏:"獸則驚群散起,鳥則駭飛夜鳴。"

⑫止:同"豸"。錢穆《纂箋》:"吴汝綸曰:'郝懿行《爾雅義疏》云:止,即豸之聲。'嚴復曰:'《左傳》:庶有豸乎? 豸,止也。'"王叔岷《校詮》引俞樾云:"'止蟲'即'豸蟲'也。《爾雅·釋蟲》:'有足謂之蟲,無足謂之豸。'是也。"

⑬意:同"噫"。下同。陸德明《釋文》:"本又作噫。"

**雲將曰:"然則吾奈何?"鴻蒙曰:"意,毒哉①! 僊僊乎歸**

矣②。"雲將曰:"吾遇天難③。願聞一言。"鴻蒙曰:"意!心
養④。汝徒處无爲⑤,而物自化⑥。墮爾形體⑦,吐爾聰明⑧,倫
與物忘⑨;大同乎涬溟⑩,解心釋神⑪,莫然无魂⑫。萬物云
云⑬,各復其根⑭,各復其根而不知;渾渾沌沌,終身不離⑮;若
彼知之,乃是離之。无問其名,无闚其情,物故自生⑯。"雲將
曰:"天降朕以德⑰,示朕以默;躬身求之,乃今也得。"再拜稽
首,起辭而行。

【校注】

①毒:痛也,苦也。錢穆《纂箋》:"馬其昶曰:'《廣雅》:毒,痛也。'"
王叔岷《校詮》:"竊以爲毒當訓苦。雲將一再追問,故鴻蒙嘆其
苦也!《廣雅·釋詁四》:'毒,苦也。'"

②僊僊:翩翩之狀。陸德明《釋文》:"僊音仙。"成玄英疏:"僊僊,輕
舉之貌。嫌雲將治物爲禍,故示輕舉,勸令息跡歸本。"錢穆《纂
箋》:"馬其昶曰:'僊僊,猶翩翩。'"

③天:指鴻蒙。

④心養:意謂養心。成玄英疏:"養心之術,列在下文。"王先謙《集
解》:"唯心當養。"

⑤徒:但。成玄英疏:"徒,但也。"

⑥自化:自然化成。錢穆《纂箋》:"《老子》曰:'我無爲而民自化。'"

⑦墮:廢。參見《大宗師篇》"墮肢體"注。

⑧吐:同"黜"。郭慶藩《集釋》:"王引之曰:'吐當爲咄。咄與黜
同。'(《徐无鬼篇》'黜耆欲',司馬本作咄。)韋昭注《周語》曰:
'黜,廢也。'黜與墮,義相近。《大宗師篇》'墮枝體,黜聰明',即
其證也。"王叔岷《校詮》:"《漢書·外戚傳》'吐棄我',蓋本作
'吐棄我',吐,亦即咄字,故《漢紀》作咄……黜、绌、咄,古並
通用。"

⑨倫:同"淪"。王叔岷《校詮》引奚侗云:"倫叚作淪,《書·微子之命》:'今殷其淪喪。'孔傳:'淪,没也。'《廣雅》:'淪,没也。'淪没與物相忘,即不逆物情之意。"

⑩澤(xìng)溟:自然之氣。陸德明《釋文》:"司馬云:澤溟,自然氣也。"成玄英疏:"溟澤,自然之氣也。"

⑪解、釋:解脱,釋放。王先謙《集解》:"宣云:解其黏,釋其縛。"

⑫莫然:無知之狀。成玄英疏:"莫然,無知。"王叔岷《校詮》:"莫、漠古通,《廣雅·釋言》:'莫,漠也。'"

⑬云云:同"芸芸"。成玄英疏:"云云,衆多也。"錢穆《纂箋》:"舊注同芸。"

⑭根:本。王先謙《集解》:"宣云:'皆得其無妄之真本。'"

⑮離:意謂與自然分離。成玄英疏:"不離自然。"

⑯故:同"固"。覆宋本作"固"。

⑰天:指鴻蒙。成玄英疏:"降道德之言,示玄默之行,立身以來,方今始悟。"王叔岷《校詮》:"此天與上文'天忘朕邪'之天同,亦尊稱鴻蒙。"

世俗之人,皆喜人之同乎己,而惡人之異於己也①。同於己而欲之②,異於己而不欲者,以出乎衆爲心也③。夫以出乎衆爲心者,曷常出乎衆哉④!因衆以寧所聞⑤,不如衆技衆矣⑥。而欲爲人之國者⑦,此攬乎三王之利而不見其患者也⑧。此以人之國僥倖也⑨,幾何僥倖而不喪人之國乎⑩!其存人之國也,无萬分之一;而喪人之國也,一不成而萬有餘喪矣⑪。悲夫,有土者之不知也⑫!夫有土者,有大物也⑬。有大物者,不可以物物⑭;而不物,故能物物。明乎物物者之非物也,豈獨治天下百姓而已哉!出入六合⑮,遊乎九州,獨往獨來,是謂獨有。獨有之人,是之謂至貴⑯。

## 【校注】

①惡(wù)：厭惡。陸德明《釋文》："惡，烏路反。"成玄英疏："同己喜懽，異己嫌惡也。"

②欲：欲求。成玄英疏："是我而非彼，喜同而惡異者。"

③出：超出。郭象注："心欲出羣爲衆儁也。"成玄英疏："必欲顯己功名，超出羣衆。"

④曷常：何嘗。郭象注："衆皆以出衆爲心，故所以爲衆人也。"成玄英疏："何能獨超群外！"王先謙《集解》："非果能超出於衆也。"

⑤寧：安寧。

⑥衆技衆：衆人技能多。王叔岷《校詮》："意謂當因衆以安所聞，一人之技不如衆技多，不當以出衆爲心也。"

⑦爲：治。王先謙《集解》："宣云：'欲以己見治人之國者。'"王叔岷《校詮》："《小爾雅·廣詁》：'爲，治也。'"

⑧攬：同"覽"。陸德明《釋文》："攬音覽。本亦作覽。"王先謙《集解》引宣穎云："此徒以聖知仁義爲利，而不見其害也。"王叔岷《校詮》："'覽'與'不見'，相對爲文。"

⑨僥倖：徼幸，求幸運。陸德明《釋文》："僥字或作徼，倖音幸。一云：僥倖，求利不止之貌。"成玄英疏："僥，要也。以皇王之國利要求非分，爲一身之幸會者，未嘗不身遭殞敗。"

⑩幾何：幾多，多少。成玄英疏："萬不存一，故云幾何也。"

⑪一不成：一事不成。王先謙《集解》："一事不成，萬事隨之。"錢穆《纂箋》："一不成，即無一有成。"

⑫有土者：國君。成玄英疏："此一句傷嘆君王不知僥倖爲弊矣。"

⑬大物：意指超凡之物。郭象注："九五尊高，四海弘巨，是稱大物也。"

⑭物物：意謂主宰物。前"物"爲動詞。下同。王先謙《集解》："宣云：'不見有物，則超乎物外，故能主宰乎物也。'"王叔岷《校詮》：

“蓋謂有天下者,不可以主宰物,故能主宰物也,即《讓王篇》‘唯

无以天下爲者,可以托天下也’之意。”

⑮六合:天地四方。

⑯郭象注:“獨有斯獨,可謂獨有矣。”成玄英疏:“獨有之人,蒼生荷

　　戴。以斯爲主,可謂至尊至貴也。”

　　大人之教①,若形之於影,聲之於嚮②。有問而應之,盡其

所懷③,爲天下配④。處乎无嚮⑤,行乎无方。挈汝適復之撓

撓⑥,以遊无端⑦,出入无旁⑧,與日无始⑨;頌論形軀⑩,合乎大

同⑪,大同而无己⑫。无己,惡乎得有有⑬!覩有者,昔之君

子⑭;覩无者⑮,天地之友。

【校注】

①大人:聖人。成玄英疏:“大人,聖人也。”

②嚮:同“響”,覆宋本亦作“響”。陸德明《釋文》:“本又作響。”王叔

　　岷《校詮》:“嚮、響古通。”

③懷:懷有。成玄英疏:“聖人心隨物感,感又稱機,盡物懷抱。”

④配:合。王叔岷《校詮》:“爲猶與也,‘爲天下配’,猶言‘與天下

　　合’耳。盡其所懷以應人之問,故無不合也。”

⑤嚮:方向。與下文“方”互文。王叔岷《校詮》:“下文‘行乎無方’,

　　嚮、方互文,謂或處或行,皆無方也。”

⑥挈:同“契”,絕也。錢穆《纂箋》引吳汝綸曰:“《爾雅》:‘契,絕

　　也。’《淮南》高注:‘挈,塞也。’挈與契、挈並同。”　　適復:往復。

　　郭慶藩《集釋》引俞樾曰:“《爾雅·釋詁》:‘適,往也。’然則‘適

　　復’猶‘往復’也。”　　撓撓:紛亂之狀。郭慶藩《集釋》引俞樾曰:

　　“撓撓,亂也。《廣雅·釋詁》:‘撓,亂也。’重言之則爲撓撓矣。

　　適復之撓撓,此世俗之人所以不能獨往獨來也。”

⑦端:邊際。成玄英疏:“無朕跡之端崖。”

⑧旁:同"方"。王叔岷《校詮》引俞樾云:"旁讀爲方,'無旁',即'出入無方'。"

⑨始:開始。郭象注:"與日俱新,故無始也。"王叔岷《校詮》:"有始則有終,無始故日新也。"

⑩頌論:相貌。錢穆《纂箋》引章炳麟曰:"頌,《説文》:'皃也。'論,借爲類。《廣雅》:'類,象也。'"王叔岷《校詮》:"'頌論形軀',即'貌象形軀',亦即'容象形軀'。《釋名·釋言語》:'頌,容也。'"

⑪大同:與大道同一。成玄英疏:"同大道。"

⑫无己:意謂忘己。王叔岷《校詮》:"而猶則也。《逍遥遊篇》:'至人无己。'《秋水篇》:'大人无己。''无己'猶'忘己'。"

⑬惡(wū):何。陸德明《釋文》:"惡音烏。" 有有:萬有,意謂萬物。郭象注:"己既無矣,則群有不足復有之。"

⑭君子:意指三代聖賢。王先謙《集解》:"宣云:'三代所謂明聖。'"王叔岷《校詮》:"覩有,故有爲。《天下篇》:'以仁爲恩,以義爲理,以禮爲行,以樂爲和,薰然慈仁,謂之君子。'"

⑮覩无:無爲。王叔岷《校詮》:"覩无,故無爲。《至樂篇》:'天无爲以之清,地无爲以之寧。'友天地,固無爲者也。"

賤而不可不任者,物也①;卑而不可不因者,民也②;匿而不可不爲者,事也③;麤而不可不陳者,法也④;遠而不可不居者,義也⑤;親而不可不廣者,仁也⑥;節而不可不積者,禮也⑦;中而不可不高者,德也⑧;一而不可不易者,道也⑨;神而不可不爲者,天也⑩。故聖人觀於天而不助⑪,成於德而不累⑫,出於道而不謀⑬,會於仁而不恃⑭,薄於義而不積⑮,應於禮而不諱⑯,接於事而不辭⑰,齊於法而不亂⑱,恃於民而不輕⑲,因於物而不去⑳。物者莫足爲也㉑,而不可不爲。不明於天者,不純於德㉒;不通於道者,无自而可㉓;不明於道者,悲夫！何謂道？有天道，有人道。无爲而尊者，天道也；有爲而累者，人道也。主者，天道也；臣者，人道也。天道之與人道也，相去遠矣，不可不察也㉔。

【校注】

①任：任用。成玄英疏：“物雖輕賤，咸負材用。”章案：本段文義與《莊子》整體思想差異甚大，宣穎、馬叙倫等多人疑爲後人竄入。

②因：與“任”互文。王叔岷《校詮》：“任、因互文，任亦因也。《治要》引《慎子·民雜篇》：‘大君因民之能爲資。’又《四部叢刊》本僞《慎子·內篇》有云：‘賤而不可不因者，衆也。’本此。”

③匿：藏。成玄英疏：“匿，藏也。事有隱顯。”

④麤：同“粗”。郭象注：“法者妙事之跡也，安可以跡麤而不陳妙事哉！”成玄英疏：“法，言教也。以教望理，理妙法粗，取諭筌蹄。”王叔岷《校詮》：“麤與粗同。”

⑤居：據也。王叔岷《校詮》：“《淮南子·齊俗篇》：‘義者，循理而行宜也。義者，宜也。’《廣雅·釋言》：‘居，據也。’義貴適宜，故雖遠必據。”

⑥廣：廣泛。郭象注：“親則苦偏，故廣乃仁耳。”成玄英疏：“周普廣愛，乃大仁也。”

⑦節：文飾。成玄英疏：“節，文也。”　積：習。王叔岷《校詮》：“積猶習也。《荀子·解蔽篇》：‘私其所積。’楊注：‘積，習。’《淮南子·齊俗篇》：‘禮者，體情制文者也。禮者，體也。’禮貴體賤，故不可不習。”

⑧中：中庸，中和。王先謙《集解》：“修德之人，與世中和，自然高遠。”錢穆《纂箋》：“《中庸》曰：‘中庸之爲德也。’”王叔岷《校詮》：“《禮記·中庸》作‘子曰：中庸其至矣乎’。此謂中和而高曰德也。”

⑨一：道。成玄英疏：“妙本一氣，通生萬物，甚自簡易，其唯道乎！”

錢穆《纂箋》:"《管子·形勢篇》:'道之所言者一,而用之者異。'"
王叔岷《校詮》:"《天地篇》:'《記》曰:通於一而萬事畢。'並可證
此文之義。"

⑩天:自然。成玄英疏:"神功不測,顯晦無方,逗機無滯,合天然
也。"王叔岷《校詮》:"《爾雅·釋天釋文》引《禮統》云:'天之言
神也。'"

⑪助:協助,幫助。王叔岷《校詮》:"《大宗師篇》:'不以人助天。'"

⑫累:拖累。成玄英疏:"上德既成,自然無瑕累也。"

⑬謀:謀劃。郭象注:"不謀而一,所以易爲。"

⑭恃:賴,憑。《老子》第十章:"爲而不恃。"王先謙《集解》:"所爲自
與仁會,不恃賴之。"

⑮薄:止也。錢穆《纂箋》:"馬其昶曰:'《楚辭》注:薄,止也。'"王叔
岷《校詮》:"《天運篇》:'託宿於義。'暫時宿止,何貴積乎!"

⑯諱:忌諱。郭象注:"自然應禮,非由忌諱。"

⑰接:應接。成玄英疏:"因事接物,應機不取,亦無辭讓。"

⑱亂:治也。錢穆《纂箋》:"胡遠濬曰:'亂,治也。'"

⑲輕:輕視。郭象注:"恃其自爲耳,不輕用也。"王叔岷《校詮》:"民
爲邦本,不以爲卑。"

⑳去:丟棄。郭象注:"因而就任之,不去其本也。"王叔岷《校詮》:
"去猶棄也。(《漢書·匈奴傳》:'得漢食物皆去之。'師古注:
'去,棄也。')"

㉑足:強,過度。陸德明《釋文》:"足爲,分外也。不可不爲,分內
也。"成玄英疏:"素無之而不可強爲,性中有者不可不爲。"

㉒純:借爲"焞",光明之義。王叔岷《校詮》:"明、純互文,純借爲
焞,《說文》:'焞,明也。'天者自然之理,德者自得之性。此謂不
明於自然之理,則不明於自得之性也。"

㉓自:從也。成玄英疏:"觸事面墻,諒無從而可也。"

㉔王先謙《集解》:"宣云:'此段意膚文雜,與本篇義不甚切,不似莊
子之筆,或後人續貂耳。'宣疑是也。然郭象有注,則晉世傳本已
然。"王叔岷《校詮》:"此頗類法家之說。"

# 天地第十二

【題解】

　　絶聖棄智,廢黜禮義,可謂至治。泰初有無之説,象罔得黃帝玄珠之寓言,皆申説此論。而爲圃丈人對子貢所謂"有機械者必有機事,有機事者必有機心"之論,則是《莊子》重要思想之一,亦可爲反思今世科學至上觀念之重要理論資源。

　　天地雖大,其化均也①;萬物雖多,其治一也②;人卒雖衆③,其主君也。君原於德而成於天④,故曰:玄古之君天下⑤,无爲也,天德而已矣⑥。

【校注】

　　①化:化育。成玄英疏:"夫二儀生育,覆載無窮,形質之中,最爲廣
　　　大。"　均:平均。王叔岷《校詮》:"化均,謂無所偏私。"
　　②治:治理。郭象注:"一以自得爲治。"王叔岷《校詮》:"治一,謂各
　　　得其所。"
　　③卒:衆也。王叔岷《校詮》:"'人卒'一詞,本書習見,《秋水篇》'人
　　　卒九州',《至樂篇》'人卒聞之',《釋文》並引司馬云:'卒,
　　　衆也。'"
　　④原:本也。陸德明《釋文》:"原,本也。"
　　⑤玄:遠。成玄英疏:"玄,遠也。古之君,謂三皇已前帝王也。"王叔

岷《校詮》：“‘玄古’猶‘遠古’。”

⑥天德：意謂成天之德。成玄英疏：“成天德之義也。”王叔岷《校詮》：“‘天德’即承上文‘君原於德而成於天’而言。”

　　以道觀言而天下之君正①，以道觀分而君臣之義明②，以道觀能而天下之官治③，以道汎觀而萬物之應備④。故通於天地者，德也；行於萬物者，道也；上治人者⑤，事也；能有所藝者，技也⑥。技兼於事⑦，事兼於義，義兼於德，德兼於道，道兼於天⑧。故曰：古之畜天下者⑨，无欲而天下足，无爲而萬物化，淵静而百姓定⑩。《記》曰⑪：“通於一而萬事畢⑫，无心得而鬼神服⑬。”

## 【校注】

①言：名稱。郭慶藩《集釋》引郭嵩燾曰：“言者，名也。正其君之名，天下自然聽命焉。”王叔岷《校詮》：“馬氏《故》引宣穎曰：‘言，謂名稱。’”王叔岷《校詮》：“《治要》引《申子·大體篇》：‘有道者自名而正之。’有道者，謂君。”

②分：名分，職責。郭象注：“各當其分，則無爲位上，有爲位下。”

③能：才能，職能。郭象注：“官各當其所能則治矣。”

④應：回應。王先謙《集解》：“宣云：‘泛應不窮。’”王叔岷《校詮》：“《老子》六十二章：‘道者，萬物之奥。’‘之奥’猶‘所藏’。（《廣雅·釋詁四》：‘奥，藏也。’……）道爲萬物所藏，故萬物之應無不備也。”

⑤上：最好者。郭象注：“使人人自得其事。”成玄英疏：“故事事有宜而天下治也。”

⑥藝：技藝，技能。郭象注：“技者，萬物之末用也。”王叔岷《校詮》：“藝爲技能，（《禮記·文王世子》：‘曲藝皆誓之。’鄭注：‘曲藝，爲小技能也。’）‘能有所藝者’，猶言‘有所藝能者’耳。”

⑦兼:猶"統"。下同。錢穆《纂箋》:"宣穎曰:'兼猶統也。'"

⑧天:意謂自然。《老子》第二十五章:"道法自然。"王叔岷《校詮》: "'道兼於天',謂虛通之道統於自然。"

⑨畜:養。王先謙《集解》:"畜,養。"

⑩定:安定。《老子》五十七章:"我無欲而民自樸,我無爲而民自 化,我好静而民自正。"

⑪《記》:傳說老子所著之書。陸德明《釋文》:"書名也,云老子 所作。"

⑫一:道。成玄英疏:"一,道也。"王叔岷《校詮》:"《淮南子·精神 篇》:'萬物總而爲一。'高注:'統於一道。'" ——畢:完畢。

⑬鬼神服:意謂無不服。王先謙《集解》:"以無心得者,無不服也。"

夫子曰①:"夫道,覆載萬物者也,洋洋乎大哉②!君子不 可以不刳心焉③。无爲爲之之謂天,无爲言之之謂德,愛人利 物之謂仁,不同同之之謂大④,行不崖異之謂寬⑤,有萬不同之 謂富⑥。故執德之謂紀⑦,德成之謂立⑧,循於道之謂備⑨,不 以物挫志之謂完⑩。君子明於此十者,則韜乎其事心之大 也⑪,沛乎其爲萬物逝也⑫。若然者,藏金於山,藏珠於淵,不 利貨財⑬,不近貴富;不樂壽,不哀夭;不榮通⑭,不醜窮⑮;不 拘一世之利以爲己私分⑯,不以王天下爲己處顯⑰。顯則 明⑱,萬物一府⑲,死生同狀。"

【校注】

①夫子:孔子。錢穆《纂箋》:"宣穎曰:'孔子也。下言夫子問於老 聃,可知。'"王叔岷《校詮》引俞樾曰:"據下文老子答辭曰:'丘, 予告若而所不能聞,與而所不能言。'則問老聃者,自是孔子。故 《釋文》曰:'夫子,仲尼也。'以後例前,則此兩'夫子曰',亦是孔 子之言矣。"

②洋洋:浩大之狀。王叔岷《校詮》:"洋洋,大貌。《詩·衛風·碩人》:'河水洋洋。'毛傳:'洋洋,盛大也。'"

③刳(kū):借爲"夸",引伸爲"虛"。錢穆《纂箋》:"《廣雅》:'夸,大也。'又《呂覽》高注:'夸,虛也。'今欲虛其心使大,故曰刳心。"王叔岷《校詮》:"朱駿聲云:'刳,叚借爲夸。'"

④大:大器之意。郭象注:"萬物萬形,各止其分,不引彼以同我,乃成大耳。"

⑤崖異:乖異。成玄英疏:"心無崖際,若萬頃之波,林藪蒼生,可謂寬容矣。"王叔岷《校詮》:"《秋水篇》:'行殊乎俗,不多辟異。'辟借爲僻。此文'崖異'猶'僻異'。"

⑥有萬:擁有萬類。郭象注:"我無不同,故能獨有斯萬。"成玄英疏:"群性咸得,故能富有天下也。"

⑦執:持也。　　紀:綱紀。郭象注:"德者,人之綱要。"成玄英疏:"能持已前之德行者,可謂群物之綱紀也。"王叔岷《校詮》:"德者自得之性,不可失也。"

⑧立:成也。王叔岷《校詮》:"《廣雅·釋詁》:'立,成也。'……《德充符篇》:'德者,成和之脩也。'"

⑨備:完備。成玄英疏:"能順於虛通,德行方足。"

⑩挫:損,屈。成玄英疏:"挫,屈也。"　　完:完整,完全。成玄英疏:"一毀譽,混榮辱,不以世物屈節,其德完全。"

⑪韜:包藏。陸德明《釋文》:"《廣雅》云:藏也。"成玄英疏:"韜,包容也。"　　事:治也。王叔岷《校詮》:"奚侗云:'《呂覽·論人篇》:事心乎自然之塗。高注:事,治也。此文事字亦當訓治。治心,是申上文刳心之義,刳而去之,即治之也。'……釋'事心'爲'治心',於義爲長。"

⑫沛:多貌。王叔岷《校詮》:"沛乎,多貌。《文選》王子淵《洞簫賦》:'沛焉競溢。'李善注:'沛,多貌。'"　　逝:往。成玄英疏:

"逝,往也。心性寬閒,德澤滂沛,故爲群生之所往也。"

⑬利:以之爲利。成玄英疏:"常用貨財,豈復將爲利也!"

⑭榮通:以通達爲榮。

⑮醜窮:以窮困爲醜。成玄英疏:"富貴榮達,不以爲榮耀;貧賤窒塞,不以爲醜辱。"

⑯拘:同"鉤"。錢穆《纂箋》:"馬其昶曰:'《荀子》注:拘讀爲鉤。鉤,規也,取也。'"王叔岷《校詮》引章太炎云:"拘與鉤同,《天運篇》:'一君無所鉤用。'《釋文》云:'鉤,取也。'此拘亦訓取。"

⑰王(wàng):動詞,爲天下王。　處:處世。王叔岷《校詮》引吳汝綸曰:"處,居也。"　顯:彰顯,張揚。郭象注:"不顯則默而已。"王叔岷《校詮》:"《庚桑楚篇》:'貴富顯嚴名利六者,勃志也。'顯爲六者亂志之一。"

⑱明:昭示,彰顯。成玄英疏:"明,彰也。"又錢穆《纂箋》:"'顯則明'三字,疑或人旁注殘入正文。"王叔岷《校詮》:"顯既不當處,然則'顯則明'三字連下文讀爲悖於理矣。竊疑'顯則明'三字,乃郭注誤入正文者。"

⑲府:聚集。《德充符篇》:"官天地,府萬物。"與此義同。成玄英疏:"忘於物我,故萬物可以爲一府;冥於變化,故死生同其形狀。"

夫子曰:"夫道,淵乎其居也①,漻乎其清也②。金石不得,无以鳴。故金石有聲,不考不鳴③。萬物孰能定之④!夫王德之人⑤,素逝而恥通於事⑥,立之本原而知通於神⑦。故其德廣⑧,其心之出,有物採之⑨。故形非道不生,生非德不明⑩。存形窮生⑪,立德明道,非王德者邪!蕩蕩乎⑫!忽然出,勃然動,而萬物從之乎⑬!此謂王德之人。視乎冥冥,聽乎无聲⑭。冥冥之中,獨見曉焉⑮;无聲之中,獨聞和焉。故深之又深而能物焉,神之又神而能精焉⑯;故其與萬物接也⑰,至无而供其求⑱,時騁而要其宿⑲,大小,長短,脩遠⑳。"

## 【校注】

①淵:意謂深默。　　居:處。王叔岷《校詮》:"居,正作凥,《説文》:
'凥,處也。處,止也。'引申有静義。"

②漻(liáo):清貌。陸德明《釋文》:"徐力蕭反,《廣雅》下巧反,云:
清貌。"成玄英疏:"至理深玄,譬猶淵海,漻然清絜。"錢穆《纂
箋》:"王念孫曰:'《説文》:漻,清深也。'"

③考:擊打。成玄英疏:"考,擊也。"王叔岷《校詮》:"《淮南子·詮
言篇》:'金石有聲,弗叩弗鳴。'本此,考、叩一聲之轉。"

④定:確定。王先謙《集解》:"推此而言,萬物應感無方,孰能定
之!"郭慶藩《集釋》引郭嵩燾曰:"淵穆澄清之中,而天機自動焉。
夫機之動也,有所以動之者也,而動無常。金石無常矣,而韶夏濩
武,由所動而樂生焉,所以動之者,物莫能定也。"

⑤王(wàng):同"旺"。下同。《養生主篇》"神雖王",郭象注:"雉
心神長王。"陸德明《釋文》:"王,于況反。注同。"王叔岷《校詮》:
"《廣韻》去聲四一漾云:'王,盛也。'朱駿聲謂《莊子》兩王字,叚
借爲旺,《説文》:'旺,光美也。'今字作旺。"

⑥素逝:意謂真性而往。成玄英疏:"素,真也。逝,往也。王德不驕
不(務)[矜],任真而往。"　　通於事:意謂通達俗務。成玄英疏:
"既抱樸以清高,故羞通於物務。"王先謙《集解》引蘇輿云:"'通
於事'與'通於神'對文。"王叔岷《校詮》:"《逍遥遊篇》:'孰弊弊
焉以天下爲事!'又云:'孰肯以物爲事!'即'恥通於事'之意也。"

⑦知:同"智"。陸德明《釋文》:"知音智。"成玄英疏:"不測之神,知
通於物,此之妙用,必資於本。"王叔岷《校詮》:"之猶於也。謂立
其本原則智通於神妙也。"

⑧廣:意謂廣被。王先謙《集解》:"本原既立,智可通神,故德能
廣被。"

⑨採:求也。成玄英疏:"採,求也。……聖心之出,良由物採。"王先謙《集解》:"非感不應。"王叔岷《校詮》:"成疏釋有爲由,極是。《至樂篇》:'種有幾。'有亦與由同義,謂物類皆由幾微而來也。"

⑩形:形體。成玄英疏:"形者,七尺之身;生者,百齡之命;德者,能澄之智;道者,可通之境也。道能通生萬物,故非道不生;德能鑒照理原,故非德不明。"

⑪窮:盡也。成玄英疏:"窮,盡也。"王叔岷《校詮》:"'窮生',謂盡其天年。"

⑫蕩蕩:廣大之貌。王叔岷《校詮》:"《漢書·禮樂志》:'大海蕩蕩水所歸。'師古注:'蕩蕩,廣大貌。'"

⑬忽、勃:自然無心之狀。郭象注:"忽、勃,皆無心而應之貌。動出無心,故萬物從之,斯蕩蕩矣。"

⑭冥冥:意謂不可察其顏色。成玄英疏:"至道玄深,聖心凝寂,非色不可以目視,絕聲不可以耳聽。"錢穆《纂箋》:"宣穎曰:道不在形聲。"

⑮曉:昭明。錢穆《纂箋》:"宣穎曰:道又不在寂滅。"王叔岷《校詮》:"《吕氏春秋·離謂篇》:'冥冥之中,有昭焉。'"

⑯能:猶"有"。錢穆《纂箋》:"《老子》曰:'恍兮惚兮,其中有物。窈兮冥兮,其中有精。'"王叔岷《校詮》:"能猶有也,可證錢穆引《老子》義。《劉子·去情篇》:'有是必有非,能利亦能害。'有、能互文,能亦有也。"

⑰接:應對,交接。

⑱求:需求。成玄英疏:"遣之又遣,乃至於無。而接物無方,隨機稱適,千差萬品,求者即供,若縣鏡高堂,物來斯照也。"王先謙《集解》:"非有而求無不給。"

⑲騁:縱。成玄英疏:"騁,縱也。"　　宿:歸。王先謙《集解》:"行遠而其歸可會。"錢穆《纂箋》:"陸長庚曰:'逝曰遠,遠曰反。'"王叔

岷《校詮》:"'要其宿'猶'會其歸'。《禮記·樂記》:'要其節
奏。'鄭注:'要猶會也。'"

⑳脩:長。章案:此處脱"各有其具"四字。王叔岷《校詮》:"《淮南
子·原道篇》:'至無而供其求,時騁而要其宿,大小脩短,各有其
具。'(高注:具猶備也。)本《莊子》。今本《莊子》此文遠下脱'各
有其具'四字,當補。'大小長短脩遠',《淮南子》作'大小脩遠'
者,蓋由淮南王安父諱長,故改《莊子》'長短'爲'脩短',又略去
'脩遠'二字,以避脩字之複耳。"

　黄帝遊乎赤水之北①,登乎崑崙之丘而南望,還歸,遺其
玄珠②。使知索之而不得③,使離朱索之而不得④,使喫詬索
之而不得也⑤。乃使象罔⑥,象罔得之。黄帝曰:"異哉⑦! 象
罔乃可以得之乎?"

【校注】

①赤水:寓言地名。郭慶藩《集釋》:"《文選》劉孝標《廣絶交論》注
　引司馬云:'赤水,(而)[水]假名。'"

②玄珠:比喻道。陸德明《釋文》:"司馬云:'道真也。'"

③知:同"智"。寓言人名,亦含寓意。陸德明《釋文》:"知音智。"
　索:尋求,尋找。成玄英疏:"索,求也。"

④離朱:傳説中目力極佳者。陸德明《釋文》:"離朱,司馬云:'黄帝
　時人,百步見秋毫之末。'一云:見千里針鋒。《孟子》作離婁。"王
　叔岷《校詮》:"《孟子·離婁篇》趙注:'黄帝亡其玄珠,使離朱索
　之。離朱即離婁也。'"

⑤喫(kài)詬:意謂聲辯之人。成玄英疏:"喫詬,言辯也。"郭慶藩
　《集釋》引郭嵩燾曰:"《廣韻》:'喫,同嘅。嘅,聲也;詬,怒也,怒
　亦聲也。'《集韻》云:'喫詬,力静者事也。'知者以神索之,離朱索
　之以形影矣,喫詬索之聲聞矣,是以愈索愈遠也。"

⑥象罔:意謂渾沌。成玄英疏:"罔象,無心之謂。"錢穆《纂箋》:"呂
　惠卿曰:'象則非無,罔則非有。不皦不昧,此玄珠之所以得也。'"
⑦異:怪異。

　　堯之師曰許由,許由之師曰齧缺,齧缺之師曰王倪,王倪
之師曰被衣①。堯問於許由曰:"齧缺可以配天乎②? 吾藉王
倪以要之③。"許由曰:"殆哉圾乎天下④! 齧缺之為人也,聰
明叡知⑤,給數以敏⑥,其性過人⑦,而又乃以人受天⑧。彼審
乎禁過,而不知過之所由生⑨。與之配天乎? 彼且乘人而无
天⑩,方且本身而異形⑪,方且尊知而火馳⑫,方且為緒使⑬,方
且為物絯⑭,方且四顧而物應⑮,方且應眾宜⑯,方且與物化而
未始有恒⑰。夫何足以配天乎? 雖然,有族,有祖,可以為眾
父⑱,而不可以為眾父父⑲。治,亂之率也⑳,北面之禍也,南
面之賊也㉑。"

## 【校注】

①許由、齧(niè)缺、王倪、被衣:四人事跡見《應帝王篇》注。被衣,
　《應帝王篇》作蒲衣。陸德明《釋文》:"被音披。"王叔岷《校詮》:
　"《淮南子·俶真篇》:'許由、方回、善卷、披衣,得達其道。'即作
　披衣;亦作蒲衣。"
②配:合也。郭象注:"謂為天子。"成玄英疏:"配,合也。"
③藉:因。成玄英疏:"藉,因也。" 要:同"邀"。陸德明《釋文》:
　"要,一遥反。"王先謙《集解》:"堯欲讓天下於齧缺,因王倪要
　致之。"
④殆:近也。成玄英疏:"殆,近也。" 圾:同"岌",危險。陸德明
　《釋文》:"本又作岌……郭、李云:'危也。'"王先謙《集解》:"圾
　同岌,危也。"王叔岷《校詮》:"《管子·小問篇》:'危哉君之國岌
　乎!'亦用岌字。"

⑤知：同“智”。

⑥給：捷。成玄英疏：“給，捷也。” 　數：同“速”。王叔岷《校詮》：“數讀爲速，數、速古通，《逍遥遊篇》有説。”

⑦性：性情。成玄英疏：“德行性識，所作過人。”

⑧以人受天：意謂從人爲復歸自然。郭象注：“用知以求復其自然。”王叔岷《校詮》：“乃猶且也。《讓王篇》：‘至其罪我也，又且以人之言。’彼文作‘又且’，此作‘又乃’，其義一也。……受猶成也，‘以人受天’，謂以人爲成自然也。《吕氏春秋·誣徒篇》：‘事至則不能受。’高注：‘受猶成也。’即受、成同義之證。”

⑨彼：指齧缺。下同。 　審：明察。 　禁：止。 　過：過失。郭象注：“夫過生於聰知，而又役知以禁之，其過彌甚矣。”成玄英疏：“言齧缺但知審禁蒼生之過患，而不知患生之由智也。”

⑩乘：任，御。 　无天：失去自然。成玄英疏：“若與天位，令御群生，必運乎心智，伐乎天理，則物皆喪己，無復自然之性也。”王叔岷《校詮》：“‘乘人而无天’，謂因人事而失自然。”

⑪方且：方將，將且。下同。陸德明《釋文》：“凡言方且者，言方將有所爲也。”成玄英疏：“方，將也。” 　本身：以己身爲本。故使天下失其本。郭象注：“由己以制物，則萬物乖矣。”成玄英疏：“以己身爲本，引物使歸，令天下異形，從我之化。”王叔岷《校詮》：“身、形互文，形亦身也。《素問·血氣形志論》：‘形樂志苦。’王注：‘形，謂身體也。’”

⑫知：同“智”。 　火馳：速馳。成玄英疏：“馳驟奔逐，其速如火矣。”王先謙《集解》：“宣云：‘尚巧智而急用之。’”

⑬緒使：爲事務役使。郭象注：“將興後世事役之端。”王先謙《集解》：“宣云：‘爲細事所役。’”錢穆《纂箋》引馬其昶曰：“《爾雅》：‘緒，事也。’《荀子》注：‘使，役也。’”

⑭絯（gāi）：約束，牽制。郭象注：“將遂使後世拘牽而制物。”陸德明

《釋文》:“《廣雅》公才反,云:束也。”王先謙《集解》:“宣云:‘爲物所拘。’”

⑮應:應接。王先謙《集解》:“宣云:‘酬接不暇。’”錢穆《纂箋》:“陸長庚曰:‘非靜而應者也。’”

⑯宜:適宜。王先謙《集解》:“事事求合。”王叔岷《校詮》:“宣穎云:‘事事求宜。’”

⑰恒:恒定。錢穆《纂箋》:“宣穎云:‘屢爲物變而不能定。’”

⑱族:宗族。 祖:祖先。郭慶藩《集釋》引郭嵩燾曰:“族者,比類之跡也。祖者,生物之原也。”王先謙《集解》:“宣云:‘凡聚族必有宗祖。’” 衆父:人君。成玄英疏:“父,君也。”王叔岷《校詮》:“《老子》二十一章:‘以閱衆甫。’俞樾《平議》云:‘甫與父通。衆甫者,衆父也。’並引《莊子》此文爲證。帛書乙本《老子》作‘衆父’。”

⑲衆父父:衆父之父。錢穆《纂箋》:“宣穎曰:‘衆父父者,乃族之祖也,萬代之大宗也。齧缺亦可爲衆人之父,但不能爲衆父之父耳。’”

⑳率:主。成玄英疏:“率,主也。”王先謙《集解》:“用智理物,治之主,亦亂之主。”

㉑北面:人臣。 南面:人君。王先謙《集解》:“宣云:‘不可爲人臣,亦不可爲人君。’案:借此言以警堯,非齧缺真如此也。”王叔岷《校詮》:“治乃亂之先導,人臣之禍,亦人君之害也。《論語·先進篇》:‘賊夫人之子。’黃疏:‘賊猶害也。’”

　　堯觀乎華①。華封人曰②:“嘻,聖人! 請祝聖人③。”“使聖人壽④。”堯曰:“辭⑤。”“使聖人富。”堯曰:“辭。”“使聖人多男子。”堯曰:“辭。”封人曰:“壽,富,多男子,人之所欲也。女獨不欲⑥,何邪?”堯曰:“多男子則多懼,富則多事,壽則多辱。是三者,非所以養德也⑦,故辭。”封人曰:“始也我以女爲聖人邪,今然君子也⑧。天生萬民,必授之職⑨。多男子而授之職,則何懼之有! 富而使人分之,則何事之有! 夫聖人,鶉居而鷇食⑩,鳥行而无彰⑪;天下有道,則與物皆昌⑫;天下无道,則脩德就閒⑬;千歲厭世,去而上僊⑭;乘彼白雲,至于帝鄉⑮;三患莫至⑯,身常无殃,則何辱之有!"封人去之。堯隨之,曰:"請問。"封人曰:"退已⑰!"

## 【校注】

①華(huà):地名。陸德明《釋文》:"華,胡化反,又胡花反。司馬云:'地名也。'"

②封人:地方守官。陸德明《釋文》:"司馬云:'守封疆人也。'"

③請祝:請爲祝福。成玄英疏:"封人見堯有聖人之德,光臨天下,請祝願壽富,多其男子。"

④封人祝語。下文"使聖人富"、"使聖人多男子"皆祝辭。

⑤辭:辭讓。成玄英疏:"辭讓之旨,列在下文。"

⑥女:同"汝"。下同。陸德明《釋文》:"女音汝。後同。"

⑦養:頤養。成玄英疏:"三者未足養無爲之德。"

⑧然:乃。王先謙《集解》:"宣云:'今如此,但可爲君子。'"王叔岷《校詮》引王念孫曰:"然猶乃也。《趙策》曰:'始吾以君爲天下之賢公子,吾乃今然后知君非天下之賢公子也。'文義與此同。"

⑨職:職守。成玄英疏:"量才授官。"

⑩鶉居:無常居。陸德明《釋文》:"謂無常居也。又云:如鶉之居,猶言野處。" 鷇(kòu):小鳥伺食。陸德明《釋文》:"《爾雅》云:'生哺,鷇。鷇食者,言仰物而足也。'"王先謙《集解》:"宣云:'鶉無常居,言不求安;鷇待母食,言不求飽。'"王叔岷《校詮》:"鶉居、鷇食,喻居、食儉薄耳。"

⑪彰:跡也。成玄英疏:"彰,文跡也。……猶如鳥之飛行,無蹤跡而

可見也。”錢穆《纂箋》引褚伯秀曰：“鶉無常居，鷇仰母哺，鳥行空虛，過而無跡，皆無心自然之意。”

⑫物：意指物與人。成玄英疏：“物來感我，則應時而昌。”

⑬閒：同“閑”。陸德明《釋文》：“閒音閑。”王叔岷《校詮》：“《論語·泰伯篇》：‘子曰：天下有道則見，無道則隱。’與此文意相近。”

⑭僊：同“仙”。陸德明《釋文》：“僊音仙。”王叔岷《校詮》：“僊、仙古今字。”

⑮帝鄉：意謂天上。成玄英疏：“屆於天地之鄉。”

⑯三患：意指壽、富、多男子帶來之患。成玄英疏：“三患，前富壽多男子也。”

⑰退：去也。王叔岷《校詮》：“《禮記·檀弓》：‘君退。’鄭注：‘退，去也。’已猶矣也。”　已：語助詞。

　　堯治天下，伯成子高立爲諸侯①。堯授舜②，舜授禹，伯成子高辭爲諸侯而耕。禹往見之，則耕在野。禹趨就下風③，立而問焉，曰：“昔堯治天下，吾子立爲諸侯④。堯授舜，舜授予，而吾子辭爲諸侯而耕，敢問其何故也？”子高曰：“昔堯治天下，不賞而民勸⑤，不罰而民畏。今子賞罰而民且不仁，德自此衰，刑自此立，後世之亂自此始矣。夫子闔行邪⑥？无落吾事⑦！”俋俋乎耕而不顧⑧。

【校注】

①伯成子高：人名。陸德明《釋文》：“《通變經》云：‘老子從此天地開闢以來，吾身一千二百變，後世得道，伯成子高是也。’”錢穆《纂箋》引俞樾曰：“《廣韻》：‘伯成，複姓。’《列子》稱伯成子不以一毫利物，舍國而隱耕。”

②授：授予，意爲傳位。

③趨:疾行。　下風:意謂謙恭。王叔岷《校詮》:"《新序》作'禹趨就下位而問焉'。'下風'猶'下位'也。"

④吾子:"你"之尊稱。下同。

⑤勸:勸勉。成玄英疏:"百姓不待其褒賞而自勉行善。"

⑥闔:同"盍",何不。陸德明《釋文》:"闔本亦作盍。"成玄英疏:"闔,何不也。"王叔岷《校詮》:"闔與盍同。"

⑦落:廢也。陸德明《釋文》:"落猶廢也。"錢穆《纂箋》:"于省吾曰:'落格古通,謂無阻吾事也。'"

⑧伲(jì)伲:急行之狀。陸德明《釋文》:"徐於執反,又直立反。李云:'耕貌。'一云:耕人行貌。"王叔岷《校詮》:"伲音直立反,則讀爲彶,《説文》:'彶,急行也。'朱駿聲云:'字亦作伲,《廣雅·釋訓》:伲伲,劇也。《莊子·天地》:挹挹乎耕而不顧。'"

泰初有无,无有无名①;一之所起,有一而未形②。物得以生,謂之德③;未形者有分,且然无間④,謂之命;留動而生物⑤,物成生理,謂之形;形體保神,各有儀則,謂之性⑥。性脩反德,德至同於初⑦。同乃虛,虛乃大。合喙鳴⑧,喙鳴合,與天地爲合⑨。其合緡緡⑩,若愚若昏,是謂玄德,同乎大順⑪。

【校注】

①泰初:意謂宇宙之始。《老子》第一章曰:"無名,天地之始。"郭象注:"無有,故無所名。"陸德明《釋文》:"《易説》云:氣之始也。"成玄英疏:"泰,太;初,始也。元氣始萌,謂之太初。"章案:此段文字描述宇宙生成。

②一:道也。成玄英疏:"一(應)[者]道也,有一之名而無萬物之狀。"王叔岷《校詮》:"一如已形,則有名矣。"　未形:萬物尚未形成。

③德:得也。意謂萬物得道而生成。成玄英疏:"德者,得也,謂得此

也。”王叔岷《校詮》：“《管子·心術篇》：‘化育萬物謂之德。’”

④分：分際。成玄英疏：“雖未有形質，而受氣以有素分。”　无間：意謂非清晰可辨。成玄英疏：“然且此分脩短，愨乎更無閒隙，故謂之命。”錢穆《纂箋》：“劉概曰：‘且，非久安意。無間，始卒若環，無端可指。’穆按：方且同訓。《齊物論》‘方生方死，方死方生’，即且然無間也。”

⑤留：同“流”。陸德明《釋文》：“留，或作流。”錢穆《纂箋》：“朱駿聲曰：‘留，借爲流。’”王叔岷《校詮》引奚侗曰：“《文選》顏延年《應詔讌曲水作詩》注引作‘流動’。”

⑥體：質也。　保：守也。成玄英疏：“體，質；保，守也。”　儀則：規則，法則。王先謙《集解》：“宣云：‘形載神而保，合之視聽言動，各有當然之則，乃所謂性也。’”王叔岷《校詮》：“‘儀則’猶‘法則’，《國語·周語下》：‘百官軌儀。’韋注：‘儀，法也。’”

⑦反：同“返”。　初：意指太初。王先謙《集解》：“宣云：‘德之至，則同於泰初，此極詣也。’”

⑧喙：鳥嘴。郭象注：“無心於言而自言者，合於喙鳴。”成玄英疏：“喙，鳥口也。”錢穆《纂箋》：“劉咸炘曰：‘喙鳴，猶齊物之籲衆竅。’”

⑨郭象注：“天地亦無心而動。”

⑩緡緡：合之貌。成玄英疏：“緡，合也。”王叔岷《校詮》：“《在宥篇》：‘當我，緡乎！遠我，昏乎！’《釋文》：‘緡，郭音泯，泯合也。’‘緡緡’，合貌也。”

⑪玄：玄深。郭象注：“德玄而所順者大矣。”成玄英疏：“可謂深玄之德，故同乎太初，大順天下也。”

夫子問于老聃曰①：“有人治道若相放②，可不可，然不然③。辯者有言曰：‘離堅白，若縣寓④。’若是則可謂聖人乎？”老聃曰：“是胥易技係勞形怵心者也⑤。執留之狗成思，猨狙之便自山林來⑥。丘，予告若，而所不能聞與而所不能言⑦。凡有首有趾无心无耳者衆⑧，有形者與无形无狀而皆存者盡无⑨。其動，止也；其死，生也；其廢，起也⑩。此又非其所以也⑪。有治在人⑫，忘乎物，忘乎天，其名爲忘己。忘己之人，是之謂入於天⑬。」

【校注】

①夫子：孔丘。陸德明《釋文》：「夫子，仲尼也。」章案：此段文字屬寓言，於史無徵。

②放：同「方」，亦作「方」，逆也。錢穆《纂箋》引于省吾曰：「放，《釋文》作方。《堯典》『方命圮族』。《孟子》：『方命虐民。』趙注：『方猶逆也。』下文『可不可，然不然』，正相逆義。」

③然：意亦「可」也。郭象注：「强以不可爲可，不然爲然。」

④離堅白：名家辯題之一。　縣寓：異宇，意指不同空間。陸德明《釋文》：「寓音宇。」錢穆《纂箋》引高亨曰：「縣，殊也，異也。寓，《説文》：『籒文宇。』今謂空間。堅白相盈，而非相外。名家離堅白，故曰若異宇。」

⑤胥易技係：雜役之類事務。《應帝王篇》有與此相同文字。郭慶藩《集釋》原注：「胥易，謂胥徒供役治事。鄭注《檀弓》：『易墓，謂治草木。』易猶治也。技係，若《王制》『凡執技以事上者，不貳事，不移官』，謂爲技所繫也。」　勞形怵心：身體勞累，心神緊張。成玄英原疏：「神慮劬勞，故形容改變；係累，故心靈怵惕也。」

⑥此句頗費解，注家無不增減原文，牽强串義。此文實則與《應帝王篇》「猨狙之便執斄之狗來藉」相似，疑原文轉抄有誤。王先謙《集解》：「《應帝王篇》引《老子》語云『猨狙之便，執斄之狗來藉』，與此文微異，而怡大同，尤留、斄同字之明證矣。」錢穆《纂箋》引吳汝綸曰：「此與《應帝王篇》陽子居章略同。『成思』當爲『來田』之訛。成來草書形近。『自山林來』，亦宜爲『來藉』之

訛。"王叔岷《校詮》引奚侗云:"此文當與《應帝王篇》相同。'執留之狗'當作'虎豹之文',蓋涉彼衍文而誤。'成(田)[思]'爲'來田'之譌,(來、成草書極相似。)狗爲家畜,不得云'來田',故知其誤也。……'自山林'三字衍,'來'下脫'藉'字。"章案:"猨狙之便執犛之狗來藉":意即獼猴和狗正由於敏捷反被人用繩子捉住。成玄英疏:"獼猴以跳躍便捷,恒被繩拘;狗以執捉狐貍,每遭係頸。"王先謙《集解》曰:"猴、狗以能致繫。" 猨(yuán)狙:成玄英疏:"獼猴也。" 便:便捷。王先謙《集解》曰:"捷也。"犛:同貍。錢穆《纂箋》引孫詒讓曰:"犛犁貍留,並一聲之轉。"藉:繩,用作動詞。陸德明《釋文》曰:"司馬云:'藉,繩也,由捷見結縛也。'崔云:'藉,繫也。'"

⑦若、而:你。成玄英疏:"若、而,皆汝也。" 不能聞、不能言:意指道。王先謙《集解》:"謂道也。"

⑧首、趾:意指具體人形。王先謙《集解》:"宣云:'具體爲人,而無知無聞者皆是。'"錢穆《纂箋》:"馬其昶曰:'物之有質有氣而無知也。'"

⑨无形无狀:意指道。王先謙《集解》:"有形,人也;無形無狀,道也。能人與道俱存者無之。"王叔岷《校詮》:"而讀爲能。"

⑩廢:廢毀。王先謙《集解》:"動靜、死生、興廢,皆非道之所在。"錢穆《纂箋》:"此言動止死生廢起不由辯。"

⑪其:猶"己"。錢穆《纂箋》:"'非其所以',謂一切不由如辯者之言而然也。"王叔岷《校詮》:"'此又非其所以也',猶言'此又非己所爲也'。其讀爲己,以猶爲也。《史記·田完世家》:'奈何以萬乘之國而無寶乎?'陶淵明《集聖賢群輔錄》上引以作爲,即以、爲同義之證。"

⑫治:猶"爲"。王叔岷《校詮》:"治猶爲也。……'有治在人',猶言'可爲在人'。自然則非可爲者也。"

⑬入：會合。成玄英疏：“入，會也。”郭慶藩《集釋》：“此言唯忘己之
　人能與天合德也。”王先謙《集解》：“宣云：‘與天爲一。’”

　　將閭葂見季徹曰①：“魯君謂葂也曰②：‘請受教③。’辭，不
獲命④，既已告矣，未知中否，請嘗薦之⑤。吾謂魯君曰：‘必
服恭儉⑥，拔出公忠之屬而无阿私⑦，民孰敢不輯⑧！’”季徹局
局然笑曰⑨：“若夫子之言，於帝王之德，猶螳螂之怒臂以當車
軼⑩，則必不勝任矣。且若是⑪，則其自爲遺危⑫；其觀臺，多
物⑬，將往，投跡者衆⑭。”將閭葂覤覤然驚曰⑮：“葂也汒若於
夫子之所言矣⑯。雖然，願先生之言其風也⑰。”季徹曰：“大
聖之治天下也，搖蕩民心⑱，使之成教易俗⑲，舉滅其賊心而皆
進其獨志⑳，若性之自爲，而民不知其所由然㉑。若然者，豈兄
堯舜之教民㉒，溟涬然弟之哉㉓？欲同乎德而心居矣㉔。”

【校注】

①將閭葂(miǎn)、季徹：人名。陸德明《釋文》：“將閭葂，人姓名也。
　一云：姓將閭，名葂。或云：姓蔣，名閭葂也。季徹，人姓名也，蓋
　季氏之族。”成玄英疏：“此二賢未知何許人也，未詳所據。”錢穆
　《纂箋》引俞樾曰：“《廣韻》閭字注引《藝文志》：‘古有將閭子，名
　葂，好學箸書。’”

②魯君：魯侯。陸德明《釋文》：“或云：定公。”成玄英疏：“魯君，魯
　侯也，伯禽之後，未知的是何公。”

③受：同“授”。成玄英疏：“魯公見葂，請受治國之術。”

④命：魯君之命，意未獲魯君允許。成玄英疏：“雖復辭不得免君
　之命。”

⑤薦：陳述。成玄英疏：“遂告魯君爲政之道。當時率爾，恐不折中，
　敢陳所言，試獻吾賢。”錢穆《纂箋》：“舊注：薦，陳也。”王叔岷《校
　詮》：“宣穎曰：‘欲陳所言。’案《爾雅·釋詁》：‘薦，陳也。’”

⑥服:從。成玄英疏:"先須躬服恭敬,儉素清約。"王先謙《集解》:
"若被服之。"

⑦拔:提拔,拔擢。成玄英疏:"拔擢公平忠節之人。" 阿私:複語,
私也。王叔岷《校詮》:"'阿私',複語,《吕氏春秋·高義篇》:'阿
有罪。'高注:'阿,私也。'"

⑧輯:和。陸德明《釋文》:"輯音集,《爾雅》云:'和也。'"

⑨局局:同"局局",覆宋本、世德堂本皆作"局局"。局局,大笑之
狀。陸德明《釋文》:"大笑之貌。"成玄英疏:"局局,俛身而
笑也。"

⑩軼:同"轍"。陸德明《釋文》:"軼音轍。"郭慶藩《集釋》:"古轍字
通作軼。《戰國策》車軼之所至,注:'軼音轍。'"

⑪是:如此。意謂魯君納將閭葂之言。

⑫其:他。指魯君。 處:同"處",覆宋本、世德堂本亦作"處"。
陸德明《釋文》:"本又作處。"成玄英疏:"猶如臺觀峻聳,處置危
縣。"王叔岷《校詮》:"此謂若必服恭儉,拔出公忠之屬,則是自處
於危殆之高位也。"

⑬物:事也。王先謙《集解》:"物,事也。言君所自此多事。"錢穆
《纂箋》:"物猶名色也。《左傳》:'遂登觀臺,以望而書雲物。'此
借以喻魯君之多樹恭儉公忠爲表的也。"

⑭跡:足跡。成玄英疏:"顯耀動物,物不安分,故舉足投跡,企踵者
多也。"

⑮覤(xì)覤:驚懼之狀。陸德明《釋文》:"驚懼之貌。"錢穆《纂箋》:
"宣穎曰:'覤同虩。'"王叔岷《校詮》:"《説文》:'虩虩,恐懼也。'
《廣雅·釋訓》:'虩虩,懼也。'覤即虩之俗變。"

⑯汒:同"茫"。成玄英疏:"汒,無所見也。乍聞高議,率爾驚悚,思
量不悟,所以汒然矣。"王叔岷《校詮》:"宣穎云:'汒同茫。'"王先
謙《集解》:"汒若,猶茫然。"

⑰風:同“方”。王叔岷《校詮》引奚侗曰:“風與方通。《詩·北山篇》:‘或出入風議。’鄭箋:‘風,放也。’《堯典》:‘方命圮族。’《釋文》:‘馬云:方,放也。’風、方同訓,故風可通方。風、方亦雙聲也。‘愿先生之言其方’,猶《齊物論篇》‘敢問其方’、《田子方篇》‘愿聞其方’也。”

⑱搖蕩:意謂放任、散縱。錢穆《纂箋》引曹受坤曰:“搖與遙同。搖蕩,即《大宗師》之遙蕩,謂縱散也。猶今言解放。”

⑲教:教化。成玄英疏:“教成而跡不顯,俗易而物不知。”

⑳舉:皆。陸德明《釋文》:“舉,皆也。” 獨志:自得之志。王先謙《集解》引宣穎云:“進其得一之志。”王叔岷《校詮》:“獨志,自得之志也。”

㉑若:若似。 由:由來。郭象注:“履性自爲而不知所由,皆云我自然矣。”

㉒兄:同“況”。王叔岷《校詮》引孫詒讓云:“兄當讀爲況,(古況字多作兄,《詩·小雅·桑柔篇》:‘倉兄填兮。’《釋文》云:‘兄,本亦作況。’)謂比況也。”

㉓溟涬(xìng):亦作“涬溟”,渾沌、大同之意。錢穆《纂箋》引馬其昶曰:“《論衡》云:‘溟涬濛澒,氣未分之貌也。’凡言溟涬、涬溟、混冥,皆取渾沌之義。”章案:《在宥篇》“大同乎涬溟”,郭象注:“與物無際。”陸德明《釋文》:“司馬云:‘涬溟,自然氣也。’”
弟:爲“夷”之誤,平等之義。王叔岷《校詮》引孫詒讓曰:“弟當爲夷,形近而誤。(《易·渙》‘匪夷所思’,《釋文》云:‘夷,荀本作弟。’)《左》昭十七年《傳》云:‘五雉爲五工正,利器用,正度量,夷民者也。’杜注云:‘夷,平也。’”

㉔居:安定。成玄英疏:“居,安定之謂也。”王叔岷《校詮》:“而猶則也,蓋心安乃可與德同也。”

　　子貢南遊於楚①,反於晉②,過漢陰③,見一丈人方將爲圃畦④,鑿隧而入井⑤,抱甕而出灌⑥,搰搰然用力甚多而見功寡⑦。子貢曰:"有械於此⑧,一日浸百畦⑨,用力甚寡而見功多,夫子不欲乎?"爲圃者卬而視之曰⑩:"奈何⑪?"曰:"鑿木爲機⑫,後重前輕,挈水若抽⑬,數如泆湯⑭,其名爲槔⑮。"爲圃者忿然作色而笑曰:"吾聞之吾師,有機械者必有機事,有機事者必有機心⑯。機心存於胸中,則純白不備⑰;純白不備,則神生不定⑱;神生不定者,道之所不載也。吾非不知,羞而不爲也。"子貢瞞然慙⑲,俯而不對⑳。有閒㉑,爲圃者曰:"子奚爲者邪㉒?"曰:"孔丘之徒也。"爲圃者曰:"子非夫博學以擬聖㉓,於于以蓋衆㉔,獨弦哀歌以賣名聲於天下者乎? 汝方將忘汝神氣,墮汝形骸㉕,而庶幾乎㉖! 而身之不能治㉗,而何暇治天下乎㉘! 子往矣,无乏吾事㉙!"子貢卑陬失色㉚,頊頊然不自得㉛,行三十里而後愈㉜。

## 【校注】

①子貢:孔子弟子。此爲寓言,於史無徵。　　楚:楚國。成玄英疏:"子貢南遊荆楚之地。"

②反:同"返"。　　晉:晉國。

③漢陰:漢水之南。成玄英疏:"水南曰陰。"

④丈人:老者。成玄英疏:"丈人,長者之稱也。"　　爲圃畦:菜地耕作。陸德明《釋文》:"圃,園也。李云:'菜蔬曰圃。埒中曰畦。'《説文》:五十畝曰畦。'"王叔岷《校詮》:"宣穎云:'爲,治。'"

⑤遂:地道。陸德明《釋文》:"遂,李云:道也。"成玄英疏:"遂,地道也。"

⑥甕:同"瓮",瓦罐。陸德明《釋文》:"甕字亦作瓮。"

⑦搰(kū)搰:用力貌。陸德明《釋文》:"用力貌。"錢穆《纂箋》引王念孫曰:"搰、勄同義。《埤蒼》云:'勄,力作也。'"　　功寡:功

效低。

⑧械：器械。陸德明《釋文》：“李云：‘器械也。’”

⑨浸：灌溉。陸德明《釋文》：“司馬云：‘灌也。’”

⑩卬：同“仰”。陸德明《釋文》：“卬音仰。本又作仰。”王叔岷《校詮》：“卬、仰古今字。”

⑪奈何：如何。成玄英疏：“奈何，猶如何。”

⑫機：器械上機關。成玄英疏：“機，關也。”

⑬挈：提。成玄英疏：“提挈其水。”王叔岷《校詮》：“《廣雅‧釋詁四》：‘挈，提也。’”

⑭數：同“速”。陸德明《釋文》：“李云：‘疾速如湯沸溢也。’”王叔岷《校詮》：“數讀爲速，李云‘疾速’，是也。（數、速古通，《天地篇》有説。）　泆（yì）湯：蕩溢沸水。泆義同“溢”。陸德明《釋文》：“本或作溢。”王叔岷《校詮》：“《説文》：‘泆，水所蕩泆也。’段注：‘蕩泆者，動盪奔突而出。’”

⑮槔：桔槔，器械名。陸德明《釋文》：“槔本又作橋，或作皋，同。音羔。徐居橋反。司馬、李云：‘桔槔也。’”

⑯機心：機變之心。成玄英疏：“夫有機關之器者，必有機動之務；有機動之務者，必有機變之心。”

⑰純白：喻自然純净。成玄英疏：“抱一守白者也。”王叔岷《校詮》：“《抱朴子‧詰鮑篇》：‘純白在胷，機心不生。’亦本《莊子》。”

⑱生：同“性”。錢穆《纂箋》：“吳汝綸曰：‘生讀爲性。’”

⑲瞒然：愕然。王叔岷《校詮》：“瞒，司馬本作憮，崔本作撫，古字通用，《爾雅‧釋言》：‘憮，撫也。’《論語‧微子篇》：‘夫子憮然。’皇疏：‘憮然，猶驚愕也。’嵇康、皇甫謐《高士傳》‘瞒然’並作‘愕然’。”

⑳對：應對。成玄英疏：“不知何答也。”

㉑有間：俄頃。成玄英疏：“有間，俄頃也。”

㉒奚:何。成玄英疏:"奚,何也。問子貢:'汝是誰門徒?作何
學業?'"

㉓子:指孔子。《史記·孔子世家》云孔子"弦歌不絕",與下文"獨
弦哀歌"同。　擬聖:擬似聖人。成玄英疏:"擬似聖人。"

㉔於于:夸誕貌。陸德明《釋文》:"本或作唹吁,音同。司馬云:'夸
誕貌。'"王叔岷《校詮》引奚侗曰:"《淮南·俶真訓》載此文作'華
誣以脅衆'。華,古音敷,'華誣'近'於于',音近而譌。"　蓋衆:
應爲"善衆",意謂愚弄大衆。陸德明《釋文》:"司馬本蓋作善。"
王叔岷《校詮》:"朱駿聲因謂'蓋叚借爲价'。《説文》:'价,善
也。'不知善乃蓋之誤,蓋,俗書作盖,與善近形,故致誤耳。"

㉕墮:毀壞。意即"墮肢體,黜聰明"。成玄英疏:"汝忘遺神氣,墮
壞形骸。"

㉖幾:近。成玄英疏:"而後庶近於道。"

㉗而:你。成玄英疏:"而,汝也。"

㉘而:又。王叔岷《校詮》:"而字猶又也。"　何暇:猶"如何"。成
玄英疏:"何容應聘天下!"

㉙乏:妨礙。陸德明《釋文》:"乏,廢也。"王叔岷《校詮》:"嵇康、皇
甫謐《高士傳》乏並作妨。"

㉚卑陬(zōu):愧懼之狀。陸德明《釋文》:"李云:'卑陬,愧懼
貌。'"成玄英疏:"卑陬,慙怍之貌。"王叔岷《校詮》引章太炎曰:
"'卑陬'即'顰蹙',《説文》'顰從卑聲',故卑得借爲顰。陬即趣
之借,趣、蹙聲義近。"

㉛頊(xū)頊:自失之狀。陸德明《釋文》:"李云:'自失貌。'"王叔
岷《校詮》:"《説文》:'頊,頭頊頊,謹貌。'段注:'此本義也。《白
虎通》(《五行篇》)又曰:冬,其帝顓頊。顓頊者,寒縮也。''寒縮'
與'自失'義正相因。"

㉜愈:同"瘉"。成玄英疏:"方得復常。"

其弟子曰："向之人何爲者邪①？夫子何故見之變容失色，終日不自反邪②？"曰："始吾以爲天下一人耳③，不知復有夫人也④。吾聞之夫子⑤，事求可，功求成。用力少，見功多者，聖人之道。今徒不然⑥。執道者德全⑦，德全者形全，形全者神全。神全者，聖人之道也。託生與民並行而不知其所之⑧，汒乎淳備哉⑨！功利機巧必忘夫人之心⑩。若夫人者，非其志不之⑪，非其心不爲。雖以天下譽之，得其所謂⑫，謷然不顧⑬；以天下非之，失其所謂，儻然不受⑭。天下之非譽，无益損焉，是謂全德之人哉！我之謂風波之民⑮。"反於魯⑯，以告孔子。孔子曰："彼假脩渾沌氏之術者也⑰；識其一，不知其二；治其內，而不治其外⑱。夫明白入素⑲，无爲復朴，體性抱神，以遊世俗之間者，汝將固驚邪⑳？且渾沌氏之術，予與汝何足以識之哉！"

【校注】

①向：剛才。成玄英疏："向見之人，脩何藝業？"

②終日：意謂良久。王叔岷《校詮》："《史記・扁鵲傳》：'終日，扁鵲仰天嘆曰。'王念孫《雜志》云：'終日，猶良久也。……'此文'終日'，亦猶良久也。"　反：恢復。成玄英疏："反，復也。"

③一人：指孔子。郭象注："謂孔丘也。"成玄英疏："昔來廩學，宇内唯夫子一人。"王先謙《集解》："意尊孔子。"

④夫人：斯人，此人。下同。王叔岷《校詮》："《事文類聚》引'夫人'作'斯人'，《合璧事類》引作'此人'，義並同。"王先謙《集解》："不知復有此輩人也。"

⑤夫子：指孔子。成玄英疏："子貢述昔時所聞，以爲聖人之道。"

⑥徒：乃。王叔岷《校詮》引王引之云："徒猶乃也。'今徒不然'，言'今乃不然'也。《荀子・子道篇》：'子路謂子貢曰：吾以夫子爲

無所不知,夫子徒有所不知。'又曰:'子貢謂子路曰:汝謂夫子爲有所不知乎?夫子徒無所不知。'"

⑦執:持。成玄英疏:"執持道者則德行無虧。"

⑧託:寄託。王先謙《集解》:"宣云:'寄生於世,與民大同。'"　所之:所往。成玄英疏:"雖與群物並行,而不知所往。"

⑨汒:同"茫"。王先謙《集解》:"汒乎,言不能測其所至。"　淳備:淳和備足。成玄英疏:"操行淳和,道德圓備。"王叔岷《校詮》:"'淳備',淳和備足也。"

⑩夫人:此人,指爲圃丈人。王先謙《集解》:"宣云:'夫人之心,必無此四累。'"

⑪之:往。王先謙《集解》:"之,往也。心志有所專執。"

⑫所謂:所獲得稱謂。王先謙《集解》:"稱爲全德。"

⑬謷:同"傲"。王先謙《集解》:"謷然,猶傲然。"王叔岷《校詮》:"朱駿聲云:'謷,叚借爲傲。'"

⑭儻然:無心之狀。成玄英疏:"儻是無心之貌。"王叔岷《校詮》:"《集韻》去聲八引此文,云:'儻,不動意。'"

⑮風波之民:意謂隨風而動之人。郭象注:"此宋榮子之徒,未足以爲全德。子貢之迷没此人,即若列子之心醉於季咸也。"錢穆《纂箋》:"宣穎云:'風波,言易爲是非所動。'"

⑯反:同"返"。成玄英疏:"反歸於魯。"

⑰彼:指爲圃丈人。　渾沌氏之術:傳爲一種道術或功法。成玄英疏:"渾沌者,無分別之謂也。"王叔岷《校詮》:"《説苑・反質篇》載衛五丈夫負缶灌韭事,與漢陰丈人抱甕灌園事相類。鄧析稱五丈夫爲真人,真人則似渾沌氏矣。"

⑱治:脩治。成玄英疏:"抱道守素,治内也;不能隨時應變,不治外也。"

⑲明白入素:意謂返樸歸真。成玄英疏:"心智明白,會於質素之本;

無爲虛淡,復於淳朴之原。"王叔岷《校詮》:"'入素'與'復朴'對文。"

⑳固:同"胡"、"何"。郭象注:"此真渾沌也⋯⋯豈必使汝驚哉!"郭慶藩《集釋》引俞樾曰:"固讀爲胡。胡固皆從古聲,故得通用。"王叔岷《校詮》:"胡猶何也。'汝將固驚邪'猶言'汝尚何驚邪'。"

諄芒將東之大壑①,適遇苑風於東海之濱②。苑風曰:"子將奚之③?"曰:"將之大壑。"曰:"奚爲焉?"曰:"夫大壑之爲物也,注焉而不滿,酌焉而不竭④,吾將遊焉。"苑風曰:"夫子无意于横目之民乎⑤?願聞聖治⑥。"諄芒曰:"聖治乎?官施而不失其宜⑦,拔舉而不失其能⑧,畢見其情事而行其所爲,行言自爲而天下化⑨,手撓顧指⑩,四方之民莫不俱至,此之謂聖治。""願聞德人。"曰:"德人者,居无思,行无慮,不藏是非美惡⑪。四海之内共利之之謂悦,共給之之爲安⑫;怊乎若嬰兒之失其母也⑬,儻乎若行而失其道也⑭。財用有餘而不知其所自來,飲食取足而不知其所從⑮,此謂德人之容⑯。""願聞神人。"曰:"上神乘光⑰,與形滅亡⑱,此謂照曠⑲。致命盡情⑳,天地樂而萬事銷亡㉑,萬物復情㉒,此之謂混冥㉓。"

【校注】

①諄芒:寓言人物。陸德明《釋文》:"李云:'望之諄諄,察之芒芒,故曰諄芒。'一云:姓名也。或云:霧氣也。"　之:行也。　大壑:大海。陸德明《釋文》:"李云:'大壑,東海也。'"成玄英疏:"大壑,海也。"王先謙《集解》:"海也。"

②苑風:寓言人物。陸德明《釋文》:"苑本亦作宛。⋯⋯李云:'小貌,謂游世俗也。'"成玄英疏:"苑,小風也。"

③奚之:何往。成玄英疏:"奚,何也。之,往也。借問淳芒,有何遊往。"

④酌:倒出。陸德明《釋文》:"酌焉,一本作取焉。"成玄英疏:"夫大
海泓宏,深遠難測,百川注之而不溢,尾閭泄之而不乾。"

⑤橫目之民:民衆。成玄英疏:"五行之内,唯民橫目,故謂之橫目
之民。"

⑥聖治:聖人之治。成玄英疏:"聖化之法。"

⑦官施:任意用度。王叔岷《校詮》:"《荀子·王制篇》:'官施而衣
食之。'王先謙《集解》云:'官者,任也。……施者,用也。……官
施而衣食之,猶言任用而衣食。《王霸篇》云:論德使能而官施
之。尤其明證。'此文'官施',亦任用之意。"

⑧拔舉:選拔舉薦官員。成玄英疏:"拔擢薦舉,不失才能。"

⑨畢:盡。王先謙《集解》:"宣云:'盡見情理,順而行之。'"王叔岷
《校詮》:"所、自互文,所(由)[猶]自也。……言猶於也。此謂盡
見其情事而行其自爲,行於自爲則天下化也。"

⑩撓:動。陸德明《釋文》:"司馬云:'動也。'" 顧指:以目指事。
郭慶藩《集釋》:"顧指,目顧其人而指使之。左思《吳都賦》'搴旗
若顧指',劉逵注:'謂顧指如意。'此言顧指,與《漢書·貢禹傳》
'目指氣使'同義。(師古注曰:動目以指物,出氣以使人。)"

⑪美惡:善惡。成玄英疏:"豈容蘊蓄是非,包藏善惡邪!"王先謙
《集解》:"宣云:'心中過而不留。'"

⑫悦、安:對文。郭慶藩《集釋》:"悦與安對文。謂猶爲也。古謂爲
字同義互用。"

⑬怊(chāo):惆悵。陸德明《釋文》:"怊音超。《字林》云:'悵
也。'"王叔岷《校詮》:"怊與惆同,《説文》:'惆,失意也。'朱駿聲
云:'字亦作怊,惆、怊一聲之轉。'"

⑭儻:心無主狀。成玄英疏:"用斯二事,以況德人也。"王先謙《集
解》:"儻,心無主也。民仰賴之如此。"王叔岷《校詮》:"宣穎云:
'不知所歸。'案《六書故》八引此文,云:'儻,儵忽不可期也。'《庚

桑楚篇》：‘行不知所之。’”

⑮從：來。成玄英疏：“故不知所從來也。”

⑯容：情狀。郭象注：“德者，神人跡也，故曰容。”錢穆《纂箋》引馬其昶曰：“《老子》：‘孔德之容。’注：容，狀也。”

⑰乘：用也。成玄英疏：“乘，用也。”王叔岷《校詮》：“《在宥篇》廣成子云：‘吾與日月參光。’與此言‘乘光’義近。”

⑱與：同“其”。王叔岷《校詮》：“與猶其也。《周禮·考工記·弓人》：‘射利侯與弋。’鄭注：‘故書與作其。’”王先謙《集解》：“上品神人，乘光照物，不見其形跡。”

⑲照：同“昭”。成玄英疏：“智周萬物，明逾三景，無幽不燭，豈非曠遠！”錢穆《纂箋》：“姚鼐曰：‘晉人諱昭，皆書作照。’”王叔岷《校詮》：“《文選》謝靈運《富春渚詩》注引照作昭。《廣雅·釋詁四》：‘曠、昭，明也。’王氏《疏證》引此文，云：‘照曠與昭曠同。’”

⑳致：窮盡。成玄英疏：“窮性命之致，盡生化之情。”王叔岷《校詮》：“致、盡互文，致亦盡也。《呂氏春秋·上德篇》：‘此之謂順情。’高注：‘情，性也。’‘致命盡情’，猶言‘盡命盡性’，即今盡其性命耳。”

㉑銷亡：消失。王先謙《集解》：“宣云：‘與天地同樂，而物累皆捐。’”王叔岷《校詮》：“謂逍遥於天地之間，而行其所無事也。”

㉒復情：意謂返真。王叔岷《校詮》：“‘復情’猶返真、歸根也。”

㉓混冥：混同玄冥。成玄英疏：“混沌無分而冥同一道也。”王先謙《集解》：“混同於玄冥。”

　　門无鬼與赤張滿稽觀於武王之師①。赤張滿稽曰：“不及有虞氏乎！故離此患也②。”門无鬼曰：“天下均治而有虞氏治之邪③？其亂而後治之與④？”赤張滿稽曰：“天下均治之爲願⑤，而何計以有虞氏爲⑥！有虞氏之藥瘍也⑦，秃而施髢⑧，病而求醫。孝子操藥以脩慈父，其色燋然⑨，聖人羞之⑩。至德之世,不尚賢,不使能⑪;上如標校⑫,民如野鹿;端正而不知以爲義,相愛而不知以爲仁,實而不知以爲忠⑬,當而不知以爲信⑭,蠢動而相使,不以爲賜⑮。是故行而無跡,事而無傳⑯。"

## 【校注】

①門无鬼、赤張滿稽:皆寓言人物。陸德明《釋文》:"門无鬼,司馬本作無畏,云:門,姓;無畏,字也。赤張滿,本或作蒲。稽,古兮反。李云:'門、赤張,氏也。无鬼、滿稽,名也。'" 武王:周武王。王先謙《集解》:"謂孟津之役。"

②離:同"罹",遭。成玄英疏:"離,遭也。"王叔岷《校詮》:"《道藏》成疏本離作罹,古字通用。《盜跖篇》:'故服其殃,離其患也。'《漁父篇》:'丘不知所失,而離此四謗者,何也?'成疏並作罹。"
有虞氏:帝舜。成玄英疏:"虞舜以揖讓御時,武王以干戈濟世。"

③均:平。成玄英疏:"均,平也。若天下太平,物皆得理,則何勞虞舜作法治之!"

④與:同"歟"。陸德明《釋文》:"與音餘,本又作邪。"王叔岷《校詮》:"上而字與下其字爲互文,義並與抑同。"

⑤願:願望。成玄英疏:"宇内清夷,志願各足。"王叔岷《校詮》:"'之爲願',猶言'已如願'。《外物篇》:'東方作矣,事之何如?'之亦與已同義。"

⑥計:算計,意含期望。郭象注:"均治則願各足矣,復何計有虞氏之德而推以爲君!"王叔岷《校詮》:"而猶又也。"

⑦藥瘍(yáng):治療頭瘡。陸德明《釋文》:"瘍音羊,李云:'頭創也。言創以喻亂,求虞氏藥治之。'"成玄英疏:"瘍,頭瘡也。"王先謙《集解》引王引之曰:"藥,古讀曜,與療聲近義通。《方言》:'療,治也。'"

⑧施髢(dí):戴假髮。陸德明《釋文》:"髢,大細反。司馬云:'髮

也。'"王叔岷《校詮》:"《説文》:'髮,益髮也。'"

⑨操:執持。成玄英疏:"操,執也。"　　脩:同"羞",進也。王叔岷
《校詮》引孫詒讓曰:"脩與羞古通,《儀禮・鄉飲酒》:'乃羞無算
爵。'《禮記・鄉飲酒》作'脩爵無數',是其例也。《爾雅・釋詁》:
'羞,進也。'"　　燋然:憔悴。成玄英疏:"燋然,憔悴貌。"王叔岷
《校詮》:"《淮南子・氾論篇》:'清之則燋而不調(舊誤謳)。'高
注:'燋,悴也。'此文燋亦悴也。"

⑩之:指孝子。王先謙《集解》:"宣云:'言不如養親使不病也。'"

⑪能:能者。郭象注:"能者自爲,非使之也。"章案:《老子》第十三
章:"不尚賢,使民不争。"

⑫校:應爲"枝",覆宋本、明世德堂諸本皆作"枝"。標枝,樹梢之枝
葉。陸德明《釋文》:"言樹杪之枝無心在上也。"王叔岷《校詮》:
"《説文》:'標,木杪末也。'趙諫議本、《道藏》各本、覆宋本、世德
堂本校皆作枝,《集韻》上聲六、去聲八引並同。校乃枝之形誤。
《文中子・立命篇》:'上如標枝,下如野鹿。何哉? 蓋上無爲而
下自足故也。'即本《莊子》。"

⑬實:誠實。成玄英疏:"率性成實,不知此爲忠。"

⑭當:得當。成玄英疏:"任真當理,豈將此當爲信!"

⑮蠢動:意謂動也。王叔岷《校詮》:"'蠢動'複語,蠢亦動也。"
　　賜:惠賜。錢穆《纂箋》引馬其昶曰:"《公羊》'非相爲賜'注:'賜
猶惠也。'"

⑯事:動詞,行事。成玄英疏:"跡既昧矣,事亦滅焉。"章案:《老子》
第二十七章:"行善者無轍跡。"

孝子不諛其親①,忠臣不諂其君②,臣子之盛也③。親之
所言而然④,所行而善,則世俗謂之不肖子⑤;君之所言而然,
所行而善,則世俗謂之不肖臣。而未知此其必然邪⑥? 世俗
之所謂然而然之,所謂善而善之,則不謂之道諛之人也⑦。然

則俗故嚴於親而尊於君邪⑧？謂己道人，則勃然作色；謂己諛人，則怫然作色⑨。而終身道人也，終身諛人也，合譬飾辭聚衆也⑩，是終始本末不相坐⑪。垂衣裳，設采色⑫，動容貌，以媚一世，而不自謂道諛；與夫人之爲徒，通是非⑬，而不自謂衆人，愚之至也。知其愚者，非大愚也；知其惑者，非大惑也。大惑者，終身不解；大愚者，終身不靈⑭。三人行而一人惑，所適者猶可致也⑮，惑者少也；二人惑則勞而不至，惑者勝也。而今也以天下惑，予雖有祈嚮⑯，不可得也。不亦悲乎！

【校注】

①諛：奉承，諛媚。成玄英疏：“諛，偽也。”王叔岷《校詮》引《漁父篇》：“不擇是非而言謂之諛。”　親：父母長輩。

②諂：諂媚。成玄英疏：“諂，欺也。”王叔岷《校詮》引《漁父篇》：“希意道言謂之諂。”

③臣子：臣與子。　盛：意謂盛德。成玄英疏：“爲臣爲子，事父事君，不諂不諛，盡忠盡孝，此乃臣子之盛德也。”

④然：可也，與“善”互文。下同。

⑤不肖：猶“不似”。下同。成玄英疏：“不肖，猶不似也。君父言行，不擇善惡，直致隨時，曾無諫爭之心，故世俗之中，實爲不肖。”

⑥此：指臣子“所言而然，所行而善”。王先謙《集解》：“宣云：‘明於責臣子之諂諛，却不知人情皆必然。’”

⑦道：同“諂”。下同。郭慶藩《集釋》：“道人即諂人也。《漁父篇》曰‘希意道言謂之諂’，道與諂同義。……諂與道，聲之轉。”王先謙《集解》：“宣云：‘世俗明道諛，而不謂之道諛。’”

⑧故：同“固”，本亦作“固”。錢穆《纂箋》：“吳汝綸曰：‘故同固字。’”王叔岷《校詮》：“宣《解》本、王氏《集解》本故並作固。”
　　嚴：敬。郭象注：“言俗不爲尊嚴於君親而從俗。”成玄英疏：“嚴，

敬也。”王先謙《集解》：“宣云：‘道諛君親則責之，道諛世俗則安之，豈世俗更嚴更尊邪？’”

⑨怫(fú)：嗔怒之狀。成玄英疏：“勃、怫，皆嗔貌也。”

⑩合譬飾辭：用譬喻辭飾。王先謙《集解》：“宣云：‘廣合譬喻，使人易曉；修飾辭令，使人動聽，所謂招人附己也。’”

⑪坐：守也。錢穆《纂箋》：“嚴復曰：‘猶今人言矛盾。’”王叔岷《校詮》引馬其昶云：“《左氏傳》：‘楚人坐其北門。’注：‘坐猶守也。’讒諛君親而不讒諛衆，是前後異操。”

⑫垂：自上縋下。“垂衣裳，設采色”意謂恭敬。成玄英疏：“黄帝垂衣裳而天下治，上衣下裳，以象天地，紅紫之色，間而爲彩，用此華飾，改動容貌，以媚一世。”王先謙《集解》：“指人君。”

⑬通：同於。成玄英疏：“此乃與夫流俗之人而徒黨，更相彼此，通用是非，自謂殊於衆人，可謂愚癡之至。”王先謙《集解》：“與衆人爲徒，同是非之習，而又自謂獨異於衆。”

⑭靈：知曉。陸德明《釋文》：“司馬云：‘靈，曉也。’”

⑮適：往，去。成玄英疏：“適，往也。”　致：同“至”。成玄英疏：“致，至也。”王叔岷《校詮》：“致與下文至爲互文。”

⑯祈鄕：意謂導鄕。下同。王叔岷《校詮》引章太炎云：“《詩·大雅》傳：‘祈，報也。’《釋詁》：‘祈，告也。’《釋言》：‘祈，叫也。’鄕，即今鄕導字，凡鄕導主呼路徑以報告人，故謂之祈鄕。《左氏》昭十二年《傳》有‘祈招’，‘祈招’者，告詔也。是因穆王欲周行天下，故諷諫者先舉鄕導爲言。‘祈招’與‘祈鄕’，一也。”

大聲不入於里耳①，折楊皇荂②，則嗑然而笑③。是故高言不上於衆人之心④，至言不出⑤，俗言勝也。以二缶鍾惑，而所適不得矣⑥。而今也以天下惑，予雖有祈鄕，其庸可得邪⑦！知其不可得也而强之，又一惑也，故莫若釋之而不推⑧。不推，誰其比憂⑨！厲之人夜半生其子⑩，遽取火而視之⑪，汲汲

**然唯恐其似己也**<sup></sup>⑫。

## 【校注】

①大聲:謂雅樂。陸德明《釋文》:"司馬云:'謂《咸池》、《六英》之樂也。'"王叔岷《校詮》:"大聲,謂雅樂。" 里:同"俚"。王叔岷《校詮》:"《記纂淵海》七八引里作俚,俚與里通,《廣弘明集》四釋彥琮《通極論》:'吾聞大音不入俚耳。'王安石《寄題郢州白雪樓詩》:'俚耳至今徒擾擾。'並本此文,亦作俚。"

②折楊、皇荂(fū):古樂名。陸德明《釋文》:"[皇荂]司馬本作里華。李云:'折楊皇華,皆古歌曲也。'"王叔岷《校詮》:"《道藏》各本、覆宋本荂皆作華,荂、華音義同。"

③嗑:笑聲。陸德明《釋文》:"李云:'嗑,笑聲也。'"成玄英疏:"嗑然動容,同聲大笑也。"

④高言:意謂高妙之論。成玄英疏:"至妙之談,超出俗表,故謂之高言。" 上:應爲"止",覆宋本、世德堂本皆作"止",停留。成玄英疏:"高言固不止於衆心。"王先謙《集解》:"宣云:'不相入也。'"

⑤出:顯也。成玄英疏:"出,顯也。"

⑥二缶鍾惑:應爲"二垂鍾惑",意謂各持一端。陸德明《釋文》:"司馬本作二垂鍾,云:'鍾,注意也。'"錢穆《纂箋》:"吳汝綸曰:'垂,一作缶。郭注云:各自信據,故不知所之。據此,則司馬本作二垂者是也。'馬其昶曰:'《説文》:垂,遠邊也,二垂者,歧路也,王仲宣詩所謂路垂者也。《小爾雅》云:鍾,叢也。'劉師培曰:'二垂,猶二方。二垂鍾惑,謂傾意兩方,故曰所適不得。'"王叔岷《校詮》:"'二垂鍾惑',謂'二方聚惑',正郭注所謂'各自信據'也。"

⑦庸:何。王叔岷《校詮》:"庸猶何也。"

⑧釋:放棄。成玄英疏:"釋,放也。" 推:推究。王先謙《集解》:"宣云:'不必推究。'"錢穆《纂箋》:"《齊物論》'因是已',已即不

推也。"

⑨比：興起。成玄英疏："比，興也。"王先謙《集解》："自寬之詞。"

⑩厲：同"癘"。陸德明《釋文》："厲音賴。"成玄英疏："厲，醜病人。"
王叔岷《校詮》："厲借爲癘，《説文》：'癘，惡疾也。'俗作癩。"

⑪遽：速也。成玄英疏："遽，速也。"

⑫汲汲然：急迫之狀。成玄英疏："汲汲，匆迫貌。"王叔岷《校詮》：
"'汲汲'與遽相應，汲借爲伋，《廣雅·釋訓》：'伋伋，勮也。'王氏
《疏證》：'《衆經音義》卷五、卷十三並云：《廣雅》：伋伋，遽也。'"

百年之木，破爲犧樽①，青黄而文之②，其斷在溝中③。比
犧樽於溝中之斷，則美惡有間矣④，其於失性一也。跖與曾、
史⑤，行義有間矣，然其失性均也。且夫失性有五：一曰五色
亂目⑥，使目不明；二曰五聲亂耳⑦，使耳不聰；三曰五臭薰
鼻⑧，困惾中顙⑨；四曰五味濁口⑩，使口厲爽⑪；五曰趣舍滑
心⑫，使性飛揚⑬。此五者，皆生之害也。而楊墨乃始離跂自
以爲得⑭，非吾所謂得也。夫得者困⑮，可以爲得乎？則鳩鴞
之在於籠也⑯，亦可以爲得矣。且夫趣舍聲色以柴其内⑰，皮
弁鷸冠搢笏紳脩以約其外⑱，内支盈於柴柵⑲，外重纆繳⑳，睆
睆然在纆繳之中而自以爲得㉑，則是罪人交臂歷指而虎豹在
於囊檻㉒，亦可以爲得矣。

【校注】

①犧樽：亦作"犧尊"，雕刻花紋的祭器。郭慶藩《集釋》："王念孫引
高注《淮南·俶真篇》曰：'犧尊，猶疏鏤之尊。然則犧尊者，刻而
畫(畫)[之]爲衆物之形，在六尊之中，最爲華美。故古人言文飾
之盛者，獨舉犧尊。'"王叔岷《校詮》："犧樽(正作尊)，謂彫文刻
鏤之尊，《馬蹄篇》：'純樸不殘，孰爲犧樽。'與此同例。"

②文：紋飾。動詞。成玄英疏："又加青黄文飾。"

③“其”後疑闕“一”字，意指雕刻犧尊之廢料。成玄英疏：“其一斷
棄之溝瀆，不被收用。”王叔岷《校詮》：“《御覽》七六一引其下有
一字，文意較明。成疏亦有一字。《淮南子·俶真篇》作‘其壹斷
在溝中’。（今本壹字錯在下句比字上，劉文典《淮南鴻烈集解》
有說。）壹與一同。”

④惡：醜也。王叔岷《校詮》：“《淮南子》惡作醜，義同。”　間：別
也。下同。成玄英疏：“雖復善惡之跡有別，而喪真之處實同。”

⑤跖：盜跖。　曾、史：曾參、史魚。曾參至孝，史魚忠直。

⑥五色：青黃赤白黑。

⑦五聲：宮商角徵羽。

⑧五臭：羶薰香鯹腐。

⑨愗（zōng）：塞。陸德明《釋文》：“李云：‘困愗，猶刻賊不通也。’”
成玄英疏：“愗，塞也，謂刻賊不通也。”　中顙：中傷顙額。成玄
英疏：“壅塞不通而中傷顙額也。”錢穆《纂箋》：“奚侗曰：‘顙，當
作頰。《說文》：頰，鼻莖也。’”

⑩五味：酸辛甘苦鹹。

⑪厲：病也。成玄英疏：“厲，病。”郭慶藩《集釋》：“《大雅·思齊》箋
曰：‘厲，病也。’”　爽：傷害。郭慶藩《集釋》：“《逸周書·謚法
篇》曰：‘爽，傷也。’”章按：《老子》第十二章：“五味令人口爽。”

⑫趣：同“取”。成玄英疏：“趣，取也。”　滑（gǔ）：亂也。成玄英
疏：“滑，亂也。”

⑬飛揚：意謂輕浮躁動。成玄英疏：“輕浮躁動，故曰飛揚也。”

⑭離跂：意謂離衆獨立。王先謙《集解》：“離跂，離人獨立。”王叔岷
《校詮》：“離跂，自異於衆之意，《在宥篇》有說。”

⑮困：困厄。成玄英疏：“既僞其性，則遭困苦。”

⑯鳩鴞：斑鳩、鴟鴞。

⑰柴：同“棧”，意謂圍護。王叔岷《校詮》引劉師培云：“‘以柴其

内',下文'内支盈於柴柵',柴與棧通,謂積木圍護四周也。故'柴柵'並文。'柴内'者,閑衛其内也。《公羊》哀四年'柴其下',《淮南・道應訓》'柴箕子之門',柴訓並同。特彼爲實跡,此爲擬象耳。" 　内:内府。成玄英疏:"聲色諸塵柴塞其内府。"

⑱皮弁:皮冠。成玄英疏:"皮弁者,以皮爲冠也。" 　鷸冠:以鷸之翠羽所飾之冠。陸德明《釋文》:"鷸,鳥名也。一名翠,似燕,紺色,出鬱林,取其羽毛以飾冠。" 　搢笏:插上玉珪。成玄英疏:"搢,插也。笏,猶珪,謂插笏也。" 　紳脩:大帶長裙。成玄英疏:"紳,大帶也。脩,長裙也。此皆以飾朝服也。" 　約:約束。成玄英疏:"衣冠搢笏約束其外形。"

⑲支盈:塞滿。成玄英疏:"支,塞也。盈,滿也。"

⑳纆(mò)繳:繩。陸德明《釋文》:"纆音墨。"成玄英疏:"纆繳,繩也。"

㉑睆(huǎn)睆:目視之狀。陸德明《釋文》:"環版反,又户鯇反。李云:窮視貌。一云:眠視貌。"

㉒交臂:反縛。陸德明《釋文》:"司馬云:'交臂,反縛也。'" 　歷指:柙指。錢穆《纂箋》:"馬其昶曰:'歷指,謂柙指也。'"王叔岷《校詮》引奚侗云:"歷借作櫪,《説文》:'櫪㩢,柙指也。'段玉裁曰:'柙指,如今之拶指。'" 　囊檻:口袋囚籠。王叔岷《校詮》:"《説文》:'檻,櫳也。'段注:'許云:檻,櫳也者,謂罪人及虎豹所居。'"

# 天道第十三

【題解】

　　首論無爲虛静之術，有道者淵乎難測。提及老子爲周宣王徵藏史。部分内容叙儒家之説，述及道德、仁義、刑名等題，與内篇思想有異。"輪扁斫輪"論及言意不可説，爲語言哲學重要命題。

　　天道運而无所積①，故萬物成；帝道運而无所積，故天下歸；聖道運而无所積，故海内服。明於天，通於聖，六通四辟於帝王之德者②，其自爲也，昧然无不静者矣③。聖人之静也，非曰静也善④，故静也；萬物无足以鐃心者⑤，故静也。水静則明燭鬚眉⑥，平中準⑦，大匠取法焉。水静猶明，而況精神！聖人之心静乎！天地之鑒也，萬物之鏡也。

【校注】

　　①運：運行。成玄英疏："運，動也，轉也。"　積：停滯。下同。陸德明《釋文》："積，謂滯積不通。"

　　②六通四辟：四方上下與四季。成玄英疏："六通，謂四方上下也。四辟者，謂春夏秋冬也。"

　　③昧然：混沌之狀。錢穆《纂箋》引陸長庚曰："昧者，混冥之義。《老子》：'明道若昧。'"

　　④静也善：意猶"静即善"。王先謙《集解》："非以静爲善而學之。"

⑤鐃(nào)：同“撓”。陸德明《釋文》：“鐃，乃孝反。”錢穆《纂箋》引
　　王念孫曰：“鐃與撓通。”王叔岷《校詮》：“朱駿聲亦謂‘鐃，叚借爲
　　撓’，與成疏作撓合。《御覽》七六引此鐃亦作撓，並引注云：‘撓，
　　亂也。’”

⑥明燭：意謂洞照。成玄英疏：“夫水，動則波流，止便澄凈，懸鑒
　　洞照。”

⑦中(zhòng)：切中。動詞。王先謙《集解》：“其平與準相中，故匠
　　人取法焉，謂之水平。中，竹仲反。”

　　夫虛靜恬淡寂漠无爲者，天地之平而道德之至，故帝王
聖人休焉①。休則虛，虛則實，實者倫矣②。虛則靜，靜則動，
動則得矣。靜則无爲，无爲也則任事者責矣③。无爲則俞
俞④，俞俞者憂患不能處⑤，年壽長矣。夫虛靜恬淡寂漠无爲
者，萬物之本也。明此以南鄉⑥，堯之爲君也；明此以北面⑦，
舜之爲臣也。以此處上，帝王天子之德也；以此處下，玄聖素
王之道也⑧。以此退居而閑游江海，山林之士服⑨；以此進爲
而撫世⑩，則功大名顯而天下一也⑪。靜而聖，動而王，无爲也
而尊，樸素而天下莫能與之爭美⑫。夫明白於天地之德者，此
之謂大本大宗⑬，與天和者也；所以均調天下，與人和者也。
與人和者，謂之人樂⑭；與天和者，謂之天樂。

【校注】

①休：靜也，止也。郭象注：“未嘗動也。”錢穆《纂箋》引陸長庚曰：
　　“休，止也，如《大學》‘止於至善’之止。”

②倫：應爲“備”，本亦作“備”。王叔岷《校詮》：“奚侗云：‘《闕誤》、
　　江南古藏本倫作備，於義爲長。然以文例求之，者疑則字之誤。’
　　案《韓非子·主道篇》：‘虛則知實之情。’楊慎《莊子闕誤》者作
　　則，者與上文則互用，者猶則也。下文‘動則得矣’。《文選》江文

通《雜體詩注》引則作者,《盜跖篇》:‘臥則居居,起則于于。’《論衡·自然篇》及《齊世篇》則並作者,皆者、則同義之證。江南古藏本倫作備,備與下文得、賣爲韻,義亦較長,倫疑備之形誤。”

③賣:負責,動詞。成玄英疏:“安靜無爲,則臣下職任,各司憂責。”

④俞俞:同“愉愉”。郭象注:“俞俞然,從容自得之貌。”陸德明《釋文》:“《廣雅》云:‘喜也。’”錢穆《纂箋》:“焦竑曰:‘俞俞即愉愉。’”

⑤處:居處,進入。王先謙《集解》:“宣云:‘外患不能居於其心。’”錢穆《纂箋》引焦竑曰:“居猶入也。”

⑥南鄉:即“南嚮”,喻君位。陸德明《釋文》:“鄉本亦作嚮。”

⑦北面:臣位。

⑧玄聖素王:意指孔子、老聃。成玄英疏:“所謂玄聖素王,自貴者也,即老君、尼父是也。”

⑨山林之士:隱居之士。郭象注:“巢、許之流。” 服:從也。成玄英疏:“是以天下隱士無不服從。”

⑩進爲:入世爲政。成玄英疏:“進爲,謂顯跡出仕也。” 撫世:愛撫體恤世人。成玄英疏:“撫蒼生於仁壽。”

⑪一:意謂大同。成玄英疏:“是以天下大同,車書共軌,盡善盡美,其唯伊、望之倫乎!”

⑫樸素:本真之狀。《老子》第三十二章:“樸雖小,天下莫能臣也。”郭象注:“夫美配天者,唯樸素也。”

⑬本、宗:根本,本源。郭象注:“天地以無爲德,故明其宗本,則與天地無逆也。”

⑭樂:快樂。陸德明《釋文》:“樂音洛。下同。”

莊子曰:“吾師乎①!吾師乎!鼇萬物而不爲戾②,澤及萬世而不爲仁,長於上古而不爲壽,覆載天地刻彫衆形而不爲巧,此之謂天樂③。故曰:‘知天樂者,其生也天行,其死也物化④。静而與陰同德,動而與陽同波⑤。'故知天樂者,无天怨,无人非,无物累,无鬼責⑥。故曰:'其動也天,其静也地,一心定而王天下⑦;其鬼不祟,其魂不疲⑧,一心定而萬物服。'言以虚静推於天地,通於萬物,此之謂天樂。天樂者,聖人之心,以畜天下也⑨。"

## 【校注】

①師:意指道。成玄英疏:"莊子以自然至道爲師,再稱之者,嘆美其德。"

②鏊(jī):碎也。陸德明《釋文》:"鏊,子兮反。"成玄英疏:"鏊,碎也。"王叔岷《校詮》:"'鏊萬物',謂毁壞萬物。"　戾:暴戾。與下文"仁"對言。陸德明《釋文》:"戾,暴也。"錢穆《纂箋》:"劉咸炘曰:'《大宗師》作許由語,而此直引作莊子,顯是後人語。'"王叔岷《校詮》:"戾與下文仁對言,《賈子·道術篇》:'心兼愛人謂之仁,反仁爲戾。'"

③樂:快樂。陸德明《釋文》:"樂音洛。章内同。"

④天行、物化:意謂與自然一體。成玄英疏:"既知天樂非哀樂,即知生死無生死。故其生也同天道之四時,其死也混萬物之變化也。"

⑤波:流動。成玄英疏:"與太陽合其波流。"王先謙《集解》:"四語又見《刻意篇》。"

⑥責:責備。王先謙《集解》:"四語亦見《刻意篇》。'怨',彼文作'災'。"

⑦王(wàng):動詞,成爲王者。下同。郭象注:"動静雖殊,無心一也。"陸德明《釋文》:"王,而況反。注及下王天同。"成玄英疏:"天地,以結動静無心之義也。"

⑧祟:禍也。陸德明《釋文》:"李云:'禍也。'"　疲:疲勞。成玄英疏:"魂不疲勞。"王先謙《集解》:"語亦見《刻意篇》。"王叔岷《校詮》:"《刻意篇》疲作罷,疲、罷正假字。"

⑨畜:養也。下同。王先謙《集解》:"畜,養也。"王叔岷《校詮》:"《廣雅‧釋詁》:'畜,養也。'"

夫帝王之德,以天地爲宗①,以道德爲主,以无爲爲常。无爲也,則用天下而有餘②;有爲也,則爲天下用而不足。故古之人貴夫无爲也。上无爲也,下亦无爲也,是下與上同德,下與上同德則不臣③;下有爲也,上亦有爲也,是上與下同道,上與下同道則不主④。上必无爲而用天下,下必有爲爲天下用,此不易之道也⑤。故古之王天下者,知雖落天地⑥,不自慮也⑦;辯雖彫萬物⑧,不自説也;能雖窮海内⑨,不自爲也。天不産而萬物化⑩,地不長而萬物育,帝王无爲而天下功⑪。故曰莫神於天,莫富於地,莫大於帝王。故曰帝王之德配天地。此乘天地,馳萬物,而用人群之道也⑫。

【校注】

①宗:本也。成玄英疏:"王者宗本於天地。"

②餘:餘閑。郭象注:"有餘者,閑暇之謂也。"

③不臣:意謂非臣之道。成玄英疏:"若上下無爲,則臣僭君德。"

④不主:意謂非君之道。成玄英疏:"上下有爲,則君濫臣道。"王叔岷《校詮》:"《管子‧明法篇》:君臣共道則亂。"

⑤易:變,改變。

⑥知:同"智"。下同。陸德明《釋文》:"知音智。下愚知同。"
　落:同"絡",包絡。錢穆《纂箋》:"奚侗曰:'落,借作絡,謂包絡也。'"

⑦自慮:與下文"自説"、"自爲"互文,皆爲無爲之意。

⑧彫:同"周"。王叔岷《校詮》:"章太炎云:'彫借爲周,《易》曰:知周乎萬物。魏徵《群書治要序》曰:雖辯周萬物,愈失司契之原。是唐人尚知彫即周字。'奚侗云:'章説是也,《天下篇》徧爲萬物

説即此義。'案彫借爲周,與上文落字、下文窮字,義並相符。"

⑨窮:意謂冠蓋。成玄英疏:"才能冠乎海内。"王叔岷《校詮》:"《記
　纂淵海》六七引窮作蓋。"

⑩化:化生。成玄英疏:"天無情於生產而萬物化生,地無心於長成
　而萬物成育,故郭注云:所謂自然也。"

⑪功:功成。郭象注:"功自彼成。"王先謙《集解》:"《爾雅》:'功,成
　也。'《中庸》:'無爲而成。'"

⑫乘、馳:乘馭、順應之意。成玄英疏:"達覆載之無主,是以乘馭兩
　儀;循變化之往來,故能驅馳萬物;任黔黎之才,用人群之道也。"
　王叔岷《校詮》:"此謂順天地之自然,應萬物之變化,盡人群之
　用也。"

　　本在於上,末在於下①;要在於主,詳在於臣②。三軍五兵
之運③,德之末也;賞罰利害,五刑之辟,教之末也④;禮法度
數⑤,刑名比詳⑥,治之末也;鐘鼓之音,羽旄之容,樂之末
也⑦;哭泣衰絰,隆殺之服⑧,哀之末也。此五末者,須精神之
運,心術之動,然後從之者也⑨。末學者,古人有之,而非所以
先也⑩。君先而臣從,父先而子從,兄先而弟從,長先而少從,
男先而女從,夫先而婦從。夫尊卑先後,天地之行也,故聖人
取象焉⑪。天尊,地卑,神明之位也;春夏先,秋冬後,四時之
序也。萬物化作,萌區有狀⑫;盛衰之殺,變化之流也。夫天
地至神,而有尊卑先後之序,而況人道乎! 宗廟尚親,朝廷尚
尊,鄉黨尚齒⑬,行事尚賢,大道之序也。語道而非其序者⑭,
非其道也;語道而非其道者,安取道!

【校注】

①本、末:喻天道、人道。陸德明《釋文》:"李云:'本,天道;末,
　人道。'"

②要、詳:簡要、詳細。成玄英疏:"要,簡省也。詳,繁多也。主道逸
而簡要,臣道勞而繁冗。"

③三軍:古代有上、中、下或左、中、右三軍。　五兵:五種兵器。成
玄英疏:"五兵者,一弓,二殳,三矛,四戈,五戟也。"　運:運行,
運作。成玄英疏:"運,動也。"

④辟:法也。成玄英疏:"辟,法也。五刑者,一劓,二墨,三刖,四宮,
五大辟。"　教:教化。

⑤度數:度量計算。成玄英疏:"數者,計算;度[者],丈尺。"

⑥刑名:罪刑與律法。"刑"本亦作"形",與下文"形名"同。王叔岷
《校詮》:"奚侗云:'下文屢見形名,字皆作形。此文刑則形之誤
也。《韓子·主道篇》:有言者自爲名,有事者自爲形,形名參通,
君乃無事焉。即此形名之義。'……《道藏》成疏本、羅勉道《循
本》本、覆宋本刑並作形,古字通用。下文'形名'字,《道藏》王元
澤《新傳》本皆作刑,《漢書·元帝紀》師古注引劉向《別録》云:
'刑名者,以名責實,尊君卑臣,崇上抑下。'"章案:刑、形可通,此
處和下段文意亦含有"刑名"與"形名"二義,不應割裂理解。
比詳:陸德明《釋文》:"比,較;詳,審。"成玄英疏:"比者,校當;詳
者,定審。"

⑦羽旄:裝飾樂器之鳥羽獸毛。成玄英疏:"樂者,和也。羽者,鳥
羽;旄者,獸毛;言采鳥獸之羽毛以飾其器也。"　樂:音樂。意指
禮樂之樂。

⑧衰絰(cuīdié):喪服,用麻布製成。陸德明《釋文》:"衰音崔。"
隆殺:隆盛。成玄英疏:"隆殺者,言禮有斬衰、齊衰、大功、小功、
緦麻五等,哭泣衣裳,各有差降。此是教跡外儀,非情發於衷,故
哀之末也。"

⑨從:從屬。郭象注:"夫精神心術者,五末之本也。任自然而運動,
則五事之末不振而自舉也。"

⑩先:本也。下同。成玄英疏:“先,本也。五末之學,中古有之,事
　涉澆僞,終非根本也。”

⑪象:天象。《易傳》云:“天垂象,聖人則之。”章案:此即《易傳》思
　想,與内篇核心思想迥異。

⑫萌區:即“句芒”,萌發,萌芽。王叔岷《校詮》引顧炎武曰:“‘萌
　區’,即《樂記》之‘區萌’。《月令》:‘句者畢出,芒者盡達。’古人
　讀句若拘,萌即芒也。”章案:《禮記·月令》孔穎達疏:“句芒者,
　木初生之時,句屈而有芒角。”

⑬鄉黨:鄉親。　　齒:年齒,年齡。成玄英疏:“鄉黨以年齒爲
　次第。”

⑭語:議論。成玄英疏:“議論道理而不知次第者,雖有語言,終非道
　語;既失其序,不堪治物也。”

　　是故古之明大道者,先明天而道德次之①,道德已明而仁
義次之,仁義已明而分守次之②,分守已明而形名次之,形名
已明而因任次之③,因任已明而原省次之④,原省已明而是非
次之,是非已明而賞罰次之。賞罰已明而愚知處宜⑤,貴賤履
位;仁賢不肖襲情⑥,必分其能⑦,必由其名。以此事上⑧,以
此畜下⑨,以此治物,以此脩身,知謀不用⑩,必歸其天,此之
謂太平,治之至也。故書曰⑪:“有形有名。”形名者,古人有
之,而非所以先也。古之語大道者,五變而形名可舉,九變而
賞罰可言也⑫。驟而語形名⑬,不知其本也;驟而語賞罰,不知
其始也。倒道而言⑭,迕道而説者⑮,人之所治也⑯,安能治
人! 驟而語形名賞罰,此有知治之具⑰,非知治之道;可用於
天下,不足以用天下⑱,此之謂辯士,一曲之人也⑲。禮法數
度,刑名比詳,古人有之,此下之所以事上,非上之所以畜下
也。

## 【校注】

①天：意指自然。下文"必歸其天"義同。郭象注："天者，自然也。"

②分守：分別與守則。王先謙《集解》："上下有分，庶職有守。"錢穆《纂箋》："王安石曰：'仁有先後，義有上下，謂之分。先不擅後，下不侵上，謂之守。'"王叔岷《校詮》："'分守'，蓋謂親疏之分，尊卑之守。"

③因任：因才授任。王先謙《集解》："因才授任。"錢穆《纂箋》引王念孫曰："《淮南》云：'因循而任下。'《韓子》云：'因而任之。'"

④原省：省察。王叔岷《校詮》："原與源通，《廣雅·釋詁一》：'源，度也。''原省'，謂原度省察也。"

⑤知：同"智"。成玄英疏："仁賢，智也；不肖，愚也。"

⑥襲情：因由其實。王先謙《集解》："襲，因。情，實也。各因其實。"

⑦分：分別。王先謙《集解》："分，別也。"王叔岷《校詮》："宣穎云：'分能任事，循名責實。'"

⑧以：用也。下同。成玄英疏："以，用也。"

⑨畜：同"蓄"，蓄養。成玄英疏："言用以前九法，可以為臣事上，為君畜下。"章案：《老子》第五十一章："道生之，德畜之。"朱謙之《老子校釋》："'畜之'，廣明作'蓄之'。"

⑩知：同"智"。陸德明《釋文》："知音智。"成玄英疏："塞聰閉智，歸之自然。"

⑪書：古書，已佚。成玄英疏："書者，道家之書，既遭秦世焚燒，今檢亦無的據。"王叔岷《校詮》："名家、法家之書，亦言形名。"

⑫五變、九變：皆言大道之說演變之跡。郭象注："自先明天以下，至形名而五，至賞罰而九，此自然先後之序也。"王先謙《集解》："自'明天'以下，至'形名'，五變其說；至'賞罰'，九變其說。"

⑬驟：驟然。下同。成玄英疏："驟，數也，速也。"

⑭倒:顚倒。成玄英疏:"不知次序,顚倒道理。"

⑮迕:逆。陸德明《釋文》:"迕音悟。司馬云:'横也。'"成玄英疏:
"迕,逆也。"

⑯所治:意謂爲人所治。成玄英疏:"迕逆物情,適可爲物所治,豈能
治物也!"

⑰具:器具,用具。成玄英疏:"夫形名賞罰,此乃知治之具,度非知
治之要道也。"

⑱用於、用:意即被動與主動,"用於天下"則爲士爲臣,"用天下"則
爲聖爲君。郭象注:"夫用天下者,必大通順序之道。"

⑲一曲:意謂"一隅"。錢穆《纂箋》:"章炳麟曰:'一曲者,一藝也。
《禮記》所爲曲藝。'"王叔岷《校詮》:"《淮南子・俶真篇》:'喻於
一曲,而不通於萬方之際。''一曲'與'萬方'對言,然則一曲自有
一隅之義。《淮南子・繆稱篇》:'察一曲者,不可與言化。'許注:
'一曲,一事也。'與章釋爲'一藝'義近。"

　　昔者舜問於堯曰:"天王之用心何如①?"堯曰:"吾不敖
无告②,不廢窮民③,苦死者④,嘉孺子而哀婦人⑤。此吾所以
用心已⑥。"舜曰:"美則美矣,而未大也⑦。"堯曰:"然則何
如?"舜曰:"天德而出寧⑧,日月照而四時行,若晝夜之有
經⑨,雲行而雨施矣。"堯曰:"膠膠擾擾乎⑩! 子,天之合也;
我,人之合也⑪。"夫天地者,古之所大也,而黃帝堯舜之所共
美也⑫。故古之王天下者⑬,奚爲哉? 天地而已矣。

【校注】

①天王:意指天子。成玄英疏:"天王猶天子也。"章案:此亦爲寓言。

②敖:同"傲"。陸德明《釋文》:"敖,五報反。"成玄英疏:"敖,侮慢
也。"王叔岷《校詮》:"宣穎云:'敖同傲。'案敖乃傲之借字。"

　　无告:意指鰥、寡、孤、獨。王叔岷《校詮》:"无告,當指孤、獨、鰥、

寡之輩,《禮記·王制》謂孤、獨、鰥、寡‘此四者,天民之窮而無告者’,是也。”

③廢:拋棄。成玄英疏:“百姓之中有貧窮者,每加拯恤。”

④苦:動詞,悲憫。成玄英疏:“民有死者,輒悲苦而慰之。”王先謙《集解》:“苦,悲憫。”

⑤嘉孺子:恩惠、喜愛稚子。王先謙《集解》:“嘉,喜愛。孺子,稚子。”　哀:哀憐。王先謙《集解》:“哀,憐也。”

⑥已:也。王叔岷《校詮》:“《文選》沈休文《應詔樂游苑餞呂僧珍詩注》引已作也,已猶也也。”

⑦美:善也。下同。　未大:意謂其治道不够廣大。成玄英疏:“其道狹劣,未足稱大。”

⑧德:同“登”,成也。　出:應爲“土”。王叔岷《校詮》引章太炎曰:“孫詒讓謂出爲土之誤,是也。德音同登,《説文》:‘德,升也。’升即登之借。《公羊》隱五年《傳》‘登來’亦作‘得來’,故德可借爲登。《釋詁》:‘登,成也。’‘天登而土寧’,所謂‘地平天成’也,與下文‘日月照而四時行’相儷。”

⑨經:常也。成玄英疏:“經,常也。”

⑩膠膠擾擾:紛亂之狀。郭象注:“自嫌有事。”陸德明《釋文》:“膠膠擾擾,動亂之貌。”成玄英疏:“膠膠,擾擾,皆擾亂之貌也。”

⑪天、人:意謂自然、人爲。成玄英疏:“堯自謙光,推讓於舜,故言子之盛德,遠合上天;我之用心,近符人事。”

⑫成玄英疏:“唯天爲大,唯堯則之。故知軒頊唐虞,皆以德合天地爲其美也。”

⑬王(wàng):動詞。陸德明《釋文》:“王,往況反。”成玄英疏:“言古之懷道帝王,何爲者哉?蓋無心順物,德合二儀而已矣。”

**孔子西藏書於周室**①。子路謀曰②:“由聞周之徵藏史有老聃者③,免而歸居④,夫子欲藏書,則試往因焉⑤。”孔子曰:

“善。”往見老聃,而老聃不許⑥,於是繙十二經以説⑦。老聃
中其説⑧,曰:“大謾⑨,願聞其要。”孔子曰:“要在仁義。”老聃
曰:“請問,仁義,人之性邪?”孔子曰:“然。君子不仁則不
成⑩,不義則不生⑪。仁義,真人之性也,又將奚爲矣⑫?”老聃
曰:“請問,何謂仁義?”孔子曰:“中心物愷⑬,兼愛无私,此仁
義之情也⑭。”老聃曰:“意⑮,幾乎後言⑯! 夫兼愛,不亦迂
乎⑰! 无私焉,乃私也⑱。夫子若欲使天下无失其牧乎⑲? 則
天地固有常矣,日月固有明矣,星辰固有列矣,禽獸固有群
矣,樹木固有立矣⑳。夫子亦放德而行㉑,循道而趨,已至
矣㉒,又何偈偈乎揭仁義㉓,若擊鼓而求亡子焉㉔? 意,夫子亂
人之性也!”

【校注】

①西:西邊。周在魯之西,故稱“西藏”。陸德明《釋文》:“司馬云:
‘藏其所著書也。’”章案:此亦爲寓言。

②子路:孔子弟子,姓仲,名由,字子路。

③老聃:即老子,傳爲周徵藏史。成玄英疏:“老君,姓李,名聃,爲周
徵藏史,猶今之秘書官,職典墳籍。”

④免:辭官。陸德明《釋文》:“言老子見周之末不復可匡,所以辭
去也。”

⑤因焉:就之。王叔岷《校詮》:“《御覽》六一八引則下有當字。‘因
焉’猶‘就之’。《説文》:‘因,就也。’(《廣雅·釋詁三》同。)焉猶
之也。《達生篇》‘吾問焉而不吾告’,‘孔子從而問焉’,‘子何術
以爲焉’,‘其馬力竭矣,而猶求焉’,諸焉字皆與之同義。”

⑥許:允許。王先謙《集解》:“不許其藏。”

⑦繙(fān):亂貌。陸德明《釋文》:“繙,敷袁反。徐又音盤,又音
煩。司馬[云]:‘煩冤也。’”王叔岷《校詮》:“《説文》:‘繙,繙冤

也.'段注:'繙冤爲疊韻古語,《集韻》、《類篇》皆曰:繙䋐,亂也.
是冤俗作䋐也.'……《御覽》六〇八引此文,並有注云:'繙,堆聚
之兒.'堆聚亦有亂義."　　十二經:六經和六緯。陸德明《釋
文》:"十二經,説者云:《詩》、《書》、《禮》、《樂》、《易》、《春秋》六
經,又加六緯,合爲十二經也。"錢穆《纂箋》:"王敔曰:'緯書漢人
所造,則此篇非漆園之書,明矣。'"　　以説:用十二經説服。

⑧中:中止,間斷。王先謙《集解》:"中其説者,當是觀其説甫及半,
故下云然。"王叔岷《校詮》引奚侗云:"《禮·學記》'中年考校',
《玉藻》'士中武',鄭注並訓爲間。此言老聃間斷孔子之言,蓋不
待其辭之畢也。"

⑨大謾:太繁瑣。陸德明《釋文》:"大音泰。"成玄英疏:"大謾者,嫌
其繁謾太多,請簡要之術也。"王先謙《集解》:"繁則近謾,恐多無
實之詞。"

⑩成:成人。王叔岷《校詮》:"宣穎云:'無以爲人。'"

⑪生:立生。與上文"成"對言。王叔岷《校詮》:"不生,謂無以立
生。生與上文成對言。《人間世篇》:'天下有道,聖人成焉;天下
无道,聖人生焉。'亦以成、生對言。"

⑫奚:何也。成玄英疏:"又將何爲是疑之也邪?"

⑬物愷:應爲"易愷",和樂。陸德明《釋文》:"司馬云:'樂也。'"錢
穆《纂箋》引章炳麟曰:"物爲易之誤。'易愷'即'愷弟'。(例證
見前。)《周語》、《毛傳》皆訓'豈弟'爲'樂易'。"王叔岷《校詮》:
"《應帝王篇》:'物徹疏明。'物亦易之誤,與此同例。"

⑭情:實也。王叔岷《校詮》:"宣穎云:'兼愛,仁也;無私,義也。
情,實。'"章案:"兼愛"原爲墨家主張,可見此非孔子原意也。

⑮意:同"噫"。下同。成玄英疏:"意,不平之聲也。"王叔岷《校
詮》:"宣穎云:'意同噫。'"

⑯幾:危也。錢穆《纂箋》:"馬其昶曰:'幾,危也。孔子先言仁義,

後言兼愛無私,爲仁義之情,老子尤不謂然也。'"王叔岷《校詮》:
"《説文》:'幾,殆也。'"

⑰迂:迂闊,迂腐。王叔岷《校詮》:"迂,謂迂闊也。班固《答賓戲》:
'是以仲尼抗浮雲之志,彼豈樂爲迂闊哉!'"

⑱私:私心。王先謙《集解》引蘇輿云:"未忘無私之成心,是亦私心
也,與下篇莊子答商太宰蕩語相發。"

⑲牧:養也。陸德明《釋文》:"司馬云:'牧,養也。'"

⑳立:成也。郭象注:"皆已自足。"王叔岷《校詮》引奚侗云:"《釋
名》:'立,成也。'如林木森然各駐其所也。"

㉑放:依也。王先謙《集解》:"宣云:'放同倣。'"王叔岷《校詮》:
"《天運篇》作'吾子亦放風而動,總德而立矣'。《釋文》引司馬
注:'放,依也。'倣乃俗字。"

㉒循:順。成玄英疏:"循,順也。"　至:極致。成玄英疏:"人間至
極妙行,莫過於此也。"

㉓偈(jié)偈乎:用力之狀。陸德明《釋文》:"用力之貌。"　揭:舉
也。王先謙《集解》:"揭,舉也。語又見《天運篇》。"

㉔亡子:逃亡之人。成玄英疏:"亡子,逃人也。"

　　士成綺見老子而問曰①:"吾聞夫子聖人也,吾固不辭遠
道而來願見,百舍重趼而不敢息②。今吾觀子,非聖人也。鼠
壤有餘蔬③,而棄妹④,不仁也,生熟不盡於前⑤,而積斂无
崖⑥。"老子漠然不應。士成綺明日復見,曰:"昔者吾有刺於
子⑦,今吾心正郤矣⑧,何故也?"老子曰:"夫巧知神聖之人⑨,
吾自以爲脱焉⑩。昔者子呼我牛也而謂之牛,呼我馬也而謂
之馬⑪。苟有其實⑫,人與之名而弗受,再受其殃⑬。吾服也
恒服⑭,吾非以服有服。"士成綺鴈行避影⑮,履行遂進而問⑯:
"脩身若何?"老子曰:"而容崖然⑰,而目衝然⑱,而顙頯然⑲,

而口闞然⑳,而狀義然㉑,似繫馬而止也㉒。動而持㉓,發也機㉔,察而審㉕,知巧而覩於泰㉖,凡以爲不信㉗。邊竟有人焉,其名爲竊㉘。”

## 【校注】

①士成綺:寓言人名。成玄英疏:“姓士,名成綺,不知何許人。”

②百舍:百日一宿。意謂日夜兼程。陸德明《釋文》:“司馬云:‘百日止宿也。’”成玄英疏:“舍,逆旅也。” 跰(jiǎn)同“繭”。陸德明《釋文》:“跰,古顯反。司馬云:‘胝也。’”成玄英疏:“跰,脚生泡漿創也。”王叔岷《校詮》:“馬氏《故》引王念孫曰:‘跰,亦作繭,見《墨子》、《賈子》。’錢《纂箋》本之,《墨子》乃《宋策》之誤。又《淮南子·脩務篇》稱墨子‘十日十夜足重繭而不休息’,與《宋策》作‘重繭’合。”

③鼠壤:鼠穴。錢穆《纂箋》引王念孫曰:“《穀梁》疏引麋信注:‘齊魯之間謂鑿地出土、鼠作穴出土,皆曰壤。’” 蔬:同“糈”,米粒。陸德明《釋文》:“司馬云:‘蔬讀曰糈。’糈,粒也。鼠壤內有遺餘之粒,穢惡過甚也。”王叔岷《校詮》:“《左》宣公十四年《傳》‘車及於蒲胥之市’,《呂氏春秋·行論篇》作蒲疏;《史記·蘇秦傳》‘東有淮、潁、煮棗、無胥’,《戰國策·魏策一》作無疏。……疏之通胥,猶蔬之通糈矣。”

④棄妹:意謂未殺滅(老鼠)。“妹”同“末”,滅也。陸德明《釋文》:“《釋名》云:‘妹,末也。’”王叔岷《校詮》引奚侗云:“《漢書·谷永傳》:‘欲末殺災異。’師古注:‘末殺,掃滅也。’末或作抹,《字林》:‘抹掇,滅也。’此言鼠壤尚有餘蔬,而竟棄置而末殺之,所以爲不仁也。”

⑤生熟:意指食物。王叔岷《校詮》:“宣穎云:‘生熟食物,既用之不盡。’”

⑥積斂:聚斂。成玄英疏:“供給聚斂。” 崖:同“涯”。成玄英疏:

"略無涯（峗）〔浼〕。"王先謙《集解》："聚斂無限止。"王叔岷《校詮》："崖、涯古通，《秋水篇》：'兩泗渚崖之間不辯牛馬。'《釋文》：'崖，字又作涯。'即其比。"

⑦刺：譏刺。郭象注："自怪刺譏之心。"

⑧正郤：矯正嫌郤。王先謙《集解》："心正而郤退，非復從前鄙見。"

⑨知：同"智"。陸德明《釋文》："知音智。"

⑩脱：免脱。成玄英疏："我於此久以免脱，汝何爲乃謂我是聖非聖耶？"王叔岷《校詮》："《漢書・高五王齊悼惠王肥傳》'自以爲不得脱長安'，師古注：'脱，免也。'"

⑪謂：稱謂。郭象注："隨物所名。"章案：《應帝王篇》："一以己爲馬，一以己爲牛。"

⑫實：實在。王叔岷《校詮》："'有其實'，謂有聖人之跡也。"

⑬殃：災殃。錢穆《纂箋》："馬其昶曰：'自有其聖，實已非聖，又不受非聖之名，適增罪耳。'"

⑭服：行也。郭象注："服者，容行之謂也。"錢穆《纂箋》："陸長庚曰：'恒服，安而行之也。以服有服，勉强行之也。'"王叔岷《校詮》："宣穎云：'服猶行。'"

⑮鴈行避影：側身之狀。成玄英疏："鴈行斜步，側身避影。"錢穆《纂箋》："宣云：'側身貌。'"

⑯履行：著履行席上，意謂失常。錢穆《纂箋》："蘇輿曰：'古人入室，脱履而行席上。履行，言失其常。'"

⑰而：你。下同。成玄英疏："而，汝也。"　　容：容止。　　崖：如崖偉岸。成玄英疏："汝莊飾容貌，夸駭於人，自爲崖岸。"王先謙《集解》："岸然自異。"

⑱衝：喻目光逼人之狀。郭象注："衝出之貌。"成玄英疏："左盼右睇，睢盱充詘也。"王先謙《集解》："直視。"

⑲顙（sǎng）：額。成玄英疏："顙額高亢。"　　頯（kuí）：大。王叔岷

《校詮》:"《大宗師篇》:'其顙頯。'《釋文》引向本頯亦作顋。顙與顋同,《廣雅·釋詁一》:'顋,大也。'《釋詁三》:'顋,厚也。'"

⑳闞(kǎn):意謂出口不遜。郭象注:"虓豁之貌。"成玄英疏:"言語雄猛,誇張虓豁,使人可畏也。"

㉑義:同"峨"。郭慶藩《集釋》:"義讀爲峨。義然,峨然也。"

㉒繫:用繩拴繫。成玄英疏:"猶如逸馬被繫,意存奔走。"錢穆《纂箋》:"宣穎云:'志在馳鶩。'"

㉓持:拘持。郭象注:"不能自舒放也。"成玄英疏:"不能任適,每事拘持。"

㉔發:發動。 機:弩上機關。成玄英疏:"機,弩牙也。攀緣之心,遇境而發,其發猛速,有類弩牙。" 也:如。王叔岷《校詮》:"也猶如也。"

㉕審:詳也。錢穆《纂箋》:"王敔曰:'知之必詳。'"王叔岷《校詮》:"宣穎云:'察事甚詳。'案《呂氏春秋·察微篇》:'公怒不審。'高注:'審,詳也。'"

㉖知:同"智"。 泰:意謂驕矜。郭象注:"泰者,多於本性之謂也。"王先謙《集解》:"智巧而見於驕泰之色。"錢穆《纂箋》:"王敔曰:'作盛滿之觀。'"

㉗凡:皆。王叔岷《校詮》:"《廣雅·釋詁三》:'凡,皆也。'" 信:實也。成玄英疏:"信,實也。言此十事,皆是虛詐之行,非真實之德也。"郭慶藩《集釋》引郭嵩燾曰:"言凡所爲皆出於矯揉,與自然之性不相應,故謂之不信。"

㉘竟:同"境"。陸德明《釋文》:"竟音境。……邊垂之人,不聞禮樂之正,縱有言語,偶會墳典,皆是竊賊所得,其道何足語哉!"竊:賊。成玄英疏:"成綺之行,其猥亦然,舉動睢盱,猶如此賊也。"

老子曰:"夫道,於大不終①,於小不遺,故萬物備。廣廣

乎其无不容也②,淵乎其不可測也③。形德仁義,神之末也④,
非至人孰能定之⑤! 夫至人有世,不亦大乎⑥! 而不足以爲之
累。天下奮棅而不與之偕⑦,審乎无假而不與利遷⑧,極物之
真⑨,能守其本,故外天地⑩,遺萬物,而神未嘗有所困也⑪。
通乎道,合乎德,退仁義,賓禮樂⑫,至人之心有所定矣。”

【校注】

①終:窮盡。成玄英疏:“終,窮也。二儀雖大,猶在道中,不能窮道
　之量;秋毫雖小,待之成體,此則於小不遺。既其能小能大,故知
　備在萬物。”王先謙《集解》:“宣云:‘大包無窮,小入無間。’”

②廣:同“曠”。王叔岷《校詮》引王念孫云:“《漢書·武五子傳》:
　‘横術何廣廣兮!’蘇林月曰:‘廣音曠。’是也。‘曠曠’者,虚無人
　之貌。《莊子》:‘廣廣乎其無不容也。’《荀子·非十二子篇》:‘恢
　恢然,廣廣然。’義並與曠同。”

③淵:應爲“淵淵”,冥深之狀。王叔岷《校詮》引奚侗曰:“淵字應
　疊,與‘廣廣’相耦,猶《知北遊篇》‘淵淵’與‘魏魏’相耦。《闕
　誤》、江南古藏本正作‘淵淵乎’。”

④神:精神。下同。成玄英疏:“夫形德仁義者,精神之末跡耳。”

⑤定:凝也。下同。錢穆《纂箋》:“《中庸》:‘苟不至德,至道莫凝
　焉。’定猶凝也。”

⑥世:意指天下。王先謙《集解》:“謂有天下。”王叔岷《校詮》:“宣
　穎云:‘世,天下。’”

⑦奮棅(bǐng):爭奪權位。陸德明《釋文》:“棅音柄。司馬云:‘威
　權也。’”王先謙《集解》:“《説文》:‘柄,或从棅。’言天下奮争威
　柄。”錢穆《纂箋》:“奚侗曰:‘奮疑奪字誤。’”　偕:遂同,偕同。
　成玄英疏:“不與並遂也。”王先謙《集解》:“獨不並遂。”

⑧審乎無假:意謂率真任性。郭象注:“任真而直往也。”　利遷:隨
　物遷移。錢穆《纂箋》引馬叙倫曰:“‘利’當依《德充符》作

‘物’。”王叔岷《校詮》：“《德充符篇》：‘審乎無假，而不與物遷。’可證。”

⑨極：窮極。成玄英疏：“窮理盡性，斯極物之真者也。”

⑩外：動詞，以之爲意謂超脱，與下文“遺”對言。成玄英疏：“忘外二儀，遺棄萬物。”

⑪困：疲憊。成玄英疏：“困弊。”

⑫賓：同“擯”，棄也。郭慶藩《集釋》：“俞樾曰：‘賓當讀爲擯，謂擯斥禮樂也，與上句退仁義一律。’”

世之所貴道者書也①，書不過語，語有貴也。語之所貴者意也，意有所隨②。意之所隨者，不可以言傳也，而世因貴言傳書。世雖貴之哉，猶不足貴也，爲其貴非其貴也③。故視而可見者，形與色也；聽而可聞者，名與聲也。悲夫，世人以形色名聲爲足以得彼之情④！夫形色名聲果不足以得彼之情⑤，則知者不言⑥，言者不知，而世豈識之哉！桓公讀書於堂上⑦，輪扁斲輪於堂下⑧，釋椎鑿而上⑨，問桓公曰：“敢問⑩，公之所讀爲何言邪？”公曰：“聖人之言也。”曰：“聖人在乎？”公曰：“已死矣。”曰：“然則君之所讀者，古人之糟魄已夫⑪！”桓公曰：“寡人讀書，輪人安得議乎！有説則可⑫，无説則死。”輪扁曰：“臣也以臣之事觀之⑬。斲輪，徐則甘而不固⑭，疾則苦而不入⑮。不徐不疾，得之於手而應於心，口不能言，有數存焉於其間⑯。臣不能以喻臣之子⑰，臣之子亦不能受之於臣，是以行年七十而老斲輪。古之人與其不可傳也死矣⑱，然則君之所讀者，古人之糟魄已夫！”

【校注】

①貴：動詞，以之爲貴重，敬重。下同。成玄英疏：“以爲貴重。”

道：言説。成玄英疏：“道者，言説。”

②隨：由來，從。成玄英疏：“隨，從也。”

③非其貴：意謂不值得尊貴。郭象注：“其貴恒在言意之表。”

④彼：意指道。王先謙《集解》：“宣云：‘彼，謂道。’”　　情：實。王先謙《集解》：“宣云：‘情，實也。’”

⑤果：終究。錢穆《纂箋》：“馬其昶曰：‘《吕覽》注：果，終也。’”

⑥則：猶“故”。王叔岷《校詮》：“則猶故也。”

⑦桓公：齊桓公。此爲寓言。

⑧輪扁：匠人名，亦爲寓言人物。陸德明《釋文》：“司馬云：‘斲輪人也，名扁。’”　　斲輪：製作車輪。成玄英疏：“斲，雕斫也。”

⑨釋：放下。成玄英疏：“釋，放也。”　　椎鑿：匠人工具。成玄英疏：“釋放其具。”

⑩敢：語氣謙詞。

⑪糟魄：糟粕。陸德明《釋文》：“糟音遭，李云：‘酒滓也。’……司馬云：‘爛食曰魄。’”成玄英疏：“酒渣曰糟，漬糟曰粕。”郭慶藩《集釋》：“魄，本又作粕，即司馬本也。”

⑫説：説法，道理。成玄英疏：“庸委之夫，輒敢議論。説若有理，方可免辜。如其無辭，必獲死罪。”

⑬事：意指斲輪。

⑭徐：寬餘。　　甘：緩也。陸德明《釋文》：“司馬云：‘甘者，緩也。’”　　固：牢固。成玄英疏：“夫斲輪失所則[不]牢固。”

⑮疾：緊。　　苦：急也。陸德明《釋文》：“司馬云：‘苦者，急也。’”王夫之《莊子解》：“疾徐指輻轂相受之枘而言。徐，寬也。疾，緊也。甘易入，苦難入也。鬆則不堅，緊則不受。相爭毫忽，規矩所不及也。”

⑯數：術，技藝。陸德明《釋文》：“李云：‘數，術也。’”

⑰喻：曉諭。成玄英疏：“喻，曉也。”

⑱也：猶“者”。錢穆《纂箋》：“宣穎曰：‘也猶者。’”

# 天運第十四

【題解】

　　天之運行猶如音樂,即天樂。天樂蕩蕩默默,幽昏窈冥,若老子之道,使人忘其生死。本篇述孔子問道於老子。老子鄙駁堯舜之治世,輕薄六經,論樸素、無爲之精要。通篇皆寓言也。

　　"天其運乎①?地其處乎②?日月其爭於所乎③?孰主張是④?孰維綱是⑤?孰居无事推而行是⑥?意者其有機緘而不得已邪⑦?意者其運轉而不能自止邪?雲者爲雨乎?雨者爲雲乎?孰隆施是⑧?孰居无事淫樂而勸是⑨?風起北方,一西一東,有上彷徨⑩,孰嘘吸是⑪?孰居无事而披拂是⑫?敢問何故?"巫咸祒曰⑬:"來!吾語女⑭。天有六極五常⑮,帝王順之則治,逆之則凶。九洛之事⑯,治成德備,監照下土,天下載之⑰,此謂上皇⑱。"

【校注】

　　①運:運行。郭象注:"不運而自行也。"陸德明《釋文》:"《爾雅》云:'運,徙也。'《廣雅》云:'轉也。'"

　　②處:置也。王叔岷《校詮》:"《淮南子·天文篇》:'天道曰圓,地道曰方。'……圓故運轉,方故静處。"

　　③所:處所。成玄英疏:"豈有心於爭處?"錢穆《纂箋》:"羅勉道曰:

‘日月同黃道,故曰争於所。’"

④是:代詞,如此。下同。成玄英疏:"指斥前文也。"

⑤維綱:維持綱紀。成玄英疏:"是誰維持綱紀,故得如斯?"

⑥推而行:應爲"而推行"。郭象注:"無事而推行是者誰乎哉?"王先謙《集解》:"三句分承'天'、'地'、'日月'。"王叔岷《校詮》:"奚侗曰:'推字當在而下,推行連語,與主張、綱維相耦。'案奚説是,《輔行記》《朱子語類》引此,並以'推行'連文,郭注亦可證。"

⑦機緘:關閉。成玄英疏:"機,關也。緘,閉也。……謂有司主關閉,事不得已。"

⑧隆:疑爲"降"。郭慶藩《集釋》引俞樾曰:"此承上雲雨而言。隆當作降,謂降施此雲雨也。《書大傳》'隆谷',鄭注曰:'隆讀如麗降之降。'蓋隆從降聲,古音本同。"

⑨勸:勸助。成玄英疏:"誰安居無事,自勵勸彼,作此淫雨而快樂邪?"王先謙《集解》:"宣云:'雲雨乃陰陽交和之氣所成,故以爲造化之淫樂。'"

⑩有:疑"在"之誤。王叔岷《校詮》引褚伯秀云:"'有上'説之不通,碧虛照張氏校本作'在上'。陳詳道注亦然。"　彷徨:意謂"翱翔"。成玄英疏:"彷徨,迴轉之貌也。"王叔岷《校詮》引奚侗云:"'彷徨'猶'翱翔'也。……言風在上翱翔也。宋玉《風賦》:'翱翔於激水之上。'成公綏《天地賦》:'八風翱翔。'"

⑪噓吸:吐納。成玄英疏:"噓吸,猶吐納也。"

⑫披拂:扇動。陸德明《釋文》:"披拂,風貌。"成玄英疏:"披拂,猶扇動也。"

⑬巫咸祒(tiáo):傳説爲殷代宰相,又傳爲古代著名占星家。陸德明《釋文》:"祒音條,又音紹。李云:'巫咸,殷相也。祒,寄名也。'"

⑭女:同"汝"。

⑮六極五常：即《尚書·洪範》之謂五福六極。郭慶藩《集釋》引俞樾曰："六極五常，疑即《洪範》之五福六極也。常與祥，古字通。《儀禮·士虞》、《禮記》薦此常事，鄭注曰：古文常爲祥，是其證也。"王叔岷《校詮》："《書·洪範》：'五福：一曰壽，二曰富，三曰康寧，四曰攸好德，五曰考終命。六極：一曰凶短折，二曰疾，三曰憂，四曰貧，五曰惡，六曰弱。'"

⑯九洛：傳上古書《九疇》、《洛書》。王先謙《集解》："楊慎云：'九洛，《九疇》、《洛書》。'"郭慶藩《集釋》引俞樾曰："九洛之事，治成德備，其即謂禹所受之《洛書》九類乎！"

⑰載：應爲"戴"，意謂擁戴。成玄英疏："百姓荷戴而不辭。"王叔岷《校詮》："車柱環云：'唐寫本載作戴，載即戴之借。'案覆宋本亦作戴，存成疏本之舊，成疏言'荷戴'可驗也。"

⑱上皇：伏羲。王叔岷《校詮》："《詩譜序》：'詩之興也，諒不於上皇之世。'孔疏：'上皇，謂伏犧，三皇之最先者。'"

商大宰蕩問仁於莊子①。莊子曰："虎狼，仁也。"曰："何謂也？"莊子曰："父子相親，何爲不仁②？"曰："請問至仁。"莊子曰："至仁无親③。"大宰曰："蕩聞之，无親則不愛，不愛則不孝。謂至仁不孝，可乎？"莊子曰："不然。夫至仁尚矣④，孝固不足以言之。此非過孝之言也⑤，不及孝之言也。夫南行者至於郢，北面而不見冥山⑥，是何也？則去之遠也。故曰：以敬孝易，以愛孝難⑦；以愛孝易，而忘親難⑧；忘親易，使親忘我難⑨；使親忘我易，兼忘天下難⑩；兼忘天下易，使天下兼忘我難⑪。夫德遺堯舜而不爲也⑫，利澤施於萬世，天下莫知也，豈直太息而言仁孝乎哉⑬！夫孝悌仁義，忠信貞廉，此皆自勉以役其德者也⑭，不足多也。故曰：至貴，國爵并焉⑮；至富，國財并焉；至願，名譽并焉。是以道不渝⑯。"

## 【校注】

①商:春秋時宋國。成玄英疏:"宋承殷後,故商即宋國也。"　大宰蕩:太宰名蕩。陸德明《釋文》:"大音泰。下文大息同。"成玄英疏:"大宰,官號,名盈,字蕩。"

②成玄英疏:"仁者,親愛之跡。夫虎狼猛獸,猶解相親,足明萬類皆有仁性也。父子親愛,出自天然。"

③至仁:猶"大仁"。王叔岷《校詮》:"'至仁'猶'大仁'。《齊物論篇》:'大仁不仁。'……《大宗師篇》:'有親,非仁也。'《淮南子·詮言篇》:'大仁無親。'"

④尚:高尚。成玄英疏:"至仁者,可貴可尚。"王先謙《集解》:"孝不過仁之一端。"

⑤過:超過,與下文"不及"相對。王先謙《集解》:"以親愛爲至仁,非過孝之言,不及孝之言也。"

⑥郢:楚國都城。陸德明《釋文》:"楚都也,在江陵北。"　冥山:山名,在朔州北。郭慶藩《集釋》:"《史記·蘇秦列傳》索隱引司馬云:'冥山在朔州北。'"

⑦愛孝:出自内心之孝。成玄英疏:"夫敬在形跡,愛在本心。心由天性,故難;跡關人情,故易也。"

⑧親:親人。成玄英疏:"夫愛孝雖難,猶滯域中,未若忘親,澹然無係。"

⑨成玄英疏:"故子忘親易,親忘子難。"

⑩忘天下:意謂遺忘萬物。成玄英疏:"夫兼忘天下者,棄萬物如脱屣也。"

⑪忘我:意謂百姓各自得其樂,自適其所。成玄英疏:"謂百姓日用而不知也。"

⑫遺:遺棄,遺忘。郭象注:"遺堯舜,然後堯舜之德全耳。"成玄英疏:"遺,忘棄也。"

⑬太息:嗟歎。一本作"大息"。成玄英疏:"大息,猶嗟歎也。"

⑭役:勞役。成玄英疏:"以此上八事,皆矯性僞情,勉强勵力,捨己
效人,勞役其性,故不足多也。"王先謙《集解》:"宣云:'爲修德之
名所役。'"

⑮并:除也。郭象注:"并,除棄之謂也。夫貴在於身,身猶忘之,況
國爵乎!"

⑯渝:變。成玄英疏:"渝,變也,薄也。"

　　北門成問於黄帝曰①:"帝張咸池之樂於洞庭之野②,吾
始聞之懼,復聞之怠③,卒聞之而惑④;蕩蕩默默,乃不自
得⑤。"帝曰:"女殆其然哉⑥!吾奏之以人⑦,徵之以天⑧,行之
以禮義,建之以太清⑨。夫至樂者,先應之以人事,順之以天
理,行之以五德⑩,應之以自然,然後調理四時,太和萬物。四
時迭起,萬物循生⑪;一盛一衰,文武倫經⑫;一清一濁⑬,陰陽
調和,流光其聲⑭;蟄蟲始作⑮,吾驚之以雷霆;其卒无尾,其始
无首⑯;一死一生,一債一起⑰;所常无窮,而一不可待⑱。女
故懼也。

**【校注】**

①北門成:寓言人名。成玄英疏:"姓北門,名成,黄帝臣也。"

②張:開張,意即演奏。成玄英疏:"張,施也。"　咸池:古樂名。

③怠:消退。下同。成玄英疏:"怠,退息也。……懼心退息。"

④卒:終。成玄英疏:"卒,終也。"　惑:意謂忘己。錢穆《纂箋》:
"宣穎云:'懼者駭,聽者息心,惑者忘己。'"

⑤蕩蕩默默:平易無知之狀。成玄英疏:"蕩蕩,平易之容。默默,無
知之貌。"　不自得:意謂失常。錢穆《纂箋》:"宣穎曰:'神不能
定,口不能言,失其常也。'"

⑥女:同"汝"。下同。本亦作"汝"。　殆:近。成玄英疏:"殆,近

也。……是許其所解,故云汝近於自然也。"王先謙《集解》:"宣云:'言故宜如此。'"

⑦奏:演奏。王先謙《集解》:"宣云:'律與上天氣候相準。'"章案:以下述及音樂之事,與《禮記・樂記》思想相差無幾,故爲漢儒觀念無疑矣。

⑧徽:應爲"徽",同"揮"。陸德明《釋文》:"古本多作徽。"錢穆《纂箋》引馬叙倫曰:"《文選注》引《淮南》許慎注曰:'鼓琴循弦謂之徽。'"王叔岷《校詮》:"案唐寫本、趙諫議本、覆宋本、《道藏》各本徽皆作徽。徽借爲揮。"

⑨太清:天道。一本作"大清"。陸德明《釋文》:"大音泰。"成玄英疏:"太清,天道也。"王先謙《集解》:"宣云:'取氣之元爲主宰。'"

⑩五德:漢儒稱金、木、水、火、土爲"五德"。章案:自"夫至樂者"至"太和萬物",近人認爲是郭注或成疏竄入,非《莊子》原文。王先謙《集解》:"姚云:'徐笠山以夫至此三十五字爲郭注誤入正文,蓋本之穎濱。宣本亦無此三十五字,云俗本雜入。'"王叔岷《校詮》:"趙諫議本、《道藏》成疏本、王元澤《新傳》本、林希逸《口義》本皆無此三十五字,乃疏文竄入正文者,《道藏》本成疏尚存其舊,非郭注誤入正文也。"然此篇中諸多思想與《禮記・樂記》、《易傳》相通,全篇文字與内篇主旨有異,不獨此三十五字,故仍從宋合刊本,存而不删。

⑪迭:同"遞"。陸德明《釋文》:"一本作遞。"　循:順也。成玄英疏:"循,順。"

⑫倫經:同"經綸"。郭慶藩《集釋》引郭嵩燾曰:"《樂記》:'禮滅而進,以進爲文;樂盈而反,以反爲文。'故樂闋而後作衰者,闋之餘聲也。始奏以文,復亂以武,以文武紀其盛衰。倫經,猶言經綸。比和分合,所謂經綸也。"王叔岷《校詮》:"《書鈔》一〇五引'倫經'作'經綸'。"

⑬清、濁:喻天、地。成玄英疏:"清,天也。濁,地也。"

⑭光:同"廣"。錢穆《纂箋》:"馬其昶曰:'光讀爲廣。'"王叔岷《校詮》引奚侗云:"光借作廣,讀若《禮·樂記》'廣其節奏'之廣,謂流動而增多其聲也。《堯典》'光被四表',漢成陽靈臺碑光作廣,是爲光、廣相叚之例。"

⑮作:萌動。成玄英疏:"仲春之月,蟄蟲始啓。"

⑯卒:終。成玄英疏:"尋求自然之理,無始無終;討論至樂之聲,無首無尾。故《老經》云:'迎之不見其首,隨之不見其後也。'"

⑰僨(fèn):仆倒。陸德明《釋文》:"司馬云:'僨,仆也。'"成玄英疏:"夫盛衰生死,虛盈起僨,變化之道,理之常數。"

⑱一:皆。郭慶藩《集釋》引俞樾曰:"一不可待者,皆不可待也。《大戴記·衛將軍文子篇》'則一諸侯之相也',盧注曰:'一,皆也。'《荀子·勸學篇》'一可以爲法則',《君子篇》'一(皆)〔自〕善也謂之聖',楊注曰:'一,皆也。'是一有皆義。"

吾又奏之以陰陽之和,燭之以日月之明①;其聲能短能長,能柔能剛;變化齊一,不主故常②;在谷滿谷,在阬滿阬③;塗郤守神④,以物爲量⑤。其聲揮綽⑥,其名高明⑦。是故鬼神守其幽⑧,日月星辰行其紀⑨。吾止之於有窮,流之於无止⑩。子欲慮之而不能知也,望之而不能見也,逐之而不能及也;儻然立於四虛之道⑪,倚於槁梧而吟⑫。目知窮乎所欲見⑬,力屈乎所欲逐,吾既不及已夫⑭!形充空虛,乃至委蛇⑮。女委蛇,故怠⑯。

【校注】

①燭:照。成玄英疏:"與日月齊其明。此第二奏也。"

②主:執持。成玄英疏:"豈守故而執常。"

③阬:即"坑"。陸德明《釋文》:"阬,苦庚反。《爾雅》云:'虛也。'"

成玄英疏:"乃谷乃阬,悉皆盈滿。"王叔岷《校詮》:"邵晉涵曰:'《後漢書注》引《倉頡篇》云:阬,壑也。'案《玉篇》土部引阬作坑,阬、坑正俗字。"

④塗郤:塞空。郭象注:"塞其兌也。"陸德明《釋文》:"郤,去逆反,與隙義同。"成玄英疏:"塗,塞也。郤,孔也。閉心知之孔郤,守凝寂之精神。"

⑤量:度量。成玄英疏:"大小修短,隨物量器。"

⑥揮綽:悠揚寬廣。王叔岷《校詮》:"《易·說卦》:'發揮於剛柔。'鄭注:'揮,揚也。''揮綽',謂發揚寬裕也。"

⑦高明:成玄英疏:"高如上天,明如日月。"

⑧幽:幽昧。成玄英疏:"人物居其顯明,鬼神守其幽昧,各得其所而不相撓。"

⑨紀:綱紀。成玄英疏:"三光朗耀,依分而行,綱紀上玄,比無差忒也。"

⑩止:住也。郭象注:"常在極上住也。"王叔岷《校詮》:"宣穎云:'止乎其所不得不止,行乎其所不得不行。'"

⑪儻然:無心之狀。成玄英疏:"儻然,無心貌也。"　四虛:四方虛空。成玄英疏:"四虛,謂四方空,大道也。"

⑫槁梧:枯槁梧桐。《德充符篇》莊子譏刺惠子"倚樹而吟",勞神傷精。詳見《德充符篇》注。

⑬知:同"智"。郭象注:"言物之知力各有所齊限。"陸德明《釋文》:"知音智。"

⑭吾:意指北門成。錢穆《纂箋》:"吳汝綸曰:'吾者,代北門成爲辭。'"

⑮委蛇:意頹靡。下同。陸德明《釋文》:"蛇,以支反。"王叔岷《校詮》:"此謂北門成形體雖充滿而實空虛,乃至頹弛也。"

⑯女:同"汝"。錢穆《纂箋》:"宣穎曰:'悍氣盡,四體柔也。'"

吾又奏之以无怠之聲①,調之以自然之命,故若混逐叢生②,林樂而无形③;布揮而不曳④,幽昏而无聲。動於无方,居於窈冥⑤;或謂之死,或謂之生;或謂之實,或謂之榮⑥;行流散徙,不主常聲⑦。世疑之,稽於聖人⑧。聖也者,達於情而遂於命也⑨。天機不張而五官皆備⑩,此之謂天樂,无言而心說⑪。故有焱氏爲之頌曰⑫:‘聽之不聞其聲,視之不見其形,充滿天地,苞裹六極⑬。’女欲聽之而无接焉⑭,而故惑也。樂也者,始於懼,懼故祟⑮;吾又次之以怠,怠故遁⑯;卒之於惑,惑故愚⑰,愚故道,道可載而與之俱也⑱。”

## 【校注】

①怠:消退。下同。郭象注:“意既怠矣,乃復無怠,此其至也。”成玄英疏:“雖復賢於初聞,猶自不及後聞,故奏無怠之音。”

②混逐:混然相逐。錢穆《纂箋》:“宣穎曰:‘混然相逐,叢然相生。’”

③林樂:意謂合聚之樂。郭慶藩《集釋》引郭嵩燾云:“叢木曰林。林樂者,相與群樂之。五音繁會,不辨聲之所從出,故曰無形。”王叔岷《校詮》:“‘林樂’,即叢樂或聚樂,亦即繁會之樂也。”

④布揮:布展揮振。陸德明《釋文》:“揮音輝。《廣雅》云:‘振也。’”王叔岷《校詮》:“《小爾雅·廣言》:‘布,展也。’” 曳:頓滯。錢穆《纂箋》:“宣穎曰:‘布散揮洒而不曳滯。’”王叔岷《校詮》:“《後漢書·馮衍傳》:‘年雖疲曳,猶庶幾名賢之風。’李注:‘曳猶頓也。’此謂布展揮振而不滯頓也。”

⑤方:方位。成玄英疏:“實無方所。” 窈冥:寂静之狀。郭象注:“所謂寧極。”王叔岷《校詮》:“謂動、止皆不可究極也。”

⑥實:果實,與“榮”相對。成玄英疏:“秋實夏榮。”

⑦主:持也。郭象注:“隨物變化。”

⑧稽:稽考。王先謙《集解》:"稽,考也。觀於聖人,則知至樂之妙,不必疑也。"

⑨遂:達也。王叔岷《校詮》:"性、命對言,達、遂互文,遂亦達也。(《吕氏春秋・圜道篇》:'遂於四方。'高注:'遂,達也。')"

⑩天機:自然之樞機。成玄英疏:"天機,自然之樞機。"王叔岷《校詮》:"'天機不張'謂保其自然。五官似謂耳、目、鼻、口、心。"

⑪説:同"悦"。陸德明《釋文》:"説音悦。"

⑫焱氏:神農。成玄英疏:"焱氏,神農也。"

⑬苞:同"包"。陸德明《釋文》:"苞音包。本或作包。"　六極:上下四方,即"六合"。成玄英疏:"六極,六合也。"

⑭接:承接。郭象注:"此乃無樂之樂,樂之至也。"成玄英疏:"不可以耳根承接。"

⑮故:猶"如"。王叔岷《校詮》:"故猶如、猶若、猶似。"　祟:禍祟。王先謙《集解》:"聽之悚懼,如有禍祟。"

⑯遁:遁滅。錢穆《纂箋》:"宣穎曰:'妄力銷鑠也。'"

⑰愚:無知。郭象注:"以無知爲愚,愚乃至也。"錢穆《纂箋》:"宣穎曰:'意識俱亡也。'"

⑱俱:備也。王叔岷《校詮》:"無知則似道也。《知北遊篇》:'道將爲汝居。'"

　　孔子西遊於衛①。顏淵問師金曰②:"以夫子之行爲奚如③?"師金曰:"惜乎,而夫子其窮哉④!"顏淵曰:"何也?"師金曰:"夫芻狗之未陳也⑤,盛以篋衍⑥,巾以文繡⑦,尸祝齊戒以將之⑧。及其已陳也,行者踐其首脊⑨,蘇者取而爨之而已⑩;將復取而盛以篋衍,巾以文繡,遊居寢卧其下,彼不得夢,必且數眯焉⑪。今而夫子,亦取先王已陳芻狗,取弟子遊居寢卧其下⑫。故伐樹於宋⑬,削迹於衛⑭,窮於商周⑮,是非其夢邪？圍於陳蔡之間，七日不火食，死生相與鄰⑯，是非其眯邪？夫水行莫如用舟，而陸行莫如用車。以舟之可行於水也而求推之於陸，則没世不行尋常⑰。古今非水陸與⑱？周魯非舟車與？今蘄行周於魯⑲，是猶推舟於陸也，勞而无功，身必有殃。彼未知夫无方之傳⑳，應物而不窮者也㉑。

【校注】

①衛：衛國。衛國在魯國西，故向西遊。

②師金：魯太師金。陸德明《釋文》：“李云：‘師，魯太師也。金，其名也。’”章案：此爲寓言。

③奚：何。成玄英疏：“奚，何也。言夫子行仁義之道以化衛侯，未知此術行用可否邪？”

④而：同“爾”。王叔岷《校詮》：“宣穎云：‘而，爾。’” 窮：困也。成玄英疏：“屢至困窮。”

⑤芻狗：以草紮成狗狀，巫術用具。陸德明《釋文》：“李云：‘結芻爲狗，巫祝用之。’”成玄英疏：“芻（狗），草也，謂結草爲狗以解除也。” 陳：陳列，展現。

⑥衍：借爲“篅”，盛物器具。陸德明《釋文》：“李云：‘笴也，盛狗之物也。’”王叔岷《校詮》引朱駿聲云：“衍，叚借爲篅。”

⑦巾：猶“衣”，飾也，在此用作動詞。王叔岷《校詮》：“巾猶衣也，飾也，非誤字。《周禮·春官》巾車鄭注：‘巾猶衣也。’呂延濟注：‘衣，飾也。’《淮南子·齊俗篇》：‘譬若芻狗土龍之始成，文以青黄，絹以綺繡。’《御覽·皇王部》引‘絹以綺繡’作‘飾以綺繡’。”

⑧尸祝：巫師之屬。成玄英疏：“尸祝，巫師也。” 齊：同“齋”。陸德明《釋文》：“齊，側皆反。本亦作齋。” 將：送也。成玄英疏：“展如在之將送，庶其福祉，貴之如是。”王叔岷《校詮》：“《爾雅·釋言》：‘將，送也。’”

⑨踐：踐踏，踩踏。成玄英疏：“踐，履也。”

⑩蘇：取草。陸德明《釋文》：“《史記》云‘樵蘇後爨’，注云：‘蘇，取草也。’”成玄英疏：“取草曰蘇。”王叔岷《校詮》：“蘇借爲酥，‘酥者’，謂取草者。《説文》：‘酥，杷取禾若也。’段注：‘《韓信傳》：樵蘇後爨。《漢書音義》曰：蘇，取草也。此假蘇爲酥也。’”　　爨（cuàn）：炊也。成玄英疏：“芻狗未陳，致斯肅敬。既祭之後，棄之路中，故行人履踐其頭脊，蘇者取供其炊爨。”

⑪眯（mì）：中魔厭。陸德明《釋文》：“李音米。……司馬云：‘厭也。’”成玄英疏：“遨遊居處，寢卧其旁，假令不致惡夢，必當數數遭魘。”錢穆《纂箋》：“段玉裁曰：‘厭、魘古今字。’”

⑫取：聚也。覆宋本亦作“聚”。

⑬宋：宋國。成玄英疏：“孔子曾游於宋，與門人講説於大樹之下，司馬桓魋欲殺夫子，夫子去後，桓魋惡其坐處，因伐樹焉。”章案：此句及下文數語言孔子遭困厄之事。

⑭削：鏟削。成玄英疏：“削，剗也。夫子嘗游於衛，衛人疾之，故剗削其跡，不見用也。”

⑮窮：困厄。成玄英疏：“商是殷地，周是東周，孔子歷聘，曾困於此。良由執於聖跡，故致斯弊。狼狽如是，豈非惡夢耶！”

⑯鄰：伴。成玄英疏：“當時楚昭王聘夫子，夫子領徒宿於陳蔡之地。蔡人見徒眾極多，謂之爲賊，故與兵圍繞，經乎七日，糧食罄盡，無復炊爨，從者餓病，莫之能興，憂悲困苦，鄰乎死地，豈非遭於已陳芻狗而魘耶！”

⑰没世：終生。成玄英疏：“若推舟於陸，求其運載，終没一世，不可數尺。”　　尋常：長度單位，此處意指微小距離。王先謙《集解》：“八尺曰尋，倍尋曰常。”王叔岷《校詮》引馬其昶云：“‘尋常’猶‘尺寸’，《左傳》：‘争尋常以盡其民。’注：‘言争尺寸之地。’”

⑱與：同“歟”。

⑲蘄：求也。陸德明《釋文》：“蘄音祈，求也。”

⑳彼：指孔子。　方：常也。陸德明《釋文》：“司馬云：‘方，常也。’”　傳：轉也。郭慶藩《集釋》：“傳讀若轉，言無方之轉動也。《呂氏春秋·必己篇》‘若夫萬物之情，人倫之傳’，高注：‘傳猶轉也。’”

㉑窮：窮盡。成玄英疏：“夫聖人之道，接濟無方，千轉萬變，隨機應物。未知此道，故嬰斯禍也。”

　　且子獨不見夫桔槔者乎①？引之則俯，舍之則仰②。彼，人之所引，非引人也，故俯仰而不得罪於人。故夫三皇五帝之禮義法度，不矜於同而矜於治③。故譬三皇五帝之禮義法度，其猶柤梨橘柚邪④！其味相反而皆可於口。故禮義法度者，應時而變者也。今取猨狙而衣以周公之服⑤，彼必齕齧挽裂⑥，盡去而後慊⑦。觀古今之異，猶猨狙之異乎周公也。故西施病心而矉其里⑧，其里之醜人見而美之⑨，歸亦捧心而矉其里，其里之富人見之，堅閉門而不出，貧人見之，挈妻子而去之走⑩。彼知美矉而不知矉之所以美。惜乎，而夫子其窮哉⑪！”

【校注】

①桔槔：木制汲水器具。成玄英疏：“桔槔，挈水木也。”

②引：引水，汲水。　舍：棄置。成玄英疏：“人牽引之則俯下，捨放之則仰上。”

③矜：美好，完善。成玄英疏：“矜，美也。夫三皇五帝，步驟殊時，禮樂威儀，不相沿襲，美在逗機，不治以定，不貴率今以同古。”

④柤梨橘柚：皆水果名。《人間世篇》：“夫柤梨橘柚，果蓏之屬。”與此同。

⑤猨狙（yuánjū）：猿猴。陸德明《釋文》：“猨音袁。狙，七餘反。”成玄英疏：“狙猨狡獸，喻澆競之時。是以禮服雖華，猨狙不以爲美；

聖跡乃貴,末代不以爲尊。"

⑥齕齧(héniè):撕咬。　　挽裂:意謂扯爛。

⑦盡去:意指脱光衣服。　　慊(qiè):痛快。王叔岷《校詮》引奚侗
云:"慊當訓快,《孟子》:'行有不慊於心。'趙注:'慊,快也。'"

⑧矉:同"顰"。陸德明《釋文》:"《通俗文》云:'蹙額曰矉。'"成玄
英疏:"西施,越之美女也,貌極妍麗,既病心痛,嚬眉苦之。"王叔
岷《校詮》:"《事文類聚别集》二四、《合璧事類續集》四四、《錦繡
萬花谷後集》一五、《韻府群玉》八及一二引矉皆作顰。"　　里:鄉
里,鄰里。

⑨美:動詞,意謂學其矉。

⑩挈:帶領。　　去之:離她而去。

⑪而:同"爾"。王叔岷《校詮》引宣穎云:"而,爾。"章案:此句與上
文重複呼應。

　　孔子行年五十有一而不聞道,乃南之沛見老聃①。老聃
曰:"子來乎? 吾聞子,北方之賢者也,子亦得道乎?"孔子曰:
"未得也。"老子曰:"子惡乎求之哉②?"曰:"吾求之於度數③,
五年而未得也。"老子曰:"子又惡乎求之哉?"曰:"吾求之於
陰陽④,十有二年而未得。"老子曰:"然。使道而可獻⑤,則人
莫不獻之於其君;使道而可進⑥,則人莫不進之於其親;使道
而可以告人,則人莫不告其兄弟;使道而可以與人⑦,則人莫
不與其子孫。然而不可者,无他也,中无主而不止⑧,外无正
而不行⑨。由中出者,不受於外,聖人不出⑩;由外入者,无主
於中,聖人不隱⑪。名,公器也⑫,不可多取。仁義,先王之蘧
廬也⑬,止可以一宿而不可久處,覯而多責⑭。

【校注】

①之:行往。　　沛:地名。　　老聃:即老子。陸德明《釋文》:"司馬

云:'老子,陳國相人。相,今屬苦縣,與沛相近。'"章案:《論語·
爲政篇》孔子自謂"五十而知天命",此處言孔子年五十一而未聞
道,有調侃、嘲諷之意,故事亦爲寓言,於史無徵。

②惡(wū):何。陸德明《釋文》:"惡音烏,下同。"成玄英疏:"問:
'於何處尋求至道?'"

③度數:制度,名數。王先謙《集解》:"宣云:'制度、名數。'"錢穆
《纂箋》:"馬其昶曰:'《天下篇》云:明於本數,係於末度。'方密之
説之曰:'《易》言制數度,蓋數自有度,因而制之。數爲藏本末之
端幾。而數中之度,乃統本末之適節也。道之籥也。'"

④《論語》無陰陽之説,《老子》亦無陰陽哲學理論。中國哲學史上
陰陽學説大略起於戰國中期。

⑤使:假如。　獻:進獻。成玄英疏:"是以不進獻於君親,豈得告
於子弟!"

⑥進:提供。

⑦與:給予。

⑧中:意指心中,與"外"相對。成玄英疏:"若使心中無受道之主,
假令聞於聖説,亦不能止住於胸懷。"

⑨外:意指外物。　正:乃"匹"之誤,匹配。郭慶藩《集釋》引俞樾
曰:"正乃匹字之誤。《禮記·緇衣篇》'唯君子能好其正',鄭注
曰:'正當爲匹,字之誤也。'是其例矣。此云中無主而不止,外無
匹而不行,與宣三年《公羊傳》'自内出者無匹不行,自外至者無
主不止'文義相似。"王叔岷《校詮》:"此蓋古語,此文及《則陽篇》
之正字,並匹之誤,俞説是。(匹,俗作疋,與正形近,《禮記·禮
器》:'匹士大牢而祭。'《釋文》:'匹,本或作正。'亦匹、正相亂之
例。)《公羊傳》何注:'匹,合也。'"

⑩由:從。成玄英疏:"由,從也。"　不受:不應。王叔岷《校詮》:
"'不受'猶'不應',《吕氏春秋·圜道篇》:'此所以無不受也。'

高注:'受亦應也。'"王先謙《集解》:"宣云:'非時世之所宜,故不受。'"　出:意謂施教於人。郭象注:"聖人之道也,外有能受之者乃出耳。"成玄英疏:"若使外物不能禀受,聖人亦終不出教。"

⑪隱:藏也。成玄英疏:"隱,藏也。"王先謙《集解》:"宣云:'非吾心之精微,故無主。'不以藏於心,必也中得吾心之精微,外合時世之變通。"

⑫公器:公共器具。郭象注:"夫名者,天下之所共用。"

⑬蘧(qú)廬:旅店。陸德明《釋文》:"蘧音渠。司馬、郭云:'蘧廬,猶傳舍也。'"

⑭覯(gòu):見也。遇也。陸德明《釋文》:"覯,古豆反,見也,遇也。"王先謙《集解》:"宣云:'數相見,必受譴。'"

　　古之至人,假道於仁①,託宿於義②,以遊逍遥之虛③,食於苟簡之田④,立於不貸之圃⑤。逍遥,无爲也;苟簡,易養也;不貸,无出也⑥。古者謂是采真之遊⑦。以富爲是者,不能讓禄⑧;以顯爲是者,不能讓名⑨;親權者,不能與人柄⑩。操之則慄⑪,舍之則悲,而一无所鑒⑫,以闚其所不休者⑬,是天之戮民也⑭。怨、恩、取、與、諫、教、生、殺,八者,正之器也⑮,唯循大變无所湮者爲能用之⑯。故曰:正者,正也。其心以爲不然者,天門弗開矣⑰。"

## 【校注】

①假:借。成玄英疏:"假借塗路。"

②託:寄託。成玄英疏:"寄託宿止。"

③虛:同"墟"。陸德明《釋文》:"虛音墟。本亦作墟。"

④苟簡:隨意簡略。陸德明《釋文》:"王云:'苟,且也。簡,略也。'"

⑤貸:施與。陸德明《釋文》:"司馬云:'施與也。'"成玄英疏:"而言田圃者,明是聖人養生之地。"

⑥出：付出，施與。郭象注："不貸者，不損己以爲物也。"王先謙《集解》："宣云：'不費。'"

⑦采真：意謂得道也。王先謙《集解》："宣云：'不爲行跡所役。'"王叔岷《校詮》："此文真，謂道也。'采真之游'，謂得道之行耳。"

⑧是：正確，與"非"相對。下同。　禄：爵禄。成玄英疏："是富非貧，貪於貨賄者，豈能讓人財禄。"

⑨顯：顯耀。　名：名譽。成玄英疏："是顯非隱，滯於榮位者，何能與人名譽！"

⑩親：愛，貪戀。成玄英疏："親愛權勢。"王先謙《集解》："宣云：'貪戀。'"　柄：權柄。成玄英疏："柄，權也。"

⑪操：操弄。郭象注："舍之悲者，操之不能不慄也。"

⑫鑒：鑒識。成玄英疏："一無鑒識。"王先謙《集解》："宣云：'於理一無所見。'"

⑬闚：窺視，窺測。　休：休止。成玄英疏："豈能窺見玄理而休心息智者乎！"王先謙《集解》："宣云：'但明於逐物不止。'"

⑭天之戮民：自然刑戮之民。成玄英疏："如是之人，雖復楚戮未加，而情性以困，故是自然刑戮之人。"章案：《大宗師篇》云："孔子曰：丘，天之戮民也。"文意於此關聯，亦有不同旨趣，意味頗爲弔詭。

⑮正之器：正人之具。成玄英疏："怨敵必殺，恩惠須償，分内自取，分外與佗，臣子諫上，君父教下，應青春以生長，順素秋以殺罰，此八者治正之器，不得不用之也。"王先謙《集解》："宣云：'正人之具。'"

⑯循：順也。成玄英疏："循，順也。"　大變：意謂巨變之道。錢穆《纂箋》："孫詒讓曰：'大變，大法也。'"王叔岷《校詮》："大變猶大化，即大道也。"　湮：滯也，塞也。陸德明《釋文》："李云：'塞也，亦滯也。'"王先謙《集解》："宣云：'惟與變化相循，無所湮滯

者,乃合時宜也。'"

⑰天門:心靈。陸德明《釋文》:"天門,一云:謂心也。一云:大道
也。"成玄英疏:"天門,心也。"錢穆《纂箋》:"陸長庚曰:'天門猶
靈府。《老子》有天門開闔之語。'"

　　孔子見老聃而語仁義。老聃曰:"夫播穅眯目①,則天地
四方易位矣;蚊虻噆膚,則通昔不寐矣②。夫仁義憯然乃憒吾
心③,亂莫大焉。吾子使天下无失其朴④,吾子亦放風而動⑤、
揔德而立矣⑥。又奚傑然若負建鼓而求亡子者邪⑦?夫鵠不
日浴而白⑧,烏不日黔而黑⑨。黑白之朴,不足以爲辯⑩;名譽
之觀,不足以爲廣⑪。泉涸,魚相與處於陸,相呴以濕⑫,相濡
以沫,不若相忘於江湖!"

【校注】

①播穅:簸揚米穅。成玄英疏:"播穅眯目,目暗,故不能辯東西。"王
　叔岷《校詮》:"播借爲簸,《説文》:'簸,揚米去穅也。'又'眯,艸入
　目中也'。段注:'《莊子》:簸穅眯目。《字林》云:眯,物入眼爲
　病。然則非獨艸也。'"

②噆(cǎn):齧咬。陸德明《釋文》:"噆,子盇反。郭子合反。司馬
　云:'齧也。'"　昔:夜。陸德明《釋文》:"昔,夜也。"郭慶藩《集
　釋》:"通昔,猶通宵也。"王先謙《集解》:"夕、昔古通。"

③憯(cǎn):同"慘",毒害。王先謙《集解》:"憯同慘。"王叔岷《校
　詮》:"憯與慘通,《説文》:'慘,毒也。'段注:'毒,害也。'"　憒:
　應爲"憒",亂也。陸德明《釋文》:"憒本又作憒。"郭慶藩《集釋》:
　"《釋文》本又作憒,當從之。賁貴形相近,故從賁從貴之字常相
　混。《潛夫論·浮侈篇》懷憂憒憒,《後漢書·王符傳》作(憒憒)
　[憒憒],即其證也。"王叔岷《校詮》:"憒乃憒之形誤,《説文》:
　'憒,亂也。'"

④吾子:你。　　朴:素朴之道。郭象注:"質全而仁義者。"

⑤放風:依俗。陸德明《釋文》:"司馬云:'放,依也。'"王叔岷《校詮》:"風猶俗也,《呂氏春秋·音初篇》:'是故聞其聲而知其風。'高注:'風,俗。'與此同例。'放風而動',猶言'依俗而動'也。老聃恐孔子以仁義亂俗,故教此言。"

⑥摠(zǒng):同"總",亦作"總",一也。成玄英疏:"總虛妄之至德,立不測之神功。"王叔岷《校詮》:"總,一也。'總德',謂專一其德也。《淮南子·本經篇》:'德之所總。'高注:'總,一也。'"

⑦奚:何。　　傑然:應爲"傑傑然",用力貌。成玄英疏:"傑然,用力貌。"錢穆《纂箋》:"武延緒曰:'傑與偈同。'"王叔岷《校詮》:"于省吾云:'敦煌古鈔本傑然作傑傑然,按《闕誤》引張本亦作傑傑然,作傑傑然是也。下傑字涉重文作=而奪。《天道》:又何偈偈乎揭仁義若擊鼓而求亡子焉?偈偈即傑傑……'案傑字當疊,趙諫議本亦作'傑傑然'。"　　負建鼓:擊大鼓。成玄英疏:"何異乎打大鼓以求逃亡之子!"錢穆《纂箋》:"劉師培曰:'負讀爲掊,擊也。'"王叔岷《校詮》:"成疏'建,擊',疑本作'負,擊'。建無擊義,'建鼓'即'大鼓',疏之'打大鼓'即以釋'負建鼓'也。"

⑧鵠:天鵝。陸德明《釋文》:"本又作鶴,同。"　　日浴:每日清洗。成玄英疏:"浴,灑也。"

⑨黔:染黑。成玄英疏:"夫鵠白烏黑,稟之自然,豈須日日浴染,方得如是。"

⑩朴:樸素。成玄英疏:"黑白素樸,各足於分。"王先謙《集解》:"宣云:'出於本質者,不足分別妍媸。'"

⑪廣:增廣。王先謙《集解》:"名譽之觀美,亦不能於本性有所增廣。"

⑫吻:應爲"呴",本亦爲"呴",吐沫。　　濡:霑濕。此數句又見《大宗師篇》。

孔子見老聃歸，三日不談。弟子問曰：“夫子見老聃，亦將何規哉<sup>①</sup>?”孔子曰：“吾乃今於是乎見龍！龍，合而成體，散而成章<sup>②</sup>，乘乎雲氣而養乎陰陽<sup>③</sup>。予口張而不能嗋<sup>④</sup>，予又何規老聃哉！”子貢曰：“然則人固有尸居而龍見<sup>⑤</sup>、雷聲而淵默<sup>⑥</sup>、發動如天地者乎<sup>⑦</sup>？賜亦可得而觀乎<sup>⑧</sup>?”遂以孔子聲見老聃<sup>⑨</sup>。老聃方將倨堂而應<sup>⑩</sup>，微曰<sup>⑪</sup>：“予年運而往矣<sup>⑫</sup>，子將何以戒我乎<sup>⑬</sup>?”子貢曰：“夫三王、五帝之治天下不同，其係聲名一也<sup>⑭</sup>。而先生獨以為非聖人，如何哉?”老聃曰：“小子少進<sup>⑮</sup>！子何以謂不同?”對曰：“堯授舜，舜授禹<sup>⑯</sup>，禹用力而湯用兵<sup>⑰</sup>，文王順紂而不敢逆<sup>⑱</sup>，武王逆紂而不肯順，故曰不同。”

【校注】

① 規：正也。王先謙《集解》：“宣云：‘何以規正之。’”王叔岷《校詮》：“《左》昭十六年《傳》：‘子寧以他規我。’杜注：‘規，正也。’”章案：此亦為寓言。

② 章：文采。成玄英疏：“跡散而起文章，文章焕爛。”

③ 養：同“翔”。錢穆《纂箋》：“劉師培曰：‘養借為翔。’”王叔岷《校詮》：“《淮南子·時則篇》‘群鳥翔’，高注：‘翔，或作養。’亦養、翔古通之證。”

④ 嗋(xié)：合也。陸德明《釋文》：“嗋，許劫反，合也。”成玄英疏：“嗋，合也。心懼不定，口開不合，復何容暇聞規訓之言乎！”王叔岷《校詮》：“《藝文類聚》九六、《御覽》六一七、《天中記》五六引嗋皆作噏，《神仙傳》作翕，嗋、噏並與翕通，《爾雅·釋詁》：‘翕，合也。’”

⑤ 尸居：静處，齋居。王叔岷《校詮》：“尸居，猶静處。”錢穆《纂箋》：“馬其昶曰：‘尸居，猶齋居。’”　龍見(xiàn)：如飛龍顯現。陸德明《釋文》：“見，賢遍反。”成玄英疏：“聖人寂同死尸寂泊，動類

飛龍在天。”

⑥淵默：沉默如深淵。郭象注：“出處默語。”章案：《在宥篇》：“尸居
而龍見，淵默而雷聲。”

⑦發動：奮發機動。成玄英疏：“奮發機動，同二儀之生物者也。”

⑧賜：子貢名。

⑨聲：聲教。成玄英疏：“遂以孔子聲教而往見之。”王叔岷《校詮》
引奚侗曰：“《左》文六年《傳》：‘樹之風聲。’杜注、孔疏並訓聲爲
教，此言子貢以孔子之教往見老聃。”

⑩倨(jù)：同“踞”，蹲坐。王叔岷《校詮》：“‘方將’，複語，將猶方
也。踞、倨正假字。”

⑪微：小。成玄英疏：“老子自得從容，踞堂敖誕，物感應斯，微發其
言。”王先謙《集解》：“踞於堂上，其應聲微。”

⑫運：時也。成玄英疏：“運，時也。” 往：年邁。王先謙《集解》：
“往，邁也。言行年已邁。”

⑬戒：教戒。成玄英疏：“何以教戒我乎？”

⑭三王：即“三皇”。下同。陸德明《釋文》：“本或作三皇。”成玄英
疏：“三皇者，伏羲、神農、黃帝也。五帝，少昊、顓頊、高辛、唐、虞
也。”王叔岷《校詮》：“《闕誤》王作皇。” 係：繼也。王叔岷《校
詮》：“《爾雅·釋詁》：‘係，繼也。’‘係聲名’，謂聲名相繼也。”

⑮少進：稍進前。成玄英疏：“汝少進前，説不同所由。”

⑯此二句，應爲“堯與而舜受”。錢穆《纂箋》：“敦煌古鈔本作堯與
而舜受。”王叔岷《校詮》引于省吾云：“敦煌本是也。上云：‘子何
以謂不同？’……‘堯授舜，舜授禹’，是同也。‘堯與而舜受’，與、
受正言其不同，於上下文義相符。”

⑰力：人力。 兵：軍隊。成玄英疏：“禹治水而用力，湯伐桀而
用兵。”

⑱順：順從。 逆：逆反。成玄英疏：“文王拘羑里而順商辛，武王

渡孟津而逆殷紂。”

　　老聃曰：“小子少進！余語女三王五帝之治天下①。黃帝之治天下，使民心一②，民有其親死不哭，而民不非也③。堯之治天下，使民心親，民有爲其親殺其殺④，而民不非也。舜之治天下，使民心競⑤，民孕婦十月生子，子生五月而能言，不至乎孩而始誰⑥，則人始有夭矣⑦。禹之治天下，使民心變⑧，人有心而兵有順⑨，殺盜非殺⑩，人自爲種而天下耳⑪，是以天下大駭，儒墨皆起⑫。其作始有倫⑬，而今乎婦⑭，女何言哉！余語女，三皇五帝之治天下，名曰治之，而亂莫甚焉⑮。三皇之知⑯，上悖日月之明⑰，下睽山川之精⑱，中墮四時之施⑲。其知憯於蠣蠆之尾⑳、鮮規之獸㉑，莫得安其性命之情者，而猶自以爲聖人，不可恥乎，其无恥也？”子貢蹵蹵然立不安㉒。

## 【校注】

①語（yù）：告訴。陸德明《釋文》：“語，魚據反。下同。”　女：同“汝”。下同。

②一：淳一。成玄英疏：“人心淳一。”

③非：非議，指責。郭象注：“若非之，則强哭。”成玄英疏：“不獨親其親，不獨子其子，故親死不哭而世俗不非。”

④殺其殺：應爲“殺其服”。殺，差別。郭象注：“殺，降也。言親疏者降殺。”成玄英疏：“五帝行德，不及三皇，使父子兄弟更相親愛，爲降殺之服以別親疏，既順人心，亦不非毁。”王叔岷《校詮》：“成疏‘爲降殺之服’，是所據正文‘殺其殺’作‘殺其服’。今本服作殺，即涉上殺字而誤。《天道篇》云‘隆殺之服’，亦可證。”

⑤競：競争。成玄英疏：“民心浮競。”

⑥孩：同“咳”，嬰兒笑也。陸德明《釋文》：“孩，亥才反。《説文》云：‘笑也。’”　始誰：始知認人。郭象注：“誰者，别人之意也。未

孩已擇人，言其競教速成也。”成玄英疏：“未解孩笑，已識是非。
分別之心，自此而始也。”王叔岷《校詮》：“《説文》：‘咳，小兒笑
也。孩，古文咳，从子。’《繫傳通論》：‘咳者，小兒之笑也。咳咳
然，笑聲也。三月而咳。’‘三月而咳’本《禮記·内則》。然則‘不
至乎孩而始誰’，蓋謂未至乎三月而知誰何，即知別人也。”

⑦夭：夭折。成玄英疏：“分別既甚，不終天年，夭折之始，起自虞
舜。”王先謙《集解》：“宣云：‘元氣早凋。’”

⑧變：變故。成玄英疏：“遂使蠢爾之民好爲禍變。”

⑨順：應借爲“訓”。王叔岷《校詮》引章太炎云：“順借爲訓，古字通
用，不煩傅指。‘兵有訓’，謂李法軍符諸教令也。”

⑩此句應爲“殺盜非殺人”。郭象注：“盜自應死，殺之順也，故非
殺。”王叔岷《校詮》：“孫詒讓云：‘郭讀非殺句斷。《荀子·正名
篇》云：殺盜非殺人。楊注云：殺盜非殺人，亦見《莊子》。則楊倞
讀人字句斷，亦通。’……案楊倞讀‘殺盜非殺人’爲句，是也。
《墨子·小去篇》：‘殺盜非殺人也。’（今本盜下衍人字。）亦其證。
惟人字屬上絕句，則下句語意不完，竊疑此本疊人字，傳寫脱之。”

⑪種：類。郭象注：“不能大齊萬物而人人自別，斯人自爲種也。”郭
慶藩《集釋》引郭嵩燾曰：“人自爲種類以成乎天下，於是乎有善
惡之分、是非之辨。”　耳：同“佴”，自作自爲。錢穆《纂箋》：“章
炳麟曰：‘耳借爲佴。《墨經》：佴，自作也。’穆按：《廣雅·釋詁》：
‘種，類也。’‘人自爲種而天下佴’，猶《天下篇》‘天下之人各爲其
所欲焉以自爲方’也。”

⑫駭：驚駭。成玄英疏：“驚天下蒼生。”王叔岷《校詮》：“錢穆《纂
箋》引方以智曰：‘老子何時嘗有儒、墨之名，語意俱無倫次。’案
此託諸老聃以入説耳，《莊》書中所述之事，若以時考之，不符者
多矣。”

⑬倫：理也。成玄英疏：“倫，理也。”王先謙《集解》：“其作始尚有

倫理。"

⑭婦:借爲"負",違背。王叔岷《校詮》:"惟婦借爲負,無煩改字,(《史記·陳丞相世家》:'户牖富人有張負。'《索隱》:'按負,是婦人老宿之稱。'即婦、負通用之證。)《釋名·釋姿容》:'負,背也。'《史記·五帝本紀》:'鯀負命毀族。'《正義》:'負,違也。'此謂其作始固有倫序,而今也違背,汝尚何言哉!"

⑮王叔岷《校詮》:"《天地篇》:'治,亂之率也。'"

⑯三皇:應爲"三王"。王先謙《集解》:"此'三皇'當作'三王',否則不可通。"王叔岷《校詮》:"'三皇'若本作'三王',則此所述,與上文所述黄帝及堯之治天下不相矛盾矣。"　知:同"智"。陸德明《釋文》:"知音智。"

⑰悖:悖逆。成玄英疏:"悖,逆也。"

⑱睽:乖離。陸德明《釋文》:"乖也。"

⑲墮:廢毀。成玄英疏:"廢壞四時。"王叔岷《校詮》:"錢穆云:'三語見《胠篋篇》。'案《胠篋篇》睽作爍,《釋文》引崔云:'消也。'"　施:澤也。成玄英疏:"施,澤也。"

⑳憯:毒也。成玄英疏:"憯,毒也。"　蠣蠆(lìchài):蝎子。陸德明《釋文》:"蠣,本亦作厲。……蠆,許謁反。或云:依字,上當作蠆,下當作蠍。《通俗文》云:'長尾爲蠆,短尾爲蠍。'"成玄英疏:"蠣蠆,尾端有毒也。"郭慶藩《集釋》引王引之曰:"蠣、蠆,皆蠍之異名也。"

㉑鮮規之獸:微小之動物。陸德明《釋文》:"鮮規之獸,李云:鮮規,明貌。一云:小蟲也。一云:小獸也。"成玄英疏:"言三皇之智損害蒼生,其爲毒也,甚於(蠆)[蠣]蠆,是故細小蟲獸能遭擾動,況乎黔首,如何得安!"王叔岷《校詮》:"謂微小之獸,或微小之蟲耳。與《胠篋篇》'肖翹之物'同旨,謂微小之物也。"

㉒蹵(cù)蹵:驚悚狀。陸德明《釋文》:"蹵,子六反。"成玄英疏:"蹵

戇，驚悚貌也。”

　孔子謂老聃曰：“丘治《詩》、《書》、《禮》、《樂》、《易》、《春秋》六經，自以爲久矣，孰知其故矣①；以奸者七十二君②，論先王之道而明周、召之迹③，一君无所鉤用④，甚矣夫⑤！人之難説也⑥，道之難明邪？”老子曰：“幸矣子之不遇治世之君也！夫六經，先王之陳迹也，豈其所以迹哉⑦！今子之所言，猶迹也。夫迹，履之所出，而迹豈履哉！夫白鶂之相視⑧，眸子不運而風化⑨；蟲，雄鳴於上風，雌應於下風而化⑩；類自爲雌雄，故風化⑪。性不可易，命不可變，時不可止，道不可壅⑫。苟得於道，无自而不可⑬；失焉者，无自而可⑭。”孔子不出三月，復見曰：“丘得之矣。烏鵲孺⑮，魚傅沫⑯，細要者化⑰，有弟而兄啼⑱。久矣夫丘不與化爲人⑲！不與化爲人，安能化人⑳！”老子曰：“可。丘得之矣！”

**【校注】**

①孰：同“熟”。王先謙《集解》：“孰同熟。”　故：同“詁”。錢穆《纂箋》：“嚴復曰：‘故通詁。’”王叔岷《校詮》引《困學紀聞》八：“六經，始見於《莊子·天運篇》。以《禮》、《樂》、《詩》、《書》、《易》、《春秋》爲六藝，始見於太史公《滑稽列傳》。”

②奸：同“干”，進言。陸德明《釋文》：“奸音干。《三蒼》云：‘犯也。’”王叔岷《校詮》：“《説苑·貴德篇》：‘孔子歷七十二君。’《淮南子·泰族篇》：‘孔子欲行王道，東西南北七十説而無所偶。’楊雄《解嘲》：‘夫上世之士，或七十説而不遇。’（《漢書·楊雄傳》應劭注：孔丘也。）言‘七十’，乃舉成數。”

③周、召：周公、召公。

④鉤：取也。陸德明《釋文》：“鉤，取也。”

⑤甚：過分，過度。

⑥説(shuì)：説服。

⑦迹：足迹，軌迹，遺迹，引申爲業績、功績。　所以迹："迹"之來源，意指業績之所本、所源。郭象注："所以迹者，真性也。夫任物之真性者，其迹則六經也。"王叔岷《校詮》引宣穎云："六經，道之所出，而六經豈道哉！"

⑧白鶂(yì)：鳥名。陸德明《釋文》："鶂，五歷反。《三蒼》云：'鶂鵙也。'司馬云：'鳥子也。'"王叔岷《校詮》："《左》僖十六年《傳》孔疏、《御覽》九二五引鶂並作鷁，鷁，或鶂字。(《禽經》：'白鷁相眡而孕。'《博物志》四：'白鷁雄雌相視則孕。')"章案：此數句言動物繁殖之事，比喻自然之道。

⑨運：行也。錢穆《纂箋》："宣穎曰：'不運，定睛注視。'"　風化：意謂自然受孕。陸德明《釋文》："司馬云：'相待風氣而化生也。'又云：相視而成陰陽。"王先謙《集解》："風，讀如'馬牛其風'之風，謂雌雄相誘也。化者，感而成孕。"

⑩化：即上文"風化"。下文"細要者化"意同。郭象注："鶂以眸子相視，蟲以鳴聲相應，俱不待合而便生子，故曰風化。"

⑪類：指一些自性繁殖動物。陸德明《釋文》："《山海經》云：'亶爰之山有獸焉，其狀如貍而有髮，其名曰師類；帶山有鳥，其狀如鳳，五采文，其名曰奇類，皆自牝牡也。'"

⑫壅：塞也。郭象注："故至人皆順而通之。"

⑬自：由來，原由。郭象注："雖化者無方而皆可也。"王叔岷《校詮》引王夫之曰："順其自然，則物固各有性、命。"

⑭焉：猶"之"。郭象注："所在皆不可也。"王叔岷《校詮》："焉猶之也。"

⑮孺：意指孵化。陸德明《釋文》："李云：'孚乳而生也。'"成玄英疏："鵲居巢內，交尾而表陰陽。"

⑯傅：同"付"。陸德明《釋文》："司馬云：'傅沫者，以沫相育也。'一

  云:傅口中沫,相與而生子也。"

⑰細要者:蜂類。"要"同"腰"。陸德明《釋文》:"細要者,蜂之屬
  也。"成玄英疏:"蜂取桑蟲,祝爲己子。"

⑱成玄英疏:"有弟而兄失愛,舍長憐幼,故啼。"

⑲化:造化。  人:偶,合也。王先謙《集解》:"不能與造化爲一
  人。"王叔岷《校詮》:"人,偶也。'爲人'猶'爲偶'。"

⑳化:教化。郭象注:"若播六經以説則疏也。"

# 刻意第十五

## 【題解】

開篇所述諸家行跡思想,與儒、墨、法、縱橫、黃老等略同。而本篇主旨爲申述養神之道,或真人之道。此道惟神是守,清净恬淡,無爲無象,一之精通,合於天倫。與《老子》清静無爲之旨頗近。

刻意尚行①,離世異俗②,高論怨誹③,爲亢而已矣④;此山谷之士⑤,非世之人⑥,枯槁赴淵者之所好也⑦。語仁義忠信,恭儉推讓,爲脩而已矣⑧;此平世之士⑨,教誨之人,遊居學者之所好也。語大功,立大名,禮君臣,正上下,爲治而已矣⑩;此朝廷之士,尊主彊國之人,致功并兼者之所好也⑪。就藪澤⑫,處閒曠⑬,釣魚閒處,無爲而已矣;此江海之士,避世之人,閒暇者之所好也。吹呴呼吸⑭,吐故納新⑮,熊經鳥申⑯,爲壽而已矣;此道引之士⑰,養形之人,彭祖壽考者之所好也⑱。若夫不刻意而高,無仁義而脩⑲,無功名而治,無江海而閒,不道引而壽,無不忘也,無不有也⑳,澹然無極而衆美從之㉑。此天地之道,聖人之德也。

## 【校注】

①刻意:鐫雕其意志。陸德明《釋文》:"司馬云:'刻,削也,峻其意也。'案:謂削意令峻也。《廣雅》云:'意,志也。'"錢穆《纂箋》:

“褚伯秀曰：‘刻礪其意。’” 尚行：高尚其行爲。王先謙《集解》：“其意峻刻，其行高尚。”

②離、異：互文。王叔岷《校詮》：“離、異互文，‘異俗’猶‘離俗’。《説文》：‘異，分也。’”

③怨誹：抱怨非議。陸德明《釋文》：“李云：‘非世無道，怨己不遇也。’”

④亢：清高，傲慢。陸德明《釋文》：“李云：‘窮高曰亢。’”成玄英疏：“亢，窮也。”王叔岷《校詮》：“《廣雅·釋詁四》：‘亢，高也。’”

⑤山谷之士：隱士。成玄英疏：“隱處山谷之士。”

⑥非世：非毀當世。成玄英疏：“非毀時世之士。”

⑦枯槁赴淵：意謂形容枯槁，慷慨沉河。陸德明《釋文》：“司馬云：‘枯槁，若鮑焦、介推；赴淵，若申徒狄。’” 好（hào）：動詞。下同。

⑧脩：修身。王先謙《集解》：“自修其身。”

⑨平世：治世。成玄英疏：“平時治世之士。”

⑩治：治國安邦。成玄英疏：“寧安社稷。”

⑪并兼：兼并敵國。成玄英疏：“强本邦而兼并敵國。”

⑫藪（sǒu）：大澤。王叔岷《校詮》：“《説文》：‘藪，大澤也。’”

⑬間：同“閒”，本亦作“閒”。成玄英疏：“栖隱山藪，放曠皋澤。”

⑭呴（xū）：同“噓”。王叔岷《校詮》：“《廣弘明集》一三釋法琳《辨正論·九箴篇》引作欨，當以作欨爲正。欨亦吹也，《説文》：‘欨，吹也。’《文選》王子淵《聖主得賢臣頌》注、夏侯孝若《東方朔畫象賛》注、嵇叔夜《養生論》注引皆作噓……《藝文類聚》七五引作吁，噓、吁與欨並聲近義同。”

⑮故、新：人體呼出、吸入之氣。陸德明《釋文》：“李云：‘吐故氣，納新氣也。’”

⑯經：常也。意指日常行爲。 申：同“伸”。陸德明《釋文》：“司

馬云:'若熊之攀樹而引氣也,若鳥之嚬呻也。'"成玄英疏:"如熊攀樹而自經,類鳥飛空而伸脚。"

⑰道:同"導"。陸德明《釋文》:"道音導。下同。李云:導氣令和,引體令柔。"成玄英疏:"導引神氣,以養形魄。"王叔岷《校詮》:"唐寫本、趙諫議本、覆宋本道皆作導,與李注、成疏合。道、導古通。"

⑱壽考:長壽。成玄英疏:"彭祖八百歲,白石三千年,壽考之人,即此之類。"

⑲脩:修身。成玄英疏:"無仁義而恒自修習。"

⑳有:獲有,獲得。郭象注:"忘,故能有,若有之,則不能救其忘矣。故有者,非有之而有也,忘而有之也。"另:王叔岷《校詮》引章太炎云:"忘借爲亡,古無字,與有對文。"亦通。

㉑美:美德,善德。成玄英疏:"萬德之美皆從於己也。"

故曰:夫恬惔寂漠虛無無爲①,此天地之平而道德之質也②。故曰:聖人休休焉則平易矣③,平易則恬惔矣。平易恬惔,則憂患不能入,邪氣不能襲④,故其德全而神不虧。故曰:聖人之生也天行⑤,其死也物化⑥;静而與陰同德,動而與陽同波⑦;不爲福先,不爲禍始⑧;感而後應,迫而後動⑨,不得已而後起⑩。去知與故⑪,循天之理。故無天災,無物累,無人非,無鬼責⑫。其生若浮⑬,其死若休⑭。不思慮,不豫謀⑮。光矣而不燿⑯,信矣而不期⑰。其寢不夢,其覺無憂⑱。其神純粹,其魂不罷⑲。虛無恬惔,乃合天德。

【校注】

①惔:同"淡"。王叔岷《校詮》:"惔、淡、澹,並借爲憺,《説文》:'憺,安也。'"　　漠:同"莫"。王叔岷《校詮》:"漠、莫、寞,古並通用。"

②平:均也。成玄英疏:"天地以此法爲平均之源。"　　質:實也。此

四句又見《天道篇》。成玄英疏:"道德以此法爲質實之本。"王叔岷《校詮》:"'道德之質',猶'道德之實'。(《天道篇》引王念孫有説。)"

③此句應爲"聖人休焉,休則平易矣"。休,息也。陸德明《釋文》:"休,息也。"郭慶藩《集釋》引俞樾曰:"休焉二字,傳寫誤倒。此本作'故曰:聖人休焉,休則平易矣'。《天道篇》'故帝王聖人休焉,休則虛',與此文法相似,可據訂正。"王叔岷《校詮》引奚侗云:"俞樾云:'休焉二字,傳寫誤倒。'是也。《闕誤》引張君房本作'聖人休焉,休則平易矣'。"

④襲:猶入也。成玄英疏:"襲猶入也,互其文也。"

⑤天行:自然運行。郭象注:"任自然而運動。"

⑥物化:與物俱化。成玄英疏:"其死也類萬物之變化。"

⑦波:波流,波瀾。此四句又見《天道篇》。成玄英疏:"應感而動,與陽氣同其波瀾。"

⑧先、始:互文,意謂謀取、追逐。"福"與"禍"亦爲互文。成玄英疏:"夫善爲福先,惡爲禍始,既善惡雙遺,亦禍福兩忘。"

⑨迫:逼迫。成玄英疏:"迫,至也,逼也。"

⑩不得已:意謂順自然。王叔岷《校詮》:"《莊子》、《孟子》皆常言'不得已',《莊子》之不得已,乃順乎自然;《孟子》之不得已,則囿於人事者也。"

⑪故:巧也。王叔岷《校詮》:"《尸子・分篇》、《韓非子・揚搉篇》並云:'去智與巧。'故正作巧。《淮南子・俶真篇》:'不以曲故是非相尤。'高注:'曲故,曲巧也。'亦與此故字同義。本書《秋水篇》:'无以故滅命。'《知北遊篇》:'不以故自持。'並巧故之故。"

⑫責:責難,指責。此四句亦見《天道篇》,"災"原作"怨"。郭象注:"同於自得,故無責。"

⑬浮:浮遊。成玄英疏:"其生也如浮漚之蹔起,變化俄然。"

⑭休：休息。成玄英疏：“其死也若疲勞休息。”

⑮豫：同“預”。成玄英疏：“終不預前謀度而待機務者也。”王叔岷
　　《校詮》：“豫、預正俗字。”

⑯燿：照耀。郭象注：“用天下之自光，非吾燿也。”錢穆《纂箋》：
　　“《老子》曰：‘光而不耀。’”

⑰期：期待。郭象注：“用天下之自信，非吾期也。”成玄英疏：“機來
　　方應，不預期也。”

⑱覺：醒來。此句又見《大宗師篇》。

⑲罷：同“羆”，疲也。郭象注：“有欲乃疲。”陸德明《釋文》：“罷音
　　皮。”章案：此句亦見《天道篇》。

　　故曰：悲樂者，德之邪①；喜怒者，道之過②；好惡者③，德
之失。故心不憂樂，德之至也；一而不變④，静之至也；无所於
忤⑤，虛之至也；不與物交，淡之至也；无所於逆，粹之至也⑥。
故曰：形勞而不休則弊，精用而不已則勞⑦，勞則竭。水之性，
不雜則清，莫動則平；鬱閉而不流⑧，亦不能清；天德之象也⑨。
故曰：純粹而不雜，静一而不變，淡而无爲，動而以天行，此養
神之道也。夫有干越之劍者⑩，柙而藏之⑪，不敢用也，寶之至
也。精神四達並流⑫，无所不極，上際於天⑬，下蟠於地⑭，化
育萬物，不可爲象⑮，其名爲同帝⑯。純素之道⑰，唯神是守；
守而勿失，與神爲一；一之精通，合于天倫⑱。野語有之曰⑲：
“衆人重利，廉士重名，賢士尚志，聖人貴精。”故素也者，謂其
無所與雜也⑳；純也者，謂其不虧其神也。能體純素㉑，謂之真
人。

**【校注】**

①邪：邪妄。成玄英疏：“違心則悲，順意則樂，不達違從，是德之
　　邪妄。”

②過:過錯,罪過。成玄英疏:"稱心則喜,乖情則怒,喜怒不忘,是道之罪過。"

③好惡:喜憎。陸德明《釋文》:"惡,烏路反。"成玄英疏:"無好爲好,無惡爲惡。"   德:應爲"心"。錢穆《纂箋》:"劉文典曰:據《淮南》精神、原道兩訓,德之失,德當爲心字之誤。"王叔岷《校詮》:"德,當依《淮南子》作心,德、道、心三者分言,文理甚明,今本作德,蓋涉上文'德之邪'而誤。"

④一:喻道也。成玄英疏:"抱真一之玄道。"

⑤忤:逆。成玄英疏:"忤,逆也。"

⑥粹:純粹。成玄英疏:"至純無雜。"

⑦已:止也。成玄英疏:"精神逐物而不知止,必當勞損,損則精氣枯竭矣。"

⑧鬱閉:淤積堵塞。成玄英疏:"擁鬱而閉塞。"王先謙《集解》:"宣云:'又將腐濁。'"

⑨象:形象,跡象。王先謙《集解》:"宣云:'靜而日運。'"王叔岷《校詮》:"'天德之象',與上文'乃合天德'相應。"

⑩干越:干溪、越山,意指吳越。陸德明《釋文》:"李云:'干溪、越山出名劍。'案吳有溪名干溪,越有山名若耶,並出善鐵,鑄爲名劍也。"

⑪柙:同"匣",動詞。王叔岷《校詮》:"柙、匣並柙之借字,《説文》:'柙,劍柙也。'段注:'柙當作匣,聲之誤也。《廣雅》:柙,劍削也。'柙與匣通,非誤字。"

⑫並:猶"旁"。錢穆《纂箋》:"奚侗曰:'並讀爲旁。'"王叔岷《校詮》:"《淮南子·道應篇》作'神明四通並流,無所不及',《主術篇》'旁流四達',並正作旁。"   流:通也。成玄英疏:"流,通也。……通達四方,並流無滯。"

⑬際:接也。王叔岷《校詮》:"際猶接也,《左》昭四年《傳》:'爾未

際。'杜注:'際,接也。'"

⑭蟠:同"盤"。陸德明《釋文》:"蟠音盤。"王叔岷《校詮》:"《弘明
　集》二宋宗炳《明佛論》:'上際於天,下盤於地。'蓋本《莊子》。蟠
　作盤,與《釋文》音合。"

⑮象:跡象。郭象注:"所育無方。"王先謙《集解》:"宣云:'不可得
　而跡象之。'"

⑯同帝:與天帝同用。郭象注:"同天帝之不爲。"王先謙《集解》:
　"宣云:'與天帝同用。'"王叔岷《校詮》:"帝乃德合天地之稱,《離
　騷》:'帝高陽之苗裔兮。'王注:'德合天地稱帝。'"

⑰素:白。《論語·八佾》:"繪事後素。"程樹德《論語集釋》引凌廷
　堪曰:"素爲白采。"成玄英疏:"純精素質之道,唯在守神。守神
　而不喪,則精神凝静,既而形同枯木,心若死灰,物我兩忘,身神爲
　一也。"

⑱倫:理也。成玄英疏:"倫,理也。"王先謙《集解》:"合於自然之
　理。"錢穆《纂箋》引馬其昶曰:"《詩傳》:'倫,道也。'"

⑲野語:野逸人之語。成玄英疏:"寄野逸之人,以明言無的當。"

⑳无所與雜:意謂不與外物相雜。王叔岷《校詮》:"《文子·道原
　篇》:'純粹素樸,不與物雜。'《自然篇》:'抱素見樸,不與物雜。'"

㉑體:體悟。成玄英疏:"體,悟解也。妙契純素之理,則所在皆真道
　也,故可謂之得真道之人也。"

# 繕性第十六

**【題解】**

　　本篇論上古以恬靜養知之治道，而當世表己於物，失性於俗，爲"倒置之民"。通篇言語風格與內篇迥異。

　　繕性於俗，俗學以求復其初①；滑欲於俗思②，以求致其明；謂之蔽蒙之民③。古之治道者④，以恬養知⑤；生而无以知爲也⑥，謂之以知養恬。知與恬交相養，而和理出其性⑦。夫德，和也⑧；道，理也⑨。德无不容，仁也⑩；道无不理，義也⑪；義明而物親，忠也⑫；中純實而反乎情⑬，樂也；信行容體而順乎文⑭，禮也。禮樂徧行⑮，則天下亂矣。彼正而蒙己德⑯，德則不冒⑰，冒則物必失其性也。

**【校注】**

　①此句應爲："繕性於俗學，以求復其初。"繕：整治，修整。　　初：本初。郭象注："已治性於俗矣，而欲以俗學復性命之本，所以求者愈非其道也。"陸德明《釋文》："繕，崔云：'治也。'或云：善也。性，本也。"成玄英疏："繕，治也。性，生也。俗，習也。初，本也。"王先謙《集解》引蘇輿曰："案當衍一俗字，學與思對文。"王叔岷《校詮》："《道藏》羅勉道《循本》本、焦竑《莊子翼》本並刪一俗字。'俗學'與下'俗思'對言，仍當從舊讀句斷爲長。《淮南子·

俶真篇》：‘聖人之學也，欲以返性於初。’俗學則不能復其初也。”

②滑（gǔ）：治也。陸德明《釋文》：“崔云：‘治也。’”郭慶藩《集釋》
　引俞樾曰：“滑猶汩也。《説文·水部》：‘汩，治水也。’是其義
　也。”錢穆《纂箋》引焦竑曰：“‘繕性於俗學，滑欲於俗思’爲句，舊
　解失之。性非學不復，而俗學不可以復性。明非思不致，而俗思
　不可以求明。”

③蔽蒙：蔽塞蒙昧。成玄英疏：“蔽，塞也。蒙，暗也。”

④治：修。王叔岷《校詮》：“張君房《雲笈七籤》九四《坐忘論》引治
　作修，義同。”

⑤恬：靜也。成玄英疏：“恬，靜也。”　　知：同“智”。陸德明《釋
　文》：“知音智。”王先謙《集解》：“宣云：‘定能生慧。’”

⑥无以知爲：無心。成玄英疏：“無心而知，無以知爲也。”王先謙
　《集解》：“智生而不任智，是以智養其恬静。”

⑦和理：意謂道德。王先謙《集解》：“知、恬交養，而道德自其性出
　矣。”錢穆《纂箋》：“司馬子微曰：‘恬知則定慧也。和理則道
　德也。’”

⑧王叔岷《校詮》：“《德充符篇》：‘德者，成和之脩也。’‘成和’，複
　語，成亦和也。”

⑨王叔岷《校詮》：“《秋水篇》：‘知道者必達於理。’”

⑩容：寬容，包容。成玄英疏：“玄德深遠，無不包容。慈愛弘博，仁
　跡斯見。”

⑪王叔岷《校詮》：“《淮南子·説山篇》：‘仁義在道德之包。’”

⑫郭象注：“若夫義明而不由忠，則物愈疏。”

⑬中：心中。成玄英疏：“既仁義由中，故志性純實，雖復涉於物境而
　恒歸於真情，所造和適，故謂之樂。”錢穆《纂箋》引陳治安曰：
　“《樂記》：‘君子反情以和志。’”

⑭文：文明，文理，典章。王先謙《集解》：“實行於容體而順乎自然

之節文,即是禮也。"王叔岷《校詮》:"《淮南子·齊俗篇》:'禮者,
　體情而制文者也。'"

⑮徧:同"偏",本亦作"偏"。王先謙《集解》:"本當作偏。"王叔岷
　《校詮》:"《道藏》王元澤《新傳》本、覆宋本徧亦並作偏,偏、徧正
　假字。《人間世篇》'巧言偏辭',《道藏》成疏本偏作徧。"

⑯彼:意指聖人。成玄英疏:"彼,謂履正道之聖人也。"　蒙:覆蓋。
　王叔岷《校詮》:"蒙猶被也,(《國語·晉語六》:'聞蒙甲冑。'韋
　注:'蒙,被也。')己讀爲其。"

⑰冒:亂也。成玄英疏:"冒,亂也。"王叔岷《校詮》:"冒當訓亂……
　此謂彼正而被其德,德則不亂也。"

　古之人,在混芒之中①,與一世而得澹漠焉②。當是時也,
陰陽和静,鬼神不擾,四時得節③,萬物不傷,群生不夭④,人雖
有知,无所用之,此之謂至一⑤。當是時也,莫之爲而常自
然⑥。逮德下衰⑦,及燧人伏戲始爲天下⑧,是故順而不一⑨。
德又下衰,及神農黄帝始爲天下,是故安而不順⑩。德又下
衰,及唐虞始爲天下,興治化之流⑪,澆淳散朴⑫,離道以善⑬,
險德以行⑭,然後去性而從於心⑮。心與心識知而不足以定天
下⑯,然後附之以文,益之以博⑰。文滅質⑱,博溺心⑲,然後民
始惑亂,无以反其性情而復其初⑳。

【校注】

①混芒:混沌蒙昧。陸德明《釋文》:"崔云:'混混芒芒,未分
　時也。'"

②與一世:與時世混爲一。成玄英疏:"故處在混沌芒昧之中而與時
　世爲一,冥然無跡。"

③節:節氣。王叔岷《校詮》:"《知北遊篇》:'陰陽四時運行,各得
　其序。'"

④夭：夭折。成玄英疏：“群生各盡天年，終無夭折。”

⑤至一：意謂物我不二。郭象注：“物皆自然，故至一也。”成玄英疏：
“物我不二，故謂至一。”

⑥莫：無。成玄英疏：“莫，無也。莫之爲而自爲，無爲也。”　自然：
意謂自成。郭慶藩《集釋》：“自然，謂自成也。《廣雅》：‘然，
成也。’”

⑦逮：及也。郭象注：“夫德之所以下衰者，由聖人不繼世，則在上者
不能無爲而羡無爲之跡，故致斯蔽也。”成玄英疏：“逮，及也。”

⑧燧人伏戲：傳説上古先民或帝王。伏戲即伏羲。成玄英疏：“古者
茹毛飲血，與麋鹿同群。及至燧人始變生爲熟，伏羲則服牛乘馬，
創立庖廚，畫八卦以制文字，放蜘蛛而造密網。既而智詐萌矣，嗜
欲漸焉，澆淳樸之心，散無爲之道。”　爲：治也。王叔岷《校詮》：
“宣穎云：‘爲，治也。’案《小爾雅·廣詁》：‘爲，治也。’”

⑨順而不一：成玄英疏：“順黎庶之心，而不能混同至一也。”

⑩安：安定。成玄英疏：“神農有共工之伐，黄帝致蚩尤之戰，祅氣不
息，兵革屢興。是以誅暴去殘，弔民問罪，苟且欲安於天下，未能
大順於群生者也。”王叔岷《校詮》：“《爾雅·釋詁》：‘安，定也。’
此謂天下雖定，群生未順也。”

⑪治化：意指設立典章制度，治理教化民衆。成玄英疏：“是以設五
典而綱紀五行，置百官而平章百姓。”

⑫澆：同“澆”，本亦作“澆”。陸德明《釋文》：“本亦作澆。”成玄英
疏：“毁淳素以作澆訛，散樸質以爲華僞。”王叔岷《校詮》：“澆、澆
音義同。……《漢書·循吏黄霸傳》亦云：‘澆淳散樸。’”

⑬善：爲也。王叔岷《校詮》：“善猶爲也……善與繕通，上文‘繕性
於俗學’，《釋文》：‘繕，或云：善也。’《廣雅·釋詁三》：‘繕，治
也。’《小爾雅·廣詁》：‘爲，治也。’繕、爲并得訓治，是繕可通爲，
善亦可通爲矣。《淮南子》蓋即以僞（爲）説《莊子》之善也。《墨

子·天志中篇》:'何以知義之善政也? 曰:天下有義則治,無義則
亂,是以知義之善政也。'……下篇兩善字並作爲,是善、爲同義,
與此可互證。"

⑭險:借爲"掩"。錢穆《纂箋》:"馬其昶曰:'險讀爲掩,見《周禮
注》。'"

⑮去:去除,捨去。成玄英疏:"去自然之性,從分別之心。"王先謙
《校詮》:"宣云:'舍天性,用人心。'"

⑯識知:認知。郭慶藩《集釋》引俞樾曰:"識知二字連文。《詩》曰
'不識不知',是識知同義,故連言之曰識知也。心與心識知而不
足以定天,明必不識不知而後可言定也。"

⑰附:依附。成玄英疏:"依附文書以匡時。"　益:增加。成玄英
疏:"代增博學而濟世。"

⑱文、質:猶外表與實在。郭象注:"文博者,心質之飾也。"

⑲溺:湮没。成玄英疏:"質是文之本,文華則隱滅於素質;博是心之
末,博學則没溺於心靈。"錢穆《纂箋》:"宣穎曰:'文博,俗
學也。'"

⑳反:同"返"。

由是觀之,世喪道矣①,道喪世矣。世與道交相喪也,道
之人何由興乎世②,世亦何由興乎道哉! 道无以興乎世,世无
以興乎道,雖聖人不在山林之中,其德隱矣③。隱,故不自
隱④。古之所謂隱士者,非伏其身而弗見也⑤,非閉其言而不
出也,非藏其知而不發也,時命大謬也⑥。當時命而大行乎天
下⑦,則反一無迹⑧;不當時命而大窮乎天下,則深根寧極而
待⑨,此存身之道也。古之存身者,不以辯飾知⑩,不以知窮天
下⑪,不以知窮德⑫,危然處其所而反其性⑬,己又何爲哉! 道
固不小行⑭,德固不小識⑮。小識傷德,小行傷道。故曰:正己

而已矣⑩。

## 【校注】

①喪：廢也。成玄英疏：“喪，廢也。”郭慶藩《集釋》：“《文選》江文通《雜體詩》注引司馬云：‘世皆異端喪道，道不好世，故曰喪耳。’”

②之人：疑爲“亦”之誤分。錢穆《纂箋》：“奚侗曰：‘之人二字衍誤。’武延緒曰：‘疑爲亦字誤分。’”興：興發，感興。成玄英疏：“澆僞之世，亦何能興感於聖道也！”

③山林：意指隱士之居。成玄英疏：“假使體道聖人，降跡塵俗，混同群生，無人知者，韜藏聖德，莫能見用，雖居朝市，何異山林矣。”

④故：同“固”。王先謙《集解》：“宣云：‘遭道隱之世，不必自隱而已隱也。’”錢穆《纂箋》：“馬其昶曰：‘故、固同。’”王叔岷《校詮》：“不猶非也。《讓王篇》：‘先生不愛，豈不命邪？’《吕氏春秋·觀世篇》、《新序·節士篇》不並作非，即不、非同義之證。”

⑤伏：藏。成玄英疏：“伏匿其身。”王叔岷《校詮》：“案疏弗作不，《藝文類聚》三六引弗亦作不，與下文一律。”　見：同“現”。陸德明《釋文》：“見，賢遍反。”成玄英疏：“雖見而不亂群。”

⑥謬：荒謬，悖謬。成玄英疏：“時逢謬妄，命遇迍邅。”

⑦當：意謂恰逢。成玄英疏：“時逢有道。”

⑧反一：返回至一。反同“返”。下“反其性”同。郭象注：“反任物性而物性自一，故無跡。”王叔岷《校詮》：“宣穎云：‘復於至一之世，而無形跡。’案謂復於淳一，而無跡象。”

⑨深根寧極：意謂静養心性。成玄英疏：“深固自然之本，保寧至極之性。”錢穆《纂箋》：“高秋月曰：‘根極，謂性命也。’”　待：等待時命。王先謙《集解》：“以待時也。”

⑩知：同“智”。成玄英疏：“不用浮華之言辯，飾分別之小智也。”王叔岷《校詮》：“《天下篇》：‘惠施日以其知與人辯。’即‘以辯飾知’也。”

⑪窮：困累。成玄英疏：“窮者，困累之謂也，不以知毒害以困苦蒼生也。”

⑫郭象注：“守其自德而已。”成玄英疏：“不以無涯而累其自得也。”王叔岷《校詮》：“《天下篇》謂惠施‘溺於德’。”

⑬危然：獨立、端正之狀。郭象注：“危然，獨正之貌。”成玄英疏：“危猶獨也。”王叔岷《校詮》：“朱駿聲云：‘《廣雅·釋詁一》：危，正也。’”

⑭小行：意指世俗所謂功成。成玄英疏：“大道廣蕩，無不範圍，小成隱道，故不小行矣。”王叔岷《校詮》：“《齊物論篇》：‘道隱於小成。’”

⑮小識：意指世俗智識。成玄英疏：“上德之人，智周萬物，豈留意是非而爲識鑒也！”王叔岷《校詮》：“《天下篇》謂‘惠施之能，其猶一蚉一虻之勞’，所謂小識也。”

⑯正：以正道矯正。成玄英疏：“己身履於正道。”

　　樂全之謂得志①。古之所謂得志者，非軒冕之謂也②，謂其无以益其樂而已矣③。今之所謂得志者，軒冕之謂也。軒冕在身，非性命也，物之儻來④，寄也⑤。寄之，其來不可圉⑥，其去不可止。故不爲軒冕肆志⑦，不爲窮約趨俗⑧，其樂彼與此同⑨，故无憂而已矣。今寄去則不樂，由是觀之，雖樂，未嘗不荒也⑩。故曰：喪己于物，失性於俗者，謂之倒置之民⑪。

【校注】

①樂：快樂。陸德明《釋文》：“樂音洛。注、下同。”　志：情志。郭象注：“自得其志，獨夷其心，而無哀樂之情，斯樂之全者也。”成玄英疏：“至樂全矣，然後志性得焉。”

②軒冕：車與冠，意指官爵。

③益：增加。成玄英疏：“樂已足矣，豈待加之也！”

④儻:意外。成玄英疏:"儻者,意外忽來者耳。"王叔岷《校詮》引王
引之云:"儻,或然之詞也,字或作黨。"

⑤寄:寄託。成玄英疏:"物之儻來,非我性命,暫寄而已,豈可久
長也!"

⑥圉:同"禦",本亦作"禦"。陸德明《釋文》:"圉,魚呂反。本又作
禦。"錢穆《纂箋》:"王念孫曰:'圉與禦通。'"

⑦肆:放縱。王先謙《集解》:"肆志,放縱其志。"

⑧約:貧困。王叔岷《校詮》:"'窮約'猶'窮困'也,《國語·周語
四》:'約而不謟。'韋注:'在約困之中而辭不謟僞。'《論語·里仁
篇》:'不可以久處約。'皇侃疏:'約,猶貧困也。'"

⑨彼、此:意指軒冕、窮約。郭象注:"彼此,謂軒冕與窮約。"王先謙
《集解》:"視軒冕與窮約無異。"

⑩荒:荒廢,廢亂。成玄英疏:"雖樂而心未始不荒亂也。"王先謙
《集解》:"樂軒冕者,志荒於外。"王叔岷《校詮》:"《詩·唐風·蟋
蟀》:'好樂無荒。'鄭箋:'荒,廢亂也。'"

⑪倒置:意謂"逆生"。郭象注:"營外虧內,(甚)[其置]倒(置)
也。"陸德明《釋文》:"崔云:'逆其性命而不順也。'向云:'以外易
內,可謂倒置。'"成玄英疏:"足爲顛倒也。"王叔岷《校詮》引劉師
培云:"'倒置之民'猶云'逆生之民'也。"

# 秋水第十七

## 【題解】

　　本篇對不可知論作出重要論證。人之所知皆有限,而宇宙、世界、人生無限。論點可謂《齊物論篇》之進一步論證。"濠梁之辯"十分精巧,揭示了莊子對於語言哲學的深刻思考,達到那個時代罕見的高度。莊子拒楚使之事跡,可爲全部《莊子》意旨之注腳。本篇語言風格極似內篇。故此篇爲外、雜篇中之重點篇什之一。

　　秋水時至①,百川灌河②,涇流之大③,兩涘渚崖之間④,不辯牛馬。於是焉河伯欣然自喜⑤,以天下之美爲盡在己。順流而東行,至於北海,東面而視,不見水端⑥,於是焉河伯始旋其面目⑦,望洋向若而歎曰⑧:"野語有之曰⑨:'聞道百以爲莫己若'者⑩,我之謂也。且夫我嘗聞少仲尼之聞而輕伯夷之義者⑪,始吾弗信;今我睹子之難窮也⑫,吾非至於子之門則殆矣⑬,吾長見笑於大方之家⑭。"

## 【校注】

　　①時:動詞,意指按時。陸德明《釋文》:"李云:'水生於春,壯於秋。'"成玄英疏:"秋時而水至也。"

　　②河:黃河。成玄英疏:"凡百川谷,皆灌注黃河。"

　　③涇:同"徑"。陸德明《釋文》:"崔本作徑,云:'直度曰徑。'"王叔

岷《校詮》："《釋名·釋水》、《廣雅·釋水》並云：'涇，徑也。'涇、
徑、經，皆諧巠聲，古字通用。"

④涘(sì)：涯岸。陸德明《釋文》："涘音俟，涯也。"成玄英疏："涘，
岸也。"　渚：洲。陸德明《釋文》："司馬云：'水中可居曰渚。'"
成玄英疏："渚，洲也。"

⑤河伯：河神。成玄英疏："河伯，河神也，姓馮，名夷，華陰潼堤鄉
人，得水仙之道。"

⑥端：端涯，即岸。成玄英疏："不見水之端涯。"

⑦旋：旋轉。成玄英疏："迴旋面目。"

⑧望洋：遠視貌。《釋文》本"望"作"盳"。陸德明《釋文》："司馬、
崔云：'盳羊猶望羊，仰視貌。'"王叔岷《校詮》引奚侗云："'望洋'
與'望羊'、'望佯'並同。《家語·辯樂解》：'曠如望羊。'王肅注：
'望羊，遠視也。'《釋名》：'望佯，佯，陽也，言陽氣在上，舉頭高，
似若望之然也。'"　若：即下文"北海若"，海神。陸德明《釋
文》："司馬云：'若，海神。'"王叔岷《校詮》引杜子春曰："《楚
辭·遠遊》：'令海若舞馮夷。'王注：'海若，海神名也。'洪補注：
'海若，《莊子》所稱北海若也。'"

⑨野語：民間俗語。成玄英疏："托之野語。"

⑩百：意謂多也。陸德明《釋文》："李云：'萬分之一也。'"王先謙
《集解》："郭嵩燾云：'百者，多詞也。'郭慶藩云：'百，古讀若博，
與若韻。'"

⑪少、輕：爲少、爲輕，動詞。成玄英疏："有通人達士，議論高談，以
伯夷之義爲輕，以仲尼之聞爲寡。"

⑫子：你，指海神、大海。成玄英疏："今見大海之弘博，浩汗難窮。"

⑬殆：危殆。成玄英疏："河伯向不至海若之門，於事大成危殆。"

⑭大方：大道。陸德明《釋文》："大方之家，司馬云：'大道也。'"成
玄英疏："方猶道也。"

北海若曰：“井鼃不可以語於海者①，拘於虛也②；夏蟲不可以語於冰者，篤於時也③；曲士不可以語於道者④，束於教也⑤。今爾出於崖涘，觀於大海，乃知爾醜，爾將可與語大理矣⑥。天下之水，莫大於海，萬川歸之，不知何時止而不盈⑦；尾閭泄之⑧，不知何時已而不虛⑨；春秋不變，水旱不知。此其過江河之流⑩，不可爲量數⑪。而吾未嘗以此自多者，自以比形於天地而受氣於陰陽⑫，吾在於天地之間，猶小石小木之在大山也，方存乎見少⑬，又奚以自多⑭！計四海之在天地之間也⑮，不似礨空之在大澤乎⑯？計中國之在海内，不似稊米之在太倉乎⑰？號物之數謂之萬⑱，人處一焉；人卒九州⑲，穀食之所生，舟車之所通，人處一焉；此其比萬物也，不似豪末之在於馬體乎？五帝之所連⑳，三王之所爭㉑，仁人之所憂，任士之所勞㉒，盡此矣㉓。伯夷辭之以爲名，仲尼語之以爲博，此其自多也，不似爾向之自多於水乎㉔？”

【校注】

①鼃（wā）：同“蛙”，本亦作“鼃”。王叔岷《校詮》：“《道藏》成疏本、林希逸《口義》本、褚伯秀《義海纂微》本、趙諫議本、覆宋本鼃皆作蛙，《意林》、《御覽》六〇及九四四、《事類賦》六《地部一》注及三〇《蟲部》注、《記纂淵海》七、八、五四、五七及一〇〇、《合璧事類前集》六、《翰苑新書前集》一一引皆同。鼃、蛙正俗字。”

以：與也。王叔岷《校詮》：“‘不可以語’與下文‘可與語’對言，以、與互文，以猶與也。” 語（yù）：動詞，説。下同。

②拘：拘束，拘泥。 虛：同“墟”，居也。陸德明《釋文》：“虛音墟，本亦作墟。”郭慶藩《集釋》引王念孫曰：“《廣雅》曰：‘墟，尻。’（尻，古居字。）《文選·西征賦》注引《聲類》曰：‘墟，故所居也。’凡經傳言丘墟者，皆謂故所居之地。言井魚拘於所居，故不知海

之大也。"

③篤：固執。郭慶藩《集釋》："《爾雅·釋詁》：'篤，固也。'《論語·泰伯篇》：'篤信好學，謂信之固也。'《禮·儒行》：'篤行而不倦，謂行之固也。'《後漢》：'延篤字叔堅。'堅亦固也。凡鄙陋不達謂之固。夏蟲為時所蔽而不可語冰，故曰'篤於時'。篤字正與上下文拘束同義。"

④曲士：曲見之士。成玄英疏："曲見之士，偏執之人。"王叔岷《校詮》："曲士，即《天下篇》所謂'一曲之士也'。《淮南子·繆稱篇》：'察一曲者，不可與言化。'猶言'曲士不可語於道'耳。"

⑤束：拘束，束縛。　教：名教，教條。成玄英疏："為束縛於名教故也。"

⑥醜：卑陋。　大理：意指道。王叔岷《校詮》："'大理'猶大道也。《廣雅·釋詁三》：'理，道也。'《繕性篇》：'道，理也。'"

⑦盈：充盈，多。

⑧尾閭：海水出口處。郭慶藩《集釋》："《文選》嵇叔夜《養生論》注引司馬云：'尾閭，水之從海外出者也，一名沃焦，在東大海之中。尾者，在百川之下，故稱尾。閭者，聚也，水聚族之處，故稱閭也。在扶桑之東，有一石，方圓四萬里，厚四萬里，海水注者無不燋盡，故曰沃燋。'"

⑨已：止也。　虛：減少，與上文"盈"對言。

⑩此其：複語。王叔岷《校詮》："'此其'，複語，此亦其也。下文'此其比萬物也'、'此其自多也'，並同例。"　過：超過。

⑪量數：度量，計算。陸德明《釋文》："量音亮。"成玄英疏："豈可語其量數也！"

⑫比形：比較外形。成玄英疏："是以海若比形於天地，則無等級以寄；言受氣於陰陽，則是陰陽象之一物也。"

⑬方：正在，正是。　存：存在。成玄英疏："存，在也。"　見少：顯

出小,與下文"自多"對言。

⑭奚:何也。成玄英疏:"奚,何也。……物各有量,亦何足以自多。"

⑮計:算計,度衡。下同。

⑯蠡(lěi)空:蠡孔。陸德明《釋文》:"蠡,崔音蠡,李力對反。空音
孔。蠡孔,小穴也。"王叔岷《校詮》:"蠡通作蠡,空讀爲孔,不必
叚爲坎。蠡本酒器,乃櫑之或體,《説文》櫑下段注:'櫑有小大。
《燕禮》:蠡水在東,則蠡亦以盛水。'孔如蠡者謂之蠡孔,猶言小
孔也。小孔盛水甚少,《釋文》釋爲小穴,於義亦符。"

⑰稊米:稊米或小米。陸德明《釋文》:"司馬云:'稊米,小米也。'李
云:'稊草也。'"　　太倉:京城大糧倉。

⑱號:名號,名稱。成玄英疏:"號,名號也。……夫物之數不止於
萬,而世間語便,多稱萬物,人是萬數之一物也。"

⑲卒:人也,衆也。陸德明《釋文》:"卒,尊忽反。司馬云:'衆也。'"
錢穆《纂箋》引馬其昶曰:"卒亦人也。《天地篇》:'人卒雖衆。'
《至樂篇》:'人卒聞之。'並同。"　　九州:舊指中國。王叔岷《校
詮》:"頗似鄒衍之説,衍以爲中國乃天下八十一分之一,中國九州
之外有大九州。"

⑳五帝:《史記·五帝紀》所述五帝爲黃帝、帝嚳、顓頊、堯、舜。
連:續。陸德明《釋文》:"崔云:'連,續也。'"成玄英疏:"五帝連
接而揖讓。"

㉑爭:爭奪。意指夏啓、商湯、周武爭戰奪取王權。成玄英疏:"三王
興師而爭奪。"

㉒任士:俠士之類。陸德明《釋文》:"李云:'任,能也。'"王叔岷《校
詮》:"任士,蓋俠士之類,任借爲傛,《説文》:'傛,俠也。'《墨子·
經上篇》:'任士,損己而益所爲也。'《經説上》:'任,爲身之所惡,
以成人之所急。'與此所謂'任士'同旨。"

㉓盡:皆,全。成玄英疏:"四者雖事業不同,俱理盡於毫末也。"

㉔向:當初,剛才。成玄英疏:"伯夷讓五等以成名,仲尼論六經以爲
　博,用斯輕物,持此自多,亦何異乎向之河伯自多於水!"

　　河伯曰:"然則吾大天地而小豪末①,可乎?"北海若曰:
"否。夫物,量无窮②,時无止③,分无常④,終始无故⑤。是故
大知觀於遠近⑥,故小而不寡,大而不多,知量无窮⑦;證曏今
故⑧,故遥而不悶⑨,掇而不跂⑩,知時无止⑪;察乎盈虚⑫,故得
而不喜,失而不憂,知分之无常也;明乎坦塗⑬,故生而不説⑭,
死而不禍,知終始之不可故也⑮。計人之所知,不若其所不
知;其生之時,不若未生之時⑯;以其至小求窮其至大之域,是
故迷亂而不能自得也⑰。由此觀之,又何以知豪末之足以定
至細之倪⑱! 又何以知天地之足以窮至大之域!"

【校注】

①大、小:動詞,意即以天地爲大,以豪末爲小。　　豪:同"毫"。王
　叔岷《校詮》:"豪、毫正俗字。"

②量:器量。下同。成玄英疏:"物之器量。"王先謙《集解》:"宣云:
　'各有局量。'"王叔岷《校詮》:"大與小皆是物。"

③時:時間。郭象注:"死與生皆時行。"王先謙《集解》:"宣云:'各
　據瞬息。'"王叔岷《校詮》:"長與短各隨時。"

④分:意謂命分。郭象注:"得與失皆分。"成玄英疏:"所禀分命,隨
　時變易。"

⑤故:端。郭象注:"日新也。"王叔岷《校詮》引馬其昶云:"《詩箋》:
　'故,端也。'"

⑥大知:意指聖人之知。成玄英疏:"大聖之知。"王先謙《集解》:
　"遠近並觀,不尚一隅之見。"

⑦王先謙《集解》:"不以小大爲多寡,知量之各足也。"王叔岷《校
　詮》:"《知北遊篇》:'六合爲巨,未離其内;秋豪爲小,待之成體。'

明乎此,則小大齊。"

⑧曏(xiàng):明也。郭象注:"曏,明也。今故,猶古今。"陸德明《釋文》:"曏,許亮反。"王叔岷《校詮》:"朱駿聲云:'曏,叚借爲響,猶應也。注:明也。則借爲向。崔注:往也。非。'案朱謂曏借爲向,《説文》:'向,北出牖也。'牖以取明,故向有明義。"

⑨遥:長。郭象注:"遥,長也。" 閔:悒悶。郭象注:"證明古今,知變化之不止於死生也,故不以長而悒悶。"王先謙《集解》:"望古雖遠,我自無悶,不必與古爲徒也。"

⑩掇:短也。郭象注:"掇,猶短也。"錢穆《纂箋》引王念孫曰:"《方言》:'掬,短也。'《淮南》高注:'叕,短也。'並字異義同。" 跂:同"企",欣企。成玄英疏:"不欣企於遐壽。"王叔岷《校詮》:"跂、企古通,《馬蹄篇》'縣跂仁義',《釋文》本、成疏跂並作企;《庚桑楚篇》'人見其跂',古鈔卷子本作企,並其比。"

⑪王叔岷《校詮》:"明乎此,則長短齊。"

⑫盈虚:滿虧消長。郭象注:"察其一盈一虚,則知分之不常於得也,故能忘其憂喜。"王先謙《集解》:"知天道有盈虚,則得失無常,何足介意!"

⑬坦塗:平坦正道。郭象注:"死生者,日新之正道也。"成玄英疏:"坦,平也。塗,道也。不以死爲死,不以生爲生,死生無隔故。明乎坦然平等之大道者如此。"

⑭説:同"悦"。陸德明《釋文》:"説音悦。"

⑮終始:死生。王叔岷《校詮》:"明乎此,則生死齊。" 故:同"固"。郭象注:"明終始之日新也,則知故之不可執而留矣。"

⑯成玄英疏:"未生之時,無喜所以無憂;既生之後,有愛所以有憎。"王先謙《集解》:"生有盡,而天地無窮。"

⑰至:極也。成玄英疏:"以有限之小智求無窮之大境,而無窮之境未周,有限之智已喪,是故終身迷亂。"

⑱倪：同"崖"。陸德明《釋文》："倪，五厓反。"王叔岷《校詮》：
"［倪］則讀爲崖，倪與域對言，倪猶崖也。《齊物論篇》：'何謂和
之以天倪?'《釋文》：'倪，李音崖。'《大宗師篇》：'不知端倪。'
《釋文》倪亦音崖。《天下篇》：'無端崖之辭。'字正作崖。是倪、
崖相通之證。"

　　河伯曰："世之議者皆曰：'至精无形①，至大不可圍②。'
是信情乎③?"北海若曰："夫自細視大者不盡，自大視細者不
明。夫精，小之微也；垺，大之殷也④，故異便⑤。此勢之有
也⑥。夫精粗者，期於有形者也⑦；无形者，數之所不能分也；
不可圍者，數之所不能窮也。可以言論者，物之粗也；可以意
致者，物之精也；言之所不能論，意之所不能察致者，不期精
粗焉。是故大人之行，不出乎害人，不多仁恩⑧；動不爲利，不
賤門隷⑨；貨財弗爭，不多辭讓⑩；事焉不借人⑪，不多食乎
力⑫，不賤貪汙⑬；行殊乎俗，不多辟異⑭；爲在從衆⑮，不賤佞
諂；世之爵祿不足以爲勸⑯，戮恥不足以爲辱⑰；知是非之不可
爲分，細大之不可爲倪。聞曰⑱：'道人不聞⑲，至德不得⑳，大
人无己㉑。'約分之至也㉒。"

【校注】

①精：精微，精要。成玄英疏："至精細者無復形質。"

②圍：圍繞。成玄英疏："至廣大者不可圍繞。"

③信：實也。成玄英疏："信，實也。"

④垺：同"郛"，宏大。陸德明《釋文》："垺，徐音孚。"錢穆《纂箋》引
　馬其昶曰："垺同郛。《公羊傳》：'郛者何? 恢郭也。'"王叔岷《校
　詮》："朱駿聲云：《説文》：'郛，郭也。'字亦作垺。……《公羊傳》
　之'恢郭'，何注：'恢，大也。'"　　殷：盛也。王先謙《集解》："宣
　云：'殷，盛也。'"

⑤便:便利,宜便。郭象注:"大小異,故所便不得同。"成玄英疏:
"各有便宜也。"

⑥勢:形也。王叔岷《校詮》:"《西周策》:'周君形不好小利。'高注:
'形,勢也。'則勢亦形也。'此勢之有',猶言'此形之有'耳。精、
微、浮、殷,皆形也。"

⑦期:猶"定"。下同。王叔岷《校詮》:"期猶定也,下同。《劉子·
遇不遇篇》:'性見於人,故賢愚可定;命在於天,則否泰難期。'
定、期互文,期亦定也。"

⑧仁恩:仁義恩德。王先謙《集解》:"固不害人,亦不以仁恩自多。"
王叔岷《校詮》:"'不出乎害人,不多仁恩',相對成義。下文亦各
以兩句相對。"

⑨賤:動詞。　門隷:守門僕役。王先謙《集解》:"固不爲利,亦不
以求利之守門僕隷爲賤。"

⑩貨財:金錢財富。王先謙《集解》:"不爭財貨,亦不以辭讓之德
爲高。"

⑪借人:借力於人。王先謙《集解》:"事不借力於人"

⑫食:借爲"蝕",消耗。成玄英疏:"不多貪求,疲勞心力。"王叔岷
《校詮》:"食借爲蝕,《說文》:'蝕,敗創也。'"

⑬貪汙:郭象注:"理自無欲。"成玄英疏:"體遠玄道,故無情欲,非
關苟貴清廉,賤於貪污。"王先謙《集解》:"亦不以人之貪得者
爲賤。"

⑭辟異:邪辟乖異。王先謙《集解》:"行不隨俗,亦不以乖僻立異
爲多。"

⑮爲:所爲。王先謙《集解》:"爲順衆情,亦未嘗以佞諂者爲賤。"

⑯勸:勸勵。成玄英疏:"達通塞之有時,寄來不足以勸勵。"章案:
《逍遙遊篇》:"舉世而譽之而不加勸,舉世而非之而不加沮。"

⑰戮恥:刑戮恥辱。成玄英疏:"刑戮黜落,世以爲恥。"

⑱聞：聽聞。成玄英疏："寓諸他人，故稱聞曰。"

⑲道人：體道者。成玄英疏："體道聖人。"　聞：被聞，即有名聲。王叔岷《校詮》："《山木篇》：'至人不聞。'至人亦體道者也。"

⑳郭象注："得者，生於失也；物各無失，則得名去也。"章案：《老子》："上德不德。"

㉑《逍遙遊篇》："至人無己。"

㉒約分：依約而守分。成玄英疏："約，依也。分，限也。"王先謙《集解》："約己歸於其分。"王叔岷《校詮》："'約分'，謂收斂分限。"

　　河伯曰："若物之外<sup>①</sup>，若物之内，惡至而倪貴賤<sup>②</sup>？惡至而倪小大？"北海若曰："以道觀之，物無貴賤；以物觀之，自貴而相賤；以俗觀之，貴賤不在己<sup>③</sup>。以差觀之<sup>④</sup>，因其所大而大之<sup>⑤</sup>，則萬物莫不大；因其所小而小之，則萬物莫不小；知天地之爲稊米也，知豪末之爲丘山也，則差數覩矣<sup>⑥</sup>。以功觀之<sup>⑦</sup>，因其所有而有之，則萬物莫不有；因其所無而無之，則萬物莫不無；知東西之相反而不可以相無，則功分定矣<sup>⑧</sup>。以趣觀之<sup>⑨</sup>，因其所然而然之<sup>⑩</sup>，則萬物莫不然；因其所非而非之，則萬物莫不非；知堯桀之自然而相非，則趣操覩矣<sup>⑪</sup>。

【校注】

①若：猶或者。下同。王叔岷《校詮》："若猶或也。"

②惡：何。下同。陸德明《釋文》："惡音烏。"成玄英疏："惡，何也。"　倪：分。下同。錢穆《纂箋》："舊注：倪，分也。"王叔岷《校詮》："倪爲界限，(上文有説。)分亦有界限義。"

③己：自己，身内。王先謙《集解》："世俗以外來之榮戮爲貴賤。"錢穆《纂箋》："馬其昶曰：'俗者，徇乎人者也。'"

④差：別也。成玄英疏："差，別也。"王先謙《集解》："等差之數。"

⑤因：由，自。王叔岷《校詮》："阮籍《達莊論》：'自小觀之，則萬物

莫不小;由大觀之,則萬物莫不大。'本此。"

⑥差數:差別之量數。王叔岷《校詮》引馬其昶曰:"天地之外,正復無窮;豪末之内,亦復無窮。此言等差無定。"章案:《齊物論篇》:"天下莫大於秋豪之末,而太山爲小。"義與此句相近。

⑦功:功用,功效。王先謙《集解》:"兩須之事功也。"王叔岷《校詮》:"功當釋爲功能或功用。"

⑧功分:功能界限。成玄英疏:"各有功能,咸秉定分。"王先謙《集解》:"東西本相反,然非東無以定西,故就相反而相須言之,則功分可定。"王叔岷《校詮》:"'功分',謂功能之分限也。"

⑨趣:意趣,趣向。王先謙《集解》:"衆人之趣向。"王叔岷《校詮》:"趣,謂意趣。"

⑩然:可也。成玄英疏:"然猶是也。"

⑪趣操:志趣情操。成玄英疏:"天下萬物情趣志操,可以見之矣。"王先謙《集解》:"堯非桀,桀亦非堯,附堯、桀者亦各執一是非,則趣操之無定可覩也。"

昔者堯舜讓而帝①,之噲讓而絕②;湯武爭而王③,白公爭而滅④。由此觀之,爭讓之禮⑤,堯桀之行,貴賤有時,未可以爲常也⑥。梁麗可以衝城⑦,而不可以窒穴⑧,言殊器也⑨;騏驥驊騮⑩,一日而馳千里,捕鼠不如貍狌⑪,言殊技也;鴟鵂夜撮蚤⑫,察豪末,晝出瞋目而不見丘山⑬,言殊性也⑭。故曰:蓋師是而无非⑮,師治而无亂乎? 是未明天地之理、萬物之情者也。是猶師天而无地,師陰而无陽,其不可行明矣⑯。然且語而不舍,非愚則誣也⑰。帝王殊禪,三代殊繼⑱。差其時,逆其俗者,謂之篡夫⑲;當其時,順其俗者,謂之義之徒⑳。默默乎河伯㉑! 女惡知貴賤之門㉒,小大之家!"

## 【校注】

①讓：禪讓，與下文“爭”對文。　　帝：動詞，成就帝業。成玄英疏：“唐虞是五帝之數，故曰讓而帝也。”

②之、噲（kuài）：燕相子之與燕王噲。陸德明《釋文》：“噲音快。……之者，燕相子之也。噲，燕王名也。”　　絶：滅絶，與下文“滅”互文。成玄英疏：“子之，即蘇秦女婿也。秦弟蘇代，從齊使燕，以堯讓許由故事說燕王噲，令讓位與子之，子之遂受。國人恨其受讓，皆不服子之，三年國亂。齊宣王用蘇代計，興兵伐燕，於是殺燕王噲於郊，斬子之於朝，以絶燕國。”章案：燕王噲讓位於子之事，見《史記・燕世家》。

③爭：伐也。成玄英疏：“殷湯伐桀，周武克紂。”　　王（wàng）：動詞，成就聖王。

④白公：白勝，楚平王孫。陸德明《釋文》：“白公名勝，楚平王之孫，白縣尹，僭稱公，作亂而死。事見《左傳》哀公十六年。”

⑤禮：同“理”。王叔岷《校詮》：“禮與理通，《禮記・仲尼燕居》：禮也者，理也。”

⑥常：不變。成玄英疏：“故爭讓之禮，與堯舜湯武之時則貴，於之噲白公之時則賤，不可常也。”

⑦梁麗：梁柱。陸德明《釋文》：“崔云：‘屋棟也。’”郭慶藩《集釋》：“《列子・湯問篇》：‘雍門鬻歌，餘音繞梁欐，三日不絶。’梁欐，即梁麗也。……《上林賦》‘連捲欐佹’，注：‘欐佹，支（柱）[重累]也。’欐者附著，佹者交午。欐與麗同。《廣韻》：‘麗，著也。’《玉篇》：‘麗，偶也。’柱偶曰麗，梁棟相附著亦曰麗，正謂椽柱之屬。”　　衝：衝擊。成玄英疏：“衝，擊也。”

⑧窒：塞也。成玄英疏：“窒，塞也。言梁棟大，可用作攻擊城隍，不可用塞於鼠穴，言其器用大小不同也。”

⑨殊：不同。下同。

⑩騏驥驊騮:皆爲駿馬。陸德明《釋文》:"騏音其,驥音冀,驊,戶花
反,騮音留。李云:'騏驥驊騮,皆駿馬也。'"

⑪狸狌:野貓或黃鼠狼。陸德明《釋文》:"狌音姓。……崔本作
鼬。"成玄英疏:"狸狌,野貓也。"王叔岷《校詮》:"狸、狌,即俗所
謂野貓與黃鼠狼。"

⑫鴟鵂:即鴟鵂,鵂爲衍字。陸德明《釋文》:"崔云:'鴟,鵂鶹,與委
梟同。'"成玄英疏:"鴟鵂,鶹也,亦名隻狐,是土梟之類也。"王叔
岷《校詮》:"王[引之]氏謂鵂字涉《釋文》'鵂鶹'字而衍,《廣
雅・釋蟲》疏證引此文徑刪鵂字,是也。……鴟,俗所謂貓頭鷹
也。《意林》引此作'鴟鵂',增鵂字。《御覽》九二七引此作'鵂
鶹',則據崔、司馬注改正文也。" 撮蚤:捕獲跳蚤。陸德明《釋
文》:"蚤音早。《説文》:'跳蟲齧人者也。'《淮南子》:'鴟夜聚
蚤,察分毫末。'許慎云:'鴟夜聚食蚤蝨不失也。'司馬本作蚤,音
文,云:'鴟,鵂鶹,夜取蚤食。'"王叔岷《校詮》:"《釋文》稱崔本撮
作最,《説文》:'最,犯取也。'……最、撮古音同。蚤,謂齧人跳
蟲也。"

⑬瞋:張也。《釋文》:"司馬云:'張也。'"王叔岷《校詮》:"《説文》:
'瞋,張目也。'"

⑭性:物性。成玄英疏:"是知物性不同。"

⑮蓋:或也。成玄英疏:"蓋,不盡之辭也。"錢穆《纂箋》:"王敔曰:
'蓋與盍同。'"王叔岷《校詮》:"蓋猶或也。" 師:師法。下同。
成玄英疏:"師,猶師心也。夫物各師其(城)[成]心,妄爲偏
執……故師心爲是,不見己上有非。"

⑯成玄英疏:"夫天地陰陽,相對而有。若使有天無地,則萬物不成;
有陰無陽,則蒼生不立。"

⑰誣:妄也。成玄英疏:"若夫師是而無非,師天而無地,語及於此而
不捨於口者,若非至愚之人,則是故爲誣罔。"王先謙《集解》:"宣

云：'愚者不知，誣則知而妄言。'"王叔岷《校詮》："《禮·曾子問》：'今之祭者，不省其義，故誣於祭也。'鄭注：'誣猶妄也。'"

⑱繼：承繼。成玄英疏："帝，五帝也。王，三王。三代，夏商周。禪，授也。繼，續也。或宗族相承，或讓與他姓，故言殊禪也。或父子相繼，或興兵篡弒，故言殊繼也。"

⑲篡：篡奪。陸德明《釋文》："篡，初患反，取也。"成玄英疏："之噲慕堯舜以絕嗣，白公效湯武以滅身，如此之流，謂之篡奪也。"

⑳義之徒：仁義之徒。王先謙《集解》："時俗可行而順舉之者，則世以爲義徒，可見貴賤有時。"

㉑默默乎：無言。王先謙《集解》："戒勿多言。"王叔岷《校詮》："《田子方篇》：'默，汝无言。'即此意也。"

㉒女：同"汝"。陸德明《釋文》："女音汝。"　惡：何。陸德明《釋文》："音烏。"成玄英疏："故女於何推逐而知貴賤大小之家門乎？言其不知也。"

河伯曰："然則我何爲乎，何不爲乎？吾辭受趣舍<sup>①</sup>，吾終奈何<sup>②</sup>？"北海若曰："以道觀之，何貴何賤，是謂反衍<sup>③</sup>；无拘而志<sup>④</sup>，與道大蹇<sup>⑤</sup>。何少何多，是謂謝施<sup>⑥</sup>；无一而行<sup>⑦</sup>，與道參差<sup>⑧</sup>。嚴乎若國之有君<sup>⑨</sup>，其无私德<sup>⑩</sup>；繇繇乎若祭之有社<sup>⑪</sup>，其无私福；泛泛乎其若四方之无窮<sup>⑫</sup>，其无所畛域<sup>⑬</sup>。兼懷萬物<sup>⑭</sup>，其孰承翼<sup>⑮</sup>？是謂无方<sup>⑯</sup>。萬物一齊，孰短孰長？道无終始，物有死生，不恃其成<sup>⑰</sup>；一虛一滿，不位乎其形<sup>⑱</sup>。年不可舉<sup>⑲</sup>，時不可止；消息盈虛，終則有始<sup>⑳</sup>。是所以語大義之方<sup>㉑</sup>，論萬物之理也。物之生也，若驟若馳，无動而不變，无時而不移<sup>㉒</sup>。何爲乎？何不爲乎？夫固將自化<sup>㉓</sup>。"

【校注】

①辭、受、趣、舍：辭讓、接受、進趣、退舍。成玄英疏："辭讓受納，進

趣退舍。”

②終:將也。王叔岷《校詮》:“終猶將也,《家語·觀周篇》:‘涓涓不壅,終爲江河。’《六韜·文韜·守土篇》、《説苑·敬慎篇》終並作將,終與將同義。”

③反衍:同“蔓衍”。陸德明《釋文》:“李云:‘猶蔓衍,合爲一家。’”王叔岷《校詮》:“《文選·蜀都賦》注引‘反衍’作‘叛衍’,據司馬本也。‘反衍’、‘畔衍’、‘叛衍’並與‘漫衍’同。又作‘曼衍’,《齊物論篇》‘因之以曼衍’,《寓言篇》‘因以曼衍’,《天下篇》‘以卮言爲曼衍’,皆其例。《齊物論篇釋文》引司馬云:‘曼衍,無極也。’”

④拘:拘執。郭象注:“自拘執則不夷與道。” 而:同“爾”。成玄英疏:“而,汝也。” 志:心志,情志。

⑤蹇(jiǎn):難,阻滯。成玄英疏:“而汝乃拘執心志,矜而持之,故與虛通之理蹇而不夷也。”王叔岷《校詮》:“《易·序卦》:‘蹇者,難也。’不夷,即難之意。(《詩·大雅·桑柔》‘亂生不夷’,《傳》:‘夷,平也。’)‘與道大蹇’與‘與道參差’義略同。”

⑥謝施:委蛇。錢穆《纂箋》:“吳汝綸曰:‘謝施,連緜字,猶旖施、邪施,與委蛇同義。’”王叔岷《校詮》:“吳謂‘謝施’同‘委蛇’,與章〔太炎〕説‘謝施者,無中正’義略近。章謂施訓衰,《淮南子·要略篇》‘接徑直施’,許注:‘施,衰也。’此證尤當。”

⑦一:專。王叔岷《校詮》引王念孫云:“《盜跖篇》‘無轉而行’,轉讀爲專。《山木篇》:‘一龍一蛇,與時俱化,而無肯專爲。’即所謂‘無專而行’也。‘無一而行,與道參差’,一亦專也。”

⑧參差:意謂不合。郭象注:“不能變通,則不齊於道。”王先謙《集解》:“與道不齊合。”

⑨嚴乎:儼然。成玄英疏:“體道之士,望之儼然。”王叔岷《校詮》:“嚴、儼古通,《釋名·釋言語》:‘嚴,儼也,儼然人憚之也。’”

⑩私德：爲私之德。下文“私福”於此義近。王先謙《集解》：“不私
　惠於物，而物皆被德。”

⑪繇(yóu)繇：自得之狀。陸德明《釋文》：“繇音由。”王先謙《集
　解》：“繇繇，與由由同，自得之貌。”　　社：社稷。成玄英疏：“若
　衆人之祭社稷，而社稷無私福於人也。”王先謙《集解》：“如群奉
　一社，咸以爲神之福我也。”

⑫泛泛：普泛，與“繇繇”對文。郭象注：“泛泛然無所在。”成玄英
　疏：“泛泛，普徧之貌也。”

⑬畛：界限，疆界。成玄英疏：“畛界限域。”王先謙《集解》：“泛泛如
　水之無畔岸。”王叔岷《校詮》：“‘泛泛乎若四方之无窮’，與上文
　‘嚴[嚴]乎若國之有君’、‘繇繇乎若祭之有社’句例一律。‘无所
　畛域’猶言‘不可界限’。”

⑭懷：藏也。成玄英疏：“懷，藏也。”

⑮承翼：扶助。成玄英疏：“接承扶翼。”王叔岷《校詮》：“‘承翼’猶
　‘扶翼’，俗所謂‘扶助’也。《天下篇》：‘汎愛萬物。’與‘兼懷萬
　物’略同。”

⑯方：類也。王先謙《集解》：“萬物皆我懷之，其孰承我而孰助我？
　是謂無所偏向。”王叔岷《校詮》：“《廣雅·釋詁三》：‘方，
　類也。’”

⑰恃：依賴。成玄英疏：“豈假待對而後生成也！”王先謙《集解》：
　“宣云：‘有生死，則物之成不足恃。’”王叔岷《校詮》：“《齊物論
　篇》、《庚桑楚篇》並云：‘其成也毁也。’故成不可恃。”

⑱位：居，動詞。王先謙《集解》：“宣云：‘虛滿遞乘，則形位無定。’”
　錢穆《纂箋》：“劉咸炘曰：‘不位’，即《老子》所謂‘不居’，即上文
　之‘分無常’。”王叔岷《校詮》：“一猶或也。”

⑲年：歲也。　　舉：與，待。王先謙《集解》：“宣云：‘往者莫存，逝
　者莫挽。’”錢穆《纂箋》：“王敔曰：‘不可先舉而豫圖之，不可已去

而留之。'"王叔岷《校詮》:"馬其昶曰:'《楚辭注》:舉,與也。猶言歲不我與。'……舉、與古通,《論語·陽貨篇》之'歲不我與',皇疏:'日月不停,速不待人。'蓋釋與爲待。《後漢書·馮衍傳》'壽冉冉其不與',注:'與猶待也。''年不可舉',猶言'年不可待'耳。"

⑳消息盈虚:陰陽消長。成玄英疏:"陰消陽息,夏盈冬虚,氣序循環,終而復始。"王叔岷《校詮》:"消息,謂消滅生息。有讀爲又。"

㉑大義之方:大道之義理。"方"與下文"理"互文。成玄英疏:"正是語大道之義方,論萬物之玄理者也。"王叔岷《校詮》:"《呂氏春秋·高義篇》'公上過語《墨子》之義',高注:'義,道也。'《廣雅·釋詁二》:'義,方也。'"

㉒成玄英疏:"生滅流謝,運運不停,其爲迅速,如馳如驟。"

㉓自化:自然變化。成玄英疏:"萬物紛亂,同稟天然,安而任之,必自變化。"王叔岷《校詮》:"將猶當也。"

河伯曰:"然則何貴於道邪①?"北海若曰:"知道者必達於理②,達於理者必明於權③,明於權者不以物害己。至德者,火弗能熱,水弗能溺,寒暑弗能害,禽獸弗能賊④。非謂其薄之也⑤,言察乎安危,寧於禍福⑥,謹於去就⑦,莫之能害也。故曰:天在內,人在外,德在乎天⑧。知天人之行⑨,本乎天,位乎得⑩;蹢躅而屈伸⑪,反要而語極⑫。"曰:"何謂天?何謂人?"北海若曰:"牛馬四足,是謂天⑬;落馬首,穿牛鼻,是謂人⑭。故曰:无以人滅天,无以故滅命⑮,无以得殉名⑯。謹守而勿失,是謂反其真⑰。"

【校注】

①何:意"何者"。王叔岷《校詮》:"順乎自化,乃明於何者當爲,何者不當爲,故必貴乎道。聽其自化,則昧於何爲、何不爲,安知道

之當貴邪！"

②達：通達。成玄英疏："能知虛通之道者，必達深玄之實理。"

③權：權智，權變。成玄英疏："達深玄之實理者，必明於應物之權智。"王叔岷《校詮》："《劉子·明勸篇》：'循理守常曰道，臨危制變曰權。'……道爲統一義，理爲分別義，權爲通達義。"

④賊：害也。王叔岷《校詮》："害、賊互文，賊亦害也。《論語·先進篇》：'賊夫人之子。'皇疏：'賊猶害也。'"

⑤薄：迫也。王先謙《集解》："薄，迫也。非謂其迫近之而不害也。"王叔岷《校詮》："《小爾雅·廣言》：'薄，迫也。'(《廣雅·釋詁三》同。)《藝文類聚》八引《莊子》佚文：'海水三歲一周，流波相薄，故地動。'薄亦迫也。"

⑥寧：安也。成玄英疏："寧，安也。"王叔岷《校詮》："《史記·孔子世家》：'君子禍至不懼，福至不喜。'"

⑦去就：意謂取捨。成玄英疏："謹去就之無定，審取捨之有時。"

⑧天、人：意指自然、人爲。下同。王先謙《集解》："宣云：'天機藏於不見，人事著於作爲，德以自然者爲尚。'"王叔岷《校詮》："《淮南子·原道篇》：'循天者，與道游者也；隨人者，與俗交者也。''天在内'，是循天也；'人在外'，是隨人也。天者自然，人者人爲，德者自得。'德在乎天'，自得在乎自然也。"

⑨天人之行：應爲"夫人之行"。王叔岷《校詮》："褚伯秀云：'知天人之行，天當是夫，音符。位乎得，當是德。詳文義可見。'案天乃夫之誤，褚說是，《闕誤》引江南古藏本作乎，夫猶乎也。德、得古通，前已有說，惟此得當作德，如褚說，乃與上文一律。"

⑩位：居也。成玄英疏："位，居處也。"錢穆《纂箋》："馬其昶曰：'位乎得，言各當其分。'"王叔岷《校詮》："'位乎得'，(位猶居也。)承'德在乎天'而言。"

⑪蹢躅(zhízhú)：即"躊躇"。陸德明《釋文》："蹢，丈益反，又持革

反。躅音丈緑反,又音濁。"成玄英疏:"蹢躅,進退不定之貌也。"
王叔岷《校詮》:"'蹢躅',《説文》作'蹢𨆪',段注:'俗用躊躇。'"

⑫反要:返回本要。成玄英疏:"常居樞要而反本還源。"　極:道
也。成玄英疏:"所有語言,皆發乎虚極。"王先謙《集解》:"宣云:
'乃學之要而道之極也。'"錢穆《纂箋》:"反要語極,本乎天也。"

⑬四足:意謂有四足。成玄英疏:"夫牛馬稟於天,自然有四脚,非關
人事,故謂之天。"

⑭落:同"絡",動詞。成玄英疏:"羈勒馬首,貫穿牛鼻,出自人意,
故謂之人。"王先謙《集解》:"落同絡。"錢穆《纂箋》:"段玉裁曰:
'落謂包絡也。'"

⑮故:巧也。錢穆《纂箋》:"王敔曰:'故,智也。'"王叔岷《校詮》:
"故爲巧故之故……《刻意篇》'去知與故',《尸子·分篇》、《韓非
子·揚推篇》並作'去智與巧'。《淮南子·主術篇》:'上多故則
下多詐。'高注:'故,巧也。'並其證。"　命:性命。王先謙《集
解》:"勿以人事毁天然,勿以造作傷性命。"王叔岷《校詮》:"尚巧
故則毁自然之命矣。"

⑯得:貪也。王叔岷《校詮》:"《論語·季氏篇》:'戒之在得。'《後漢
書·陳蕃傳》李注引注云:'得,貪也。'"　殉:逐也。王叔岷《校
詮》:"《駢拇篇》:'士則以身殉名。'成疏:'殉,逐也。''无以得殉
名',猶言'無以貪逐名'也。貪則敗名矣。"

⑰真:真性。郭象注:"真在性分之内。"成玄英疏:"謂反本還源,復
於真性者也。"

　　夔憐蚿①,蚿憐蛇,蛇憐風,風憐目,目憐心②。夔謂蚿曰:
"吾以一足趻踔而行③,予无如矣④。今子之使萬足⑤,獨奈
何?"蚿曰:"不然。子不見夫唾者乎?噴則大者如珠⑥,小者
如霧,雜而下者不可勝數也⑦。今予動吾天機⑧,而不知其所
以然。"蚿謂蛇曰:"吾以衆足行,而不及子之无足,何也?"蛇

曰：“夫天機之所動，何可易邪⑨？吾安用足哉⑩！”蛇謂風曰：
“予動吾脊脅而行⑪，則有似也⑫。今子蓬蓬然起於北海⑬，蓬
蓬然入於南海，而似无有，何也？”風曰：“然。予蓬蓬然起於
北海而入於南海也，然而指我則勝我⑭，鰌我亦勝我⑮。雖然，
夫折大木、蜚大屋者⑯，唯我能也，故以衆小不勝爲大勝也。
爲大勝者，唯聖人能之⑰。”

## 【校注】

①夔：傳説中之一足獸。陸德明《釋文》：“夔，求龜反，一足獸也。
李云：‘黃帝在位，諸侯於東海流山得奇獸，其狀如牛，蒼色，無角，
一足，能走，出入水即風雨，目光如日月，其音如雷，名曰夔。黃帝
殺之，取皮以冒鼓，聲聞五百里。’”　　憐：愛憐。下同。成玄英
疏：“憐是愛尚之名。”　　蚿（xián）：百足蟲。陸德明《釋文》：“蚿
音賢，又音玄。司馬云：‘馬蚿蟲也。’《廣雅》云：‘蛆渠馬蚿。’”成
玄英疏：“蚿，百足蟲也。”

②心：心智，心靈。陸德明《釋文》：“司馬云：‘夔，一足；蚿，多足；
蛇，無足；風，無形；目，形綴於此，明流於彼；心則質幽，爲神
遊外。’”

③趻踔（chěnchuò）：跳躑，跛行。陸德明《釋文》：“趻，敕甚反，郭菟
減反，一音初稟反。卓本亦作踔，同，敕角反。李云：‘趻卓，行
貌。’”成玄英疏：“趻踔，跳躑也。”郭慶藩《集釋》：“卓，獨立也，與
踔稯聲義同。《漢書・河間獻王傳》卓爾不群，《説苑・君道篇》
踔然獨立。”

④予：我。“予无如”猶“无如予”。成玄英疏：“天下簡易，無如
我者。”

⑤子：你。　　萬足：意謂多足。成玄英疏：“今子驅馳萬足，豈不劬
勞？”王先謙《集解》：“以爲煩勞也。”

⑥噴:噴嚏。王叔岷《校詮》引王念孫云:"《玉篇》:'歕,口含物歕散也。''噴則大者如珠',噴與歕同。《衆經音義》卷十六、十九並引《廣雅》:'噴,嚏也。'"

⑦雜:雜散也。成玄英疏:"散雜而下,其數難舉。"

⑧天機:自然機能。郭慶藩《集釋》:"《文選》陸士衡《文賦》注引司馬云:'天機,自然也。'"王叔岷《校詮》:"《天運篇》:'天機不張,而五官皆備。'成疏:'天機,自然之樞機。'"

⑨易:改變。成玄英疏:"天然機關,有此動用,遲速有無,不可改易。"

⑩安:哪裏。成玄英疏:"無心任運,何用足哉!"

⑪脊脅:脊樑肋骨。成玄英疏:"脅,肋也。……蛇既無足,故行必動於脊脅也。"

⑫有似:似有(足)。王先謙《集解》:"似有足。"錢穆《纂箋》:"王敔曰:'似謂有形。'吳汝綸曰:'似與俟通,待也。'"王叔岷《校詮》:"竊疑'則有似也'本作'則似有也',與下文'而似无有'對言,意甚明白,'似有'二字誤倒,則義難通矣。"

⑬蓬蓬然:風行之狀。成玄英疏:"蓬蓬,風聲也,亦塵動貌也。"

⑭指:用手指。成玄英疏:"人以手指撝於風,風即不能折指。"郭慶藩《集釋》引郭嵩燾曰:"指者,手嚮之。"

⑮鰌:蹴,踏也。陸德明《釋文》:"鰌音秋。李云:'藉也。'藉則削也。本又作踏,子六反,又七六反,迫也。"成玄英疏:"以腳蹴踏於風,風亦不能折腳,此小不勝也。"郭慶藩《集釋》引郭嵩燾曰:"鰌者,足蹴之。《荀子·强國篇》:'巨楚縣吾前,大燕鰌吾後,勁魏鉤吾右。'楊倞注:'鰌,蹴也,言蹴踏於後也。'"錢穆《纂箋》:"王敔曰:'鰌與踏同,蹙也。'"

⑯蜚:同"飛"。陸德明《釋文》:"蜚音飛。"成玄英疏:"飄風卒起,羊角乍騰,則大廈爲之飛揚,櫟社以之摧折,此大勝也。"王叔岷《校

詮》：“《文選》陸士衡《演連珠》注引此亦作飛。古多借蜚爲飛。
《淮南子·兵略篇》：‘夫風之疾，至於飛屋折木。’本此。”

⑰錢穆《纂箋》：“宣穎曰：‘心、目之用更神，常身可自喻，故省。’”

　　孔子遊於匡①，宋人圍之數匝②，而弦歌不惙③。子路入見，曰：“何夫子之娛也④？”孔子曰：“來！吾語女⑤。我諱窮久矣⑥，而不免⑦，命也；求通久矣⑧，而不得，時也⑨。當堯舜而天下无窮人⑩，非知得也⑪；當桀紂而天下无通人，非知失也，時勢適然。夫水行不避蛟龍者，漁父之勇也；陸行不避兕虎者⑫，獵夫之勇也；白刃交於前，視死若生者，烈士之勇也；知窮之有命，知通之有時，臨大難而不懼者，聖人之勇也。由處矣⑬，吾命有所制矣⑭。”无幾何⑮，將甲者進⑯，辭曰⑰：“以爲陽虎也，故圍之。今非也，請辭而退⑱。”

【校注】

①匡：地在衛國。陸德明《釋文》：“匡，衛邑也。”

②宋：應爲“衛”。陸德明《釋文》：“司馬云：‘宋當作衛。’”　　匝：圈。陸德明《釋文》：“衛人誤圍孔子，以爲陽虎。陽虎嘗暴於匡人。”

③惙（chuò）：止也。成玄英疏：“惙，止也。”

④何：爲何。成玄英疏：“何故如斯？”

⑤語（yù）：動詞，説。　　女：同“汝”。

⑥諱：忌諱。成玄英疏：“諱，忌也。”　　窮：困厄，與“通”對言。成玄英疏：“窮，否塞也。”

⑦免：免除。成玄英疏：“我忌於窮困，不獲免者，豈非天命也！”

⑧通：亨通，通達。成玄英疏：“通，泰達也。”

⑨時：時運。郭象注：“將明時命之固當。”

⑩窮人：意謂時運困厄之人，與下文“通人”對言。

⑪知：同"智"。王先謙《集解》："賢士盡升庸,非其智得也。"

⑫王叔岷《校詮》："《史記·袁盎傳》索隱引《尸子》云：'孟賁,水行不避蛟龍,陸行不避兕虎。'"

⑬由：子路名仲由。　處：安心,安定。成玄英疏："處,安息也。"王先謙《集解》："且安息!"

⑭制：限制,制約。成玄英疏："制,分限也。"王先謙《集解》："制之於天。"王叔岷《校詮》："制猶止也,《說文》：'制,一曰止也。'"

⑮无幾何：頃刻。成玄英疏："無幾何,俄頃之時也。"

⑯將甲：持甲兵。陸德明《釋文》："本亦作持甲。"王叔岷《校詮》："《御覽》四三七引作'持甲',將猶持也。"

⑰辭：謝。王叔岷《校詮》："辭猶謝也。"

⑱成玄英疏："既知是仲尼,非關陽虎,故將帥甲士,前進拜辭,遜謝錯誤,解圍而退也。"

公孫龍問於魏牟曰①："龍少學先王之道,長而明仁義之行;合同異,離堅白②;然不然,可不可③;困百家之知④,窮眾口之辯,吾自以為至達已⑤。今吾聞莊子之言,汒焉異之⑥。不知論之不及與⑦? 知之弗若與? 今吾无所開吾喙⑧,敢問其方⑨。"

【校注】

①公孫龍：古代名家代表人物之一。成玄英疏："姓公孫,名龍,趙人也。"　魏牟：魏國公子。陸德明《釋文》："牟,魏之公子。"章案：此為寓言。

②合同異,離堅白：皆為名家著名命題。成玄英疏："孫龍稟性聰明,率才弘辯,著守白之論,以博辯知名,故能合異為同,離同為異。"

③然：是。成玄英疏："可為不可,然為不然。"

④困：動詞,與下文"窮"互文。　知：同"智"。陸德明《釋文》："知

音智。"

⑤至達:意謂極高境界。成玄英疏:"矜此學問,達於至妙。"　已:
　語助詞。

⑥汒:同"茫"。王叔岷《校詮》:"《藝文類聚》一七引汒作芒,《御
　覽》一八九、《事文類聚後集》五〇引'汒焉'並作'茫然'。芒、茫
　古通,汒蓋茫之省,焉、然同義。"　異:變異,意謂感受不同此前。

⑦及:達到。成玄英疏:"豈直議論不如,抑亦智力不逮。"　與:同
　"歟"。下同。陸德明《釋文》:"及與音余,下助句放此。"

⑧開吾喙:開我口。成玄英疏:"喙,口也。……所以自緘其口,請益
　於魏牟。"

⑨方:道也。成玄英疏:"方,道也。"

　　公子牟隱机大息①,仰天而笑曰:"子獨不聞夫坎井之鼃
乎②?謂東海之鱉曰:'吾樂與③!吾跳梁乎井幹之上④,入休
乎缺甃之崖⑤;赴水則接掖持頤⑥,蹶泥則沒足滅跗⑦;還虷蟹
與科斗⑧,莫吾能若也⑨。且夫擅一壑之水⑩,而跨跱坎井之
樂⑪,此亦至矣⑫,夫子奚不時來入觀乎⑬!'東海之鱉左足未
入,而右膝已縶矣⑭。於是逡巡而却⑮,告之海曰:'夫千里之
遠,不足以舉其大⑯;千仞之高⑰,不足以極其深。禹之時十年
九潦⑱,而水弗為加益⑲;湯之時八年七旱,而崖不為加損⑳。
夫不為頃久推移㉑、不以多少進退者㉒,此亦東海之大樂也。'
於是坎井之鼃聞之,適適然驚㉓,規規然自失也㉔。且夫知不
知是非之竟㉕,而猶欲觀於莊子之言,是猶使蚊負山㉖,商蚷馳
河也㉗,必不勝任矣㉗。且夫知不知論極妙之言而自適一時之
利者㉘,是非坎井之鼃與?且彼方跐黃泉而登大皇㉙,无南无
北,奭然四解㉚,淪於不測㉛;无東无西,始於玄冥,反於大
通㉜。子乃規規然而求之以察㉝,索之以辯,是直用管闚天㉞,

用錐指地也,不亦小乎! 子往矣㉟! 且子獨不聞夫壽陵餘子
之學行於邯鄲與㊱? 未得國能㊲,又失其故行矣,直匍匐而歸
耳。今子不去,將忘子之故㊳,失子之業。"公孫龍口呿而不
合㊴,舌舉而不下,乃逸而走㊵。

## 【校注】

①隱机:倚靠几案。隱:倚,據。机:同"几",几案。王叔岷《校詮》:
"隱借爲㥯,與《齊物論篇》及《徐无鬼篇》'隱几而坐'同。《説
文》:'㥯,所依據也。'"  大息:太息,即歎息。陸德明《釋文》:
"大音泰。"成玄英疏:"仰天歎息。"

②埳(kǎn)井:陷阱。陸德明《釋文》:"埳音坎,郭音陷。……司馬
云:'埳井,壞井也。'"成玄英疏:"埳井,猶淺井也。"王叔岷《校
詮》:"《後漢書·馬援傳》注、《藝文類聚》一七、《御覽》六〇、《記
纂淵海》五四、《事文類聚後集》一〇、《翰苑新書前集》一一引埳
皆作坎。《白帖》三、《事類賦》六《地部一》注引並作陷,坎猶陷
也。《説文》:'坎,陷也。'"  黽:同"蛙"。陸德明《釋文》:"黽
本又作蛙,戶媧反。司馬云:'……黽,水蟲,形似蝦蟆。'"王叔岷
《校詮》:"蛙,俗黽字。"

③與:同"歟"。下同。

④井幹:井欄。陸德明《釋文》:"井幹,司馬云:'井欄也。'"王先謙
《集解》:"幹,當從木作'榦'。《釋文》:'司馬云:井欄也。褚詮之
音《西京賦》作韓音。'"王叔岷《校詮》:"榦、幹正俗字。"

⑤甃(zhòu):井壁。陸德明《釋文》:"甃,側救反。李云:'如闌,以
塼爲之,著井底闌也。'《子林》壯繆反,云:'井壁也。'"成玄英疏:
"甃,井中累塼也。……我出則跳躑[乎]井欄之上,入則休息乎
破塼之涯。"

⑥接腋持頤:游泳之狀。掖:同"腋",本亦作"腋"。成玄英疏:"游
泳則接腋持頤。"王叔岷《校詮》:"掖,借字。腋,俗字。"  頤:口

下。成玄英疏:"頤,口下也。"錢穆《纂箋》:"宣穎曰:'水承兩腋而浮兩頤。'"

⑦蹍:踏也。王叔岷《校詮》:"《文選》司馬長卿《上林賦》'躪石闕',郭璞注:'躪,踏也。'躪與蹍同。"　滅跗(fū):(泥)没脚跗。陸德明《釋文》:"司馬云:'滅,没也。跗,足跗也。'"成玄英疏:"跗,脚跗也。"

⑧還:環顧。陸德明《釋文》:"還音旋,司馬云:'顧視也。'"　虷(hán):小蟲。陸德明《釋文》:"虷音寒,井中赤蟲也。一名蜎,蠉。"　科斗:同"蝌蚪"。陸德明《釋文》:"科斗,蝦蟆子也。"

⑨莫吾能若:莫能若吾。成玄英疏:"無如我者也。"王先謙《集解》:"言環顧此輩,無如其樂。"

⑩擅:專。陸德明《釋文》:"擅,市戰反,專也。"王叔岷《校詮》:"陸雲《逸民賦序》:'專一丘之歡,擅一壑之美。'下句本此,專、擅互文,擅亦專也。"

⑪跱(zhì):踞也。王叔岷《校詮》:"《後漢書·張衡傳》:'松、喬高跱。'注引《字林》曰:'跱,踞也。'"

⑫至:極限。成玄英疏:"天下至足,莫甚於斯。"

⑬奚:何。成玄英疏:"夫子何不暫時降步,入觀下邑乎?"　時:即刻。王叔岷《校詮》:"時猶即也。"

⑭縶(zhí):拘絆也。陸德明《釋文》:"縶,豬立反。司馬云:'拘也。'《三蒼》云:'絆也。'"

⑮逡(qūn)巡:從容。陸德明《釋文》:"逡,七旬反。"成玄英疏:"逡巡,從容也。"　却:退却。王先謙《集解》:"從容而退。"

⑯舉:盡,與下文"極"互文。王叔岷《校詮》:"舉與極互文,舉有盡義,'不足以舉其大',猶言'不足以盡其大'。"

⑰仞:七尺一仞。成玄英疏:"七尺曰仞。"

⑱潦:水大之貌。王叔岷《校詮》:"《説文》:'潦,雨水大皃。'"

⑲益：多，與下文“損”對言。王叔岷《校詮》：“此以‘加益’、‘加損’對言相同。”

⑳崖：山崖。王叔岷《校詮》：“《漢書·食貨志》：‘堯、禹有九年之水，湯有七年之旱。’”

㉑頃：頃刻，與“久”相對。成玄英疏：“頃，少時也。久，多時也。”
推移：改變。成玄英疏：“推移，變改也。”

㉒進退：意謂損益。王先謙《集解》：“進退，謂損益。”

㉓適：借爲“惕”，驚懼之狀。成玄英疏：“適適，驚怖之容。”王叔岷《校詮》：“適，郭莵狄反，則讀與惕同。《文選》潘安仁《射雉賦》注引《說文》：‘惕，驚也。’《國語·楚語上》：‘豈不使諸侯之心惕惕焉。’韋注：‘惕惕，懼也。’”

㉔規規：渺小自失之狀。成玄英疏：“規規，自失之貌。”王先謙《集解》：“規規，小貌。”王叔岷《校詮》：“規借爲嫢，《廣雅·釋詁二》：‘嫢，小也。’王氏疏證：‘嫢，《方言》：細也。郭璞注云：嫢嫢，小成貌。嫢嫢猶規規也。《莊子·秋水篇》云：子乃規規然而求之以察，察之以辯，不亦小乎！’規規與小相應，見下文。此文規規，亦小貌也。井鼃聞海鼈之言，由驚懼而自感渺小，故自失也。”

㉕竟：同“境”。陸德明《釋文》：“竟音境。”成玄英疏：“知未能窮於是非之境。”王叔岷《校詮》：“竟、境古今字，本書習見。”

㉖負：負重，背負。

㉗商蚷(jù)：蟲名，即馬蚿。陸德明《釋文》：“蚷音渠，郭音巨。司馬云：‘蟲名，北燕謂之馬蚿。’”成玄英疏：“商蚷，馬蚿也，亦名商距，亦名且渠。”成玄英疏：“而欲觀察莊子至理之言者，亦何異乎使蚊子負於丘山，商蚷馳於河海，而力微負重，智小謀大，故必不勝任也。”

㉘利：名利。成玄英疏：“適一時之名利耳。”

㉙彼：指莊子之言。 趾(cǐ)：履也。陸德明《釋文》：“趾音此。郭

時紫反,又側買反。《廣雅》云:'蹓也,蹈也,履也。'"　　大皇:
天。陸德明《釋文》:"大音泰。"成玄英疏:"大皇,天也。"王叔岷
《校詮》:"《淮南子·精神篇》'登太皇'即本此文,大與太同,高
注:'太皇,天也。'"

㉚奭:同"釋"。陸德明《釋文》:"奭音釋。"成玄英疏:"四方八極,奭
然無礙。"王叔岷《校詮》:"奭借爲釋。"

㉛淪:入。王叔岷《校詮》:"猶言'入於不測'也。《淮南子·本經
篇》:'則與道淪。'高注:'淪,入也。'"

㉜反:同"返",與前"始"對言。成玄英疏:"始於玄極而其道杳冥,
反於域中而大通於物也。"

㉝規規然:謀取之狀。成玄英疏:"規規,經營之貌也。"

㉞闚:視也。郭象注:"夫游無窮者,非察辯所得。"成玄英疏:"以管
闚天,詎知天之闊狹? 用錐指地,寧測地之淺深?"王叔岷《校
詮》:"闚與窺略同,《方言》:'闚,視也。'《説文》:'窺,小視也。'"

㉟往:去。郭象注:"非其任者,去之可也。"成玄英疏:"既其不知,
宜其速去矣。"

㊱壽陵:燕國城邑。成玄英疏:"壽陵,燕之邑。"　　餘子:未成年之
少年。陸德明《釋文》:"未應丁夫爲餘子。"成玄英疏:"弱齡未
壯,謂之餘子。"　　邯鄲:趙國都城。成玄英疏:"邯鄲,趙之都。"

㊲國能:意指趙國人會行走之能。成玄英疏:"趙都之地,其俗能行,
故燕國少年,遠來學步。既乖本性,未得趙國之能;捨己效人,更
失壽陵之故。是以用手據地,匍匐而還也。"王叔岷《校詮》:"奚
侗云:'國能二字,於文不順,以誼求之,國當作其,《御覽》三九四
引正作未得其能。'案《白帖》七及二六、《御覽》三九四引兩行字
並作步。"章案:此即"邯鄲學步"之典故。

㊳故:猶"習",意即過去學到的知識。成玄英疏:"必當失子之學
業,忘子之故步。"王叔岷《校詮》:"故猶習也。"

㉟呿(qù):開。陸德明《釋文》:"呿,起據反,司馬云:'開也。'"王
叔岷《校詮》:"《事文類聚》後集一九引呿作袪,與李音合。《廣
雅·釋詁三》:'袪,開也。'呿、袪古通。"

㊵逸:奔走。成玄英疏:"逸,奔也。"王叔岷《校詮》:"《應帝王篇》言
季咸'自失而走',猶此言'逸而走'也。"

　　莊子釣於濮水①。楚王使大夫二人往先焉②,曰:"願以
竟內累矣③!"莊子持竿不顧,曰:"吾聞楚有神龜,死已三千歲
矣④,王巾笥而藏之廟堂之上⑤。此龜者,寧其死爲留骨而貴
乎⑥? 寧其生而曳尾於塗中乎⑦?"二大夫曰:"寧生而曳尾塗
中。"莊子曰:"往矣⑧! 吾將曳尾於塗中。"

【校注】

①濮水:水名。成玄英疏:"濮,水名也,屬東郡,今濮州濮陽縣
是也。"

②楚王:楚威王。陸德明《釋文》:"楚王,司馬云:'威王也。'"
　先:意謂召宣。陸德明《釋文》:"先,謂宣其言也。"王叔岷《校
詮》:"《讓王篇》:'魯君聞顏闔得道之人也,使人以幣先焉。'《説
劍篇》:'子欲何以教寡人,使太子先焉?'……並於此作'先焉'
同。《史記·酈生列傳》:'莫爲我先。'《索隱》:'先,謂先容。'
(……《文選》曹子建《七啓》劉良注引'先焉'作'召焉',《後漢
書·馮衍傳》注、《初學記》二二、《御覽》八三四引皆作'見焉',咸
非其舊。)"

③竟:同"境"。本亦作"境"。　　累:受累。此爲謙恭之説,意在請
莊子治國。成玄英疏:"願以國境之内委託賢人。"王先謙《集
解》:"欲以國事相累。"

④歲:年。王叔岷《校詮》:"《世説新語》注、《記纂淵海》五三引歲並
作年。"

⑤巾笥(sì)：動詞。笥，盛器。陸德明《釋文》："笥，息嗣反，或音司。李云：'藏之以笥，覆之以巾。'"成玄英疏："龜有神異，故刳之而卜，可以決吉凶也。盛之以笥，覆之以巾，藏之廟堂，用占國事，珍貴之也。"

⑥骨：甲骨。成玄英疏："豈欲刳骨留名，取貴廟堂之上邪？"

⑦曳：搖。　塗：泥塗。成玄英疏："曳尾於泥塗之中。"王叔岷《校詮》："《藝文類聚》九六、《史記正義》引塗並作泥，(《說文》新坿字：塗，泥也。)……下句用此文，塗亦作泥。《白帖》、《合璧事類別集》、《韻府群玉》二及三引塗上皆有泥字。"

⑧往：去。王叔岷《校詮》："不顧軒冕，全於衰世。"

惠子相梁①。莊子往見之。或謂惠子曰②："莊子來，欲代子相。"於是惠子恐，搜於國中三日三夜③。莊子往見之，曰："南方有鳥，其名爲鵷鶵④，子知之乎？夫鵷鶵，發於南海而飛於北海，非梧桐不止⑤，非練實不食⑥，非醴泉不飲⑦。於是鴟得腐鼠，鵷鶵過之，仰而視之曰：'嚇⑧！'今子欲以子之梁國而嚇我邪？"

【校注】

①惠子：惠施，古代著名思想家。成玄英疏："姓惠，名施，宋人，"相梁：爲梁國之相。成玄英疏："爲梁惠王之相。惠施博識贍聞，辯名析理，既是莊生之友，故往訪之。"

②或：意謂有人。

③搜：搜索。陸德明《釋文》："李云：'索也。《說文》：求也。'"成玄英疏："搜索國中，尋訪莊子。"

④鵷鶵(yuānchú)：鳥名。陸德明《釋文》："李云：'鵷鶵乃鸞鳳之屬也。'"成玄英疏："鵷鶵，鸞鳳之屬，亦言鳳子也。"

⑤止：止歇，棲息。王叔岷《校詮》："《合璧事類別集》五三及六二引

止皆作棲。《詩·大雅·卷阿》箋‘非梧桐不棲’，即本此文，是漢時舊本已作棲矣。”

⑥練實：竹實或楝實。成玄英疏：“非竹實不食。”錢穆《纂箋》：“武延緒曰：‘練，楝之借字。’”王叔岷《校詮》：“《淮南子·時則篇》高注：‘楝實，鳳皇所食也。練，讀練染之練也。’《廣雅·去聲四》：‘楝，木名，鵂鶹食其實。’即本此文，字作楝，易假借字爲本字也。”

⑦醴泉：泉甘如醴酒。陸德明《釋文》：“李云：‘泉甘如醴。’”王叔岷《校詮》：“《白虎通·封禪篇》：‘醴泉者，美泉也，狀若醴酒。’”

⑧嚇：呵叱聲。陸德明《釋文》：“司馬云：‘嚇，怒其聲，恐其奪己也。’《詩箋》云：‘以口拒人曰嚇。’”

　　莊子與惠子遊於濠梁之上①。莊子曰：“儵魚出游從容②，是魚樂也。”惠子曰：“子非魚，安知魚之樂③？”莊子曰：“子非我，安知我不知魚之樂？”惠子曰：“我非子，固不知子矣；子固非魚也，子之不知魚之樂，全矣④。”莊子曰：“請循其本⑤。子曰‘女安知魚樂⑥’云者，既已知吾知之而問我，我知之濠上也⑦。”

【校注】

①濠梁：濠水之橋梁。陸德明《釋文》：“司馬云：‘濠，水名也。石絶水曰梁。’”成玄英疏：“濠是水名，在淮南鍾離郡，今見有莊子之墓，亦有莊、惠遨遊之所。石絶水爲梁，亦是濠水之橋梁。”

②儵（tiáo）：又作“鯈”，白鯈，一種魚。陸德明《釋文》：“白魚也。《爾雅》云：‘鮂，黑鰦。’郭注：‘即白儵也。’一音篠，謂白儵魚也。”成玄英疏：“儵魚，白儵也。”郭慶藩《集釋》：“盧文弨曰：‘儵，當作鯈，注同。此書内多混用。’”

③安知：焉知。成玄英疏：“莊子非魚，焉知魚樂？”

④全：完全，完整。王先謙《集解》：“宣云：‘與魚全無相知之理。’”

⑤循：意謂“尋”。成玄英疏：“循猶尋也。”王叔岷《校詮》：“《廣雅·釋言》：‘循，述也。’”　本：本初，本始。王叔岷《校詮》：“‘請循其本’者，請追述其源也。”

⑥女：同“汝”，本亦作“汝”。

⑦郭象注：“循子安知之云，已知吾之所知矣。”王叔岷《校詮》：“王元澤《新傳》云：‘篇終言知魚之樂，與《齊物論》終於夢爲胡蝶之意同。’”章案：此段末句莊子之言，歷代注家大都不得其旨。莊子云惠施之問“女安知魚樂”，語句中就已經包含“莊子已知魚之樂”之意了。莊子如此論辯的依據是什麽？

　　這個問題涉及語言（language）與存在（Being）的根本關係。語言在本質上就是存在。二十世紀的一些西方哲學家因此認爲，在人們通常的語言表述中，有一些事實或現象，在發問甚至是否定之中，就已經有結論了。奧地利哲學家邁農（A. Meinong，1858－1921）首次提出，當人們説“金山不存在”時，他們使用的“金山”一詞已經肯定了與之相應的東西的存在，至少是“金山”的觀念的存在。因爲，假如人們再問你“不存在的是什麽”，如果回答“是金山”，那就仿佛把某種存在的性質賦予了金山。這與我們説“圓正方形不存在”不是一樣的表述，似乎意味着金山是一種東西，圓正方形是另一種東西，事實是兩者都不存在。這種由語言本身造成的混亂，給人們討論哲學問題帶來極大的困難。後來英國哲學家羅素（B. Russell，1872－1970），用摹狀詞理論提供了一個解決這個問題的方案。（限於篇幅及本書體例，摹狀詞理論這裏恕不展示。有心者可參閲羅素：《西方哲學史》下卷第三十一章。商務印書館1982年，馬元德譯。）

　　由此可見，此段莊子與惠施的論辯，與上述之例句極爲相似，正是從語詞自身的根本特性和語言的本質上推論出來的。“濠梁之辯"不僅展示了莊子的雄辯風采,還表明莊子提出的問題是一個非常深刻的語言哲學問題。這個問題困擾人類幾千年之久,直到二十世紀六十年代,才被西方哲學家論證並提供解決方案。

新編新注十三經

# 莊子新注

## 下

章啓群 撰

中華書局

# 至樂第十八

【題解】

論死生之大事:氣聚爲生,人死散爲氣。骷髏説死之悦亦爲奇觀,爲一種對於死亡之徹悟。主至樂無樂,自然無爲可活生。末段表述了一種萬物生滅演化之自然史觀。

天下有至樂无有哉<sup>①</sup>? 有可以活身者无有哉<sup>②</sup>? 今奚爲奚據<sup>③</sup>? 奚避奚處<sup>④</sup>? 奚就奚去<sup>⑤</sup>? 奚樂奚惡<sup>⑥</sup>? 夫天下之所尊者,富、貴、壽、善也<sup>⑦</sup>;所樂者,身安、厚味、美服、好色、音聲也<sup>⑧</sup>;所下者<sup>⑨</sup>,貧、賤、夭、惡也<sup>⑩</sup>;所苦者,身不得安逸,口不得厚味,形不得美服,目不得好色,耳不得音聲。若不得者<sup>⑪</sup>,則大憂以懼<sup>⑫</sup>。其爲形也亦愚哉<sup>⑬</sup>!

【校注】

①至:極。陸德明《釋文》:“至,極也。樂,歡也。”

②活:動詞,養活,供養。成玄英疏:“有至極歡樂,可以養活身命者無有哉?”

③奚:何。下同。成玄英疏:“奚,何也。” 爲、據:行爲、依據。成玄英疏:“今欲行至樂之道以活身者,當何所爲造,何所依據,何所避諱,何所安處,何所從就,何所捨去,何所歡樂,何所嫌惡,而合至樂之道乎?”

④避、處:躲避、居處。成玄英疏:"何所避諱,何所安處。"

⑤就、去:取、捨。成玄英疏:"何所從就,何所捨去。"

⑥樂、惡(wù):快樂、厭惡。成玄英疏:"何所歡樂,何所嫌惡。"

⑦善:美也。王叔岷《校詮》:"善,謂稱美。《說文》:'美與善同意。'"

⑧厚味:意美味。成玄英疏:"滋味爽口。"

⑨下:低下。成玄英疏:"世間以爲下也。"

⑩夭:夭折。王先謙《集解》:"夭,短折。" 惡:惡病。王先謙《集解》:"惡,惡疾。"

⑪若:如。成玄英疏:"既不適情,遂憂愁懼慮。"

⑫以:且。王叔岷《校詮》:"以猶且也。"

⑬形:形體,身體。成玄英疏:"如此修爲形體,豈不甚愚癡!"

夫富者,苦身疾作①,多積財而不得盡用,其爲形也亦外矣②。夫貴者,夜以繼日,思慮善否③,其爲形也亦疏矣。人之生也,與憂俱生,壽者惛惛④,久憂不死,何之苦也!其爲形也亦遠矣。列士爲天下見善矣⑤,未足以活身。吾未知善之誠善邪⑥,誠不善邪?若以爲善矣,不足活身;以爲不善矣,足以活人⑦。故曰:"忠諫不聽,蹲循勿爭⑧。"故夫子胥爭之以殘其形⑨,不爭,名亦不成。誠有善无有哉?

【校注】

①疾:用力。王先謙《集解》:"勤力。"王叔岷《校詮》:"《呂氏春秋·尊師篇》'疾諷誦',高注:'疾,力。''疾作'猶'力作',《戰國策·中山策》:'耕田疾作,以生其財。'亦同例。"

②外:外在,表面,與"内"相對,下文"疏"、"遠"亦與此義同。王叔岷《校詮》:"外、疏並與遠同義,《說文》:'外,遠也。'《呂氏春秋·慎行篇》:'王已奪之,而疏太子。'高注:'疏,遠也。'"

③否(pǐ):不吉。王先謙《集解》:"宣云:'爲固位計。'"

④惛惛:惛闇。陸德明《釋文》:"惛音昏。"成玄英疏:"精神惛闇。"
　　王叔岷《校詮》:"惛惛,闇貌。"

⑤見(xiàn):現也。《駢拇篇》:"烈士則以身殉名。"

⑥誠:實也。成玄英疏:"誠,實也。"

⑦活人:周濟生民。郭象注:"善則適當,故不周濟。"成玄英疏:"賴
　　諫諍而太平,此足以活人也。"

⑧蹲循:猶"逡巡",意退却。郭慶藩《集釋》:"遵循即逡巡。《廣
　　雅》:'逡巡,却退也。'"王叔岷《校詮》引俞樾云:"'蹲循'字當讀
　　爲'逡巡'……'忠諫不聽,蹲循勿争',謂主人不聽忠諫,則爲人
　　臣者當逡巡而退,勿與之争也。"

⑨子胥:伍子胥。成玄英疏:"吴王夫差,荒淫無道,子胥忠諫,以遭
　　殘戮。"

　　今俗之所爲與其所樂,吾又未知樂之果樂邪?果不樂
邪?吾觀夫俗之所樂,舉群趣者①,誙誙然如將不得已②,而皆
曰樂者,吾未之樂也,亦未之不樂也。果有樂无有哉?吾以
无爲誠樂矣,又俗之所大苦也。故曰:"至樂无樂③,至譽无
譽④。"天下是非果未可定也。雖然,无爲可以定是非⑤。至
樂活身,唯无爲幾存⑥。請嘗試言之。天无爲以之清,地无爲
以之寧⑦,故兩无爲相合,萬物皆化⑧。芒乎芴乎⑨,而无從出
乎!芴乎芒乎,而无有象乎!萬物職職⑩,皆從无爲殖⑪。故
曰:天地无爲也而无不爲也,人也孰能得无爲哉!

【校注】

①舉:皆。王叔岷《校詮》:"舉猶皆也。《左》哀六年《傳》:'君舉不
　　信群臣乎?'杜注:'舉,皆也。'"　群趣:意謂流俗。成玄英疏:
　　"舉世之人,群聚趣競,所歡樂者,無過五塵。"

②誙（kēng）誙：趣死之狀。陸德明《釋文》：“李云：‘趣死貌。’崔云：‘以是爲非，亦非爲是。’”成玄英疏：“誙誙，趣死貌也。已，止也。”錢穆《纂箋》：“奚侗曰：‘與《論語》硜硜同。’”王叔岷《校詮》：“奚氏所稱《論語》之‘硜硜’，見《子路篇》，皇疏：‘硜硜，堅正難移之貌也。’此文‘誙誙’，當取皇疏義。”

③至：極致。下同。王叔岷《校詮》：“《淮南子·原道篇》：‘能至於無樂者，則無不樂。無不樂，則至樂極矣。’”

④王叔岷《校詮》：“宣穎云：‘上句主，下句陪。’案至德廣大，無得而稱也。”

⑤定：認定，確定。郭象注：“我無爲而任天下之是非，是非者各自任則定矣。”成玄英疏：“忘是忘非，既無是非而是非定者也。”

⑥幾：近也。成玄英疏：“幾，近也。”王先謙《集解》：“存世二者，唯無爲近之。”

⑦郭象注：“皆自清寧耳，非爲之所得。”章案：《老子》三十九章：“天得一以清，地得一以寧。”本段文意援引《老子》頗多。

⑧化：化生。成玄英疏：“天地無爲，兩儀相合，升降災福而萬物化生。”

⑨芒、芴：同“恍”、“惚”。下同。成玄英疏：“二儀造化，生物無心，恍惚芒昧，參差難測；尋其從出，莫知所由；視其形容，竟無象貌。”王先謙《集解》：“李芒音荒，芴音忽。荒忽，猶恍惚也。”郭慶藩《集釋》：“芴芒，即忽荒也。（《爾雅》‘太歲在巳曰大荒落’，《史記·曆書》‘荒作芒’。《三代世表》‘帝芒’，《索隱》：‘芒，一作荒。’）《淮南·原道篇》‘游淵霧，鶩忽怳’，高注：‘忽怳，無形之象。’《文選·七發》李注引《淮南》正作‘忽荒’。《人間篇》曰：‘翱翔乎忽荒之上。’賈誼《鵩賦》：‘寥廓忽荒兮，與道翱翔。’是其證。”王叔岷《校詮》：“芒、芴與荒、忽同，亦作怳、惚，或恍、惚。（《說文》無恍、惚二字。）《老子》二十一章：‘道之爲物，惟恍惟惚。

惚兮恍兮,其中有象;恍兮惚兮,其中有物。'……《鶡冠子·夜行篇》:'芴乎芒乎,中有象乎!芒乎芴乎,中有象乎!'本《老子》。恍惚未超絕形跡,故其中有象、有物。"

⑩職職:繁殖貌。陸德明《釋文》:"李云:'繁殖貌。'案《爾雅》:'職,主也。'謂各有主而區別。"成玄英疏:"職職,繁多貌也。"

⑪殖:繁殖。郭象注:"皆自殖耳。"

　　莊子妻死,惠子弔之,莊子則方箕踞鼓盆而歌①。惠子曰:"與人居②,長子老身③,死不哭亦足矣,又鼓盆而歌,不亦甚乎④!"莊子曰:"不然。是其始死也,我獨何能无槩然⑤!察其始而本无生⑥,非徒无生也而本无形,非徒无形也而本无氣。雜乎芒芴之間⑦,變而有氣,氣變而有形,形變而有生,今又變而之死,是相與爲春秋冬夏四時行也⑧。人且偃然寢於巨室⑨,而我噭噭然隨而哭之⑩,自以爲不通乎命⑪,故止也。"

**【校注】**

①方:正。　箕踞:坐姿,臀部坐於席上,兩脚自然伸直如簸箕形狀。成玄英疏:"箕踞者,垂兩脚如簸箕形也。"　鼓盆:敲擊瓦缶。陸德明《釋文》:"盆謂瓦缶也。"

②居:居處。成玄英疏:"共妻居處。"

③長:蓄養。成玄英疏:"長養子孫。"王叔岷《校詮》:"《漢書·賈山傳》:'不可長也。'師古注:'長,謂蓄養之也。'"　老:老死。成玄英疏:"妻老死亡。"

④甚:過分。成玄英疏:"何太甚也!"

⑤獨:猶"亦"。王叔岷《校詮》:"獨猶亦也。(此義前人未發,《古書虛字新義》[四八獨]條有説。)"　槩:同"慨",感也。陸德明《釋文》:"司馬云:'感也。'"王先謙《集解》:"古概、慨通作。"

⑥其:意指莊子妻。成玄英疏:"觀察初始本自無生,未生之前亦無

形質,無形質之前亦復無氣。”

⑦雜:駁雜不純。成玄英疏:“大道在恍惚之内,造化芒昧之中,和雜清濁,變成陰陽二氣。”

⑧是:猶。成玄英疏:“亦猶春秋冬夏,四時代序。”王叔岷《校詮》:“是與猶同義,《莊子》及其他古籍中例證屢見。(《古書虚字新義》[八一是]條有説。)”

⑨且:已也。王叔岷《校詮》:“且猶已也。” 偃然:安然之狀。成玄英疏:“偃然,安息貌也。” 巨室:意謂天地之間。陸德明《釋文》:“巨,大也。司馬云:‘以天地爲室也。’”

⑩噭(jiào):哭聲。陸德明《釋文》:“噭,古弔反。”王叔岷《校詮》:“《公羊》昭二十五年《傳》:‘昭公於是噭然而哭。’何注:‘噭然,哭聲貌。’”

⑪命:意謂天命。成玄英疏:“自覺不通天命,故止哭而鼓盆也。”

支離叔與滑介叔觀於冥伯之丘①,崑崙之虚②,黄帝之所休③。俄而柳生其左肘④,其意蹶蹶然惡之⑤。支離叔曰:“子惡之乎?”滑介叔曰:“亡⑥,予何惡!生者,假借也⑦;假之而生生者⑧,塵垢也。死生爲晝夜。且吾與子觀化而化及我⑨,我又何惡焉!”

【校注】

①支離叔、滑(gǔ)介叔:皆寓言人名,亦涵寓意。陸德明《釋文》:“李云:‘支離忘形,滑介忘智,言二子乃識化也。’”成玄英疏:“支離,謂支體離析,以明忘形也。滑介,猶骨稽也,謂骨稽挺特,以遺忘智也。欲顯叔世澆訛,故號爲叔也。” 冥伯:寓言地名,亦涵寓意。陸德明《釋文》:“李云:‘丘名,喻杳冥也。’”成玄英疏:“冥,闇也。伯,長也。”

②虚:同“墟”。陸德明《釋文》:“虚音墟。”

③休:息也。陸德明《釋文》:"休,息也。"所休,即休息之所。

④柳:同"瘤"。王先謙《集解》:"瘤作柳聲,轉借字。"郭慶藩《集釋》引郭嵩燾曰:"柳瘤字,一聲之轉。"

⑤躩躩:驚動之狀。成玄英疏:"躩躩,驚動貌。"　惡(wù):厭惡。下同。陸德明《釋文》:"惡,烏路反。後皆同。"

⑥亡:同"無"。成玄英疏:"亡,無也。"王叔岷《校詮》引王引之云:"亡與無同,言否也。"

⑦假借:意謂寄託、依託。王叔岷《校詮》:"《大宗師篇》:'假於異物,託於同體。'《淮南子·繆稱篇》:'生,所假也。'(又見《文子·符言篇》。)假借者,非本也。"

⑧生生:生出肉體。成玄英疏:"是知生者塵垢穢累,非真物者也。"王叔岷《校詮》:"《田子方篇》:'四支百體將爲塵垢。'塵垢,非真也。"

⑨化:變化,造化。成玄英疏:"我與子同游,觀於變化,化而及我。"

　　莊子之楚①,見空髑髏②,髐然有形③,撽以馬捶④,因而問之⑤,曰:"夫子貪生失理,而爲此乎? 將子有亡國之事⑥,斧鉞之誅,而爲此乎? 將子有不善之行,愧遺父母妻子之醜⑦,而爲此乎? 將子有凍餒之患⑧,而爲此乎? 將子之春秋故及此乎⑨?"於是語卒⑩,援髑髏⑪,枕而臥。夜半,髑髏見夢曰⑫:"子之談者似辯士,諸子所言,皆生人之累也⑬,死則无此矣。子欲聞死之説乎⑭?"莊子曰:"然。"髑髏曰:"死,无君於上,无臣於下;亦无四時之事,從然以天地爲春秋⑮,雖南面王樂,不能過也。"莊子不信,曰:"吾使司命復生子形⑯,爲子骨肉肌膚,反子父母妻子閭里知識⑰,子欲之乎?"髑髏深矉蹙頞曰⑱:"吾安能棄南面王樂而復爲人間之勞乎⑲!"

【校注】

①之:行至。成玄英疏:"之,適也。"

②髑髏(dúlóu):骷髏。陸德明《釋文》:"髑音獨,髏音樓。……司馬、李云:'白骨貌,有枯形也。'"王叔岷《校詮》引王引之曰:"《説文》:'髑髏,頂也。'"

③髐(xiāo):空枯之狀。陸德明《釋文》:"苦堯反。"成玄英疏:"髐然,無潤澤也。"王先謙《集解》:"宣云:'髐音囂,空枯貌。'"

④撽(qiào):敲擊。陸德明《釋文》:"《説文》作擊,云:'旁擊也。'"成玄英疏:"撽,打擊也。"王叔岷《校詮》:"《藝文類聚》一七、《事文類聚後集》二〇、《古文苑》張衡《髑髏賦》注引撽作擊,《御覽》三七四引亦作擊,擊下更有之字。擎、擊正假字。" 馬箠:馬杖。陸德明《釋文》:"馬杖也。"成玄英疏:"馬箠,猶馬杖也。"

⑤之:指髑髏。

⑥將:猶"抑"。下同。王叔岷《校詮》:"將猶抑也,下同。《國語·魯語上》:'大刑用甲兵,其次用斧鉞。'《周語上》:'有斧鉞刀墨之民。'韋注:'斧鉞,大刑也。'……大刑,是要斬也。"

⑦醜:猶"恥"。王叔岷《校詮》:"醜猶恥也,《讓王篇》:'君子之无恥也若此乎?'《吕氏春秋·慎人篇》恥作醜。"

⑧餒:飢餓。成玄英疏:"餒,餓也。"

⑨春秋:年紀。成玄英疏:"春秋,猶年紀也。" 故:猶"當"。意謂老死。王叔岷《校詮》:"故猶當也。《老子》十九章:'此三者以爲文不足,故令有所屬。'故亦猶當也。"

⑩卒:終。成玄英疏:"卒,終也。"

⑪援:接引,使用。成玄英疏:"援,引也。"

⑫見(xiàn):現。陸德明《釋文》:"見,賢遍反。"

⑬生人:活人,與死人相對。 累:累患。成玄英疏:"子所言皆是生人之累患。"

⑭死之説:死人之説。成玄英疏:"子是生人,頗欲聞死人之説乎?"

⑮從然:放然。陸德明《釋文》:"李、徐子用反,縱逸也。"成玄英疏:

“與二儀同其年壽；雖南面稱孤，王侯之樂亦不能過也。”錢穆《纂箋》：“姚永樸曰：‘從、縱通用，從然猶放然。’”

⑯司命：舊說地獄中掌管人命之鬼。成玄英疏：“司命之鬼。”

⑰反：同“返”。　知識：朋友。王先謙《集解》：“知識，謂朋友。”

⑱矉(pín)：同“顰”，憂愁狀。陸德明《釋文》：“矉音頻。……李云：‘矉蹙者，愁貌。’”王先謙《集解》：“矉同顰，皆愁貌。”王叔岷《校詮》：“《御覽》三六七引矉作頻，與《釋文》音合。（頻、矉古通，《詩·大雅·桑柔》‘國步斯頻’，《說文》引頻作矉。）矉、頻並借爲顰，《說文》：‘顰，涉水顰蹙也。’”　頯：爲衍字。錢穆《纂箋》：“吳汝綸曰：‘據李注，頯字衍也。’”

⑲勞：辛勞，勞苦。

顏淵東之齊①，孔子有憂色。子貢下席而問曰②：“小子敢問，回東之齊，夫子有憂色，何邪？”孔子曰：“善哉女問③！昔者管子有言④，丘甚善之，曰：‘褚小者不可以懷大⑤，綆短者不可以汲深⑥。’夫若是者，以爲命有所成而形有所適也⑦，夫不可損益⑧。吾恐回與齊侯言堯舜黃帝之道⑨，而重以燧人神農之言⑩。彼將内求於己而不得⑪，不得則惑，人惑則死⑫。且女獨不聞邪？昔者海鳥止於魯郊⑬，魯侯御而觴之于廟⑭，奏《九韶》以爲樂⑮，具太牢以爲膳⑯。鳥乃眩視憂悲⑰，不敢食一臠⑱，不敢飲一杯，三日而死。此以己養養鳥也，非以鳥養養鳥也⑲。夫以鳥養養鳥者，宜栖之深林，遊之壇陸⑳，浮之江湖，食之鰌鰍㉑，隨行列而止㉒，委蛇而處㉓。彼唯人言之惡聞㉔，奚以夫譊譊爲乎㉕！《咸池》、《九韶》之樂㉖，張之洞庭之野㉗，鳥聞之而飛，獸聞之而走，魚聞之而下入，人卒聞之㉘，相與還而觀之㉙。魚處水而生，人處水而死，彼必相與異，其好惡故異也㉚。故先聖不一其能㉛，不同其事。名止於實，義設於適<sup>⑫</sup>,是之謂條達而福持<sup>⑬</sup>。"

【校注】

①之齊:行往齊國。成玄英疏:"顔回自西之東,從魯往於齊國。"此爲寓言。

②下席:避席,意恭敬。成玄英疏:"子貢避席。"

③女:同"汝"。本亦作"汝"。下同。

④管子:管仲,春秋時期著名政治家。

⑤褚:衣囊。郭慶藩《集釋》:"《玉篇》:'褚,裝衣也。'……《説文繫傳》:'褚,衣之囊也。'《集韻》:'囊也。'……《左》成三年《傳》'鄭買人有將寘於褚中以出',蓋褚可以囊物,亦可以囊人也。" 懷:包藏。成玄英疏:"懷,包藏也。"

⑥綆(gěng):井上汲水具繩索。陸德明《釋文》:"綆,格猛反,汲索也。"成玄英疏:"綆,汲索也。"

⑦適:適合,適當。王叔岷《校詮》:"命,如壽夭窮達,各有所成;形,如大小長短,各有所適。"

⑧夫:猶"此"。王叔岷《校詮》:"夫猶此也。" 損、益:減少、增多。

⑨齊侯:齊景公。王叔岷《校詮》:"齊侯,蓋謂景公。"

⑩重:强調。陸德明《釋文》:"重,直用反。"成玄英疏:"黄帝堯舜,五帝也;燧人神農,三皇也。恐顔回將三皇五帝之道以説齊侯。"

⑪彼:指齊侯。

⑫内求:反求諸身。成玄英疏:"齊侯聞此大言,未能領悟,求於己身,不能得解。脱不得解,則心生疑惑,於是忿其勝己,必殺顔回。"王叔岷《校詮》:"下文設譬,海鳥不得其養,三日而死,則此'人惑則死',當指齊侯,非謂齊侯必殺顔回也。"

⑬海鳥:傳説中之爰居,似鳳凰。陸德明《釋文》:"司馬云:'《國語》曰爰居也,止魯東門之外三日,臧文仲使國人祭之;不云魯侯也。'爰居,一名雜縣,舉頭高八尺。樊光注《爾雅》云:'形似鳳凰。'"

⑭魯侯:魯文公。王叔岷《校詮》:"魯侯,《達生篇》作魯君,蓋謂文公。"　御:迎也。陸德明《釋文》:"御音訝。"　觴:宴飲。陸德明《釋文》:"司馬云:'飲之於廟中也。'"成玄英疏:"迎於太廟之中而觴宴之也。"

⑮九韶:傳爲舜時樂。陸德明《釋文》:"《九韶》,舜樂名。"

⑯具:備,設。成玄英疏:"設太牢。"　太牢:古代祭祀最高規格,以牛羊豬作犧牲。成玄英疏:"太牢,牛羊豕也。"

⑰眩:目光摇盪。王叔岷《校詮》:"朱駿聲曰:'眩,叚借爲眴。'案眴乃旬之重文,《説文》:'旬,目摇也。眴,旬或從旬。'"

⑱臠(luǎn):肉。陸德明《釋文》:"臠,里轉反。"王叔岷《校詮》:"《説文》:'臠,切肉臠也。'"

⑲己養、鳥養:意謂自己養生之法與養鳥之法。成玄英疏:"韶樂牢觴,是養人之具,非養鳥之物也。"

⑳壇陸:湖渚。陸德明《釋文》:"水沙澶也。"成玄英疏:"壇陸,湖渚也。"

㉑食(sì):動詞,餵養。陸德明《釋文》:"食音嗣。"　鰌:同"鰍"。成玄英疏:"鰌,泥鰌也。"王叔岷《校詮》:"鰌,俗作鰍。"　鰷(tiáo):小白魚。陸德明《釋文》:"鰷音條。"成玄英疏:"鰷,白魚子也。"王叔岷《校詮》:"鰷即《秋水篇》之鯈,小白魚也。"

㉒行列:鳥群飛隊列。成玄英疏:"逐群飛,自閒放。"

㉓委蛇:即"逶迤"。成玄英疏:"逶迤,寬舒自得也。"王叔岷《校詮》:"成[玄英]所見本'委蛇'作'逶迤',字異而義同。"

㉔彼:指海鳥。成玄英疏:"《咸池》、《九韶》,惟人愛好,魚鳥諸物惡聞其聲。"

㉕奚:何也。成玄英疏:"奚,何也。"　以夫:猶"用彼"。王叔岷《校詮》:"'以夫'猶'用彼'。"　譊(náo):聒噪,喧鬧。陸德明《釋文》:"譊,乃交反。"成玄英疏:"譊,喧聒也。"

㉖咸池：傳爲堯時樂。成玄英疏：“《咸池》，堯樂也。”

㉗張：猶“奏”。王叔岷《校詮》：“張猶奏也。”　洞庭之野：喻廣大區域。成玄英疏：“洞庭之野，謂天地之間也。”

㉘卒：衆也。陸德明《釋文》：“卒，司馬音子忽反，云：‘衆也。’”王叔岷《校詮》：“‘人卒’一詞，本書習見，猶‘人衆’也。（《天地篇》有說。）”

㉙還：繞也。成玄英疏：“還，繞也。”

㉚好惡：喜好厭惡。陸德明《釋文》：“好，呼報反。”

㉛一：同一，劃一。與下文“同”互文。郭象注：“各隨其情。”

㉜義：宜也。成玄英疏：“因實立名，而名以召實，故名止於實，不用實外求名。而義者宜也，隨宜施設，適性而已，不用捨己效人。”錢穆《纂箋》：“劉咸炘曰：‘一名止該一實，不可概施於異實。凡義皆立於所適，不可概施於異事。’”

㉝條達、輻持：意通達。“輻持”即“輻湊”。錢穆《纂箋》：“福當借作輻。《老子》曰：‘三十輻共一轂。’‘福持’猶言‘輻湊’。由外言之曰‘條達’，由中言之曰‘輻持’。”王叔岷《校詮》：“錢說極是。《史記·晉世家》‘成侯子福’，《索隱》：‘《系本》作輻字。’即福、輻通用之證。《戰國策·魏策一》：‘諸侯四通，條達輻湊。’‘福持’正作‘輻湊’。‘條達’謂通暢無礙，（僞《子華子·大道篇》：通乎此，則條達而無礙者矣。）承‘義設於適’言；‘輻持’謂聚合無差，承‘名止於實’言。”

　　列子行食於道從①，見百歲髑髏，攓蓬而指之曰②：“唯予與女知③，而未嘗死④，未嘗生也。若果養乎⑤？予果歡乎？”種有幾⑥？得水則爲䉈⑦，得水土之際則爲鼃蠙之衣⑧，生於陵屯則爲陵舄⑨，陵舄得鬱棲則爲烏足⑩，烏足之根爲蠐螬⑪，其葉爲胡蝶⑫。胡蝶胥也化而爲蟲⑬，生於竈下⑭，其狀若脱⑮,其名爲鴝掇⑯。鴝掇千日爲鳥,其名爲乾餘骨⑰。乾餘骨之沫爲斯彌⑱,斯彌爲食醯⑲。頤輅生乎食醯⑳,黄軦生乎九猷㉑,瞀芮生乎腐蠸㉒。羊奚比乎不箰㉓,久竹生青寧㉔;青寧生程㉕,程生馬,馬生人,人又反入於機㉖。萬物皆出於機,皆入於機㉗。

【校注】

①列子:列禦寇,傳爲得道者。《逍遥遊篇》有"列子御風而行"之說。　　從:應爲"徒",旁也。陸德明《釋文》:"司馬云:'從,道旁也。'本或作徒。"郭慶藩《集釋》:"道從當爲道徒之誤。從徒形相似,故徒誤爲從。《列子・天瑞篇》正作'食於道徒'。"王叔岷《校詮》:"郭説是。徒借爲涂……涂,俗作塗。"

②攓(qiān):拔也。陸德明《釋文》:"攓,居輦反,徐紀偃反。司馬云:'拔也。'"成玄英疏:"攓,拔也。"　　蓬:蓬草。成玄英疏:"拔却蓬草。"

③女:同"汝"。本亦作"汝"。

④而:你。王先謙《集解》:"而,汝也。"

⑤若:你。陸德明《釋文》:"若果,一本作汝果。"　　養:借爲"恙",憂也。郭慶藩《集釋》引俞樾曰:"養,讀爲恙。《爾雅・釋詁》:'恙,憂也。'若果恙乎? 予果歡乎? 恙與歡對,猶憂與樂對也。恙與養,古字通。《詩・二子乘舟》篇'中心養養',《傳》訓養爲憂,即本《雅・詁》矣。"

⑥種:物種。郭象注:"變化種數,不可勝計。"王叔岷《校詮》:"此文種,謂物種也,即物類也。"　　幾:幾微。王叔岷《校詮》:"《易・系辭下》:'幾者動之微。'《説文》:'幾,微也。'幾者群有之始。'種有幾',謂物類皆由幾微而來也。"

⑦䕞:即"繼"。陸德明《釋文》:"此爲古絶字。徐音絶,今讀音繼。司馬本作繼,云:'萬物雖有兆朕,得水土氣乃相繼而生也。'"

⑧鼃蠙(wābīn)之衣:青苔。陸德明《釋文》:"司馬云:'言物根在水土際,布在水中,就水上視不見,按之可得,如張綿在水中,楚人謂之鼃蠙之衣。'"成玄英疏:"鼃蠙之衣,青苔也。"

⑨屯:土坡。陸德明《釋文》:"司馬音徒門反,云:'阜也。'"成玄英疏:"屯,阜也。" 陵舃(xī):車前草。陸德明《釋文》:"舃音昔。司馬云:'言物因水成而陸産,生於陵屯,化作車前,改名陵舃也。'"成玄英疏:"陵舃,車前草也。"

⑩鬱棲:糞壤。陸德明《釋文》:"李云:'鬱棲,糞壤也。言陵舃在糞化爲烏足也。'"成玄英疏:"鬱棲,糞壤也。陵舃既老,變爲糞土也。" 烏足:草名。陸德明《釋文》:"烏足,草名,生水邊也。"

⑪蠐螬(qícáo):蟲名,與蝤蠐有别。王叔岷《校詮》引《爾雅·釋蟲》郝氏《義疏》云:"今蠐螬青黄色,身短足長,背有毛筋,從夏入秋,蜕爲蟬。蝤蠐白色,身長足短,口黑無毛,至春,羽化爲天牛。"

⑫胡蝶:蝴蝶。

⑬胥也:少頃。郭慶藩《集釋》:"胥也化而爲蟲,言其速也。《列子·天瑞篇·釋文》曰:'胥,少也,謂少時也。'"王叔岷《校詮》引裴學海云:"'胥也'猶'少焉',《説苑·政理篇》:'少焉,子路見公。''少焉',謂俄頃之間也。"

⑭竈:同"灶"。陸德明《釋文》:"司馬云:'得熱氣而生也。'"

⑮脱:同"蜕"。成玄英疏:"狀如新脱皮毛,形容雅净也。"王先謙《集解》:"脱同蜕。"

⑯鴝(qú)掇:蟲名。陸德明《釋文》:"鴝,其俱反。"成玄英疏:"鴝掇,蟲名也。"

⑰乾(gàn)餘骨:鳥名。陸德明《釋文》:"乾音干。"

⑱沫:口水。陸德明《釋文》:"李云:'口中汁也。'" 斯彌:蟲名。陸德明《釋文》:"斯彌,李云:'蟲也。'"

⑲食醯(xī):小飛蟲,即蠛蠓。陸德明《釋文》:"食,司馬本作蝕。

醢,許兮反,李音海。司馬云:'蝕醢,若酒上蠛蠓也。'"成玄英
疏:"酢甕中蠛蠓,亦爲醢雞也。"郭慶藩《集釋》引郭嵩燾曰:"郭
注《爾雅》蠛蠓云:'小蟲似蚋,喜亂飛。'"

⑳頤輅(lù):蟲名。陸德明《釋文》:"司馬云:'頤輅、黄軦,皆
蟲名。'"

㉑黄軦(kuàng):蟲名。成玄英疏:"軦亦蟲名。"　　九猷:蟲名。陸
德明《釋文》:"李云:'九宜爲久。久,老也。猷,蟲名也。'"

㉒瞀(mào)芮:蟲名。成玄英疏:"瞀芮,蟲名。"　　腐蠸(quān):螢
火蟲。成玄英疏:"腐蠸,螢火蟲也,亦言是粉鼠蟲。"郭慶藩《集
釋》引郭嵩燾曰:"是頤輅、黄軦數者,皆食醢之類也。……此段言
小蟲自相化。"

㉓羊奚:草名。陸德明《釋文》:"司馬云:'羊奚,草名,根似蕪菁,與
久竹比合而爲物,皆生於非類也。'"　　不筍(sǔn):不生筍之竹。
郭慶藩《集釋》引盧文弨云:"《列子》篝作笱。"王叔岷《校詮》:
"《庶物異名疏》二一引司馬注作:'羊奚,根似蕪菁,其根比連於
久不生筍之竹,則産青寧。'"

㉔青寧:蟲名。陸德明《釋文》:"青寧,司馬云:'蟲名。'"成玄英疏:
"羊奚比合於久竹而生青寧之蟲也。"

㉕程:豹也。錢穆《纂箋》:"陳景元曰:'《尸子》云:越人呼豹曰程。
《搜神記》:秦孝公時有馬生人。'羅勉道曰:'《筆談》云:延州人至
今謂虎豹爲程。'"王叔岷《校詮》:"《庶物異名疏》二九:'程,豹
也。豹性廉,有所程度而食,故亦名程。'……《史記‧六國年
表》:'秦孝公二十一年,馬生人。'"

㉖機:同"幾",幾微也。成玄英疏:"機者發動,所謂造化也。"王叔
岷《校詮》:"機與幾通,(下文'萬物皆出於機',《北山録》八《論
業理第十三》引機作幾。)'人又反入於幾',與上文'種有幾'相
應,蓋物類皆由幾微而來,一氣之變,所適萬形。"

㉗出、入:生、死。成玄英疏:"出入機變,謂之死生。"章案:此段文字表明中國古人的一種生物進化論或自然史觀,與現代自然科學不可同日而語。

# 達生第十九

【題解】

　　達生即無爲棄世，全形復精，與天爲一。守純氣則潛行不窒。承蜩之痀僂者、爲鐻之梓慶、養雞之紀渻子等寓言，言神氣專一之道。而單豹、張毅養生之説，有助於思索《莊子》文本之原旨。

　　達生之情者[1]，不務生之所无以爲[2]；達命之情者，不務知之所无奈何[3]。養形必先之物[4]，物有餘而形不養者有之矣；有生必先无離形，形不離而生亡者有之矣[5]。生之來不能却[6]，其去不能止。悲夫！世之人以爲養形足以存生；而養形果不足以存生[7]，則世奚足爲哉[8]！雖不足爲而不可不爲者，其爲不免矣[9]。夫欲免爲形者，莫如棄世[10]。棄世則无累[11]，无累則正平[12]，正平則與彼更生[13]，更生則幾矣[14]。事奚足棄而生奚足遺[15]？棄事則形不勞，遺生則精不虧[16]。夫形全精復，與天爲一[17]。天地者，萬物之父母也，合則成體，散則成始[18]。形精不虧，是謂能移[19]；精而又精，反以相天[20]。

【校注】

　　①達：通達。陸德明《釋文》：“達，暢也，通也。”　　情：實也。王先謙《集解》：“情，實也。”

　　②務：經營，操持。郭象注：“生之所無以爲者，分外物也。”王先謙

《集解》："宣云:'爲無益之養者,生之所無以爲也。'"

③知:同"智"。成玄英疏:"一生命之所鍾者,皆智慮之所無奈之何
也。"王先謙《集解》:"宣云:'數之不可强者,知之所无奈何也。'"

④先:爲先。下同。成玄英疏:"頤養身形,先須用物。"　物:意謂
生存所需之物。成玄英疏:"物者,謂資貨衣食,旦夕所須。"錢穆
《纂箋》:"葉夢得曰:'聲色臭味是也。'"

⑤亡:失,逝。成玄英疏:"愛形大甚,亡失全性之道也。"王先謙《集
解》:"宣云:'究竟物不足以養形。'"

⑥却:辭却。郭象注:"非我所制,則無爲有懷於其間。"

⑦果:實也。王叔岷《校詮》:"果猶實也,《天道篇》:'悲夫! 世人以
形色名聲爲足以得彼之情,夫形色名聲果不足以得彼之情。'與此
同例,彼文有説。"

⑧奚:何。下同。成玄英疏:"何足爲也!"王叔岷《校詮》:"謂養形
不足爲也。"

⑨免:免除。王叔岷《校詮》:"謂不免於爲形也。下文'夫欲免爲形
者',緊承此而言。"

⑩棄世:抛却世事。成玄英疏:"棄却世間分外之事。"王叔岷《校
詮》:"夫與'莫若'相應,夫猶如也。'棄世'謂棄世事,下文作'棄
事'。"

⑪累:憂累。成玄英疏:"棄世則無憂累。"

⑫正平:意指心靈平静安寧。王叔岷《校詮》:"《管子·心術篇》:
'夫民之生也,必以正平;所以失之者,必以喜怒哀樂。'"

⑬彼:意指造化。王叔岷《校詮》:"宣穎云:'彼,造化。'"　更生:
日新也。郭象注:"更生者,日新之謂也。"王先謙《集解》:"宣云:
'與彼造化同其循環推移。'"

⑭幾:近。成玄英疏:"幾,近也。"王先謙《集解》:"宣云:'近道。'"

⑮遺:遺棄。郭象注:"所以遺棄之。"

⑯精:精神。成玄英疏:"遺生涯則神凝而不損也。"

⑰天:自然。成玄英疏:"精固不虧,所以復本還原;形神全固,故與
玄天之德爲一。"王先謙《集解》:"宣云:'合造化之自然。'"王叔
岷《校詮》:"天即自然。"

⑱體:物體。成玄英疏:"陰陽混合,則成體質。"　始:本始。成玄
英疏:"氣息離散,則反於未生之始。"

⑲移:意謂自然變遷。郭象注:"與化俱也。"王先謙《集解》:"宣云:
'移造化之權。'"王叔岷《校詮》:"能移,謂能應化也。"

⑳反:同"返"。　相:助也。郭象注:"還輔其自然也。"成玄英疏:
"相,助也。夫遺之又遺,乃曰精之又精,是以反本還元,輔於自然
之道也。"王先謙《集解》:"宣云:'養精之至,化育賴其參贊。'"

　　子列子問關尹曰①:"至人潛行不窒②,蹈火不熱,行乎萬
物之上而不慄③。請問何以至於此?"關尹曰:"是純氣之守
也④,非知巧果敢之列⑤。居⑥,予語汝⑦!凡有貌象聲色者,
皆物也,物何以相遠⑧?夫奚足以至乎先⑨?是色而已⑩。則
物之造乎不形而止乎无所化⑪,夫得是而窮之者⑫,物焉得而
止焉⑬!彼將處乎不淫之度⑭,而藏乎无端之紀⑮,遊乎萬物
之所終始⑯,壹其性⑰,養其氣,合其德⑱,以通乎物之所造⑲。
夫若是者,其天守全⑳,其神无郤㉑,物奚自入焉!

【校注】

①子列子:對列子尊稱。列子:列禦寇。成玄英疏:"古人稱師曰子,
亦是有德之嘉名。"　關尹:人名。陸德明《釋文》:"李云:'關令
尹喜也。'"成玄英疏:"姓尹,名喜,字公度,爲函谷關令,故曰關
令尹真人;是老子弟子。"王叔岷《校詮》:"據《天下篇》,關尹與老
聃道術同派,動靜無心,應物無方。"

②潛行:潛水而行。錢穆《纂箋》:"潛行謂水行。"　窒:窒息。成

玄英疏:"窒,塞也。"

③慄:戰慄。成玄英疏:"心不恐懼。"章案:《大宗師篇》:"若然者,
登高不慄,入水不濡,入火不熱。"與此類似。此類描述與今日某
些氣功師之説幾近。

④守:守護。成玄英疏:"乃是保守純和之氣。" 之:猶"所"。王
叔岷《校詮》:"之猶所也。《大宗師篇》:'不識今之言者,其覺者
乎? 其夢者乎?'之亦與所同義,彼文有説。"

⑤知:同"智"。陸德明《釋文》:"知音智。"成玄英疏:"非關運役心
智,分別巧詐,勇決果敢而得之。" 列:同"例"。陸德明《釋
文》:"列音例。本或作例。"王叔岷《校詮》:"列、例古今字,《説
文》:'例,比也。'"

⑥居:處也,意謂坐聽。成玄英疏:"命禦寇復坐,我告女至言也。"

⑦語(yù):動詞,告訴。陸德明《釋文》:"語,魚據反。" 女:同
"汝"。下同。陸德明《釋文》:"女音汝。後同。"

⑧遠:意指獨立不同。郭象注:"唯無心者獨遠耳。"

⑨至乎先:先至。"先"亦含顯現之意。成玄英疏:"夫形貌聲色,可
見聞者,皆爲物也。(二)[而]彼俱物,何足以遠,亦何足以先至
乎? 俱是聲色故也。"王夫之《莊子解》:"所自主者曰先。"

⑩色:應爲"形色"。王先謙《集解》:"姚云:'江南本色上有形字。'"
王叔岷《校詮》引奚侗曰:"《闕誤》:'江南古藏本作:是形色而
已。''形色',承上'貌象聲色'而言,郭注:'同是形色之物耳,未
足以相先也。'是郭本有形字,今挩。"

⑪化:造化,變化。王先謙《集解》:"《列子》張湛注:'有既無始,則
所造者無形矣;形既無終,則所止者無化矣。'"錢穆《纂箋》:"陸
長庚曰:'不形',即所謂無聲無臭。'無所化',即所謂未始
有物。"

⑫是:意指自然造化。成玄英疏:"夫得造化之深根,自然之妙本。"

窮:窮盡,窮究。成玄英疏:"窮理盡性。"王先謙《集解》:"宣云:
'言究心於此。'"

⑬止:同"制"。郭象注:"非物所制。"成玄英疏:"何得止而控馭
焉。"王叔岷《校詮》:"止、制聲近義通,《説文》:'制,一曰:
止也。'"

⑭彼:意指至人。成玄英疏:"彼之得道聖人。"王叔岷《校詮》:"彼,
謂至人。" 淫:過分。郭象注:"止於所受之分。"王叔岷《校
詮》:"'處乎不淫之度',即順中以爲常(緣督以爲經)之意也。"

⑮紀:綱紀。成玄英疏:"用此混沌而爲綱紀。"王叔岷《校詮》:"'藏
乎无端之紀',即不露形跡之意也。"

⑯終始:意謂端極也。郭象注:"終始者,物之極。"

⑰壹:同"一"。成玄英疏:"率性而動,故不二也。"

⑱合:意謂"含"。王叔岷《校詮》:"《列子》合作含,義同。《釋名·
釋言語》:'含,合也。'"

⑲造:造化自然。成玄英疏:"物之所造,自然也。"王叔岷《校詮》:
"'物之所造',謂道也。"

⑳天:自然。成玄英疏:"保守自然之道,全而不虧。"王叔岷《校
詮》:"謂自然之保守無虧。"

㉑郤:同"隙"。成玄英疏:"曾無閒郤,故世俗事物,何從而入於靈
府哉!"王先謙《集解》:"郤同隙。"王叔岷《校詮》:"謂其神全。"

　　夫醉者之墜車,雖疾不死①。骨節與人同而犯害與人
異②,其神全也。乘亦不知也,墜亦不知也,死生驚懼不入乎
其胷中,是故遻物而不慴③。彼得全於酒而猶若是,而況得全
於天乎④?聖人藏於天⑤,故莫之能傷也。復讎者不折鏌
干⑥,雖有忮心者不怨飄瓦⑦,是以天下平均⑧。故无攻戰之
亂、无殺戮之刑者,由此道也。不開人之天⑨,而開天之天,開

天者德生，開人者賊生⑩。不厭其天，不忽於人⑪，民幾乎以其真⑫！"

## 【校注】

①疾：疾病，受傷。王叔岷《校詮》："《白帖》五引此文作'醉人墮車，雖病不死'。"

②犯害：猶"遭害"。王叔岷《校詮》："《御覽》引'骨節'作'形體'。'犯害'猶'遭害'，《淮南子·主術篇》'犯患難之危'，高注：'犯猶遭也。'"

③迕（wù）：忤逆。陸德明《釋文》："音悟，郭音愕。《爾雅》云：'迕，忤也。'"王叔岷《校詮》："《御覽》引迕作悟，與《釋文》音合。悟借爲啎，《説文》：'啎，逆也。'……字亦作忤。" 慴（shè）：懼怕。陸德明《釋文》："懼也。"王叔岷《校詮》："《記纂淵海》四九引慴作慑，義略同。"

④得全於天：意謂自然無心。成玄英疏："冥於自然之道。"王叔岷《校詮》："《列子注》引向秀曰：'得全於天者，自然無心，委順至理也。'"

⑤藏：意謂退守葆光。郭象注："不關性分之外，故曰藏。"王叔岷《校詮》："藏於天物莫能傷，上文所謂'其天守全'也。"

⑥鏌干：古劍名，即鏌耶干將。陸德明《釋文》："李云：'鏌耶干將，皆古之利劍名。'《吳越春秋》云：'吳王闔閭使干將造劍，劍有二狀，一曰干將，二曰鏌耶。鏌耶，干將妻名也。'"成玄英疏："雖用劍殺害，因以結讎，而報讎之人，終不瞋怒此劍而折之也，其爲無心，故物莫之害也。"

⑦忮（zhì）：害，恨。陸德明《釋文》："郭、李音支，害也。《字書》云：'很也。'" 飄：落。郭象注："飄落之瓦，雖復中人，人莫之怨者，由其無情。"陸德明《釋文》："郭、李云：'落也。'"

⑧平均：意謂公平、太平。郭象注："凡不平者，由有情。"王叔岷《校

詮》:"平均,複語。《詩·小雅·節南山》:'秉國之均。'《傳》:'均,平也。'人無怨惡,故天下平均也。"

⑨開:開發,開動。郭象注:"不慮而知,開天也;知而後感,開人也。然則開天者,性之動也;開人者,知之用也。"王叔岷《校詮》:"《孟子·離婁篇》:'誠者,天之道也;思誠者,人之道也。'(又見《禮·中庸》、《家語·哀公問篇》。)誠者率性,與開天義近;思誠者用智,與開人義近。"

⑩德、賊:動詞。　生:生民,民衆。成玄英疏:"率性而動,動而常寂,故德生也。運智御世,爲害極深,故賊生也。《老經》云:'以智治國國之賊,不以智治國國之德也。'"

⑪忽:忽略,忽視。成玄英疏:"常用自然之性,不厭天者也;任智自照於物,斯不忽人者也。"王叔岷《校詮》:"厭則過,忽則不及。其、於互文,其猶於也。《大宗師篇》:'知天之所爲,知人之所爲者,至矣。'"

⑫幾:近也。成玄英疏:"幾,近也。"王叔岷《校詮》:"民猶人也,以猶有也。天人相應,人庶幾乎有其真也。《秋水篇》'無以人滅天',下云:'謹守而勿失,是謂反其真。'"

仲尼適楚①,出於林中②,見痀僂者承蜩③,猶掇之也④。仲尼曰:"子巧乎!有道邪?"曰:"我有道也。五六月累丸二而不墜⑤,則失者錙銖⑥;累三而不墜,則失者十一⑦;累五而不墜,猶掇之也⑧。吾處身也,若橛株拘⑨;吾執臂也,若槁木之枝⑩;雖天地之大,萬物之多,而唯蜩翼之知⑪。吾不反不側⑫,不以萬物易蜩之翼⑬,何爲而不得!"孔子顧謂弟子曰⑭:"用志不分⑮,乃凝於神⑯,其痀僂丈人之謂乎⑰!"

【校注】

①適:行往。　楚:楚國。

②出：出現，出没。成玄英疏：“行出林籟之中。”

③痀僂(jūlóu)：腰背彎曲，即駝背。成玄英疏：“痀僂，老人曲腰之
貌。”　承蜩：捉蟬。成玄英疏：“承蜩，取蟬也。”郭慶藩《集釋》：
“承讀爲拯，(《説文》作拚。)拯，謂引取之也。《艮》六二不拯其
隨，虞翻曰：拯，取也。”王叔岷《校詮》：“《淮南子·説山篇》、《劉
子·專學篇》‘承蜩’並作‘黏蟬’。”

④掇：拾也。成玄英疏：“掇，拾也。孔子聘楚，行出林籟之中，遇老
公以竿承蟬，如俛拾地芥，一無遺也。”

⑤累丸：置丸於竿頭。郭象注：“累二丸於竿頭，是用手之停審也。
故其承蜩，所失者不過錙銖之間也。”陸德明《釋文》：“司馬云：
‘謂累之於竿頭也。’”王叔岷《校詮》：“《説文》：‘絫，增也。’”
墜：意指丸墜落。章案：此爲捉蟬而訓練用手。下文“累三”、“累
五”皆言此。

⑥錙銖(zīzhū)：極小重量單位。成玄英疏：“錙銖，稱兩之微數也。
初學承蜩，時經半歲，運手停審，故所失不多。”

⑦十一：十分之一。成玄英疏：“時節(猶)〔尤〕久，累丸(微)〔增〕
多，所承之蜩十失其一也。”

⑧成玄英疏：“累五丸於竿頭，一無墜落，停審之意，遂到於斯，是以
承蜩蟬猶如俛拾。”

⑨處：置也。　厥株拘：斷樹根。郭慶藩《集釋》引郭嵩燾曰：“《説
文》：‘株，木根也。’徐鉉曰：‘在土曰根，在土上曰株。’株拘者，近
根盤錯處；厥者，斷木爲杙也。身若斷木。”王先謙《集解》：“厥，
斷木爲杙也。株，木根也。言身若橛株之拘。”

⑩執：用也。成玄英疏：“執，用也。”郭慶藩《集釋》引郭嵩燾曰：“身
若斷株，臂若槁木之枝，皆堅實不動之意。”王叔岷《校詮》：“‘處
身’與‘執臂’對言。”章案：言其身材痀僂之形，亦寓堅實之意。

⑪唯……之知：猶“唯知……”。成玄英疏：“二儀極大，萬物甚多，

而運智用心,唯在蜩翼,蜩翼之外,無他緣慮也。"

⑫不反不側:意謂不變易。成玄英疏:"反側,猶變動也。"

⑬易:交換,意謂更換關於蜩翼之知識。成玄英疏:"萬物雖衆,不奪蜩翼之知。"

⑭顧:環顧。

⑮志:心志。

⑯凝於神:意即"凝神"。成玄英疏:"妙凝神鬼。"又郭慶藩《集釋》引俞樾曰:"凝當作疑。下文梓慶削木爲鐻,鐻成,見者驚猶鬼神,即此所謂乃凝於神也。《列子·黄帝篇》正作疑,張湛注曰:'意專則與神相似者也。'"可備一説。

⑰其……之謂:猶"正謂……"。成玄英疏:"云痀僂丈人之謂也。"

　　顔淵問仲尼曰:"吾嘗濟乎觴深之淵①,津人操舟若神②。吾問焉,曰:'操舟可學邪?'曰:'可。善游者數能③。若乃夫没人④,則未嘗見舟而便操之也⑤。'吾問焉而不吾告⑥,敢問何謂也?"仲尼曰:"善游者數能,忘水也。若乃夫没人之未嘗見舟而便操之也,彼視淵若陵,視舟之覆猶其車却也⑦。覆却萬方陳乎前而不得入其舍⑧,惡往而不暇⑨!以瓦注者巧⑩,以鈎注者憚⑪,以黄金注者殙⑫。其巧一也,而有所矜,則重外也⑬。凡外重者内拙⑭。"

【校注】

①濟:渡河。成玄英疏:"濟渡斯淵。"　　觴深:水名。成玄英疏:"觴深,淵名也。其狀似梧,因以爲名,在宋國也。"

②津人:擺渡船工。成玄英疏:"津人,謂津濟之人也。"王叔岷《校詮》:"《墨子·節用中篇》'津人不師',孫詒讓《閒詁》云:'《説文·水部》云:津,水渡也。津人,蓋掌渡之吏士。'"

③游:游涉,游水。成玄英疏:"好游涉者,數習則能。"　　數:借爲

"速"。錢穆《纂箋》:"嚴復曰:'數,讀若數罟。數能,猶速成也。'"王叔岷《校詮》:"數讀爲速,《人間世篇》'以爲棺槨則速腐',《釋文》引向、崔本速作數,即數速通用之證。"

④若乃:如若。王叔岷《校詮》:"乃亦若也,故可倒作'乃若'。'若乃夫'猶'若夫'也。"　　沒:淹沒,潛水。郭象注:"沒人,謂能鶩沒於水底。"王先謙《集解》:"沒人,能沒水者。"王叔岷《校詮》:"沒人,能潛水者。"

⑤便:立即。王叔岷《校詮》引劉淇曰:"便,即也。"王先謙《集解》:"雖向未見舟,入舟便能操之。"

⑥吾告:告吾。意再問而津人不告。

⑦却:却退。郭象注:"故視舟之覆於淵,猶車之却退於坂也。"王叔岷《校詮》:"馬氏《故》引顧炎武曰:'却,古音去。'案《御覽》七八六引'車却'作'車之却退'。"

⑧方:端也。郭象注:"覆却雖多而猶不以經懷,以其性便故也。"成玄英疏:"隨舟進退,方便萬端,陳在目前,不關懷抱。"錢穆《纂箋》:"宣穎曰:'方猶端也。'"王叔岷《校詮》:"《史記·周本紀》:'幽王欲其笑萬方,故不笑。'《列女傳·周幽褒姒傳》'萬方'作'萬端'。(《外戚世家》'呂太后以重親故,欲其生子萬方','萬方'亦猶'萬端'。)即方、端同義之證。"　　舍:謂心。成玄英疏:"舍猶心中也。"錢穆《纂箋》:"宣穎曰:'心者,神之舍。'"

⑨惡(wū):何。陸德明《釋文》:"惡音烏。"　　暇:閒暇。郭象注:"所遇皆閒暇也。"成玄英疏:"率性操舟,任真游水,心無矜係,何往不閒!"

⑩注:擊,射。陸德明《釋文》:"李云:'擊也。'"成玄英疏:"注,射也。用瓦器賤物而戲賭射者,既心無矜惜,故巧而中也。"

⑪鉤:鉤帶。王先謙《集解》:"張注:'鉤,銀銅爲之。'"　　憚:懼怕。成玄英疏:"以鉤帶賭者,以其物稍貴,恐不中埓,故心生怖懼而不

著也。”

⑫殙:同“惛”。成玄英疏:“用黄金賭者,既是極貴之物,矜而惜之,故心智昏亂而不中也。”王叔岷《校詮》:“殙、惛、昏當作殙、惛、昬,昬之從氏,蓋唐人避太宗諱民所改。殙、惛、昬,義並通。”

⑬外:意指財富之類外在事物。成玄英疏:“重於外物。”

⑭内:意謂内心。成玄英疏:“只爲貴重黄金,故内心昏拙。”

田開之見周威公①。威公曰:“吾聞祝腎學生②,吾子與祝腎遊③,亦何聞焉?”田開之曰:“開之操拔篲以侍門庭④,亦何聞於夫子?”威公曰:“田子无讓,寡人願聞之⑤。”開之曰:“聞之夫子曰:‘善養生者,若牧羊然,視其後者而鞭之⑥。’”威公曰:“何謂也?”田開之曰:“魯有單豹者⑦,巖居而水飲⑧,不與民共利⑨,行年七十而猶有嬰兒之色;不幸遇餓虎,餓虎殺而食之。有張毅者⑩,高門縣薄⑪,无不走也⑫,行年四十而有内熱之病以死⑬。豹養其内而虎食其外,毅養其外而病攻其内⑭,此二子者,皆不鞭其後者也。”仲尼曰:“无入而藏⑮,无出而陽⑯,柴立其中央⑰。三者若得,其名必極⑱。夫畏塗者⑲,十殺一人,則父子兄弟相戒也⑳,必盛卒徒而後敢出焉㉑,不亦知乎! 人之所取畏者,衽席之上㉒,飲食之間;而不知爲之戒者,過也㉓。”

【校注】

①田開之:寓言人名。成玄英疏:“姓田,名開之,學道之人。”　周威公:周諸侯,名無實考。陸德明《釋文》:“崔本作周威公竈。”郭慶藩《集釋》引俞樾曰:“《史記·周本紀》:‘(孝)[考]王封其弟於河南,是爲桓公。桓公卒,子威公代立。’此周威公殆即其人乎?《索隱》:‘按《系本》,西周桓公名揭,威公之子;東周惠公之名班,而威公之名不傳。’崔本可補史闕。”

②祝腎：寓言人名。成玄英疏：“姓祝，名腎，懷道者也。” 學生：習養生之道。陸德明《釋文》：“司馬云：‘學養生之道也。’”

③吾子：你。 遊：遊學。成玄英疏：“開之既從遊學，未知何所聞乎？”

④拔篲：掃帚。成玄英疏：“拔篲，掃帚也。”王叔岷《校詮》：“拔讀爲拂。”

⑤讓：謙讓。成玄英疏：“讓猶謙也。” 寡人：諸侯自稱。

⑥後：落後。成玄英疏：“鞭其後者，令其折中。”

⑦單豹：魯國隱士。陸德明《釋文》：“單音善。李云：‘單豹，隱人之姓名也。’”

⑧巖居：居住於山巖之中。 水飲(yìn)：飲水。陸德明《釋文》：“元嘉本作飲水。”成玄英疏：“巖居飲水。”

⑨共：共分，共享。成玄英疏：“不爭名利。”

⑩張毅：人名。成玄英疏：“姓張名毅，亦魯人也。”

⑪高門：意指富貴大戶。成玄英疏：“高門，富貴之家也。” 縣薄：垂簾。縣同“懸”。陸德明《釋文》：“縣音玄。薄，司馬云：‘簾也。’”成玄英疏：“縣薄，垂簾也。”

⑫走：趨也。郭慶藩《集釋》引俞樾曰：“《呂覽·必己篇》曰‘張毅好恭，門閭、帷薄、聚居眾，無不趨’，高注曰：‘過之必趨。’《淮南·人間篇》曰：‘張毅好恭，過宮室廊廟必趨。’”錢穆《纂箋》引吳汝綸曰：“走，趨也。過之必趨，以爲恭也。”王叔岷《校詮》：“走猶趨也，吳說是，《説文》：‘走，趨也。’”

⑬內熱：身內熱病。成玄英疏：“言張毅是流俗之人，追奔世利，高門甲第，朱户垂簾，莫不馳騖參謁，趨走慶弔，形勞神弱，困而不休，於是內熱發背而死。”

⑭內、外：意指身內、身外。成玄英疏：“此二子各滯一邊，未爲折中，故並不鞭其後也。”

⑮入:意謂接納外物,與下文"出"對言。成玄英疏:"入既入也,而又藏之,偏滯於處,此單豹也。"

⑯出:意謂表露内心。　陽:意謂顯耀。成玄英疏:"陽,顯也。出既出矣,而又顯之,偏滯於出,此張毅也。"王先謙《集解》:"恐其過静過動。"

⑰柴立:意謂如槁木之立。郭象注:"若槁木之無心而中適,是立也。"成玄英疏:"柴,木也。不滯於出,不滯於處,出處雙遣,如槁木之無情,妙捨二邊,而獨立於一中之道。"

⑱極:極致。成玄英疏:"得此三者,名爲證至極之人也。"王先謙《集解》:"宣云:'可稱至人。'"

⑲塗:道路。陸德明《釋文》:"司馬云:'阻險道可畏懼者也。'"

⑳戒:戒備。成玄英疏:"十人同行,一人被殺,則親情相戒,不敢輕行。"

㉑盛:强盛。成玄英疏:"强盛卒伍,多結徒伴,斟量平安,然後敢去。"

㉒取:應爲"最"。本亦作"最"。王先謙《集解》:"蘇輿曰:'取即最字。'"錢穆《纂箋》:"馬其昶曰:'取,讀爲最。江南古藏本正作最。'"　衽(rèn)席:卧席。陸德明《釋文》:"李云:'卧衣也。鄭注《禮記》云:卧席也。'"王叔岷《校詮》:"衽,當取卧席義。'衽席',複語,段玉裁云:'衽席者,今人所謂褥也。'"

㉓過:過錯,罪過。郭象注:"至於色欲之害,動皆之死地而莫不冒之,斯過之甚也。"成玄英疏:"飲食之間,不能將飾。衽席之上,恣其淫蕩。動之死地,萬無一全。舉世皆然,深爲罪過。"章案:此段文字由養生論及禍福命運。單豹與張毅皆亡,意謂皆不善養生者。善養生者則可保其性命。但保其性命意義何在? 若性命終有消逝之時,則人生意義問題不可避免地浮現出:爲善或爲惡,爲人或爲己。若性命不死,善養生者則可以超越此問題,因爲不

死即是生命之意義。由此推論,《莊子》是否宣揚養生——不死之道? 若是,則與後來之道教幾近矣。

祝宗人玄端以臨牢筴①,説彘曰:"汝奚惡死②? 吾將三月犓汝③,十日戒,三日齊④,藉白茅⑤,加汝肩尻乎彫俎之上⑥,則汝爲之乎⑦?"爲彘謀,曰不如食以穅糟而錯之牢筴之中⑧。自爲謀,則苟生有軒冕之尊⑨,死得於腞楯之上、聚僂之中,則爲之⑩。爲彘謀則去之,自爲謀則取之,所異彘者何也⑪?

【校注】

①祝宗人:司祭之官。成玄英疏:"祝,祝史也,如今太宰六祝官也。" 玄端:端正衣冠。成玄英疏:"玄端,衣冠。"錢穆《纂箋》:"林希逸曰:'玄端,冠也。'"王叔岷《校詮》引王念孫云:"《周官·司服》:'其齊服有玄端、素端。'鄭注曰:'端者,取其正也。'" 牢筴:豬圈。陸德明《釋文》:"李云:'牢,豕室也。筴,木欄也。'"成玄英疏:"夫饗祭宗廟,必有祝史,具於玄端冠服,執版而祭鬼神。未祭之間,臨圈説彘。"

②彘(zhì):豬。陸德明《釋文》:"彘,直例反,本亦作豕。" 奚:何。 惡(wù):厭惡。成玄英疏:"汝何須好生而惡死乎?"

③犓(huàn):同"豢"。陸德明《釋文》:"犓音患。司馬云:'養也。'"成玄英疏:"犓,養也。"王叔岷《校詮》:"犓,俗豢字。"

④齊:同"齋"。下同。陸德明《釋文》:"齊,則皆反。後章同。"

⑤藉:猶"薦"。成玄英疏:"藉神坐以白茅。"王叔岷《校詮》:"《儀禮·士虞禮》:'藉用葦席。'鄭注:'藉猶薦也。'《易·大過》:'藉用白茅。'《釋文》引馬云:'在下曰藉。'" 白茅:草名。

⑥汝:指彘。 尻(kāo):臀部。 彫俎:雕花的器皿。陸德明《釋文》:"畫飾之俎也。"成玄英疏:"俎,盛肉器也,謂彫飾之

俎也。”

⑦爲:願爲。成玄英疏:“我將養汝以好食,齊戒以清潔,藉神坐以白茅,置汝身於俎上,如此相待,豈不欲爲之乎?”

⑧錯:置。陸德明《釋文》:“錯,置也。”成玄英疏:“措,置也。”王叔岷《校詮》:“措、錯正假字。”

⑨苟:假設,假如。

⑩腞楯(zhuànchūn):彫飾之靈車。陸德明《釋文》:“司馬云:‘腞猶篆也。’”成玄英疏:“腞,畫飾也;楯,筴車也,謂畫輀車也。”王叔岷《校詮》引洪頤煊曰:“腞,通作篆字,《周禮·巾車》:‘孤乘夏篆。’《説文》引作輇。一曰:下棺車曰輇。楯即輴字,《禮記·檀弓》‘天子龍輴而椁幬’,皆謂殯車。”　聚僂:棺槨。陸德明《釋文》:“司馬云:‘聚僂,器名也,今塚壙中注爲之。’一云:棺槨也。”成玄英疏:“聚僂,棺槨也。”

⑪異:不同。成玄英疏:“爲彘謀則去白茅彫俎,自爲謀則取於軒冕楯車,而異彘者何也?此蓋顛倒愚癡,非達生之性也。”

　　桓公田於澤①,管仲御②,見鬼焉③。公撫管仲之手曰:“仲父何見④?”對曰:“臣无所見。”公反⑤,誒詒爲病⑥,數日不出。齊士有皇子告敖者曰⑦:“公則自傷,鬼惡能傷公⑧!夫忿滀之氣⑨,散而不反,則爲不足⑩;上而不下,則使人善怒;下而不上,則使人善忘;不上不下,中身當心,則爲病。”桓公曰:“然則有鬼乎?”曰:“有。沈有履⑪,竈有髻⑫。户内之煩壤,雷霆處之⑬;東北方之下者,倍阿鮭蠪躍之⑭;西北方之下者,則泆陽處之⑮。水有罔象⑯,丘有峷⑰,山有夔⑱,野有彷徨⑲,澤有委蛇⑳。”公曰:“請問,委蛇之狀何如?”皇子曰:“委蛇,其大如轂㉑,其長如轅㉒,紫衣而朱冠。其爲物也,惡聞雷車之聲㉓,則捧其首而立㉔。見之者殆乎霸㉕。”桓公辴然而笑曰㉖:

"此寡人之所見者也。"於是正衣冠與之坐,不終日而不知病之去也⑳。

【校注】

①桓公:齊桓公。成玄英疏:"公,即桓公小白也。" 田:田獵。成玄英疏:"畋獵於野澤之下。"

②管仲:字夷吾,春秋時著名政治家。 御:御車。成玄英疏:"使管夷吾御車。"

③鬼:鬼怪。此爲寓言,史無實據。王叔岷《校詮》:"《太平廣記》引鬼作怪。"

④仲父:桓公對管仲尊稱。

⑤反:同"返"。下同。

⑥誒詒(xīyí):倦怠貌。陸德明《釋文》:"司馬云:'懈倦貌。'李云:'誒詒,失魂魄也。'"成玄英疏:"誒詒,是懈怠之容,亦是(數)[煩]悶之貌。"

⑦皇子告敖:齊國賢人。成玄英疏:"姓皇子,字告敖,齊之賢人也。"

⑧惡(wū):如何。陸德明《釋文》:"惡音烏。"

⑨忿滀(chù):憤懣鬱結。陸德明《釋文》:"李云:'忿,滿也。滀,結聚也。'"成玄英疏:"夫人忿怒則滀聚邪氣。"王叔岷《校詮》:"宣穎云:'忿滀,鬱結也。'案李訓忿爲滿,忿與憤通,滀與畜通。《盜跖篇》'佅溺於馮氣',《釋文》:'馮音憑,憑,滿也,言憤畜不通之氣也。'此文之'忿滀',猶彼《釋文》之'憤畜'。《知北遊篇》'萬物畜焉而不知',《釋文》:'畜,本亦作滀,同。'亦畜、滀通用之證。"

⑩不足:意謂衰疲。陸德明《釋文》:"精神有逆,則陰陽結於內,魂魄散於外,故曰不足。"成玄英疏:"心虛弊犯神,道不足也。"王叔岷《校詮》:"不足,謂衰憊。"章案:以下用"忿滀之氣"來解釋得病之源,應與上古疾病認識有關。今《黃帝內經》陰陽五行病理說,

爲戰國以後之説。

⑪沈：借爲"煁"，灶也。郭慶藩《集釋》引俞樾曰："沈當爲煁。煁從甚聲，沈從尤聲，兩音相近。《詩·蕩》篇'其命匪諶'，《説文·心部》引作'天命匪忱'；《常棣》篇'和樂且湛'，《禮記·中庸》引作'和樂且耽'，并其證也。煁之通作沈，猶諶之通作忱，湛之通作耽矣。《白華》篇'卬烘於煁'，《毛傳》：'煁，竈也。'是煁竈同類，故以煁有履、竈有髻並言之耳。鄭神諶字竈，諶即煁之叚字；《漢書·古今人表》作神湛，湛亦煁之叚字。李善注《文選》鄒陽《上吳王書》曰：湛，今沈字。又《答賓戲》曰：湛，古沈字。然則以沈爲煁，即以湛爲煁也。"　履：疑爲"漏"，灶精。陸德明《釋文》："司馬本作沈有漏……漏，神名。"王叔岷《校詮》："漏本作扁。扁、漏古今字。履疑扁之誤，扁，俗作䰢，《玉篇·鬼部》：'䰢，老精物也。'扁之作䰢，猶罔兩之作魍魎也。"

⑫髻：灶神。陸德明《釋文》："司馬云：'髻，竈神，著赤衣，狀如美女。'"

⑬煩壤：糞壤，今之垃圾。成玄英疏："門戶內糞壤之中，其間有鬼，名曰雷霆。"錢穆《纂箋》："煩壤，即糞壤也。"

⑭倍阿鮭蠪（wālóng）：鬼怪名。陸德明《釋文》："司馬云：'倍阿，神名也。鮭蠪，狀如小兒，長一尺四寸，黑衣赤幘大冠，帶劍持戟。'"成玄英疏："人宅中東北牆下有鬼，名倍阿鮭蠪，躍狀如小兒。"

⑮泆（yì）陽：鬼怪名。陸德明《釋文》："司馬云：'泆陽，豹頭馬尾，一作狗頭。'一云：神名也。"　處：居處。

⑯罔象：水神名。陸德明《釋文》："司馬本作無傷，云：'狀如小兒，赤黑色，赤爪，大耳，長臂。'一云：水神名。"

⑰峷（cuì）：應爲峷（shēn），鬼怪名。陸德明《釋文》："司馬云：'狀如狗，有角，文身五采。'"王叔岷《校詮》："字當作峷，或作莘，作

崒者形誤。"

⑱夔:神獸名。成玄英疏:"大如牛,狀如鼓,一足行也。"

⑲彷徨:怪獸名。陸德明《釋文》:"司馬云:'方皇,狀如蛇,兩頭,五采文。'"

⑳委蛇:大澤鬼神。王叔岷《校詮》:"《風俗通》云:'澤神委蛇。'"

㉑轂:車輪中心之圓木,有圓孔,軸穿其内。

㉒轅:馬車前駕馬之長木。

㉓惡:厭惡。錢穆《纂箋》:"吳汝綸曰:'惡字屬上讀,物猶狀也。'"

㉔捧其首:舉手。陸德明《釋文》:"一本作手。"王叔岷《校詮》:"《風俗通》作'拱手而立'。首作手,與《釋文》所稱一本合。首、手古通。"

㉕殆:近也。成玄英疏:"待,近也。若見委蛇,近爲霸主。"

㉖辴(chěn):大笑狀。陸德明《釋文》:"司馬云:'笑貌。'李云:'大笑貌。'"

㉗終日:一天。

紀渻子爲王養鬥雞①。十日而問:"雞已乎②?"曰:"未也,方虛憍而恃氣③。"十日又問,白④:"未也,猶應嚮景⑤。"十日又問,曰:"未也,猶疾視而盛氣⑥。"十日又問,曰:"幾矣⑦。雞雖有鳴者,已无變矣⑧,望之似木雞矣,其德全矣,異雞无敢應者,反走矣⑨。"

【校注】

①紀渻(shěng)子:人名。郭慶藩《集釋》引俞樾曰:"《列子·黄帝篇》亦載此事,云紀渻子爲周宣王養鬥雞。"

②已:成也。成玄英疏:"堪鬥乎?"錢穆《纂箋》引馬其昶曰:"《廣雅》:'已,成也。'"

③虛憍:高傲驕矜。陸德明《釋文》:"司馬云:'高仰頭也。'"成玄英

疏："始性驕矜,自恃義氣。"王叔岷《校詮》："憍乃驕之俗變。(《公羊》襄十九年《傳》:'爲其憍蹇。'《釋文》:'憍,本又作驕。'與此同例。)"

④白:應爲"曰"。覆宋本、《道藏》諸本皆作"曰"。

⑤應:應對。陸德明《釋文》:"應對之應。"　　嚮景:響聲物影。嚮同"響",景同"影"。陸德明《釋文》:"嚮本亦作響。景,於領反,又如字。李云:'應響鳴,顧景行。'"成玄英疏:"見聞他雞,猶相應和,若形聲影響也。"

⑥疾:速也。成玄英疏:"顧視速疾,義氣强盛,心神尚動,故未堪也。"錢穆《纂箋》:"張湛曰:'常求敵而必己之勝。'"

⑦幾:盡也。成玄英疏:"幾,盡也。都不驕矜,心神安定。"

⑧變:意謂爲外界所動。成玄英疏:"雞雖有鳴,已無變憜。"錢穆《纂箋》:"張湛曰:'彼命敵而己不應,忘勝負矣。'"

⑨異:其他。郭象注:"養之以至於全者,猶無敵於外,況自全乎!"成玄英疏:"他人之雞,見之反走。"

孔子觀於吕梁①,縣水三十仞②,流沫四十里,黿鼉魚鼈之所不能游也③。見一丈夫游之,以爲有苦而欲死也④,使弟子並流而拯之⑤。數百步而出,被髮行歌而游於塘下⑥。孔子從而問焉⑦,曰:"吾以子爲鬼,察子則人也。請問,蹈水有道乎⑧?"曰:"亡⑨,吾无道。吾始乎故⑩,長乎性⑪,成乎命⑫。與齊俱入⑬,與汩偕出⑭,從水之道而不爲私焉⑮。此吾所以蹈之也。"孔子曰:"何謂始乎故,長乎性,成乎命?"曰:"吾生於陵而安於陵,故也;長於水而安於水,性也;不知吾所以然而然⑯,命也。"

【校注】

①吕梁:地名,有巨石斷河水處。陸德明《釋文》:"司馬云:'河水有

石絕處也。'今西河離石西有此縣絕,世謂之黃梁。《淮南子》曰:'古者龍門未鑿,河出孟門之上也。'"王叔岷《校詮》:"四書所説,是兩呂梁。《莊》、《列》之文,合在彭城;《呂氏》、《淮南》呂梁,確在離石,古注乃互錯。"章案:此爲寓言。

②縣:同"懸"。陸德明《釋文》:"縣音玄。" 仞:八尺一仞。成玄英疏:"八尺曰仞。"

③黿鼉(yuántuó):水中生物。成玄英疏:"黿者,似鼈而形大;鼉者,類魚而有脚。"

④苦:困病。陸德明《釋文》:"苦,司馬云:'病也。'"成玄英疏:"遭溺而困苦。"

⑤並:同"傍",隨也。王先謙《集解》:"並、傍同。"王叔岷《校詮》:"《釋文》:'並音傍,《史記》、《漢書》傍海、傍河皆作並。'" 拯:救。陸德明《釋文》:"拯救之拯。"

⑥被:同"披"。陸德明《釋文》:"被,皮寄反。"成玄英疏:"散髮而行歌。" 塘:岸也。成玄英疏:"塘,岸也。……自得逍遥,遨遊岸下。"

⑦從:跟從。

⑧蹈水:游泳。下同。成玄英疏:"汝能履深水,頗有道術不乎?"

⑨亡:同"無"。王先謙《集解》:"亡音無。"成玄英疏:"我更無道術。"

⑩故:習俗,習慣。王叔岷《校詮》:"劉師培云:'故當訓習。'(詳《秋水篇》)案《戰國策·趙策二》'常人安於習俗',《史記·商君傳》習作故,即故、習同義之證。"

⑪性:習性。成玄英疏:"習以成性耳。"

⑫命:意謂自然之理。成玄英疏:"遂同自然天命也。"王叔岷《校詮》:"《鶡冠子·環流篇》:'命者,自然者也。'"

⑬齊:中也,意即漩渦。郭象注:"磨翁而旋入者,齊也。"郭慶藩《集

釋》:"齊,物之中央也。《呂刑》'天齊於民',馬注:'齊,中也。'"
錢穆《纂箋》引段玉裁曰:"司馬云:'回水如磨齊也。'皆臍字引申
叚借之義。"

⑭汩(gǔ):波湧。郭象注:"回伏而涌出者,汩也。"陸德明《釋文》:
"司馬云:'涌波也。'"

⑮私:己也。郭象注:"任水而不任己。"

⑯然:認可。王叔岷《校詮》:"此謂不知所以然而然爲命,然則命亦
自然也。"

梓慶削木爲鐻①,鐻成,見者驚猶鬼神②。魯侯見而問
焉③,曰:"子何術以爲焉④?"對曰:"臣工人⑤,何術之有!雖
然,有一焉。臣將爲鐻,未嘗敢以耗氣也⑥,必齊以静心⑦。齊
三日,而不敢懷慶賞爵禄⑧;齊五日,不敢懷非譽巧拙⑨;齊七
日,輒然忘吾有四枝形體也⑩。當是時也,无公朝⑪,其巧專而
外滑消⑫;然後入山林,觀天性⑬;形軀至矣⑭,然後成見鐻⑮,
然後加手焉⑯;不然則已⑰。則以天合天⑱,器之所以疑神者,
其是與⑲!"

【校注】

①梓慶:寓言人物。陸德明《釋文》:"李云:'魯大匠也。梓,官名;
慶,其名也。'"　削:雕刻。成玄英疏:"刻木爲之。"　鐻(jù):
樂器。陸德明《釋文》:"鐻音據。司馬云:'樂器也,似夾鐘。'"

②猶鬼神:意謂似鬼神製作。郭象注:"不似人所作也。"成玄英疏:
"彫削巧妙,不類人工,見者驚疑,謂鬼神所作也。"

③魯侯:魯襄公。王叔岷《校詮》:"魯侯,魯襄公。'問焉'猶'問
之',謂慶。"

④爲焉:爲之。王叔岷《校詮》:"'爲焉'猶'爲之',謂鐻。"

⑤工人:工匠之人。成玄英疏:"工巧材人。"

⑥耗：損耗。陸德明《釋文》：“司馬云：‘損也。’”

⑦齊：同“齋”。下同。

⑧懷：心懷，懷藏。王先謙《集解》：“宣云：‘忘利。’”

⑨非譽：非毀稱譽。成玄英疏：“非譽雙遣，巧拙兩忘。”王先謙《集解》：“宣云：‘忘名。’”

⑩輒然：不動之狀。陸德明《釋文》：“輒然，不動貌。” 枝：同“肢”。成玄英疏：“百體四肢，一時忘遣。”王叔岷《校詮》：“支、枝並肢之借字，其例習見。忘四肢形體，乃忘身，似非忘我。”

⑪公朝：朝廷。王叔岷《校詮》：“‘公朝’猶‘君朝’，公、君古通，《天道篇》：‘然則君之所讀者，古人之糟魄已夫！’謝靈運《山居賦》自注、《書鈔》一〇〇引君作公；《田子方篇》：‘君曰：可矣，是真畫者也！’《説文繫傳》一二引君作公，並其證。”

⑫滑（gǔ）：亂也。成玄英疏：“滑，亂也。專精內巧之心，消除外亂之事。”王先謙《集解》：“宣云：‘外而滑心之事盡消。’”

⑬天性：意指木材天然之性。成玄英疏：“入山林觀看天性好木。”錢穆《纂箋》：“宣穎曰：‘察木之生質。’”

⑭至：極也，意謂木材極為合適。成玄英疏：“形容軀貌至精妙。”王先謙《集解》：“木質極合。”

⑮見：同“現”。王先謙《集解》：“‘見’，俗作‘現’。”錢穆《纂箋》：“見，賢遍反。”

⑯手：手工。成玄英疏：“然後就手加工焉。”王先謙《集解》：“從而施工。”

⑰已：止也。成玄英疏：“若其不然，則止而不爲。”王先謙《集解》：“否則舍去。”

⑱天：自然。郭象注：“不離其自然也。”王先謙《集解》：“以吾之天，遇木之天也。”王叔岷《校詮》：“則猶是也。”

⑲疑：同“擬”。王叔岷《校詮》：“章太炎云：‘疑借爲擬，上説驚猶鬼

神是也。'……作疑是故書,疑、擬古通,前有説。"　　與:同"歟"。

東野稷以御見莊公[1],進退中繩[2],左右旋中規[3]。莊公以爲文弗過也[4],使之鉤百而反[5]。顏闔遇之[6],入見曰:"稷之馬將敗。"公密而不應[7]。少焉,果敗而反。公曰:"子何以知之[8]?"曰:"其馬力竭矣,而猶求焉[9],故曰敗。"

## 【校注】

①東野稷:傳説古之善御者。陸德明《釋文》:"李云:'東野,姓;稷,名也。'司馬云:'孫卿作東野畢。'"成玄英疏:"姓東野,名稷,古之善御人也,以御事魯莊公。"　　見:同"現",展示。陸德明《釋文》:"見,賢遍反。"

②中繩:切中準繩。成玄英疏:"進退抑揚,中繩之直。"

③中規:切中圓規。成玄英疏:"左右旋轉,合規之圓。"

④文:同"紋"。　　過:超過。成玄英疏:"莊公以爲組繡織文,不能過此之妙也。"王先謙《集解》:"即《詩》云'執轡如組'也。"

⑤鉤百:意謂如鉤之圓曲百度。成玄英疏:"任馬迴旋,如鉤之曲,百度反之,皆復其跡。"　　反:同"返",下同。王叔岷《校詮》:"而猶乃也,謂使之鉤旋百度乃反,正所謂力竭猶求也。"

⑥顏闔:魯國賢人。成玄英疏:"姓顏,名闔,魯之賢人也。"

⑦密:借爲"謐"。王先謙《集解》:"密,默也。"王叔岷《校詮》:"密借爲謐,《説文》:'謐,静語也。一曰:無聲也。'"

⑧子:顏闔。

⑨焉:猶"之"。成玄英疏:"馬力竭盡,而求其過分之能。"王叔岷《校詮》:"焉猶之也,謂馬。《吕氏春秋》作'猶求其馬'。"

工倕旋而蓋規矩[1],指與物化而不以心稽[2],故其靈臺一而不桎[3]。忘足,屨之適也;忘要[4],帶之適也;知忘是非,心之適也[5];不内變,不外從,事會之適也[6]。始乎適而未嘗不適者,忘適之適也⑦。

【校注】

①工倕:傳説堯時巧匠。成玄英疏:"倕是堯時工人,秉性極巧。"
旋:旋轉,意以指畫圓。陸德明《釋文》:"旋,圓也。"王叔岷《校詮》引奚侗曰:"《説文》:'旋,周旋,旌旗之指麾也。'" 蓋:叚借作"盍",合也。王叔岷《校詮》引奚侗曰:"蓋叚作盍,《爾雅·釋詁》:'盍,合也。'《易·豫》'朋盍簪',王弼注:'盍,合也。'工倕以指旋轉而能合乎規矩,所謂'指與物化,不以心稽'也。《禮·檀弓》:'子蓋言子之志於公乎?'鄭注:'蓋當爲盍。'"

②指:手指。成玄英疏:"手隨物化,因物施巧。" 稽:算計。王叔岷《校詮》:"由得心應手而達至去心智也。"

③靈臺:心靈。成玄英疏:"是與物化之,不以心稽留也。"錢穆《纂箋》:"郭象曰:'靈臺,心也。'"王先謙《集解》:"宣云:'靈臺,神舍也。'" 一:專一。 桎:桎梏。陸德明《釋文》:"桎,司馬云:閡也。"成玄英疏:"故其靈臺凝一而不桎梏也。"王先謙《集解》引宣穎曰:"神凝而無拘束之苦。"

④要:同"腰"。成玄英疏:"有履有帶,本爲足爲要;今既忘足忘要,履帶理當閒適。"

⑤郭象注:"是非生於不適耳。"

⑥會:際遇。郭象注:"所遇而安,故無所變從也。"王先謙《集解》:"內不變志,外不從物,隨所會而皆適。"

⑦王先謙《集解》:"本性適而無往不適者,是自適其適,不因物而後適,乃並其適而亦忘之也。"

　　有孫休者①,踵門而詫子扁慶子曰②:"休居鄉不見謂不脩③,臨難不見謂不勇;然而田原不遇歲④,事君不遇世⑤,賓於鄉里⑥,逐於州部⑦,則胡罪乎天哉⑧?休惡遇此命也⑨?"扁子曰："子獨不聞夫至人之自行邪⑩？忘其肝膽，遺其耳目，芒然彷徨乎塵垢之外⑪，逍遥乎无事之業⑫，是謂爲而不恃⑬，長而不宰⑭。今汝飾知以驚愚⑮，脩身以明汙⑯，昭昭乎若揭日月而行也⑰。汝得全而形軀⑱，具而九竅⑲，无中道夭於聾盲跛蹇⑳，而比於人數㉑，亦幸矣，又何暇乎天之怨哉㉒！子往矣㉓！"孫子出。

## 【校注】

①孫休：人名。成玄英疏："姓孫，名休，魯人也。"

②踵：脚跟，引申爲行走。陸德明《釋文》："踵，司馬云：'至也。'"

詫：告也。陸德明《釋文》："詫，司馬云：'告也。'李本作託，屬也。"成玄英疏："詫，告也，嘆也。"王叔岷《校詮》："詫與託疑是一字異體，猶妮之作姹、吒之作咤也。" 扁慶子：人名。陸德明《釋文》："李云：'扁，姓；慶子，字也。'"成玄英疏："姓扁，名子慶，魯之賢人，孫休之師也。"

③見：猶"被"，下同。"見謂"意謂爲人所譽或所毀。王叔岷《校詮》："王念孫云：'凡見譽於人曰見謂，若《荀子·王霸篇》曰：齊桓公閨門之内，縣樂奢泰游抏之循，於天下不見謂脩。《賈子·脩正篇》曰：故言之者見謂智，學之者見謂賢，守之者見謂信，樂之者見謂仁，行之者見謂聖。皆是也。見毀於人亦曰見謂，若《莊子》：居鄉不見謂不脩，臨難不見謂不勇。《漢書·兒寬傳》曰：張湯爲廷尉，盡用文史法律之吏，而寬以儒生在其間，見謂不習事。……皆是也。'案：見，猶今語被也。" 脩：修養，修道。

④歲：意謂好年成。成玄英疏："營田於平原，逢歲不熟。"王叔岷《校詮》："《史記·佞倖列傳》：'諺曰：力田不如逢年，善仕不如遇合。'"

⑤遇世：逢時。成玄英疏："處朝廷以事君，不遇聖明，不靡好爵。"

⑥賓:同"擯",擯棄。錢穆《纂箋》:"舊注:賓同擯。"

⑦逐:放逐。成玄英疏:"遭州部而放逐。"

⑧胡:猶"何"。王叔岷《校詮》:"'胡罪乎天',猶'何罪於天'也。"

⑨惡(wū):何。下同。陸德明《釋文》:"惡音烏。下同。"

⑩自行:意謂順自然。郭象注:"闇付自然也。"

⑪芒然:無心無知之狀。成玄英疏:"芒然,無心之貌也。"王先謙《集解》:"芒然,無知狀。" 彷徨:放任。成玄英疏:"彷徨是縱放之名。" 塵垢:意謂塵俗。王先謙《集解》:"塵垢,謂俗累。"

⑫无事:無爲之事。郭象注:"凡自爲者,皆無事之業也。"章案:此句又見《大宗師篇》。"无事",《大宗師篇》作"无爲"。

⑬恃:依仗,依賴。成玄英疏:"不恃藉於我(我)勞。"

⑭宰:主宰。王先謙《集解》:"宣云:'率性而不恃能,長物而不居功。'"章案:此句原出《老子》第十、五十一章。

⑮知:同"智"。陸德明《釋文》:"知音智。" 愚:愚眾。成玄英疏:"汝光飾心智,驚動愚俗。"

⑯汙:污穢。成玄英疏:"修營身形,顯他汙穢。"

⑰揭:高舉。王先謙《集解》:"炫己以表異於人。"王叔岷《校詮》:"《說文》:'揭,高舉也。'"章案:三語又見《山木篇》。

⑱而:同"爾"。下同。成玄英疏:"而,汝也。"

⑲九竅:五官加下身二竅。

⑳蹇(jiǎn):跛足。

㉑比:列。成玄英疏:"偕於人數。"

㉒暇:意謂藉口、理由。成玄英疏:"有何容暇怨於天道!"

㉓往:去,離開。

扁子入,坐有間①,仰天而嘆。弟子問曰:"先生何爲嘆乎?"扁子曰:"向者休來②,吾告之以至人之德,吾恐其驚而遂至於惑也。"弟子曰:"不然。孫子之所言是邪?先生之所言非邪？非固不能惑是。孫子所言非邪？先生所言是邪？彼固惑而來矣，又奚罪焉！”扁子曰：“不然。昔者有鳥止於魯郊，魯君悅之[3]，爲具太牢以饗之[4]，奏《九韶》以樂之[5]，鳥乃始憂悲眩視[6]，不敢飲食。此之謂以己養養鳥也[7]。若夫以鳥養養鳥者，宜棲之深林，浮之江湖，食之以委蛇[8]，則平陸而已矣[9]。今休，款啓寡聞之民也[10]，吾告以至人之德，譬之若載鼷以車馬[11]，樂鴳以鐘鼓也[12]。彼又惡能无驚乎哉[13]！”

【校注】

①有間：頃刻。成玄英疏：“俄頃之間。”

②向：剛才、過去。成玄英疏：“孫休頻來。”

③魯君：魯文公。王叔岷《校詮》：“魯侯，《達生篇》作魯君，蓋謂文公。”

④具：備，設。成玄英疏：“設太牢。”　太牢：古代祭祀最高規格，以牛羊豬作犧牲。成玄英疏：“太牢，牛羊豕也。”　饗：享用。

⑤九韶：傳爲舜時樂。陸德明《釋文》：“九韶，舜樂名。”　樂：使之快樂。陸德明《釋文》：“樂音洛。”

⑥眩：目光搖盪。王叔岷《校詮》：“朱駿聲曰：‘眩，叚借爲眴。’案眴乃旬之重文，《説文》：‘旬，目搖也。眴，旬或從目。’”

⑦己養：意謂自己養生之法。成玄英疏：“韶樂牢觴，是養人之具，非養鳥之物也。”

⑧食（sì）：動詞，餵養。陸德明《釋文》：“食音嗣。”　委蛇：即“泥鰍”。陸德明《釋文》引司馬彪曰：“委蛇，泥鰌。”郭慶藩《集釋》引俞樾曰：“此文宜亦當云食之以鰌鰍，委蛇而處，傳寫有闕文耳。且云委蛇而處，方與下句‘則平陸而已矣’文氣相屬。”

⑨平陸：平原壇陸。成玄英疏：“宜棲之深林，遊之壇陸。”章案：此段似有闕文，與《至樂篇》大同小異。

⑩款啓:意謂短淺之見。陸德明《釋文》:"李云:'款,空也;啓,開也;如空之開,所見小也。'"

⑪鼫:鼫鼠。成玄英疏:"何異乎載小鼠以大車。"

⑫鷃:鷃雀。成玄英疏:"娛鷃雀以韶樂。"

⑬惡(wū):何。成玄英疏:"既御小而用大,亦何能無驚懼者也!"

# 山木第二十

**【題解】**

本篇申述無爲之旨。數説才能、利義毀身之事,與《人間世篇》義近。寓言中之孔子、莊子,面目有正有反。篇終言自美者不美,自惡者不惡,自賢者亦非賢也,可常爲自警之語也。

莊子行於山中,見大木,枝葉盛茂,伐木者止其旁而不取也。問其故,曰:“无所可用。”莊子曰:“此木以不材得終其天年①。”夫子出於山,舍於故人之家②。故人喜,命豎子殺鴈而烹之③。豎子請曰:“其一能鳴,其一不能鳴,請奚殺?”主人曰:“殺不能鳴者。”明日,弟子問於莊子曰:“昨日山中之木,以不材得終其天年;今主人之鴈,以不材死,先生將何處④?”

**【校注】**

①不材:無用之材。成玄英疏:“既同曲轅之樹,又類商丘之木,不材無用,故終其天年也。”

②舍:住宿。成玄英疏:“舍,息也。”

③豎子:童僕。成玄英疏:“豎子,童僕也。” 鴈:鵝。郭慶藩《集釋》:“雁,鵝也。” 烹:煮。陸德明《釋文》:“烹,普彭反,煮也。”

④處:處理,處世。

莊子笑曰:“周將處夫材與不材之間①。材與不材之間,似之而非也,故未免乎累②。若夫乘道德而浮遊則不然③。无譽无訾④,一龍一蛇⑤,與時俱化⑥,而无肯專爲⑦;一上一下,以和爲量⑧,浮遊乎萬物之祖⑨;物物而不物於物⑩,則胡可得而累邪!此神農、黄帝之法則也。若夫萬物之情,人倫之傳⑪,則不然。合則離,成則毀⑫,廉則挫⑬,尊則議⑭,有爲則虧,賢則謀⑮,不肖則欺⑯,胡可得而必乎哉⑰!悲夫!弟子志之⑱,其唯道德之鄉乎⑲!"

## 【校注】

①周:莊周。成玄英疏:"言材者有爲也,不材者無爲也。之間,中道也。"

②累:患累。郭象注:"設將處此耳,以此未免於累,竟不處。"成玄英疏:"似道而非真道,猶有斯患累也。"錢穆《纂箋》:"馬其昶曰:'似之而非,謂物之不材,非若有道德者之自晦也。'"王先謙《集解》:"宣云:'處世亦可謂近似,然而非也。'"

③乘:意謂寄係。王先謙《集解》:"心乎道德,則不必言材與不材矣。"

④訾:訾毀,與"譽"對言。陸德明《釋文》:"訾音紫,毀也。"

⑤龍、蛇:意謂顯與隱。王先謙《集解》:"或龍見,或蛇蟄。"

⑥化:變化,物化。王叔岷《校詮》:"東方朔《誡子書》:'聖人之道,一龍一蛇,形見神滅,與物變化,隨時之宜,無有常處(一作家)。'"

⑦專:專一。成玄英疏:"何肯偏滯而專爲一物也。"

⑧量:度量。成玄英疏:"言至人能隨時上下,以和同爲度量。"

⑨萬物之祖:意謂造物之先者。錢穆《纂箋》:"宣穎曰:'未始有物之先。'"

⑩物物:意謂視外物爲物,第一個"物"字爲動詞。下同。　不物於

物：意謂不爲外物所累。王先謙《集解》：“視外物爲世之一物，而我不爲外物之所物。”

⑪傳：同“轉”，變也。錢穆《纂箋》：“王敔曰：‘傳，變也。’”王叔岷《校詮》：“《呂氏春秋》高注：‘傳猶轉。’‘人倫之傳’，謂人理之轉變也。”

⑫毀：敗毀。成玄英疏：“合則離之，成者必毀。”王先謙《集解》：“有合、成，即有離、毀。”

⑬廉：銳利。王叔岷《校詮》：“《呂氏春秋》高注：‘廉，利也。’僞《關尹子·九樂篇》：‘銳則挫矣。’《廣雅·釋詁二》：‘銳，利也。’‘廉則挫’猶‘銳則挫’，亦即‘利則挫’。”

⑭議：議論，疑議。成玄英疏：“尊貴者又遭議疑。”又：王叔岷《校詮》：“議、虧二字疑當互易，‘尊則虧，有爲則議’意甚昭晰。《呂氏春秋》上句作‘尊則虧’，《淮南子·説林篇》：‘有爲則議。’即用此句下句，是其證明。”可備一説。

⑮謀：被人所謀算。下文“欺”亦爲“被欺”。成玄英疏：“賢以志高，爲人所謀。”王叔岷《校詮》：“《外物篇》：‘雖有至知，萬人謀之。’”

⑯不肖：謂不孝也。郭慶藩《集釋》引郭嵩燾曰：“賢則謀，不肖則欺，各相炫也。”錢穆《纂箋》引劉辰翁曰：“不肖則欺之。”

⑰必：必然。成玄英疏：“言已上賢與不肖等事何必爲也。”郭慶藩《集釋》引郭嵩燾曰：“不可必者，莫知禍福生死之所自來也。”王先謙《集解》：“不能免累。”王叔岷《校詮》：“必，猶今語‘肯定’也。《知北遊篇》：‘汝唯莫必，无乎逃物。’與此同例。”

⑱志：記也。成玄英疏：“志，記也。”

⑲道德之鄉：意謂與時俱化。郭象注：“不可必，故待之不可以一方也，唯與時俱化者，爲能涉變而常通耳。”成玄英疏：“言能用中平之理，其爲道德之鄉也。”王叔岷《校詮》：“‘道德之鄉’，與時俱化

者也。"

市南宜僚見魯侯①,魯侯有憂色。市南子曰:"君有憂色,何也?"魯侯曰:"吾學先王之道,脩先君之業②;吾敬鬼尊賢,親而行之,无須臾離居③;然不免於患,吾是以憂。"市南子曰:"君之除患之術淺矣!夫豐狐文豹④,棲於山林,伏於巖穴,静也;夜行晝居,戒也⑤;雖飢渴隱約⑥,猶且胥疏於江湖之上而求食焉⑦,定也⑧;然且不免於罔羅機辟之患⑨。是何罪之有哉?其皮爲之災也。今魯國獨非君之皮邪⑩?吾愿君刳形去皮⑪,洒心去欲⑫,而遊於无人之野。南越有邑焉⑬,名爲建德之國。其民愚而朴,少私而寡欲⑭;知作而不知藏⑮,與而不求其報⑯;不知義之所適,不知禮之所將⑰;猖狂妄行⑱,乃蹈乎大方⑲;其生可樂,其死可葬。吾愿君去國捐俗⑳,與道相輔而行。"

【校注】

①市南宜僚:人名。陸德明《釋文》:"司馬云:'熊宜僚也,居市南,因爲號也。'李云:'姓熊,名宜僚。'案《左傳》云市南有熊宜僚,楚人也。"

②先王、先君:祖先君王。成玄英疏:"先王,謂王季文王;先君,謂周公伯禽也。"

③居:止也。此句應爲"无須臾居",無"離"字。陸德明《釋文》:"崔本無離字。"郭慶藩《集釋》引俞樾曰:"《吕覽·慎人篇》'胼胝不居',高誘訓'居'爲'止'。'無須臾居者',無須臾止也,正與上句行字相對成義。"

④豐狐文豹:皮毛豐美之狐、豹。陸德明《釋文》:"豐,大也。"成玄英疏:"豐,大也。以文章豐美,毛衣悦澤,故爲人利。"王叔岷《校詮》:"《韓非子·喻老篇》:'翟人有獻豐狐玄豹之皮於晉文公。'"

⑤戒:警戒,警慎。成玄英疏:"戒,慎也。"

⑥隱約:意謂窮困。王叔岷《校詮》:"楊樹達云:'《論語·里仁篇》: 不可以久處約。《集解》引孔云:久困則爲非。此文隱約,亦窮困 之義。'(《積微居讀書記》)案《繕性篇》'不爲窮約趨俗',嵇康 《答難養生論》作'不以隱約趨俗','窮約'、'隱約'並猶'窮 困'也。"

⑦胥:須。陸德明《釋文》:"司馬云:'胥,須也。'" 疏:遠也。王 先謙《集解》:"宣云:'疏,遠也。言獸雖潛藏,猶且須遠於江湖無 人之地而求飲食。'"

⑧定:斟酌確定。成玄英疏:"言斟酌定計如此。"王先謙《集解》引 宣穎曰:"此其處所一定也。"

⑨罔羅:網羅。"罔"本亦作"網"。王叔岷《校詮》:"《道藏》成疏 本、王元澤《新傳》本、褚伯秀《義海纂微》本皆作'網'。" 機辟: 弩上機關。《逍遙遊篇》:"中於機辟,死於罔罟。"

⑩獨:猶"豈"。王叔岷《校詮》:"獨猶豈也。"

⑪刳(kū):剖開。陸德明《釋文》:"刳音枯。《廣雅》云:'屠也。'" 成玄英疏:"刳形,忘身也。去皮,忘國也。"

⑫洒:洗也。陸德明《釋文》:"本亦作洗。"成玄英疏:"洒心,忘智 也。去欲,息貪也。"王叔岷《校詮》:"《易·系辭上》:'六爻之義 易以貢,聖人以此洗心。'字亦作洗,洒、洗正叚字。心無執著,則 魯國亦是無人之野。"

⑬邑:城邑。郭象注:"寄之南越,取其去魯之遠也。"

⑭《老子》十九章:"見素抱樸,少私寡欲。"

⑮作、藏:勞作、貯藏。成玄英疏:"作,謂耕作也。藏,謂貯藏也。"

⑯與:同"予",給予。王叔岷《校詮》:"予、與古今字。" 報:回報, 報償。王叔岷《校詮》:"求報則有利害之心。"

⑰將:行也。與上文"適"互文。成玄英疏:"將,行也。"

⑱猖狂妄行：意謂隨意而行。成玄英疏：“猖狂，無心也。忘行，混跡也。”

⑲方：道也。成玄英疏：“道，方也。”王叔岷《校詮》：“《秋水篇》：‘吾長見笑於大方之家。’成疏：‘方猶道也。’”

⑳捐：棄也。成玄英疏：“捐，棄也。”

君曰：“彼其道遠而險①，又有江山，我无舟車，奈何？”市南子曰：“君无形倨②，无留居③，以爲君車④。”君曰：“彼其道幽遠而无人，吾誰與爲鄰？吾无糧，我无食，安得而至焉⑤？”市南子曰：“少君之費⑥，寡君之欲，雖无糧而乃足⑦。君其涉於江而浮於海，望之而不見其崖⑧，愈往而不知其所窮⑨。送君者皆自崖而反⑩，君自此遠矣！故有人者累，見有於人者憂⑪。故堯非有人，非見有於人也。吾願去君之累，除君之憂，而獨與道遊於大莫之國⑫。方舟而濟於河⑬，有虛舩來觸舟⑭，雖有惼心之人不怒⑮；有一人在其上，則呼張歙⑯；一呼而不聞，再呼而不聞，於是三呼邪，則必以惡聲隨之⑰。向也不怒而今也怒⑱，向也虛而今也實⑲。人能虛己以遊世⑳，其孰能害之！”

【校注】

①彼其道：去南越之道。郭象注：“真謂欲使之南越。”

②形倨：倨傲之形。陸德明《釋文》：“司馬云：‘無倨傲其形。’”成玄英疏：“勿恃高尊，形容倨傲。”

③留居：滯守，留戀。郭象注：“留居，滯守之謂。”陸德明《釋文》：“司馬云：‘無留安其居。’”

④車：前應有“舟”字。郭象注：“形與物夷，心與物化，斯寄物以自載也。”王叔岷《校詮》：“此對魯君‘我无舟車’而言，則車上似當有舟字。”

⑤至：到達。成玄英疏：“未體獨化，不能忘物也。”

⑥費：資費。郭象注：“所謂知足則無所不足也。”

⑦而：猶“亦”。王叔岷《校詮》：“而猶亦也，下文‘再呼而不聞’亦同例。”

⑧崖：同“涯”。下同。王叔岷《校詮》：“崖、涯古通。”

⑨窮：極限。郭象注：“絕情欲之遠也。”成玄英疏：“寧知窮極哉！”王先謙《集解》：“宣云：‘獨往深造如此。’”

⑩反：同“返”。王先謙《集解》：“宣云：‘人不相及。’”

⑪有人者：意謂君人者。王叔岷《校詮》：“‘有人者’，即君人者。”見有於人者：意謂爲人所役使者。郭象注：“見有於人者，爲人所役用也。”王叔岷《校詮》：“‘見於有人者’，即爲民所有者。見，猶今語被也，下文‘此比干之見剖心徵也夫’亦同例。”

⑫莫：無也。郭象注：“欲令蕩然無有國之懷。”陸德明《釋文》：“莫，無也。”成玄英疏：“大莫，猶大無也。”

⑬方舟：兩舟相並。陸德明《釋文》：“司馬云：‘方，並也。’”成玄英疏：“兩舟相並曰方舟。”王叔岷《校詮》：“《説文》：‘方，併船也。’段注：‘併船者，並兩船爲一船。’”　濟：渡水。

⑭虛舩：空船。舩，“船”之異體字。

⑮惼（biǎn）：性急。陸德明《釋文》：“惼，必善反。《爾雅》云：‘急也。’”成玄英疏：“褊，狹急也。不怒者，緣舟虛故也。”王叔岷《校詮》：“《爾雅·釋言》：‘惼本作褊，惼與褊同。’《説文》：‘急，褊也。’《小爾雅·廣言》：‘褊，狹也。’”

⑯張歙：開闔。陸德明《釋文》：“張，開也。歙，斂也。”王先謙《集解》：“其口開翕。”王叔岷《校詮》：“翕與歙通。”

⑰惡聲：辱罵。成玄英疏：“惡聲，罵辱也。”章案：此段文字大意爲，兩舟並行，一舟被衝撞。被撞舟上之人定會責罵對方。若撞人之舟空虛無人，則平安無事。假使舟上僅有一人，被反復責罵，亦會

憤起對罵。

⑱向:之前。

⑲實:意謂舟上有人,與"虛"相對。王先謙《集解》:"以此故也。"

⑳虛己:無己。成玄英疏:"虛己,無心也。"章案:無心內空則與世無爭,可全身保命。

　　北宮奢爲衛靈公賦斂以爲鍾①,爲壇乎郭門之外②,三月而成上下之縣③。王子慶忌見而問焉曰④:"子何術之設⑤?"奢曰:"一之間⑥,无敢設也⑦。奢聞之:'既彫既琢,復歸於朴⑧。'侗乎其无識⑨,儻乎其怠疑⑩;萃乎芒乎⑪,其送往而迎來;來者勿禁,往者勿止⑫;從其彊梁⑬,隨其曲傅⑭,因其自窮⑮,故朝夕賦斂而豪毛不挫⑯,而況有大塗者乎⑰!"

## 【校注】

①北宮奢:人名。陸德明《釋文》:"李云:'衛大夫,居北宮,因以爲號。奢,其名也。'"　衛靈公:衛國君。　賦斂:徵募。王先謙《集解》:"賦斂,蓋謂募施。"錢穆《纂箋》引郭嵩燾曰:"猶《左傳》'遂賦晉國一鼓鐵,以鑄刑鼎'。"　鍾:樂器。成玄英疏:"鐘,樂器名也。"王叔岷《校詮》:"古多借鍾爲鐘。"

②爲壇:設祭壇。陸德明《釋文》:"李云:'祭也;禱之,故爲壇也。'"成玄英疏:"言爲鐘先須設祭,所以爲壇也。"　郭:城外加築的城墻。

③縣:同"懸"。意指懸鐘之架。陸德明《釋文》:"縣音玄。司馬云:'八音備爲縣而聲高下。'"成玄英疏:"上下調,八音備,故曰縣。"錢穆《纂箋》:"褚伯秀曰:'設架縣鐘,上下各六,所謂編鐘也。'"

④王子慶忌:人名。陸德明《釋文》:"李云:'王族也。慶忌,周大夫也。'"　焉:猶"之"。王叔岷《校詮》:"焉猶之也。"

⑤術:辦法,手段。　之設:設之。成玄英疏:"言見鐘壇極妙,怪而

問焉。”

⑥一：道也。錢穆《纂箋》：“呂惠卿曰：‘有術設其間，則非所謂一也。’嚴復曰：‘術誠有之，而道不敢畔，故曰一之間無敢設。’”

⑦設：施也。王叔岷《校詮》：“《廣雅·釋詁三》：‘設，施也。’”

⑧朴：質樸。此引語爲古語。王叔岷《校詮》：“《韓非子·外儲説左上》篇：‘書曰：既雕既琢，還歸其樸。’此乃古語，亦見《淮南子·原道篇》、《齊俗篇》、《説苑·説叢篇》。”

⑨侗：無知之狀。陸德明《釋文》：“侗乎，無知貌。”王先謙《集解》：“言它無所識，唯冀其成。”

⑩儻：無慮。郭象注：“無所趣也。”成玄英疏：“儻，無慮也。”　　怠：猶“佁”，癡也。錢穆《纂箋》引王念孫曰：“怠疑，與佁疑義近。《説文》：‘佁，癡貌。’《漢書》注：‘佁疑，不前也。’”王叔岷《校詮》：“‘怠疑’猶‘佁疑’，亦即‘騃癡’也。《廣雅·釋詁三》：‘騃，癡也。’”

⑪萃：應爲“忽”。成玄英疏：“芒昧恍忽，心無的當，隨其迎送，任物往來。”錢穆《纂箋》：“奚侗曰：‘乃芴之借字。’”王叔岷《校詮》：“成疏‘芒昧恍忽’，蓋釋萃爲忽。‘芴芒’、‘惚恍’字正作‘忽悅’。奚引《天下篇》‘芴乎何適’，芴本作忽。”

⑫禁、止：互文。王先謙《集解》：“聽人自願。”

⑬從：聽從，與下文“隨”、“因”互文。　　彊梁：强壯。陸德明《釋文》：“强梁，多力也。”

⑭曲傅：曲從附和。陸德明《釋文》：“司馬云：‘謂曲附己者隨之也。’”

⑮因：因任。成玄英疏：“因任百姓。”　　窮：盡也，極也。成玄英疏：“各窮其所情也。”錢穆《纂箋》：“郭嵩燾曰：‘名爲賦斂，而聽民之自致。’馬其昶曰：‘窮，盡也。’”王叔岷《校詮》：“《群書治要》引《慎子·因循篇》：‘用人之自爲，不用人之爲我，則莫不可得而用

矣。此之謂因。'此亦'因其自窮'之道也。"

⑯挫：損傷。郭象注："當故無損。"

⑰塗：道也。成玄英疏："塗，道也。"王先謙《集解》："況處天下大通之塗者乎！謂道也。"錢穆《纂箋》："宣穎曰：'賦斂自然，況有大道，其順從可知。'"

孔子圍於陳蔡之間，七日不火食①。太公任往弔之曰②："子幾死乎③？"曰："然。""子惡死乎④？"曰："然。"任曰："予嘗言不死之道⑤。東海有鳥焉，其名曰意怠⑥。其爲鳥也，翂翂翐翐⑦，而似無能；引援而飛⑧，迫脅而棲⑨；進不敢爲前，退不敢爲後；食不敢先嘗，必取其緒⑩。是故其行列不斥⑪，而外人卒不得害⑫，是以免於患。直木先伐，甘井先竭。子其意者飾知以驚愚⑬，脩身以明汙⑭，昭昭乎如揭日月而行⑮，故不免也。昔吾聞之大成之人曰⑯：'自伐者无功⑰，功成者墮，名成者虧。'孰能去功與名而還與衆人⑱？道流而不明居⑲，得行而不名處⑳；純純常常㉑，乃比於狂㉒；削迹捐勢㉓，不爲功名。是故无責於人㉔，人亦无責焉。至人不聞，子何喜哉㉕？"孔子曰："善哉！"辭其交遊，去其弟子㉖，逃於大澤；衣裘褐㉗，食杼栗㉘；入獸不亂群，入鳥不亂行㉙。鳥獸不惡㉚，而況人乎！

【校注】

①火食：生火做飯。語亦見《天運篇》。成玄英疏："七日不起火食，窘迫困苦也。"

②太公任：人名。一本作"大公任"。陸德明《釋文》："大音泰。李云：'大公，大夫稱。任，其名。'"郭慶藩《集釋》引俞樾曰："《廣韻》一東公字注：'《世本》有大公頴叔。'然則大公迺複姓，非大夫稱。" 弔：慰問。

③幾：近，幾乎。成玄英疏："幾，近也。"

④惡(wù)：厭惡。成玄英疏：“子嫌惡乎？”

⑤予：我。　嘗：試也。成玄英疏：“試言長生之道，舉海鳥而譬之。”

⑥意怠：鳥名。錢穆《纂箋》：“陸長庚曰：‘即鷦鷯。’”

⑦翂(fēn)翂翐(zhì)翐：勉强飛之狀。陸德明《釋文》：“翂音紛，翐音秩。……司馬云：‘翂翂翐翐，舒遲貌。’一云：飛不高貌。”成玄英疏：“翂翂翐翐，是舒遲不能高飛之貌也。”

⑧引援：意謂援引同伴。成玄英疏：“飛必援引徒侣。”

⑨脅迫：意謂與衆鳥一起。陸德明《釋文》：“李云：‘不敢獨棲，迫脅在衆鳥中。’”

⑩緒：剩餘。郭慶藩《集釋》引王念孫曰：“緒者，餘也，言食不敢先嘗，而但取其餘也。……《楚辭・九章》‘欸秋冬之緒風’，王注曰：‘緒，餘也。’”

⑪斥：斥散。王叔岷《校詮》：“《小爾雅・廣詁》：‘斥，開也。’引申有散義。”王先謙《集解》：“蘇輿云：‘言爲衆鳥所容。’”

⑫卒：終也。陸德明《釋文》：“卒，子恤反，終也。”

⑬知：同“智”。陸德明《釋文》：“知音智。”　愚：愚衆。成玄英疏：“謂仲尼意在裝飾才智，驚異愚俗。”

⑭汙：污穢。成玄英疏：“修瑩身心，顯他汙染。”

⑮揭：高舉。章案：三語又見《達生篇》。

⑯大成之人：意指老子。成玄英疏：“大成之人，即老子也。”

⑰伐：夸也。王先謙《集解》：“伐，夸也。”錢穆《纂箋》：“語見《老子》。”

⑱還：返還。王先謙《集解》：“宣云：‘反同於衆。’”

⑲居：自居。王先謙《集解》：“道流行於天下，而不顯然居之。”

⑳得：同“德”。王先謙《集解》：“得猶德也。德行而不自名自處。”

㉑純純常常：素樸恒常。成玄英疏：“純純者材素，常常者混物。”王

先謙《集解》："宣云:'純一其心,平常其行。'"王叔岷《校詮》:
"純純,專一;常常,不變。"

㉒比:列比,類似。成玄英疏:"更類於狂人也。"王叔岷《校詮》:"如
狂人之無心也。"

㉓削:削除。成玄英疏:"削除聖跡。"　捐:棄也。成玄英疏:"捐棄
權勢。"

㉔責:譴責。成玄英疏:"我既不譴於人,故人亦無責於我。"

㉕聞:動詞,意謂顯露。語又見《秋水篇》,"至"爲"道"。成玄英疏:
"至德之人,不顯於世,子既聖哲,何爲喜好聲名邪?"錢穆《纂
箋》:"宣穎曰:'何喜於自見以招禍?'"

㉖去:離開。成玄英疏:"捨去弟子。"章案:此爲寓言,史實無徵。

㉗裘褐:粗衣。王先謙《集解》:"不取美服珍味。"

㉘杼栗:橡栗。王叔岷《校詮》:"《徐无鬼篇》'食芧栗',《盜跖篇》
'晝拾橡栗',杼、芧並借爲柔,柔栗即橡栗。"

㉙入:進入。郭象注:"若草木之無心,故爲鳥獸所不畏。"

㉚惡(wù):厭惡,嫌棄。

　　孔子問子桑雽曰①:"吾再逐於魯②,伐樹於宋,削迹於
衛,窮於商周,圍於陳蔡之間。吾犯此數患,親交益疏③,徒友
益散,何與④?"子桑雽曰:"子獨不聞假人之亡與⑤? 林回棄
千金之璧⑥,負赤子而趨⑦。或曰:'爲其布與⑧? 赤子之布寡
矣⑨;爲其累與? 赤子之累多矣;棄千金之璧,負赤子而趨,何
也?'林回曰:'彼以利合⑩,此以天屬也⑪。'夫以利合者,迫窮
禍患害相棄也⑫;以天屬者,迫窮禍患害相收也⑬。夫相收之
與相棄亦遠矣。且君子之交淡若水,小人之交甘若醴⑭;君子
淡以親,小人甘以絶⑮。彼无故以合者,則无故以離⑯。"孔子
曰:"敬聞命矣!"徐行翔佯而歸⑰,絶學捐書⑱,弟子无挹於

前⑲,其愛益加進⑳。異日,桑雩又曰:"舜之將死,真泠禹曰㉑:汝戒之哉㉒!形莫若緣㉓,情莫若率㉔。緣則不離,率則不勞㉕;不離不勞,則不求文以待形㉖;不求文以待形,固不待物㉗。"

## 【校注】

①子桑雩:人名。《釋文》本作"雽"。郭慶藩《集釋》引俞樾曰:"疑即《大宗師篇》之子桑户。雽音户,則固與子桑户同矣。"

②再:疑爲"見"。王叔岷《校詮》:"《藝文類聚》八四、《御覽》八〇六、《事類賦》九《寶貨部一》注引再皆作見,疑誤。"章案:孔子事跡可參見《史記·孔子世家》。此數句又見《讓王》、《盜跖》、《漁父》諸篇,文字略有小異。

③親交:親朋。成玄英疏:"親戚交情。"　益:日益。

④與:同"歟"。下同。王叔岷《校詮》:"《藝文類聚》、《御覽》、《事類賦》注引'何與'皆作'何也'……也、與同義。"

⑤假:國名。陸德明《釋文》:"李云:'國名。'"

⑥林回:人名。郭慶藩《集釋》引俞樾曰:"林回當是假之逃民。"

⑦赤子:親子。成玄英疏:"赤子,親屬也。"　趨:逃亡。王先謙《集解》:"國亡民散,負子而逃。"

⑧布:貨幣,財物。陸德明《釋文》:"布,謂財貨也。"

⑨寡:少。與下文"多"對言。成玄英疏:"然亦以爲財則少財,以爲累(重)則多累。"

⑩利:利益,利害。　合:結合。

⑪天屬:自然聯繫。郭慶藩《集釋》:"《文選》王仲寶《褚淵碑文注》引司馬云:'屬,連也。'"

⑫迫:急迫之事。成玄英疏:"利合,窮禍則相棄。"王叔岷《校詮》:"《戰國策·楚策第一》:'以財交者,財盡而交絕。'"

⑬收:留也。與上文"棄"對言。成玄英疏:"親屬,急迫猶相收。"

⑭醴：甜酒。

⑮絕：斷絕。成玄英疏："有利故甘，利盡故絕。"

⑯故：緣故。成玄英疏："不由事故而合者，天屬也，故無由而離之。"

⑰翔佯：閑放自在。成玄英疏："徐步而歸，翺翔閑放，逍遙自得。"王叔岷《校詮》："《釋名·釋言語》：'翔，佯也，言仿佯也。'《廣雅·釋訓》：'仿佯，徙倚也。'王氏疏證：'哀十七年《左傳》：如魚竄尾，衡流而方羊。鄭衆注云：方羊，遊戲。'"

⑱絕：棄絕。成玄英疏："絕有爲之學，棄聖跡之書。"

⑲挹(yì)：執持，獲取。陸德明《釋文》："挹音揖。李云：'無所執持也。'"王先謙《集解》："宣云：'無所挹取於前。'"

⑳其愛：意指弟子對孔子之敬愛。成玄英疏："徒有敬愛，日加進益焉。"

㉑真：當爲"直"，乃也。陸德明《釋文》："司馬本作直。"郭慶藩《集釋》引王引之曰："直當爲鹵，鹵，籀文乃字，隸書作迺。鹵形似直……故訛作直，又訛作真。"　泠：同"令"。陸德明《釋文》："泠，或爲命，又作令。命，教也。"郭慶藩《集釋》引王引之曰："命與令，古字通。"王叔岷《校詮》："唐寫本、覆宋本泠並作命，與成疏及《釋文》所稱或本合。"

㉒戒：慎也。成玄英疏："令其戒慎。"

㉓緣：順也。成玄英疏："緣，順也。"王叔岷《校詮》："《人間世篇》'形莫若就'，與此'形莫若緣'義近。"

㉔率：真率。成玄英疏："形必順物，情必率中。"王叔岷《校詮》："率，真率。《田子方篇》'虛緣而葆真'，與此二句同旨。"

㉕勞：辛勞。王先謙《集解》："宣云：'不離於物，則不勞於安排。'"

㉖文：文飾。　待：依賴。成玄英疏："率性而動，任樸直前，豈復求假文跡而待用飾其形性哉！"王先謙《集解》："宣云：'天然率真，何求於禮文以待形。'"

㉗物:身外之物。王先謙《集解》:"宣云:'又何求於外物!'"

　　莊子衣大布而補之①,正緳係履而過魏王②。魏王曰:"何先生之憊邪③?"莊子曰:"貧也,非憊也。士有道德不能行,憊也;衣弊履穿④,貧也,非憊也,此所謂非遭時也⑤。王獨不見夫騰猿乎⑥?其得枏梓豫章也⑦,攬蔓其枝而王長其間⑧,雖羿、蓬蒙不能睥睨也⑨。及其得柘棘枳枸之間也⑩,危行側視⑪,振動悼慄⑫;此筋骨非有加急而不柔也,處勢不便⑬,未足以逞其能也。今處昏上亂相之間⑭,而欲无憊,奚可得邪?此比干之見剖心徵也夫⑮!"

## 【校注】

①大布:粗布。陸德明《釋文》:"司馬云:'麤布也。'"成玄英疏:"大布,猶粗布也。莊子家貧,以粗布爲服而補之。"　補:修補,縫補。

②正:整也。郭慶藩《集釋》引郭嵩燾曰:"言整齊麻之一端,以納束其履而係之。"王叔岷《校詮》:"正猶整也。"　緳(xiè):同"絜",斷麻。郭慶藩《集釋》引郭嵩燾曰:"《説文》:'絜,麻一耑也。'[絜]與緳字通。"　過:探訪,訪見。　魏王:魏惠王。陸德明《釋文》:"司馬云:'惠王也。'"

③憊:病也。成玄英疏:"憊,病也。衣粗布而著破履,正腰帶見魏王。王見其顦顇,故問言:'先生何貧病如此耶?'"郭慶藩《集釋》引郭嵩燾曰:"履無絇,係之以麻,故曰憊。"

④弊、穿:破爛。

⑤遭時:逢時。

⑥騰:騰躍。

⑦枏(nán)梓豫章:皆樹名,章同"樟"。枏,即"柟"。陸德明《釋文》:"柟音南,木名。"成玄英疏:"柟梓豫章,皆端直好木也。"

⑧攬蔓:意謂把捉。成玄英疏:"攬蔓,猶把捉也。"王叔岷《校詮》: "章太炎云:'蔓借爲曼,《說文》:曼,引也。'" 王長:意謂君長。 郭慶藩《集釋》引俞樾曰:"謂猿得柟梓豫章,則率其屬居其上而 自爲君長也。"王叔岷《校詮》:"《德充符篇》:'彼兀者也,而王先 生。'《釋文》引崔云:'王,君長也。'此文'王長',猶言'君 長'耳。"

⑨羿、蓬蒙:傳說上古善射之人。成玄英疏:"羿,古之善射人。蓬 蒙,羿之弟子也。" 眄(miǎn)睨:斜視。陸德明《釋文》:"李云: '邪視(反)[也]。'"成玄英疏:"雖有善射之人,不敢舉目斜視,何 況弓弩乎!"

⑩柘棘枳枸:有刺之木。成玄英疏:"柘棘枸枳,並有刺之惡木也。"

⑪危:側也。王叔岷《校詮》:"危、側互文,危亦側也。《荀子·榮辱 篇》:'危足無所履者,凡在言也。'楊注:'危足,側足也。'即 其證。"

⑫悼慄:恐懼,戰慄。郭慶藩《集釋》:"《說文》:悼,懼也,陳楚謂懼 曰悼。《呂覽·論威篇》敵人悼懼憚恐,即此振動悼慄之意。"

⑬處勢:居處之勢。郭慶藩《集釋》引王念孫曰:"古者謂所居之地 曰處勢,《史記·蔡澤傳》:'翠鵠犀象,其處勢非不遠死也。'或曰 勢居,《逸周書·周祝篇》曰:'勢居小者不能爲大。'"

⑭昏上亂相:君王宰相皆昏庸作亂。成玄英疏:"主昏於上,臣亂 於下。"

⑮見:同"現"。陸德明《釋文》:"見,賢遍反。" 徵:徵驗。成玄英 疏:"比干忠諫,剖心而死,豈非徵驗!"錢穆《纂箋》:"宣穎曰:'比 干受害,其已驗也。'"

孔子窮於陳蔡之間,七日不火食,左據槁木①,右擊槁枝, 而歌焱氏之風②,有其具而无其數③,有其聲而无宮角④,木聲 與人聲,犁然有當於人之心⑤。顏回端拱還目而窺之⑥。仲尼

恐其廣己而造大也⑦，愛己而造哀也，曰："回，无受天損易⑧，
无受人益難。无始而非卒也⑨，人與天一也⑩。夫今之歌者其
誰乎⑪?"回曰："敢問无受天損易。"仲尼曰："飢渴寒暑，窮桎
不行⑫，天地之行也，運物之泄也⑬，言與之偕逝之謂也⑭。爲
人臣者，不敢去之⑮。執臣之道猶若是，而況乎所以待天
乎⑯!"

## 【校注】

①左據:左手憑據。　　槁木:枯樹。成玄英疏:"孔子聖人，安於窮
通，雖遭陳蔡之困，不廢無爲，故(左)[右]手擊槁木，(右)[左]手
憑枯枝，恬然自得。"

②猋氏:神農氏。又作"焱氏"。成玄英疏:"焱氏，神農也。"王先謙
《集解》:"焱氏，即猋氏，已見《天運篇》。"王叔岷《校詮》:"神農
則當作猋氏。"　　風:指詩歌。《詩經》之詩分"風"、"雅"、"頌"
三部。王叔岷《校詮》:"風，謂詩也。"

③具:工具，指枝木。　　數:意指節奏。王先謙《集解》:"宣云:'有
枝擊木，而無節奏。'"

④宮角:意指五音，即宮商角徵羽。王先謙《集解》:"宣云:'有歌聲
而無音律。'"

⑤犁然:釋然。王先謙《集解》:"宣云:'犁然，猶釋然，如犁田者其
土釋然也。'"　　當:適當。成玄英疏:"犁然清淡而樂正，心故有
應，當與人心者也。"

⑥端拱還目:正經而坐，回頭而視。陸德明《釋文》:"還音旋。"成玄
英疏:"正身回目而視。"王先謙《集解》:"還目，回目。"

⑦廣己:意謂伸張自己。　　造:至也。王先謙《集解》:"造，至也。
自廣而至於自大，自愛而至於自傷，皆非所以處窮。"

⑧天:自然，與"人"對言。下同。　　損:減損，與"益"對言。成玄

英疏："夫自然之理,有窮塞之損,達於時命,安之則易。人倫之
　　道,有〔爵〕禄之益,儻來而寄,推之即難。"

⑨卒:終也。郭象注:"於今爲始者,於昨爲卒,則所謂始者即是卒
　　矣。言變化之無窮。"

⑩一:一樣,同一。郭象注:"皆自然。"

⑪郭象注:"任其自爾,則歌者非我也。"

⑫桎:同"室"。成玄英疏:"桎,塞也。"王叔岷《校詮》:"褚伯秀云:
　　'桎當是室,本經多通用。'案桎借爲窒,俗作室,《達生篇》:'故其
　　靈臺一而不桎。'與此同例。"

⑬泄:發泄。陸德明《釋文》:"司馬云:'發也。'"成玄英疏:"此猶天
　　地虛盈,四時轉變,發泄氣候也。"

⑭言:意謂"我"。陸德明《釋文》:"言,我也。"　　偕:俱也。成玄英
　　疏:"偕,俱也。逝,往也。既體運物之無常,故與變化而俱往。"

⑮去之:逃避君命。成玄英疏:"爲人臣者不敢逃去君命。"

⑯待天:依恃自然。成玄英疏:"必待自然之理。"

　　"何謂无受人益難?"仲尼曰:"始用四達①,爵禄並至而
不窮,物之所利,乃非己也②,吾命有在外者也③。君子不爲
盜,賢人不爲竊。吾若取之,何哉④! 故曰,鳥莫知於鷾鴯⑤,
目之所不宜處⑥,不給視⑦,雖落其實⑧,棄之而走。其畏人
也,而襲諸人間⑨,社稷存焉爾⑩。""何謂无始而非卒?"仲尼
曰:"化其萬物而不知其禪之者⑪,焉知其所終? 焉知其所始?
正而待之而已耳⑫。""何謂人與天一邪?"仲尼曰:"有人,天
也;有天,亦天也⑬。人之不能有天,性也⑭,聖人晏然體逝而
終矣⑮!"

【校注】

　　①四達:通達,順利。王先謙《集解》:"宣云:'始用,初進也。初進

之時,即四達而無不利。'"錢穆《纂箋》:"王敔曰:'一試用而即
通顯。'"

②己:意謂非關自己。王先謙《集解》:"宣云:'此物之利,於己性分
無與。'"王叔岷《校詮》:"爵禄乃身外之物,無與於己也。"

③外者:意謂支配命運之物。郭象注:"人之生,必外有接物之命,非
如瓦石,止於形質而已。"王先謙《集解》:"宣云:'此吾氣數之命
偶有通於外者也。'"錢穆《纂箋》:"是我有命,制之在外也。此命
指窮通言。"

④之:意指爵禄。郭象注:"盜竊者,私取之謂也。今賢人君子之致
爵禄,非私取也,受之而已。"錢穆《纂箋》:"馬其昶曰:'此即孟子
求在外之旨。凡取外物之利以爲己益者,皆盜竊之行也。'"

⑤鶌鶋(yìér):燕子。陸德明《釋文》:"鶌音意,鶋音而。或云:
燕也。"

⑥目:看見。　處:處所。陸德明《釋文》:"言不可止處,目已羅絡
知之,故棄之。"成玄英疏:"目略處所不是宜便。"

⑦給:及也。王先謙《集解》:"見不宜處者,不給於視。"王叔岷《校
詮》:"給猶及也,(《國語·晉語一》'豫而後給',韋注:'給,及
也。')……'不給視',謂不及觀而察之也。"

⑧實:果實,食物。成玄英疏:"實,食也。……假令銜食落地,急棄
而走。"

⑨襲:入也。成玄英疏:"襲,入也。"王先謙《集解》:"其畏人也如
此,而入居於人室。"

⑩社稷:意指燕子存身之所。郭慶藩《集釋》引郭嵩燾曰:"有土而
因有社,有田而因有稷。社者,所以居也;稷者,所以養也。"錢穆
《纂箋》引宣穎曰:"如巢入室,託居在此耳。"　焉:於是。王叔
岷《校詮》:"焉猶於是也,爾猶耳也。此謂鶌鶋之所居所養存於
是耳。"

⑪禪:代也。郭象注:"莫覺其變。"成玄英疏:"禪,代也。"王先謙《集解》:"天化生萬物,日新不窮,而不知誰爲禪代之者。"

⑫正:意謂守正。王先謙《集解》:"守正而俟之而已。"錢穆《纂箋》:"胡遠濬曰:'此即孟子夭壽不貳,修身以俟,所以立命之旨。'"

⑬天:自然。郭象注:"凡所爲天,皆明不爲而自然。"王先謙《集解》:"宣云:'人與天,皆天爲之。天即理也。'"

⑭性:性分。王先謙《集解》:"宣云:'人或不能全有其天,以性分有所加損故也。'"

⑮晏然:安然。成玄英疏:"晏然,安也。"王叔岷《校詮》:"'晏然體逝',猶'安然順化'也。"

莊周遊乎雕陵之樊①,覩一異鵲自南方來者,翼廣七尺,目大運寸②,感周之顙而集於栗林③。莊周曰:"此何鳥哉,翼殷不逝④,目大不覩?"蹇裳躩步⑤,執彈而留之⑥。覩一蟬,方得美蔭而忘其身⑦;螳蜋執翳而搏之⑧,見得而忘其形;異鵲從而利之⑨,見利而忘其真⑩。莊周怵然曰⑪:"噫!物固相累⑫,二類相召也⑬!"捐彈而反走⑭,虞人逐而誶之⑮。莊周反入,三月不庭⑯。藺且從而問之⑰:"夫子何爲頃間甚不庭乎⑱?"莊周曰:"吾守形而忘身⑲,觀於濁水而迷於清淵⑳。且吾聞諸夫子曰㉑:'入其俗,從其俗㉒。'今吾遊於雕陵而忘吾身,異鵲感吾顙,遊於栗林而忘真,栗林虞人以吾爲戮㉓,吾所以不庭也。"

【校注】

①雕陵:陵名。陸德明《釋文》:"司馬云:'雕陵,陵名。'"成玄英疏:"雕陵,栗園名也。" 樊:同"藩"。陸德明《釋文》引司馬彪曰:"樊,藩也,謂遊栗園藩籬之内也。"

②運:圓,亦謂直徑。成玄英疏:"運,員也。"郭慶藩《釋文》引王念

孫曰：“運寸與廣七尺相對爲文，廣爲橫則運爲從也。目大運寸，猶言目大徑寸耳。《越語》‘句踐之地廣運百里’，韋注曰：‘東西爲廣，南北爲運。’是運爲從也。”王叔岷《校詮》：“成疏釋運爲員，‘運寸’猶‘員寸’，如王説。亦作‘圓寸’，《劉子·隨時篇》：‘救饑者以圓寸之珠，不如與之橡菽。’（菽字疑誤。）《記纂淵海》五七引‘圓寸’作‘員寸’，僞《慎子》外篇作‘徑寸’，即其證。”

③感：觸也。陸德明《釋文》：“李云：‘感，觸也。’”　顙：額頭。成玄英疏：“顙，額也。”　集：停息，棲息。成玄英疏：“異常之鵲從南方來，翅長七尺，眼圓一寸，突著莊生之額，仍栖栗林之中。”

④殷：大。陸德明《釋文》：“司馬云：‘殷，大也。’”　不逝：意謂不能遠飛。陸德明《釋文》：“李云：‘翼大逝難，目大視希，故不見人。’”成玄英疏：“翅大不能遠飛，目大不能遠視。”錢穆《纂箋》：“王敔曰：‘不逝，不遠飛。’”

⑤蹇：同“搴”，用手提起。錢穆《纂箋》：“王念孫曰：‘蹇搴通。’”王叔岷《校詮》：“搴乃攐之别體，（《説文》：攐，拔取也。）亦借爲攘。”章按：《説文》：“攘，摳衣也。”　躩（jué）步：意謂疾行。陸德明《釋文》：“司馬云：‘疾行也。’案即《論語》云‘足躩如也’。”

⑥彈：彈弓。成玄英疏：“把彈弓而伺候。”　留：停留。陸德明《釋文》：“司馬云：‘宿留伺其便也。’”王叔岷《校詮》：“《列子·黄帝篇》：‘襄子怪而留之。’《釋文》：‘留，謂宿留而視之也。’與此留字同旨。”

⑦美蔭：好樹蔭。成玄英疏：“美兹蔭庇，不覺有身。”

⑧執翳：用樹葉爲陰翳。郭象注：“執木葉以自翳於蟬。”　搏：捕也。成玄英疏：“搏，捕也。”王叔岷《校詮》：“搏、捕古通。”

⑨利：便利。成玄英疏：“異鵲從螳蜋之後，利其捕蟬之便。”

⑩利：利益。　真：身也。陸德明《釋文》：“司馬云：‘真，身也。’”王叔岷《校詮》：“《劉子·利害篇》‘異鵲以見利而忘身’，即本

此文。"

⑪怵然:驚悚之狀。成玄英疏:"怵然驚惕。"

⑫物:泛指各類生物。郭象注:"相爲利害,恒相爲累。"

⑬召:召唤,招引。郭象注:"夫有欲於物者,物亦有欲之。"王先謙《集解》:"宣云:'蟬召螳蜋,螳蜋召鵲,皆自招害。'"

⑭捐:棄也。成玄英疏:"捐,棄也。"  反:同"返"。下同。

⑮虞人:管園之人。成玄英疏:"虞人,掌栗園之虞侯也。"  誶(suì):審問。陸德明《釋文》:"問也。司馬云:'以周爲盜栗也。'"成玄英疏:"誶,問也。既覺利害相隨,棄彈弓而反走,虞人謂其盜栗,故逐而問之。"

⑯庭:同"逞"。郭慶藩《集釋》引王念孫曰:"庭當讀爲逞,不逞,不快也;甚不逞,甚不快也。……《方言》曰:逞,曉,快也。……逞字古讀若呈,聲與庭相近,故通作庭。"錢穆《纂箋》:"吳汝綸曰:'庭讀爲廷,平也。'"亦通。

⑰藺且:人名。成玄英疏:"姓藺名且,莊子弟子。"

⑱頃間:久時。郭慶藩《集釋》:"《文選》郭景純《江賦》注引司馬云:'頃,九也。'謝靈運《入華子洞是麻源第三谷詩》注引司馬云:'頃,常久也。'"

⑲形:外物之形。王先謙《集解》:"守物形而忘己身。"王叔岷《校詮》:"謂守異鵲而忽己也。"

⑳濁水、清淵:對言。王叔岷《校詮》:"此譬喻也。謂觀察於混濁之利而迷惑於清明之本性也。"

㉑夫子:意指老聃。成玄英疏:"莊周師老聃,故稱老子爲夫子也。"章案:此爲寓言,不足爲證。

㉒俗:應爲"令",本亦作"令",禁令。郭象注:"不違其禁令也。"章案:此語未見《老子》,《禮記》云:"入竟而問禁,入國而問俗。"與此義同。

㉓戮:辱也。郭象注:"以見問爲戮。"成玄英疏:"虞人謂我偷栗,是
　　成身[之]恥(之)辱如此,是故不庭。"王先謙《集解》:"戮,辱
　　也。"王叔岷《校詮》:"《廣雅·釋詁三》:'戮,辱也。'"

　　陽子之宋①,宿於逆旅②。逆旅人有妾二人,其一人美,其
一人惡③,惡者貴而美者賤。陽子問其故,逆旅小子對曰:"其
美者自美④,吾不知其美也;其惡者自惡,吾不知其惡也。"陽
子曰:"弟子記之! 行賢而去自賢之行⑤,安往而不愛哉⑥!"

【校注】

①陽子:陽朱,古代著名思想家。陸德明《釋文》:"陽子,司馬云:
　　'陽朱也。'"　　之宋:行往宋國。

②逆旅:旅店。成玄英疏:"逆旅,店也。"

③惡:丑。

④自美:自以爲美。成玄英疏:"美者恃其美,故人忘其美而不知也。
　　惡者謙下自惡,故人忘其惡而不知也。"王先謙《集解》:"自美而
　　驕亢。"

⑤自賢:自以爲賢。成玄英疏:"去自賢輕物之心。"王先謙《集解》:
　　"二行去聲。"錢穆《纂箋》:"奚侗曰:行,《韓非子·說林》作心。"

⑥安:何。　　愛:同"美",意謂尊重。成玄英疏:"何往而不得愛重
　　哉!"王叔岷《校詮》:"《韓非子》愛作美,美似有愛義。陶淵明《擬
　　古詩》九首之七'佳人美清夜',(丁福保《箋注》:美猶愛也。)《丙
　　辰歲八月中濮於下田舍穫詩》'悲風愛靜夜'句例同,一用美字,
　　一用愛字,義似相通。"

# 田子方第二十一

【題解】

　　此篇多修身養氣之説。至人有至樂，與太一同體。禮儀規矩爲人之桎梏。萬物乃陰陽合氣而成。合氣之狀亦至人之境界。繪者"解衣槃礴"、釣者無釣，亦爲無心之佳境。篇末之辯有名家遺風。

　　田子方侍坐於魏文侯①，數稱谿工②。文侯曰："谿工，子之師邪③？"子方曰："非也，无擇之里人也④；稱道數當⑤，故无擇稱之。"文侯曰："然則子无師邪？"子方曰："有。"曰："子之師誰邪？"子方曰："東郭順子⑥。"文侯曰："然則夫子何故未嘗稱之？"子方曰："其爲人也真，人貌而天⑦，虛緣而葆真⑧，清而容物⑨。物无道⑩，正容以悟之⑪，使人之意也消。无擇何足以稱之⑫！"子方出，文侯儻然終日不言⑬，召前立臣而語之曰："遠矣，全德之君子⑭！始吾以聖知之言、仁義之行爲至矣⑮，吾聞子方之師，吾形解而不欲動⑯，口鉗而不欲言⑰。吾所學者真土梗耳⑱，夫魏真爲我累耳⑲！"

【校注】

　　①田子方：人名。陸德明《釋文》："李云：'魏文侯師也，名無擇。'"成玄英疏："姓田，名無擇，字子方，魏之賢人，文侯師也。"錢穆《纂箋》引韓愈曰："子夏之學，其後有田子方。子方之後，流而爲

莊周。故周之書,喜稱子方之爲人。" 魏文侯:魏君。成玄英
疏:"文侯是畢萬七世孫,武侯之父也。"

②稱:稱讚。 谿(xī)工:人名。陸德明《釋文》:"李云:'谿工,賢
人也。'"成玄英疏:"姓谿,名工,亦魏之賢人。"

③子:"你"之尊稱。

④里:鄉里。成玄英疏:"谿工是子方鄉里人也。"

⑤稱道:言説道術。 當:得當。成玄英疏:"稱説言道,頻當於理。"

⑥東郭順子:人名。成玄英疏:"居在郭東,因以爲氏,名順子,子方
之師也。"

⑦天:自然。郭象注:"雖貌與人同,而獨任自然。"王叔岷《校詮》:
"《德充符篇》:'有人之形,无人之情。'《秋水篇》:'天在内,人在
外。'皆'人貌而天'之義也。"

⑧虛緣:意謂虛心順物。 葆真:意謂守護真元。郭象注:"虛而順
物,故真不失。"成玄英疏:"緣,順也。虛心順物,而恒守真宗,動
而常寂。"王叔岷《校詮》:"《山木篇》'形莫若緣,情莫若率',《則
陽篇》'其於人也,樂物之通而保己焉',《外物篇》'順人而不失
己',皆'虛緣而葆真'之義也。"

⑨清:清虛。郭象注:"夫清者患於大絜,今清而容物,與天同也。"陸
德明《釋文》:"大音泰。"

⑩物:泛指人和物。

⑪正容:意謂正己。郭象注:"曠然清虛,正己而已,而物邪自消。"成
玄英疏:"世間無道之物,斜僻之人,東郭自正容儀,令其曉悟,使
惑亂之意自然消除也。"

⑫足:夠得上。成玄英疏:"師之盛德,深玄若是,無擇庸鄙,何足稱
揚也!"

⑬儻然:自失之狀。陸德明《釋文》:"司馬云:'失志貌。'"成玄英
疏:"儻然,自失之貌。"王叔岷《校詮》:"儻與倘同,《在宥篇》'倘

然止’,《釋文》:‘倘,李云:自失貌。’”

⑭君子:指東郭順子。王先謙《集解》:“謂順子也。”

⑮知:同“智”。陸德明《釋文》:“知音智。”成玄英疏:“我初昔修學,用先王聖智之言,周孔仁義之行,爲窮理至極。”

⑯形解:形體解散。成玄英疏:“遂使吾形體解散,不能動止。”

⑰鉗:閉也。王叔岷《校詮》:“鉗猶閉也,《淮南子·精神篇》‘鉗口而不以言’,《文子·九守篇·守平》、《劉子·清神篇》鉗並作閉,即其證。”

⑱土梗:土人,土偶。陸德明《釋文》:“土梗,司馬云:土人也,遭雨則壞。”成玄英疏:“土梗,土人也。”郭慶藩《集釋》:“《一切經音義》二十引司馬云:‘土梗,土之木梗,亦木人也;土木相偶,謂以物像人形,皆曰偶耳。’”亦備一説。

⑲魏:魏國。郭象注:“知至貴者,以人爵爲累也。”

溫伯雪子適齊①,舍於魯②。魯人有請見之者,溫伯雪子曰:“不可。吾聞中國之君子③,明乎禮義而陋於知人心④,吾不欲見也。”至於齊,反舍於魯⑤,是人也又請見⑥。溫伯雪子曰:“往也蘄見我⑦,今也又蘄見我,是必有以振我也⑧。”出而見客,入而歎。明日見客,又入而歎。其僕曰:“每見之客也⑨,必入而歎,何邪?”曰:“吾固告子矣⑩:‘中國之民,明乎禮義而陋乎知人心。’昔之見我者,進退一成規⑪,一成矩,從容一若龍⑫,一若虎,其諫我也似子,其道我也似父⑬,是以歎也。”仲尼見之而不言。子路曰:“吾子欲見溫伯雪子久矣⑭,見之而不言,何邪?”仲尼曰:“若夫人者⑮,目擊而道存矣⑯,亦不可以容聲矣。”

【校注】

①溫伯雪子:人名。陸德明《釋文》:“李云:‘南國賢人也。’”成玄英

　　疏："姓温,名伯,字雪子,楚之懷道人也。"　　適齊:行往齊國。

②舍:住宿。　　魯:魯國。

③中國:指魯國。成玄英疏:"中國,魯國也。"

④義:同"儀"。下同。王叔岷《校詮》:"義讀爲儀,義、儀古今字。"

　　陋:不擅長。成玄英疏:"陋,拙也。"

⑤反:同"返"。

⑥是:此。

⑦蕲:同"祈"。陸德明《釋文》:"蕲音祈。"成玄英疏:"蕲,求也。"王
　　叔岷《校詮》:"蕲借爲祈,《廣雅·釋詁三》:祈,求也。"

⑧振:起也,意謂啓發。王先謙《集解》:"振我,猶言起予。"王叔岷
　　《校詮》:"《國語·晉語七》'振廢淹',韋注:'振,起也。'《論語·
　　八佾篇》:'子曰:起予者商也。'即王説'起予'所本。"

⑨之:此。王先謙《集解》:"蘇輿云:'之客,猶是客。'"

⑩固:同"故",以前。

⑪一:或也。"規"與"矩"互文。成玄英疏:"擎跪揖讓,前却方圓。"
　　王叔岷《校詮》:"一猶或也。"

⑫從容:舉止。"龍"與"虎"互文。成玄英疏:"逶迤若龍,槃辟若
　　虎。"王叔岷《校詮》引王念孫曰:"《楚辭·九章·懷沙篇》:'孰知
　　余之從容!'王逸注云:'從容,舉動也。'"

⑬道:同"導"。陸德明《釋文》:"道音導。"成玄英疏:"匡諫我也,如
　　子之事父;訓導我也,似父之教子。"王叔岷《校詮》:"道、導
　　古通。"

⑭吾子:你。

⑮夫:斯。陸德明《釋文》:"夫音符。"王叔岷《校詮》:"《大方廣佛華
　　嚴經隨疏演義鈔》'夫人'作'斯人',義同。"

⑯擊:觸,及。郭象注:"目裁動,意已達,無所容其德音也。"王先謙
　　《集解》:"宣云:'目觸之而知道在其身,復何所容其言説邪?'"錢

穆《纂箋》：“方以智曰：‘擊同及。’”

顏淵問於仲尼曰：“夫子步亦步[①]，夫子趨亦趨，夫子馳亦馳；夫子奔逸絕塵[②]，而回瞠若乎後矣[③]！”夫子曰：“回，何謂邪？”曰：“夫子步，亦步也；夫子言，亦言也；夫子趨，亦趨也；夫子辯，亦辯也；夫子馳，亦馳也；夫子言道，回亦言道也；及奔逸絕塵而回瞠若乎後者，夫子不言而信[④]，不比而周[⑤]，无器而民滔乎前[⑥]，而不知所以然而已矣[⑦]。”仲尼曰：“惡[⑧]！可不察與[⑨]！夫哀莫大於心死，而人死亦次之[⑩]。日出東方而入於西極[⑪]，萬物莫不比方[⑫]，有目有趾者[⑬]，待是而後成功[⑭]，是出則存[⑮]，是入則亡。萬物亦然，有待也而死，有待也而生[⑯]。吾一受其成形[⑰]，而不化以待盡[⑱]，效物而動[⑲]，日夜无隙[⑳]，而不知其所終；薰然其成形[㉑]，知命不能規乎其前[㉒]，丘以是日徂[㉓]。吾終身與汝交一臂而失之[㉔]，可不哀與！汝殆著乎吾所以著也[㉕]。彼已盡矣[㉖]，而汝求之以爲有，是求馬於唐肆也[㉗]。吾服汝也甚忘[㉘]，汝服吾也亦甚忘。雖然，汝奚患焉[㉙]！雖忘乎故吾[㉚]，吾有不忘者存。”

## 【校注】

①夫子：仲尼。此數句意謂顏淵對孔子亦步亦趨。此段文字亦屬寓言。

②奔逸絕塵：疾走。成玄英疏：“奔逸絕塵，急走也。”郭慶藩《集釋》：“《後漢書·逸民傳》注引、《文選》范蔚宗《逸民傳論》注並引司馬云：‘言不可及也。’”王叔岷《校詮》：“司馬本逸作徹，《後漢書·逸民傳》注引作轍，《韻府群玉》四引作軼，徹、轍古今字。逸、徹、軼並借爲駃，《説文》：‘駃，馬有疾足也。’段注：‘奔軼絕塵，字當作駃。’”

③瞋：直視之狀。陸德明《釋文》：“《字林》云：‘直視貌。’”成玄英疏：“瞋，直目貌也。滅塵迅速，不可追越，故直視而在後也。”

④信：信任，信譽。成玄英疏：“夫子不言而爲人所信。”

⑤比：親也。王叔岷《校詮》：“《周禮·夏官·大司馬》‘比小事大’，鄭注：‘比猶親也。’”　周：合適。王叔岷《校詮》：“《離騷》‘雖不周於今之人兮’，王注：‘周，合也。’‘不比而周’，謂不親而自合也。《論語·爲政篇》：‘君子周而不比。’”

⑥器：國器，爵位。陸德明《釋文》：“謂無君人之器。”成玄英疏：“器，爵位也。”　滔：同“蹈”。錢穆《纂箋》：“陸長庚曰：‘無名與位，而民自歸之。’”王叔岷《校詮》：“成疏滔作蹈，唐寫本、覆宋本、《道藏》成疏本、林希逸《口義》本、羅勉道《循本》本滔皆作蹈，蹈、滔正假字。無位而人蹈乎前，與上文‘不言而信，不比而周’亦相應。”

⑦而不知：則不知。王叔岷《校詮》：“而字猶則也。”

⑧惡（wū）：歎詞。陸德明《釋文》：“惡音烏。”王先謙《集解》：“歎詞。”

⑨與：同“歟”。下同。陸德明《釋文》：“與音餘。”成玄英疏：“何可不忘懷鑒照，夷心審察耶！”

⑩郭象注：“無哀則已，有哀則心死者，乃哀之大也。”

⑪極：盡頭。

⑫比方：意謂順道。王叔岷《校詮》引孫詒讓曰：“比方，猶言順道也。《易·比·象傳》云：‘比，下順從也。’《樂記》：‘樂行而民鄉方。’鄭注云：‘方猶道也。’”

⑬趾：足也。郭象注：“目成見功，足成行功也。”成玄英疏：“趾，足也。”王叔岷《校詮》：“‘有目有趾者’，就人而言，人爲萬物之一。”

⑭待：依賴，依恃。　是：意謂日行之道，含萬物化成之理。成玄英疏：“夫人百體，稟自陰陽，目見足行，資乎造化，若不待此，何以成

功!"王叔岷《校詮》:"是,謂日出入之理。"王先謙《集解》:"待晝
而作。"

⑮存、亡:有、無。成玄英疏:"見日出謂之存,覩日入謂之亡。"王先
謙:"日出則有世事,日入則無世事。"

⑯待:依恃。王先謙《集解》:"宣云:'待造化之往來爲生死,如依日
之出入爲存亡。'"

⑰其:意指造化。成玄英疏:"我之形性,稟之造化,明闇妍醜,崖分
已成。"

⑱盡:壽終。成玄英疏:"一定以後,更無變化,唯常端然待盡,以此
終年。"王先謙《集解》:"語又見《齊物論篇》,彼'化'作'亡'。"

⑲效:感應。成玄英疏:"感來斯應,物動而動。"錢穆《纂箋》:"宣穎
曰:'效猶感也。'"王叔岷《校詮》:"效猶應也。"

⑳隙:空隙,間隙。成玄英疏:"變化日新,泯然而無間隙。"王先謙
《集解》:"日夜代嬗,初無間隙,而不知其所終極。"

㉑薰然:自動之狀。成玄英疏:"薰然,自動之貌。"王叔岷《校詮》:
"薰訓動,則與熏通,《呂氏春秋·離謂篇》:'衆口熏天。'高注:
'熏,感動也。'"

㉒規:規劃,預測。成玄英疏:"不能預作規模。"錢穆《纂箋》:"宣穎
曰:'雖知命者不能豫規乎其前。'"王叔岷《校詮》:"《德充符篇》
'而知不能規乎其始',成疏釋規爲測度。前猶始也。"

㉓徂:往也。郭象注:"不係於前,與變俱往,故曰徂。"成玄英疏:
"徂,往也。"王先謙《集解》:"惟覺日之云逝。"

㉔交:執也。郭象注:"夫變化不可執而留也。故雖執臂相守而不能
令停。"王先謙《集解》:"雖吾與汝終身相與,不啻把一臂而失之,
言其暫也。"

㉕殆:僅,只。王先謙《集解》:"言汝殆止見乎吾所以見也,如言辯
之跡。"　著:見也,亦有可見之物之義。郭象注:"著,見也,言汝

殆見吾所以見者耳。"王叔岷《校詮》:"宣穎云:'汝但明於吾所顯
著之跡耳。'"

㉖彼:意指孔子所見之物。郭象注:"吾所以見者,日新也,故已盡
矣,汝安得有之!"王先謙《集解》:"彼所著者已盡爲陳跡矣。"王
叔岷《校詮》:"宣穎云:'所著者忽已過去。'案:彼,謂跡也。"

㉗唐肆:街市。郭象注:"唐肆,非停馬處也。"成玄英疏:"唐,道;
肆,市也。……向者見馬,市道而行,今時覆尋,馬已過去。"王先
謙《集解》:"宣云:'唐,中路。肆,市肆也。馬豈停於唐肆而求之
於是哉! 因回以馬喻,亦即馬言。'"

㉘服:感念。郭象注:"服者,思存之謂也。甚忘,謂過去之速也。"成
玄英疏:"(復)〔服〕者,尋思之謂也。向者之汝,於今已謝,吾復
思之,亦竟忘失。"王叔岷《校詮》:"宣穎云:'服,言素所佩服。'"

㉙奚:何也。成玄英疏:"汝何患也!"　患:憂患。

㉚故:故去。郭象注:"雖忘故吾而新吾已至。"王先謙《集解》引宣
穎曰:"故吾去而新吾又來,無頃刻留,亦無頃刻息,則時時有不忘
者存焉。雖奔逸絕塵,何必有瞠若乎後之慮哉!"

　孔子見老聃,老聃新沐①,方將被髮而乾②,慹然似非
人③。孔子便而待之④,少焉見⑤,曰:"丘也眩與⑥,其信然
與⑦? 向者先生形體掘若槁木⑧,似遺物離人而立於獨也⑨。"
老聃曰:"吾遊於物之初⑩。"孔子曰:"何謂邪?"曰:"心困焉
而不能知⑪,口辟焉而不能言⑫,嘗爲汝議乎其將⑬。至陰肅
肅⑭,至陽赫赫;肅肅出乎天,赫赫發乎地;兩者交通成和而
物生焉,或爲之紀而莫見其形⑮。消息滿虛⑯,一晦一明,日
改月化⑰,日有所爲,而莫見其功。生有所乎萌⑱,死有所乎
歸⑲,始終相反乎无端而莫知乎其所窮⑳。非是也,且孰爲之
宗㉑!"

## 【校注】

①沐:應爲"沐",覆宋本、世德堂本皆作"沐"。

②被:同"披"。陸德明《釋文》:"被,皮寄反。"成玄英疏:"既新沐髮,曝之令乾。"章案:此爲寓言,於史無徵。

③慹:借爲"蟄"。錢穆《纂箋》:"朱駿聲曰:'慹叚爲蟄。'"王叔岷《校詮》:"《在宥篇》'贄然立',《釋文》引李頤云:'贄,不動貌。'贄亦借爲蟄,《爾雅·釋詁》:'蟄,静也。'静則不動矣。"

④便:借爲"屏",意謂隱身。錢穆《纂箋》:"章炳麟曰:'便借爲屏,便屏一聲之轉。《説文》:屏,屏蔽也。老聃方被髮,不可直入相見,故屏隱而待之。'"

⑤少:同"稍"。成玄英疏:"俄頃之間,入見老子。" 見:同"現"。陸德明《釋文》:"見,普賢反。"

⑥眩:目眩。成玄英疏:"眼爲眩耀。" 與:同"歟"。下同。陸德明《釋文》:"與音餘。"

⑦信:可信,真實。

⑧向者:以前。 掘:特別。王叔岷《校詮》:"掘借爲崛,《漢書·揚雄傳·甘泉賦》'洪臺掘其獨出兮',應劭注:'掘,特貌也。'《文選》掘作崛,崛、掘正假字。'掘若槁木',謂特出如槁木也。"

⑨獨:獨化。成玄英疏:"離異於人,遺棄萬物,亡於不測而冥於獨化也。"

⑩初:道也,本也。成玄英疏:"初,本也。夫道通生萬物,故名道爲物之初也。"王先謙《集解》:"宣云:'物之初,無物之際也。遊心於無物之際,遇道之真也。'"

⑪困:困難,困擾。

⑫辟:同"闢"。成玄英疏:"辟者,口開不合也。"王叔岷《校詮》:"辟借爲闢。《天運篇》'予口張而不能嗋',《秋水篇》'公孫龍口呿而不合',張、呿皆開也。"

⑬将:大者,主要。錢穆《纂箋》:"高駿烈曰:《吕覽》注:'將,主也。'言議乎其宗主也。"王叔岷《校詮》:"奚侗云:'《詩・小雅》:亦孔之將。鄭箋:將,大也。《方言》:將,大也。議乎其將,言爲孔子議其大者耳……'案《爾雅・釋詁》亦云:'將,大也。'……高氏釋將爲宗主,與下文'非是也,且孰爲之宗'亦相應。"

⑭蕭蕭、赫赫:形容陰陽二氣。成玄英疏:"蕭蕭,陰氣寒也;赫赫,陽氣熱也。"

⑮紀:綱紀。成玄英疏:"二氣交通,遂成和合,因此和氣而物生焉。雖復四序炎涼,紀綱庶物,而各自化,故莫見綱紀之形。"

⑯消息:意指陰陽。成玄英疏:"陰消陽息,夏滿冬虚。"

⑰改、化:變遷、變化。成玄英疏:"日遷月徙,新新不住,故日有所爲也。"

⑱萌:萌生,萌發。郭象注:"萌於未聚也。"

⑲歸:回歸。郭象注:"歸於散也。"王叔岷《校詮》:"就形跡言,有萌、歸之别。"

⑳端:始也。　窮:終也。成玄英疏:"死生終始,反覆往來,既無端緒,誰知窮極!"王先謙《集解》引蘇輿云:"'終始'二句,即所謂'方生方死,方死方生'也。"

㉑是:意指道。王叔岷《校詮》:"是,謂無形、無功者,即道也。"
宗:本也。成玄英疏:"誰爲萬物之本宗乎!"

孔子曰:"請問遊是①。"老聃曰:"夫得是,至美至樂也,得至美而遊乎至樂,謂之至人。"孔子曰:"願聞其方②。"曰:"草食之獸不疾易藪③,水生之蟲不疾易水④,行小變而不失其大常也⑤,喜怒哀樂不入於胸次⑥。夫天下也者,萬物之所一也⑦。得其所一而同焉,則四支百體將爲塵垢⑧,而死生終始將爲晝夜,而莫之能滑⑨,而況得喪禍福之所介乎⑩!棄隸者若棄泥塗⑪,知身貴於隸也,貴在於我而不失於變⑫。且萬化而未始有極也⑬,夫孰足以患心⑭!已爲道者解乎此⑮。"孔子曰:"夫子德配天地⑯,而猶假至言以修心⑰,古之君子,孰能脱焉⑱?"老聃曰:"不然。夫水之於汋也⑲,无爲而才自然矣。至人之於德也,不脩而物不能離焉⑳。若天之自高,地之自厚,日月之自明,夫何脩焉!"孔子出,以告顔回曰:"丘之於道也,其猶醯雞與㉑!微夫子之發吾覆也㉒,吾不知天地之大全也㉓。"

【校注】

①是:此,意指道。下同。成玄英疏:"遊心是道,其術如何?"

②方:指道。成玄英疏:"方猶道也。請説至美至樂之道。"

③疾:患也。成玄英疏:"疾,患也。"　易:移也。下同。成玄英疏:"易,移也。"　藪:澤也。成玄英疏:"食草之獸,不患易移藪澤。"

④成玄英疏:"水生之蟲不患改易池沼。"

⑤常:常規,常道。王叔岷《校詮》:"《淮南子·説山篇》亦有此文。又《説林篇》:'冬有雷電,夏有霜雪,然而寒暑之勢不易,小變不足以妨大節。'文雖異,義亦相近。"

⑥次:中也。陸德明《釋文》:"李云:'次,中也。'"成玄英疏:"死生無變於己,喜怒豈入於懷中也!"

⑦所一:意謂源自道。一:道。成玄英疏:"天地萬物,其體不二。"王先謙《集解》:"宣云:'萬化不踰真宰。'"

⑧支:同"肢"。成玄英疏:"達斯趣者,故能混同。是以物我皆空,百體將爲塵垢。"

⑨滑(gǔ):亂也。陸德明《釋文》:"滑,古没反。"成玄英疏:"死生不能滑亂。"王先謙《集解》:"滑,亂也。"

⑩介：邊際，分際。成玄英疏：“而況得喪禍福生崖之事乎！”錢穆《纂箋》：“宣穎曰：‘介，際也。’”

⑪隸：隸屬，意指隸屬之物。王先謙《集解》：“隸，屬也，謂官屬。”王叔岷《校詮》：“得喪禍福皆隸也，得喪禍福與身相比，則身貴於隸；身與真我（真君、心神）相比，則身爲隸，真我又貴於身矣。”

⑫變：變化，物化。郭象注：“所貴者我也，而我與變俱，故無失也。”王先謙《集解》：“不以變而失我之貴。”

⑬極：終點。王先謙《集解》：“萬化無極，我亦與之爲無極。”錢穆《纂箋》：“語又見《大宗師》。”

⑭患：困擾。成玄英疏：“誰復累心！”王先謙《集解》：“宣云：‘則道遙遊之矣。’”王叔岷《校詮》：“夫猶此也。”

⑮已爲：唯當。成玄英疏：“唯當修道達人，方能解此。”王先謙《集解》：“宣云：‘惟既履道者知之。’”王叔岷《校詮》：“爲猶有也，《淮南子·人間篇》：‘唯有道者能行之。’‘爲道’、‘有道’，其義一也。”

⑯夫子：指老聃。

⑰假：借也。成玄英疏：“今乃盛談至言以修心術。”

⑱脫：免也。成玄英疏：“脫，免也。”王叔岷《校詮》：“古之君子，誰能遣於言説而免於修爲者乎？”

⑲汋（zhuó）：水自然湧出。陸德明《釋文》：“汋音灼。”成玄英疏：“汋，水（也）澄湛也。言水之澄湛，其性自然。”郭慶藩《集釋》引郭嵩燾曰：“《説（水）〔文〕》：‘汋，激水聲也；井一有水，一無水，謂之瀱汋。’所引《爾雅·釋水》文。郭璞注《爾雅》，引《山海經》‘天井夏有水冬無水’，即此類。汋者，水自然湧出，非若泉水之有源，而溪澗之交匯以流行也。”

⑳物：泛指人和物。王先謙《集解》：“不言修而體物不遺。”王叔岷《校詮》：“《德充符篇》：‘德不形者，物不能離也。’”

○21 醯(xī)雞:小飛蟲。郭象注:"醯雞者,甕中之蠛蠓。"陸德明《釋文》:"司馬云:'若酒上蠛蠓也。'" 與:同"歟"。

○22 微:無也,非也。成玄英疏:"若無老子為發覆蓋,則終身不知天地之大全。"王叔岷《校詮》:"微亦可訓非。" 發吾覆:揭開我的蒙蔽之物。王先謙《集解》:"覆,謂有所蔽而不見。"錢穆《纂箋》:"陸長庚曰:'發覆,謂啟幕。'穆按:揭甕蓋也。"

○23 大全:意指道。王先謙《集解》:"宣云:'天地之大全,即萬物之所一也。'"

　　莊子見魯哀公①。哀公曰:"魯多儒士,少為先生方者②。"莊子曰:"魯少儒。"哀公曰:"舉魯國而儒服,何謂少乎?"莊子曰:"周聞之,儒者冠圜冠者③,知天時;履句屨者④,知地形;緩佩玦者⑤,事至而斷⑥。君子有其道者,未必為其服也;為其服者,未必知其道也。公固以為不然⑦,何不號於國中曰⑧:'无此道而為此服者,其罪死!'"於是哀公號之五日,而魯國无敢儒服者,獨有一丈夫儒服而立乎公門。公即召而問以國事,千轉萬變而不窮⑨。莊子曰:"以魯國而儒者一人耳,可謂多乎?"

## 【校注】

① 此謂寓言。成玄英疏:"莊子是六國時人,與魏惠王、齊威王同時,去魯哀公一百二十年,如此言見魯哀公,蓋寓言耳。"

② 方:方術,道術。成玄英疏:"方,術也。"王先謙《集解》:"言魯地鮮莊子無為之學。"

③ 圜(yuán):同"圓"。陸德明《釋文》:"圜音圓。"成玄英疏:"夫天員地方,服以象德。故戴圓冠以象天者,則知三象之吉凶。"王叔岷《校詮》:"圜、圓古通,《説劍篇》'上法圓天',《書鈔》及《御覽》一二二引圓作圜。"

④句:方。陸德明《釋文》:"李云:'方也。'"成玄英疏:"履方履以法地者,則知九州之水陸。"

⑤緩:應爲"綏",本亦作"綏"。陸德明《釋文》:"司馬本作綏。"成玄英疏:"綏者,五色條繩,穿玉玦以佩飾也。玦,決也。"王叔岷《校詮》:"緩蓋綏之形誤,《白帖》四、《御覽》六九二引此並作綏。"

⑥斷:決斷。成玄英疏:"曳綏佩玦者,事到而決斷。"

⑦固:若。王叔岷《校詮》:"固猶若也。"

⑧號:號令。陸德明《釋文》:"號,號令也。"

⑨窮:窮盡。意謂對答無窮盡。

百里奚爵禄不入於心①,故飯牛而牛肥②,使秦穆公忘其賤,與之政也③。有虞氏死生不入於心④,故足以動人。宋元君將畫圖⑤,衆史皆至⑥,受揖而立⑦;舐筆和墨⑧,在外者半⑨。有一史後至者,僤僤然不趨⑩,受揖不立,因之舍⑪。公使人視之,則解衣槃礴臝⑫。君曰:"可矣,是真畫者也。"

【校注】

①百里奚:人名。成玄英疏:"姓孟,字百里奚,秦之賢人也。本是虞人,虞被(秦)〔晉〕亡,遂入秦國。"

②飯:同"飼"。

③與:授予。　政:政事,國事。成玄英疏:"後穆公知其賢,委以國事,都不猜疑,故云忘其賤也。"

④有虞氏:舜。成玄英疏:"有虞,舜也,姓嬀氏,字重華。遭後母之難,頻被躓頓,而不以死生經心,至孝有聞,感動天地。"

⑤宋元君:宋國君。成玄英疏:"宋國之君,欲畫國中山川地土圖樣。"

⑥史:畫史。成玄英疏:"畫師並至。"

⑦受揖:受命拜揖。陸德明《釋文》:"司馬云:'受命揖而立也。'"成

玄英疏:"受君令命,拜揖而立。"

⑧舐筆:用舌頭舐筆尖。王叔岷《校詮》引朱駿聲云:"《說文》:'舓,以舌取食也,从舌易聲,或从也聲。'字亦作舐,《莊子》:'舐筆和墨。'"

⑨半:半數人。成玄英疏:"在外者半,言其趨競者多。"王先謙《集解》:"宣云:'此不能畫者。'"

⑩儃(tǎn)儃然:舒閑之狀。陸德明《釋文》:"吐袒反,徐音但。李云:'舒閑之貌。'"成玄英疏:"儃儃,寬閑之貌也。"錢穆《纂箋》:"方以智曰:儃儃,猶坦坦。"

⑪之:行也。成玄英疏:"受命不立,直入就舍。"

⑫槃礴:箕坐。陸德明《釋文》:"司馬云:'般礴,謂箕坐也。'"成玄英疏:"解衣箕坐。"　臝:同"倮"。陸德明《釋文》:"司馬云:'將畫,故解衣見形。'"成玄英疏:"倮露赤身,曾無懼憚。"王叔岷《校詮》:"臝、倮並俗字。……正作贏。《說文》:'贏,袒也。'"

文王觀於臧①,見一丈夫釣,而其釣莫釣②;非持其釣有釣者也,常釣也③。文王欲舉而授之政④,而恐大臣父兄之弗安也⑤;欲終而釋之⑥,而不忍百姓之无天也⑦。於是且而屬之大夫曰⑧:"昔者寡人夢見良人⑨,黑色而頯⑩,乘駁馬而偏朱蹄⑪,號曰:'寓而政於臧丈人⑫,庶幾乎民有瘳乎⑬!'"諸大夫蹴然曰⑭:"先君王也⑮。"文王曰:"然則卜之⑯。"諸大夫曰:"先君之命,王其无它⑰,又何卜焉!"遂迎臧丈人而授之政。

【校注】

①文王:周文王。　臧:地名。成玄英疏:"臧者,近渭水地名也。"

②丈夫:姜太公。成玄英疏:"丈夫者,寓言於太公也。"　釣:鈎,下同。"莫釣",無鈎。成玄英疏:"無心施餌,聊自寄此逍遙。"王先謙《集解》:"無心施餌,意不在魚。"錢穆《纂箋》:"王念孫曰:'其

釣、非持其釣,皆指鉤而言。古人謂鉤爲釣也。'"

③常:借爲"尚",上也。王叔岷《校詮》:"奚侗曰:'有借作爲。常借作尚。尚者,上也,言彼丈夫固非持釣以爲釣者,是釣之上者也。'案不釣之釣,乃釣之至也。常釣即上釣,亦即至釣也。"

④舉:舉薦。　政:國政。成玄英疏:"文王既見賢人,欲委之國政。"

⑤父兄:意指親族。成玄英疏:"復恐皇親宰輔,猜而忌之。"王先謙《集解》:"父兄,親族。"

⑥釋:舍棄。成玄英疏:"既欲捨而釋之。"王先謙《集解》:"釋,弗舉。"王叔岷《校詮》:"釋猶舍也。"

⑦天:意謂庇護。成玄英疏:"不忍蒼生失於覆蔭,故言無天也。"

⑧且:應爲"旦",覆宋本、明世德堂本皆作"旦"。　屬:同"囑"。成玄英疏:"乃屬語臣佐。"

⑨昔:夜也。郭慶藩《集釋》:"昔者,夜者也。古謂夜爲昔。"

⑩頯:同"髯"。成玄英疏:"黑色而有鬚髯。"王叔岷《校詮》:"頯、髯並俗字。"

⑪駁:雜色。王先謙《集解》:"駁,雜色。"王叔岷《校詮》:"《説文》:'駁,馬色不純。'"　偏朱蹄:一蹄偏赤。陸德明《釋文》:"李云:'一蹄偏赤也。'"王先謙《集解》:"一蹄赤。"

⑫寓:寄也。成玄英疏:"寄汝國政於臧丈人。"王先謙《集解》:"寓,寄。"　而:汝。王先謙《集解》:"而,汝。"　臧丈人:臧地男子。

⑬庶幾:或許。　瘳(chōu):病愈。成玄英疏:"則民之荒亂病必瘳差矣。"

⑭蹙(cù)然:驚懼之狀。成玄英疏:"是以蹙然驚懼也。"

⑮先:已故。此句應爲"先君命王也"。陸德明《釋文》:"司馬云:'言先君王靈神之所致。'"郭慶藩《集釋》:"俞樾曰:'先君下疑奪命字。此本作先君命王也,故下文曰先君之命王其無他。'"

⑯卜：占卜。

⑰其无他：意謂不必懷疑。王先謙《集解》：“可無它疑。”

　　典法无更①，偏令无出②。三年，文王觀於國，則列士壞植散群③，長官者不成德④，斔斛不敢入於四境⑤。列士壞植散群，則尚同也⑥；長官者不成德，則同務也⑦；斔斛不敢入於四境，則諸侯无二心也⑧。文王於是焉以爲大師⑨，北面而問曰⑩：“政可以及天下乎？”臧丈人昧然而不應⑪，泛然而辭，朝令而夜遁⑫，終身无聞。顔淵問於仲尼曰：“文王其猶未邪⑬？又何以夢爲乎⑭？”仲尼曰：“默，汝无言！夫文王盡之也⑮，而又何論刺焉⑯！彼直以循斯須也⑰。”

【校注】

①更：更改。成玄英疏：“典憲刑法，一施無改。”

②偏：借爲“篇”。錢穆《纂箋》：“王敔曰：‘不特出一令。’”王叔岷《校詮》：“唐寫本偏作篇，‘篇令’謂篇章辭令，與‘典法’對言，偏借爲篇。”

③列士：衆士人。　壞植：意謂給主人拆臺，離散朋黨。郭慶藩《集釋》引俞樾曰：“宣二年《左傳》‘華元爲植’，杜注曰：‘植，將主也。’列士必先有主而後得有徒衆，故欲散其群，必先壞其植也。”　散群：意謂解散徒衆。陸德明《釋文》：“司馬云：‘散群，言不養徒衆也。’”

④長官：官員。王叔岷《校詮》：“‘長官’或言‘官長’，《老子》二十八章：聖人用之則爲官長。”　不成德：不獨成其功德。陸德明《釋文》：“司馬云：‘不利功名也。’”王先謙《集解》：“不獨成其德。”錢穆《纂箋》：“陸長庚曰：‘不居功也。’”

⑤斔斛（yǔhú）：度量器具。陸德明《釋文》：“音庾。李云：‘六斛四斗曰斔。’”成玄英疏：“遐邇同軌，度量不入四境。”章案：意謂民

眾誠信。

⑥尚：崇尚。郭象注：“所謂和其光，同其塵。”成玄英疏：“天下大同，不競忠諫。”

⑦務：政務。郭象注：“絜然自成，則與眾務異也。”成玄英疏：“事無隔異，則德不彰。”

⑧郭象注：“天下相信，故能同律度量衡也。”

⑨大師：太師。陸德明《釋文》：“大音泰。”

⑩北面：面向北，意謂尊重。成玄英疏：“俄頃之間，拜爲師父，北面事之，問其政術。”

⑪眛然：漠然。王叔岷《校詮》：“《德充符篇》述魯哀公傳國於哀駘它，哀駘它悶然而後應，氾若而辭，無幾何，去哀公而行，與此節所述臧丈人事相似。”

⑫令：動詞，意謂行令。

⑬未：意謂未達至德。成玄英疏：“未及至人之德。”王先謙《集解》：“宣云：‘德未足以信人邪？’”

⑭以夢爲：以夢爲由。

⑮盡：意謂完善。成玄英疏：“文王聖人，盡於妙理。”

⑯而：汝。王叔岷《校詮》：“而，汝也。”　論刺：譏刺。成玄英疏：“汝宜寢默，不勞譏刺。”

⑰彼：指文王。　循：順。成玄英疏：“循，順也。”　斯須：須臾。郭象注：“斯須者，百姓之情，當悟未悟之頃，故文王循而發之，以合其大情也。”成玄英疏：“斯須（由）［猶］須臾也。”王叔岷《校詮》：“宣穎云：‘順百姓一時之情以取信耳。’案：而，汝也。直猶特也。”

列御寇爲伯昏无人射①，引之盈貫②，措杯水其肘上③，發之④，適矢復沓⑤，方矢復寓⑥。當是時，猶象人也⑦。伯昏无人曰：“是射之射，非不射之射也⑧。嘗與汝登高山，履危石⑨,臨百仞之淵⑩,若能射乎⑪?"於是无人遂登高山,履危石,臨百仞之淵,背逡巡⑫,足二分垂在外⑬,揖御寇而進之⑭。御寇伏地,汗流至踵。伯昏无人曰:"夫至人者,上闚青天,下潛黃泉,揮斥八極⑮,神氣不變。今汝怵然有恂目之志⑯,爾於中也殆矣夫⑰!"

【校注】

①列禦寇:傳説人名,即列子,已見《逍遥遊篇》。 伯昏无人:寓言人物,已見《齊物論篇》。

②引之:引弓。 盈貫:弓彎盈滿。郭象注:"盈貫,謂溢鏑也。"王先謙《集解》:"張湛注:'盡弦窮鏑。'"王叔岷《校詮》:"案朱[駿聲]氏謂貫借爲彎,是也。《説文》:'彎,持弓關矢也。'段注:'引弓將滿是之謂彎。或叚貫爲關。'"

③措:置也。成玄英疏:"措,置也。" 其:於。成玄英疏:"置杯水於肘上。"王叔岷《校詮》:"其、於互文,其猶於也。"

④發:射出。郭象注:"矢去也。"

⑤適:借爲"鏑"。王叔岷《校詮》:"奚侗云:'《列子·黃帝篇》載此文適作鏑,是也。《説文》:鏑,矢鏠也。……'案《御覽》引此適亦作鏑……鏑、適正假字。" 沓:重也。成玄英疏:"沓,重也。……弦發矢往,復重沓前箭,所謂擘括而入者。"王叔岷《校詮》:"'復沓'猶'重沓',亦即'重疊',(沓借爲疊。)此謂矢已發者,鏑與矢重疊相連也。"

⑥方:今也。王叔岷《校詮》引奚侗云:"《詩·秦風》:'方舟爲期?'鄭箋:'方今以何時爲還期乎?'是方有今義。'方矢'猶'今矢',是引而未發之矢。對已發者言,則未發者爲今矢。若以先後言,則今矢又爲後矢。'方矢復寓',言後矢又寓於弦也。《列子·仲尼篇》:'善射者令後鏃中前括,發發相及,矢矢相屬。前矢造準而無絶落,後矢之括猶含弦,視之若一焉。'可迻釋此文。"

⑦象人：木偶人。成玄英疏：“象人，木偶土梗人。”王叔岷《校詮》：“宣穎云：‘不動如木偶。’案：象，與《德充符篇》‘象耳目’之象同，今字作像。”

⑧是：此也。成玄英疏：“言汝雖巧，仍是有心之射，非忘懷無心，不射之射也。”王先謙《集解》：“張注：‘雖盡射之理，而不能不以矜物。不射之射者，忘其能否，雖不射而同乎射也。’”

⑨佹：同“危”，本亦作“危”。王叔岷《校詮》：“佹，各本皆作危，《列子》同。佹，俗字。”

⑩仞：長度單位。成玄英疏：“七尺曰仞。”

⑪若：你。成玄英疏：“若，汝也。此是不射之射也。”

⑫逡巡：退行。成玄英疏：“逡巡，猶却行也。”錢穆《纂箋》：“宣穎曰：‘背臨深淵，逡巡後退。’”

⑬二分：三分之二。錢穆《纂箋》引宣穎曰：“‘足以三分計，二分垂在虛空。’”

⑭進：讓也。成玄英疏：“進，讓也。”

⑮揮斥：放縱也。郭象注：“揮斥，猶縱放也。”　八極：八方。成玄英疏：“縱放八方。”

⑯恂目：同“眴目”。陸德明《釋文》：“恂，謂眩也，欲以眩悅人之目，故怵也。”　志：識也。王叔岷《校詮》：“奚侗云：‘志即識字，謂標識也，猶言表著於外。’”

⑰中：心中，與上文“志”相對。王叔岷《校詮》引奚侗云：“中讀如字，謂心中也。”　殆：危殆。成玄英疏：“汝於射之危殆矣夫！”

肩吾問於孫叔敖曰①：“子三爲令尹而不榮華，三去之而无憂色②。吾始也疑子，今視子之鼻間栩栩然③，子之用心獨奈何④？”孫叔敖曰：“吾何以過人哉⑤！吾以其來不可却也⑥，其去不可止也，吾以爲得失之非我也，而无憂色而已矣⑦。我何以過人哉！且不知其在彼乎⑧，其在我乎？其在彼邪？亡

乎我⑨；在我邪？亡乎彼。方將躊躇⑩，方將四顧，何暇至乎人
貴人賤哉⑪！”仲尼聞之曰：“古之真人，知者不得説⑫，美人不
得濫⑬，盜人不得刦⑭，伏戲黄帝不得友⑮。死生亦大矣，而无
變乎己⑯，況爵禄乎！若然者，其神經乎大山而无介⑰，入乎淵
泉而不濡⑱，處卑細而不憊⑲，充滿天地⑳，既以與人，己愈
有㉑。”

【校注】

①肩吾：寓言人物，已見於《逍遥遊篇》。　孫叔敖：楚國賢人。成
玄英疏：“叔敖，楚之賢人也。”章案：據傳孫叔敖主持修建了楚國
大型水利工程芍陂。

②去之：棄令尹職。成玄英疏：“孫敖三仕而不榮華，三黜而無憂
色。”王叔岷《校詮》：“《論語・公冶長篇》：‘令尹子文三仕爲令
尹，無喜色；三已之，無愠色。’（又見《論衡・問孔篇》。）與此孫叔
敖事異。《吕氏春秋・知分篇》、《淮南子・道應篇》及《氾論篇》
則並作孫叔敖，本《莊子》也。”

③栩栩：歡暢之狀。成玄英疏：“栩栩，歡暢之貌也。”王叔岷《校
詮》：“《齊物論篇》：‘栩栩然胡蝶也。’成疏：‘栩栩，忻暢貌也。’”

④奈何：猶“若何”。成玄英疏：“若爲用心，獨得如此也？”王叔岷
《校詮》：“《德充符篇》亦云：‘其用心也獨若之何？’”

⑤過：勝過。成玄英疏：“何有藝術能過人耶！”

⑥其：指令尹之官爵。　却：辭却。成玄英疏：“夫軒冕榮華，物來
儻寄耳，故其來不可遣却，其去不可禁止。”

⑦而：遂也。王叔岷《校詮》：“‘而无憂色’猶‘遂无憂色’，而與遂同
義，《史記・范睢傳》：‘平原君畏秦，且以爲然，而入秦見昭王。’
《文選》陸韓卿《奉答内兄希叔詩》注引而作遂，即其證。”

⑧其：意指可貴者。　彼：意指令尹爵位。王先謙《集解》：“宣云：

‘不知可貴者在令尹乎？在我乎？’”

⑨亡：失也。成玄英疏：“亡，失也。”王先謙《集解》：“宣云：‘若在令尹，與我無與。若在我，與令尹無與。’”

⑩方將：猶“正欲”。王先謙《集解》：“《養生主篇》亦云：‘爲之四顧，爲之躊躇滿志。’”

⑪何暇：有何容暇。成玄英疏：“有何容暇至於人世，留心貴賤之間乎！”

⑫知：同“智”。成玄英疏：“縱有智言之人，不得辯説。”

⑬濫：覜覦。錢穆《纂箋》引姚永概曰：“《淮南》‘美者不能濫也’，注：‘濫，覦也。’”又王叔岷《校詮》：“《禮·樂記》‘姦聲，以濫溺而不止’，《史記·樂書》濫作淫，是濫有淫義。”亦通。

⑭刔：同“劫”。世德堂本亦作“劫”。成玄英疏：“盜賊之徒，豈能劫剥。”

⑮友：動詞。成玄英疏：“三皇五帝，未足交友也。”

⑯乎：猶“於”。成玄英疏：“死生大矣，而不變於己。”王叔岷《校詮》：“《齊物論篇》：‘死生无變於己。’”

⑰介：障礙，阻礙。成玄英疏：“介，礙也。……經乎大山而神無障礙。”陸德明《釋文》：“大音泰，介音界。”

⑱淵泉：深泉。王叔岷《校詮》：“‘淵泉’猶‘深泉’，與‘大山’對言，《小爾雅·廣詁》：‘淵，深也。’”　濡：溼也。《大宗師篇》“入水不濡”，成玄英疏：“濡，溼也。”

⑲懫：疲憊，抱怨。王先謙《集解》：“宣云：‘貧賤不得而病。’”

⑳郭象注：“其神明充滿天地。”

㉑既：盡也。成玄英疏：“既，盡也。”王先謙《集解》：“盡以濟人，而己愈有也。”王叔岷《校詮》：“既與愈亦互文，此謂‘愈以與人己愈多’也。”

楚王與凡君坐①，少焉，楚王左右曰凡亡者三②。凡君曰：

"凡之亡也,不足以喪吾存。夫'凡之亡不足以喪吾存',則楚之存不足以存存③。由是觀之,則凡未始亡而楚未始存也④。"

【校注】

①楚王:楚文王。　　凡君:凡僖侯。成玄英疏:"楚文王與凡僖侯同坐,論合從會盟之事。"

②凡:國名。陸德明《釋文》:"司馬云:凡,國名,在汲郡共縣。案《左傳》:'凡,周公之後也。隱七年,天王使凡伯來聘。'"成玄英疏:"凡是國名,周公之後,國在汲郡界,今有凡城是也。"　　三:意指三次。王叔岷《校詮》:"《韓非子·難二篇》:'齊桓公之時,晉客至,有司請禮,桓公曰告仲父者三。'(注:有司三請,皆曰:告仲父。)謂桓公言告仲父者三次。此文'楚王左右曰凡亡者三',句法同,似亦可釋爲'楚王左右言凡亡者三次也'。"

③存存:意謂以存在證明其存在。郭象注:"夫遺之者不以亡爲亡,則存亦不足以爲存矣。"

④是:此。章案:此爲一邏輯推論,有名家之風。其內在邏輯大致爲:(1)"凡之亡也,不足以喪吾存",意爲:對任何國×,×國亡未必×君亡。故推出(2)對任何國×,×君存未必×國存。由此推出(3)楚君存未必楚國存。(4)既然對凡對楚,都是"國亡未必君亡",或"君存未必國存",那麼,凡與楚無差別。如果說凡國亡,則楚國亦不存;如果說楚國存,則凡國亦未亡,即所謂"由是觀之,則凡未始亡而楚未始存也"。(此爲邢滔滔教授所作的推論和解釋。)

# 知北遊第二十二

**【题解】**

　　此篇爲全部《莊子》中最集中之道本體論,可謂核心篇章。中心議題仍是何爲道、何以知道、何以得道。《莊子》謂道爲萬物之本根,道無所不在,包括瓦缶、屎溺。然而,道不可説,不可聞,故知識與道無關。體道、得道者"形若槁骸,心若死灰",皆至人、神人也。

　　知北遊於玄水之上①,登隱弅之丘②,而適遭无爲謂焉③。知謂无爲謂曰:"予欲有問乎若④:何思何慮則知道? 何處何服則安道? 何從何道則得道⑤?"三問而无爲謂不荅也⑥,非不荅,不知荅也。知不得問,反於白水之南⑦,登狐闋之上⑧,而睹狂屈焉⑨。知以之言也問乎狂屈⑩。狂屈曰:"唉⑪! 予知之,將語若。"中欲言而忘其所欲言⑫。知不得問,反於帝宮,見黄帝而問焉。黄帝曰:"无思无慮始知道,无處无服始安道,无從无道始得道⑬。"

**【校注】**

　　①知:寓言人物,名稱顯然有寓意。陸德明《釋文》:"知音智。"成玄英疏:"此章並假立姓名,寓言名理。"　　玄水:水名,亦有寓意。陸德明《釋文》:"李云:'玄[水],水名。'"成玄英疏:"北是幽冥之域,水又幽昧之方。"

②隱弅(fèn)：形容山丘起伏之貌。陸德明《釋文》：“李云：‘隱出弅起，丘貌。’”成玄英疏：“隱則深遠難知，弅則鬱然可見。”錢穆《纂箋》：“方以智曰：‘弅通溢，謂滿起也。’”王叔岷《校詮》：“盆、溢古今字。”

③適遭：巧遇。　无爲謂：寓言人名，名亦有寓意。

④若：你。下同。成玄英疏：“若，汝也。”

⑤何道：如何言説。下同。成玄英疏：“此假設言方，運知問道。若爲尋思，何所念慮，則知至道？若爲服勤，於何處所，則安心契道？何所依從，何所道説，則得其道也？”

⑥荅：同“答”，本亦作“答”。下同。成玄英疏：“理無分別，故不知所以答也。”王先謙《集解》：“宣云：‘本無名言。’”

⑦反：同“返”。下同。　白水之南：與“北遊於玄水”相對。王叔岷《校詮》：“‘玄水之北’與‘白水之南’相對而言。”

⑧狐闋(què)：山丘名。陸德明《釋文》：“司馬、李云：‘狐闋，丘名。’”成玄英疏：“狐者疑似夷猶，闋者空静無物。”

⑨狂屈：寓言人名。成玄英疏：“猖狂妄行，掘若槁木，欲表斯義，故曰狂屈焉。”王叔岷《校詮》：“狂屈，蓋寓無心之人也。《在宥篇》‘猖狂不知所往’，成疏：‘無心妄行，無的當也。’《山木篇》‘猖狂妄行’，疏：‘猖狂，無心也。’‘猖狂’，複語。猖，本字作倀，《説文》：‘倀，狂也。’”

⑩之：此。王先謙《集解》：“之，此也。”

⑪唉：同“欸”。成玄英疏：“唉，應聲也。”錢穆《纂箋》：“王念孫曰：‘唉與欸同。’”

⑫中：心也。王叔岷《校詮》：“‘中欲言’猶言‘心欲言’。《史記·樂書》‘四暢交於中’，《正義》：‘中，心也。’《田子方篇》：‘爾於中也殆矣夫！’中亦心也。”

⑬成玄英疏：“軒轅體道，妙達玄言，故以一無(無)[答]於三問。”王

先謙《集解》:"宣云:'皆言自然乃合道也。'"

知問黃帝曰:"我與若知之,彼與彼不知也①,其孰是邪?"黃帝曰:"彼无爲謂真是也,狂屈似之;我與汝終不近也②。夫知者不言,言者不知,故聖人行不言之教③。道不可致④,德不可至⑤。仁可爲也,義可虧也⑥,禮相僞也⑦。故曰:'失道而後德,失德而後仁,失仁而後義,失義而後禮。禮者,道之華而亂之首也⑧。'故曰:'爲道者日損,損之又損之以至於无爲,无爲而无不爲也⑨。'今已爲物也⑩,欲復歸根⑪,不亦難乎!其易也⑫,其唯大人乎!生也死之徒⑬,死也生之始,孰知其紀⑭!人之生,氣之聚也;聚則爲生,散則爲死。若死生爲徒,吾又何患⑮!故萬物一也⑯。是其所美者爲神奇,其所惡者爲臭腐⑰;臭腐復化爲神奇⑱,神奇復化爲臭腐。故曰:'通天下一氣耳。'聖人故貴一⑲。"

## 【校注】

①彼:意指无爲謂、狂屈。王先謙《集解》:"無爲謂與狂屈。"

②近:接近。成玄英疏:"真者不知也,似者中忘也,不近者以其知也。"

③錢穆《纂箋》:"三語見《老子》。"

④致:給予,授予。王叔岷《校詮》:"致猶與也。(《公羊》莊三十二年《傳》'吾將焉致乎魯國',何注:'致,與也。')道在自然,不可授與也。"

⑤至:達到。郭象注:"不失德故稱德,稱德而不至也。"王叔岷《校詮》:"德在自得,非由外至。"

⑥虧:損也。王先謙《集解》:"爲仁可也,虧仁以爲義亦可也。"王叔岷《校詮》:"有所爲以成仁,有所不爲以成義。"

⑦僞:虛飾。成玄英疏:"禮尚往來,更相浮僞,華藻亂德,非真實

也。"王先謙《集解》:"禮文而僞。"王叔岷《校詮》:"禮尚節文,非本質也。"

⑧華:虛華浮僞。此五句引自《老子》。

⑨此三句引自《老子》。成玄英疏:"夫修道之夫,日損華僞,既而前損有,後損無,有無雙遣,以至於非有非無之無爲也,寂而不動,無爲故無不爲也。此引《老經》重明其行。"

⑩物:外物,器物。錢穆《纂箋》:"宣穎曰:'樸散爲器。'"王叔岷《校詮》:"道喪而爲物也。"

⑪根:道也。王先謙《集解》:"宣云:'欲反於道。'"王叔岷《校詮》:"《老子》十六章:'歸根曰靜。'"

⑫易:簡易。郭象注:"其歸根之易者,唯大人耳。大人體合變化,故化物不難。"成玄英疏:"今量反本不難,唯在大聖人耳。"王叔岷《校詮》:"馬其昶云:'易,謂簡易。'案:上其字,猶若也。"

⑬徒:類也。成玄英疏:"氣聚而生,猶是死之徒類。"王叔岷《校詮》:"徒猶類。"

⑭紀:端緒。王先謙《集解》:"宣云:'死生循環無窮。'"王叔岷《校詮》:"紀,端緒也。《方言》一〇:'紀,緒也,或曰端。'此謂死生循環,莫知其端緒也。"

⑮患:憂慮。成玄英疏:"有何憂色!"

⑯一:意指道、氣。王先謙《集解》:"宣云:'萬物之生死,總一氣也。'"

⑰惡(wù):厭惡。下同。陸德明《釋文》:"惡,烏路反。"

⑱復:又。成玄英疏:"物性不同,所好各異;彼之所美,此則惡之;此之所惡,彼又爲美。故毛嬙麗姬,人之所美,魚見深入,鳥見高飛。斯則臭腐神奇,神奇臭腐,而是非美惡,何有定焉! 是知天下萬物,同一和氣耳。"

⑲貴一:意謂尊道。王叔岷《校詮》:"貴一,則美惡、死生皆齊矣。

貴一之理,即齊物之理也。"

　　知謂黃帝曰:"吾問无爲謂,无爲謂不應我,非不我應[1],不知應我也。吾問狂屈,狂屈中欲告我而不我告,非不我告,中欲告而忘之也。今予問乎若,若知之,奚故不近?"黃帝曰:"彼其真是也[2],以其不知也;此其似之也[3],以其忘之也;予與若終不近也,以其知之也[4]。"狂屈聞之,以黃帝爲知言[5]。

【校注】

①我應:應我。下文"我告"意亦爲"告我"。

②彼:意指无爲謂。成玄英疏:"彼无爲謂妙體無知,故真是道也。"

③此:意指狂屈。成玄英疏:"此狂屈反照遣言,中忘其告,似道非真也。"

④知:意謂言説,實則不知、無知。成玄英疏:"知與黃帝二人,運智以論理,故不近真道也。"王先謙《集解》:"宣云:'道本不容言。'"

⑤知言:意謂知言不及道也。成玄英疏:"謂黃帝雖未近真,適可知玄言而已矣。"錢穆《纂箋》:"宣穎曰:'無爲謂終於無言。'"王叔岷《校詮》:"狂屈畢竟未妄言。"

　　天地有大美而不言,四時有明法而不議,萬物有成理而不説[1]。聖人者,原天地之美而達萬物之理[2],是故至人无爲,大聖不作,觀於天地之謂也[3]。今彼神明至精[4],與彼百化[5],物已死生方圓[6],莫知其根也[7],扁然而萬物自古以固存[8]。六合爲巨[9],未離其內[10];秋豪爲小[11],待之成體[12]。天下莫不沈浮[13],終身不故[14];陰陽四時運行,各得其序。惛然若亡而存[15],油然不形而神[16],萬物畜而不知[17],此之謂本根[18],可以觀於天矣[19]。

【校注】

①言、議、説:互文。郭象注:"此孔子之所云予欲無言。"陸德明《釋

文》:"大美謂覆載之美也。"成玄英疏:"夫二儀覆載,其功最美;四時代叙,各有明法;萬物生成,咸資道理;竟不言説,曾無議論也。"章案:諸家注文意甚明瞭,此三句意義相近,即孔子"天何言哉"之意。其中"大美",除陸德明氏、成玄英氏解爲"覆載之美"外,宣穎注云:"利及萬物,不言所利。"皆云天地有覆載之德。《説文》曰:"美與善同意。"可見此"大美"與"大德"之義同,與現代漢語美醜之美無關。另,《老子》云:"大音希聲,大象無形。"其"大音"非音,"大象"非象,《莊子》此言"大美",用法與《老子》一致,故亦爲非美。中國美學界諸多學人有將此"大美"解爲現代漢語美醜之美,並以此立論《莊子》美學思想,可謂風馬牛不相及,失之大矣!

②原:本也。郭象注:"任其自爲而已。"王先謙《集解》:"原,本也。" 達:通達。王先謙《集解》:"以覆載爲心,其本原與天地同,又萬物各有生成之理,因而達之。"

③成玄英疏:"大聖至人,無爲無作,觀天地之覆載,法至道之生成,無爲無育,斯之謂也。"

④今:應爲"合"。王叔岷《校詮》引奚侗云:"劉得一本今作合,是也,今、合形近而誤。" 彼:意指天地。下"彼"同義。王叔岷《校詮》:"此承'原天地之美'而言,兩彼字並言天地。……此謂合天地之神明至精,隨天地百化也。"

⑤化:化生。成玄英疏:"彼神聖明靈,至精極妙,與物和混,變化隨流,或聚或散,曾無欣戚。"

⑥方圓:意謂物自身之形狀。郭象注:"圓者已自圓而方者已自方。"

⑦根:根由。王先謙《集解》:"物自變異,莫知根原。"

⑧扁:同"翩"。成玄英疏:"言萬物翩然,隨時生育,從古以來,必固自有。"王先謙《集解》:"扁然,猶翩然。"王叔岷《校詮》:"陳碧虛《音義》引文如海本'扁然'作'翩然',羅勉道《循本》云:'扁與

翩同。’”

⑨六合：天地四方。成玄英疏：“六合，天地四方也。”

⑩其：意指道。成玄英疏：“六合雖大，猶居至道之中。”

⑪秋豪：秋雁之毫毛。“豪”同“毫”。

⑫之：意指道。成玄英疏：“豪毛雖小，資道以成體質也。”

⑬天下：意指天下萬物。成玄英疏：“世間庶物，莫不浮沈。”

⑭故：故去，老去。郭象注：“日新也。”成玄英疏：“升降生死，往來
　　不住，運之不停，新新相續，未嘗受故也。”

⑮惛：同“昏”。陸德明《釋文》：“惛音昏，又音泯。”　亡：無。成玄
　　英疏：“惛然如昧，似無而有。”

⑯油然：自然狀。陸德明《釋文》：“謂無所給惜也。”成玄英疏：“油
　　然無係，不見形象，而神用無方。”

⑰畜：被畜養。成玄英疏：“亭毒群生，畜養萬物，而玄功潛被，日用
　　不知，此之真力，是至道一根本也。”王先謙《集解》：“萬物被畜養
　　而不自知。”

⑱本根：意指道。成玄英疏：“識根知本者，可謂觀自然之至道也。”

⑲天：自然。成玄英疏：“天，自然也。”王叔岷《校詮》：“‘觀於天’，
　　即觀於自然，亦即觀於道耳。”


　　齧缺問道乎被衣①，被衣曰：“若正汝形②，一汝視③，天和
將至④；攝汝知⑤，一汝度⑥，神將來舍⑦。德將爲汝美，道將爲
汝居⑧，汝瞳焉如新生之犢而无求其故⑨！”言未卒⑩，齧缺睡
寐⑪。被衣大悦，行歌而去之⑫，曰：“形若槁骸⑬，心若死灰，
真其實知⑭，不以故自持。媒媒晦晦⑮，无心而不可與謀⑯。
彼何人哉⑰！”

【校注】

　　①齧缺、被衣：《莊子》中之得道者，齧缺曾見於《齊物論篇》，被衣見

於《天地篇》。陸德明《釋文》：“被音披,本亦作披。”成玄英疏：
“齧缺,王倪弟子;被衣,王倪之師也。”

②正:端正。成玄英疏:“汝形容端雅,勿爲邪僻。”

③一:純一。下同。成玄英疏:“視聽純一,勿多取境。”

④天和:自然之和。成玄英疏:“自然和理歸至汝身。”王先謙《集
解》:“宣云:‘體静神凝,則和氣自復。’”王叔岷《校詮》:《天道
篇》:‘與天和者,謂之天樂。’”

⑤攝:收攝。成玄英疏:“攝汝知,即一汝視之意。所視者專一,故所
知者收攝也。”

⑥度:形也。成玄英疏:“正汝度,即正汝形之意,度猶形也。”王先謙
《集解》:“言心斂形正,神明自歸。”

⑦舍:居住。成玄英疏:“汝之精神自來舍止。”

⑧成玄英疏:“深玄上德,盛美於汝,無極大道,居汝心中。”王先謙
《集解》:“自然道德在身。”

⑨瞳:同“僮”。陸德明《釋文》:“李云:‘未有知貌。’”成玄英疏:
“瞳焉,無知直視之貌。”王先謙《集解》:“初生之犢,天性純一,故
以爲況。”王叔岷《校詮》引奚侗云:“瞳借爲僮,《廣雅》:‘僮,癡
也。’《太玄經》‘物僮然未有知’,即此‘瞳焉’之義。” 故:故舊。
王叔岷《校詮》引奚侗云:“故爲新故之故,本篇‘終身不故’郭注:
‘日新也。’‘無求其故’,義與彼同,言常保其自然之性也。”

⑩卒:結束。成玄英疏:“談玄未終,斯人已悟。”

⑪睡寐:熟睡。成玄英疏:“坐忘契道,事等睡瞑。”王叔岷《校詮》:
“以覺爲悟,斯乃凡情。睡寐無知,乃契至道。”

⑫行:走也。陸德明《釋文》:“受道速,故被衣喜也。”成玄英疏:“行
於大道,歌而去之。”

⑬槁骸:猶“槁枝”。王先謙《集解》:“《徐无鬼篇》亦作‘槁骸’,《齊
物論》作‘槁木’,《庚桑楚》作‘槁木之枝’。人百骸猶木衆枝,是

‘槁骸’即‘槁枝’也。”

⑭實：所也。王叔岷《校詮》：“實猶所也，（此義前人未發，《古書虛
　字新義》八一是、實條有說。）此謂眞其所知，不以巧故自持也。”

⑮媒：同“昧”。陸德明《釋文》：“媒音妹。”王先謙《集解》：“陸［德
　明］讀爲昧也。”錢穆《纂箋》：“宣穎曰：‘媒同昧。’”

⑯謀：商量。王先謙《集解》：“宣云：‘彼既無心，我不容有言。’”

⑰彼：指齧缺。郭象注：“獨化者也。”

　　舜問乎丞曰①：“道可得而有乎？”曰：“汝身非汝有也，汝
何得有夫道？”舜曰：“吾身非吾有也，孰有之哉？”曰：“是天地
之委形也②；生非汝有，是天地之委和也；性命非汝有，是天地
之委順也；孫子非汝有，是天地之委蛻也③。故行不知所往，
處不知所持，食不知所味④。天地之彊陽氣也⑤，又胡可得而
有邪⑥！”

【校注】

①丞：傳舜之師。陸德明《釋文》：“李云：‘舜師也。’一云：古有四
　輔，前疑後丞，蓋官名。”

②委：付也。下同。郭慶藩《集釋》引俞樾曰：“《國策・齊策》‘願委
　之於子’，高注曰：‘委，付也。’成二年《左傳》‘王使委於三吏’，杜
　注曰：‘委，屬也。’天地之委形，謂天地所付屬之形也。下三委字
　並同。”

③蛻：蟬蛻。成玄英疏：“陰陽結聚，故有子孫，獨化而成，猶如蟬蛻
　也。”王先謙《集解》：“宣云：‘形形相禪，故曰蛻。’”

④成玄英疏：“夫行住食味，皆率自然，推尋根由，莫知其所。”

⑤彊陽：運動也。“彊”又作“强”。郭象注：“彊陽，猶運動耳。”陸德
　明《釋文》：“天地尚運動，況氣聚之生，何可得執而留也！”成玄英
　疏：“强陽，運動也。”王先謙《集解》：“宣云：‘就氣之健動言之。’”

王叔岷《校詮》:"《寓言篇》'彼強陽則我與之強陽',郭注:'直自強陽運動相隨往來耳。'亦説'強陽'爲'運動'。"

⑥胡:何。成玄英疏:"胡,何也。"

孔子問於老聃曰:"今日晏閒①,敢問至道。"老聃曰:"汝齋戒,疏瀹而心②,澡雪而精神③,掊擊而知④!夫道,窅然難言哉⑤!將爲汝言其崖略⑥。夫昭昭生於冥冥⑦,有倫生於无形⑧,精神生於道⑨,形本生於精⑩,而萬物以形相生,故九竅者胎生⑪,八竅者卵生⑫。其來无迹,其往无崖⑬,无門无房,四達之皇皇也⑭。邀於此者⑮,四枝彊⑯,思慮恂達⑰,耳目聰明,其用心不勞,其應物无方⑱。天不得不高⑲,地不得不廣,日月不得不行,萬物不得不昌,此其道與⑳!且夫博之不必知㉑,辯之不必慧㉒,聖人以斷之矣㉓。若夫益之而不加益㉔,損之而不加損者,聖人之所保也㉕。淵淵乎其若海㉖,魏魏乎其終則復始也㉗,運量萬物而不匱㉘。則君子之道,彼其外與㉙!萬物皆往資焉而不匱㉚,此其道與!

【校注】

①晏:安也。成玄英疏:"晏,安也。"章案:此亦爲寓言,於史無徵。

②疏瀹(yuè):清洗,疏通。陸德明《釋文》:"瀹音樂。或云:漬也。"成玄英疏:"疏瀹,猶洒濯也。"王叔岷《校詮》:"陳碧虛《音義》本瀹作淪,《北山録注解隨函》下引同。……'疏瀹而心',猶言'疏通汝心'。《孟子·滕文公篇》:'禹疏九河,淪濟、漯。'趙注:'疏,通也。'朱子《集注》:'淪,亦疏通之意。'"　而:你。下同。成玄英疏:"汝欲問道,先須齋汝心跡,戒慎專誠,洒濯身心。"王叔岷《校詮》:"而皆作汝。"

③澡雪:動詞用法,意謂清潔。成玄英疏:"澡雪,猶精潔也。"

④掊(pǒu)擊:打破。成玄英疏:"掊擊,打破也。"　知:同"智"。

陸德明《釋文》：“知音智。”成玄英疏：“打破聖智。”

⑤宎(yǎo)：同“杳”。成玄英疏：“玄道宎冥。”王叔岷《校詮》：“《北山録注解隨函》引宎作杳。宎借爲杳，《説文》：‘宎，冥也。’”

⑥崖：邊際，分際。成玄英疏：“崖，分也。”王先謙《集解》：“崖猶邊際也。”　略：大略。成玄英疏：“將爲汝舉其崖分，粗略言之。”王叔岷《校詮》：“《云笈七籤》引宎作冥，‘崖略’作‘約略爾’。……‘約略’即‘崖略’之意。”

⑦昭昭：意指昭明顯著之物。成玄英疏：“昭明顯著之物，生於宎冥之中。”王叔岷《校詮》：“《吕氏春秋·離謂篇》：‘冥冥之中有昭焉。’僞《鄧析子·轉辭篇》：‘視昭昭於冥冥。’”

⑧倫：倫序。成玄英疏：“倫，理也。……人倫有爲之事，生於無形之内。”王先謙《集解》：“有倫序之事，皆自無形生之。”陸德明《釋文》：“无形謂太初也。”

⑨精神：精氣、神智。成玄英疏：“精智神識之心，生於重玄之道。”

⑩形本：形體。王先謙《集解》：“宣云：‘本，質榦。’”王叔岷《校詮》：“‘形本’猶‘形體’。《廣雅·釋本》：‘本，榦也。’謂體榦。”　精：精氣。錢穆《纂箋》：“陸長庚曰：‘精神之精，即道家所謂先天之精，清通而無象者也。形本之精，即《易·繫》所謂男女媾精之精，有氣而有質者也。’”

⑪九竅者：人、獸。人、獸五官七竅加生殖、排洩二竅。成玄英疏：“人獸九竅而胎生。”

⑫八竅者：禽、魚。成玄英疏：“禽魚八竅而卵生。”

⑬其：指道。　崖：邊際。成玄英疏：“雖往亦無崖際。”

⑭皇：大也。成玄英疏：“皇，大也。……能弘達四方，大通萬物也。”王先謙《集解》：“宣云：‘無門不知所出，無房不知所歸。’”王叔岷《校詮》引章太炎云：“皇皇者，堂皇也。《漢書·胡建傳》‘列坐堂皇上’，師古曰：‘室無四壁曰皇。’故此言‘四達’，又言‘無門無

房'。"

⑮邀:循也。郭慶藩《集釋》引俞樾曰:"《説文》無邀字,彳部:'徼,
循也。'即今邀字。又曰:循,行順也。"　　此:意指道。郭象注:
"人生而遇此道,則天性全而精神定。"

⑯枝:同"肢"。成玄英疏:"四肢强健。"

⑰恂:同"徇",通也。成玄英疏:"思慮通達。"錢穆《纂箋》:"洪頤煊
曰:'徇、恂通。'"

⑱方:方位。成玄英疏:"不應之應,應無方所也。"章案:此數句言道
化成萬物,並爲萬物之本根、精神。

⑲陸德明《釋文》:"謂不得一道,不能爲高也。……下皆同。"成玄
英疏:"二儀賴虛通而高廣,三光資玄道以運行,庶物得之以昌盛,
斯大道之功用也。故《老經》云'天得一以清,地得一以寧,萬物
得一以生',是之謂也。"

⑳與:同"歟"。下同。陸德明《釋文》:"與音餘。"章案:以上關於道
之描述,與《淮南子》義極似,實屬漢儒思想。

㉑博:博學。陸德明《釋文》:"觀異書爲博。"成玄英疏:"博讀經典,
不必知真。"

㉒慧:智慧。成玄英疏:"弘辯飾詞,不必慧照。故《老經》云:'善者
不辯,辯者不善;知者不博,博者不知。'"

㉓以:同"已"。錢穆《纂箋》:"舊注:以同已。"　　斷之:意謂斷棄知
慧。郭象注:"斷棄知慧而付之自然也。"成玄英疏:"斯則聖人斷
棄之矣。"章案:此數句言道與知識、論辯無關。

㉔益:增加,與下文"損"對言。　　之:意指道。

㉕保:守也。成玄英疏:"聖人妙體,故保而愛之也。"此數句言聖人
體道無言。

㉖其:意指道。成玄英疏:"淵澄深大,故譬玄道。"

㉗魏魏:同"巍巍"。成玄英疏:"巍巍,高大貌也。夫道,遠超太一,

近邁兩儀,囊括無窮,故以歎巍巍也。終則復始,此明無終無始,變化日新,隨迎不得。”

㉘運量:運載器量。成玄英疏:“運載萬物,器量群生。” 匱:疑爲“遺”。王叔岷《校詮》:“匱、遺並諧貴聲,固可通用,惟此作匱,與下文‘萬物皆往資焉而不匱’之匱字複,疑本作遺,蓋涉下文匱字而誤也。”

㉙外:身外。成玄英疏:“此而非遠,近在内心。”章案:意謂道可體驗,不可言説。

㉚資:取也。王先謙《集解》引蘇輿曰:“萬物往資,猶《易》‘資生資始’之資,此天地自然之功用也,故曰道。”王叔岷《校詮》:“《小爾雅‧廣言》:‘資,取也。’運量萬物,猶是有爲;萬物往資,是無爲而無不爲也。” 匱:匱乏。

中國有人焉①,非陰非陽②,處於天地之間,直且爲人③,將反於宗④。自本觀之⑤,生者,喑醷物也⑥。雖有壽夭,相去幾何⑦?須臾之説也。奚足以爲堯桀之是非⑧!果蓏有理⑨,人倫雖難⑩,所以相齒⑪。聖人遭之而不違⑫,過之而不守⑬。調而應之⑭,德也;偶而應之⑮,道也;帝之所興,王之所起也⑯。人生天地之間,若白駒之過郤⑰,忽然而已。注然勃然⑱,莫不出焉⑲;油然漻然⑳,莫不入焉。已化而生,又化而死,生物哀之,人類悲之㉑。解其天弢㉒,墮其天袠㉓,紛乎宛乎㉔,魂魄將往,乃身從之,乃大歸乎㉕!不形之形㉖,形之不形,是人之所同知也,非將至之所務也㉗,此衆人之所同論也㉘。彼至則不論㉙,論則不至,明見无値㉚,辯不若默。道不可聞,聞不若塞㉛。此之謂大得㉜。”

【校注】

①中國:意指九州。此説係鄒衍思想。成玄英疏:“中國,九州也。”

錢穆《纂箋》：“《秋水篇》：‘中國之在海內，號物之數謂之萬，人處一焉，故曰中國有人也。’”

②陰、陽：意指陰陽二氣。王先謙《集解》：“宣云：‘渾乎陰陽之際。’”錢穆《纂箋》：“劉咸炘曰：‘即《禮運》所謂陰陽之交。’”

③直：特也，只不過。錢穆《纂箋》：“直猶特也。” 且：姑且，暫且。王先謙《集解》：“禀兩閒之氣，特姑且爲人耳。”錢穆《纂箋》：“且，暫。”

④反：同“返”。 宗：本也。郭象注：“不逐末也。”成玄英疏：“能反本還原，歸於宗極。”王先謙《集解》：“終將反其本宗。”錢穆《纂箋》：“劉咸炘曰：‘即《田子方篇》至陰至陽，交通成和，非是孰爲之宗也。’陸長庚曰：‘即下所謂宗，推原物之初而言。’”

⑤本：意指道。成玄英疏：“本，道也。”

⑥暗醷(yīnyì)：呼吸氣息。郭象注：“直聚氣也。”陸德明《釋文》：“李、郭皆云：‘暗醷，聚氣貌。’”成玄英疏：“暗噫，氣聚也。”王先謙《集解》：“生者，特一聚氣之物也。”王叔岷《校詮》：“奚侗云：‘醷當作噫，《一切經音義》十五：暗噫，大呼也。《說文》：飽出息也。……暗噫物，言有聲息之物。’案：成疏‘暗噫，氣聚也’，是成本醷作噫，噫、醷正假字。”

⑦去：差別。王先謙：“同在百年之中。”

⑧奚：何。成玄英疏：“何足以是堯非桀而分別於其間哉！”王先謙：“共此須臾，何分堯、桀！”王叔岷《校詮》：“爲猶比也。”

⑨蓏(luǒ)：瓜類。陸德明《釋文》：“徐力果反。”成玄英疏：“在樹曰果，在地曰蓏。” 理：道理，理序。王先謙《集解》：“宣云：‘木實草實，種類不亂，各有倫理。’”

⑩難：盛也。王叔岷《校詮》引奚侗云：“《詩·小雅》‘其葉有難’，《毛傳》：‘難然，盛貌。’《廣雅》：‘盛，多也。’唯人之倫理多，所以能相齒次也。”

⑪齒：年齒，意謂秩序、分別。王叔岷《校詮》：“《左》隱十一年《傳》‘不敢與諸任齒’，孔疏：‘人以年齒相次列，故云齒也。’此謂人理雖盛多，可以相互比次，蓋不甚相遠也。”

⑫違：違避。成玄英疏：“從而不違。”　之：意指所遭遇之時勢、命運。

⑬過：失去。郭象注：“順所遇也。宜過而過。”成玄英疏：“既以過焉，亦不留舍。”王叔岷《校詮》：“‘遭之’猶‘得之’，‘過之’猶‘失之’。《大宗師篇》：‘得者，時也；失者，順也。’故‘遭之而不違，過之而不守’。”

⑭調：調和。成玄英疏：“調和應物，順而應之，上德也。”

⑮偶：偶然。成玄英疏：“偶對前境，逗機應物，聖道也。”王先謙《集解》：“偶然無心而應之，即契聖道。”

⑯興、起：互文。郭象注：“如斯而已。”成玄英疏：“夫帝王興起，俯應群生，莫過調偶隨時，逗機接物。”

⑰白駒：駿馬，或曰。陸德明《釋文》：“或云：日也。”成玄英疏：“白駒，駿馬也，亦言日也。”　郤：同“隙”。陸德明《釋文》：“本亦作隙。隙，孔也。”成玄英疏：“隙，孔也。”

⑱注：注入，意謂生狀。　勃：勃興。

⑲出：意謂生也，與下文“入”對言。成玄英疏：“注、勃是生出之容。”王先謙《集解》：“宣云：‘興起而生。’”

⑳油然漻然：臨死之狀。陸德明《釋文》：“漻音流。”成玄英疏：“油漻是入死之狀。”王先謙《集解》：“宣云：‘歸虛而死。’”王叔岷《校詮》引王念孫云：“《廣雅》：‘寥，藏也。’漻與寥通。”

㉑之：意指生死。王先謙《集解》：“宣云：‘對死者曰生物，別於物曰人類。’”

㉒𩩲（tāo）：囊袋。陸德明《釋文》：“《字林》云：‘弓衣也。’”成玄英疏：“𩩲，囊藏也。”

㉓袠(zhì)：囊也。陸德明《釋文》："陳筆反。"成玄英疏："袠，束囊也。"錢穆《纂箋》引馬其昶曰："《說文》：'袠，書衣也。'"王先謙《集解》："喻形骸束縛，死則解墮。"王叔岷《校詮》："天弢、天袠，謂自然之束縛也。"

㉔紛、宛：紛然宛轉。成玄英疏："紛綸宛轉，並適散之貌也。"

㉕大歸：意指死亡。成玄英疏："魂魄往天，骨肉歸土，神氣離散，紛宛任從，自由還無，乃大歸也。"王叔岷《校詮》："《左》昭二十五年《傳》：'心之精爽，是謂魂魄。魂魄去之，何以能久！'《呂氏春秋·節喪篇》高注引《莊子》佚文：'死，歸也。'"

㉖不形：意謂無形。　之：至。此句意即從無形到有形，從有形到無形。成玄英疏："夫人之未生也，本不有其形，故從無形；氣聚而有其形，氣散而歸於無形也。"王先謙《集解》："宣云：'不形者，形所自出。形者，不形所爲。'"錢穆《纂箋》："胡遠濬曰：'生者散之聚，不形之形也。死者聚之散，形之不形也。'"

㉗將至：意謂得道者。　務：從事。成玄英疏："斯乃人間近事，非詣理至人之達務也。"王先謙《集解》："宣云：'非將至於道者之所務也。'"錢穆《纂箋》引馬其昶曰："將至猶言造極。《儀禮》'將命'注：'將猶致也。'"

㉘此：意指生死。成玄英疏："形質有無，生死來往，衆人凡類，同共乎論。"錢穆《纂箋》："胡遠濬曰：'生死人所同知，然明道者推極其至，無形不形之別。'"

㉙彼：意指得道者。成玄英疏："彼至聖之人，忘言得理，故無所論說；若論說之，則不至於道。"

㉚值：價值，真值。成玄英疏："夫能閉智塞聰，[故]冥契玄理，若顯明聞見，則不會真也。"王先謙《集解》："雖明見之而無所值。"王叔岷《校詮》："'明見无值'，猶言'明見無見'，下文'道不可見，見而非也'亦即此義。"

㉛塞：堵塞，閉塞。成玄英疏：“多聞求不如於闇塞。”

㉜大得：意謂得道也。成玄英疏：“若能妙知於此意，可謂深得於大
　　理矣。”王叔岷《校詮》：“‘大得’猶‘上得’，《老子》三十八章：‘上
　　德不德，是以有德。’王注：‘德者，得也。’”

　　東郭子問於莊子曰①：“所謂道，惡乎在②?”莊子曰：“无
所不在。”東郭子曰：“期而後可③。”莊子曰：“在螻蟻。”曰：
“何其下邪④?”曰：“在稊稗⑤。”曰：“何其愈下邪?”曰：“在瓦
甓⑥。”曰：“何其愈甚邪?”曰：“在屎溺。”東郭子不應。莊子
曰：“夫子之問也，固不及質⑦。正獲之問於監市履狶也⑧，每
下愈況⑨。汝唯莫必⑩，无乎逃物。至道若是，大言亦然⑪。
周徧咸三者⑫，異名同實，其指一也⑬。嘗相與遊乎无何有之
宮⑭，同合而論⑮，无所終窮乎！嘗相與无爲乎！澹而靜乎！
漠而清乎⑯！調而閒乎⑰！寥已吾志⑱，无往焉而不知其所
至⑲。去而來不知其所止，吾已往來焉而不知其所終；彷徨乎
馮閎⑳，大知入焉而不知其所窮㉑。物物者與物无際㉒，而物
有際者㉓，所謂物際者也；不際之際，際之不際者也㉔。謂盈虛
衰殺㉕，彼爲盈虛非盈虛㉖，彼爲衰殺非衰殺，彼爲本末非本
末，彼爲積散非積散也㉗。”

【校注】

①東郭子：人名。郭爲城外加築之城墻。成玄英疏：“居在東郭，故
　　號東郭子，則無擇之師東郭順子也。”

②惡(wū)：何。陸德明《釋文》：“惡音烏。”成玄英疏：“所謂虛通至
　　道，於何處在乎?”

③期：必也。郭象注：“欲令莊子指名所在也。”王叔岷《校詮》：“下
　　文‘汝唯莫必’對此而言，期猶必也。”

④下：下賤。成玄英疏：“大道無不在，而所在皆無，故處處有之，不

簡穢賤。"

⑤稊稗:稻田生雜草。陸德明《釋文》本"稊稗"作"苐薛",云:"李云:'苐薛,二草名。'"

⑥甓(pì):磚。王叔岷《校詮》:"《北山録·論業理第一三》引甓作礫。"

⑦質:本質,實質。成玄英疏:"質,實也。"錢穆《纂箋》:"羅勉道曰:'質,本也。言所問泛然,不及於本。'"

⑧正獲:名叫獲的市場管理官吏。陸德明《釋文》:"李云:'正,亭卒也;獲,其名也。'"成玄英疏:"正,官號也,則今之市令也。獲,名也。" 監市:屠卒。陸德明《釋文》:"監市,市魁也。"成玄英疏:"監,市之魁也,則今屠卒也。"錢穆《纂箋》:"羅勉道曰:'《儀禮》有司正司獲,正獲與監市雖異職,而同爲飲射之事,故問之。'" 履:踐踏。陸德明《釋文》:"履,踐也。" 狶:大豬。郭象注:"狶,大豕也。"

⑨下、況:意指瘦、肥也。郭象注:"夫監市之履豕以知其肥瘦者,愈履其難肥之處,愈知豕肥之要。今問道之所在,而每況於下賤,則明道之不逃於物也必矣。"成玄英疏:"近下難肥之處有肉,足知易肥之處足脂。亦猶屎溺卑下之處有道,則明清虛之地皆徧也。"王叔岷《校詮》:"《廣雅·釋言》:'況,茲也。'茲與滋通,《説文》:'茲,艸木多益。滋,益也。'下,言豕瘦處,即難肥之處;況,多益,言豕肥。"錢穆《纂箋》引吳汝綸曰:"據郭注,則正文當作'每況愈下'。"

⑩必:肯定。王先謙《集解》:"言汝莫期必道在何處,無乎逃於物之外也。"王叔岷《校詮》:"必,猶今語'肯定'。"

⑪大言:至教名言。成玄英疏:"至道,理也;大言,教也。"

⑫周、徧、咸:皆同義詞。成玄英疏:"雖有三名之異,其實理旨歸則同一也。"王先謙《集解》:"周、徧、咸三字一恉。"王叔岷《校詮》:

"《廣雅·釋詁二》:'周,徧也。'《國語·魯語上》'小賜不咸',韋注:'咸,徧也。'周、徧、咸,同旨。"

⑬指:能指。此處所言語言之指、實關係,即語言學"能指"與"所指"之關係。《齊物論篇》:"天地一指也,萬物一馬也。"

⑭无何有:意謂子虛烏有。《逍遥遊篇》:"无何有之鄉。"與此義同。成玄英疏:"無何有之宮,謂玄道處所也;無一物可有,故曰無何有也。"

⑮同合:意謂異名同指也。郭象注:"若遊有,則不能周徧咸也。故同合而論之,然後知道之無不在;知道之無不在,然後能曠然無懷而遊彼無窮也。"王先謙:"宣云:'遊心於虛際,則見道之同合而無窮也。'"

⑯漠:漠然清虛,與上文"澹"相對。郭慶藩《集釋》:"《爾雅》:'漠,清也。'樊注:'漠然,清貌。'"

⑰調:調和。成玄英疏:"柔順調和,寬閒逸豫。"

⑱寥:寂寥。郭象注:"寥然空虛。"成玄英疏:"性志虛夷,寂寥而已。"王先謙《集解》:"寥然虛寂者,吾之志。"

⑲无往:無所往。郭象注:"志苟寥然,則無所往矣;無往矣,故往而不知其所至。"王先謙《集解》:"本無所往,而己不知其所至極。"

⑳馮(píng)閎:意謂虛廓。郭象注:"馮閎者,虛廓之謂也。"陸德明《釋文》:"李云:'馮閎,皆大也。'"成玄英疏:"彷徨是放任之名,馮閎是虛曠之貌,謂入契會也。"

㉑其:意指馮閎。郭象注:"大知遊乎寥廓,恣變化之所如,故不知也。"

㉒物物者:造物者,即自然。第一個"物"字爲動詞。郭象注:"明物物者,無物而物自物耳。"王先謙《集解》:"物物者,道也。"　際:邊際,界限。成玄英疏:"際,崖畔也。"王先謙《集解》:"物在即道在,故與物無涯際。"

㉓物有際:物自相分際,否則萬物混同。王叔岷《校詮》引陸長庚曰:"有際則謂之物。"

㉔此言道與物之關係,即理一分殊、即色即空、即體即用、體用一如之意。王先謙《集解》:"道本不際,而見於物際。見於物際,而仍是不際也。"錢穆《纂箋》:"劉咸炘曰:'道之在物,與物相盈,故無際。物則相分有際。然分亦是道,道有分而無分,故不際之際,際之不際。'"

㉕盈虛衰殺:即物際之狀況也。成玄英疏:"富貴爲盈,貧賤爲虛,老病爲衰殺。"錢穆《纂箋》:"馬其昶曰:'盈虛衰殺,際也。'"

㉖彼:意指道。王先謙《集解》:"彼,彼道也。"錢穆《纂箋》:"呂惠卿曰:'盈虛,物也;爲盈虛者,道也。'"

㉗本末、積散:始終、生死。成玄英疏:"終始爲本末;生來爲積,死去爲散。"

　　妸荷甘與神農同學於老龍吉①。神農隱几闔户晝瞑②,妸荷甘日中奓户而入曰③:"老龍死矣!"神農隱几擁杖而起④,嚗然放杖而笑⑤,曰:"天知予僻陋慢訑⑥,故棄予而死。已矣夫子! 无所發予之狂言而死矣夫⑦!"弇堈弔聞之⑧,曰:"夫體道者,天下之君子所繫焉⑨。今於道,秋豪之端萬分未得處一焉⑩,而猶知藏其狂言而死,又況夫體道者乎! 視之无形⑪,聽之无聲,於人之論者,謂之冥冥⑫,所以論道,而非道也。"

【校注】

①妸(ē)荷甘:人名。陸德明《釋文》:"妸,於河反。"成玄英疏:"姓妸,字荷甘。"　神農:普通人名,非三皇之一。成玄英疏:"神農者,非三皇之神農也,則後世人物耳。"　老龍吉:得道者。成玄英疏:"老龍吉亦是號也。"

②隱几:憑案几。《齊物論篇》"南郭子綦隱机而坐",與此義同。成

玄英疏:"隱,憑也。" 闔戶:閉門。成玄英疏:"闔,合也。"
瞑:同"眠",小睡。

③侈(shē):開也。陸德明《釋文》:"侈又音奢。……司馬云:'開
也。'"成玄英疏:"侈,開也。"王叔岷《校詮》:"侈,籀文奢字。《説
文》:'奢,張也。侈,籀文。'張亦有開義,《廣雅·釋詁三》:'張,
開也。'"

④擁:持也。此句"隱几"二字係衍文。郭慶藩《集釋》引俞樾曰:
"既言擁杖而起,不當言隱几,疑隱几字涉上文神農隱几闔戶晝瞑
而衍。"王叔岷《校詮》:"俞説是也,《書鈔》一三三、《文選》王簡栖
《頭陀寺碑文》注引此並無'隱几'二字。"

⑤暴(bó):放杖聲。陸德明《釋文》:"暴音剥……李云:'放杖聲
也。'"成玄英疏:"暴然,放杖聲也。"

⑥天:意指老龍吉。成玄英疏:"夫子,老龍吉也。言其有自然之德,
故呼之曰天也。"王叔岷《校詮》:"《在宥篇》黄帝呼廣成子、雲將
呼鴻蒙皆曰天。" 訑:應爲"誕"。陸德明《釋文》:"郭音但。"王
叔岷《校詮》:"字當作誕,卷子本《玉篇》言部引'慢訑'作'慢
誕',《書鈔》一三三、《白孔六帖》八八引並作'漫誕',慢、漫並借
爲謾,訑乃誕之形誤。謾誕,疊韻,浮謾虚誕也。"

⑦發:啓發,啓迪。 狂言:意謂智慧之言。成玄英疏:"狂言,猶至
言也,非世人之所解,故名至言爲狂也。……哲人云亡,至言斯
絶,無復談玄垂訓,開發我心。"王叔岷《校詮》:"之猶以也。此謂
老龍吉未啓發予以狂言而死矣夫! 狂言,自是老龍吉之言,與下
文弇堈弔謂老龍吉'猶知藏其狂言而死'意正相符。……狂言,無
心之言也。"

⑧弇(yān)堈弔:體道人名。陸德明《釋文》:"弇音奄。……李云:
'弇堈,體道人;弔,其名。'"成玄英疏:"姓弇,名堈,隱者也。"

⑨繫:屬也。郭象注:"言體道者,人之宗主也。"成玄英疏:"繫,

　　屬也。”

⑩秋豪:秋雁之毫毛。“豪”同“毫”。郭象注:“秋豪之端細矣,又未
　　得其萬分之一。”成玄英疏:“今老龍之於玄道,猶豪端萬分之未
　　一,尚知藏其狂簡,處順而亡,況乎妙悟之人,曾肯露其言説!”

⑪之:意指道。

⑫冥冥:幽深之謂。成玄英疏:“論曰冥冥而謂之冥冥,猶非真
　　道也。”

　　於是泰清問乎无窮曰①:“子知道乎?”无窮曰:“吾不
知。”又問乎无爲②。无爲曰:“吾知道。”曰:“子之知道,亦有
數乎③?”曰:“有。”曰:“其數若何?”无爲曰:“吾知道之可以
貴,可以賤,可以約④,可以散,此吾所以知道之數也。”泰清以
之言也問乎无始曰⑤:“若是,則无窮之弗知與无爲之知,孰是
而孰非乎?”无始曰:“不知深矣,知之淺矣;弗知内矣⑥,知之
外矣。”於是泰清中而歎曰⑦:“弗知乃知乎! 知乃不知乎! 孰
知不知之知?”无始曰:“道不可聞,聞而非也;道不可見,見而
非也;道不可言,言而非也。知形形之不形乎⑧! 道不當
名⑨。”无始曰:“有問道而應之者,不知道也。雖問道者,亦未
聞道⑩。道无問,問无應。无問問之,是問窮也⑪;无應應之,
是无内也⑫。以无内待問窮,若是者,外不觀乎宇宙,内不知
乎大初⑬,是以不過乎崐崘,不遊乎大虚⑭。”

【校注】

①泰清、无窮:皆寓言人名,名有寓意。成玄英疏:“泰,大也。夫至
　　道弘曠,恬淡清虚,囊括無窮,故以泰清無窮爲名也。既而泰清以
　　知問道,無窮答以不知,欲明道離形聲,亦不可以言知求也。”錢穆
　　《纂箋》:“姚鼐曰:‘佛經以於是起,豈效此乎?’”王叔岷《校詮》:
　　“吳汝綸曰:‘此見《淮南·道應篇》,下同。’”

②无爲：亦爲寓言人名。

③數：意謂説法。王叔岷《校詮》：“數猶説也，《禮記·儒行》：‘遽數之不能終其物。’孔疏：‘數，説也。’”

④約：聚也，與“散”對言。成玄英疏：“貴爲帝王，賤爲僕隸，約聚爲生，分散爲死，數乃無極。此略言之，欲明非名而名，非數而數也。”王叔岷《校詮》：“約、散對文，約猶聚也。”

⑤之：此。王叔岷《校詮》：“宣穎云：‘之，此。’”　　无始：亦寓言人名。

⑥内：意謂心内，與下文“外”對言，“外”謂身外。《莊子》重内而輕外。成玄英疏：“不知合理，故深玄而處内；知之乖道，故粗淺而疏外。”

⑦中：應爲“卬”，仰也。陸德明《釋文》：“崔本中作卬。”王叔岷《校詮》：“陳碧虛《音義》張君房本亦作仰，卬、仰古今字。”

⑧形形：指造物者。第一個“形”字爲動詞。　　不形：意指道。王先謙《集解》：“上云：‘不形之形，形之不形。’”

⑨名：名稱，命名。成玄英疏：“名無得道之功，道無當名之實。”王先謙《集解》：“知形形之不形，則知道不當指名。”

⑩成玄英疏：“道絶名言，不可問答，故問道應道，悉皆不知。”

⑪窮：空也。成玄英疏：“窮，空也。理無可問而强問之，是責空也。”

⑫无内：亦爲窮空。王叔岷《校詮》：“‘无内’亦是窮也，窮故無内。”

⑬大初：太初。陸德明《釋文》：“大音泰。”

⑭大虚：太虚。本亦作“太虚”。成玄英疏：“崐崘是高遠之山，太虚是深玄之理，苟其滯著名言，猶存問應者，是知未能經過高遠、游涉深玄者矣。”王叔岷《校詮》：“以猶謂也。”

　　光曜問乎无有曰①：“夫子有乎？其无有乎②？”光曜不得問，而孰視其狀貌③，窅然空然④，終日視之而不見，聽之而不聞，搏之而不得也⑤。光曜曰：“至矣！其孰能至此乎！予能有无矣，而未能无无也；及爲无有矣⑥，何從至此哉⑦！"

## 【校注】

①光曜、无有：皆寓言人物，名皆有寓意。成玄英疏："光曜者，是能視之智也。無有者，所觀之境也。"王叔岷《校詮》："《道應篇》許注：'光耀，可見。而無有，至虛者。'"

②其：猶"抑"。王叔岷《校詮》："其猶抑也。"錢穆《纂箋》引俞樾曰："《淮南·道應訓》此句上有'無有弗應也'五字，此脫，則義不備。"

③孰：同"熟"。王叔岷《校詮》："宣穎云：'孰同熟。'"

④宵：同"杳"。王叔岷《校詮》："吳汝綸云：'宵，《道應》作冥。空，《道應》作忽。'奚侗云：'宵借作杳，《説文》：杳，冥也。《淮南·道應訓》作冥然。'"

⑤搏：捫，撫。王叔岷《校詮》："[此文]又見《俶真篇》，惟搏作捫，《説文》：'搏，索持也。'索，即今摸索字，與捫義同。……(《老子》)帛書甲本作'視之而弗見，名之曰微；聽之而弗聞，名之曰希；捪之而弗得，名之曰夷'。……《説文》：'捪，撫也。'與捫義亦同。"章案：《老子》此數句描述道，而此處描述無有之狀，以此昭道。

⑥无有：《淮南子·道應訓》、《俶真訓》皆爲"無無"。錢穆、王叔岷等注家以爲"無無"義甚於"无有"。然以"无有"行文，解下文"此"爲"无無"，義亦可通。如王先謙《集解》引宣穎云："及爲無而未免於有矣，何從至乎無無之境哉！"

⑦至此：意謂得道。郭象注："此皆絕學之意也。"成玄英疏："是以淺學小智，無從而至也。"王叔岷《校詮》："由無進而遣無，更進而遣無無也。"

大馬之捶鉤者①，年八十矣，而不失豪芒②。大馬曰："子

巧與？有道與<sup>③</sup>？”曰：“臣有守也<sup>④</sup>。臣之年二十而好捶鉤，
於物无視也，非鉤无察也<sup>⑤</sup>。是用之者，假不用者也以長得其
用<sup>⑥</sup>，而況乎无不用者乎<sup>⑦</sup>！物孰不資焉<sup>⑧</sup>！”

【校注】

①大馬：大司馬。陸德明《釋文》：“大馬，司馬也。”成玄英疏：“大
馬，官號，楚之大司馬也。”　捶鉤：鍛打腰帶鉤。成玄英疏：“捶，
鍛打也。鉤，腰帶也。大司馬家有工人，少而善鍛鉤，行年八十，
而捶鉤彌巧。”

②豪芒：豪毛麥芒，皆極細之物。郭象注：“拈捶鉤之輕重，而無豪芒
之差也。”

③子：“你”之尊稱，指捶鉤者。　與：同“歟”。下同。陸德明《釋
文》：“與音餘。”

④守：通“道”。郭慶藩《集釋》引王念孫曰：“守即道字。《達生篇》
仲尼曰：‘子巧乎！有道耶？’曰：‘我有道也。’是其證。道字古讀
若守，故與守通。”

⑤察：觀察。成玄英疏：“少年以來，專精好此，捶鉤之外，無所觀察，
習以成性，遂至於斯也。”錢穆《纂箋》：“蘇輿曰：‘此即不以萬物
易蜩翼之旨。’”

⑥假：藉助。成玄英疏：“所以至老而長得其捶鉤之用者，假賴於不
用心視察他物故也。”王叔岷《校詮》：“‘用之者’，承‘非鉤无察’
而言。‘假不用者’，承‘於物无視’而言。”

⑦无不用者：意指道。錢穆《纂箋》：“陸長庚曰：‘用者，技也。不用
者，神也。神則無所不用。’穆按：無不用者指道。”

⑧資：濟也，藉助。成玄英疏：“萬物資稟，不亦宜乎！”王先謙《集
解》：“故萬物皆資其用也。”王叔岷《校詮》引奚侗云：“資於濟通，
《左》僖公二十年《傳》‘以人從欲鮮濟’，杜注：‘濟，或爲資。’”

冉求問於仲尼曰<sup>①</sup>："未有天地可知邪?"仲尼曰："可。古猶今也。"冉求失問而退<sup>②</sup>，明日復見，曰："昔者吾問'未有天地可知乎'，夫子曰'可。古猶今也'，昔日吾昭然，今日吾昧然<sup>③</sup>，敢問何謂也?"仲尼曰："昔之昭然也，神者先受之<sup>④</sup>；今之昧然也，且又爲不神者求邪? 无古无今，无始无終<sup>⑤</sup>。未有子孫而有子孫<sup>⑥</sup>，可乎?"冉求未對。仲尼曰："已矣，未應矣<sup>⑦</sup>! 不以生生死，不以死死生<sup>⑧</sup>。死生有待邪<sup>⑨</sup>? 皆有所一體<sup>⑩</sup>。有先天地生者物邪<sup>⑪</sup>? 物物者非物<sup>⑫</sup>，物出不得先物也<sup>⑬</sup>，猶其有物也。猶其有物也，无已<sup>⑭</sup>。聖人之愛人也終无已者，亦乃取於是者也<sup>⑮</sup>。"

**【校注】**

①冉求：孔子弟子。此處對話於史無徵，屬寓言。成玄英疏："詢問兩儀未有之時可知已否。"王叔岷《校詮》："《史記·仲尼弟子列傳》：'冉求，字子有。'"

②失問：無法再問。成玄英疏："失其問意，遂退而歸。"

③昧：闇也。成玄英疏："昔日初咨，心中昭然明察；今時後閒，情慮昧然暗晦。"

④神：意謂虛心。"不神"意謂不虛心。郭象注："虛心以待命，斯神受也。"王叔岷《校詮》："神，謂虛心；不神，不虛心也。"

⑤成玄英疏："日新變化，故無始無終，無今無古，故知無未有天地之時者也。"

⑥此句應爲"未有孫子而有子孫"。錢穆《纂箋》引曹守坤曰："《釋文》一本作'未有子孫而有孫子'，蓋以人事喻天地從無未有之時。猶人不得未有子所生之孫，而有孫所生之子也。"

⑦已：止也。成玄英疏："已，止也。未，無也。……仲尼止令無應，理盡於此，更何所言也?"

⑧第二個"生"、"死"字爲動詞。成玄英疏:"不用生生此死,不用死
死此生。"

⑨待:依賴,憑藉。郭象注:"獨化而足。"成玄英疏:"死既不待於
生,故知生亦不待於死。"

⑩所:猶"其"。郭象注:"死與生各自成體。"錢穆《纂箋》:"知死生
之皆獨化而無待,則知死生之一體矣。此一體即化也。"王叔岷
《校詮》:"所猶其也。此謂生爲一體,死爲一體,各不相待,猶形、
影之各不相待也。"

⑪先天地生者:意指道。郭慶藩《集釋》引郭嵩燾曰:"先天地者道
也。既謂之生矣,是道亦物也。"錢穆《纂箋》引陶望齡曰:"《老
子》言'有物混成,先天地生',此破其義。"

⑫物物者:道也。第一個"物"字爲動詞。王先謙《集解》:"物物者,
道也,不得謂之物。"王叔岷《校詮》:"宣穎云:'物物者非物,
道也。'"

⑬出:生也。王先謙《集解》:"萬物並出,物不得先物。"王叔岷《校
詮》:"'物出'猶'物生'。上言'有先天地生者物邪',出承生而
言,出猶生也。"

⑭己:我。王先謙《集解》:"猶然萬物皆有,而且至於無己,以有物
物者在也。"

⑮是:此。王先謙《集解》:"聖人以愛人爲心,終無窮已者,亦取法
天地之道也。"錢穆《纂箋》:"《中庸》、《詩》云'維天之命,於穆不
已','文王純亦不已',與此同旨。"王叔岷《校詮》:"此似謂聖人
之愛人永無窮止,乃取法於物之先物之後無窮止也。"

　　顏淵問乎仲尼曰①:"回嘗聞諸夫子曰:'无有所將②,无
有所迎。'回敢問其遊③。"仲尼曰:"古之人,外化而内不化④;
今之人,内化而外不化⑤。與物化者,一不化者也⑥。安化安
不化⑦,安與之相靡⑧,必與之莫多⑨。狶韋氏之囿,黄帝之

圃,有虞氏之宫,湯武之室⑩。君子之人,若儒墨者師,故以是非相螯也⑪,而況今之人乎!聖人處物不傷物。不傷物者,物亦不能傷也。唯无所傷者,爲能與人相將迎⑫。山林與⑬!皋壤與⑭!使我欣欣然而樂與!樂未畢也,哀又繼之⑮。哀樂之來,吾不能禦⑯,其去弗能止。悲夫,世人直爲物逆旅耳⑰!夫知遇而不知所不遇⑱,知能能而不能所不能⑲。无知无能者,固人之所不免也⑳。夫務免乎人之所不免者㉑,豈不亦悲哉!至言去言㉒,至爲去爲。齊知之所知㉓,則淺矣。"

【校注】

①顏淵:孔子弟子。此對話於史無徵,寓言也。

②將:送也,與"迎"對言。下同。成玄英疏:"將,送也。夫聖人如鏡,不送不迎。"章案:"送"、"迎"皆爲應對外在世界接物而言。

③遊:借爲"由"。成玄英疏:"問其所由。"王叔岷《校詮》引奚侗曰:"游借作由,《左傳》養由基,《後漢書·班彪傳》作游基,《文選》阮籍《詠懷詩》'素質游商聲',沈約曰:'游字應作由。'皆其例也。"

④内、外:内心與身體。 化:變化。郭象注:"以心順形而形自化。"成玄英疏:"古人純樸,合道者多,故能外形隨物,内心凝静。"王先謙《集解》:"宣云:'與物偕逝,天君不動。'"

⑤内化:意謂爲外在世界而心神搖蕩。王先謙:"心神搖徙,凝滯於物。"

⑥一:意猶"内"。郭象注:"常無心,故一不化;一不化,乃能與物化耳。"王叔岷《校詮》:"'一不化者',内不化也,亦即'外與物化而内不失其情。'"

⑦安:任也。下同。郭象注:"化與不化,皆任彼耳,斯無心也。"成玄英疏:"安,任也。"王叔岷《校詮》:"謂安於化亦安於不化也。"

⑧靡:順也。成玄英疏:"靡,順也。"王先謙:《集解》:"任與之相

靡順。"

⑨莫:不。成玄英疏:"雖復與物相順,而亦不多仁恩,各止於分,彼我無損。"王叔岷《校詮》:"'莫多'猶言'不過',即郭注所謂'止而足',成疏所謂'止其分'也。'安與之相靡',承'安化'而言,此謂安於與物相隨順,而與物相隨順不過度也。"

⑩成玄英疏:"狶韋、軒轅、虞舜、殷湯、周武,並是聖明王也。言無心順物之道,乃是狶韋彷徨之苑囿,軒轅遨遊之園圃,虞舜養德之宮闈,湯武怡神之虛室,斯乃群聖之所遊而處之也。"王叔岷《校詮》:"囿、圃、宮、室,但言游處之所,與此恐無廣狹之別也。"

⑪螯:亂也,擠也。錢穆《纂箋》:"王敔曰:'螯,揉也。'穆按:此《在宥篇》所謂'乃始臠卷傖囊而亂天下也'。"王叔岷《校詮》:"章太炎《解故》螯作櫾,云:'儒墨者師,師字斷者,猶儒家者流、墨家者流之例。言儒、墨之師,故以是非相櫾,而況今之人乎!故與今對文。櫾,排擠之擠。'……《列禦寇篇》:'使人輕乎貴老,而螯其所患。'《釋文》:'螯,亂也。'亂與章所謂排擠義相因,與錢所引《在宥篇》'亂天下'之説亦相符。"

⑫爲:猶"乃"也。王叔岷《校詮》:"爲猶乃也。"　　人:應爲"之"。王叔岷《校詮》:"唐寫本人作之,是也。之字承上文諸物字而言,'與之將相迎',即'與物相將迎'。"

⑬與:同"歟"。下同。陸德明《釋文》:"與音餘。"

⑭皋壤:平原。王先謙《集解》:"皋壤,平原。"

⑮成玄英疏:"凡情滯執,妄生欣惡,忽覩高山茂林,神皋奧壤,則欣欣然欽慕,以爲快樂;而樂情未幾,哀又繼之,情隨事遷,哀樂斯變。此乃無故而樂,無故而哀,是知世之哀樂,不足計也。"

⑯禦:控禦,控制。成玄英疏:"窮達之來,不能禦扞。哀樂之去,不能禁止。而凡俗之人,不閑斯趣,譬彼客舍,爲物所停,以妄爲真,深可悲歎也。"

⑰逆旅：旅館。郭象注：“不能坐忘自得，而爲哀樂所寄也。”成玄英疏：“逆旅，客舍也。”王先謙《集解》：“爲外物客舍也。”

⑱遇：遭遇。王先謙《集解》：“遇有窮，知亦有窮。”王叔岷《校詮》：“《爾雅·釋詁》：‘遇，見也。’”

⑲能能：能够做能够做的事情。王先謙《集解》：“知以能爲能，而不知以不能爲能。”

⑳免：免除。郭象注：“受生各有分也。”王先謙《集解》：“宣云：‘知能無涯，則有所不知，有所不能，此人之常也。’”

㉑務：從事，欲求。成玄英疏：“人之所不免者，分外智能之事也。而凡鄙之流不能安分，故銳意惑清，務在獨免，深可悲傷。”王先謙《集解》：“宣云：‘乃欲勞心推測，以冀盡知盡能。’”錢穆《纂箋》：“王敔曰：‘慾盡知之而盡能之，必不可得。’”

㉒去：減除，消除。成玄英疏：“至理之言，無言可言，故去言也。至理之爲，無爲可爲，故去爲也。”王叔岷《校詮》：“馬氏《故》引焦竑曰：‘《太上》云：不言之教，無爲之益，天下希及之。’”

㉓齊：平凡，動詞。王叔岷《校詮》：“‘齊知’，謂平凡之知。《漁父篇》‘下以化於齊民’，《釋文》引如淳云：‘齊民，猶平民。’《淮南子·俶真篇》：‘又況齊民乎！’高注：‘齊民，凡民。’是齊有平凡義。《吕氏春秋·精諭篇》‘齊知’作‘淺知’，《淮南子·道應篇》、《文子·微明篇》、《列子·說符篇》皆作‘淺知’，（因齊皆作淺，故下‘淺矣’皆作‘末矣’。末與淺義亦相近。）淺即平凡也。”

# 雜　篇

# 庚桑楚第二十三

## 【題解】

全篇約兩大部分，一爲養生論，述得道爲無知無爲，忘身貴生。另一部分爲知識論，述世界萬物之起源，生死皆不可知。知此則爲至知。小知害己害人。關注點亦爲得道爲何，道爲何。本篇爲《老子》與《齊物論篇》思想羼雜互滲，言辭頗艱深。

　　老聃之役有庚桑楚者①，偏得老聃之道②，以北居畏壘之山③，其臣之畫然知者去之④，其妾之挈然仁者遠之⑤；擁腫之與居，鞅掌之爲使⑥。居三年，畏壘大壤⑦。畏壘之民相與言曰：“庚桑子之始來，吾洒然異之⑧。今吾日計之而不足，歲計之而有餘⑨。庶幾其聖人乎⑩！子胡不相與尸而祝之⑪，社而稷之乎？”庚桑子聞之，南面而不釋然⑫。

## 【校注】

①役：學徒，弟子。陸德明《釋文》：“司馬云：‘役，學徒弟子也。’《廣雅》云：‘役，使也。’”　庚桑楚：老聃弟子。陸德明《釋文》：“司馬云：‘楚，名；庚桑，姓也。《太史公書》作亢桑。’”郭慶藩《集釋》引俞樾曰：“《列子·仲尼篇》‘老聃之弟子有亢倉子者’，張湛注：‘音庚桑。’”

②偏:少也。錢穆《纂箋》:"馬其昶曰:'《書》馬融注:偏,少也。'"王叔岷《校詮》:"據下文庚桑子語南榮趎曰:'今吾才小,子胡不南見老子?'則此文'偏得'當是'少得'之義。"

③畏壘:山名。陸德明《釋文》:"李云:'畏壘,山名也。'或云在魯,又云在梁州。"錢穆《纂箋》引陶鴻慶曰:"畏壘,犖确不平貌。《管子·輕重乙篇》:'山間垠壘,不爲用之壤。'"

④臣:僕隸。成玄英疏:"臣,僕隸。"    畫然:意謂炫耀聰明。郭象注:"畫然,飾知。"陸德明《釋文》:"畫音獲。知音智。"成玄英疏:"山旁士女,競爲臣妾,故畫然舒智自明炫者,斥而去之。"

⑤挈:同"潔"。郭象注:"挈然,矜仁。"王先謙《集解》:"其地之人敬愛庚桑,願爲臣妾。然其中有畫然好明察爲知者,有挈然自標舉爲仁者,庚桑皆遠去之。"王叔岷《校詮》:"《道藏》成疏本、覆宋本挈並爲絜,郭注同,挈、絜古亦通用……蓋説絜爲潔,潔乃絜之俗省,經典潔皆作絜,絜、潔古今字。"

⑥臃腫、挶掌:醜陋無知之貌。陸德明《釋文》:"崔云:'臃腫,無知貌;挶掌,不仁意。'向云:'二句,朴纍之謂。'司馬云:'皆醜貌也。'"錢穆《纂箋》:"朱駿聲曰:'臃腫、挶掌,皆疊韻連語,謂愚蠢無知之人。'奚侗曰:'《逍遙遊》臃腫不中繩墨。《詩》王事挶掌,《毛傳》:挶掌,失容也。謂不修容儀。'"    使:驅使。成玄英疏:"故淳素之(亡)[士]與其同居,率性之人供其驅使。"

⑦壤:同"穰"。本亦作"穰"。陸德明《釋文》:"本亦作穰。……《廣雅》云:'豐也。'"成玄英疏:"大穰,豐也。"王叔岷《校詮》:"覆宋本、《道藏》成疏本、王元澤《新傳》本、林希逸《口義》本壤皆作穰。"

⑧洒然:驚訝之狀。陸德明《釋文》:"洒,崔李云:'驚貌。'"成玄英疏:"洒,微驚貌也。"    異:驚異。成玄英疏:"庚桑子初來,我微驚異。"

⑨計:算計。　歲:年。成玄英疏:"今我日計,利益不足稱;以歲計(至)[之],功其有餘。"錢穆《纂箋》:"向秀曰:'無旦夕小利,順時而大穰也。'"

⑩庶幾:或許。

⑪子:"你"之尊稱。　尸:意指君主。成玄英疏:"尸,主也。庚桑大賢之士,慕近聖人之德,何不相與尊而爲君,主南面之事,爲立社稷,建其宗廟,祝祭依禮,豈不善邪!"王叔岷《校詮》:"宣穎云:'言立之尸而祝祭之,附之社而稷享之。'"

⑫釋:放鬆,愉快。語又見《齊物論篇》。

弟子異之①。庚桑子曰:"弟子何異於予?夫春氣發而百草生,正得秋而萬寶成②。夫春與秋,豈无得而然哉③?天道已行矣。吾聞至人,尸居環堵之室④,而百姓猖狂不知所如往⑤。今以畏壘之細民而竊竊焉欲俎豆予于賢人之間⑥,我其杓之人邪⑦!吾是以不釋於老聃之言⑧。"弟子曰:"不然。夫尋常之溝⑨,巨魚无所還其體⑩,而鯢鰌爲之制⑪;步仞之丘陵⑫,巨獸无所隱其軀,而孽狐爲之祥⑬。且夫尊賢授能,先善與利⑭,自古堯舜以然⑮,而況畏壘之民乎!夫子亦聽矣⑯!"

【校注】

①異:異常,怪異。成玄英疏:"門人未明斯趣,是以怪而異之也。"

②得:逢也。郭慶藩《集釋》引俞樾曰:"《易·說卦》:'兌,正秋也。萬物之所說也。'《疏》:'正秋而萬物皆說成也。'"　寶:應爲"實",本或作"實"。王叔岷《校詮》:"元嘉本'萬寶'作'萬實',義較長,成疏'春生秋實'是也。"

③得:同"德"。郭象注:"夫春秋生成,皆得自然之道,故不爲也。"成玄英疏:"天然之道已自行焉,故忘其生有之德也。"

④尸居:靜處。成玄英疏:"如死尸之寂泊,故言尸居。"王叔岷《校

詮》：“‘尸居’猶‘静處’，《天運篇》：‘至人固有尸居而龍見。’”

環堵：意指狹小。陸德明《釋文》：“司馬云：‘一丈曰堵。環堵者，面各一丈，言小也。’”

⑤猖狂：意指無心之狀。王叔岷《校詮》：“‘猖狂’，無心貌。” 如：往。王叔岷《校詮》：“如亦往也。《在宥篇》：‘猖狂不知所往。’《鶡冠子·天權篇》：‘行不知所如往。’《淮南子·俶真篇》：‘萬民猖狂不知東西。’”

⑥細：渺小，卑微。成玄英疏：“細碎百姓。” 竊竊：私語也。陸德明《釋文》：“司馬云：‘細語也。’”成玄英疏：“竊竊，平章偶語也。” 俎豆：奉祀。成玄英疏：“俎，切肉之几；豆，盛脯之具，皆禮器也。”王叔岷《校詮》：“‘俎豆予于賢人之間’，即上文所謂‘尸而祝之，社而稷之’也。”

⑦杓(dí)：目標。郭象注：“不欲爲物標杓。”陸德明《釋文》：“郭音的……《廣雅》云：‘樹末也。’”

⑧郭象注：“聃云：‘功成事遂，而百姓皆謂我自爾。’今畏壘反此，故不釋然。”

⑨尋常之溝：小溝。陸德明《釋文》：“八尺曰尋，倍尋曰常。尋常之溝，則《周禮》‘洫澮之廣深’也。洫廣深八尺。澮廣二尋，深二仞也。”成玄英疏：“夫尋常小瀆，豈鯤鯨之所周旋！”

⑩還：迴旋。陸德明《釋文》：“還音旋，回也。”王叔岷《校詮》：“朱駿聲云：‘還，叚借爲旋。’”

⑪鯢鰌：小魚，泥鰍。陸德明《釋文》：“鰌音秋。”成玄英疏：“鯢，小魚而有脚，此非鯤大魚也。” 制：當作“利”。王叔岷《校詮》：“奚侗云：‘制當作利，形近而譌，言尋常之溝，爲鯢鰌之利。’……下文‘先善與利’，利字即承此言。……《鶡冠子·泰鴻篇》‘執大同之制’，陸注：‘制，或作利。’即二字相亂之例。”

⑫步仞：長度單位。成玄英疏：“六尺曰步，七尺曰仞。”

⑬蘖：同"孽"。成玄英疏："妖蘖之狐，用之爲吉祥。"王叔岷《校詮》："《白帖》、《御覽》五三引蘖並作孽，孽、蘖正俗字。"　祥：善也。陸德明《釋文》："崔云：'蠱狐以小丘爲善也。祥，善也。'"王叔岷《校詮》："崔釋祥爲善，是也。（《爾雅・釋詁》：'祥，善也。'《説文》：'祥，一曰善。'）下文'先善與利'，善字即承此言。"

⑭先：動詞，意謂"以善與利爲先"。

⑮以：同"已"。王先謙《集解》："以、已同。"

⑯聽：從也。成玄英疏："堯舜聖人尚且如是，況畏壘百姓，敢異前修！夫子通人，幸聽從也！"王叔岷《校詮》："《廣雅・釋詁一》：'聽，從也。'"

　　庚桑子曰："小子來①！夫函車之獸②，介而離山③，則不免于罔罟之患④；吞舟之魚，碭而失水⑤，則蟻能苦之。故鳥獸不厭高⑥，魚鼈不厭深。夫全其形生之人，藏其身也，不厭深眇而已矣⑦。且夫二子者⑧，又何足以稱揚哉⑨！是其於辯也⑩，將妄鑿垣墻而殖蓬蒿也⑪。簡髮而櫛⑫，數米而炊⑬，竊竊乎又何足以濟世哉⑭！舉賢則民相軋⑮，任知則民相盜⑯。之數物者⑰，不足以厚民⑱。民之於利甚勤，子有殺父⑲，臣有殺君，正晝爲盜，日中穴阫⑳。吾語汝㉑，大亂之本，必生于堯舜之間，其末存乎千世之後㉒。千世之後，其必有人與人相食者也！"

【校注】

①來：語助詞。王叔岷《校詮》："古鈔卷子本來作乎，旁注：'一本作來。'作來義長。《秋水篇》：'孔子曰：由來！'（今本脱由字，詳前。）《讓王篇》：'孔子謂顏回曰：回來！'文例並同。"

②函：同"含"。陸德明《釋文》："函音含。"成玄英疏："其獸極大，口能含車。"

③介：獨也。陸德明《釋文》："介，《廣雅》云：'獨也。'"成玄英疏："孤介離山。"郭慶藩《集釋》引俞樾曰："《方言》：'獸無偶曰介。'"

④罔罟：即"網罟"。本亦作"網罟"。成玄英疏："則不免網羅爲其患害。"王叔岷《校詮》："《道藏》成疏本、褚伯秀《義海纂微》本、羅勉道《循本》本罔皆作網。"

⑤碭（dàng）：同"蕩"。陸德明《釋文》："謂碭溢而失水也。"成玄英疏："波蕩失水。"錢穆《纂箋》："王敔曰：'與蕩通。'"

⑥厭：厭煩，討厭。下同。

⑦眇：遠也。成玄英疏："眇，遠也。"錢穆《纂箋》引奚侗曰："《楚辭·哀郢》：'眇不知其所蹠。'王注：'眇，遠也。'"

⑧二子：意指堯舜。郭象注："二子，謂堯舜。"

⑨楊：同"揚"。覆宋本、世德堂本皆作"揚"。成玄英疏："亂人之本，故何足稱邪！"

⑩辯：分辯。成玄英疏："辯，別也。"王先謙《集解》："宣云：'凡事分辯，如尊賢授能，先善與利之爲。'"

⑪將妄：將令（後世）妄行。郭象注："將令後世妄行穿鑿而殖穢亂也。"　殖：同"植"。成玄英疏："猶如鑿破好垣墙，種殖蓬蒿之草以爲蕃屏者也。"

⑫簡：擇也。成玄英疏："擇簡毛髮。"　櫛（zhì）：梳頭。陸德明《釋文》："莊筆反。"成玄英疏："梳以爲髻。"

⑬數：量也。成玄英疏："格量米數，炊以供餐。"錢穆《纂箋》："向秀曰：'理於小利也。'"

⑭竊竊：私議。陸德明《釋文》："司馬云：'細語也。'"成玄英疏："祖述堯舜，私議竊竊，此蓋小道，何足救世！"

⑮軋：傾軋。成玄英疏："軋，傷也。夫舉賢授能，任知先善，則爭爲欺侮，盜詐百端，趨競路開，故更相害也。"王先謙《集解》："軋，相

傾也。"

⑯知:同"智"。陸德明《釋文》:"知音智。"

⑰物:事也。成玄英疏:"數物者,謂舉賢任知等也。"王叔岷《校詮》: "物猶事也,《詩‧大雅‧烝民》'有物有則',《毛傳》:'物,事也。'"

⑱厚:淳厚。成玄英疏:"此教浮薄,不足令百姓淳厚也。"

⑲殺:同"弒"。本又作"弒"。下同。陸德明《釋文》:"殺音試。本 又作弒。下同。"

⑳穴阫(péi):挖牆。陸德明《釋文》:"向音裴,云:'阫,牆也。言無 所畏忌。'"成玄英疏:"攻城穿壁,日中穴阫也。"

㉑語(yù):動詞。

㉒末:與"本"對言。成玄英疏:"亂之根本,起自堯舜,千載之後,其 弊不絕,黃巾赤眉,則是相食也。"王叔岷《校詮》:"《徐无鬼篇》作 '後世其人與人相食與'。"

　　南榮趎蹵然正坐曰①:"若趎之年者已長矣,將惡乎託業 以及此言邪②?"庚桑子曰:"全汝形,抱汝生③,无使汝思慮營 營④。若此三年,則可以及此言也。"南榮趎曰:"目之與形,吾 不知其異也⑤,而盲者不能自見;耳之與形,吾不知其異也,而 聾者不能自聞;心之與形,吾不知其異也,而狂者不能自得⑥。 形之與形亦辟矣⑦,而物或間之邪⑧,欲相求而不能相得? 今 謂趎曰:'全汝形,抱汝生,勿使汝思慮營營。'趎勉聞道達耳 矣⑨!"庚桑子曰:"辭盡矣⑩。曰奔蜂不能化藿蠋⑪,越雞不能 伏鵠卵,魯雞固能矣⑫。雞之與雞,其德非不同也⑬,有能與不 能者,其才固有巨小也⑭。今吾才小,不足以化子⑮。子胡不 南見老子⑯!"

【校注】

　　①南榮趎(chú):人名。陸德明《釋文》:"趎,昌于反,向音疇……李

云:‘庚桑弟子也。’”成玄英疏:“姓南榮,名趎,庚桑弟子也。”

齹然:驚悚狀。成玄英疏:“齹然,驚悚貌。”

②惡(wū):何。陸德明《釋文》:“惡音烏。”　託業:依託學業。

及:達到。意謂達到庚桑楚所説之境界。成玄英疏:“憑託何學,方逮斯言?”

③抱:同“保”。郭慶藩《集釋》引俞樾曰:“《釋名·釋姿容》曰:‘抱,保也,相親保也。’是抱與保義通。‘抱汝生’,即保汝生。”

④營:惑也。王叔岷《校詮》:“《淮南子·俶真篇》‘思慮不營’,高注:‘營,惑也。’”

⑤其異:意指衆人之目之差異。下文“耳”、“心”意皆同此。郭象注:“目與目,耳與耳,心與心,其形相似而所能不同,苟有不同,則不可强相法效也。”

⑥自得:意謂自得其性。成玄英疏:“風狂之人,與不狂之者形貌相似,而狂人失性,不能自得。”王夫之《莊子解》:“物有形,心亦有形,心得物之理而不能自得其心,是亦狂也。”

⑦辟:同“譬”,喻也。郭慶藩《集釋》引郭嵩燾曰:“鄭康成《禮記·大學》注:‘辟猶喻也。’《説文》言部:‘譬,喻也。’《坊記》‘辟則防與’,《中庸》‘辟如行遠,辟如登高’,辟[譬]皆相通。辟,譬喻也,言形之與形亦易喻也。”王先謙《集解》:“言我形之與人形亦易喻矣。”

⑧物:意謂物欲。王先謙《集解》:“宣云:‘物,物欲。’”　間:隔也。成玄英疏:“間,別也。”王先謙《集解》:“常有不能相喻者,故疑或間隔之。”王叔岷《校詮》:“間猶隔也。(《荀子·王制篇》‘無幽間隱僻之國’,楊注:‘間,隔也。’)邪與也同義。”

⑨勉:勉强。陸德明《釋文》:“崔向云:‘勉,强也。’”錢穆《纂箋》:“向秀曰:‘勉,勉强也。僅達於耳,未徹入於心也。’”

⑩盡:窮盡。

⑪曰:疑爲衍文。王叔岷《校詮》:"《闕誤》引江南李氏本、張君房本並無下曰字,疑涉上曰字而衍。'辭盡矣'以下皆庚桑子告南榮趎之辭,非引成語或古語也。"　　奔蜂:小蜂。陸德明《釋文》:"司馬云:'奔蜂,小蜂也。'一云土蜂。"成玄英疏:"奔蜂,細腰土蜂也。"　　藿蠋(zhú):豆藿中大青蟲。陸德明《釋文》:"蠋音蜀。司馬云:'豆藿中大青蟲也。'"成玄英疏:"藿,豆也。蠋者,豆中大青蟲。"王叔岷《校詮》:"此文'奔蜂不能化藿蠋'下,疑脱'而能化螟蛉'五字,不能與能,相對而言。疏'奔蜂細腰,能化桑蟲爲己子,而不能化藿蠋',所謂'能化桑蟲爲己子',正以釋'而能化螟蛉'。(《詩·小雅·小宛·毛傳》:螟蛉,桑蟲也。)似成本原有此五字。"

⑫越雞、魯雞:小雞、大雞。陸德明《釋文》:"越雞,司馬、向云:'小雞也。'或云:荊雞也。……魯雞,向云:'大雞也,今蜀雞也。'"王叔岷《校詮》:"蓋雞大者魯,亦曰蜀,《爾雅·釋畜》:'雞大者蜀。'"　　伏:孵卵。成玄英疏:"越雞小,不能伏鵠卵;蜀雞大,必能之也。"　　鵠:鶴。陸德明《釋文》:"鵠,本亦作鶴,同。"

⑬成玄英疏:"雞有五德:頭戴冠,禮也;足有距,義也;得食相呼,仁也;知時,智也;見敵能距,勇也。"

⑭巨:大也。成玄英疏:"魯越雖異,五德則同,所以有能與不能者,才有大小也。"

⑮化:教化。王叔岷《校詮》:"《鶡冠子·天則篇》:'化而後可以見道。'南榮南見老子,老子乃足以化之也。"

⑯南:意指南行。成玄英疏:"子何不南行見往師,以謁見老君!"

　　南榮趎贏糧①,七日七夜至老子之所。老子曰:"子自楚之所來乎?"南榮趎曰:"唯②。"老子曰:"子何與人偕來之衆也③?"南榮趎懼然顧其後④。老子曰:"子不知吾所謂乎⑤?"南榮趎俯而慙⑥,仰而歎曰:"今者吾忘吾荅⑦,因失吾問。"老子曰:"何謂也?"南榮趎曰:"不知乎⑧?人謂我朱愚⑨。知乎?反愁我軀⑩。不仁則吾人⑪,仁則反愁我身;不義則傷彼⑫,義則反愁我己。我安逃此而可?此三言者,趎之所患也,願因楚而問之⑬。"老子曰:"向吾見若眉睫之間⑭,吾因以得汝矣,今汝又言而信之。若規規然若喪父母⑮,揭竿而求諸海也⑯。汝亡人哉,惘惘乎⑰!汝欲反汝情性而无由入⑱,可憐哉!"

## 【校注】

①贏:裹,儋。陸德明《釋文》:"贏音盈。案《方言》:'贏,儋也。'"成玄英疏:"贏,裹也,儋也。"

②唯:如是。成玄英疏:"答云如是。"

③偕:俱也。成玄英疏:"偕,俱也。老子聖人,照機如鏡,未忘仁義,故刺以偕來。"

④懼:驚懼。成玄英疏:"懼然,驚貌也。未達老子之言,忽聞衆來之說,顧眄其後,恐有多人也。"

⑤謂:指謂。成玄英疏:"謂者,言意也。"

⑥俯:俯首。成玄英疏:"俯,低頭也。"

⑦荅:同"答"。成玄英疏:"豈直喪其形容,亦乃失其咨問。"

⑧知:同"智"。

⑨朱:同"侏"、"誅"。成玄英疏:"朱愚,猶專愚,無知之貌也。"郭慶藩《集釋》引郭嵩燾曰:"《左傳》襄公四年'朱儒',杜預注:'短小曰朱儒。'朱愚者,智術短小之謂。"王叔岷《校詮》:"《商君書·墾令篇》:'則誅愚亂農農民無所於食。'……'誅愚'與'朱愚'、'侏愚'並同。"

⑩軀:軀體,身體。成玄英疏:"若使混沌塵俗,則有愚癡之名;若也運智人間,更致危身之禍。"

⑪吾：應爲“害”。諸本皆作“害”。王叔岷《校詮》：“害，原誤吾，各本不誤。”

⑫彼：別人。成玄英疏：“不仁不義，則傷物害人；行義行仁，則乖真背道。”

⑬因楚：借由庚桑楚。成玄英疏：“寄此三言，因桑楚以爲媒，願留聽於下問。”

⑭若：你。下同。成玄英疏：“吾昔觀汝形貌，已得汝心。今子所陳，（畢）[果]挾三術。以子之言，於是信驗。”

⑮規規：瑣細。陸德明《釋文》：“李云：‘失神貌。’一云：細小貌。”成玄英疏：“規規，細碎之謂也。”王叔岷《校詮》：“規借爲嫢，《方言》二：‘嫢，細也。’《廣雅·釋詁二》：‘嫢，小也。’”

⑯揭：持也。王叔岷《校詮》：“《後漢書·馮衍傳》‘揭節奉使’，注：‘揭，持也。’”　求：借爲“究”。陸德明《釋文》：“向云：‘言以短小之物，欲測深大之域也。’”王叔岷《校詮》：“求借爲究，《爾雅·釋言》：‘究，窮也。’（《說文》同。）此謂持竿以窮究於海也，即以竿測海之意。”

⑰惘：迷惘。陸德明《釋文》：“崔云：‘喪亡性情之人也。’”成玄英疏：“汝是亡真失道之人，亦是溺喪逃亡之子，芒昧何所歸依也！”

⑱反：同“返”。成玄英疏：“瘡疣已成，無由可入。”王先謙《集解》：“宣云：‘失其所歸。’”王叔岷《校詮》：“《繕性篇》：‘无以反其性情而復其初。’成疏‘性情’作‘情性’，與此文合。”

南榮趎請入就舍①，召其所好②，去其所惡，十日自愁③，復見老子。老子曰：“汝自洒濯④，孰哉鬱鬱乎⑤！然而其中津津乎猶有惡也⑥。夫外韄者不可繁而捉⑦，將內揵⑧；內韄者不可繆而捉⑨，將外揵。外內韄者，道德不能持⑩，而況放道而行者乎⑪！”南榮趎曰：“里人有病⑫，里人問之，病者能言其病,然其病⑬,病者猶未病也。若趎之聞大道,譬猶飲藥以加病也⑭,趎願聞衛生之經而已矣⑮。"老子曰:"衛生之經,能抱一乎⑯? 能勿失乎? 能无卜筮而知吉凶乎? 能止乎? 能已乎⑰? 能舍諸人而求諸己乎? 能翛然乎⑱? 能侗然乎⑲? 能兒子乎⑳? 兒子終日嗥而嗌不嗄㉑,和之至也;終日握而手不掜㉒,共其德也㉓;終日視而目不瞚㉔,偏不在外也㉕。行不知所之㉖,居不知所爲,與物委蛇㉗,而同其波㉘。是衛生之經已㉙。"

【校注】

①舍:館舍。

②召:致也。王先謙《集解》:"宣云:'召清虛,去物欲。'"王叔岷《校詮》:"召猶致也,《呂氏春秋·重己篇》:'惑召之也。'高注:'召,致也。'"

③自:應爲"息"。王叔岷《校詮》引奚侗云:"'自愁',義不可通,自乃息之壞字,息,止也。……言南榮趎休止其所愁者十日而復見老子,故下文老子有'汝自灑濯孰哉'之言。《闕誤》云:'江南李氏本、文如海本、劉得一本、張君房本自並作息。'"

④自:猶"雖"。王叔岷《校詮》:"自猶雖也。(《列禦寇篇》:'自是有德者以不知也,而況有道者乎!'彼文自亦與雖同義,裴氏《古書虛字集釋》有説。)"  洒濯:蕩滌。成玄英疏:"滌蕩穢累。"王先謙《集解》:"蕩滌。"

⑤孰:同"熟",本亦作"熟"。王叔岷《校詮》:"《道藏》成疏本、覆宋本孰並作熟,孰、熟古今字。"  鬱鬱:熟穀之狀。陸德明《釋文》:"鬱鬱,崔云:'孰洒貌。'"王先謙《集解》:"宣云:'如熟物之氣蒸鬱於中。'"

⑥津津:澤潤之狀。陸德明《釋文》:"崔本作律律,云:'惡貌。'"成

玄英疏：“津津尚漏，以此而驗，惡猶未盡也。”王叔岷《校詮》：
“‘津津’，潤貌。（《周禮·地官·大司徒》：‘其民黑而津。’鄭注：
‘津，潤也。’以狀其惡之未盡也。）”

⑦韄：同“獲”。陸德明《釋文》：“本作韄，音獲……李云：‘縛也。’”
成玄英疏：“韄者，繫縛之名。”王叔岷《校詮》：“古鈔卷子本韄作
獲，與《釋文》本合。韄、獲正假字。”　繁：繁擾。成玄英疏：
“繁，急也。”郭慶藩《集釋》引郭嵩燾曰：“外韄者，制其耳目，紛紜
繁變，不可捉搤。”王先謙《集解》：“此言外獲者，耳目爲物所縛，
不可以其繁擾而捉搤之。”　捉：把持，平息。與下文“持”互文。
下同。成玄英疏：“急手捉持。”錢穆《纂箋》引馬其昶曰：“《廣
雅》：‘捉，持也。’”王叔岷《校詮》：“此蓋謂耳目爲物所縛，不可以
繁系而捉持之。”章案：“外韄”指爲外物所束縛，下文“内韄”指心
靈不清净。

⑧捷（jiàn）：關閉，閉合。郭象注：“捷，關捷也。耳目，外也；心術，
内也。”陸德明《釋文》：“郭其輦反，徐其偃反。關也。向云：‘閉
也。’”成玄英疏：“捷者，閉關之目。”錢穆《纂箋》：“奚侗曰：‘捷爲
捷閉，正當作楗。’”王叔岷《校詮》：“古鈔卷子本捷作楗，與奚侗
説合。……當外閉其耳目也。”

⑨繆：綢繆。陸德明《釋文》：“莫侯反，又音稠，結也。崔、向云：‘綢
繆也。’”成玄英疏：“殷勤綢繆。”王先謙《集解》：“内韄者，心思爲
欲所縛，不可以其繆亂而捉搤之，將必外閉其耳目，以絶心思
之緣。”

⑩持：治也。王叔岷《校詮》：“持與治通。（《讓王篇》：‘道以真，以
治身。’古鈔卷子本治作持。《漁父篇》：‘爵禄不持。’古鈔卷子本
持作治。）”

⑪放：同“仿”。王叔岷《校詮》：“放與仿通，（仿，俗作倣。）此謂外物
内欲交縛者，即道德不能治，而况仿效道而行者乎！”

⑫里:鄉里,閭里。成玄英疏:"閭里有病,鄰人問之。"

⑬然其病:疑爲衍文。成玄英疏:"病人能自説其病狀者,此人雖病,猶未困重而可療也。亦猶南榮趎愚,能自陳過狀,庶可教也。"王叔岷《校詮》:"于省吾云:'高山寺卷子本無然其病三字。按卷子本是也。上句病者能言其病,故此云病者猶未病也。然其病涉上句言其病而誤衍。'案《御覽》七三八引此亦無'然其病'三字。"

⑭加:增加。王叔岷《校詮》引茆泮林云:"《御覽》七百三十八引司馬云:'加,增加也。'"

⑮衛:防護。陸德明《釋文》:"李云:'防衛其生,令合道也。'"成玄英疏:"衛(請)[護]全生。" 經:道也。王叔岷《校詮》:"經猶道也。《呂氏春秋·有始篇》'生之大經也',高注:'經猶道也。'"

⑯抱一:意謂守持本真。成玄英疏:"守真不二也。"錢穆《纂箋》:"《老子》:'載營魄抱一,能無離乎?'"

⑰已:過去,作動詞用。此句意謂"能讓過去的事過去嗎"。郭象注:"無追故跡。"成玄英疏:"已過不追。"郭慶藩《集釋》引王念孫曰:"吉凶當爲凶吉。一失吉爲韻,止已己爲韻。《管子·心術篇》:'能專乎?能一乎?能无卜筮而知凶吉乎?'是其證。"

⑱翛(xiāo)然:無蹤跡之貌。下同。郭象注:"無停跡也。"陸德明《釋文》:"翛音蕭。"成玄英疏:"往來無係止。"王叔岷《校詮》:"《大宗師篇》:'翛然而往,翛然而來而已矣。'"

⑲侗:無知之狀。下同。王先謙《集解》:"宣云:'無知。'"王叔岷《校詮》:"《山木篇》:'侗乎其无識。'《釋文》:'侗,無知貌。'侗借爲童昏字。"

⑳兒子:赤子。成玄英疏:"同赤子也。"王先謙《集解》:"宣云:'元氣自然。'"錢穆《纂箋》:"陸長庚曰:'專氣致柔,如嬰兒也。'"王叔岷《校詮》:"《老子》十章:'專氣致柔,能嬰兒乎!'"

㉑嗥:同"號"。陸德明《釋文》:"本又作號。"成玄英疏:"故終日嗁

號。”王叔岷《校詮》:“《老子》五十五章:‘終日號而不嗄,和之至
也。’即此所本。”　　嗌(ài):噎也。陸德明《釋文》:“李音厄,謂
噎也。”成玄英疏:“嗌,喉塞也。”　　嗄:同“嚘”、“憂”。郭象注:
“任聲之自出,不由於喜怒。”陸德明《釋文》:“本又作嚘,徐音
憂。”郭慶藩《集釋》引俞樾曰:“《老子》‘終日號而不嗄’,傅奕本
作歐,即嚘之異文也。揚子《太玄經·夷》‘次三曰柔,嬰兒於號,
三日不嚘’,二宋、陸、王本皆如是。蓋以嚘與柔爲韻,可知揚子所
見《老》《莊》皆作嚘也。”王叔岷《校詮》:“古鈔卷子本正作‘兒子
終日號而嗌不嚘’。……帛書甲本嗄作戈,(乙本缺。)疑憂之省,
憂借爲嚘。《玉篇》口部引《老子》亦作嚘。《列子·天瑞篇》:‘其
在嬰孩,氣專志一,和之至也。’”

㉒捖(yì):用手抓物。陸德明《釋文》:“五禮反,向音藝。崔云:‘寄
也。’《廣雅》云:‘捉也。’”王叔岷《校詮》引茆泮林云:“蕭該《漢
書音義》引司馬云:‘但抱而握之,手不捉也。’”王先謙《集解》:
“赤子終日捲握,而不必捉物。”

㉓共:同也,一也。陸德明《釋文》:“崔云:‘壹也。’”郭慶藩《集釋》
引郭嵩燾曰:“《説文》:‘共,同也。’授之物握之,奪之物亦握之,
不待準量以爲握也,其德同也。”

㉔瞚:同“瞬”。陸德明《釋文》:“瞚字又作瞬,同。音舜,動也。”成
玄英疏:“瞚,動也。”王叔岷《校詮》:“《一切經音義》七二引此正
作瞬,瞚、瞬正俗字。”

㉕偏:偏向,偏滯。郭象注:“任目之自見,非係於色也。”成玄英疏:
“不偏滯於外塵也。”錢穆《纂箋》:“宣穎曰:‘無所偏向於外,視猶
不視。’”

㉖之:往也。郭象注:“任足之自行,無所趣。”成玄英疏:“之,
往也。”

㉗委蛇(yí):周旋。

㉘波：波蕩。郭象注："物波亦波。"成玄英疏："和光混跡，同其波流。"王先謙《集解》："與物順行，而同其波蕩。"王叔岷《校詮》："《應帝王篇》：'壺子曰：吾與之虛而委蛇，因以爲波流。'（節引。）與此文意略同。"

㉙已：同"也"。王叔岷《校詮》："古鈔卷子本已上有也字，《文選》謝靈運《還舊園作見顏范二中書詩》注引已作也。'也已'，複語，義同，可略其一。"

南榮趎曰："然則是至人之德已乎①？"曰："非也。是乃所謂冰解凍釋者②，夫至人者，相與交食乎地而交樂乎天③，不以人物利害相攖④，不相與爲怪⑤，不相與爲謀⑥，不相與爲事⑦，翛然而往，侗然而來，是謂衛生之經已。"曰："然則是至乎⑧？"曰："未也。吾固告汝曰：'能兒子乎？'兒子動不知所爲，行不知所之，身若槁木之枝而心若死灰⑨。若是者，禍亦不至，福亦不來。禍福无有，惡有人災也⑩！"

【校注】

①已：語助詞。王先謙《集解》："問此即至人之德否？"王叔岷《校詮》："'已乎'複語，已猶乎也。"

②此句後闕"能乎"二字。郭象注："能乎？明非自爾。"成玄英疏："此因學致悟，非率自然。能乎，明非真也。"王先謙《集解》："言是特所謂解釋胸中凝滯之能乎？"王叔岷《校詮》："覆宋本者下有'能乎'二字，當補。"

③交：同"邀"。郭慶藩《集釋》引俞樾曰："《徐無鬼篇》曰：'吾與之邀樂於天，吾與之邀食於地。'與此文異義同。交即邀也，古字只作徼。文二年《左傳》：'寡君願徼福於周公、魯公。'此云邀食乎地，邀樂乎天，語意正相似。作邀者後出字，作交者叚借字。《詩·桑扈篇》'彼交匪傲'，《漢書·五行志》作'匪傲匪傲'，即其

例矣。"

④攖:亂也。陸德明《釋文》:"《廣雅》云:'亂也。'"成玄英疏:"攖,
　擾亂也。"

⑤怪:怪異。成玄英疏:"故能息怪異於群生。"王先謙《集解》:"不
　立異。"

⑥謀:計謀,謀慮。《應帝王篇》"无爲謀府",王先謙《集解》:"無爲
　謀慮之府。"

⑦事:事務。此句意謂任事物自然之狀。《應帝王篇》"无爲事任",
　郭象注:"付物使各自任。"

⑧至:極也。郭象注:"謂己便可得此言而至耶。"王先謙《集解》:
　"已造極乎?"

⑨王先謙《集解》:"二語見《齊物論》。又見《徐無鬼》、《知北遊》二
　篇,'木'作'骸'。"

⑩惡:何也。陸德明《釋文》:"惡音烏。"

　宇泰定者①,發乎天光②。發乎天光者,人見其人③,人有
脩者④,乃今有恒⑤;有恒者,人舍之,天助之⑥。人之所舍,謂
之天民;天之所助,謂之天子⑦。學者,學其所不能學也;行
者,行其所不能行也;辯者,辯其所不能辯也⑧。知止乎其所
不能知,至矣⑨;若有不即是者,天鈞敗之⑩。備物以將形⑪,
藏不虞以生心⑫,敬中以達彼⑬,若是而萬惡至者⑭,皆天也,
而非人也,不足以滑成⑮,不可内於靈臺⑯。

【校注】

①宇:意指心。王叔岷《校詮》:"此即《人間世篇》'虛室生白'之意。
　此文之宇,彼文之室,並喻心。……《云笈七籤》九四引此文,並
　云:'宇,則心也。天光,則慧也。'"　　泰:大也。王叔岷《校詮》:
　"'泰定'蓋猶'大定',(《知北遊篇》'於是泰清問乎无窮曰',成

疏:‘泰,大也。’《淮南子‧道應篇》泰作太,太與泰同,泰借爲大。)《徐无鬼篇》:‘知大定,大定持之。’彼文作‘大定’,此文作‘泰定’,義蓋相同。”

②天光:意謂自然慧光。成玄英疏:“且德宇安泰而静定者,其發心照物,由乎自然之智光。”

③此處闕“物見其物”四字。郭慶藩《集釋》王孝魚校曰:“‘物見其物’四字依《闕誤》引張君房本及注文補。”王叔岷《校詮》:“發乎天光者,心如明鏡,可以鑑人、物之形……《天道篇》:‘聖人之心静乎! 天地之鑑也,萬物之鏡也。’亦其義也。”

④脩:道脩。成玄英疏:“故有真脩之人,能會凝常之道也。”

⑤恒:常。郭象注:“人而脩人,則自得矣,所以常泰。”成玄英疏:“恒,常也。”王叔岷《校詮》:“脩道當有恒也。”

⑥舍:舍居,舍止。成玄英疏:“爲蒼生之所舍止,皇天之所福助。”王先謙《集解》:“人來依止,天亦佑助。”王叔岷《校詮》:“疏説舍爲‘舍止’,是也。下文‘業人而不舍’,《人間世篇》‘鬼神將來舍’,並與此舍字同義。”

⑦天民、天子:皆謂得道者。郭象注:“出則天子,處則天民。”王先謙《集解》:“無位而尊。”錢穆《纂箋》:“此即内聖外王也。”王叔岷《校詮》:“《孟子‧盡心篇》:‘有天民者,達可行於天下而後行之者也。’趙注:‘天民,知道者也。’與此‘天民’義近。”

⑧學者、行者、辯者:皆未得道,有違自然之理。郭象注:“凡所能者,雖行非爲,雖習非學,雖言非辯。”錢穆《纂箋》:“宣穎曰:‘三者皆不能止。’”

⑨至:極致。成玄英疏:“此臨學之至妙。”王叔岷《校詮》:“《齊物論篇》亦云:‘知止其所不知,至矣。’”

⑩天鈞:自然之性。成玄英疏:“若有心分外,即不以分内爲是者,斯敗自然之性者也。” 之:猶“矣”。王叔岷《校詮》:“之猶矣也,

謂自然之性分敗矣。”

⑪備：具也。陸德明《釋文》：“備，具也。”　將：順也。郭象注：“因其自備而順其成形。”陸德明《釋文》：“將，順也。”王先謙《集解》：“具衆理以順形。”

⑫虞：億度，思慮。郭象注：“心自生耳，非虞而出之。虞者，億度之謂。”成玄英疏：“包藏神智，遇物生心，終不預謀所爲虞度者也。”王先謙《集解》：“宣云：‘退藏於不思慮之地，以活其心。’”

⑬中、彼：意指内心、外物。成玄英疏：“中，内智也。彼，外境也。”王先謙《集解》：“敬慎其内智，以達於外。”王叔岷《校詮》：“謂敬内以通外耳。”

⑭萬惡：意指天災人禍。成玄英疏：“若文王之拘羑里，孔子之困匡人。”王先謙《集解》：“宣云：‘謂災患。’”

⑮滑(gǔ)：亂也。郭象注：“安之若命，故其成不滑。”陸德明《釋文》：“滑音骨。”成玄英疏：“滑，亂也。體道會真，安時達命，縱遭萬惡，不足以亂於大成之心。”

⑯内：入也。成玄英疏：“内，入也。”王叔岷《校詮》：“《説文》：‘内，入也。’”　靈臺：心。郭象注：“靈臺者，心也。”王先謙《集解》：“不可令人而擾吾之心。”王叔岷《校詮》：“《德充符篇》‘靈臺’作‘靈府’，義同。”

　　靈臺者有持①，而不知其所持，而不可持者也。不見其誠己而發②，每發而不當③，業入而不舍④，每更爲失⑤。爲不善乎顯明之中者⑥，人得而誅之；爲不善乎幽閒之中者⑦，鬼得而誅之。明乎人，明乎鬼者，然後能獨行⑧。券内者⑨，行乎无名；券外者，志乎期費⑩。行乎无名者，唯庸有光⑪；志乎期費者，唯賈人也⑫，人見其跂⑬，猶之魁然⑭。與物窮者，物入焉⑮；與物且者⑯，其身之不能容，焉能容人⑰！不能容人者无親,无親者盡人⑱。兵莫憯于志⑲,鏌鋣爲下⑳;寇莫大於陰陽㉑,无所逃於天地之間。非陰陽賊之㉒,心則使之也。

## 【校注】

①持:把持,執持。成玄英疏:“若有心執持,則失之遠矣,故不可也。”錢穆《纂箋》:“有持而不知其所持,所存者神也。”王叔岷《校詮》引段玉裁云:“《釋名》:‘臺,持也,築土堅高能自勝持也。’古臺讀爲持,心曰靈臺,謂能持物。”

②誠己:意謂反身而誠。成玄英疏:“誠,實也。”錢穆《纂箋》:“《中庸》曰:‘誠者,不勉而中,不思而得。’誠己,即反身而誠也。”
發:發作,發表於外。郭象注:“此妄發作。”

③當:得當。郭象注:“發而不由己誠,何由而當!”王叔岷《校詮》:“‘而不當’,而猶亦也。”

④業:事也。郭象注:“事不居其分内。”成玄英疏:“業,事也。世事攖擾,每入心中,不達違從,故不能舍止。”

⑤更:變更。成玄英疏:“每妄發心,緣逐前境,自謂爲得,翻更喪真。”王先謙《集解》:“雖變更而亦失。”

⑥顯明:展現,意指行爲。

⑦幽閒:與“顯明”相對,意指隱匿。陸德明《釋文》:“閒音閑。”成玄英疏:“夫人鬼幽顯,乃曰殊塗,至於推誠履信,道理無隔。若彼乖分失屬,必招報應。”

⑧獨行:意指不懼。郭象注:“幽顯無愧於心,則獨行不懼也。”

⑨券内:契合内心,下文“券外”即契合外物。陸德明《釋文》:“券字又作卷,徐音勸。”成玄英疏:“無名,道也。履道而爲於分内者,雖行而無名跡也。”王先謙《集解》:“宣云:‘券,契也。得契合乎内。’”王叔岷《校詮》:“《説文》:‘券,契也。’”

⑩期費:意謂極其財用。郭慶藩《集釋》引俞樾曰:“《荀子》書每用綦字爲窮極之義。《王霸篇》‘目欲綦色,耳欲綦聲’,楊注曰:

‘綦，極也。’亦或作期，《議兵篇》曰：‘已綦三年，然後民可信也。’
《宥坐篇》曰：‘綦三年而百姓往矣。’是期與綦通。期費者，極費
也。費，謂財用也。”王先謙《集解》：“言契合乎外者，志欲窮極其
財用也。”

⑪庸：用也。成玄英疏：“庸，用也。”錢穆《纂箋》：“陸長庚曰：‘君子
之道，闇然而日章。’”王叔岷《校詮》：“‘唯庸有光’猶言‘其用有
光’。”

⑫賈：商賈。郭象注：“雖己所無，猶借彼而販賣也。”陸德明《釋
文》：“賈音古。”王先謙《集解》：“與賈人何異？”

⑬跂：危險。成玄英疏：“企，危也。”王叔岷《校詮》：“古鈔卷子本跂
作企，注同。……企、跂古通。（《秋水篇》有説。）之猶是也。《老
子》二十四章：‘企者不立。’王注：‘物尚進，則失安。’”

⑭魁：安也。郭象注：“夫期費者，人已見其跂也，而猶自以爲安。”成
玄英疏：“魁，安也。”

⑮窮：意謂窮極、終始。郭象注：“窮，謂終始。”　入：意謂歸依。成
玄英疏：“物我冥符而窮理盡性者，故爲外物之所歸依之也。”王先
謙《集解》：“宣云：‘我與物相終始，則物亦來就。’”

⑯且：苟且。郭慶藩《集釋》引俞樾曰：“且即苟且之且。《詩·東門
之枌篇》‘穀旦于差’，《韓詩》旦作且，云：‘苟且也。’是重言爲苟
且，單言爲且也。上文與物窮者，郭注窮謂終始，是窮爲窮極之
義。苟且與窮極，義正相反也。”

⑰身：自身。　容：容納，包容。郭象注：“身且不能容，則雖己非
己，況能有親乎！”成玄英疏：“褊狹不容，則無親愛。”

⑱盡：空也。王叔岷《校詮》引于鬯云：“盡有空義，《説文》皿部：
‘盡，器中空也。’《爾雅·釋詁》云：‘空，盡也。’然則‘無親者盡
人’，猶言‘無親者空人’，謂無親者無人耳。”

⑲兵：兵器。成玄英疏：“兵戈，鋒刃之徒。”　憯：同“慘”。郭慶藩

《集釋》："憯與慘同。《説文》：'慘，毒也。字或作憯。'《方言》：'慘，殺也。'與訓毒義相近。" 志：心志。成玄英疏："夫憯毒傷害，莫甚乎心。"王先謙《集解》："慘毒莫甚於心，而兵次之。"

⑳鏌鋣：利劍名。成玄英疏："鏌鋣，良劍也。"

㉑寇：敵寇。成玄英疏："寇，敵也。" 陰陽：意指陰陽二氣。成玄英疏："域心得喪，喜怒戰於胸中，其寒凝水，其熱燋火，此陰陽之寇也。夫勍敵巨寇，猶可逃之，而兵起内心，如何避邪！"

㉒賊：賊害。郭象注："心使氣，則陰陽徵結於五藏而所在皆陰陽也，故不可逃。"成玄英疏："此非陰陽能賊害於人，但由心有躁競，故使之然也。"

道通，其分也，其成也毁也[1]。所惡乎分者，其分也以備[2]；所以惡乎備者，其有以備[3]。故出而不反，見其鬼[4]；出而得，是謂得死[5]。滅而有實，鬼之一也[6]。以有形者象无形者而定矣[7]。出无本[8]，入无竅[9]。有實而无乎處[10]，有長而无乎本剽[11]，有所出而无竅者有實[12]。有實而无乎處者，宇也[13]。有長而无本剽者，宙也[14]。有乎生，有乎死，有乎出，有乎入[15]，入出而无見其形，是謂天門[16]。天門者，无有也，萬物出乎无有[17]。有不能以有爲有，必出乎无有[18]，而无有一无有[19]。聖人藏乎是[20]。

【校注】

①分：分際。成玄英疏："夫物之受氣，各有崖限，妍醜善惡，稟分毁成。而此謂之成，彼謂之毁。道以通之，無不備足。"王叔岷《校詮》："于省吾云：'此應依高山寺卷子本作：道通，其分也成也，其成也毁也。今本其成也下挩成也二字。'案'其分也'下無'成也'二字，則文意不完，卷子本是也。《齊物論篇》：'其分也成也，其成也毁也。'文與此同。"章案："道通"與"其分也成也，其成也毁

也"之間文意仍不通,疑仍有錯訛。因爲,"其成也毀也"是人們認識的結果,而非道所導致的結果。

②惡(wù):厭惡。下同。陸德明《釋文》:"惡,烏路反。"　備:具備,完備。郭象注:"不守其分而求備焉,所以惡分也。"王叔岷《校詮》:"'所'下脫'以'字,注'所以惡分'可證。'所以惡乎分者'與下'所以惡夫備者'對言。'其分也以備',猶言'其分者已備'。"

③有以備:應爲"有也以備"。王夫之《莊子解》:"有以備,謂挾成心以防物。"錢穆《纂箋》:"章炳麟曰:'言已成顯果者,介然恃其一切具足,故更排拒他物也。'"王叔岷《校詮》:"'有'下脫'也'字,'其有也以備',與上'其分也以備'對言,猶言'其有者已備'也。"

④出:意謂情感形於外。陸德明《釋文》:"謂情感外馳而不反觀於內也。"　見其鬼:意謂置身死地。郭象注:"不反守其分內,則其死不久。"陸德明《釋文》:"王云:'永淪危殆,資死之術,己行及之,故曰見鬼也。'"

⑤得:獲得。成玄英疏:"其出心逐物,遂其欲情而有所獲者,此可謂得死滅之本。"王先謙《集解》:"外馳而逐有得,彼自以爲得也,不知是得死耳。"

⑥滅:意謂"滅性"。　實:意指肉身。郭象注:"滅其性矣,雖有斯生,何異於鬼!"成玄英疏:"迷滅本性,謂身實有,生死不殊,故與鬼爲一也。"王叔岷《校詮》:"之猶爲也。"

⑦象:相似。成玄英疏:"象,似也。雖有斯形,似如無者,即形非有故也。"　定:安定。郭象注:"雖有斯形,苟能曠然無懷,則生全而形定也。"成玄英疏:"曠然忘我,故心靈和光而止定也。"王叔岷《校詮》:"有形,生也。无形,死也。視生如死,死生爲一,故定也。"

⑧出:生。與下文"入"對言。成玄英疏:"出,生也。"　本:本根。

郭象注:"欻然自出,非有本。"陸德明《釋文》:"本,始也。"成玄英疏:"從無出有,有無根原。"王先謙《集解》:"道之流行無本根。"

⑨入:死。成玄英疏:"入,死也。"　窾:孔也。陸德明《釋文》:"窾,孔也。"成玄英疏:"自有還無,無乃無窾穴也。"王先謙《集解》:"道之斂藏無窾隙。"

⑩實:實在,實存。下同。成玄英疏:"言從無出有,實有此身,推索因由,(意)〔竟〕無處所。"王先謙《集解》:"道有實在,而不見其處所。"

⑪剽(biǎo):末也。陸德明《釋文》:"崔云:'末也。'"成玄英疏:"剽,末也,亦原也。本亦作摽字,今隨字讀之。……自古至今,甚爲長遠,竟無本末。"王先謙《集解》:"木枝之遠揚者謂之標,故以訓末。言道之源遠流長,而不見其本末。"

⑫郭象注:"言出者自有實耳,其所出無根窾以出之。"

⑬宇:上下四方。郭象注:"宇者,有四方上下,而四方上下未有窮處。"陸德明《釋文》:"《三蒼》云:'四方上下爲宇。'宇雖有實,而無定處可求也。"

⑭宙:古往今來。郭象注:"宙者,有古今之長,而古今之長無極。"陸德明《釋文》:"《三蒼》云:'往古來今曰宙。'"

⑮出、入:意指生死存亡。成玄英疏:"出入,(由)〔猶〕生死也。"王叔岷《校詮》:"出、入承上有形、無形言。"

⑯天門:意指道。郭象注:"天門者,萬物之都名也。謂之天門,猶云衆妙之門也。"王叔岷《校詮》:"《天運篇》:'其心以爲不然者,天門弗開矣。'《釋文》:'天門:一云大道也。''天門'一詞,蓋本《老子》。《老子》十章:'天門開闔,能爲雌乎!'"

⑰郭象注:"以無爲門,則無門也。"

⑱王先謙《集解》:"有之未生,非有之所能有。"王叔岷《校詮》:"《老子》四十章:'天下萬物生於有,有生於無。'……《莊子》則直云

'萬物出乎无有',於義略別。"

⑲一:猶"常"。成玄英疏:"一切皆無,故謂一無有。"王叔岷《校詮》:"一猶常也,《淮南子·説林篇》:'而有況一不信者乎!'高注:'一猶常。'"

⑳是:此。成玄英疏:"玄德聖人,冥真契理,藏神隱智,其在兹乎!"王叔岷《校詮》:"即藏於無有也。《達生篇》:'聖人藏於天。'"

　　古之人,其知有所至矣①。惡乎至②?有以爲未始有物者,至矣,盡矣,弗可以加矣③。其次以爲有物矣④,將以生爲喪也,以死爲反也⑤,是以分已⑥。其次曰始无有,既而有生,生俄而死⑦;以无有爲首,以生爲體,以死爲尻⑧;孰知有无死生之一守者⑨,吾與之爲友。是三者雖異⑩,公族也,昭、景也⑪,著戴也⑫,甲氏也⑬,著封也⑭,非一也。

【校注】

①至:極致。

②惡(wū):何也。陸德明《釋文》:"惡音烏。"成玄英疏:"問至所由,有何爲至?"

③盡:窮盡。此句意指最高的知識爲不知有物。成玄英疏:"此顯至之體狀也。"

④其次:意指次一級的知識,即以知道有物爲知。下文"其次"指更次一級的知識。以上數句又見《齊物論篇》。

⑤喪:弱喪,死。　　反:歸也。成玄英疏:"流俗之人,以生爲得,以死爲喪。今欲反於迷情,故以生爲喪,以其無也;以死爲反,反於空寂。"王叔岷《校詮》:"宣穎云:'喪,弱喪。反,歸。'案《齊物論篇》:'予惡乎知死之非弱喪而不知歸者邪!'即宣解所本。"

⑥以:同"已"。王先謙《集解》:"以同已。"　　分:分別,分際。成玄英疏:"雖齊死生,猶見死生之異,故從非有而起分別也。"　　已:

語助詞。

⑦俄而：頃刻。成玄英疏：“其次以下，心知稍闇，而始本無有，從無有生，俄頃之間，此生彼滅。”

⑧尻：臀部。陸德明《釋文》：“尻，苦羔反。”章案：《大宗師篇》：“以无爲首，以生爲體，以死爲尻。”義與此同。

⑨之一守：爲一個道。“守”借爲“道”。錢穆《纂箋》引王念孫曰：“守，借爲道。《知北遊篇》：‘子巧與？有道與？曰：臣有守也。’《達生篇》：‘子巧乎？有道乎？曰：我有道也。’”王叔岷《校詮》：“裴學海云：‘上之字訓爲。’（《古書虛字集釋》九）案：‘一守’即‘一道’。”

⑩三者：指“以无爲首，以生爲體，以死爲尻”。成玄英疏：“三者，謂以无爲首，以生爲體，以死爲尻是也。於一體之中而起此三異，猶如楚家於一姓之上分爲三族。”

⑪昭、景：與屈氏爲楚國公族三姓。成玄英疏：“昭屈景，楚之公族三姓。昔屈原爲三閭大夫，掌三族三姓，即斯是也。此中文略，故直言昭景。”

⑫著戴：與下文“著封”對言，“戴”或可爲“載”，原意爲著衣戴冠，引申爲承載祖先蔭佑。陸德明《釋文》：“戴本亦作載。……一說云：昭景甲三者，皆楚同宗也。著戴者，謂著冠，世世處楚朝，爲衆人所戴仰也。”成玄英疏：“王孫公子，長大加冠，故著衣而戴冠也。”王夫之《莊子解》：“戴謂所從出之宗。”王先謙《集解》：“宣云：‘此二族，著其所戴之先人爲氏。’”郭慶藩《集釋》引郭嵩燾曰：“《說文》：‘首，戴也。’《爾雅·釋地》：‘途出其前戴邱。’著戴者，昭景相承爲氏也。”錢穆《纂箋》：“王敔曰：‘戴，謂所從出之宗也。’……孫詒讓曰：‘戴當爲載。《爾雅》：載，始也。’謂著其所始。章炳麟曰：‘籀文戴作戴，從弋聲，則戴可借爲代。昭景以謚爲氏，所以著代也。’”

⑬甲：應爲"申"之誤。王叔岷《校詮》引于鬯云："甲必申字之誤也，申、甲隸書止爭半筆，故誤申爲甲。申氏則遠見於春秋，如申舟、申犀、申驪、申無宇、申亥、申包胥皆是。……與姜姓四嶽之後氏申者自別。據此，則亦爲楚之公族。楚文王滅申國而縣之，故楚有申邑。則公族之封此固宜。申氏必以封邑爲氏，故曰申氏也。"

⑭著封：意謂表著封邑。郭象注："此四者雖公族，然已非一，則向之三者已復差之。"成玄英疏："猶如一道之中，分爲有無生死，種類不同，名實各有異，故引其族以譬也。"王叔岷《校詮》引于鬯云："'著封也'，謂表著其封邑也，其謂'世世處封邑而光著久'，此語是也。然則昭、景、申三氏雖同爲公族，而細論之，'著戴'與'著封'不同，故曰'非一也'。"

　　有生，黬也①。披然曰移是②。嘗言移是，非所言也③。雖然，不可知者也④。臘者之有腴胲⑤，可散而不可散也⑥；觀室者周於寢廟⑦，又適其偃焉⑧，爲是舉移是⑨。請嘗言移是。是以生爲本，以知爲師，因以乘是非⑩；果有名實，因以己爲質⑪；使人以爲己節⑫，因以死償節⑬。若然者，以用爲知，以不用爲愚，以徹爲名⑪，以窮爲辱。移是，今之人也，是蜩與學鳩同於同也⑮。

【校注】

①黬(yǎn)：瑕疵，污點。陸德明《釋文》："黬，徐於減反。司馬[云]烏箪反，云：'黶，有疵也，有疵者，欲被除之。'"成玄英疏："黬，疵也。"王叔岷《校詮》："似謂凡有生者，皆有污點也。"

②披然：猶"紛然"。錢穆《纂箋》："披然猶紛然也。"　曰：同"而"。王叔岷《校詮》："曰猶而也，《老子》二十五章：'大曰逝，逝曰遠，遠曰反。'……諸曰字皆與而同義，此義前人未發。(《古書虛字新義》[十一曰]條有說。)"　移是：變動是非。下同。錢穆《纂

箋》："謂是非無定,隨時而移易也。"王叔岷《校詮》："謂紛然而變易是,使是無定,此有生者之污點也。"

③所:猶"可"。王叔岷《校詮》："所猶可也,是既變易,則不可言矣。移是與因是不同,移是則無是,因是則各得其是。"

④成玄英疏:"雖復是非不由於言,而非言無以知是非,故試言是非,一遣於是非。名不寄言,則不知是非之無是非也。"錢穆《纂箋》:"移是之説,貌近理而實非真,故曰不可知。"

⑤臘:臘祭。成玄英疏:"臘者,大祭也。"王夫之《莊子解》:"臘,臘祭也。秦以三戌祭爲臘。" 脬(pí):牛百葉。陸德明《釋文》:"脬音毗。司馬云:'牛百葉也。'"成玄英疏:"脬,牛百葉也。" 胲(gāi):牛蹄。陸德明《釋文》:"胲,古來反,足大指也。崔云:'備也。'案臘者大祭備物,而肴有脬胲。"成玄英疏:"胲,備也,亦言是牛蹄也。"王夫之《莊子解》:"胲,足指毛肉也。"

⑥散:分散。成玄英疏:"臘祭之時,牲牢甚備,至於四肢五臟,並皆陳設。祭事既訖,方復散之,則以散爲是;若其祭未了,則不合散,則以散爲不是。是知是與不是,移是无常。"王夫之《莊子解》:"脬胲非登俎之物,散,謂抛擲之也;狀其味可食,人必收之。"

⑦周:周旋。成玄英疏:"祭事既竟,齋宮與飲,施設餘胙於屋室之中,觀看周旋於寢廟之内。"

⑧適:行也。成玄英疏:"故往圊圂而便尿也。" 偃:廁所。郭象注:"偃,謂屏廁。"陸德明《釋文》:"司馬、郭皆云:'屏廁也。'"郭慶藩《集釋》:"偃當爲匽。……《周禮》'宮人爲其井(井疑屏之誤字。)匽',鄭司農云:'匽,路廁也。'"

⑨舉:例舉。郭象注:"寢廟則以饗燕,屏廁則以偃溲;當其偃溲,則寢廟之是移於屏廁矣。故是非之移,一彼一此,誰能常之!"錢穆《纂箋》:"爲此臘祭、觀室二事而舉移是之説也。"

⑩乘:猶"陞"。郭象注:"乘是非者,無是非也。"王先謙《集解》:"此

以我之生爲根本，以我之心知爲師。”錢穆《纂箋》：“《齊物論》‘隨
其成心而師之’，知即成心也。”王叔岷《校詮》：“乘猶陞也，《釋
名·釋姿容》：‘乘，陞也。’陞是非則是非多，是非多遂無是
非矣。”

⑪名實：名稱與實物，即“能指”與“所指”。　質：主也。郭象注：
“質，主也。物各謂己是，足以爲是非之主。”成玄英疏：“質，主
也。妄執名實，遂用己爲名實之主而競是非也。”錢穆《纂箋》：
“因有是非，遂有名實。”

⑫節：法度。王叔岷《校詮》：“節，謂法度也。《禮記·樂記》‘好惡
無節於内’，鄭注：‘節，法度也。’是非以己爲主，進而使人以爲己
之法度也。”

⑬償：回報。陸德明《釋文》：“《廣雅》云：‘償，報也，復也。’案謂殺
身以成名，節成而身死。”

⑭徹：通徹，明晰。成玄英疏：“通徹爲榮名，窮塞爲恥辱。”

⑮蜩(tiáo)：蟬。　鷽鳩：小鳥。成玄英疏：“蜩鷽二蟲，以蓬蒿爲
是。二蟲同是，未爲通見，疑是之人，斯以類也。蜩同於鳩，鳩同
於蜩，故曰同於同也。”章案：蜩與鷽鳩事見《逍遥遊篇》。

踵市人之足①，則辭以放驁②。兄則以嫗③，大親則已
矣④。故曰：至禮有不人⑤，至義不物⑥，至知不謀⑦，至仁无
親⑧，至信辟金⑨。徹志之勃⑩，解心之謬⑪，去德之累⑫，達道
之塞⑬。貴、富、顯、嚴、名、利六者，勃志也⑭。容、動、色、理、
氣、意六者，謬心也⑮。惡、欲、喜、怒、哀、樂六者，累德也⑯。
去、就、取、與、知、能六者，塞道也⑰。此四六者不盪胸中則
正⑱，正則静，静則明，明則虚，虚則无爲而无不爲也。道者，
德之欽也⑲；生者，德之光也⑳；性者，生之質也㉑。性之動，謂
之爲㉒；爲之僞，謂之失㉓。知者，接也㉔；知者，謨也㉕；知者之

所不知,猶睨也㉖。動以不得已之謂德㉗,動無非我之謂治㉘,名相反而實相順也㉙。

## 【校注】

①蹍(zhǎn):踩踏。陸德明《釋文》:"司馬、李云:'蹈也。'《廣雅》云:'履也。'"成玄英疏:"蹍,蹋也,履也。"

②放鶩(ào):放縱傲慢。"鶩"同"傲"。陸德明《釋文》:"鶩,五報反。《廣雅》云:'妄也。'"成玄英疏:"履蹍市廛之人不相識者之跀腳,則謝云己傲慢放縱錯(雜)誤而然,非故爲也者。"王先謙《集解》:"宣云:'辭謝以放肆自引罪。'"王叔岷《校詮》引王念孫曰:"鶩與敖通。亦作傲,《荀子‧勸學篇》:'未可與言而言謂之傲。'傲,謂妄言也。"

③嫗(yù):憐愛。成玄英疏:"蹋著兄弟之足,則嫗詡而憐之,不以言愧。"王叔岷《校詮》:"嫗,謂憐愛也。"

④大親:意指父母。成玄英疏:"若父蹋子足,則(敏)[默]然而已,不復辭費。"王叔岷《校詮》:"宣穎云:'若是父母,則知其恕己,不必煦嫗。'"

⑤不人:意謂若己。郭象注:"不人者,視人若己。視人若己則不相辭謝,斯乃禮之至也。"

⑥不物:義近"不人"。郭象注:"各得其宜,則物皆我也。"

⑦謀:計謀,謀劃。郭象注:"謀而後知,非自然知。"

⑧郭象注:"譬之五藏,未曾相親,而仁已至矣。"

⑨辟:除也。郭象注:"金玉者,小信之質耳,至信則除矣。"陸德明《釋文》:"辟,除也。"成玄英疏:"辟,除也。"王先謙《集解》:"宣云:'不須以金爲質。'"王叔岷《校詮》:"辟借爲避,故有除棄義。"

⑩徹:同"撤",與後文"解"、"去"、"達"皆爲動詞。成玄英疏:"徹,毀也。"王夫之《莊子解》:"徹與撤同,撤去之也。"錢穆《纂箋》:"王敔曰:'徹與撤同。'" 勃:亂也。陸德明《釋文》:"勃本又作

悖,同。”成玄英疏:“勃,亂也。”王先謙《集解》引宣穎曰:“勃,亂
也。”王叔岷《校詮》:“《呂覽》作‘通志之悖’,《説文》:‘徹,通也。
悖,亂也。’高注《呂覽》亦云:‘悖,亂也。’”

⑪謬:意謂束縛。陸德明《釋文》:“一本作繆。”成玄英疏:“繆,繫縛
也。”王叔岷《校詮》:“古鈔卷子本謬作繆(下同),《文選》陸士衡
《嘆逝賦》注引同。疏‘繆,繫縛也’,是成本亦作繆;下文‘謬心
也’,覆宋本作繆,(郭氏《集釋》從之。)存成本之舊。”

⑫累:累贅。

⑬達:通達,動詞。王先謙《集解》:“達,通也。”

⑭嚴:尊嚴,威嚴。成玄英疏:“榮貴、富贍、高顯、尊嚴、名聲、利禄,
六者亂情志之具也。”王先謙《集解》:“嚴,威。”王叔岷《校詮》:
“嚴猶尊也。《禮記大傳》‘收族故宗廟嚴’,鄭注:‘嚴猶尊也。’”

⑮動:行動,與“静”相反。成玄英疏:“容貌、變動、顏色、辭理、氣
調、情意,六者綢繆繫縛心靈者也。”

⑯惡(wù):厭惡。成玄英疏:“憎惡、愛欲、欣喜、恚怒、悲哀、歡樂,
六者德(家)之患累也。”

⑰去:去除。成玄英疏:“去捨、從就、貪取、施與、知慮、伎能,六者蔽
真道也。”

⑱四六:以上四種六字。成玄英疏:“四六之病,不動盪於胸中,則心
神平正,正則安静,静則照明,明則虛通,虛則恬淡無爲,應物而無
窮也。”

⑲欽:同“廞”,陳列。郭慶藩《集釋》引俞樾曰:“《説文》廣部:‘廞,
陳輿服於庭也。’《小爾雅·廣詁》:‘廞,陳也。’此欽字即廞之叚
字。蓋所以生者爲德,而陳列之即爲道,故曰德之廞也。《漢書·
哀帝紀》注引李斐曰:‘陳,道也。’是其義矣。”錢穆《纂箋》引奚侗
曰:“《逸周書·謚法解》:‘威儀悉備曰欽。’”

⑳成玄英疏:“天地之大德曰生,故生化萬物者,盛德之光華也。”

㉑質：本質。成玄英疏：“質，本也。自然之性者，是稟生之本也。”王叔岷《校詮》引王念孫云：“《廣雅》：‘性，質也。’《春秋繁露·深察名號篇》云：‘性者，質也。’《漢書·董仲舒傳》云：‘質樸之謂性。’《禮器》‘增美質’，鄭注：‘質猶性也。’資質謂之性。”

㉒爲：意謂自然而然之作爲。郭象注：“以性自動，故稱爲耳；此乃真爲，非有爲也。”成玄英疏：“率性而動，分內而爲，爲而無爲，非有爲也。”

㉓失：意謂喪失真道。成玄英疏：“僞情，分外有爲，謂之喪道也。”

㉔接：接物。王先謙：“接物而知之，謂之知。”

㉕知：同“智”。王先謙：“知音智。謨，謀也。見事而慮之，故因謨見智。”

㉖睨：視也。郭象注：“夫目之能視，非知視而視，不知知而知耳，所以爲自然。若知而後爲，則知僞也。”成玄英疏：“睨，視也。”

㉗郭象注：“若得已而動，則爲强動者，所以失也。”王先謙：“迫而後動，乃見盛德。”

㉘非：失也。郭象注：“動而效彼則亂。”王先謙：“舍我逐物則亂，反是則治。”王叔岷《校詮》：“‘无非’猶‘不失’。《禮·禮運》：‘魯之郊禘，非禮也。’鄭注：‘非猶失也。’”

㉙名、實：意謂表面與本質。錢穆《纂箋》引胡遠濬曰：“動以不得已，天也，無爲也。動無非我，人也，有爲也。萬化之生，莫非性之動，其爲出於無爲。故曰名相反而實相順。”王叔岷《校詮》：“德在內，治在外，德與治名相反而實相順也。”

羿工乎中微而拙乎使人无己譽①。聖人工乎天而拙乎人②。夫工乎天而俍乎人者③，唯全人能之④。唯蟲能蟲，唯蟲能天⑤。全人惡天⑥？惡人之天？而況吾天乎人乎⑦！一雀適羿⑧，羿必得之，威也⑨；以天下爲之籠，則雀无所逃。是故湯以庖人籠伊尹⑩，秦穆公以五羊之皮籠百里奚⑪。是故非

以其所好籠之而可得者,无有也⑫。介者拸畫⑬,外非譽也⑭;
胥靡登高而不懼⑮,遺死生也⑯。夫復謵不餽而忘人⑰,忘人,
因以爲天人矣⑱。故敬之而不喜,侮之而不怒者,唯同乎天和
者爲然⑲。出怒不怒⑳,則怒出於不怒矣;出爲无爲,則爲出於
无爲矣㉑。欲靜則平氣,欲神則順心㉒。有爲也欲當㉓,則緣
於不得已㉔。不得已之類,聖人之道㉕。

## 【校注】

①羿:后羿。成玄英疏:"羿,古之善射人。" 工:精通於某事,與
"拙"對言。成玄英疏:"工,巧也。" 中微:意謂射技精準。成
玄英疏:"羿彎弓放矢,工中前物,盡射家之微妙。" 己譽:自己
之美譽。郭象注:"善中則善取譽矣,理常俱。"成玄英疏:"既有
斯伎,則善斯名,使己無令譽,不可得也。"

②天、人:自然無爲與人工有爲。郭象注:"任其自然,天也;有心爲
之,人也。"

③佷(liáng):同"良",善於。陸德明《釋文》:"佷音良。崔云:'良
工也。'"成玄英疏:"佷,善也。"錢穆《纂箋》引奚侗曰:"良有工巧
義。良乎人,與上文拙乎人相反。"

④全人:神人、至人。成玄英疏:"全人,神人也。……神人無功,故
能之耳。"王先謙《集解》:"聖人謂堯、舜以下,全人謂伏羲以上。"
王叔岷《校詮》:"全人,猶至人也。《大宗師篇》:'知天之所爲,知
人之所爲者,至矣。'"

⑤陸德明《釋文》:"言蟲自能爲蟲者,天也。"錢穆《纂箋》:"歸有光
曰:'惟蟲能自安於蟲,惟蟲能自全其天。若人,則不免以知巧
自喪。'"

⑥惡(wū):同"烏",無也。下同。郭慶藩《集釋》引郭嵩燾曰:"能
天者,則非天矣。(令)[全]人惡知天? 惡知人之天? ……惡當

爲汪胡切，與烏同。”錢穆《纂箋》引王敔曰：“二惡字俱平聲。在全人則惡有所謂天者，惡有所謂人之天者。”王叔岷《校詮》：“惡讀爲烏……烏猶無也。”

⑦吾：意謂“吾所謂”。王叔岷《校詮》：“此蓋謂全人無天，無人與天，而況吾所謂天乎人乎！”

⑧適：遇也。或作“過”。王先謙《集解》：“適，遇也。”王叔岷《校詮》：“《藝文類聚》九二、《御覽》七六四引適並作過，與《韓非子》合，適乃過之形誤。”

⑨威：威猛。成玄英疏：“羿善射，射必得之，此以威猛。”

⑩湯：商湯。　庖人：廚子。　籠：動詞，意謂爲我所用並束縛之。下同。　伊尹：古賢臣。成玄英疏：“伊尹，有莘氏之媵臣，能調鼎，負玉鼎以干湯。湯知其賢也，又順其性，故以庖廚而籠之。”郭慶藩《集釋》引盧文弨曰：“伊尹好廚，故湯用爲庖人也。”

⑪百里奚：古賢臣。成玄英疏：“百里奚没狄，狄人愛羊皮，秦穆公以五色羊皮而贖之。”

⑫成玄英疏：“順其所好，則天下無難；逆其本性而牢籠得者，未之有也。”

⑬介者：刑罰斷其足者。陸德明《釋文》：“《廣雅》云：‘獨也。’崔本作兀。”成玄英疏：“介，刖也。”　挪（yí）：去除，不用。陸德明《釋文》：“本亦作移。……一云：移，離也。”成玄英疏：“挪，去也。”王叔岷《校詮》：“古鈔卷子本亦作移。”　畫：裝飾也。郭象注：“畫，所以飾容貌也。刖者之貌既已虧殘，則不復以好醜在懷，故挪而棄之。”陸德明《釋文》：“司馬云：‘畫，飾容之具；無足，故不復愛之。’……崔云：‘移畫，不拘法度也。’”成玄英疏：“畫，裝也。”

⑭外：超脱，擺脱。與下文“遺”互文。　非譽：非毀讚譽。成玄英疏：“至於非譽榮辱，無復在懷。”

⑮胥靡:囚徒。陸德明《釋文》:"司馬云:'刑徒人也。'一云:癡人
也。崔云:'腐刑也。'"成玄英疏:"胥靡,徒役之人也。"

⑯遺:忘也。郭象注:"無賴於生,故不畏死。"郭慶藩《集釋》引郭嵩
燾曰:"外非譽,遺死生,忘己者也。"

⑰謵(xí):借爲"慴",恐懼。王叔岷《校詮》:"謵借爲慴,《爾雅·釋
詁》:'慴,懼也。'《漢書·陳湯傳》'萬夷慴服',師古注:'慴,恐
也。'"　餽(kuì):同"愧"。王叔岷《校詮》:"愧、餽正假字。(愧
爲媿之或體。)而猶是也。此似謂人往復恐懼我而我無愧,是忘
人也。"

⑱天人:自然之人。郭象注:"無人之情,則自然爲天人。"成玄英疏:
"率其天道之性,忘於人道之情,因合於自然之理也。"王叔岷《校
詮》:"《天下篇》:'不離於宗,謂之天人。'"

⑲天和:自然之和。成玄英疏:"同乎天和,忘於順逆。"王叔岷《校
詮》:"《天道篇》:'夫明白於天地之德者,此之謂大本大宗,與天
和者也。'與天和者,固不因世俗之敬、侮而喜、怒也。"

⑳出:發作。下同。成玄英疏:"怒本不怒。"王叔岷《校詮》:"侮之
則出怒,唯同乎天和者不怒,是'出怒不怒'也。"

㉑成玄英疏:"爲本無爲。"王叔岷《校詮》:"《淮南子·說林篇》:'怒
出於不怒,爲出於無爲。'"

㉒神:神功。郭象注:"平氣則靜,理足順心則神功至。"

㉓當:適當,得當。

㉔緣:順也。郭象注:"緣於不得已,則所爲皆當。"成玄英疏:"緣,
順也。"

㉕成玄英疏:"如斯之例,聖人所以用爲正道也。"

# 徐无鬼第二十四

【题解】

　　本篇論大知無知，仁義害民，功業害身，自然無爲而天下治。寓言匠人斲堊，述知音之意。九方歅相人，爲流傳典故。

　　徐无鬼因女商見魏武侯①，武侯勞之曰②："先生病矣！苦於山林之勞，故乃肯見於寡人③。"徐无鬼曰："我則勞於君，君有何勞於我④！君將盈嗜欲⑤，長好惡⑥，則性命之情病矣⑦；君將黜嗜欲⑧，掔好惡⑨，則耳目病矣。我將勞君，君有何勞於我！"武侯超然不對⑩。少焉，徐无鬼曰："嘗語君⑪，吾相狗也⑫。下之質執飽而止⑬，是狸德也⑭；中之質若視日⑮，上之質若亡其一⑯。吾相狗，又不若吾相馬也⑰。吾相馬，直者中繩，曲者中鉤，方者中矩，圓者中規⑱，是國馬也，而未若天下馬也⑲。天下馬有成材⑳，若卹若失㉑，若喪其一㉒，若是者，超軼絕塵㉓，不知其所㉔。"武侯大悦而笑。

【校注】

　　①徐无鬼：人名。陸德明《釋文》："魏之隱士也。司馬本作緡山人徐无鬼。"成玄英疏："姓徐，字无鬼，隱者也。"　　因：因由，藉口。成玄英疏："無鬼欲箴規武侯，故假宰臣以見之。"　　女商：人名。成玄英疏："姓女，名商，魏之宰臣。"王叔岷《校詮》："无鬼當是隱

士,非幸臣。女商疑是幸臣,非宰臣。”　魏武侯:魏國君。成玄英疏:“武侯,文侯之子,舉萬十世孫也。”

②勞:慰勞。成玄英疏:“久處山林,勤苦貧病,忽能降志,混跡俗中,中心忻悦,有慰勞也。”

③故:何故。王叔岷《校詮》引裴學海曰:“故,何也。”

④有:猶“又”。王叔岷《校詮》:“王引之云:‘有猶又也,言君又何勞於我也。’(《經傳釋詞》五。)”

⑤盈:充盈。　者:同“嗜”。下同。郭象注:“嗜欲好惡,内外無可。”陸德明《釋文》:“者,時志反。下、注同。”王叔岷《校詮》:“嗜、者正假字。”

⑥長好惡:滋長喜好厭惡。陸德明《釋文》:“長,丁丈反。好,呼報反。下注、下章同。惡,烏路反。下注、下章同。”

⑦情:實也。成玄英疏:“君若嗜欲盈滿,好惡長進,則性命精靈困病也。”王先謙《集解》:“情,實。”

⑧黜:退去。陸德明《釋文》:“黜,敕律反,退也。本又作出,音同。”

⑨挈(qiān):引除。陸德明《釋文》:“崔云:‘引去也。’司馬云:‘牽也。’”

⑩超然:悵然。陸德明《釋文》:“司馬云:‘猶悵然也。’”成玄英疏:“超,悵也。”

⑪嘗:試也。成玄英疏:“試語狗馬。”　語:説也。陸德明《釋文》:“語,魚據反。”

⑫相:看相。

⑬質:品質。　執:取也。錢穆《纂箋》引馬其昶曰:“《周禮疏》:‘執,取也。’”

⑭狸:貓也。郭慶藩《集釋》引俞樾曰:“《廣雅·釋獸》:‘狸,貓也。’貓之捕鼠,飽而止矣,故曰是狸德也。”王先謙《集解》:“材質下者,甚飽而止。”

⑮陸德明《釋文》：“司馬云：‘視日，瞻遠也。’”成玄英疏：“義氣高
遠，望如視日，體質如斯，中品狗也。”錢穆《纂箋》引羅勉道曰：
“不顧目前小獸。”

⑯一：意指身。下同。陸德明《釋文》：“一，身也，謂精神不動，若無
其身也。”成玄英疏：“一，身也，神氣定審，若喪其身，上品之
狗也。”

⑰成玄英疏：“狗有三品，馬有數階，而相狗之能不若相馬。武侯庸
鄙，故以此逗機冀其歡悦，庶幾歸正。”

⑱繩、鉤、矩、規：皆工匠器具。陸德明《釋文》：“司馬云：‘直謂馬
齒，曲謂背上，方謂頭，圓謂目。’”又錢穆《纂箋》引陶鴻慶曰：“進
退周旋之節，由教習成。”亦可備一説。

⑲國馬：諸侯國之上品馬。成玄英疏：“合上之相，是謂諸侯之國上
品馬也。”王先謙《集解》：“國君得之爲上品。”　天下馬：宇内之
上品馬。成玄英疏：“宇内上馬，天王所馭也。”

⑳成材：天然之材。陸德明《釋文》：“材亦作才。言自然已足，不須
教習也。”

㉑衃：猶“亡”。陸德明《釋文》：“衃音恤。”王叔岷《校詮》：“《白帖》
二九引衃作恤，與《釋文》音恤合。《記纂淵海》九八引衃作亡，衃
有亡義，《德充符篇》：‘寡人恤焉，若有亡也。’‘衃焉’，即亡貌
也。”　失：遺也。陸德明《釋文》：“失音逸，本亦作佚。”

㉒陸德明《釋文》：“言喪其耦也。”成玄英疏：“觀其神彩，若忘
己身。”

㉓軼：借爲“徹”。陸德明《釋文》：“崔云：‘徹也。’”王叔岷《校詮》：
“當借爲徹，《淮南子》作‘絶塵弭轍’，許注：‘絶塵，不及也。弭
轍，引跡疾也。’宋本、《道藏》本轍並作徹，注同。……徹、轍古
今字。”

㉔所：所往，所止。王先謙《集解》：“所，謂止所。”王叔岷《校詮》：

“所借爲處，《吕氏春秋·達鬱篇》：‘厥之諫我也，必於無人之所。’高注：‘所，處也。’”

徐无鬼出，女商曰：“先生獨何以説吾君乎①？吾所以説吾君者，横説之則以《詩》、《書》、《禮》、《樂》②，從説之則以《金板》、《六弢》③，奉事而大有功者不可爲數④，而吾君未嘗啓齒⑤。今先生何以説吾君，使吾君悦若此乎⑥？”徐无鬼曰：“吾直告之吾相狗馬耳⑦。”女商曰：“若是乎？”曰：“子不聞夫越之流人乎⑧？去國數日，見其所知而喜⑨；去國旬月，見所嘗見於國中者喜⑩；及期年也，見似人者而喜矣⑪；不亦去人滋久⑫，思人滋深乎？夫逃虚空者⑬，藜藿柱乎鼪鼬之逕⑭，踉位其空⑮，聞人足音跫然而喜矣⑯，有況乎昆弟親戚之謦欬其側者乎⑰！久矣夫莫以真人之言謦欬吾君之側乎⑱！”

## 【校注】

①獨：乃也。王叔岷《校詮》：“獨猶乃也。”　　説：説服。下同。陸德明《釋文》：“説如字，又始鋭反。”

②横：意謂遠也。成玄英疏：“横，遠也。”

③從：同“縱”，意謂近也。成玄英疏：“從，近也。”王叔岷《校詮》：“從、縱正假字。”　　《金板》、《六弢》：《周書》篇名。陸德明《釋文》：“本又作板，司馬、崔云：‘《金版》《六弢》，皆《周書》篇名。’或曰：秘讖也。本又作《六韜》，謂太公《六韜》，文武虎豹龍犬也。”成玄英疏：“武侯好武而惡文，故以兵法爲從、六經爲横也。”

④奉事：意謂奉武侯使命。　　爲數：以數計算。成玄英疏：“奉事武侯，盡於忠節，或獻替可否，功績克彰，如此之徒，不可稱數。”

⑤啓齒：笑。王先謙《集解》：“笑也。”

⑥成玄英疏：“今子有何術，遂使吾君歡説如此耶？”

⑦直：特也。王先謙《集解》：“直，特也。”

⑧越：越國。王叔岷《校詮》：“于鬯云：‘越，自當指越國。’” 流人：流放之人。陸德明《釋文》：“司馬云：‘流人，有罪見流徙者也。’”王先謙《集解》：“蓋當日相傳越之流人有是言也。”

⑨所知：所識者。成玄英疏：“辭鄉甫爾，始經數日，忽逢知識，喜慰何疑！”

⑩旬月：王先謙《集解》：“或旬或月。” 嘗：曾經。成玄英疏：“雖非相識，而國中曾見故人，見之而歡也。”

⑪期年：周年。陸德明《釋文》：“期音基。”成玄英疏：“去過周年。”似人者：似同鄉里者。成玄英疏：“故見似鄉里人而歡喜矣。”王先謙《集解》：“似鄉里人也。”

⑫滋：愈也。王先謙《集解》：“滋，愈。”

⑬虛空：虛室，虛穴。錢穆《纂箋》：“古人穴居，即名爲空。《淮南·道應》：‘空穴之中，足以適情。’注：‘空穴，巖穴也。’《洪範》注：‘司空，掌居民之官。’則虛空即虛室虛穴。”

⑭藜藋（diào）：野蒿草。陸德明《釋文》：“藜，力西反；藋，徒弔反。本或作蓚，同。”成玄英疏：“於虛園宅，唯有藜藋野草。”郭慶藩《集釋》：“藜，蒿也。藋即今所謂灰藋也。《爾雅》‘拜，商藋’，郭注：‘商藋，似藜。’案藜藋皆生於不治之地，其高過人，必排之而後得進。” 柱：塞也。陸德明《釋文》：“司馬云：‘塞也。’”成玄英疏：“柱，塞也。”王先謙《集解》：“藜藋立如柱，極言其荒穢也。”
鼪鼬：黃鼠狼。王叔岷《校詮》：“鼪即鼬也，亦即黃鼠狼，《逍遙遊篇》、《秋水篇》並有説。” 逕：道路。陸德明《釋文》：“本亦作徑。司馬云：‘徑，道也。’”

⑮踉：借爲“長”。陸德明《釋文》：“良，或作踉，音同。”錢穆《纂箋》引奚侗曰：“《廣雅》：‘良，長也。’謂久位於虛空之間。”王叔岷《校詮》：“奚釋‘良位其空’爲‘長久位是虛空之間’，是也，其猶於也。”

⑯跫（qióng）：腳步聲。陸德明《釋文》：“崔云：‘行人之聲。’”成玄

英疏："忽聞佗人行聲,猶自欣悦。"

⑰謦(qǐng):咳嗽,引申爲言笑。王叔岷《校詮》引王念孫云:"《廣
雅》:'謦,欬也。'《衆經音義》卷六引《倉頡篇》云:'謦,欬聲
也。'"　欬:咳之異體字。陸德明《釋文》:"李云:'謦欬,喻言笑
也。'"成玄英疏:"況乎兄弟親眷謦欬言笑者乎!"

⑱莫:猶"無"。郭象注:"夫真人之言所以得吾君,性也;始得之而
喜,久得之則忘。"王叔岷《校詮》:"莫猶無也。"

　　徐无鬼見武侯,武侯曰:"先生居山林,食芧栗①,厭葱
韭②,以賓寡人③,久矣夫! 今老邪? 其欲干酒肉之味邪④?
其寡人亦有社稷之福邪⑤?"徐无鬼曰:"无鬼生於貧賤,未嘗
敢飲食君之酒肉,將來勞君也⑥。"君曰:"何哉,奚勞寡人⑦?"
曰:"勞君之神與形⑧。"武侯曰:"何謂邪?"徐无鬼曰:"天地
之養也一⑨,登高不可以爲長,居下不可以爲短⑩。君獨爲萬
乘之主,以苦一國之民,以養耳目鼻口,夫神者不自許也⑪。
夫神者,好和而惡姦⑫;夫姦,病也⑬,故勞之。唯君所病之⑭,
何也?"

【校注】

①芧(xù)栗:橡子。王叔岷《校詮》引車柱環曰:"芧栗,或止作芧,
《齊物論》'狙公賦芧'是其例。橡子也。韓國鄉村,每秋採拾橡
子,以備絶糧時御窮。其味苦澀,久漬於水,然後可食。"

②厭:足也。王先謙《集解》:"厭,足。"

③賓:同"擯",棄也。陸德明《釋文》:"本或作擯,司馬云:'棄也。'"

④干:求也。陸德明《釋文》:"李云:'干,求也。'"成玄英疏:"干,求
也。久處山林,殆食蔬果,年事衰老,勞苦厭倦,豈不欲求於滋味
以養頹齡乎?"

⑤其:猶"抑"。陸德明《釋文》:"李云:'謂善言嘉謀,可以利社稷

也。'"王叔岷《校詮》:"其猶抑也。"

⑥將:猶"方"。王叔岷《校詮》:"將猶方也。"

⑦奚:何也。成玄英疏:"奚,何也。問其所以也。"

⑧成玄英疏:"形勞神倦,故慰之耳。"

⑨養:滋養,養育。成玄英疏:"夫天地兩儀,亭毒群品,物於資養,周普無偏。" 一:同一。郭象注:"不以爲君而恣之無極。"王先謙《集解》:"宣云:'天地之生人皆同。'"

⑩高、下:喻貴、賤。王先謙《集解》:"高、下,貴、賤也。"

⑪許:給予,授予。陸德明《釋文》:"司馬云:'許,與也。'"成玄英疏:"許,與也。"王先謙《集解》:"宣云:'心神當有不自得處。'"

⑫姦:自私。郭象注:"與物共者,和也;私自許者,姦也。"成玄英疏:"夫神聖之人,好與物和同而惡姦私者。"

⑬陸德明《釋文》:"王云:'姦者,以正從邪也,謂病也。'"

⑭之:猶"者"。王先謙《集解》:"宣云:'何故自蹈此病?'"王叔岷《校詮》:"之猶者也。"

武侯曰:"欲見先生久矣。吾欲愛民而爲義偃兵①,其可乎?"徐无鬼曰:"不可。愛民,害民之始也②;爲義偃兵,造兵之本也③;君自此爲之④,則殆不成⑤。凡成美,惡器也⑥;君雖爲仁義,幾且僞哉⑦!形固造形⑧,成固有伐⑨,變固外戰⑩。君亦必无盛鶴列於麗譙之間⑪,无徒驥於錙壇之宮⑫,无藏逆於得⑬,无以巧勝人,无以謀勝人,无以戰勝人⑭。夫殺人之士民,兼人之土地,以養吾私與吾神者,其戰不知孰善⑮?勝之惡乎在⑯?君若勿已矣⑰,脩胷中之誠,以應天地之情而勿攖⑱。夫民死已脫矣⑲,君將惡乎用夫偃兵哉⑳!"

**【校注】**

①偃:息也。陸德明《釋文》:"偃,息也。"成玄英疏:"欲行愛養之仁

　　而爲裁非之義,脩於文教,偃息兵戈,如斯治國,未知可不也?"

②王先謙《集解》:"名爲愛民,而實役之,是愛即害之始也。"

③造兵:興兵。王先謙《集解》:"號稱偃兵,敵國潛伺,是偃即造之本也。"

④自:從,由。成玄英疏:"自,從也。"

⑤殆:必也。王叔岷《校詮》:"裴學海云:'殆猶必也。'(《古書虛字集釋》六。)案謂愛民、偃兵並不成也。"

⑥器:器具。郭象注:"美成於前,則僞生於後,故成美者,乃惡器也。"成玄英疏:"美跡既彰,物則趨競,故爲惡之器具也。"錢穆《纂箋》引馬其昶曰:"《老子》云:'天下皆知美之爲美,則惡矣。'"

⑦幾:近也。成玄英疏:"幾,近也。仁義跡顯,物皆喪真,故近僞本也。"

⑧固:猶"必"。下同。郭象注:"仁義有形,故僞形必作。"王先謙《集解》:"無形之形,可以造衆形。"

⑨伐:敗,毀。王叔岷《校詮》:"《說文》:'伐,一曰敗也。敗,毀也。'然則'成固有伐'猶言'成必有毀'也。《齊物論篇》、《庚桑楚篇》並云:'其成也毀也。'"

⑩變:變故,變化。陸德明《釋文》引王叔之曰:"夫僞生形造,又伐焉,非本所圖,勢之變也。既有僞伐,得無戰乎!"王叔岷《校詮》:"《達生篇》:'不内變,不外從。'内心不寧則外生鬥爭矣,故曰'變固外戰'也。"

⑪盛:興也,隆也。　　鶴列:喻兵列如鶴行。陸德明《釋文》:"李云:'謂兵如鶴之列行。'"　　麗譙(qiáo):觀樓。郭象注:"麗譙,高樓也。"陸德明《釋文》:"譙,本亦作嶕,在消反。司馬、郭、李皆云:'麗譙,樓觀名也。'案謂華麗而嶕嶢。"郭慶藩《集釋》引郭嵩燾曰:"《史記·陳涉世家》'戰譙門中',顏師古注:'門上爲高樓以遠望,樓一名譙。'"

⑫徒驥:步騎兵。郭象注:"步兵曰徒。"王先謙《集解》:"徒驥,猶言步騎。"郭慶藩《集釋》引郭嵩燾曰:"徒驥,猶徒御也,謂行兵。"王叔岷《校詮》引宣穎曰:"驥,騎兵。" 錙壇:宮名。成玄英疏:"錙壇,宮名也。"王先謙《集解》:"錙壇,宮名,蓋魏有此宮。麗譙之間,錙壇之宮,非可列兵走馬之地,喻令毋騁心兵也。"

⑬逆:悖逆。陸德明《釋文》:"謂有貪則逆道也。"成玄英疏:"莫包藏逆心而苟於得。"王先謙《集解》:"順得可也,毋非理妄取,而藏逆於得。"

⑭王先謙《集解》:"三者皆藏逆於得之事。"

⑮王先謙《集解》:"無所謂善。"

⑯惡(wū):何也。下同。郭象注:"不知以何爲善,則雖剗非己勝。"陸德明《釋文》:"惡音烏。下同。"

⑰勿:莫也。王叔岷《校詮》引奚侗曰:"'若勿'二字誤倒,當作'君勿若已矣'。勿,莫也。(見《論語》皇疏。)" 已:止也。郭象注:"若未能已,則莫若脩己之誠。"王叔岷《校詮》引奚侗曰:"謂君莫若止之,是止其爲義偃兵之心也。"

⑱攖:擾也。成玄英疏:"攖,擾也。"

⑲脱:免也。成玄英疏:"免脱死傷。"王叔岷《校詮》:"脱猶免也。"

⑳惡(wū):何也。郭象注:"甲兵無所陳,非偃也。"成玄英疏:"何勞措意作法偃兵耶!"


黃帝將見大隗乎具茨之山①,方明爲御,昌寓驂乘,張若謵朋前馬,昆閽滑稽後車②;至於襄城之野③,七聖皆迷,无所問塗④。適遇牧馬童子⑤,問塗焉,曰:"若知具茨之山乎⑥?"曰:"然。""若知大隗之所存乎⑦?"曰:"然。"黃帝曰:"異哉小童! 非徒知具茨之山,又知大隗之所存。請問爲天下⑧。"小童曰:"夫爲天下者,亦若此而已矣,又奚事焉⑨! 予少而自遊

於六合之内⑩，予適有瘄病⑪，有長者教予曰：'若乘日之車而
遊於襄城之野⑫。'今予病少痊⑬，予又且復遊於六合之外⑭。
夫爲天下亦若此而已。予又奚事焉！"黄帝曰："夫爲天下者，
則誠非吾子之事⑮。雖然，請問爲天下。"小童辭⑯。黄帝又
問。小童曰："夫爲天下者，亦奚以異乎牧馬者哉⑰！亦去其
害馬者而已矣⑱！"黄帝再拜稽首，稱天師而退⑲。

【校注】

①大隗：神名或山名。此寓言也。陸德明《釋文》："或云：大隗，神
名也。一云：大道也。"成玄英疏："大隗，大道廣大而隗然空寂也。
亦言大隗，古之至人也。"王叔岷《校詮》引奚侗曰："大隗即具茨。
此山原名具茨，因有大隗神人居之，人或以大隗名其山，是一山二
名也。"　具茨：山名。陸德明《釋文》："山名也。司馬云：'在今
滎陽密縣東，今名泰隗山。'"王叔岷《校詮》："《抱朴子·真地篇》
言：'黄帝上具茨見大隗君。'"

②方明、昌寓、張若、謵朋、昆閽、滑稽：皆人名，亦含寓意。"寓"同
"宇"。成玄英疏："方明、滑稽等，皆是人名。在右爲驂，在左爲
御。前馬，馬前爲導也。後車，車後爲從也。"

③襄城：地名。成玄英疏："今汝州有襄城縣，在泰隗山南，即黄帝訪
道之所也。"

④七聖：黄帝加方明等六人。成玄英疏："自黄帝已上至於滑稽，總
有七聖也。"　塗：道路。成玄英疏："塗，道也。"

⑤適：恰好。成玄英疏："適爾而值牧童。"

⑥若：你。下同。成玄英疏："若，汝也。"

⑦存：在也。成玄英疏："存，在也。"

⑧爲：治理。王叔岷《校詮》："《小爾雅·廣詁》：'爲，治也。'"

⑨奚：何也。下同。郭象注："各自若則無事，無事乃可以爲天下

也。"成玄英疏："奚,何也。"王先謙《集解》："亦若此遊於襄城之
野而已。"

⑩六合:天地四方。成玄英疏："六合之内,謂囂塵之裏也。"

⑪瞀(mào):目眩之病。陸德明《釋文》："司馬云:'瞀,讀曰眉,謂
眩眉也。'"成玄英疏："瞀病,謂風眩冒亂也。"王叔岷《校詮》："朱
駿聲云:'瞀,叚借爲眊。'案《説文》:'眊,目少精也。'段注:'《孟
子》:眸中不正,則眸子眊焉。趙曰:眊者,蒙蒙目不明之貌。'司馬
謂'瞀讀曰眉',眉亦能借爲眊也。"

⑫乘日之車:猶"以日爲車"也。郭象注："日出而遊,日入而息。"陸
德明《釋文》："司馬云:'以日爲車也。'"王夫之《莊子解》："照之
以天光。"

⑬少:同"稍"。陸德明《釋文》："少,詩召反。"　痊:痊愈。陸德明
《釋文》："李云:'除也。'"

⑭外:與上文"内"對言。成玄英疏："任染而遊心物外,治身治國,
豈有異乎! 物我混同,故無事也。"

⑮吾子:你。

⑯辭:推辭。成玄英疏："無所説也。"

⑰奚:何也。

⑱害:意謂傷自然之性。郭象注："馬以過分爲害。"成玄英疏："害
馬者,謂分外之事也。"

⑲天師:意謂師自然者。郭象注："師夫天然而去其過分,則大隗至
也。"王叔岷《校詮》:"《在宥篇》黄帝呼廣成子、雲將呼鴻蒙皆曰
天,《知北遊篇》神農稱老龍吉爲天,此篇黄帝稱牧馬小童爲天師,
蓋師夫自然者也。《則陽篇》稱聖人'以天爲師'。"

　　知士无思慮之變則不樂①,辯士无談説之序則不樂②,察
士无淩誶之事則不樂③,皆囿於物者也④。招世之士興朝⑤,
中民之士榮官⑥,筋力之士矜難⑦,勇敢之士奮患⑧,兵革之士

樂戰⑨,枯槁之士宿名⑩,法律之士廣治⑪,禮教之士敬容⑫,仁義之士貴際⑬。農夫无草萊之事則不比⑭,商賈无市井之事則不比⑮。庶人有旦暮之業則勸⑯,百工有器械之巧則壯⑰。錢財不積則貪者憂,權勢不尤則夸者悲⑱。勢物之徒樂變⑲,遭時有所用⑳,不能无爲也。此皆順比於歲㉑,不物於易者也㉒。馳其形性㉓,潛之萬物㉔,終身不反㉕,悲夫!

【校注】

①知:同"智"。陸德明《釋文》:"知音智。"成玄英疏:"時逢禍變,知謀之士,思而慮之,如其不然,則不樂也。"

②序:次第,條理。成玄英疏:"辯類縣河,辭同炙輠,無談説端叙,則不歡樂。"王叔岷《校詮》:"叙、序正假字,《説文》:'叙,次第也。'"

③察:意謂反復審問。王叔岷《校詮》引奚侗曰:"《説文》:'察,覆審也。'(從小徐本。)《周禮・秋官》士師鄭注:'士,察也,義取察理獄訟之事也。'察士好審察人,故以有淩轢詬誶之事爲樂。"　淩誶(suì):淩辱責罵。陸德明《釋文》:"誶音信,《廣雅》云:'問也。'又音崇。"王叔岷《校詮》:"淩、淩、陵並借爲夌……《説文》:'誶,讓也。'《列子・力命篇》所述二十人中有淩誶,《釋文》:'淩誶,謂好陵辱責罵人也。《説文》:誶,責讓也。'"

④物:外物,事務。成玄英疏:"此數人者,各有偏滯,未達大方,並囿域於物也。"

⑤招:舉也。王叔岷《校詮》引劉師培曰:"招當訓舉,《國語・周語》云'好盡言以招人過',韋注:'招,舉也。'《舊音》:'招音翹。'《淮南・道應訓》'孔子勁杓國門之關',高注:'杓,引也。'他籍或作'拓關',並係招誤,見孫詒讓《札迻》。'招世'之招,亦與'招關'之招同,謂躋軒治術,使之上臻於善也。以此爲志,則云'招世之士',故下云'興朝'。《駢拇篇》'招仁義',招亦詁舉,説詳見俞氏

《平議》。”

⑥中:得也。陸德明《釋文》:“李云:‘善治民也。’”王叔岷《校詮》引孫詒讓曰:“《史記索隱》引《三蒼》云:‘中,得也。’《周禮》師氏‘掌國中之事’,鄭注云:‘故書中爲得。’得、中義同,故古書多互用。‘中民之士’,即《周禮》大宰九兩章之‘二曰長以貴得民。七曰吏以治得民’。故曰‘榮官’也。《外物篇》云‘中民之道進焉耳’,義亦同。” 榮:榮耀。王先謙《集解》:“榮其官者也。”

⑦筋力:強壯。王先謙《集解》:“筋力强壯,遇難則矜。” 矜難:意謂以御難自矜。陸德明《釋文》:“難,乃旦反。”王叔岷《校詮》引宣穎云:“多力,故以禦難自矜。”

⑧奮患:意謂遇禍患而奮起。成玄英疏:“奮發雄豪,滌除禍患。”王先謙《集解》:“性情勇敢,見患則奮。”王叔岷《校詮》:“宣穎云:‘負氣故遇患則奮。’案《一切經音義》五引司馬注:‘奮,武貌也。’”

⑨兵革:軍隊。成玄英疏:“情好干戈,志存鋒刃,如此之士,樂於征戰。”王先謙《集解》:“久於兵革,以戰爲樂。”

⑩枯槁之士:意謂山林隱士之類。陸德明《釋文》:“王云:‘枯槁一生以爲娛。’”王先謙《集解》:“山林枯槁,留戀名高。” 宿:留也。陸德明《釋文》:“宿,積久也。”王叔岷《校詮》:“積久與留義亦相近。……《山木篇》:‘蹇裳躩步,執彈而留之。’《釋文》引司馬注:‘留,宿留伺其便也。’《列子·黃帝篇》‘襄子怪而留之’,《釋文》:‘留,謂宿留而視之也。’《漢書·韓安國傳》‘孝文寤於兵之不可宿’,師古注:‘宿,久留也。’是宿有留義矣。”

⑪法律之士:刑名法家之類。成玄英疏:“刑法之士,留情格條,懲惡勸善,其治(方)[廣]也。”王先謙《集解》:“講求法律,思廣治術。”

⑫容:容貌,儀表。成玄英疏:“節文之禮,矜敬容貌。”王先謙《集

解》:"束身禮教,敬飾容儀。"

⑬際:交際,際會。成玄英疏:"時逢際會,則施行仁義。"郭慶藩《集釋》引郭嵩燾曰:"貴際,謂相與交際,仁義之用行乎交際之間者也。鄭康成《禮記·中庸》注:'人也,讀如相人偶之人,以人意相存問之言。'故人與人比而仁見焉,仁義之士所以貴際也。"王先謙《集解》:"施用仁義,貴在交際。"

⑭比:和樂。下同。成玄英疏:"比,和樂。"王叔岷《校詮》引奚侗云:"《廣雅》:'比,樂也。'此與上文'知士无思慮之變則不樂,辯士无談說之序則不樂,察士无凌淬之事則不樂'文義相類。"

⑮井市:市場。成玄英疏:"古者因井爲市,故謂之井市也。"

⑯勸:勉勵。成玄英疏:"衆庶之人各有事,旦暮稱情,故自勉勵。"王叔岷《校詮》:"《說文》:'勸,勉也。'"

⑰壯:疾,速。陸德明《釋文》:"李云:'狀猶疾也。'"王叔岷《校詮》:"疾猶速也。《爾雅·釋言》:'疾,狀也。'郭注:'狀,狀事,謂速也。'"

⑱尤:大,多。成玄英疏:"尤,甚也。"王先謙《集解》:"尤,異於衆。"　夸:虛浮夸飾。成玄英疏:"矜夸之士,假權勢以娱心;事苟乖情,則憂悲斯生矣。"郭慶藩《集釋》:"《文選》賈長沙《(鵬)[鵩]鳥賦》注、阮嗣宗《詠懷詩》注並引司馬云:'夸,虛名也。'"

⑲勢物:意謂以勢逞能。郭象注:"權勢生於事變。"成玄英疏:"夫禍起則權勢尤,故以勢陵物之徒樂禍變也。"王先謙《集解》:"物,事也。逞勢生事之徒,喜樂禍變,遭時而後有所用,其人不能安静。"

⑳遭時:逢時,適時。郭象注:"凡此諸士,用各有時,時用則不能自已也。"

㉑比:次序。郭象注:"當其時物,順其倫次,則各有用矣。"成玄英疏:"(此)[比],次第也。"　歲:年歲。郭象注:"士之所能,各有其極,若四時之不可易耳。"錢穆《纂箋》引馬其昶曰:"逐時俯

仰也。"

㉒不物於易：意謂囿於物。王先謙《集解》："各自囿於一物，不能相易。"錢穆《纂箋》引宣穎曰："各囿一物，不能相易也。"王叔岷《校詮》："'不易於物'，即上文'囿於物'之意。下三語亦即'不易於物'之釋義。"

㉓馳：馳騖，放任。成玄英疏："馳騖身心。"王先謙《集解》："二者並馳。"郭慶藩《集釋》引郭嵩燾曰："形性交馳。"

㉔潛：沉入。王先謙《集解》："宣云：'潛，汨没也。'"錢穆《纂箋》引姚永樸曰："潛，没也。之猶於也。"

㉕反：同"返"。成玄英疏："不知反歸。"

莊子曰："射者非前期而中①，謂之善射，天下皆羿也，可乎？"惠子曰："可②。"莊子曰："天下非有公是也③，而各是其所是，天下皆堯也，可乎？"惠子曰："可。"莊子曰："然則儒墨楊秉四④，與夫子爲五，果孰是邪？ 或者若魯遽者邪⑤？ 其弟子曰：'我得夫子之道矣，吾能冬爨鼎而夏造冰矣⑥。'魯遽曰：'是直以陽召陽⑦，以陰召陰，非吾所謂道也。吾示子乎吾道。'於是爲之調瑟，廢一於堂⑧，廢一於室，鼓宮宮動，鼓角角動⑨，音律同矣⑩。夫或改調一弦，於五音无當也⑪，鼓之，二十五弦皆動⑫，未始異於聲，而音之君已⑬。且若是者邪⑭？"惠子曰："今夫儒墨楊秉，且方與我以辯，相拂以辭⑮，相鎮以聲⑯，而未始吾非也，則奚若矣⑰？"莊子曰："齊人蹢子於宋者⑱，其命閽也不以完⑲，其求鈃鍾也以束縛⑳，其求唐子也而未始出域㉑，有遺類矣夫㉒！ 楚人寄而蹢閽者㉓，夜半於无人之時而與舟人鬭㉔，未始離於岑而足以造於怨也㉕。"

【校注】

①期：期望。郭象注："不期而中，謂誤中也，非善射也。若謂謬中爲

善射,是天下皆可謂之羿,可乎? 言不可也。"

②成玄英疏:"謂宇内皆羿也。"

③公是:統一之真理。成玄英疏:"各私其是,故無公是也。"

④秉:公孫龍,字子秉。成玄英疏:"秉者,公孫龍字也。"王叔岷《校
詮》:"馬氏《故》引王應麟曰:'《列子釋文》:公孫龍,字子秉。'"

⑤魯遽:人名。陸德明《釋文》:"李云:'魯遽,人姓名也。'一云:周
初時人。"章案:下文爲其弟子與魯遽對言其説。

⑥爨(cuàn):炊也。成玄英疏:"云冬取千年燥灰以擁火,須臾出
火,可以爨鼎;盛夏以瓦瓶盛水,湯中煮之,縣瓶井中,須臾成冰
也。而迷惑之俗,自是非他,與魯無異也。"

⑦直:猶"特"。成玄英疏:"千年灰陽也,火又陽也,此是以陽召陽;
井中陰也,水又陰也,此是以陰召陰。魯遽此言非其弟子也。"王
叔岷《校詮》:"直猶特也。"

⑧廢:置也。陸德明《釋文》:"廢,置也。"成玄英疏:"置一瑟於堂
中,置一瑟於室内。"

⑨宫、角:指瑟上發宫、角音之弦。成玄英疏:"鼓堂中宫、角,室内弦
應而動,斯乃五音六律聲同故也,猶是以陽召陽也。"王叔岷《校
詮》:"《吕氏春秋·應同篇》:'類固相召,氣同則合,鼓宫而宫動,
鼓角而角動。'"

⑩郭象注:"俱亦以陽召陽,而横自以爲是。"王先謙《集解》引宣穎
曰:"置一瑟於堂,置一瑟於室,相去異地,鼓之而宫角相應,律無
不同。此遽自謂是道者也。"

⑪當:合也。意指不合於此瑟其他弦之音調。陸德明《釋文》:"當,
丁浪反,合也。"王叔岷《校詮》:"夫猶如也。"

⑫成玄英疏:"二十五弦俱動,聲律同者悉應動也。"王先謙《集解》
引宣穎云:"今或改一弦,而爲變調,則於本調之五音移動而無當
也,宜不相應矣。乃鼓之而二十五弦亦隨之而變,無不相應,此豈

於五音之外有異聲哉?"章案:"或改調一弦,於五音无當",意即改一弦而爲變調,就不合於此瑟其他弦之音調。而"二十五弦皆動"之時,聲律同者悉相應動,雜亂之下,仍然只有琴瑟主調之音。

⑬君:主也。成玄英疏:"聲律之外,〔何〕曾有異術! 雖復應動不同,總以五音爲其君主而已。既無佗術,何足以自夸!"王先謙《集解》引宣穎云:"今遽以此誇其弟子,自謂積微,不知五音之相動與二氣之相召有以異乎? 可見在人則見以爲非,在己則見以爲是,究之相等耳。"

⑭是:意指魯遽。成玄英疏:"不異魯遽,故云若是。"王先謙《集解》引宣穎云:"惠與四人各是所是,究無公是,毋乃如魯遽邪?"

⑮拂:排斥。王叔岷《校詮》:"王孝魚云:'世德堂本拂作排。'案舊抄本《文選》王元長《三月三日曲水詩序》注引司馬彪注:'拂,違也。'"

⑯鎮:打壓。王叔岷《校詮》:"宣穎云:'鎮,壓也。聲,名譽。'案此似謂以聲音相鎮壓也。"

⑰奚若:何如。王先謙《集解》:"宣云:'言四家皆不以我爲非,則何如矣?'"王叔岷《校詮》:"則何如乎?《天下篇》:'惠施之口談,自以爲最賢。'"

⑱蹢(dì):投放,遣放。陸德明《釋文》:"蹢,呈亦反,投也。司馬云:'齊人憎其子,蹢之於宋。'"錢穆《纂箋》:"馬其昶曰:'蹢通謫。'"

⑲閽:守門人。成玄英疏:"閽,守門人。"　不以完:意謂殘缺。錢穆《纂箋》:"謫子於宋,必謂其有罪。然使刖者守門,刖者亦罪人也。何以於彼則親而任之,於子則遠而譴之乎?"

⑳鈃(xíng):小鐘。陸德明《釋文》:"《字林》云:'鈃似小鐘而長頸。'"錢穆《纂箋》引王敔曰:"欲鈃鐘之鳴,必懸之於虛。加以束縛,則無聲矣。"

㉑唐:失也,亡也。郭象注:"唐,失也。"陸德明《釋文》:"唐子,謂失亡子也。"成玄英疏:"唐,亡失也。求覓亡子,不出境域。"

㉒類:種類,意指齊人之子。郭慶藩《集釋》引俞樾曰:"有遺類矣夫,與襄二十四年《左傳》'有令德也夫'、'有令名也夫'句法相似。類,謂種類也。《詩·裳裳者華·序》'棄賢者之類',《正義》曰:'類,謂種類。'是也。求亡子而不出域,則其亡子不可得,必無遺類矣,故曰有遺類矣夫,反言以明之也。"

㉓寄:寄居。　蹢:借爲"謫",怒責。郭慶藩《集釋》引俞樾曰:"蹢當讀謫。揚雄《方言》:'謫,怒也。'張揖《廣雅·釋詁》:'謫,責也。'楚人寄而蹢閽者,謂寄居人家,而怒責其閽者也。與下文夜半於無人之時而與舟人鬬,均此楚人之事,皆喻其自以爲是也。"

㉔鬬:鬬毆。成玄英疏:"共舟人鬬打。"

㉕岑:岸。郭象注:"岑,岸也。夜半獨上人船,未離岸已共人鬬。言齊楚二人所行若此,而未嘗自以爲非,今五子自是,豈異斯哉!"王叔岷《校詮》:"郭注'今五子自是',似當云'今惠子自是'較切。"

　　莊子送葬,過惠子之墓,顧謂從者曰[①]:"郢人堊漫其鼻端若蠅翼[②],使匠石斲之[③]。匠石運斤成風[④],聽而斲之[⑤],盡堊而鼻不傷[⑥],郢人立不失容。宋元君聞之[⑦],召匠石曰:'嘗試爲寡人爲之。'匠石曰:'臣則嘗能斲之。雖然,臣之質死久矣[⑧]。'自夫子之死也[⑨],吾无以爲質矣,吾无與言之矣[⑩]。"

【校注】

①顧:回視。

②郢人:泥畫匠人。陸德明《釋文》:"《漢書音義》作獿人。服虔曰:'獿人,古之善塗墍者,施廣領大袖以仰塗,而領袖不污,有小飛泥誤著其鼻,因令匠石揮斤而斲之。'獿,音鐃。"成玄英疏:"郢,楚都也。《漢書·揚雄傳》作獿,乃回反。郢人,謂泥畫之人也。"

堊:白土。成玄英疏:"堊者,白善土也。"　漫:塗污。陸德明《釋文》:"李云:'猶塗也。'"成玄英疏:"漫,汙也。"　蠅翼:蒼蠅翅膀。

③匠石:人名。王先謙《集解》:"石,匠人名。"　斲:砍,削。

④運斤:揮斧斤。陸德明《釋文》引服虔曰:"令匠石揮斤而斲之。"

⑤聽:聽任。王先謙《集解》:"聽而斲之,祇是放手爲之之意。當局本極審諦,旁人見若不甚經心,故云聽耳。"

⑥盡:意謂盡除。成玄英疏:"去堊慢而鼻無傷損,郢人立傍,容貌不失。"王叔岷《校詮》:"《世説新語·傷逝篇》注、《白帖》九、《御覽》三六七及五五五引'盡堊'並作'堊盡',疑今本誤倒。"

⑦宋元君:宋國君。

⑧質:對手,合作者。成玄英疏:"質,對也。"錢穆《纂箋》引陸長庚曰:"非有立不失容之郢人,則匠亦無所施其巧。"王叔岷《校詮》:"質,猶今言對手,謂郢人也。"

⑨夫子:指惠子。

⑩以、與:互文。郭象注:"非夫不動之質,忘言之對,則雖至言妙斲而無所用之。"王叔岷《校詮》:"以、與互文,以猶與也。"

管仲有病,桓公問之①,曰:"仲父之病病矣②,可不謂云③,至於大病④,則寡人惡乎屬國而可⑤?"管仲曰:"公誰欲與⑥?"公曰:"鮑叔牙⑦。"曰:"不可。其爲人絜廉善士也⑧,其於不己若者不比之⑨,又一聞人之過,終身不忘⑩。使之治國,上且鉤乎君⑪,下且逆乎民。其得罪於君也,將弗久矣!"公曰:"然則孰可?"對曰:"勿已⑫,則隰朋可⑬。其爲人也,上忘而下畔⑭,愧不若黄帝而哀不己若者⑮。以德分人謂之聖⑯,以財分人謂之賢。以賢臨人⑰,未有得人者也;以賢下人⑱,未有不得人者也。其於國有不聞也,其於家有不見也⑲。勿已,則隰朋可。”

## 【校注】

①管仲:春秋時著名政治家。成玄英疏:"管仲,姓管名仲,字夷吾,
齊相也。"　桓公:齊桓公,春秋五霸之一。成玄英疏:"桓公,即
小白也,一匡天下,九合諸侯而爲霸主者,管仲之力也。"

②仲父:桓公對管仲稱謂。成玄英疏:"桓公尊之,號曰仲父。"　病
病:意謂病甚。成玄英疏:"病病者,言是病極重也。"王先謙《集
解》:"《列子·力命篇》作'疾矣',言病甚也。"

③謂:應爲"諱",避諱。古人忌諱當面言死。錢穆《纂箋》:"奚侗
曰:'謂當作諱。《管子·戒篇》、《小稱篇》、《吕氏·貴公》、《列
子·力命》皆可證。'"

④大病:意謂死也。陸德明《釋文》:"大病謂死也。"成玄英疏:"大
病者,至死也。"

⑤惡(wū):何。陸德明《釋文》:"惡音烏。"成玄英疏:"故臨問之,
仲父死後,屬付國政,與誰爲可也。"

⑥與:授與。成玄英疏:"國政欲與誰?"

⑦鮑叔牙:人名,管仲之友。成玄英疏:"(管仲)是鮑叔牙之友人。"

⑧絜:同"潔",本亦作"潔"。成玄英疏:"貞廉清絜善人也。"王叔岷
《校詮》:"《道藏》王元澤《新傳》本、林希逸《口義》本、褚伯秀《義
海纂微》本絜皆作潔,《吕氏春秋·貴公篇》、《列子·力命篇》亦
並作潔,(《列子釋文》本作絜。)絜、潔古今字。"

⑨己若:若己。成玄英疏:"庸猥之人,不如己者。"　比:親近。王
先謙《集解》:"不似己清廉者不與爲友,嫉惡太嚴也。"

⑩過:過錯,過失。王先謙《集解》:"念舊惡。"

⑪鈎:反也,逆也,與下文"逆"互文。陸德明《釋文》:"鈎,反也。"王
先謙《集解》:"宣云:'亦逆意。'"王叔岷《校詮》引章太炎云:"鈎
亦逆也……凡言'鈎距'者亦有逆義。"

⑫勿已:不得已。王叔岷《校詮》:“‘勿已’,猶言不得已。亦作‘無已’,《孟子·梁惠王篇》:‘無已,則有一焉。’趙注:‘不得已,則有一謀焉。’是也。又作‘無以’,《梁惠王篇》:‘無以,則王乎!’亦言不得已也。”

⑬隰朋:人名。成玄英疏:“姓隰,名朋,齊賢人也。”

⑭上忘:意謂位高而不傲慢。郭象注:“高而不亢。”陸德明《釋文》:“言在上不自高。” 畔:同“伴”。陸德明《釋文》:“於下無背者也。”王叔岷《校詮》:“章(太炎)謂‘畔,即今伴字,《説文》作扶’……其説爲長。伴則不背、不離。”

⑮愧:慚愧。成玄英疏:“不及己者,但懷哀悲,輔弼齊侯,期於淳樸,心之所愧,不逮軒轅也。”王先謙《集解》引張湛注:“慚其道之不及聖,矜其民之不逮己。”王叔岷《校詮》:“矜借爲憐,《方言》一:‘矜、憐,哀也。’”

⑯分:分配,施與。成玄英疏:“聖人以道德拯物,賢人以財貨濟人也。”王叔岷《校詮》:“‘以德分人’,似謂以德惠分人。《説文》:‘賢,多財也。’(據段注本。)故賢者以財分人。”

⑰臨:居上視下,與下文“下”對言。成玄英疏:“運智明察,臨於百姓,逆忤物情。”王叔岷《校詮》:“《人間世篇》:‘已乎已乎,臨人以德。’以德臨人,以賢臨人,皆所忌也。”

⑱下:處下。

⑲國、家:互文。 聞、見:互文。郭象注:“若皆聞見,則事鍾於己而群下無所措手足,故遺之可也。”成玄英疏:“叔牙治國則不問物之小瑕,治家則不見人之過。”王叔岷《校詮》:“《意林》引《慎子》云:‘不瞽不聾,不能爲公。’《吕氏春秋·貴公篇》云:‘處大官者不欲小察。’”

　　吳王浮于江①,登乎狙之山②。衆狙見之,恂然棄而走③,逃於深蓁④。有一狙焉,委蛇攫搔⑤,見巧乎王⑥。王射之,敏給搏捷矢⑦。王命相者趨射之⑧，狙執死⑨。王顧謂其友顏不疑曰⑩："之狙也⑪，伐其巧恃其便以敖予⑫，以至此殛也⑬！戒之哉！嗟乎，无以汝色驕人哉⑭！"顏不疑歸而師董梧以鋤其色⑮，去樂辭顯⑯，三年而國人稱之⑰。

【校注】

①浮：泛舟。王叔岷《校詮》："《説文》：'浮，汎也。'"

②狙：獼猴。成玄英疏："狙，獼猴也。山多獼猴，故謂之狙之山。"

③恂（xún）：驚恐。成玄英疏："恂，怖懼也。"錢穆《纂箋》："嚴復曰：'恂亦通眴，若少焉眴若之眴。'"

④蓁：荊棘叢。成玄英疏："蓁，棘叢也。"錢穆《纂箋》："《廣雅》：'木藂生曰榛。'《淮南·原道訓》云'隱於榛薄之中'，高誘注云：'藂木曰榛。'字亦作蓁，《莊子》云：'逃於深蓁。'"

⑤委蛇：意謂從容。陸德明《釋文》："委，於危反。蛇，餘支反。"成玄英疏："委蛇，從容也。"攫揉（sào）：意謂騰挪。陸德明《釋文》："攫，俱縛反。《三蒼》云：搏也。……揉，本又作搔，素報反。"成玄英疏："攫揉，騰挪也。"王叔岷《校詮》："陳碧虛《音義》本亦作搔，《御覽》九一〇、《事文類聚後集》三七、《韻府群玉》二引皆同。"

⑥見：同"現"。陸德明《釋文》："見，賢遍反。"

⑦敏給：敏捷，機敏。郭慶藩《集釋》引俞樾曰："敏給二字同義。《後漢書·酈炎傳》'言論給捷'，李賢注曰：'給，敏也。'是其證也。故《國語·晉語》曰：'知羊舌職之聰敏肅給也，使佐之。'《荀子·性惡篇》曰：'齊給便敏而無類。'並以敏給對言。"搏：接也。成玄英疏："搏，接也。捷，速也。矢，箭也。箭往雖速，狙皆接之，其敏捷也如此。"

⑧相：佐助。陸德明《釋文》："司馬云：'佐王獵者也。'"成玄英疏："相，助也，謂王之左右也。"趨：急也。陸德明《釋文》："趨，音

促,急也。"王叔岷《校詮》:"朱(駿聲)借趨爲趣,《説文》:'趣,
疾也。'"

⑨執:應爲"既",同"即"。劉文典《補正》:"《御覽》九百十引無
'執'字,七百四十五引'執'作'既'。"

⑩顔不疑:人名。成玄英疏:"姓顔,字不疑,王之友也。"

⑪之:此。陸德明《釋文》:"之猶是也。本或作是。"

⑫伐:矜伐。成玄英疏:"狙矜伐勁巧。" 便:便捷。王先謙《集
解》:"捷也。"王叔岷《校詮》:"宣穎云:'便,便捷。'" 敖:同
"傲"。成玄英疏:"傲慢於王。"王先謙《集解》:"敖、傲同。"王叔
岷《校詮》:"傲、敖正假字。《曲禮》'敖不可畏',敖亦借爲傲。"

⑬殪:死也。成玄英疏:"殪,死也。"王先謙《集解》:"殪,死也。"

⑭色:意指形色。王先謙《集解》:"色,猶言意態。"王叔岷《校詮》:
"色,謂驕色,非美色。"

⑮董梧:人名。陸德明《釋文》:"有道者也。"成玄英疏:"姓董,名
梧,吴之賢人也。" 鋤:去除。成玄英疏:"鋤,除去也。"

⑯樂:聲樂。成玄英疏:"去其聲樂。"王叔岷《校詮》引宣穎云:"去
樂,甘困苦也。" 辭顯:辭別榮顯。成玄英疏:"辭榮華。"王先謙
《集解》:"辭謝榮顯。"王叔岷《校詮》引宣穎云:"辭顯,就韜
晦也。"

⑰郭象注:"稱其忘巧遺色而任夫素樸。"

南伯子綦隱几而坐,仰天而嘘①。顔成子入見曰②:"夫
子,物之尤也③。形固可使若槁骸④,心固可使若死灰乎?"
曰:"吾嘗居山穴之口矣⑤。當是時也,田禾一覩我⑥,而齊國
之衆三賀之⑦。我必先之⑧,彼故知之⑨;我必賣之,彼故鬻
之⑩。若我而不有之,彼惡得而知之⑪?若我而不賣之,彼惡
得而鬻之? 嗟乎!我悲人之自喪者⑫,吾又悲夫悲人者,吾又

悲夫悲人之悲者⑬,其後而日遠矣⑪。"

## 【校注】

①南伯子綦(qí):人名,《莊子》中之得道者。　隱几:憑藉几案。噓:長歎。此數句曾見於《齊物論篇》。成玄英疏:"猶是《齊物》中南郭子綦也,其隱几等義,並具解內篇。"郭慶藩《集釋》:"《齊物論》作南郭子綦。伯、郭古聲相近,故字亦通用。"王叔岷《校詮》:"《人間世篇》南伯子綦,成疏亦云:'即南郭子綦也。'"

②顏成子:南伯子綦弟子。成玄英疏:"顏成,子綦門人也。"

③尤:優異。王先謙《集解》:"宣云:'言其出類拔萃。'"王叔岷《校詮》:"《説文》:'尤,異也。'《左》昭二十八年《傳》:'夫有尤物,足以移人。'杜注亦云:'尤,異也。'"

④形:身體外形。　槁骸:意指枯槁枝葉。王先謙《集解》:"《齊物論篇》作'槁木',《庚桑楚篇》作'槁木之枝'。此與《知北遊》作'槁骸',猶言槁枝也。"

⑤山:齊國南山。陸德明《釋文》:"李云:'齊南山穴也。'"

⑥田禾:齊國君名。陸德明《釋文》:"田禾,齊君也。"錢穆《纂箋》:"盧文弨曰:'即齊太公和。'"

⑦賀:慶賀。陸德明《釋文》:"尊德,故過人慶之。"成玄英疏:"子綦隱居山穴,德音退振,齊王暫覿,以見爲榮,所以一國之人三度慶賀也。"

⑧先之:意謂南伯子綦聲名在先。成玄英疏:"我名聲在先,故使物知我。"錢穆《纂箋》:"奚侗云:'先當作有。'"

⑨彼:意指齊君及國人。

⑩鬻:販賣,與上文"賣"互文。成玄英疏:"我便是賣於名聲,故田禾見而販之。"王先謙《集解》:"是我賣而彼鬻之也。"王叔岷《校詮》:"賣、鬻互文。"

⑪惡(wū):何也。下同。陸德明《釋文》:"惡音烏。下同。"

⑫喪：意謂失道。成玄英疏："喪，猶亡失也。子綦悲歎世人，捨己慕佗，喪失其道。"王先謙《集解》："宣云：'逐外喪真。'"

⑬成玄英疏："悲人之自喪者亦可悲也。"王先謙《集解》："宣云：'亦自喪也。'"

⑭日遠：意謂離世俗漸遠。郭象注："子綦知夫爲之不足以救彼而適足以傷我，故以不悲悲之，則其悲稍去，而泊然無心，枯槁其形，所以爲日遠矣。"錢穆《纂箋》引宣穎曰："衆心盡遺，乃有此槁木死灰之象。"

　　仲尼之楚①，楚王觴之②，孫叔敖執爵而立③，市南宜僚受酒而祭曰④："古之人乎！於此言已⑤。"曰："丘也聞不言之言矣⑥，未之嘗言，於此乎言之⑦。市南宜僚弄丸而兩家之難解⑧，孫叔敖甘寢秉羽而郢人投兵⑨。丘願有喙三尺⑩。"彼之謂不道之道⑪，此之謂不言之辯⑫，故德總乎道之所一⑬。而言休乎知之所不知⑭，至矣。道之所一者，德不能同也⑮；知之所不能知者，辯不能舉也⑯；名若儒墨而凶矣⑰。故海不辭東流⑱，大之至也；聖人并包天地，澤及天下，而不知其誰氏⑲。是故生无爵，死无謚⑳，實不聚㉑，名不立，此之謂大人㉒。狗不以善吠爲良，人不以善言爲賢，而況爲大乎㉓！夫爲大不足以爲大，而況爲德乎㉔！夫大備矣，莫若天地㉕；然奚求焉㉖，而大備矣。知大備者，无求，无失，无棄，不以物易己也㉗。反己而不窮㉘，循古而不摩㉙，大人之誠㉚。

【校注】

　①之：行至。此爲寓言，於史無徵。

　②觴：酒器，此謂設酒席宴孔子。成玄英疏："觴，酒器之總名，謂以酒燕之也。"

　③孫叔敖：楚國宰相。陸德明《釋文》："案《左傳》孫叔敖是楚莊王

相,孔子未生。"　　爵:酒器。成玄英疏:"爵亦酒器,受一升。"

④市南宜僚:人名。成玄英疏:"姓熊,字宜僚,楚之賢人,亦是勇士
　沈没者也。居於市南,因號曰市南子焉。"　　受酒而祭:古人之飲
　酒禮。成玄英疏:"(大)[古]人欲飲,必(先)祭其[先],宜僚瀝
　酒祭,故祝聖人,願與孔子於此言論也。"

⑤此爲祭辭、酒辭。王先謙《集解》:"宣云:'燕會之際,正乞言憲導
　時也。蓋二子導孔子使言。'"

⑥不言之言:意謂聖人之言。郭象注:"聖人無言。"成玄英疏:"是
　以聖人妙體斯趣,故終日言而言也。"

⑦之:意指不言之言。郭象注:"今將於此言於無言。"王先謙《集
　解》:"前此未嘗言不言之言,乃今言之。"

⑧弄丸:一種雜耍、遊戲。陸德明《釋文》:"司馬云:'宜僚,楚之勇
　士也,善弄丸。'"　　難解:解除危難。成玄英疏:"楚白公勝欲因
　作亂,將殺令尹子西。司馬子綦言熊宜勇士也,若得,敵五百人,
　遂遣使屈之。宜僚正上下弄丸而戲,不與使者言。……白公不得
　宜僚,反事不成,故曰兩家難解。"

⑨甘寢:安寢。陸德明《釋文》:"司馬云:'言叔敖願安寢恬卧,以養
　德於廟堂之上。'"　　秉羽:執羽扇。成玄英疏:"執羽扇而自
　得。"　　郢:楚國都城。成玄英疏:"郢,楚都也。"　　投:息也。陸
　德明《釋文》:"郢人投兵,無所攻伐也。"成玄英疏:"投,息也。"

⑩喙:口也。成玄英疏:"喙,口也。苟其言當,即此無言。假余喙長
　三尺,與閉口何異,故願有之也。"王叔岷《校詮》:"孔子之意,蓋
　願有三尺之口以言此不言之言耳。"

⑪彼:意指市南宜僚、孫叔敖。郭象注:"彼,謂二子。"王先謙《集
　解》:"彼,謂宜僚、叔敖,難解、兵投,不煩論説,是不言之道也。"

⑫此:意指孔子。郭象注:"此,謂仲尼。"王叔岷《校詮》:"仲尼辯説
　二子之事,而歸於不言,是不言之辯也。"

⑬一:亦道也。成玄英疏:"德之所總,言之所默息者,在於至妙之一道也。"王先謙《集解》:"無論行德若何,期於合道,一而已矣。"王叔岷《校詮》:"此謂德統於道耳,下文'道之所一者,德不能同也',蓋德不能統道也。"

⑭休:止也。郭象注:"言止其分,非至如何!"王先謙《集解》:"上知音智,止其分,即至矣。"

⑮同:意謂與道同。成玄英疏:"言德有優劣,未能同道也。"錢穆《纂箋》:"陸長庚曰:'失道而後德。'曹守坤曰:'同,《古逸叢書》本作周。德者,得也。有所得,則道之所一者已破而不完。周者,圓滿普遍義。'"

⑯舉:標舉,舉證。成玄英疏:"夫知者玄道,所謂妙絕名言,故非辯說所能勝舉也。"

⑰王先謙《集解》:"宣云:'以名相標,凶德也。'"王叔岷《校詮》:"《人間世篇》:'名也者,相札也。'名異而爭起,所以凶也。"

⑱辭:推辭,拒絕。郭象注:"明受之無所辭,所以成大。"成玄英疏:"巨海容納,曾不辭憚。此據東海爲言,亦弘博之至也已。"

⑲氏:氏族。成玄英疏:"推功於人,故莫識其氏族矣。"

⑳爵、謚:爵位、謚號。成玄英疏:"夫人生處世,生有名位,死定謚號,所以表其實也。聖人生既以功推物,故死亦無可謚也。"

㉑聚:同"居"。王叔岷《校詮》:"《廣雅·釋詁二》:'聚,居也。''實不聚',謂有其實而不居也。"

㉒大人:大德之人。成玄英疏:"忘於名謚之士,可謂大德之人。"

㉓郭象注:"大愈不可爲而得。"

㉔郭象注:"唯自然乃德耳。"

㉕備:具備,完備。成玄英疏:"備,具足也。夫二儀覆載,亭毒無心,四叙周行,生成庶品,蓋何術焉,而萬物必備。"

㉖奚:何也。郭象注:"天地大備,非求之也。"王先謙《集解》:"天地

何求,自無不備。”王叔岷《校詮》:“天地無求,而無不備。”

㉗易:置換。郭象注:“不舍己而求物,故無求無失無棄也。”王先謙
　《集解》:“宣云:‘己貴於物故也。’”

㉘反:同“返”。成玄英疏:“既而反本還原,會己身之妙極而無窮竟
　者也。”

㉙循:順也。成玄英疏:“循,順也。”　　摩:滅也。陸德明《釋文》:
　“王云:‘摩,消滅也。’”

㉚誠:實也。成玄英疏:“誠,實也。”王先謙《集解》:“實也。”王叔岷
　《校詮》:“‘大人之誠’,謂大人之真實所在也。”

　　子綦有八子①,陳諸前②,召九方歅曰③:“爲我相吾子,孰
爲祥④?”九方歅曰:“梱也爲祥⑤。”子綦瞿然喜曰⑥:“奚
若⑦?”曰:“梱也將與國君同食以終其身⑧。”子綦索然出涕
曰⑨:“吾子何爲以至於是極也⑩!”九方歅曰:“夫與國君同
食⑪,澤及三族⑫,而況父母乎!今夫子聞之而泣,是禦福
也⑬。子則祥矣,父則不祥。”子綦曰:“歅,汝何足以識之,而
梱祥邪⑭?盡於酒肉⑮,入於鼻口矣,而何足以知其所自來⑯?
吾未嘗爲牧而牂生於奧⑰,未嘗好田而鶉生於宎⑱,若勿怪⑲,
何邪?吾所與吾子遊者,遊於天地。吾與之邀樂於天⑳,吾與
之邀食於地;吾不與之爲事,不與之爲謀㉑,不與之爲怪;吾與
之乘天地之誠而不以物與之相攖㉒,吾與之一委蛇而不與之
爲事所宜㉓。今也然有世俗之償焉㉔!凡有怪徵者㉕,必有怪
行,殆乎㉖,非我與吾子之罪,幾天與之也㉗!吾是以泣也㉘。”
无幾何而使梱之於燕㉙,盜得之於道㉚,全而鬻之則難㉛,不若
刖之則易㉜,於是乎刖而鬻之於齊,適當渠公之街㉝,然身食肉
而終。

【校注】

①子綦：楚國司馬子綦。成玄英疏：“子綦，楚司馬子綦也。”章案：此爲寓言。

②陳：陳列，排列。成玄英疏：“陳，行列也。”

③九方歅(yīn)：善相者，即九方皋。陸德明《釋文》：“歅音因……善相馬人。《淮南子》作九方皋。”

④祥：吉祥。陸德明《釋文》：“八子之中，誰爲吉善。”

⑤梱(kǔn)：子綦子名。陸德明《釋文》：“梱音困，又口本反，子綦子名。”

⑥瞿然：驚駭之貌。陸德明《釋文》：“李云：‘驚視貌。’”郭慶藩《集釋》：“此瞿然與《庚桑楚篇》‘懼然’，皆驚駭之貌。瞿，《説文》作矍，云：‘舉目驚矍然也。’《漢書·吳王濞傳》‘膠西王瞿然駭’，師古注：‘瞿然，無守之貌。’又《鄒陽傳》‘長君懼然曰：將爲奈何’，師古注：‘懼讀爲瞿，瞿然，無守之貌。’”

⑦奚若：若何。

⑧食(sì)：動詞，飲食，進餐。

⑨索然：涕下之狀。陸德明《釋文》：“司馬云：‘涕下貌。’”王先謙《集解》：“索然，涕下連綿之貌。”

⑩極：窮極。成玄英疏：“憫其凶極，悲而出涕。”王叔岷《校詮》：“《大宗師篇》：‘子桑曰：吾思夫使我至此極者而弗得也。’成疏釋‘至此極’爲‘至此窮極’，與此文‘至於是極’義亦相符。”

⑪大：應爲“夫”。覆宋本、世德堂本、《道藏》諸本皆作“夫”。

⑫三族：夫、母、妻族。成玄英疏：“三族，謂父母族也，妻族也。”

⑬禦：拒也，逆也。陸德明《釋文》：“禦，魚吕反，距也，逆也。”成玄英疏：“禦，拒扞也。”

⑭而：若。王先謙《集解》：“言汝何謂梱祥邪？”王叔岷《校詮》引章太炎曰：“而字借爲若，如也。”

⑮盡：全，都。王先謙《集解》：“夫所謂祥者，特鼻入酒肉之香，口入酒肉之味，二者盡之矣。”

⑯自來：來自何處。成玄英疏：“自，從也。……方歎道術，理盡於斯，詎知酒肉由來，從何而至。”王先謙《集解》：“其所自來，皆虐取於民者。”王叔岷《校詮》：“梱無功而與君同食，其祥不知所自來也。”

⑰牂（zāng）：羊也。陸德明《釋文》：“牂，子郎反。《爾雅》云：‘牝羊也。’”成玄英疏：“牂，羊也。”　奥：西南角。陸德明《釋文》：“奥，烏報反，西南隅未地也。”成玄英疏：“奥，西南隅未地，羊位也。”

⑱田：田獵。　突（yǎo）：東南角。陸德明《釋文》：“一云：東南隅鶉火地，生鶉也。”成玄英疏：“突，東南隅辰地也，辰爲鶉位，故言牂鶉生也。夫羊須牧養，鶉因田獵，若禄藉功著，然後可致富貴。今梱而功行未聞，而與君同食，何異乎無牧而忽有羊也，不田而獲鶉也！”

⑲怪：怪異。郭象注：“夫所以怪，出於不意故也。”成玄英疏：“非牧非田，怪如何也！”

⑳邀：遇也。陸德明《釋文》：“邀，古堯反，遇也。樂音洛。”王先謙《集解》：“邀同徼。義具《庚桑楚篇》，彼‘邀’作‘交’。”王叔岷《校詮》：“宣穎云：‘順天自適，隨地自養。’”

㉑慔：同“謀”。覆宋本、世德堂本亦作“謀”。成玄英疏：“忘物，故不爲事；忘智，故不爲謀；循常，故不爲怪。”王先謙《集解》：“《庚桑楚篇》大同。”

㉒誠：實也。成玄英疏：“誠，實也。乘二儀之實道，順萬物以逍遙。”　攖：擾亂。成玄英疏：“故不與物更相攖擾。”

㉓一：專一。成玄英疏：“心境不二。”　委蛇：意謂隨順。王先謙《集解》：“吾一與之順應，而不必擇事所宜者爲之。凡此皆與吾

子修道之實也。"王叔岷《校詮》:"《應帝王篇》'吾與之虛而委
蛇',郭注:'无心而隨物化。'隨與順同義。成疏:'委蛇,隨順
之貌。'"

㉔然:猶"乃"。錢穆《纂箋》:"馬其昶曰:'然猶乃也。'"王叔岷《校
詮》:"章太炎亦云:'然借爲乃。'(詳《天地篇》。)此謂吾子無功,
而有與國君同食之償報也。"

㉕徵:徵兆。成玄英疏:"夫有怪異之行者,必[有]怪異之徵祥也。"

㉖殆:危也。成玄英疏:"殆,危也。"

㉗幾:猶"乃"也。郭象注:"今無怪行而有怪徵,故知其天命也。"王
叔岷《校詮》:"王引之云:'幾,詞也,不爲義也。'又云:'豈猶其
也,字或作幾。'(《經傳釋詞》五。)……案幾猶乃也。如訓爲其,
其亦猶乃也。"

㉘郭象注:"不爲而自至,則不可奈何也,故泣之。"

㉙无幾何:轉眼間。成玄英疏:"無幾何,謂俄頃間也。"　燕:燕國。

㉚之:指梱。成玄英疏:"楚使梱聘燕,途道之上,爲賊所得,略梱
爲奴。"

㉛全:意謂身體完整。　鬻:賣。成玄英疏:"而全形賣之,恐其逃
竄,故難防禦。"

㉜刖:古代刑罰之一,剁犯人之足。　易:意謂容易賣掉。成玄英
疏:"則刖足,不慮其逃,故易售。"

㉝渠公:疑爲齊國君。王先謙《集解》:"宣云:'渠公,蓋齊所封國,
如楚葉公之類。適當君門之街爲閽者,故曰與君同食也。'"王叔
岷《校詮》引孫詒讓云:"當當爲掌,渠當爲康,齊康公名貸,見《史
記·齊世家》。康公當周安王時,與莊子時代正不遠,康與渠形近
而誤。《列子·湯問篇》'秦之西有儀渠之國',張湛引別本渠又
作康,與此可互證。街當爲閽,蓋梱賣於齊,適爲康公守閽,即刖
鬻之齊君爲閽人也。故上文云:'將與國君同食以終其身。'"

齧缺遇許由[①]，曰："子將奚之[②]?"曰："將逃堯。"曰："奚謂邪?"曰："夫堯，畜畜然仁[③]，吾恐其爲天下笑。後世其人與人相食與[④]！夫民，不難聚也；愛之則親，利之則至，譽之則勸[⑤]，致其所惡則散[⑥]。愛利出乎仁義，捐仁義者寡[⑦]，利仁義者衆[⑧]。夫仁義之行，唯且无誠[⑨]，且假夫禽貪者器[⑩]。是以一人之斷制利天下[⑪]，譬之猶一覕也[⑫]。夫堯知賢人之利天下也，而不知其賊天下也[⑬]，夫唯外乎賢者知之矣[⑭]。"

## 【校注】

①齧缺：許由師。王叔岷《校詮》："《天地篇》：'許由之師曰齧缺。'"

②奚：何也。　之：往。成玄英疏："齧缺逢遇許由，仍問欲何之適。"

③畜畜：猶"煦煦"。王叔岷《校詮》："錢大昕《聲類》一：'畜畜，猶煦煦。'案《說文》：'煦，溫潤也。'韓愈《原道》：'煦煦爲仁。'"

④與：同"歟"。陸德明《釋文》："與音餘。言將馳走於仁義，不復營農，飢則相食。"

⑤勸：勸勉。成玄英疏："譽贊則相勸勉。"

⑥惡(wù)：厭惡。陸德明《釋文》："惡，烏路反。"成玄英疏："與所惡則衆離散。故黔首聚散，蓋不難也。"

⑦捐：棄，不居。王叔岷《校詮》："捐，謂不居也。(《說文》：'捐，棄也。')'捐仁義者寡'，謂有仁義而不居者少也。"

⑧利：利用。成玄英疏："託於聖跡以規名利者多。"

⑨唯：猶"則"也。王叔岷《校詮》："唯猶則也。此謂仁義若行，則將不實也。"

⑩假：假借，憑藉。　禽貪：如禽獸之貪婪。陸德明《釋文》："司馬云：'禽之貪者殺害無極，仁義貪者傷害無窮。'"成玄英疏："且貪

於名利,險於禽獸者。"王先謙《集解》:"宣云:'如禽者之貪得,猶
貪漁也,即重利盜跖意。'" 器:器具。郭象注:"仁義可見,則夫
貪者將假斯器以獲其志。"成玄英疏:"必假夫仁義爲其器者也。"

⑪斷制:斷然控制、制服。郭象注:"若夫仁義各出其情,則其斷制不
止乎一人。"

⑫覕(piē):同"瞥"。陸德明《釋文》:"司馬云:'暫見貌。'"錢穆
《纂箋》:"朱駿聲曰:'覕借爲瞥。'宣穎曰:'一人之斷制,所見有
限,猶目之一瞥,豈能盡萬物之情乎?'"王叔岷《校詮》:"《六書
故》八:'覕,匹蔑切,過目暫見也。《莊子》曰:譬之猶一覕也。
(《説文》:蔽不見也。)又作瞥。'戴侗蓋以覕、瞥爲一字。"

⑬賊:害也。成玄英疏:"夫聖賢之跡,爲利一時,萬代之後,必生賊
害。"王叔岷《校詮》:"《胠篋篇》:'聖人之利天下也少,而害天下
也多。'亦此理也。"

⑭外:意謂去除、遺忘。成玄英疏:"唯能忘外賢聖者知之也。"王叔
岷《校詮》:"外猶遣也、去也。《山木篇》'行賢而去自賢之心',
(今本心誤行。)所謂'外乎賢'也。"

有暖姝者①,有濡需者②,有卷婁者③。所謂暖姝者,學一
先生之言,則暖暖姝姝而私自悦也④,自以爲足矣,而未知未
始有物也⑤,是以謂暖姝者也。濡需者,豕蝨是也⑥,擇疏鬣自
以爲廣宮大囿⑦,奎蹄曲隈⑧,乳間股腳⑨,自以爲安室利處,
不知屠者之一旦鼓臂布草操煙火⑩,而己與豕俱焦也。此以
域進⑪,此以域退,此其所謂濡需者也⑫。卷婁者,舜也。羊肉
不慕蟻,蟻慕羊肉,羊肉羶也。舜有羶行,百姓悦之,故三徙成
都⑬,至鄧之墟而十有萬家⑭。堯聞舜之賢,舉之童土之地⑮,曰
冀得其來之澤⑯。舜舉乎童土之地,年齒長矣⑰,聰明衰矣⑱,
而不得休歸,所謂卷婁者也⑲。是以神人惡衆至⑳,衆至則不

比㉑,不比則不利也㉒。故无所甚親,无所甚疎㉓,抱德煬和以順天下㉔,此謂真人。於蟻棄知,於魚得計,於羊棄意㉕。

## 【校注】

①暖姝:柔順貌。陸德明《釋文》:"暖,柔貌。姝,妖貌。"王叔岷《校詮》:"《詩・鄘風・干旄》'彼姝者子',《毛傳》:'姝,順貌。'暖姝,柔順貌。"

②濡需:懦弱偷安。陸德明《釋文》:"濡需,謂偷安須臾之頃。"王叔岷《校詮》:"濡借爲懦,《説文》:'懦,駑弱也。'《荀子・禮論》:'茍怠惰偷懦之爲安。'《易・雜卦・傳》:'需,不進也。'濡需,駑弱不進貌,是偷安者也。"

③卷婁:拘攣。陸德明《釋文》:"卷婁,猶拘攣也。"王叔岷《校詮》:"《詩・大雅・卷阿》'有卷者阿',《毛傳》:'卷,曲也。'婁借爲僂,《廣雅・釋詁一》:'僂,曲也。'卷婁,《釋文》釋爲'拘攣',是也。"

④成玄英疏:"小見之人,學問寡薄,自悦[自]足。"

⑤未始有物:意指渾沌初開時。成玄英疏:"豈知所學未有一物可稱也。"王叔岷《校詮》:"宣穎云:'不知其孤陋。'"

⑥蝨(shī):豬身上寄生蟲,即虱子。陸德明《釋文》:"蝨音瑟。"成玄英疏:"言蝨寄豬體之上。"

⑦鬣(liè):豬鬃。成玄英疏:"擇疏長之毛鬣,將爲廣大宮室苑囿。"

⑧奎:兩髀之間。王叔岷《校詮》:"《六書故》九:'奎,《説文》:兩髀間也。'"王叔岷《校詮》引《六書故》:"莊周曰:'豕蝨擇奎蹏曲隈。'"　曲隈:胯內。郭慶藩《集釋》:"曲隈,胯內也。凡言隈者,皆在內之名。《淮南・覽冥篇》'漁者不爭隈',高注:'隈,曲深處,魚所聚也。'"

⑨成玄英疏:"蹏脚奎隈之所,股脚乳旁之間。"

⑩鼓臂:猶"攘臂"。成玄英疏:"豈知屠人忽操湯火,攘臂布草而殺

之乎!"

⑪域:境界。成玄英疏:"域,境界也。蝨則逐豕而有亡,人則隨境而榮華,故謂之域進退也。"王先謙《集解》:"進退滯於境域。"

⑫郭象注:"非夫通變邁世之才而偷安乎一時之利者,皆豕蝨者也。"

⑬都:都邑。成玄英疏:"舜避丹朱,又不願衆聚,故三度逃走,移徙避之。"王叔岷《校詮》:"《管子·治國篇》:'舜一徙成邑,二徙成都,參徙成國。'"

⑭鄧墟:地名。覆宋本作"鄧虚",義同。陸德明《釋文》:"向云:'邑名。'"成玄英疏:"百姓慕德,從者十萬,所居之處,自成都邑。至鄧虚,地名也。"

⑮舉之:推舉舜。成玄英疏:"堯聞舜有賢聖之德,妻以娥皇、女英,舉以自代,讓其天下。"  童土:地無草木。陸德明《釋文》:"向云:'童土,地無草木也。'"

⑯冀:希冀。  澤:恩澤。成玄英疏:"望鄰境承儀,蒼生蒙澤。"王先謙《集解》:"云望得舜來而施澤也。"

⑰齒:意指年壽。王叔岷《校詮》:"《一切經音義》二二引司馬注云:'齒,數也,謂年壽之數也。'"

⑱聰:耳聽爲聰。成玄英疏:"耳目衰竭。"

⑲成玄英疏:"傴僂攣卷,形勞神倦,所謂卷婁者也。"

⑳惡(wù):厭惡,此處意謂"患"。郭象注:"衆自至耳,非好而致也。"王叔岷《校詮》:"《廣雅·釋詁三》:'患,惡也。'此惡,猶患也。'神人惡衆至',謂神人患衆至也。"

㉑比:親也。王先謙《集解》:"衆至則不與親比。"王叔岷《校詮》:"《周禮·夏官》大司馬:'比小事大。'鄭注:'比猶親也。'"

㉒利:和也。王叔岷《校詮》:"利當訓和,《廣雅·釋詁三》:'利,和也。'人近則轉疏,故衆至則不親,不親則不和也。"

㉓踈:同"疏",本亦作"疏",與"親"對言。

㉓煬(yáng)：借爲“養”。王叔岷《校詮》引奚侗曰：“‘抱德’與‘煬和’對文……煬叚作養，《公羊》宣十二年《傳》‘廝役扈養’，注：‘炊烹者曰養。’《列子・黄帝篇》‘煬者避竈’，本書《寓言篇》有此文，是煬亦司炊者也。煬、養音義並同，故可通用。《淮南・俶真訓》：‘養生以經世，抱德以終年。’是爲抱、養對舉之證。”

㉔陸德明《釋文》：“一說云：真人無齎，故不致蟻，是蟻棄知也；共處相忘之大道，無沾濡之德，是魚得計也；羊無齎行而不致蟻，是羊棄意也。”郭慶藩《集釋》引郭嵩燾曰：“蟻之附齎也，有利而趨之也，即其知也；羊之齎也，與可以歆之利也，即其意也。蟻無知而有知，羊無意而有意，惟齎之惟利也。魚相忘於江湖，人相忘於道術，何齎之可慕哉！故曰於魚得計。”章案：此三句頗費解，衆注家說亦差強人意。

　　以目視目，以耳聽耳，以心復心①。若然者，其平也繩②，其變也循③。古之真人，以天待之④，不以人入天⑤。古之真人，得之也生⑥，失之也死；得之也死⑦，失之也生。藥也⑧，其實菫也⑨，桔梗也⑩，雞壅也⑪，豕零也⑫，是時爲帝者也⑬，何可勝言⑭！句踐也以甲楯三千棲於會稽⑮。唯種也能知亡之所以存⑯，唯種也不知其身之所以愁⑰。故曰：鴟目有所適⑱，鶴脛有所節⑲，解之也悲⑳。

【校注】

①復：回復，復原。王先謙《集解》：“不外視，不外聽，不外用。”錢穆《纂箋》：“王敔曰：‘視聽止於視聽，不以滑心，心自復其本定。’”王叔岷《校詮》：“《老子》五十四章：‘以身觀身，以家觀家，以鄉觀鄉，以國觀國，以天下觀天下。’……與此句意相似，皆不求於外之意也。”

②繩：準繩，喻直。成玄英疏：“繩無心而正物，聖忘懷而平等。”錢穆

《纂箋》:"馬其昶曰:'平猶常也。繩,直也。'"王叔岷《校詮》:"也猶如也,下句同。"

③循:順也。成玄英疏:"循,順也。處世和光,千變萬化,大順蒼生,曾不逆寡。"

④天待:意謂自然對待、應對。成玄英疏:"用自然之道,虛其心以待物。" 之:應爲"人"。王先謙《集解》:"宣云:'之,當作人。'是。"錢穆《纂箋》:"馬其昶曰:'人舊作之,今從張君房本。'"王叔岷《校詮》:"之,當從張本作人,良是。待乃應待之律,'以天待人',謂以天道應待人事也。"

⑤入:侵入,干擾。成玄英疏:"不用人事取捨,亂於天然之智。"王叔岷《校詮》:"謂不以人事侵入天道也。《秋水篇》:'無以人滅天。'"

⑥之:意指自然之道。下句同。王先謙《集解》:"得自然則生,失自然則死。"

⑦之:意指身外之物。下句同。王先謙《集解》:"得外榮則死,失外榮則生。"

⑧藥:藥材。王叔岷《校詮》:"'藥也',猶'藥者'。"

⑨堇(jǐn):烏頭,草藥。陸德明《釋文》:"堇音謹……司馬云:'烏頭也,治風冷痹。'"

⑩桔梗:草藥。陸德明《釋文》:"司馬云:'桔梗治心腹血瘀瘕痹。'"

⑪雞壅:雞頭草。陸德明《釋文》:"司馬云:'即雞頭也。一名芡,與藕子合爲散,服之延年。'"成玄英疏:"雞壅即雞頭草也,服延年。"

⑫豕零:豬苓根,草藥。陸德明《釋文》:"司馬本作豕囊,云:'一名豬苓,根似豬卵,可以治渴。'案四者皆草藥名。"

⑬時:更迭。郭慶藩《集釋》:"時,更也。" 帝:主也。郭慶藩《集釋》:"帝者,主也;言堇、桔梗、雞壅、豕零,更相爲主也。"王先謙

《集解》:"藥有君臣,此數者,視時所宜,迭相爲君。"

⑭勝言:盡言。郭象注:"當其所須則無賤,非其時則無貴,貴賤有時,誰能常也!"成玄英疏:"何可言盡也。"

⑮句踐:越王。　甲楯:盔甲盾牌,意指軍隊。　棲:棲息。　會稽:山名。成玄英疏:"越爲吳軍所殘,窘迫退走,棲息於會稽山上也。"

⑯種:文種,句踐謀臣。陸德明《釋文》:"種,章勇反,越大夫也。《吳越春秋》云:姓文,字少禽。……言知越雖亡可以存也。"王先謙《集解》:"宣云:'明於謀國。'"

⑰愁:擔憂。成玄英疏:"平吳之後……大夫種不去,爲句踐所誅,但知亡國而可以存,不知愁身之必死也。"王先謙《集解》:"暗於全身。"王叔岷《校詮》:"《説文》:'愁,惡也。'惡,俗作憂。"

⑱鴟:鴟鴉。　適:適應,適合。成玄英疏:"鴟目晝闇夜開,則適夜不適晝。"

⑲節:與"適"互文,義亦"適"也。王叔岷《校詮》:"適、節互文,節亦適也。《吕氏春秋·情欲篇》'情有節',高注:'節,適也。'即其證。"

⑳解:去除。郭象注:"解,去也。"成玄英疏:"解去則悲。"

故曰:風之過河也有損焉①,日之過河也有損焉。請只風與日相與守河②,而河以爲未始其攖也③,恃源而往者也④。故水之守土也審⑤,影之守人也審,物之守物也審。故目之於明也殆⑥,耳之於聰也殆,心之於殉也殆⑦。凡能其於府也殆⑧,殆之成也不給改⑨。禍之長也玆萃⑩,其反也緣功⑪,其果也待久⑫。而人以爲己寶⑬,不亦悲乎! 故有亡國戮民无已⑭,不知問是也⑮。

【校注】

①損:損耗。下同。王先謙《集解》:"宣云:'吹曬能令水耗。'"

②只:語助詞。錢穆《纂箋》:"馬其昶曰:'只,句中語助。'"　守:守護。王先謙《集解》:"試請風、日常守河上。"

③其:猶"有"。王叔岷《校詮》:"其猶有也。"　攖:損也。成玄英疏:"攖,損也。"

④恃:依賴。陸德明《釋文》:"恃本亦作持。水由源往,雖遇風日,不能損也。"成玄英疏:"恃,賴也。"

⑤審:安定。下同。成玄英疏:"審,安定也。"王先謙《集解》:"物各守其類,言皆止而不移。"郭慶藩《集釋》引郭嵩燾曰:"謂之審者,無外馳也。"王叔岷《校詮》:"宣穎云:'三者皆自然相附,故定也。'"

⑥殆:危也。下同。王先謙《集解》:"用有時而竭。"

⑦殉:同"恂",慧也。錢穆《纂箋》引劉師培曰:"殉當作恂。《史記》'幼而徇齊',《大戴記》作'慧齊',是徇慧誼符。《知北遊》:'思慮恂達,耳目聰明。'"王叔岷《校詮》引章太炎云:"明、聰、殉,詞例同。《說文》無殉字,今字作徇。此假借爲恂也,《說文》:'恂,疾也。'《史記·五帝本紀》、《素問·上古天真論》皆云'幼而徇齊',《大戴禮》作'叡齊',亦作'慧齊'。'心之於殉也',即'心之於恂也',亦即'心之於慧也'。目用在明,耳用在聰,心用在慧。"

⑧能:才能。郭象注:"所以貴其無能而任其自然。"王叔岷《校詮》:"能,如上文明、聰、殉等,於猶如也。"　府:府藏,心府。王先謙《集解》:"凡府藏之有能者,亦皆危殆。"錢穆《纂箋》:"王敔曰:'府者,能之所藏也。'"王叔岷《校詮》:"'凡能其於府也殆',猶言'凡能之如府藏也危'也。《應帝王篇》'无爲謀府',謀亦能之一也。"

⑨給:疾也,速也。錢穆《纂箋》:"宣穎曰:'猶不及改。'"王叔岷《校詮》:"車柱環云:'給,猶敏也,速也。故下文云:其果也待久。與吳王浮於江章敏給搏捷矢之給,用同例。不給改,猶云不能速改

也。'案宣釋'不給改'爲'不及改',即言其速,與釋爲'不疾改'、'不速改'義同。《人間世篇》:'美成在久,惡成不及改。''不及'與久對言,亦言其速也。"

⑩兹:多也。本又作"滋"。成玄英疏:"滋,多也。"錢穆《纂箋》:"李治曰:'兹、滋古字通。'"　萃:聚也。郭象注:"萃,聚也。苟不能忘知,則禍之長也多端矣。"王叔岷《校詮》:"'兹萃',猶言'益多'也。"

⑪反:意謂返回自然。王先謙《集解》:"其反於自然,皆緣功力。"錢穆《纂箋》:"宣穎曰:'欲反自然,須循學力。'"王叔岷《校詮》:"'其反也緣功',似謂將反禍爲福由於積勞。言其難也。"

⑫果:成果。郭象注:"欲速則不果。"王叔岷《校詮》:"果猶成也,謂將有所成須待日久也。與《人間世篇》'美成在久'之意相近。"

⑬己寶:自身之寶。郭象注:"己寶,謂有其知能。"王先謙《集解》:"而人以耳目心藏府爲身之寶。"王叔岷《校詮》:"'以爲己寶',謂以能爲己寶也。"

⑭已:止也。成玄英疏:"無窮已也。"王先謙《集解》:"所以亡國戮民相續於世。"王叔岷《校詮》:"由文種之自殺,推至亡國戮民相續也。"

⑮是:意指禍福之根由。郭象注:"不知問禍之所由,由乎有心,而修心以救禍也。"王先謙《集解》:"姚云:'是者,源也。'"王叔岷《校詮》:"是,謂上文所述之理。"

故足之於地也踐①,雖踐,恃其所不蹍而後善博也②;人之知也少,雖少,恃其所不知而後知天之所謂也③。知大一④,知大陰⑤,知大目⑥,知大均⑦,知大方⑧,知大信⑨,知大定⑩,至矣⑪。大一通之⑫,大陰解之⑬,大目視之⑭,大均緣之⑮,大方體之⑯,大信稽之⑰,大定持之⑱。盡有天⑲,循有照⑳,冥有樞㉑,始有彼㉒。則其解之也似不解之者㉓,其知之也似不知之也㉔,不知而後知之㉕。其問之也,不可以有崖,而不可以无崖㉖。頡滑有實㉗,古今不代㉘,而不可以虧㉙,則可不謂有大揚搉乎㉚!闔不亦問是已㉛,奚惑然爲㉜!以不惑解惑,復於不惑,是尚大不惑㉝。

## 【校注】

①踐:同"淺"。郭慶藩《集釋》引俞樾曰:"兩踐字並當作淺,或字之誤,或古通用也。足之於地,止去容足而已,故曰足之於地也淺。"王叔岷《校詮》:"踐、淺古通用,非字之誤也。(《詩·鄭風·東門之墠》'有踐家室',《毛傳》:'踐,淺也。'《韓非子·難四篇》:'臣之夢淺矣。'以淺爲踐,並踐、淺通用之證。)"

②恃:同"待"。王叔岷《校詮》:"恃,《淮南子》作待,亦古字通用,《吕氏春秋·無義篇》:'不窮奚待?'高注:'待,恃也。'即其證。" 蹍:履也,蹈也。 博:廣遠。王先謙《集解》:"博,廣遠也。言足得地踐之,恃有不蹍者在,而後能善致其博遠也。"郭慶藩《集釋》引俞樾曰:"然容足之外,雖皆無用之地而不可廢也,故曰雖淺恃其所不蹍而後善博也。"

③天之所謂:意謂自然。王先謙《集解》:"人之與知,每苦其少,然知雖少,恃有不知者在,而後知天道之自然。不知,即真知也。"王叔岷《校詮》:"'天之所謂',莫非自然,知自然,則是明矣。"

④大一:天。成玄英疏:"一是陽數,大一,天也。"

⑤大陰:地。成玄英疏:"大陰,地也。"

⑥大目:無分別視萬物。錢穆《纂箋》:"大目,一視無分也。"

⑦大均:一切均等。王叔岷《校詮》:"大均,蓋一切均等。"

⑧大方:意指無邊面積。王叔岷《校詮》:"《老子》四十一章:'大方無隅。'"

⑨大信:至高信用。王叔岷《校詮》:"《庚桑楚篇》'至信辟金','至

信'猶'大信'也。《禮·學記》：'大信不約。'"

⑩大定：意指宇宙之安定和諧。王叔岷《校詮》："《庚桑楚篇》：'宇
　泰定者，發乎天光。''泰定'蓋即'大定'，大、泰正假字。"

⑪王先謙《集解》："宣云：'知此方爲眞知，它何足云！'"

⑫通：通達。郭象注："道也。"成玄英疏："能通生萬物，故曰通。"王
　叔岷《校詮》："《天地篇》：'通於天者道也。'"

⑬解：達也。郭象注："用其分内，則萬事無滯也。"王叔岷《校詮》：
　"《荀子·正論篇》'今子宋子不能解人之惡侮'，楊注：'解，
　達也。'"

⑭視：猶自現。郭象注："用萬物之自見，亦大目也。"

⑮緣：因也。郭象注："因其本性，令各自得，則大均也。"王叔岷《校
　詮》："《荀子·正名篇》：'緣耳而知聲，緣目而知形。'楊注：'緣，
　因也。'亦同例。"

⑯體：體證。郭象注："體之使各得其分，則萬方俱得，所以爲大
　方也。"

⑰稽：留止。郭象注："命之所期，無令越逸，斯大信也。"王叔岷《校
　詮》："《説文》：'稽，留止也。'止於大信，則無不信也。"

⑱持：守持。郭象注："眞不撓則自定，故持之以大定，斯不持也。"

⑲有：猶"其"也。下同。王叔岷《校詮》："有猶其也，《應帝王篇》
　'盡其所受乎天'，蓋'盡有天'之意。"

⑳循：順也。成玄英疏："循，順也。但順其天然，智自照明。"

㉑冥：幽冥。　樞：樞機。成玄英疏："窈冥之理，自有樞機，而用之
　無勞措意也。"

㉒彼：猶"加"。郭象注："始有之者彼也，故我述而不作也。"王叔岷
　《校詮》："《説文》：'彼，往有所加也。''始有彼'，似'始有加'，謂
　有始則有加也，如'道生一，一生二，二生三，三生萬物'（《老子》
　四十二章）之理。"

㉓解：理解。王叔岷《校詮》：“者猶也也。此謂‘則其解之也以不解之也’。《淮南子‧說林篇》：‘其解之以不解。’本此文，似正作以。”

㉔王叔岷《校詮》：“此猶言‘其知之也以不知之也’，故下文云：‘不知而後知。’《知北遊篇》：‘於是泰清卬而歎曰：弗知乃知乎！知乃不知乎！孰知不知之知？’可申此義。”

㉕王先謙《集解》：“不知而後爲真知。”

㉖崖：邊際。郭象注：“應物宜而無方。”王叔岷《校詮》：“而猶亦也，問而有崖則執著，問而無崖則空疏，故不可以有崖，亦不可以無崖。”

㉗頡滑（gǔ）：錯亂。成玄英疏：“頡滑，不同也。”陸德明《釋文》：“向云：‘頡滑，謂錯亂也。’”王叔岷《校詮》引王念孫曰：“《說文》：‘繑，結也。’[《廣雅》]《釋訓》云：‘結繑，不解也。’《漢書‧息夫躬傳》‘心結繑兮傷肝’，《楚辭‧九思》‘心結繑兮折摧’，憍與繑通，《莊子》‘頡滑有實’，向秀注云：‘頡滑，錯亂也。’‘頡滑’與‘結繑’，義亦相近。” 實：實在。郭象注：“萬物雖頡滑不同，而物物各有實也。”王先謙《集解》：“物物各有實理。”

㉘代：替代。郭象注：“各自有故，不可相代。”成玄英疏：“物各有性，新故不相代換也。”

㉙虧：損也。錢穆《纂箋》：“陸長庚曰：‘更無代易，亦無虧損。’”王叔岷《校詮》：“此承上二句而言。‘有實’，‘不代’，故‘不可以虧’也。”

㉚揚搉（què）：意謂大略。錢穆《纂箋》引王念孫曰：“《廣雅》：‘揚搉，都凡也。’揚搉、辜榷，皆大數之名，猶言約略。”郭慶藩《集釋》：“《說文》：‘搉，敲擊也。’《漢書‧五行志》‘搉其眼’，師古注云：‘搉，謂敲擊去其精也。’”

㉛闔：同“盍”，何也。王叔岷《校詮》引王念孫曰：“盍，字又作闔，

《莊子》：‘闉不亦問是已？’‘闉不’，何不也。盍爲何不，而又爲何。”

㉜奚：何也。成玄英疏：“奚，何。”　　爲：猶“乎”也。王叔岷《校詮》：“爲猶乎也，‘奚惑然爲’猶‘何惑然乎’。”

㉝尚：崇尚。郭象注：“夫惑不可解，故尚大不惑，愚之至也。”王叔岷《校詮》：“大不惑，固爲人之所尚，惟以不惑解惑，冀復於不惑，恐愈惑耳。”

# 則陽第二十五

【題解】

　　本篇論安危相易、禍福相生之説，爲轉述《老子》之義。其中宇宙論、發生論，雜糅戰國秦漢陰陽五行思想。而論及語言與物、道之關係，所謂"有名有實，是物之居；无名无實，在物之虛"，與西哲海德格爾思想頗近。以蝸牛之角喻爭地之戰，境象十分奇特。

　　則陽遊於楚①，夷節言之於王②，王未之見③，夷節歸。彭陽見王果曰④："夫子何不譚我於王⑤？"王果曰："我不若公閲休⑥。"彭陽曰："公閲休奚爲者邪？"曰："冬則擉鼈于江⑦，夏則休乎山樊⑧。有過而問者，曰：'此予宅也⑨。'夫夷節已不能，而況我乎！吾又不若夷節。夫夷節之爲人也，无德而有知⑩，不自許⑪，以之神其交⑫，固顛冥乎富貴之地⑬，非相助以德，相助消也⑭。夫凍者假衣於春⑮，暍者反冬乎冷風⑯。夫楚王之爲人也，形尊而嚴⑰；其於罪也，无赦如虎⑱；非夫佞人正德⑲，其孰能橈焉⑳！故聖人㉑，其窮也使家人忘其貧；其達也使王公忘爵禄而化卑㉒；其於物也，與之爲娛矣㉓；其於人也，樂物之通而保己焉㉔，故或不言而飲人以和㉕，與人並立而使人化㉖。父子之宜，彼其乎歸居㉗，而一閒其所施㉘。其於人心者若是其遠也㉙。故曰待公閲休㉚。"

## 【校注】

①則陽:人名。成玄英疏:"姓彭,名陽,字則陽,魯人。游事諸侯,後入楚,欲事楚文王。"

②夷節:人名。成玄英疏:"姓夷,名節,楚臣也。"　　王:楚文王。

③未之見:猶"未見之"。成玄英疏:"則陽欲事於楚,故因夷節稱言於王,王既貴重,故猶未之見也。"

④王果:人名。陸德明《釋文》:"司馬云:'楚賢人。'"

⑤譚:同"談"。陸德明《釋文》:"本亦作談。李云:'説也。'"成玄英疏:"冀其談薦也。"

⑥公閲休:人名。成玄英疏:"公閲休,隱者之號也。王果賢人,嫌彭陽貪榮情速,故盛稱隱者,以抑其進趨之心也。"

⑦擉(chuò):刺,捉。陸德明《釋文》:"司馬云:'刺也。'郭音觸,徐丁綠反,一音捉。"王叔岷《校詮》:"擉,正作籍,《説文》:'籍,刺也。'《周禮·天官》鼈人'以時籍魚鼈龜蜃',鄭司農注:'籍,謂以叉刺泥中搏取之。'《釋文》:'籍,《莊子》云冬則擉鼈于江,義與此同。'"

⑧樊:旁邊。陸德明《釋文》:"李云:'傍也。'司馬云:'陰也。'《廣雅》云:'邊也。'"成玄英疏:"樊,傍也,亦茂林也。"

⑨宅:房舍。郭象注:"言此者,以抑彭陽之進趨。"陸德明《釋文》:"司馬云:'以隱居山陰自顯也。'"成玄英疏:"指山傍而爲舍。此略陳閲休之事跡也。"

⑩知:同"智"。陸德明《釋文》:"知音智。"成玄英疏:"實無真德,而有俗知。"

⑪許:信也。王叔岷《校詮》:"許猶信也。(《孟子·梁惠王篇》:'明足以察秋毫之末,而不見輿薪,則王許之乎?'趙注:'許,信也。')無德故不自信。"

⑫神:借爲"申"。王叔岷《校詮》:"'以之'猶'因此'。神借爲伸,

《廣雅‧釋詁三》：'伸,展也。''以之神其交',謂因此伸展其交遊也。"

⑬顛冥：意謂迷惑。陸德明《釋文》："司馬云：'顛冥,猶迷惑也。言其結交人主,情馳富貴。'"成玄英疏："顛冥,猶迷没也。"

⑭消：損也,毀也。成玄英疏："消,毀損也。"王先謙《集解》："非能以德相助,相助以消德也。"王叔岷《校詮》："宣穎云：'消,喪德。'案德、消對文,德者得也,謂非相助以得,乃相助以損也。無得而有損耳。"

⑮假：借也。王先謙《集解》："凍者逢春,不啻假之以衣。"

⑯暍(yē)：中暑,傷暑。陸德明《釋文》："暍音謁。《字林》云：'傷暑也。'" 反：求也。錢穆《纂箋》："高亨曰：'反,求也。《墨子‧非攻》：必反大國之説。《孟子》：盍亦反其本矣。本書《盜跖篇》：以反一日之無。'……吳汝綸曰：'《淮南‧俶真篇》云：凍者假兼衣於春,暍者望冷於秋。'"王叔岷《校詮》引奚侗云："'反冬乎冷風',於義不順,當作'反冷風於冬',鈔者誤倒之也。(古乎、于字多通用。)'假衣於春,反冷風於冬'兩句相耦。"

⑰形：外形,儀容。成玄英疏："儀形有南面之尊,威嚴據千乘之貴。"

⑱赦：赦免。成玄英疏："赫怒行毒,猶如暴虎,戮辱蒼生,必無赦宥。"王先謙《集解》："暴戾如此。"

⑲佞：才也。陸德明《釋文》："王云：'惟正德以至道服之,佞人以才辯奪之。'"王叔岷《校詮》："《小爾雅‧廣言》：'佞,才也。'《莊子》之意,蓋惟有佞人及正德之士乃能屈服楚王。"

⑳橈(náo)：同"撓",本亦作"撓",意謂使之屈服。王叔岷《校詮》："《道藏》成疏本、王元澤《新傳》本、褚伯秀《義海纂微》本、羅勉道《循本》本橈皆作撓,與成疏合。橈、撓正假字,《説文》：'橈,曲木也。'段注：'引伸爲凡曲之偁。'"

㉑聖人：意指公閱休。王先謙《集解》："上文'正德',此文'聖人',

皆謂公閱休。”

㉒達:騰達,與“窮”對文。　化:變化。郭象注:“故使王公失其所以爲高。”成玄英疏:“化其高貴之心而爲卑下之行也。”

㉓娛:樂也。郭象注:“不以爲物自苦。”王叔岷《校詮》:“宣穎云:‘與物偕適。’案即下文所謂‘樂物’也。《説文》:‘娛,樂也。’”

㉔保己:意謂無傷自己。郭象注:“通彼人不喪我。”錢穆《纂箋》引阮毓崧曰:“即《田子方篇》‘虛緣而葆真’、《知北遊篇》‘外化而内不化’也。”王叔岷《校詮》:“《外物篇》‘順人而不失己’,《淮南子·原道篇》‘外與物化而内不失其情’,於義亦同。”

㉕飲(yìn):使動詞,意謂使人中和。陸德明《釋文》:“飲,於鴆反。”成玄英疏:“中和之道,各得其心,滿腹而歸,豈勞言教。”

㉖化:教化。郭象注:“望其風而靡之。”

㉗彼:意指父子之宜。郭象注:“使彼父父子子各歸其所。”王先謙《集解》:“彼其,猶《詩》云‘彼其之子’也。歸居,猶言安居。《易》云‘父父子子而家道正,正家而天下定’,即其義也。”

㉘閒:閑靜。郭象注:“其所施同天地之德,故閒靜而不二。”陸德明《釋文》:“閒音閑。”

㉙其:猶“之”。王叔岷《校詮》:“‘其遠’猶‘之遠’,此謂公閱休於人心之影響如此深遠也。”

㉚待:依賴。郭象注:“欲其釋楚王而從公閱休,將以静泰之風鎮其動心也。”

　　聖人達綢繆①,周盡一體矣②,而不知其然,性也③。復命搖作而以天爲師④,人則從而命之也⑤。憂乎知而所行恒无幾時⑥,其有止也若之何⑦! 生而美者,人與之鑑⑧,不告則不知其美於人也⑨。若知之⑩,若不知之;若聞之,若不聞之;其可喜也終无已⑪,人之好之亦无已⑫,性也。聖人之愛人也,人與

之名⑬,不告則不知其愛人也。若知之,若不知之;若聞之,若
不聞之;其愛人也終无已,人之安之亦无已⑭,性也。舊國舊
都,望之暢然⑮,雖使丘陵草木之緡⑯,入之者十九⑰,猶之暢
然。況見見聞聞者也⑱,以十仞之臺縣衆間者也⑲!

【校注】

①達:通達。　綢繆:意謂奧妙。郭象注:"所謂玄通。"陸德明《釋
　文》:"綢繆,猶纏綿也。又云:深奧也。"

②周盡:意謂環通曲盡。成玄英疏:"智周萬物,窮理盡性,物我不
　二,故混同一體也。"王先謙《集解》:"聖人自愛其身,由中達外,
　周至無間。"

③性:本性。郭象注:"不知其然而自然者,非性如何!"

④復命:復歸本命。錢穆《纂箋》引阮毓崧曰:"《老子》曰:'静曰復
　命。'"王叔岷《校詮》:"宣穎云:'復命,静也。搖作,動也。聖人
　動静皆依乎天。'"　天:自然。郭象注:"莫不復命而師其天
　然也。"

⑤命:信也。王叔岷《校詮》:"宣穎云:'人則以爲非聖人不能耳。'
　案《國語·周語下》:'命,信也。'此謂'人則從而信之'也。"

⑥知:同"智"。郭象注:"任知其行,則憂患相繼。"陸德明《釋文》:
　"知音智。"　幾:借爲"期"。王叔岷《校詮》:"'幾時',複語,幾
　借爲期,幾、期雙聲,期亦時也,《廣雅·釋言》:'期,時也。''无幾
　時',猶下文'无幾无時','无幾'與'无時',亦複語也。……'憂
　乎知,而所行恒无幾時',謂爲智所憂,而又用智不已也。"

⑦止:停止。陸德明《釋文》引王叔之曰:"恒無幾時其有止也,不能
　遺智去憂,非可憂如何!"王叔岷《校詮》:"謂其憂無止也。"

⑧鑑:鏡子。郭象注:"鑑,鏡也。鑑物無私,故人美之。"王先謙《集
　解》:"人告以美,不啻予以鏡也。"

⑨告:説。郭象注"若人不相告,則莫知其美於人,譬之聖人,人與

之名。"成玄英疏:"告,語也。"

⑩若:猶"或"。王叔岷《校詮》:"若猶或也。下同。"

⑪終:竟也。郭慶藩《集釋》引王念孫曰:"終無已者,終,竟也,竟無已時也。"　已:止也。成玄英疏:"已,止也。"錢穆《纂箋》:"陸長庚曰:其美不以不知不聞而遂失。"

⑫好(hào):喜好。郭象注:"若性所不好,豈能久照!"成玄英疏:"鏡之能照,出自天然,人之喜好,率乎造物,既非矯性,所以無窮。"王叔岷《校詮》:"謂愛美,性也。"

⑬名:名譽。王先謙《集解》:"奉以至仁之名。"

⑭安:定也。郭象注:"性之所安,故能久。"成玄英疏:"安,定也。"王叔岷《校詮》:"謂安於聖人之愛已成性也。《達生篇》游水丈夫所謂'長於水而安於水,性也'與此相似。"

⑮暢然:喜悦。郭象注:"得舊猶暢然,況得性乎!"陸德明《釋文》:"暢然,喜悦貌。"成玄英疏:"夫少失本邦,流離他邑,歸望桑梓,暢然喜歡。"

⑯緡(hún):盛也。陸德明《釋文》:"司馬云:'盛也。'"成玄英疏:"舊國舊都,荒廢日久,丘陵險陋,草木叢生。"

⑰入:没也,意謂掩蔽。郭慶藩《集釋》引俞樾曰:"入者,謂入於丘陵草木所掩蔽之中也。入之者十九,則其出於外而可望見者止十之一耳,而猶覺暢然喜悦,故繼之曰況見見聞聞者也。"王叔岷《校詮》引馬其昶云:"入與没同義,《國語注》:'没,入也。'"

⑱見見聞聞:所見所聞。陸德明《釋文》:"見所見,聞所聞。"錢穆《纂箋》:"林希逸曰:'見見聞聞,即佛氏所謂本來面目。'"

⑲仞:七尺一仞。成玄英疏:"七尺曰仞。"　縣:同"懸"。陸德明《釋文》:"縣音玄。"　間:空間。郭慶藩《集釋》引俞樾曰:"此承見見聞聞而言。以十仞之臺而縣於衆人耳目之間,此人所共見共聞者,非猶夫丘陵草木之緡入之者十九也,其爲暢然可知也。"

冉相氏得其環中以隨成[1]，與物无終无始，无幾无時[2]。日與物化者[3]，一不化者也[4]，闔嘗舍之[5]！夫師天而不得師天[6]，與物皆殉[7]，其以爲事也若之何[8]？夫聖人未始有天，未始有人，未始有始，未始有物[9]，與世偕行而不替[10]，所行之備而不洫[11]，其合之也若之何[12]？湯得其司御門尹登恒爲之傅之[13]，從師而不囿[14]；得其隨成，爲之司其名[15]；之名嬴法[16]，得其兩見[17]。仲尼之盡慮[18]，爲之傅之[19]。容成氏曰[20]："除日无歲，无内无外[21]。"

【校注】

①冉相氏：傳爲上古聖王。成玄英疏："冉相氏，三皇以前無爲黄帝也。"郭慶藩《集釋》："俞樾曰：'《路史·循蜚記》有冉相氏。'"得其環中：意謂體悟空虚之妙。成玄英疏："環，中之空也。言古之聖王，得真空之道，體環中之妙。"王先謙《集解》："《齊物論篇》：'樞始得其環中，以應無窮。'"以隨成：意謂順物，物自成。郭象注："居空以隨物，物自成。"

②幾：期也。成玄英疏："無始，無過去；無終，無未來也；無幾無時，無見在也。體化合變，與物俱往，故無三時也。"王叔岷《校詮》引章太炎云："《小雅》'如幾如式'，《傳》：'幾，期也。'《左氏》定元年《傳》'易幾而哭'，杜解：'幾，哭會也。'會亦期也。'無幾無時'者，'無期無時'。"

③化：變化，化生。

④一：意指不變化之物。郭象注："日與物化，故常無我；常無我，故常不化也。"成玄英疏："順於日新，與物俱化者，動而常寂，故凝寂一道，巋然不化。"王叔岷《校詮》："即'外化而内不化'之意。"

⑤闔：何也。成玄英疏："闔，何也。"王叔岷《校詮》："宣穎云：'闔同曷。'"舍：捨棄。郭象注："言夫爲者，何不試舍其所爲之乎？"

成玄英疏：“言體空乏之人，冥於造物，千變萬化而與化俱往，曷嘗暫相舍離也！”

⑥天：自然。郭象注：“唯無所師，乃得師天。”成玄英疏：“天者，自然之謂。夫大塊造物，率性而動，若有心師學，則乖於自然，故不得也。”

⑦殉：追逐。成玄英疏：“殉，逐也，求也。”王叔岷《校詮》：“宣穎云：‘與物皆殉，終歸於逐物。’”

⑧事：意指師天。錢穆《纂箋》：“宣穎曰：‘有心事此。’”王叔岷《校詮》：“‘以爲事’，以師天爲事也。‘其以爲事也若之何’，謂此以師天爲事也如之何！”

⑨未始有：無。郭象注：“都無，乃冥合。”王先謙《集解》：“宣云：‘無心若此。’”

⑩偕行：並行。成玄英疏：“與世並行。”　替：廢也，止也。成玄英疏：“替，廢也。”錢穆《纂箋》：“馬其昶曰：‘《爾雅》：替，止也。’”王先謙《集解》：“與物偕行而無所替廢。”

⑪備：完備。王先謙《集解》：“所行皆備而無所敗壞。”　溢：敗壞。陸德明《釋文》：“溢，濫也。王云：壞敗也。”

⑫之：指道。成玄英疏：“無心師學，自然合道。”王先謙《集解》：“其無心而合道也又如何？兩言‘若之何’，欲人之自審擇。”

⑬湯：商湯。　司御：官名。錢穆《纂箋》：“陸長庚曰：‘司御，猶司牧。’”王叔岷《校詮》：“《詩·鄭風·羔裘》‘邦之司直’，《毛傳》：‘司，主也。’《大雅·崧高》‘王命傅御’，《傳》：‘御，治事之官也。’‘得其司御’，謂得主事之官，即以門尹登恒爲傅也。”　門尹登恒：疑爲伊尹。陸德明《釋文》：“向云：‘門尹，官名；登恒，人名。’”成玄英疏：“殷湯聖人，忘懷順物，故得良臣御事，既爲師傅，玄默端拱而不爲也。”錢穆《纂箋》：“羅勉道曰：‘或説門尹登恒即伊尹。’”

⑭囿:拘囿,限制。錢穆《纂箋》:"宣穎曰:'從師而不囿於師,得環中隨成之道。'"

⑮司:主也,意謂湯爲其師傅主其名也。成玄英疏:"良臣受委,隨物而成,推功司御,名不在己。"錢穆《纂箋》:"林雲銘曰:'人不稱其師,而稱湯,是湯爲師司其名也。'"王叔岷《校詮》引車柱環云:"此言湯得師傅所成之實,而其名則歸之師傅也。"

⑯嬴:多餘,剩餘。錢穆《纂箋》:"馬其昶曰:'之,是也。'陸長庚曰:'名,嬴法也,猶《老子》謂餘食贅行。'"王叔岷《校詮》:"之猶其也。《荀子·非相篇》'緩急嬴絀',楊注:'嬴,餘也。''之名嬴法',猶言'其名餘跡'。"

⑰見:同"現"。陸德明《釋文》:"見,賢遍反。"成玄英疏:"見,顯也。"錢穆《纂箋》引陸長庚曰:"蓋大道無名,名有是非美惡,皆落兩見。"王叔岷《校詮》:"'得其兩顯',謂湯得其實,傅得其名也。"

⑱盡慮:絕慮,意謂無心。郭象注:"慮已盡矣,若有纖芥之慮,豈得寂然不動,應感無窮,以輔萬物之自然也!"成玄英疏:"盡,絕也。"

⑲爲之傅:以此爲師。王叔岷《校詮》:"謂仲尼以無心爲師也。"

⑳容成氏:傳爲古聖王,或爲老子師。陸德明《釋文》:"容成,老子師也。"成玄英疏:"容成,古之聖王也。"郭慶藩《集釋》引俞樾曰:"《漢書·藝文志》陰陽家有《容成子》十四篇,房中家又有《容成陰道》二十六卷,此即老子師也。"錢穆《纂箋》引馬其昶曰:"《淮南》高誘注云:'黃帝時造曆日者。'"

㉑除:計除。郭象注:"若無死無生,則歲日之計除。"成玄英疏:"歲日者,時叙之名耳。爲計於時日,故有生死;生死無矣,故歲日除焉。"錢穆《纂箋》:"歸有光曰:'日積成歲,渾全難分。有内方有外,内外無間。'楊文會曰:'除日無歲,破時量也。無内無外,破方量也。'"王叔岷《校詮》:"即遣時間、遣空間耳。"又王先謙《集解》:"姚云:'除日無歲,積少以爲多也。無内無外,積微以成著

也。此古之格言。'"未知何據。章案:此句諸多注家均難圓其説,不能成理,與上文義亦不相貫,實爲無解。似爲疇人歷者之説串入。

　　魏瑩與田侯牟約①,田侯牟背之②。魏瑩怒,將使人刺之。犀首聞而恥之曰③:"君爲萬乘之君也④,而以匹夫從讎⑤!衍請受甲二十萬⑥,爲君攻之,虜其人民⑦,係其牛馬⑧,使其君内熱發於背⑨。然後拔其國⑩。忌也出走⑪,然後抶其背⑫,折其脊。"季子聞而恥之曰⑬:"築十仞之城,城者既十仞矣⑭,則又壞之,此胥靡之所苦也⑮。今兵不起七年矣,此王之基也⑯。衍亂人⑰,不可聽也。"華子聞而醜之曰⑱:"善言伐齊者⑲,亂人也;善言勿伐者,亦亂人也;謂伐之與不伐亂人也者,又亂人也⑳。"君曰:"然則若何?"曰:"君求其道而已矣㉑!"

## 【校注】

①魏瑩:魏惠王。陸德明《釋文》:"司馬云:'魏惠王也。'"成玄英疏:"瑩,魏惠王名。"　田侯牟:齊威王。陸德明《釋文》:"司馬云:'田侯,齊威王也,名牟,桓公子。'"　約:盟約。成玄英疏:"齊魏二國約誓立盟,不相征伐。"

②背:違背。

③犀首:官名。陸德明《釋文》:"犀首,魏官名也。司馬云:'若今虎牙將軍,公孫衍爲此官。'"

④乘:軍隊單位,四馬一車爲一乘。陸德明《釋文》:"乘,繩證反。"成玄英疏:"諸侯之國革車萬乘,故謂之君也。"

⑤從讎:猶報讎。成玄英疏:"從讎,猶報讎也。夫人君者,一怒則伏尸流血,今乃令匹夫行刺,單使報讎,非萬乘之事,故可羞。"王叔岷《校詮》:"以猶用也。"

⑥衍:公孫衍自稱。　受:授予。　甲:兵甲,意指軍隊。成玄英

　　疏:"將軍孫衍請專命受鉞,率領甲卒二十萬人,攻其齊城,必當
　　獲勝。"

⑦虜:擄掠。成玄英疏:"擄掠百姓。"

⑧係:羈係,意謂奪取。成玄英疏:"羈係牛馬。"

⑨背:脊背。成玄英疏:"國破人亡而懷恚怒,故熱氣蘊於心,癰疽發
　　於背也。"

⑩拔:奪也。成玄英疏:"國既傾拔。"

⑪忌:田忌,齊國名將。陸德明《釋文》:"'忌也出走',忌畏而走。"
　　成玄英疏:"姓田,名忌,齊將也。"

⑫抶(chì):擊打。陸德明《釋文》:"抶,敕一反。《三蒼》云:'擊
　　也。'"　其:意指田忌。成玄英疏:"獲其主將,於是擊抶其背,打
　　折腰脊。"王叔岷《校詮》引孫詒讓曰:"以《史記・田齊世家》考
　　之,是時齊相爲騶忌,將爲田忌。而威王二十年,使田忌伐魏,大
　　敗之桂陵,則惠王所深怨者,宜是田忌也。"

⑬季子:魏國大臣。陸德明《釋文》:"魏臣。"王叔岷《校詮》引于鬯
　　云:"季子,即季梁也。《戰國策・魏策》云:'魏王欲攻邯鄲,季梁
　　聞之,中道而反,衣焦不申,頭塵不去,往見王曰:今王動欲成霸
　　王,舉欲信於天下,恃王國之大、兵之精銳而攻邯鄲,以廣地尊名,
　　王之動愈數,而離王欲遠矣。'是季梁在當時不主戰者,嘗止攻邯
　　鄲,則其止此攻齊固宜。"

⑭十:應爲"七"。成玄英疏:"夫七丈之城,用功非少,城就成矣,無
　　事壞之,此乃徒役之人濫遭辛苦。"郭慶藩《集釋》引俞樾曰:"下
　　十字,疑七字之誤。城者既七仞,則雖未十仞而去十仞不遠矣,故
　　壞之爲可惜。"

⑮胥靡:勞役。成玄英疏:"胥靡,徒役人也。"

⑯基:基礎。成玄英疏:"干戈静息,已經七年,偃武修文,王者
　　洪基。"

⑰亂人：禍亂之人。成玄英疏：“犀首方爲禍亂，不可聽從。”

⑱華子：魏國大臣。陸德明《釋文》：“亦魏臣也。”王叔岷《校詮》引于鬯云：“華子，即子華子也。《讓王篇》云：‘子華子見昭僖侯。’陸《釋》引司馬云：‘子華子，魏人也。昭僖侯，韓侯。’韓昭僖侯正與魏惠王同時，則此華子即子華子明矣。”　　醜：恥也。王叔岷《校詮》：“醜亦恥也，《讓王篇》：‘君子之无恥也若此乎！’《呂氏春秋·慎人篇》恥作醜，高注：‘醜猶恥也。’即其證。”

⑲善：巧也。王先謙《集解》：“宣云：‘善，巧。’”

⑳成玄英疏：“此子華子自道之辭也。”

㉑成玄英疏：“夫道清虛淡漠，物我兼忘，故勸求之，庶其寡欲，必能履道，爭奪自消。”

　　惠子聞之而見戴晉人①。戴晉人曰：“有所謂蝸者②，君知之乎？”曰：“然。”“有國於蝸之左角者曰觸氏，有國於蝸之右角者曰蠻氏③，時相與爭地而戰，伏尸數萬，逐北旬有五日而後反④。”君曰：“噫！其虛言與⑤？”曰：“臣請爲君實之⑥。君以意在四方上下有窮乎⑦？”君曰：“无窮。”曰：“知遊心於无窮，而反在通達之國⑧，若存若亡乎⑨？”君曰：“然。”曰：“通達之中有魏，於魏中有梁⑩，於梁中有王。王與蠻氏，有辯乎⑪？”君曰：“无辯⑫。”客出而君惝然若有亡也⑬。客出，惠子見。君曰：“客，大人也，聖人不足以當之⑭。”惠子曰：“夫吹管也⑮，猶有嗃也⑯；吹劍首者⑰，映而已矣⑱。堯舜，人之所譽也；道堯舜於戴晉人之前⑲，譬猶一映也。”

**【校注】**

①惠子：惠施。　　戴晉人：梁國賢人。陸德明《釋文》：“梁國賢人，惠施薦之於魏王。”

②蝸：蝸牛。陸德明《釋文》：“李云：‘蝸蟲有兩角，俗謂之蝸牛。’”

③觸氏、蠻氏：譬喻假設之國名。成玄英疏："蝸之兩角，二國存焉。"

④北：敗北。陸德明《釋文》："軍走曰北。" 反：同"返"。

⑤與：同"歟"。陸德明《釋文》："與音餘。"成玄英疏："所言奇譎，不近人情，故發噫嘆，疑其不實也。"

⑥實之：意謂化虛爲實。成玄英疏："必謂虛言，請陳實録。"

⑦意：臆測。成玄英疏："君以意測四方上下有極不？" 在：察也。王先謙《集解》："蘇輿云：'在，猶察也。'"王叔岷《校詮》："《爾雅·釋詁》：'在，察也。'下同。"

⑧反：同"返"。 通達：意謂四海之内。郭象注："人跡所及爲通達，謂今四海之内也。"王叔岷《校詮》："《秋水篇》'人卒九州，穀食之所生，舟車之所通'，所謂通達之國也。"

⑨存、亡：有、無。成玄英疏："存，有也。亡，無也。遊心無極之中，又比九州之内，語其大小，可謂如有如無也。"

⑩梁：魏國後又稱梁國。成玄英疏："昔在河東，國號爲魏，魏爲强秦所逼，徙都於梁。梁從魏而有，故曰魏中有梁也。"

⑪辯：區別。成玄英疏："辯，別也。王之一國，處於六合，欲論大小，如有如無。與彼蠻氏，有何差異？"

⑫成玄英疏："自悟己之所争與蝸角無別也。"

⑬惝然：悵惘。陸德明《釋文》："惝音敞。《字林》云：'惘也。'"成玄英疏："惝然，悵恨貌也。" 亡：失也。成玄英疏："心之悼矣，恍然如失。"王先謙《集解》："如有所失。"

⑭當：相當，對等。

⑮管：樂器。

⑯嘵(xiāo)：吹管之聲。陸德明《釋文》："嘵，許交反，管聲也。"成玄英疏："嘵，大聲。"王叔岷《校詮》："《文選》馬季長《長笛賦》注引《埤蒼》云：'嘵，大呼也。'大呼、大聲，義正相因。"

⑰劍首：劍柄環頭小孔。陸德明《釋文》："劍首，司馬云：'謂劍環頭

小孔也。'"

⑱吷(xuè)：小聲。陸德明《釋文》："吷音血，又呼悅反。司馬云：'吷然如風過。'"成玄英疏："吷，小聲也。夫吹竹管，聲猶高大；吹劍環，聲則微小。"

⑲道：稱道。成玄英疏："若於晉人之前盛談斯道者，亦何異乎吹劍首聲，曾無足可聞也！"

　　孔子之楚①，舍於蟻丘之漿②。其鄰有夫妻臣妾登極者③，子路曰④："是稷稷何爲者邪⑤？"仲尼曰："是聖人僕也⑥。是自埋於民⑦，自藏於畔⑧。其聲銷⑨，其志无窮⑩，其口雖言，其心未嘗言，方且與世違而心不屑與之俱⑪。是陸沈者也⑫？是其市南宜僚邪？"子路請往召之⑬。孔子曰："已矣⑭！彼知丘之著於己也⑮，知丘之適楚也⑯，以丘爲必使楚王之召己也，彼且以丘爲佞人也⑰。夫若然者，其於佞人也羞聞其言，而況親見其身乎⑱！而何以爲存⑲？"子路往視之，其室虛矣⑳。

【校注】

①之：行往。此爲寓言，於史無徵。

②蟻丘：山名。陸德明《釋文》："李云：蟻丘，山名。"　漿：同"蔣"，菰也。陸德明《釋文》："司馬云：'謂逆旅舍以菰蔣草覆之也。'"王叔岷《校詮》："馬其昶云：'漿、蔣通借，《藝文類聚》引作蔣。《説文》：蔣，菰也。《廣雅》：蔣，菰。其米謂之雕胡。《吳都賦》：菰子作餅。'……馬氏《説文》以下云云，皆《藝文類聚·菰部》（卷八二）之文。《説文》：'蔣，苽也。'（段注本。）《藝文類聚》引苽作菰，菰與苽同。"

③臣妾：衆人。王叔岷《校詮》："臣妾，指相聚之男女而言……戰國人男女多自稱臣妾。"　極：意指屋頂。陸德明《釋文》："司馬

云:'極,屋棟也,升之以觀也。'一云:極,平頭屋也。"

④子路:孔子弟子。

⑤稯稯:同"總",形容衆人。陸德明《釋文》:"稯音總,字亦作總。李云:'衆貌。'"成玄英疏:"總總,衆聚也。"王叔岷《校詮》:"朱駿聲云:'稯即總之轉注,字變從禾作稯耳。'"

⑥聖人:意指市南宜僚。成玄英疏:"古者淑人君子,均號聖人,故孔子名市南宜僚爲聖人也。"　僕:徒也。錢穆《纂箋》:"宣穎曰:'僕,徒也。'"王叔岷《校詮》引奚侗曰:"僕與徒同義,《廣雅·釋詁一》:'僕、徒,使也。''是聖人僕也',猶言'是聖人之徒也'。"

⑦埋:藏也,與下文"藏"互文。郭象注:"與民同。"王叔岷《校詮》:"埋、藏互文,埋亦藏也。"

⑧畔:田壠之畔。陸德明《釋文》:"王云:'脩田農之業,是隱藏於壠畔。'"

⑨聲:聲名。　銷:毀也,滅也。郭象注:"損其名也。"成玄英疏:"銷,滅也。"

⑩志:心志。成玄英疏:"冥至道,故其心無極。"

⑪違:違反,相反。　俱:共,同。郭象注:"心與世異。"成玄英疏:"道與俗反,故違於世,虛心無累,不與物同,此心跡俱異也。"

⑫陸沈:意即無水而沈。郭象注:"人中隱者,譬無水而沈也。"

⑬召:召請。

⑭已:止。成玄英疏:"已,止也。彼必不來,幸止勿唤。"

⑮著:明瞭。郭象注:"著,明也。"錢穆《纂箋》:"陸長庚曰:'彼亦知丘之知彼也。'"

⑯適:行至。

⑰佞人:諂佞之人。成玄英疏:"知丘明識宜僚是陸沈之士,又知適楚必向楚王薦召之,如是則用丘爲諂佞之人也。"

⑱其:指宜僚。成玄英疏:"其於邪佞,恥聞其言,況自視其形,良非

所願。"

⑲而:汝也。成玄英疏:"而,汝也。"　　存:在。成玄英疏:"存,在也。"王先謙《集解》:"宣云:'言必避去。'"

⑳虛:空也。郭象注:"果逃去也。"

　　長梧封人問子牢曰①:"君爲政焉勿鹵莽②,治民焉勿滅裂③。昔予爲禾④,耕而鹵莽之⑤,則其實亦鹵莽而報予⑥;芸而滅裂之⑦,其實亦滅裂而報予。予來年變齊⑧,深其耕而熟耰之⑨,其禾繁以滋⑩,予終年厭飧⑪。"莊子聞之曰:"今人之治其形⑫,理其心⑬,多有似封人之所謂,遁其天⑭,離其性,滅其情,亡其神⑮,以衆爲⑯。故鹵莽其性者⑰,欲惡之孽⑱,爲性萑葦蒹葭⑲,始萌以扶吾形⑳,尋擢吾性㉑;並潰漏發㉒,不擇所出,漂疽疥癰㉓,內熱溲膏是也㉔。"

【校注】

①長梧:地名。成玄英疏:"長梧,地名,其地有長樹之梧,因以名焉。"　　封人:地方官。陸德明《釋文》:"封人,守封疆之人。"　　子牢:人名。陸德明《釋文》:"司馬云:'即琴牢,孔子弟子。'"郭慶藩《集釋》:"琴張,孔子弟子,經傳中無作琴牢子牢者,惟《孔子家語》弟子有琴張。一名牢,字子開,亦字張,衛人也。是琴[張]始見於《家語》,其書乃王子雍所僞撰,不足爲據。"章案:《莊子》外雜篇摻入秦漢書籍者甚多,故與《淮南子》《列子》等有頗多重合。此處或據《孔子家語》撰之亦未可知。本是寓言,故亦無關宏旨。

②焉:猶"則"。下同。王叔岷《校詮》引王叔之云:"焉猶則也。'君爲政'句,'治民'句,言'爲政則勿鹵莽,治民則勿滅裂'也。"　　鹵莽:意謂粗陋。郭象注:"鹵莽滅裂,輕脫末略,不盡其分。"陸德明《釋文》:"司馬云:鹵莽,猶麤粗也。"成玄英疏:"鹵莽,不用心

也。”郭慶藩《集釋》引盧文弨曰:“麤,千奴反;粗,才古反,二字古多連用。如《吕氏春秋·俞(予)[序]篇》云:‘始於麤粗,終於精微。’”

③滅裂:意謂輕薄。成玄英疏:“滅裂,輕薄也。”

④爲禾:種地。成玄英疏:“爲禾,猶種禾也。”

⑤此處“鹵莽”意謂草率事之。陸德明《釋文》引司馬彪曰:“謂淺耕稀種也。”

⑥實:果實,意指收成。　報:回報。成玄英疏:“至秋收時,嘉實不多,皆由疏略,故至斯報也。”

⑦芸:同“耘”。陸德明《釋文》:“除草也。”王叔岷《校詮》:“案芸借爲藾,《説文》:‘藾,除田間穢也。薿,藾或从芸。’《白帖》二三、《事文類聚別集》三一、《韻府群玉》四引此文芸皆作耘,耘即薿之省。”章案:此處“滅裂”亦謂草率事之,陸德明《釋文》曰:“滅裂,猶短草也。李云:‘謂不熟也。’”

⑧變齊:意謂變法。陸德明《釋文》引司馬彪曰:“變更也,謂變更所法也。”錢穆《纂箋》引奚侗曰:“《周禮·亨人》:‘以給水火之齊。’鄭注:‘齊,多少之量。’《酒正》:‘辨五齊之名。’鄭注:‘每有祭祀,以度量節作之多少,合乎法度曰齊。’此言變齊,猶言變方法耳。”

⑨耰(yōu):鋤地。陸德明《釋文》:“耰音憂。司馬云:‘鋤也。’”成玄英疏:“耰,芸也。”

⑩滋:榮滋。成玄英疏:“禾苗繁茂,子實滋榮。”

⑪厭飧(sūn):足食也。成玄英疏:“寬歲足飧。”王先謙《集解》:“厭,足。”王叔岷《校詮》:“《釋文》本飧作飱,飱與餐同。(《説文》:‘飱,餐或从水。’)《廣雅·釋詁二》:‘飱,食也。’飧乃俗飱字,與飱通用。”

⑫形:身體。

⑬理:治也,與上文“治”互文。“心”亦與上文“形”對文。成玄英

疏：“治理心形，例如封人所謂。”

⑭遁：逃避。　　　天：意謂自然之性。成玄英疏：“逃自然之理。”

⑮亡：失也。成玄英疏：“失養神之道。”

⑯衆：多也。成玄英疏：“多滯有爲故也。”王先謙《集解》：“無所不營。”錢穆《纂箋》：“宣穎曰：‘馳騖衆事。’”王叔岷《校詮》：“‘以衆爲’，猶言‘以多爲’。遁天、離性、滅情、亡神，所謂多也。”

⑰此處“鹵莽”，意指上述“衆爲”。陸德明《釋文》引王叔之曰：“衆爲，所謂鹵莽也。”

⑱欲惡(wù)：好惡。郭象注：“欲惡傷正性。”陸德明《釋文》：“惡，烏路反。”　　蘖：同“櫱”。錢穆《纂箋》：“武延緒曰：‘蘖，蘗之叚字。’”王叔岷《校詮》引宣穎云：“蘖，芽蘖。”

⑲萑(huán)葦：蘆葦。陸德明《釋文》：“萑音丸，葦類。葦，於鬼反，蘆也。”成玄英疏：“萑葦，蘆也。”　　蒹葭：小蘆葦。成玄英疏：“萑葦害黍稷，欲惡傷正性，皆由鹵莽浮僞，故至其然也。”王先謙《集解》：“所欲、所惡叢生而傷正性，是吾性之萑葦蒹葭也。”王叔岷《校詮》引王念孫云：“葦之始生爲葭，萑之始生爲蒹。”

⑳扶：扶助。郭慶藩《集釋》引俞樾曰：“言其始若足以扶助吾形也。”

㉑尋：逐漸。成玄英疏：“尋，引也。”郭慶藩《集釋》引俞樾曰：“尋與始相對爲義，尋之言寖尋也。《漢書·郊祀志》：‘寖尋於泰山矣。’晉灼曰：‘尋，遂往之意也。’”　　擢：拔也。成玄英疏：“擢，拔也。以欲惡之事誘引其心，遂使拔擢真性，不止於當也。”郭慶藩《集釋》引俞樾曰：“尋擢吾性，言寖尋既久則拔擢吾性也。”

㉒並：同“迸”。王叔岷《校詮》：“並與迸通，《玉篇》：‘迸，散也。’”王先謙《集解》：“並潰，奔潰也。”　　潰漏：意謂精氣遺漏。陸德明《釋文》：“李云：‘謂精氣散泄，上潰下漏，不擇所出也。’”

㉓漂疽：熱毒腫痛。陸德明《釋文》：“漂本亦作瘭。……瘭疽，謂病

瘡膿出也。"成玄英疏："漂疽,熱毒腫也。"王叔岷《校詮》："《道藏》褚伯秀《義海纂微》本漂作瘭,瘭、漂正假字。"　疥癰:膿瘡之類。成玄英疏："癰,亦疽之類也。"

㉔溲膏:遺精。陸德明《釋文》："司馬云:'謂虛勞人尿上生肥白沫也。'"成玄英疏："溲膏,溺精也。"

柏矩學於老聃[①],曰:"請之天下遊[②]。"老聃曰:"已矣[③]!天下猶是也[④]。"又請之,老聃曰:"汝將何始[⑤]?"曰:"始於齊[⑥]。"至齊,見辜人焉[⑦],推而強之[⑧],解朝服而幕之[⑨],號天而哭之[⑩],曰:"子乎子乎[⑪]!天下有大菑[⑫],子獨先離之[⑬],曰莫爲盜!莫爲殺人[⑭]!榮辱立,然後覩所病[⑮];貨財聚,然後覩所爭[⑯]。今立人之所病,聚人之所爭,窮困人之身使无休時[⑰],欲无至此[⑱],得乎!古之君人者[⑲],以得爲在民,以失爲在己;以正爲在民,以枉爲在己[⑳],故一形有失其形者[㉑],退而自責。今則不然。匿爲物而愚不識[㉒],大爲難而罪不敢[㉓],重爲任而罰不勝[㉔],遠其塗而誅不至[㉕]。民知力竭[㉖],則以僞繼之,日出多僞,士民安取不僞!夫力不足則僞,知不足則欺,財不足則盜。盜竊之行,於誰責而可乎[㉗]?"

【校注】

①柏矩:人名。陸德明《釋文》："柏矩,有道之人。"

②之:助詞。成玄英疏："請遊行宇內,觀風化,察物情也。"

③已:止也。成玄英疏："老子止之,不許其往。"

④是:此。成玄英疏："言天下物情,與此處無別也。"

⑤始:開始。成玄英疏："欲先往何邦。"

⑥齊:齊國。成玄英疏："柏矩魯人,與齊相近,齊人無道,欲先行也。"

⑦辜人:陸德明《釋文》："李云:'謂應死人也。'"郭慶藩《集釋》引俞

樾曰："辜,謂辜磔也。《周官》'掌戮殺王之親者辜之',鄭注:'辜之言枯也,謂磔之。'是其義。《漢·景帝紀》改磔曰棄市,顏注:'磔,謂張其尸也。'是古人之辜磔人者,必張其尸於市,故柏矩推而强之,解朝服而幕之也。"

⑧强:同"僵",仰倒。成玄英疏:"令其正卧。"王叔岷《校詮》:"《玉篇·人部》引此文正作僵。《説文》:'僵,偃也。'段注:'玄應引僵,却偃也。仆,前覆也。按僵,謂仰倒。'"

⑨幕:覆也。意爲覆蓋其尸首。陸德明《釋文》:"幕,司馬云:'覆也。'"

⑩之:指死刑犯人。

⑪子乎:嘆詞。此段文字皆柏矩哭死犯之言。郭慶藩《集釋》引俞樾曰:"子乎子乎,乃歎辭也。《詩·綢繆》'子兮子兮',《毛傳》:'子兮者,嗟兹也。'……此云子乎子乎,正與子兮子兮同義。子當讀爲嗞。"

⑫菑:同"災",本亦作"災"。陸德明《釋文》:"菑音哉。"成玄英疏:"菑,禍也。"王叔岷《校詮》:"菑與災通,郭注'殺人大菑'。《道藏》成疏本菑作災。"

⑬離:同"罹"。成玄英疏:"離,罹也。"

⑭曰:意指執法者言。郭象注:"大菑既有,則雖戒以莫爲,其可得已乎!"王先謙《集解》:"宣云:'又言不是爲盜乎? 不是殺人乎?'"錢穆《纂箋》:"馬其昶曰:'二句推執法者罪之之詞。'"

⑮病:猶"困"。王叔岷《校詮》:"病猶困也。《戰國策·西周策》:'今圍雍氏五月不能拔,是楚病也。'高注:'病,困也。'"

⑯争:奪也。成玄英疏:"珍寶彌積,馳競斯起。"

⑰休:止。郭象注:"上有所好,則下不能安其本分。"

⑱至此:意謂無争奪。成玄英疏:"欲令各安本分,其可得乎!"

⑲君人者:帝王。郭象注:"君莫之失,則民自得矣。"王叔岷《校

詮》:"《呂氏春秋·論人篇》:'三代之興王,以罪爲在己。'"

⑳枉:彎曲,冤屈。與"正"對言。成玄英疏:"引過自躬,枉在己也。"

㉑一形:應爲"一物"。郭象注:"夫物之形性何爲而失哉!"成玄英疏:"若有一物失所,虧其形性者,則引過歸己,退而責躬。"王叔岷《校詮》:"是郭、成本'一形'本作'一物',今本作'一形',即涉下形字而誤。"

㉒匿:藏也。成玄英疏:"藏匿罪名。"　愚:應爲"過"之誤。郭慶藩《集釋》引俞樾曰:"此曰愚,則與下文不一律矣。《釋文》曰:'愚,一本作遇。'愚疑過字之誤。《廣雅·釋詁》曰:'過,則也。'因其不識而責之,是謂過不識。《呂覽·適威篇》曰:'煩爲教而過不識,數爲令而非不從,巨爲危而罪不敢,重爲任而罰不勝。'與此文義相似,而正作過不識。高誘注訓過爲責,可據以訂此文之誤。過誤爲遇,又臆改爲愚耳。"王叔岷《校詮》:"'愚不識'本作'過不識',俞説是。"

㉓大爲難:意謂爲民製定極難遵循之法規。　不敢:不敢爲,意指百姓。成玄英疏:"法既難定,行之不易,故決定違者,斯罪之也。"王先謙《集解》:"大爲艱難,而以不敢爲者爲罪。"

㉔任:責任。成玄英疏:"力微事重而責其不勝。"王先謙《集解》:"宣云:'過重其任,而於不勝者加罰。'"

㉕塗:路途。成玄英疏:"路遠期促而罰其後至。"王先謙《集解》:"宣云:'遠其程塗,而於不至者加誅。'"

㉖知:同"智"。郭象注:"將以避誅罰也。"陸德明《釋文》:"知音智,下同。"成玄英疏:"智力竭盡,不免誅罰,懼罰情急,故繼之以僞。"

㉗誰責:責誰。郭象注:"當責上也。"成玄英疏:"夫知力窮竭,譎僞必生;賦斂益急,貪盜斯起,皆由主上無德,法令滋彰。"

**蘧伯玉行年六十而六十化①,未嘗不始於是之而卒詘之**

以非也②,未知今之所謂是之非五十九非也③。萬物有乎生而莫見其根④,有乎出而莫見其門⑤。人皆尊其知之所知,而莫知恃其知之所不知而後知⑥,可不謂大疑乎⑦!已乎已乎⑧!且无所逃⑨。此所謂然與⑩,然乎⑪?

【校注】

①蘧(qú)伯玉:人名。陸德明《釋文》:"蘧,其居反。"成玄英疏:"姓蘧,名瑗,字伯玉,衛之賢大夫也。"　行:經。　化:順化。郭象注:"亦能順世而不係於彼我故也。"成玄英疏:"能與日俱新,隨年變化。"

②是:肯定之意,與"非"相對。　卒:終,與"始"相對。　詘:曲,反。陸德明《釋文》:"詘,起物反。《廣雅》云:'曲也。'"成玄英疏:"初履之年,謂之爲是;年既終謝,謂之爲非;一歲之中而是非常出,故始時之是,終詘爲非也。"王叔岷《校詮》:"詘猶反也。(《戰國策·秦策四》'詘令韓、魏歸帝重於齊',高注:'詘,反。')以猶爲也。"

③成玄英疏:"故變爲新,以新爲是;故已謝矣,以故爲非。然則去年之非,於今成是;今年之是,來年爲非。是知孰是孰非,滯新執故者,倒置之流也。故容成氏曰:'除日無歲,蘧瑗達之,故隨物化也。'"王叔岷《校詮》:"《北山錄·外信篇》:'夫蘧大夫五十知四十九年非,孔宣父六十知五十九年非。'合用《淮南子》及《莊子》之文也。"章案:此句含日新之意。

④根:本也,原也。成玄英疏:"隨變而生,生無根原。"

⑤出:生也。成玄英疏:"任化而出,出無門户。"

⑥恃:依賴。成玄英疏:"所知者,俗知也;所不知者,真知也。流俗之人,皆尊重分別之知,銳情取捨,而莫能賴其分別之知以照真原。"

⑦疑:惑也。成玄英疏:"可謂大疑惑之人也。"錢穆《纂箋》引奚侗

曰：“《説文》：‘疑，惑也。’”

⑧已：止。成玄英疏：“已，止也。”

⑨王先謙《集解》：“宣云：‘不知之理，古今誰能逃之。’”王叔岷《校詮》：“‘无所逃’，蓋謂不能免於大惑也。”

⑩與：同“歟”。陸德明《釋文》：“與音餘。”

⑪陸德明《釋文》：“‘然乎’，言未然。”

仲尼問於太史大弢、伯常蹇、狶韋曰①：“夫衛靈公飲酒湛樂②，不聽國家之政；田獵畢弋③，不應諸侯之際④；其所以爲靈公者何邪⑤？”大弢曰：“是因是也⑥。”伯常蹇曰：“夫靈公有妻三人，同濫而浴⑦。史鰌奉御而進⑧，所搏幣而扶翼⑨。其慢若彼之甚也⑩，見賢人若此其肅也⑪，是其所以爲靈公也⑫。”狶韋曰：“夫靈公也死⑬，卜葬於故墓不吉⑭，卜葬於沙丘而吉⑮。掘之數仞⑯，得石槨焉⑰，洗而視之，有銘焉，曰：‘不馮其子⑱，靈公奪而埋之。’夫靈公之爲靈也久矣⑲，之二人何足以識之⑳！”

【校注】

①大弢、伯常蹇、狶韋：皆史官之姓名。“蹇”爲“騫”之誤。下同。成玄英疏：“太史，官號也。下三人皆史官之姓名也。”陸德明《釋文》：“李云：狶韋者，太史官名。”章案：《大宗師篇》：“狶韋氏得之，以挈天地。”陸德明《釋文》：“司馬云：上古帝王名。”成玄英疏：“狶韋氏，文字已前遠古帝王號也。”王先謙《集解》：“狶韋，即豕韋，蓋古帝王也。”《知北遊篇》：“狶韋氏之囿，黃帝之圃，有虞氏之宮，湯、武之室。”知狶韋氏與《大宗師篇》相同。此處狶韋又爲史官，或爲同名而異人，或疑爲後人竄誤。

②湛：借爲“媅”。陸德明《釋文》：“樂之久也。”王叔岷《校詮》：“湛借爲媅，《説文》：‘媅，樂也。’段注：‘《小雅》：和樂且湛。《傳》

曰：樂之久也。湛，叚借字。娸，其真字也。’”

③畢、弋：網、箭，此處用作動詞。成玄英疏：“畢，大網也。弋，繩繫箭而射也。”

④際：意指會盟。陸德明《釋文》：“司馬云：‘盟會之事。’”成玄英疏：“會盟交際。”

⑤爲靈公：意謂謚號“靈公”。成玄英疏：“汝等史官，應須定謚，無道如此，何爲謚靈？”

⑥因是：因此也。郭象注：“靈即是無道之謚也。”成玄英疏：“依《周公·謚法》‘亂而不損曰靈’，靈即無道之謚也。”王叔岷《校詮》：“《齊物論篇》亦屢言‘因是也’。”

⑦濫：洗浴器具。郭象注：“男女同浴，此無禮也。”陸德明《釋文》：“浴器也。”王叔岷《校詮》：“朱駿聲云：‘濫，叚借爲鑑。’于省吾云：‘濫即鑑，《説文》：鑑，大盆也。金文作監。’”

⑧史鰌：人名。陸德明《釋文》：“司馬云：‘史魚也。’”成玄英疏：“姓史，字魚，衞之賢大夫也。”　奉御：意謂奉詔。郭象注：“奉御之勞。”成玄英疏：“使賢人進御。”錢穆《纂箋》：“方揚曰：‘同浴是一事，奉御又是一事，不必同時。’”

⑨搏幣：意謂博弈。　扶翼：意謂小心扶持。王叔岷《校詮》引章太炎云：“此與同浴分爲兩事，上事自謂無禮，此事自謂敬賢，非二事同時也。靈公妻妾同浴，史鰌豈得闌入！‘所搏幣而扶翼’當爲一句。搏借爲簿，幣即蔽也，《楚辭》：‘菎蔽象棊，有六簿兮。’王逸曰：‘蔽，簿箸。’《墨子·號令篇》曰：‘無敢有樂器幣騏軍中，有則其罪射。’‘幣騏’，即‘菎蔽’之蔽，‘象棊’之棊也。所借爲處，爲御，爲户，皆訓爲止。此謂簿弈時適值史鰌進御，乃急止簿而下扶之，是所以爲蕭賢人也。”王叔岷案曰：“《釋文》本幣作弊，章引作幣，弊即幣之變。弊、幣古通。《讓王篇》‘使人以幣先焉’，《説劍篇》‘謹奉千金以幣從者’，日本古鈔卷子本幣並作弊，即弊、幣通

用之證。"

⑩慢:驕慢。成玄英疏:"男女同浴,嬌慢之甚。"

⑪肅:肅敬。成玄英疏:"忽見賢人,頓懷肅敬。"

⑫是:此。郭象注:"欲以肅賢補其私慢。靈有二義,亦可謂善,故仲尼問焉。"

⑬也:之。王叔岷《校詮》:"也猶之也,《史記·越世家》:'何以[知]也?'《渚宫舊事》二也作之,即也、之同義之證。"

⑭卜:占卜。　故墓:祖墓。陸德明《釋文》:"一本作大墓。"

⑮沙丘:地名。成玄英疏:"沙丘,地名也,在盟津河北。"

⑯仞:七尺曰仞。

⑰槨:棺外之大棺。

⑱馮:同"憑"。郭象注:"言不馮其子,靈公將奪女處也。"陸德明《釋文》:"馮音憑。"郭慶藩《集釋》引郭嵩燾曰:"古之葬者謂子孫無能憑依以保其墓,靈公得而奪之。"王叔岷《校詮》:"馮、憑古今字。"

⑲靈:有顯靈之意。王先謙《集解》:"蘇輿云:'猻韋歸之前定,言命、言神者之所祖也。'"

⑳之:此。《逍遥遊篇》"之二蟲又何知",王叔岷《校詮》:"之猶此。下文'之人也,之德也',亦同例。"　二人:大弢、伯常騫。錢穆《纂箋》:"嚴復曰:'二人指大弢、伯常騫。'"

少知問於太公調曰①:"何謂丘里之言②?"太公調曰:"丘里者,合十姓百名而以爲風俗也③,合異以爲同,散同以爲異④。今指馬之百體而不得馬⑤,而馬係於前者,立其百體而謂之馬也⑥。是故丘山積卑而爲高⑦,江河合水而爲大⑧,大人合并而爲公⑨。是以自外入者,有主而不執⑩;由中出者,有正而不距⑪。四時殊氣,天不賜,故歲成⑫;五官殊職,君不私,故國治⑬;文武大人不賜,故德備⑭;萬物殊理,道不私,故无名⑮。无名故无爲,无爲而无不爲⑯。時有終始,世有變化。禍福淳淳,至有所拂者而有所宜⑰;自殉殊面,有所正者有所差⑱。比于大澤,百材皆度⑲;觀乎大山,木石同壇⑳。此之謂丘里之言㉑。”

## 【校注】

①少知、太公調:寓言人物,名亦有寓意。成玄英疏:“智照狹劣,謂之少知。太,大也。公,正也。道德廣大,公正無私,復能調順群物,故謂之太公調。假設二人,以論道理。”

②丘、里:地域行政單位。陸德明《釋文》:“李云:‘四井爲邑,四邑爲丘,五家爲鄰,五鄰爲里。古者鄰里井邑,土風不同,猶今鄉曲各自有方俗,而物不齊同。’”成玄英疏:“古者十家爲丘,二十家爲里。鄉閭丘里,風俗不同,故假問答以辯之也。”

③姓、名:即姓名。陸德明《釋文》:“一姓爲十人,十姓爲百名,則有異有同,故合散以定之。”

④成玄英疏:“如采丘里之言以爲風俗,斯合異以爲同也;一人設教,隨方順物,斯散同以爲異也。”錢穆:“吕惠卿曰:‘合姓名爲丘里,散丘里爲姓名。’”

⑤百體:意指馬體各部分。成玄英疏:“亦猶指馬百體,頭尾腰脊,無復是馬,此散同以爲異也。”

⑥成玄英疏:“此合異以爲同也。”

⑦卑:低微。成玄英疏:“積土石以成丘山。”

⑧水:應爲“小”。郭慶藩《集釋》引俞樾曰:“水乃小字之誤。卑高小大,相對爲文。”

⑨合并:猶“合群”。郭象注:“無私於天下,則天下之風一也。”陸德明《釋文》:“合群小之稱以爲至公之一也。”王叔岷《校詮》:“‘合并’猶‘合群’。”

⑩外入:意謂教化。郭象注:"自外入者,大人之化也。" 執:偏執。郭象注:"化必至公,故主無所執著。"錢穆《纂箋》:"吕惠卿曰:'不執者,有萬而無不容。'"王叔岷《校詮》:"此謂大人之教化由外而入,有主見而不執著。"

⑪中出:意謂出自本性。郭象注:"由中出者,民物之性也。" 正:應爲"匹"。王先謙《集解》:"'正'作'匹',説見《天運篇》注。"王叔岷《校詮》:"正乃匹之誤,《天運篇》俞氏《平議》有説。匹,合也,與應義近。" 距:同"拒"。成玄英疏:"順而不距。"王叔岷《校詮》:"距,今字作拒。"

⑫賜:給予。郭象注:"殊氣自有,故能常有,若本無之而由天賜,則有時而廢。"成玄英疏:"賜,與也。"王先謙《集解》:"宣云:'賜則私也。'" 歲:年歲。成玄英疏:"稟之自然,故歲叙成立。"

⑬五官:總稱官職。成玄英疏:"五官,謂古者法五行置官也。"

⑭大人:大德之人。郭象注:"文者自文,武者自武,非大人所賜也,若由賜而能,則有時而闕也。"

⑮殊:不同。《老子》三十二章:"道常無名。"

⑯郭象注:"名止於實,故無爲;實各自爲,故無不爲。"章案:《老子》三十七章:"道常無爲而無不爲。"

⑰淳淳:流動之狀。郭象注:"流行反覆。"陸德明《釋文》:"王云:'流動(流)貌。'"成玄英疏:"淳淳,流行貌。夫天時寒暑,流謝不常,人情禍福,何能久定!" 拂:戾也。郭象注:"於此爲戾,於彼或以爲宜。"陸德明《釋文》:"拂,扶弗反,戾也。"成玄英疏:"拂,戾也。"

⑱殉:逐也。成玄英疏:"殉,逐也。"王叔岷《校詮》:"《駢拇篇》:'小人則以身殉利,士則以身殉名,大夫則以身殉家,聖人則以身殉天下。'" 面:向也。陸德明《釋文》:"《廣雅》云:'面,向也。'謂心各不同而自殉焉。殊向自殉,是非天隔,故有所正者亦有所

差。”成玄英疏：“面，向也。夫彼此是非，紛然固執，故各逐己見而所向不同也。”王叔岷《校詮》：“面借爲偭，《説文》：‘偭，鄉也。’段注：‘鄉，今人所用之向字也。’”

⑲比：譬如。成玄英疏：“比，譬也。”　澤：同“宅”。陸德明《釋文》：“澤本亦作宅。”王叔岷《校詮》：“朱駿聲云：‘澤，叚借爲宅。’案宅與澤通，陶淵明《歸田園居》五首之一‘方宅十餘畝’，《藝文類聚》六五引宅作澤，澤亦宅之借字。”　度：量。郭象注：“無棄材也。”成玄英疏：“度，量也。”

⑳壇：基礎。成玄英疏：“壇，基也。石有巨小，木有粗細，共聚大山而爲基本，此合異以爲同也。”王先謙《集解》：“木石同生於大山之基址。”

㉑郭象注：“言於丘里，則天下可知。”

少知曰：“然則謂之道，足乎？”太公調曰：“不然。今計物之數，不止於萬，而期曰萬物者①，以數之多者號而讀之也②。是故天地者，形之大者也③；陰陽者，氣之大者也；道者爲之公④。因其大以號而讀之則可也⑤，已有之矣，乃將得比哉⑥！則若以斯辯，譬猶狗馬，其不及遠矣⑦。”少知曰：“四方之内，六合之裏，萬物之所生惡起⑧？”太公調曰：“陰陽相照相蓋相治⑨，四時相代相生相殺⑩，欲惡去就於是橋起⑪，雌雄片合於是庸有⑫。安危相易，禍福相生⑬，緩急相摩⑭，聚散以成⑮。此名實之可紀⑯，精之可志也⑰。隨序之相理⑱，橋運之相使⑲，窮則反，終則始⑳。此物之所有㉑，言之所盡，知之所至，極物而已㉒。覩道之人，不隨其所廢㉓，不原其所起㉔，此議之所止㉕。”

【校注】

①期：限於。郭象注：“夫有數之物，猶不止於萬，況無數之數，謂道

而足耶!"成玄英疏:"期,限也。"

②號:稱號,名號。王叔岷《校詮》:"《秋水篇》:'號物之數謂之萬。'" 讀:言説,指説。陸德明《釋文》:"讀猶語也。"成玄英疏:"夫有形之物,物乃無窮,今世人語之,限曰萬物者,此舉其大經爲言也。亦猶虚道妙理,本自無名,據其功用,強名爲道,名於理未足也。"

③形:形體,物體。成玄英疏:"天覆地載,陰陽生育,故形氣之中最大者也。"

④公:公道無私。成玄英疏:"天道能通萬物,亨毒蒼生,故謂之公也。"

⑤之:意指道。錢穆《纂箋》:"《老子》……又曰:'道,吾不知其名,字之曰道,強爲之名曰大。'"王叔岷《校詮》:"《知北遊篇》:'道不當名。'"

⑥乃:猶"豈"。成玄英疏:"因其功用,已有道名,不得將此有名比於無名之理。"王叔岷《校詮》:"裴學海云:'將猶尚也,言既已有道之名矣,乃尚得與無名者比乎!'案乃猶豈也,'乃將'猶'豈尚'也。"

⑦不及:意謂其義有差距。王先謙《集解》引宣穎云:"如子云'謂之道',則是道猶狗之名狗,馬之名馬,同於一物,其不及道遠矣。"

⑧惡(wū):何。陸德明《釋文》:"惡音烏。"成玄英疏:"六合之内,天地之間,萬物動植,從何生起?"王先謙《集解》:"宣云:'疑不可名爲道,則萬物以何爲本?'"

⑨蓋:同"害"。郭慶藩《集釋》引俞樾曰:"蓋當讀爲害。《爾雅·釋言》:'蓋,割,裂也。'《釋文》曰:'蓋,舍人本作害。'是蓋害古字通。陰陽或相害,或相治,猶下句云四時相代相生相殺也。"章案:此段文字類似戰國秦漢間陰陽五行説。

⑩成玄英疏:"炎涼相代,春夏相生,秋冬相殺,豈關情慮,物理自

然也。”

⑪惡(wù)：厭惡。陸德明《釋文》：“惡，烏路反。”　橋：同“矯”。陸德明《釋文》：“橋起，又音羔。王云：‘高勁，言所起之勁疾也。’”成玄英疏：“矯，起貌也。”王先謙《集解》：“宣云：‘橋同矯，下同。’”錢穆《纂箋》引馬其昶曰：“《荀子注》：‘橋與矯同。’矯起，猶言蹻起。”王叔岷《校詮》：“案疏‘矯，起貌也’，是成本橋作矯。”

⑫片：同“半”。陸德明《釋文》：“片音判。”錢穆《纂箋》引王念孫曰：“片與胖同。《説文》：‘胖，半體肉也。’《喪服傳》：‘夫妻胖合也。’”王叔岷《校詮》：“‘雌雄片合’，謂雌雄各半而相合也。”　庸：常。成玄英疏：“庸，常也。……言物在陰陽造化之中，蘊斯情慮，開杜交合，以此爲常也。”

⑬《老子》第五十八章：“福兮禍所伏，禍兮福所倚。”

⑭緩急：意謂壽夭。成玄英疏：“緩者爲壽，急者爲夭。”王先謙《集解》：“緩急，謂壽夭。”　摩：猶“迫”。王叔岷《校詮》：“‘相摩’猶‘相迫’。《禮·樂記》‘陰陽相摩’，鄭注：‘摩猶迫也。’”

⑮聚散：意謂生死。成玄英疏：“散則爲死，聚則爲生。”王先謙《集解》：“聚散，謂生死。”王叔岷《校詮》：“宣穎云：‘以猶相。’”

⑯紀：綱紀，作動詞。成玄英疏：“爲實有名，故可綱可紀。”

⑰志：記也，言也。成玄英疏：“假令精微，猶可言記。”章案：“精”之後應有“微”字。覆宋本有“微”字。

⑱序：秩序。陸德明《釋文》：“謂變化相隨，有次序也。”　理：治理。成玄英疏：“夫四序循環，更相治理。”

⑲橋運：猶“起運”。王叔岷《校詮》：“橋與矯通，(已詳上文。)‘矯運’猶‘起運’。”　使：猶“爲”。成玄英疏：“五行運動，遞相驅役。”王叔岷《校詮》：“使猶爲也。下文‘接子之或使’，成疏：‘使，爲也。’與此同例。此句當承上陰陽言。”

⑳《老子》第二十五章:"大曰逝,逝曰遠,遠曰反。"與此義近。

㉑此:指上述陰陽五行之説。成玄英疏:"物極則反,終而復始。物之所有,理盡於斯。"

㉒極:極致。王先謙《集解》:"極於可見之物而已。"

㉓隨:逐也。成玄英疏:"隨,逐也。"王先謙《集解》引宣穎曰:"隨,猶追尋也。"　廢:猶"終",與下文"起"對言。王叔岷《校詮》:"廢、起猶終、始,《秋水篇》:'道无終始。'"

㉔原:度也。郭象注:"廢起皆自爾,無所原隨也。"成玄英疏:"豈復留情物物而推逐廢起之所由乎!"王先謙《集解》:"宣云:'知其無端,任其自然。'"王叔岷《校詮》:"原與源通,《爾雅·釋詁一》:'諑,度也。'"

㉕議:論也。成玄英疏:"議論休止也。"王叔岷《校詮》:"道不可議也。《知北遊篇》:'道不可言,言而非也。'"

少知曰:"季真之莫爲①,接子之或使②,二家之議,孰正於其情? 孰徧於其理③?"太公調曰:"雞鳴狗吠,是人之所知;雖有大知④,不能以言讀其所自化⑤,又不能以意其所將爲⑥。斯而析之⑦,精至於无倫⑧,大至於不可圍⑨。或之使⑩,莫之爲,未免於物而終以爲過⑪。或使則實,莫爲則虛。有名有實,是物之居⑫;无名无實,在物之虛⑬。可言可意,言而愈疏⑭。未生不可忌,已死不可阻⑮。死生非遠也,理不可覩⑯。或之使,莫之爲,疑之所假⑰。吾觀之本,其往无窮;吾求之末,其來无止⑱。无窮无止,言之无也,與物同理⑲;或使、莫爲,言之本也,與物終始⑳。道不可有,有不可无㉑。道之爲名,所假而行㉒。或使、莫爲,在物一曲㉓,夫胡爲於大方㉔? 言而足,則終日言而盡道;言而不足,則終日言而盡物㉕。道物之極,言默不足以載㉖。非言非默,議有所極㉗。"

【校注】

①季真:人名。陸德明《釋文》:"季真、接子,李云:'二賢人。'"
　莫:無。成玄英疏:"莫,無也。"

②接子:即捷子,人名。成玄英疏:"季真、接子,並齊之賢人,俱遊稷下。"郭慶藩《集釋》:"接子,《漢書·古今人表》作捷子。接、捷字異而義同。《爾雅》:'接,捷也。'郭璞曰:'捷,謂相接續也。'(《公羊春秋》莊十二年'宋萬弒其君接',僖三十年'鄭伯接卒',《左》、《穀》皆作捷。)"　或使:有爲。下同。成玄英疏:"使,爲也。季真以無爲爲道,接子謂道有爲使物之功,各執一家,未爲通論。"郭慶藩《集釋》引俞樾曰:"《尚書·微子篇》'殷其勿或亂正四方',《多士篇》'時予乃或言',枚《傳》並曰:'或,有也。'"章案:下文論辯"莫爲"與"或使"即有爲與無爲之理。

③正、偏,情、理:皆對文。

④知:同"智"。陸德明《釋文》:"知音智。"王先謙《集解》:"同智。"

⑤讀:言説。成玄英疏:"不能用言道其所以。"　自化:自然造化。王先謙《集解》:"宣云:'若究其一鳴一吠,天然之故,雖智者不能解説其自化之妙。'"

⑥意:臆測。成玄英疏:"不能用意測其所爲。"王叔岷《校詮》:"案疏云云,疑正文意下本有測字,'不能以言讀其所自化,不能以意測其所將爲'文正相耦。"

⑦斯:分、割。王先謙《集解》引宣穎云:"斯,割也,《詩》:'斧以斯之。'"錢穆《纂箋》引王念孫曰:"《廣雅》:'斯,分也。'"

⑧精:細也。王先謙《集解》:"精,細。"　倫:比也。王先謙《集解》:"倫,比也。"

⑨圍:圍量。成玄英疏:"粗大之物不可圍量。"王叔岷《校詮》:"《秋水篇》:'至精无形,至大不可圍。'"

⑩之:意指上文所言之"知"。下同。

⑪過:錯也。王先謙《集解》:"宣云:'二説猶未免物累,終是立言之過。'"

⑫名、實:名稱、事物。下同。　居:住,在場。郭象注:"指名實之所在。"王先謙《集解》:"宣云:'説實,則是物之所居也。此或使之説之過。'"錢穆《纂箋》:"唐順之曰:'居,言著物也。'"

⑬王先謙《集解》:"宣云:'説虛,則是全空,此莫爲之説之過。'"

⑭疏:疏遠。成玄英疏:"夫可以言詮,可以意察者,去道彌疏遠也。"章案:"言而愈疏"意謂言不盡意。

⑮忌:禁止。成玄英疏:"忌,禁也。"王先謙《集解》:"物之未生,不可忌禁而使之不生。"　阻:阻礙。成玄英疏:"阻,礙也。"王先謙《集解》:"其已死也,不可礙阻而令其不死。"王叔岷《校詮》:"《達生篇》:'生之來不能却,其去不能止。'"

⑯理:道理。郭象注:"近在身中,猶莫見其自爾而欲憂之。"王先謙《集解》:"死生止在目前,而其理莫能覩。"

⑰假:至也。郭象注:"此二者,世所至疑也。"王叔岷《校詮》:"'疑之所假',即'疑之所至'。假乃徦之借字,《説文》:'徦,至也。'"

⑱此二句爲對文,本、末,往、來,窮、止,皆相對言。王先謙《集解》:"宣云:'欲究其始,則往者已無窮,不知所始;欲究其終,則來者方無止,不知其終。'"王叔岷《校詮》:"兩之字猶其也。"

⑲郭象注:"物理無窮,故知言無窮,然後與物同理也。"

⑳王先謙《集解》:"曰或使,曰莫爲,言者以二説爲本也,然終始滯於物。"

㉑有不:又不。成玄英疏:"夫至道不絶,非有非無,故執有執無,二俱不可也。"錢穆《纂箋》:"馬其昶曰:'有不之有,讀爲又。'嚴復曰:'道不可有,又不可無,故化。固不以爲莫爲,又不可以爲或使。'"

㉒假:假借。郭象注:"物所由而行,故假名之曰道。"錢穆《纂箋》引

馬其昶曰:"《老子》云:'不知其名,字之曰道。'"

㉓曲:偏曲不全。成玄英疏:"偏曲之人,何足以造重玄,語乎大道!"

㉔胡:何。成玄英疏:"胡,何也。"　方:指道。成玄英疏:"方,道也。"王叔岷《校詮》:"夫猶此也,爲猶助也,(《論語·述而篇》:'夫子爲衛君乎?'鄭注:'爲猶助也。')《秋水篇》'吾長見笑於大方之家',(成疏:方猶道也。)《山木篇》'猖狂妄行,乃蹈乎大方',(疏:方,道也。)與此言'大方'同義。'夫胡爲於大方',猶言'此何助於大道'也。"

㉕足:充分。郭象注:"不能忘言存意則不足。"成玄英疏:"足,圓徧也。不足,偏滯也。"章案:《老子》第一章:"道可道,非常道。""言而足"即"非常道"也。　盡:止也。王叔岷《校詮》:"《小爾雅·廣言》:'盡,止也。'此謂言如圓徧,則終日言而止於道;言如偏滯,則終日言而止於物也。"

㉖極:極致。郭象注:"夫道物之極,常莫爲而自爾,不在言與不言。"王先謙《集解》:"窮道與物之極,言與默莫能載。"

㉗議:論也。郭象注:"極於自爾,非言非默而議之也。"王先謙《集解》:"宣云:'離乎言、默,可以求道,此至論也。'"章案:此句意謂不說亦不沉默,則可能、可以達到議論的極致。《莊子》由此既否定了一般的言説可以達到道,也否定了沉默可以達到道。

# 外物第二十六

【題解】

本篇申述自然無爲之旨。老萊子教訓孔子"兩忘",寓言神龜不能免禍,極諷刺之能事。而儒者盜墓中死者口中之珠,則爲對儒家最刻薄之論。任公釣魚頗似内篇,有莊子事跡。末段提出得意忘言之説,影響深遠。

外物不可必[①],故龍逢誅[②],比干戮[③],箕子狂[④],惡來死[⑤],桀紂亡。人主莫不欲其臣之忠,而忠未必信,故伍員流于江[⑥],萇弘死于蜀,藏其血三年而化爲碧[⑦]。人親莫不欲其子之孝,而孝未必愛,故孝己憂而曾參悲[⑧]。木與木相摩則然[⑨],金與火相守則流[⑩]。陰陽錯行,則天地大絯[⑪],於是乎有雷有霆,水中有火,乃焚大槐[⑫]。有甚憂兩陷而无所逃[⑬],螴蜳不得成[⑭],心若縣於天地之間[⑮],慰暋沈屯[⑯],利害相摩,生火甚多[⑰],衆人焚和[⑱],月固不勝火[⑲],於是乎有僓然而道盡[⑳]。

【校注】

①外:動詞,意謂遺忘、超越。　必:固執,必定。陸德明《釋文》:"王云:'夫忘懷於我者,固無對於天下,然後外物無所用必焉。若乃有所執爲者,諒亦無時而妙矣。'"成玄英疏:"域心執固,謂必然也。"

②龍逢：夏桀之賢臣，被夏桀斬首。詳見《人間世篇》"且昔者桀殺關龍逢"成玄英疏。

③比干：殷紂之庶叔，忠諫而被紂王剖心。詳見《人間世篇》"紂殺王子比干"成玄英疏。

④箕子：殷紂之庶叔。成玄英疏："箕子，殷紂之庶叔也，忠諫不從，懼紂之害，所以佯狂，亦終不免殺戮。"

⑤惡來：殷紂佞臣。成玄英疏："惡來，紂之佞臣，畢志從紂，所以俱亡。"

⑥伍員：伍子胥。成玄英疏："忠諫夫差，夫差殺之，取馬皮作袋，爲鴟鳥之形，盛伍員屍，浮之江水，故云流於江。"

⑦萇弘：周敬王大夫。陸德明《釋文》："《呂氏春秋》：'藏其血三年，化爲碧玉。'"成玄英疏："萇弘遭譖，被放歸蜀，自恨忠而遭譖，遂刳腸而死。蜀人感之，以匱盛其血，三年而化爲碧玉，乃精誠之至也。"

⑧孝己：殷高宗太子。成玄英疏："孝己，殷高宗之子也。遭後母之難，憂苦而死。"王叔岷《校詮》："《荀子·大略篇》：'孝己孝而親不愛。'"　曾參：孔子弟子。陸德明《釋文》："李云：'曾參至孝，爲父所憎，嘗見絕糧而後蘇。'"成玄英疏："夫父子天性，君臣義重，而至忠至孝，尚有不愛不知，況乎世事萬塗，而可必固者！唯當忘懷物我，適可全身遠害。"

⑨然：同"燃"。錢穆《纂箋》："阮毓崧曰：'上古取火，先以硬棒在乾燥木塊上反覆磨擦。至鑽木取火，仍以木棒爲之。'"

⑩流：化通。王叔岷《校詮》："車柱環云：'以火加熱於金屬，則熔爲液體……'案《淮南子·原道篇》作'金火相守而流'。高注：'流，釋也。'《廣雅·釋詁三》：'流，匕也。'王氏《疏證》：'匕、化通。'"

⑪錯：錯亂。　絃：同"駭"。陸德明《釋文》："絃音駭。"成玄英疏："陰陽錯亂，不順五行，故雷霆擊怒，驚駭萬物。"王叔岷《校詮》引

奚侗云:"《釋文》'絃音駭',是即借絃爲駭,《説文》:'駭,驚也。'《漢書·揚雄傳》注:'駭,動也。'陰陽錯行,則天地大震動矣。"

⑫陸德明《釋文》:"司馬云:'水中有火,謂電也。焚,謂霹靂時燒大樹也。'"錢穆《纂箋》:"唐順之曰:'造化變異則生火,人心擾攘則生火。'"王叔岷《校詮》:"水,謂雨也。(《説文》:'雨,水從雲下也。'今俗謂'落雨'爲'落水'。)此謂雨中有閃電,乃焚大槐也。《事類賦》八《地部二》注引《莊子》云:'老槐生火。'"

⑬甚憂兩陷:意謂憂患於得失利害兩端而不能自拔。王先謙《集解》:"人亦有甚憂者,利害是也。害固害,利亦害也,故常兩陷而無所逃。"王叔岷《校詮》:"'有甚憂',憂心如焚也。困於利害、榮辱、是非、得失等,皆所謂'兩陷'也。"

⑭墫𪩘(chéndūn):怵惕也。陸德明《釋文》:"司馬云:'墫𪩘,讀曰仲融,言怖畏之氣。'"成玄英疏:"墫𪩘,猶怵惕也。"王先謙《集解》:"言人視外物過重,雖怵惕恐懼,卒無所成。"

⑮縣:同"懸"。陸德明《釋文》:"縣音玄。"郭象注:"所希跂者高而闊也。"王叔岷《校詮》:"日本古鈔本縣作懸,縣、懸正俗字。"

⑯瞀(mín):同"愍",悶也。陸德明《釋文》:"瞀,悶也。"成玄英疏:"遂心則慰喜,乖意則昏悶。"王叔岷《校詮》:"古鈔卷子本、陳碧虛《音義》本並作愍,瞀與愍通。" 沈屯:猶"沈頓"。陸德明《釋文》:"司馬云:'沈,深也。屯,難也。'"成玄英疏:"遇境則沈溺,觸物則屯邅。"王叔岷《校詮》引王念孫云:"屯與頓通,瞀與愍通,合言之則頓愍,《方言注》云:'頓愍猶頓悶也。'"

⑰火:內火。郭象注:"內熱故也。"王先謙《集解》:"與物之火同生。"

⑱和:中和。成玄英疏:"衆人猶俗人也,不能守分無爲,而每馳心利害,內熱如火,故燒焰中和之性。"王先謙《集解》:"衆皆溺於利害,是自焚其心中太和之氣也。"

⑲月:意謂人之清明本性。王先謙《集解》:"人心之清明,譬猶月也,豈能勝此火乎?"王叔岷《校詮》:"月,喻心性……火,喻欲也。"

⑳僨:同"穨"。陸德明《釋文》:"僨音穨。"王先謙《集解》:"宣云:'於是乎穨然隳壞,天理盡而生機熄矣。'"王叔岷《校詮》:"唐寫本僨亦作儃,儃乃僨之或體,猶隤或作隨也。僨借爲隤,《説文》:'隤,下隊也。'(隊,今字作墜。)《廣雅・釋詁一》:'隤,壞也。'《釋文》'僨音穨',穨(正作穨。)與隤通。"

莊周家貧,故往貸粟於監河侯①。監河侯曰:"諾。我將得邑金②,將貸子三百金,可乎?"莊周忿然作色曰:"周昨來,有中道而呼者③。周顧視車轍中,有鮒魚焉④。周問之曰:'鮒魚來⑤!子何爲者邪?'對曰:'我,東海之波臣也⑥。君豈有斗升之水而活我哉⑦?'周曰:'諾。我且南遊吳越之王⑧,激西江之水而迎子⑨,可乎?'鮒魚忿然作色曰:'吾失我常與⑩,我无所處,吾得斗升之水然活耳⑪,君乃言此,曾不如早索我於枯魚之肆⑫!'"

【校注】

①貸:借貸。　監河侯:魏文侯。成玄英疏:"監河侯,魏文侯也。"

②邑金:租賦封邑之錢。成玄英疏:"待我歲終,得百姓租賦封邑之物,乃貸子。"

③中道:道中。王叔岷《校詮》:"《事類賦》二九《鱗介部二》注引'有中道而呼者'作'見道中有呼周者'。"

④鮒(fù):小魚。陸德明《釋文》:"鮒音附。"王叔岷《校詮》:"《吕氏春秋・貴直篇》'鮒入而鯢居',高注:'鮒,小魚。'"

⑤來:語助詞。王叔岷《校詮》引于鬯云:"此來爲語助辭,與《大宗師篇》'嗟來子桑户'一例,王引之《釋詞》謂彼'嗟來'猶'嗟乎',然則此猶云'鮒魚乎!子何爲者邪'。"

⑥波臣:意謂波蕩之臣。陸德明《釋文》:"司馬云:'謂波蕩之臣。'"成玄英疏:"波浪小臣。"

⑦豈:猶"其"。錢穆《纂箋》:"王引之曰:'豈猶其也。'" 而:猶"以"。王叔岷《校詮》:"'而活我哉?'而猶以也。"

⑧遊:遊説。王叔岷《校詮》:"遊即遊説也,不必有説字。《孟子·盡心篇》:'孟子爲宋句踐曰:子好遊乎?吾語子遊。'朱注:'遊,遊説也。'"

⑨西江:蜀江。成玄英疏:"西江,蜀江也。江水至多,北流者衆,惟蜀江從西來,故謂之西江是也。"

⑩常與:意指水。錢穆《纂箋》:"林雲銘曰:'常與謂水。'"

⑪然:猶"則"。王叔岷《校詮》引馬氏《故》云:"王引之曰:'然猶則也。'其昶案:《藝文類聚》引作爲。"

⑫索:求也。成玄英疏:"索,求。" 枯魚:乾魚。陸德明《釋文》:"李云:'猶乾魚也。'" 肆:市場。成玄英疏:"肆,市。常行海水鮒魚,波浪失於常處,升斗之水可以全生,乃激西江,非所宜也。既其不救斯須,不如求我於乾魚之肆。"

任公子爲大鉤巨緇①,五十犗以爲餌②,蹲乎會稽③,投竿東海,旦旦而釣⑤,期年不得魚⑤。已而大魚食之,牽巨鉤,錎没而下⑥,驚揚而奮鬐⑦,白波若山,海水震盪,聲侔鬼神⑧,憚赫千里⑨。任公子得若魚⑩,離而腊之⑪,自制河以東⑫,蒼梧已北⑬,莫不厭若魚者⑭。已而後世輇才諷説之徒⑮,皆驚而相告也。夫揭竿累⑯,趨灌瀆⑰,守鯢鮒⑱,其於得大魚難矣,飾小説以干縣令⑲,其於大達亦遠矣⑳,是以未嘗聞任氏之風俗,其不可與經於世亦遠矣㉑。

【校注】

①任公子:寓言人物。成玄英疏:"任,國名,任國之公子。" 大鉤

巨緇：巨大的魚鉤墨繩。陸德明《釋文》：“鉤本亦作釣。巨緇，司馬云：‘大黑綸也。’”成玄英疏：“緇，墨繩也。”

②牿(jiè)：犗牛。陸德明《釋文》：“郭古邁反，云：‘犗牛也。’徐音界。”成玄英疏：“牿，犗牛也。”　　餌：釣餌。成玄英疏：“餌，鉤頭肉。既爲巨鉤，故用大繩，懸五十頭牛以爲餌。”

③蹲：踞。成玄英疏：“蹲，踞也。踞，坐也，踞其山。”　　會稽：山名。陸德明《釋文》：“會稽，山名，今爲郡也。”

④旦：晨也。“旦旦”意謂“每日”。

⑤期年：一整年。陸德明《釋文》：“期本亦作朞，同，音基。言必久其事，後乃能感也。”

⑥銘(xiàn)：同“陷”。陸德明《釋文》：“銘音陷。《字林》：‘猶陷字也。’”成玄英疏：“七年之外有大魚吞鉤，於是牽鉤陷没。”

⑦騖：應爲“鶩”，本亦作“騖”。鶩揚：馳鶩激揚。陸德明《釋文》：“鶩，徐音務，一本作騖。”成玄英疏：“馳（騖）〔鶩〕而下，揚其頭尾。”王叔岷《校詮》：“徐音務，是徐邈本已作鶩，古鈔卷子本、元纂圖互注本、世德堂本、《道藏》陳碧虛《音義》本、羅勉道《循本》本皆作鶩，‘鶩揚’，謂馳鶩激揚。”　　鬐(qí)：同“鰭”。成玄英疏：“奮其鱗鬐。”錢穆《纂箋》：“求夷反。”章案：《文選》木華《海賦》：“巨鱗插雲，鬐鬣刺天。”李善注：“郭璞《上林賦》注曰：‘鰭，魚背上鬣也。’”

⑧侔(móu)：等同。

⑨憚赫：威怒。郭慶藩《集釋》：“憚，古皆訓畏難。（見《論語·學而篇》朱注、《秦策》高注。）此言憚赫，憚者，盛威之名也。”王先謙《集解》：“赫亦怒也，皆以魚言。”

⑩若：此。下同。陸德明《釋文》：“或云：若魚，猶言此魚。”王先謙《集解》：“若，是也。”王叔岷《校詮》：“‘若魚’猶‘此魚’，或説是。下文‘若魚’，《文選·吳都賦》注引作‘此魚’。”

⑪離:分離,剖開。王叔岷《校詮》:"離,謂分解。" 腊:腌製。陸德明《釋文》:"腊音昔。"成玄英疏:"分爲脯腊。"王叔岷《校詮》:"昔,籀文作腊。《説文》:昔,乾肉也,从殘肉,日以晞之。腊,籀文从肉。"

⑫制河:浙江。陸德明《釋文》:"制,諸設反。依字應作浙。《漢書音義》音逝。河亦江也,北人名水皆曰河。浙江,今在餘杭郡。"郭慶藩《集釋》:"[制]當作浙,謂浙水以東也。古制聲與浙同。"

⑬蒼梧:山名。成玄英疏:"蒼梧,山名,在嶺南,舜葬之所。" 已:同"以"。王叔岷《校詮》:"已與以同。"

⑭厭:飽食也。王先謙《集解》:"厭,飽食。"

⑮輇(quán):輕,小。陸德明《釋文》:"李云:'輇,量人也。本或作輪。輪,小也。本又或作輕。'"成玄英疏:"末代季葉,才智輕浮,諷誦詞説,不敦玄道,聞得大魚,驚而相告。"

⑯揭:持也。 累:細繩。陸德明《釋文》:"本亦作纍。司馬力追反,云:'綸也。'"成玄英疏:"累,細繩也。"

⑰趨:赴也。 灌瀆:灌溉田溝。陸德明《釋文》:"司馬云:'溉灌之瀆。'"成玄英疏:"趨走溉灌之溝瀆。"王叔岷《校詮》:"《説文》:'瀆,溝也。'"

⑱鯢鮒:皆小魚。陸德明《釋文》:"李云:'鯢鮒,皆小魚也。'"

⑲小説:意謂鄙俗之言行。成玄英疏:"修飾小行,矜持言説。" 干:求也。成玄英疏:"干,求也。" 縣令:高名。成玄英疏:"縣,高也。……字作縣字,古懸字多不著心。"王先謙《集解》:"宣云:'縣令,猶賞格也。'"王叔岷《校詮》:"《禮記·中庸》'必得其名',鄭注:'名,令聞也。'則令猶名也。釋'縣令'爲'高名',亦是一解。"

⑳大達:意指大道。成玄英疏:"必不能大通於至道。"

㉑經:行也。成玄英疏:"人間世道,夷險不常,自非懷豁虛通,未可

以治亂,若矜名飾行,去之遠矣。"王叔岷《校詮》:"'不可與經於世',猶言'不可以行於世'。"

儒以詩禮發冢①,大儒臚傳曰②:"東方作矣③,事之何若?"小儒曰④:"未解裙襦⑤,口中有珠。《詩》固有之曰:'青青之麥,生於陵陂。生不布施,死何含珠爲⑥!'接其鬢⑦,擪其顪⑧,儒以金椎控其頤⑨,徐別其頰⑩,无傷口中珠⑪!"

【校注】

① 發冢:盜墓。成玄英疏:"儒弟子發冢爲盜。"王叔岷《校詮》:"此謂儒用《詩》、《禮》而盜墓也。"章案:儒家隆禮而崇奉詩教,此言儒者"以詩禮發冢",可見譏刺、刻薄之深。

② 臚傳:傳話。陸德明《釋文》:"蘇林注《漢書》云:'上傳語告下曰臚。'……向云:從上語下曰臚傳。"

③ 東方作:意謂日出。陸德明《釋文》:"東方作矣,司馬云:'謂日出也。'"

④ 小儒:弟子。成玄英疏:"小儒,弟子也。"

⑤ 襦:短衣,短襖。成玄英疏:"死人裙衣猶未解脫,捫其口中,知其有寶珠。"

⑥ 此爲譏刺死人之逸詩。陸德明《釋文》:"司馬云:'此逸詩,刺死人也。'"

⑦ 接:撮也。成玄英疏:"接,撮也。"

⑧ 擪(yè):按也。成玄英疏:"擪,按也。"　顪(huì):頤下毛。陸德明《釋文》:"顪本亦作噦,許穢反。司馬云:'頤下毛也。'"

⑨ 儒:應作"而"。郭慶藩《集釋》引王念孫曰:"《藝文類聚·寶玉部》引此儒作而,是也。而,汝也。自未解裙襦以下,皆小儒答大儒之詞。"　控:擊打。成玄英疏:"控,打也。"王叔岷《校詮》:"控借爲敂,《説文》:'敂,擊也。'"

⑩徐別:慢慢分開。成玄英疏:"安徐分別之。"王叔岷《校詮》:"隱元年《穀梁傳》楊疏引此疊徐字。"

⑪錢穆《纂箋》:"陸長庚曰:'此喻世儒無實得,而剽竊古人爲事。'"

老萊子之弟子出薪①,遇仲尼,反以告②,曰:"有人於彼,脩上而趨下③,末僂而後耳④,視若營四海⑤,不知其誰氏之子⑥。"老萊子曰:"是丘也。召而來⑦。"仲尼至。曰:"丘!去汝躬矜與汝容知⑧,斯爲君子矣⑨。"仲尼揖而退,蹙然改容而問曰⑩:"業可得進乎⑪?"老萊子曰:"夫不忍一世之傷⑫,而驁萬世之患⑬,抑固窶邪⑭?亡其略弗及邪⑮?惠以歡爲驁⑯,終身之醜⑰。中民之行進焉耳⑱,相引以名⑲,相結以隱⑳。與其譽堯而非桀,不如兩忘而閉其所譽㉑。反无非傷也㉒,動无非邪也㉓。聖人躊躇以興事㉔,以每成功㉕。奈何哉其載焉終矜爾㉖!"

【校注】

①老萊子:楚國賢者。成玄英疏:"老萊子,楚之賢人,隱者也,常隱蒙山。" 出薪:出門砍柴。陸德明《釋文》:"出薪,出採薪也。"成玄英疏:"出取薪者,采樵也。"

②反:同"返"。成玄英疏:"歸告其師。"

③脩:長也。成玄英疏:"脩,長也。" 趨:短也。郭象注:"長上而促下也。"陸德明《釋文》:"趨音促。李云:'下短也。'"成玄英疏:"趨,短。"

④末僂:脊背佝僂。成玄英疏:"肩背佝僂。"錢穆《纂箋》引孫詒讓曰:"《淮南·地形訓》'末僂',高注:'末猶脊也。末僂,即背僂。'" 後耳:耳朵後貼。郭象注:"耳却近後。"陸德明《釋文》:"司馬云:'耳却後。'"

⑤營:經營。郭象注:"視之偏然,似營他人事者。"成玄英疏:"觀其

儀容,似營天下。"

⑥氏:姓氏,氏族。成玄英疏:"未知子之族姓是誰。"

⑦召:喚也。成玄英疏:"汝宜喚取。"

⑧去:除也。郭象注:"謂仲尼能遺形去知,故以爲君子。"成玄英疏:
　"宜遺汝身之躬飾,忘爾容貌心知。"王先謙《集解》:"宣云:'躬
　矜,矜持之行。容知,智慧之貌。'"

⑨斯:如此。成玄英疏:"如此之時,可爲君子。"

⑩蹙:同"蹴"。成玄英疏:"蹙然,驚恐貌。"王叔岷《校詮》:"蹙與
　蹴通。"

⑪業:學業。陸德明《釋文》:"問可行仁義於世乎。"王叔岷《校詮》:
　"宣穎云:'業,學。'"

⑫一世之傷:意謂當世之亂。成玄英疏:"夫聖智仁義,救一時之傷;
　後執爲姦,成萬世之禍。"

⑬驁(ào):同"傲",傲視,輕視。下同。郭象注:"一世爲之,則其跡
　萬世爲患,故不可輕也。"陸德明《釋文》:"驁,本亦作敖,同。"王
　先謙《集解》:"言孔子不忍一世之傷,而傲然貽萬世之患。"錢穆
　《纂箋》:"馬其昶曰:'驁,亦輕也。'"

⑭寠(jù):貧也。成玄英疏:"窮寠。"王先謙《集解》:"抑子胸中固
　素無蓄備而爲寠人邪?"王叔岷《校詮》:"奚侗云:'《爾雅‧釋
　言》:寠,貧也。'案古鈔卷子本寠作寠,(郭注同。)寠、寠正俗字。
　抑與'亡其'並轉語詞,義並與或同。寠謂貧窮,即不足之義,此蓋
　謂孔子'或本不足邪? 或智略未及邪'。"

⑮亡:無。王先謙《集解》:"古言'亡其',若今之言'無亦'。言無亦
　子智略弗及此邪?"錢穆《纂箋》:"王引之曰:'亡、無同,轉
　語詞。'"

⑯惠:恩惠,動詞。成玄英疏:"夫以施惠爲歡者,惠不可徧,故驁慢
　者多矣。"王先謙《集解》:"夫以施仁惠爲事者,博衆人之歡欣,長

一己之驕傲,此之謂以歡爲鷔,乃終身之醜。"

⑰醜:恥也。成玄英疏:"終身醜辱。"王叔岷《校詮》:"醜猶恥也。此謂孔子乃喜爲輕萬世之患,是終身之恥也。"

⑱中民:意指庸人。成玄英疏:"夫上智下愚,其性難改,中庸之人,易爲進退。"王先謙《集解》:"宣云:'中民,庸人也。'蘇輿云:'中民,亦見《徐无鬼篇》。'" 進:引進。錢穆《纂箋》:"此處進字,承上業可得進乎之問來。"王叔岷《校詮》:"《釋名·釋言語》:'進,引也。'蓋孔子'以歡爲鷔',易引進中人之行也。"

⑲引:引慕。成玄英疏:"相引慕以利名。"王叔岷《校詮》:"相引以聲名。"

⑳隱:私也。郭慶藩《集釋》引俞樾曰:"隱當訓爲私。《吕氏春秋·圜道篇》'分定則上下不相隱',高注曰:'隱,私也。'《文選·赭白馬賦》'恩隱周渥',李善引《國語注》曰:'隱,私也。'相結以隱,謂相結以恩私。"

㉑閉:塞也。郭象注:"閉者,閉塞。"成玄英疏:"不如善惡兩忘,閉塞毁譽,則物性全矣。"

㉒反:逆也。陸德明《釋文》:"反,逆於理。"成玄英疏:"反於物性,無不損傷。"

㉓郭象注:"静之則正。"成玄英疏:"擾動心靈,皆非正法。"王叔岷《校詮》引馬其昶曰:"毁譽不忘,退則内自傷,動則入於邪。"

㉔躊躇:從容。陸德明《釋文》:"躊躇者,從容也。"

㉕每:同"謀"。王叔岷《校詮》引章太炎云:"'每成功'者,猶求成功耳。每與謀聲義亦相近,古文謀作晦。"

㉖載:行也。王叔岷《校詮》:"《小爾雅·廣言》:'載,行也。'"矜:驕矜。王先謙《集解》:"奈何哉子載此仁義之跡,終於自矜爾乎!"王叔岷《校詮》:"'奈何哉其載焉終矜爾',猶言'奈何哉其行焉終矜乎'。"

　　宋元君夜半而夢人被髮闚阿門①，曰：“予自宰路之淵②，予爲清江使河伯之所③，漁者余且得予④。”元君覺，使人占之，曰：“此神龜也。”君曰：“漁者有余且乎?”左右曰：“有。”君曰：“令余且會朝⑤。”明日，余且朝。君曰：“漁何得⑥?”對曰：“且之網得白龜焉，其圓五尺⑦。”君曰：“獻若之龜⑧。”龜至，君再欲殺之，再欲活之，心疑，卜之，曰：“殺龜以卜吉⑨。”乃刳龜⑩，七十二鑽而无遺筴⑪。仲尼曰：“神龜能見夢於元君⑫，而不能避余且之網；知能七十二鑽而无遺筴⑬，不能避刳腸之患。如是，則知有所困，神有所不及也⑭。雖有至知，萬人謀之⑮。魚不畏網而畏鵜鶘⑯。去小知而大知明⑰，去善而自善矣⑱。嬰兒生无石師而能言⑲，與能言者處也⑳。”

【校注】

①宋元君：宋國君。陸德明《釋文》：“李云：‘元公也。’案元公名佐，平(之)公［之］子。”　被：同“披”。王叔岷《校詮》：“披、被古通，《知北遊篇》‘齧缺問道乎被衣’，《釋文》：‘被音披，本亦作披。’”　闚：同“窺”。王叔岷《校詮》：“窺、闚古通。”　阿：曲也。成玄英疏：“阿，曲也，謂阿旁曲室之門。”

②自：從也。成玄英疏：“自，從也。”　宰路：淵名。陸德明《釋文》：“宰路，李云：‘淵名，龜居所。’”

③使：使者，動詞。

④余且：捕魚人名。成玄英疏：“姓余，名且，捕魚之人也。”郭慶藩《集釋》引俞樾曰：“《史記・龜筴傳》作豫且。”　得：意指捕獲。

⑤朝：朝堂。成玄英疏：“召令赴朝，問其所得。”

⑥漁：動詞。

⑦圓：同“運”，直徑。王叔岷《校詮》引孫詒讓云：“此以圓爲運，猶《山海經》以員爲運也。‘其運五尺’，言龜大徑五尺，猶《山海經》

説異鵲云'翼廣七尺,目大運寸'矣。"

⑧若:你。

⑨此爲占卜之辭。

⑩刳(kū):剖也。

⑪鑽:鑽孔。郭慶藩《集釋》:"《文選》郭景純《江賦》注司馬云:'鑽,命卜,以所卜事而灼之。'"章案:占卜時在龜甲上鑽孔,然後用火灼烤,觀其裂紋而得占象。 遺筴:失算。成玄英疏:"筭計前後,鑽之凡經七十二,筭計吉凶,曾不失中。"王先謙《集解》:"每占必鑽龜,凡七十二次皆驗。"王叔岷《校詮》:"諸書引筴字多作策,下同。策,隸變爲筴。"

⑫見:同"現"。陸德明《釋文》:"見,普賢反。"

⑬知:同"智"。下同。陸德明《釋文》:"知音智,下、注皆同。"

⑭神:與"知"互文。成玄英疏:"夫神智,不足恃也。"

⑮之:指"至知"。王先謙《集解》:"蘇輿云:'言一物之智,不敵萬人之謀。'《山木篇》'賢則謀,不肖則欺',言賢則爲人所謀,與此謀義同。"

⑯鵜鶘(tíhú):水鳥。陸德明《釋文》:"鵜鶘,水鳥也,一名淘河。"王先謙《集解》:"姚云:'網之害大於鵜鶘,人之用小智者,猶魚之不知畏網也。'"

⑰去:除也。郭象注:"小知自私,大知任物。"

⑱成玄英疏:"遺矜尚之小心,合自然之大善。"

⑲石:同"碩"。陸德明《釋文》:"又作碩師。"王先謙《集解》:"'石''碩'古字通用。宣云:'無知者有自然之能也。'"王叔岷《校詮》引朱駿聲曰:"石,叚借爲碩。《漢書·律曆志》:'石者,大也。'"

⑳能言者:意指父母。成玄英疏:"與父母同處,率其本性,自然能言。"

惠子謂莊子曰:"子言无用①。"莊子曰:"知无用而始可與言用矣。天地非不廣且大也，人之所用容足耳②。然則廁足而墊之致黄泉③，人尚有用乎？"惠子曰："无用。"莊子曰："然則无用之爲用也亦明矣④。"

【校注】

①言：言説，意指學説。王叔岷《校詮》："《逍遥遊篇》惠施亦謂莊子曰：'今子之言，大而无用。'"

②容：容納。成玄英疏："夫六合之内，廣大無最於地，人之所用，不過容足。"

③廁：同"側"。陸德明《釋文》："廁音側。"王叔岷《校詮》："奚氏謂：'廁爲側之借字，謂傾側。'則廁、側並仄之借字，《説文》：'仄，側傾也。'《玉篇》作'傾側也'。"　墊：掘也。成玄英疏："墊，掘也。"王叔岷《校詮》："《後漢書‧樊英傳》引此文，亦云：'墊猶掘也。'"　致：同"至"。陸德明《釋文》："致，至也。"成玄英疏："若使側足之外，掘至黄泉，人則戰慄不得行動。是知有用之物，假無用成功。"

④成玄英疏："故《老子》云：有之以爲利，無之以爲用。"

　莊子曰："人有能遊，且得不遊乎？人而不能遊，且得遊乎①？夫流遁之志②，決絶之行③，噫④，其非至知厚德之任與⑤！覆墜而不反⑥，火馳而不顧⑦，雖相與爲君臣，時也⑧，易世而无以相賤⑨，故曰至人不留行焉⑩。夫尊古而卑今，學者之流也⑪。且以狶韋氏之流觀今之世⑫，夫孰能不波⑬，唯至人乃能遊於世而不僻⑭，順人而不失己。彼教不學，承意不彼⑮。

【校注】

①遊：遊世。郭象注："性之所能，不得不爲也；性所不能，不得強爲。"

②流遁:意謂放任。成玄英疏:"流蕩逐物,逃遯不反。"王叔岷《校詮》:"遯、遁正假字。《説文》:'遯,逃也。'《淮南子·要略篇》'摕流遁之觀',許注:'流遁,披散也。''披散'與'放任'義近。"

③決絶:斷絶。成玄英疏:"果決絶滅,因而不移。"王叔岷《校詮》:"'決絶'猶'斷絶',《禮記·曲禮》'濡肉齒決',鄭注:'決猶斷。'"

④噫:語氣詞。王叔岷《校詮》引王念孫云:"噫讀爲抑,語詞也。抑字或作意,意、噫並與抑同。"

⑤任:勝任,任用。郭象注:"非至厚則莫能任其志行而信其殊能也。"王叔岷《校詮》:"其猶乃也,任猶用也,(《吕氏春秋·察今篇》:'以此任物亦必悖矣。'高注:'任,用。')'噫其非至知厚德之用',猶言'抑乃非至知厚德之用'也。" 與:同"歟"。陸德明《釋文》:"與音餘。"

⑥反:反悔。成玄英疏:"雖復家被覆没,身遭顛墜,亦不知悔反。"

⑦火馳:意謂火速、火急。成玄英疏:"馳逐物情,急如煙火,而不知回顧。"王先謙《集解》:"火馳,猶後世言火速、火急也。"

⑧時:應時,時命。成玄英疏:"如堯舜應時相代爲君臣也。"王先謙《集解》:"時之適然。"

⑨賤:輕賤。成玄英疏:"故世遭革易,不可以爲臣爲君而相賤輕。"王先謙《集解》:"世代變易,二者相等。"

⑩留行:意謂滯留。郭象注:"唯所遇而因之,故能與化俱。"成玄英疏:"世有興廢,隨而行之,是故達人曾無留滯。"

⑪流:失也。郭象注:"古無所尊,今無所卑,而學者尊古而卑今,失其原也。"王叔岷《校詮》:"流猶過也,失也,(《家語·觀周篇》'夫説者流於辯',王注:'流猶過也,失也。')與下文'狶韋氏之流'異義。"

⑫狶韋氏:傳説中的遠古帝王。成玄英疏:"狶韋,三皇已前帝

號也。"

⑬波:波動。王先謙《集解》:"且以淳古之風,視今之世,夫孰能不動於中! 波,動也。"

⑭僻:偏僻。郭象注:"當時應務,所在爲正。"王先謙《集解》:"與世同遊而不僻處,與流遁、決絶者異。"

⑮彼:意指狶韋氏之觀念。郭象注:"教因彼性,故非學也。彼意自然,故承而用之,則萬物各全其我。"王先謙《集解》:"彼尊古卑今之教,我固不必學之,亦承其意而不必與彼分别也。"

　　目徹爲明①,耳徹爲聰,鼻徹爲顫②,口徹爲甘,心徹爲知③,知徹爲德。凡道不欲壅④,壅則哽⑤,哽而不止則跈⑥,跈則衆害生。物之有知者恃息⑦,其不殷⑧,非天之罪。天之穿之⑨,日夜无降⑩,人則顧塞其竇⑪。胞有重閬⑫,心有天遊⑬。室无空虚,則婦姑勃磎⑭;心无天遊,則六鑿相攘⑮。大林丘山之善於人也⑯,亦神者不勝⑰。德溢乎名⑱,名溢乎暴⑲,謀稽乎誸⑳,知出乎争㉑,柴生乎守㉒,官事果乎衆宜㉓。春雨日時㉔,草木怒生,銚鎒於是乎始脩㉕,草木之到植者過半而不知其然㉖。

【校注】

①徹:通徹。下同。成玄英疏:"徹,通也。"

②顫:同"羶",意指能辨氣味。成玄英疏:"顫者,辛臭之事也。"王叔岷《校詮》:"宣穎云:'顫同羶。'于鬯云:'顫讀爲羶,《説文·羴部》云:羴,羊臭也。或體爲羶。'奚侗云:'《列子·楊朱篇》:鼻之所欲向者椒蘭,而不得嗅者,謂之閼顫。'張湛注:鼻通曰顫。'"

③知:同"智"。

④壅:堵塞。

⑤哽:阻塞。陸德明《釋文》:"哽,庚猛反,塞也。"

⑥跈(niǎn)：同"碾"。陸德明《釋文》："郭云：'踐也。'《廣雅》云：
'履也，止也。'本或作碾，同。"王先謙《集解》："哽塞而不止，則妄
行而相騰踐也。"

⑦恃：依賴。　息：氣息。成玄英疏："氣息通而生理全。"王先謙
《集解》："宣云：'息所以通一身之氣。'"王叔岷《校詮》："《知北
遊篇》：'人之生，氣之聚也。聚則爲生，散則爲死。'"

⑧殷：盛也。錢穆《纂箋》："馬其昶曰：'殷，盛也。'"王叔岷《校詮》：
"（《易·豫》：'殷薦之上帝。'鄭注：'殷，盛也。'）此蓋謂知之不
盛，非稟於天地之過也。"

⑨穿：通也。郭慶藩《集釋》引郭嵩燾曰："《說文》：'穿，通也。'"

⑩降：減也。錢穆《纂箋》引馬其昶曰："天人氣息，日夜相通，未嘗
有減。其不能殷盛者，人特以聲色自戕耳。"

⑪竇：孔也。陸德明《釋文》："竇音豆。"成玄英疏："竇，孔也。流俗
之人反於天理，壅塞根竅，滯溺不通。"

⑫胞：同"庖"。王叔岷《校詮》引于鬯云："胞當讀爲庖，《養生主篇》
'庖丁'，陸釋云：'庖，本作胞。'《庚桑楚篇》'胞人'，釋云：'胞，
本作庖。'"　閬(làng)：空曠。陸德明《釋文》："閬音浪。郭云：
'空曠也。'"王叔岷《校詮》："閬借爲㝗，《說文》：'㝗，康也。康，
屋康良也。'（段注：'《方言》：康，空也。'）《玉篇》：'康，空虛也。'
'庖有重㝗'，謂庖廚之間有較空曠之處也。"

⑬天遊：遊於自然。郭象注："遊，不係也。"王叔岷《校詮》："謂遊心
於自然也。"

⑭勃谿(xī)：爭鬥。陸德明《釋文》："司馬云：'勃谿，反戾也。無空
虛以容其私，則反戾共鬥爭也。'"王先謙《集解》："宣云：'勃谿，
逼塞相乘也。謂室無餘地，則尊卑逼塞相乘踐也。'"王叔岷《校
詮》引朱駿聲云："勃，叚借爲悖。"

⑮六鑿：意指六情。陸德明《釋文》："司馬云：'謂六情攘奪。'"成玄

英疏:"鑿,孔也。"　攘:逆也。郭象注:"攘,逆。"王叔岷《校詮》:"《白虎通·情性章》:'喜、怒、哀、樂、愛、惡,謂六情。'蘇軾《戲子由詩》:'眼前博礫何足道,處置六鑿須天遊。'本《莊子》。"

⑯善:喜好。郭慶藩《集釋》引郭嵩燾曰:"大林丘山之善於人,言所以樂乎大林丘山,爲廣大容萬物之生也。"王叔岷《校詮》:"善猶好也。(《禮記·曲禮》:'入國不馳。'注:'馳善藺入也。'孔疏:'善猶好也。')"

⑰神:神明。王先謙《集解》引宣穎曰:"今人見大林丘山之曠,而喜以爲善者,亦由平日胸次逼狹、神明不勝故也。"錢穆《纂箋》:"馬其昶曰:大林丘山,其境虛也。神不勝六鑿之擾,故覩清曠之境而喜。"王叔岷《校詮》:"神不勝情,故好清曠之境。"

⑱溢:溢出,流蕩。郭慶藩《集釋》引郭嵩燾曰:"德溢乎名,言德所以洋溢,名爲之也。"王叔岷《校詮》:"《人間世篇》:'德蕩乎名。'"

⑲暴:暴露。郭慶藩《集釋》引郭嵩燾曰:"《說文》:'暴,晞也。'《孟子》'暴之於民而民受之',《荀子·富國篇》'聲名足以暴炙之',皆暴表之意。"錢穆《纂箋》:"宣穎曰:'名之溢外,由於表暴。'"

⑳稽:考稽。成玄英疏:"稽,考也。"　諴(xián):急也。郭象注:"諴,急也,急而後考其謀。"陸德明《釋文》:"諴音賢。"王叔岷《校詮》:"向本諴作弦,諴與弦通,弦有急義。(……《韓非子·觀行篇》:'董安于之心緩,故佩弦以自急。')"

㉑知:同"智"。王先謙《集解》:"宣云:'爭而後騁智。'"王叔岷《校詮》:"《人間世篇》亦云:'知出乎爭。'出猶溢也,《廣雅·釋詁一》:'溢,出也。'"

㉒柴:猶"樊",屏障。此句應爲"柴生乎守官"。王叔岷《校詮》引劉師培云:"閑內爲柴,猶云樊也。"　守:執守。成玄英疏:"守,執也。"　官:五官。錢穆《纂箋》:"馬其昶曰:'官,即官止之官。'"

王叔岷《校詮》："'柴生乎守官,事果乎衆宜',相對爲文。官,即《養生主篇》'官知止'之官,馬説是。此謂閑衛其内由於固守官智也。"

㉓果:成也。郭慶藩《集釋》引俞樾曰:"《論語・子路篇》行必果,皇侃《義疏》曰:果,成也。"王叔岷《校詮》："'事果乎衆宜',謂事成乎皆宜也。"

㉔時:應時。成玄英疏:"青春時節,時雨之日,凡百草木,萌動而生。"

㉕銚鎒(yáonòu):農具。成玄英疏:"銚,耜之類也。鎒,鋤也。"脩:修理。成玄英疏:"於是農具方始脩理。此明順時而動,不逆物情也。"

㉖到植:倒生。陸德明《釋文》:"司馬云:'鋤拔反之更生者曰到植。'"成玄英疏:"銚鎒既脩,芸除雈葦,幸逢春日,鋤罷到生,良由時節使然,不可以人情均度。"郭慶藩《集釋》:"盧文弨曰:'到,古倒字。'"章案:此句意謂人們雖然耘鋤雜草,但是仍然阻擋不了雜草怒生,因爲時節使然。

静然可以補病①,眥搣可以休老②,寧可以止遽③。雖然,若是,勞者之務也④,非佚者之所未嘗過而問焉⑤。聖人之所以駴天下⑥,神人未嘗過而問焉⑦;賢人所以駴世,聖人未嘗過而問焉;君子所以駴國,賢人未嘗過而問焉;小人所以合時⑧,君子未嘗過而問焉。演門有親死者⑨,以善毀爵爲官師⑩,其黨人毀而死者半⑪。堯與許由天下⑫,許由逃之;湯與務光⑬,務光怒之,紀他聞之,帥弟子而踆於窾水⑭,諸侯弔之⑮,三年,申徒狄因以踣河⑯。荃者所以在魚⑰,得魚而忘荃;蹄者所以在兔⑱,得兔而忘蹄;言者所以在意,得意而忘言。吾安得夫忘言之人而與之言哉⑲!"

【校注】

①然：應爲“默”。王叔岷《校詮》：“奚侗云：‘然係默字之誤，《文選》江文通《雜體詩》注引作静默，當據改。’案宣《解本》然作默，云：‘一作然，非。静默則神氣來復，故可以補病也。’馬氏《故》、錢《纂箋》亦並改作默。”　補：彌補，醫治。成玄英疏：“適有煩躁之病者，簡静可以療之。”

②眥媙(zīmiè)：按摩。陸德明《釋文》：“眥，子斯反，徐子智反，亦作揃，子淺反。媙，本亦作搣，音滅。”郭慶藩《集釋》引郭嵩燾曰：“《釋文》眥媙可以休老，媙，本亦作搣。《廣韻》：‘搣，按也，摩也。’似謂以兩手按摩目眥。”錢穆《纂箋》引焦竑曰：“眥媙，蓋養生家之術。段玉裁曰：‘挲搣頬旁，休養之法。故《急就篇》以揃媙與沐浴寡合同並言。’”　休：養。王叔岷《校詮》引朱駿聲云：“《莊子》‘眥搣可以休老’，蓋擘挲按摩之法，以休養理體者。”

③寧：安寧，寧静。成玄英疏：“夫心性悤迫者，安静可以止之。”　遽：疾速。成玄英疏：“遽，疾速也。”王先謙《集解》：“宣云：‘寧定則心閑泰，可以止迫遽也。’”

④勞者：勞神役智之人。成玄英疏：“以對治之術，斯乃小學之人，勞役神智之事務也。”

⑤佚：同“逸”。“佚者”與“勞者”對言。陸德明《釋文》：“佚音逸。”成玄英疏：“體道之士，閑逸之人。”　過而問：即過問。郭象注：“故佚者超然不顧。”成玄英疏：“故未嘗暫過而顧問焉。”

⑥駴：同“駭”。陸德明《釋文》：“駴，户楷反。王云：‘謂改百姓之視聽也。’”成玄英疏：“駭，驚也。”王叔岷《校詮》：“是成本駴作駭。駴與駭同。(《德充符篇》‘又以惡駭天下’，《釋文》引崔本駭作駴，即其比。)”

⑦神人：與聖人、賢人、君子、小人成一序列，爲修道最高者。郭象注：“神人即聖人也，聖取其外，神言其内。”成玄英疏：“神者，不

測之號;聖者,顯跡之名;爲其垂教動人,故不過問。"錢穆《纂箋》:"王夫之曰:'超其上則知其不屑。'"

⑧合時:偶合時運。郭象注:"趨步各有分,高下各有等。"成玄英疏:"夫趨世小人,苟合一時,如田恒之徒,無足可貴,故淑人君子鄙而不顧也。"

⑨演門:宋國城門。陸德明《釋文》:"宋城門名。"成玄英疏:"東門也,亦有作寅者。"王叔岷《校詮》:"演,亦作寅,古字通用。《釋名·釋天》:'寅,演也。'" 親:意指父母。

⑩毀:居喪時頹廢自毀,爲儒家居喪之俗。王先謙《集解》:"毀,瘠。"王叔岷《校詮》:"宣穎云:'居喪毀瘠。'案《左》襄三十一年《傳》:'秋九月癸巳,卒,毀也。'杜注:'哀過毀瘠,以致滅性。'" 爵:封爵。成玄英疏:"東門之孝出自内心,形容外毀,惟宋君嘉其至孝,遂加爵而命爲卿。"王先謙《集解》:"宋君旌其孝行。" 官師:官名。王叔岷《校詮》:"官師,官之長也。《國語·晉語四》'官師之所材也',《楚語上》'位寧有官師之典',韋注並云:'師,長也。'"

⑪黨:鄉黨。郭象注:"慕賞而孝,去真遠矣,斯尚賢之過也。"成玄英疏:"鄉黨之人,聞其因孝而貴,於是強哭詐毀,矯性僞情,因而死者,其數半矣。"王先謙《集解》:"黨,鄉黨。"

⑫與:授予,給予。下同。成玄英疏:"堯知由賢,禪以九五,洒耳辭退,逃避箕山。"錢穆《纂箋》:"詳《逍遥遊》。"

⑬務光:隱士。成玄英疏:"湯與務光,務光不受,訶罵瞋怒,遠之林籟。斯皆率其本性,腥臊榮禄,非關矯僞以慕聲名。"錢穆《纂箋》:"詳《大宗師》與《讓王》。"

⑭紀他:賢者。成玄英疏:"姓紀,名佗。" 帥:率領。 竣:同"竣"。王叔岷《校詮》:"竣與竣通,《國語·齊語》'有司已有於事而竣',韋注:'竣,退伏也。'本字作逡,《爾雅·釋言》:'逡,退

也。'郭注引《外傳》曰:'復於事而逡。'即《齊語》文也。"　　窾
(kuǎn)水:水名。陸德明《釋文》:"窾音款,又音科。司馬云:
'水名。'"

⑮弔:意謂慰問。陸德明《釋文》:"司馬云:'恐其自沈,故弔之。'"
成玄英疏:"諸侯聞之,重其廉素,時往弔慰,恐其沈没。"王叔岷
《校詮》:"宣穎云:'弔其苦也。他襲由、光之跡而加甚也。'"

⑯申徒狄:賢者。成玄英疏:"姓申徒,名狄。"　　蹄(bó):同"赴"。
成玄英疏:"狄聞斯事,慕其高名,遂赴長河,自溺而死。"錢穆《纂
箋》:"紀他、申徒狄,並見《大宗師》。馬其昶曰:'蹄,赴也。見
《秋水釋文》。'"

⑰荃:香草,可爲魚餌。陸德明《釋文》:"荃,七全反,崔音孫,香草
也,可以餌魚。或云:積柴水中,使魚依而食焉。一云:魚笱也。"
王叔岷《校詮》引朱駿聲云:"《離騷》'荃不揆余之中情兮',注:
'香艸也。'"　　在:得也。王先謙《集解》:"在,生致之。"王叔岷
《校詮》:"在猶得也。《管子·弟子職篇》:'所求雖不在,必以命
反。'明朱東光本在作得,亦在、得同誼之證。"

⑱蹄:捕兔之網。陸德明《釋文》:"兔胃也。又云:兔弶也,係其脚,
故曰蹄也。"王叔岷《校詮》:"胃與繯同,《説文》:'繯,以繩係取獸
也。'《廣韻》去聲漾第四十一云:'弶,張取獸也。'"

⑲忘言之人:意指體道者。郭象注:"至於兩聖無意,乃都無所言
也。"成玄英疏:"夫妄言得理,目擊道存,其人實稀,故有斯難
也。"王叔岷《校詮》引馬其昶云:"以惠子之可與言,猶有'子言無
用'之疑,他何望哉!"章案:言意之辨爲中國古代著名語言哲學命
題。《莊子》提出"得意忘言"之説,是這個理論中最有代表性的
思想之一。

# 寓言第二十七

【題解】

　　本篇論及寓言、重言、巵言之意，並由此涉及語言與言説之關係問題，含義深邃。罔兩與景之問答，其義與《齊物論篇》近似。

　　寓言十九<sup>①</sup>，重言十七<sup>②</sup>，巵言日出<sup>③</sup>，和以天倪<sup>④</sup>。寓言十九，藉外論之<sup>⑤</sup>。親父不爲其子媒<sup>⑥</sup>。親父譽之，不若非其父者也；非吾罪也，人之罪也<sup>⑦</sup>。與己同則應，不與己同則反<sup>⑧</sup>；同於己爲是之，異於己爲非之<sup>⑨</sup>。重言十七，所以已言也<sup>⑩</sup>，是爲耆艾<sup>⑪</sup>。年先矣<sup>⑫</sup>，而无經緯本末以期年耆者，是非先也<sup>⑬</sup>。人而无以先人，无人道也<sup>⑭</sup>；人而无人道，是之謂陳人<sup>⑮</sup>。巵言日出，和以天倪，因以曼衍<sup>⑯</sup>，所以窮年<sup>⑰</sup>。

【校注】

　　①十九：十分之九。下文"十七"與此義同。陸德明《釋文》："寓，寄也。以人不信己，故託之他人，十言而九見信也。"成玄英疏："故鴻蒙、雲將、肩吾、連叔之類，皆寓言耳。"

　　②重言：重要之言。郭象注："世之所重，則十言而七見信。"陸德明《釋文》："重言，謂爲人所重者之言也。"

　　③巵（zhī）：酒器。郭象注："夫巵，滿則傾，空則仰，非持故也。"陸德明《釋文》："巵字又作卮，音支。《字略》云：'卮，圓酒器也。'李起

宜反。王云：‘夫厄器，滿則傾，空則仰，隨物而變，非執一守故者
也；施之於言，而隨人從變，己無常主者也。’司馬云：‘謂支離無首
尾言也。’” 　　日出：意謂日新。郭象注：“況之於言，因物隨變，唯
彼之從，故曰日出。”成玄英疏：“日出，猶日新也。”

④和：合，順。成玄英疏：“和，合也。”王叔岷《校詮》：“和猶順也，
（《廣韻》下平聲歌第七云：和：順也。）以猶其也。” 　　天倪：意謂
自然之分。郭象注：“日新則盡其自然之分，自然之分盡則和也。”
成玄英疏：“天倪，自然之分也。”

⑤藉：假借。郭象注：“言出於己，俗多不受，故借外耳。肩吾、連叔
之類，皆所借者也。”陸德明《釋文》：“郭云：‘藉，借也。’”成玄英
疏：“藉，假也。”

⑥媒：婚媒。成玄英疏：“媒，媾合也。”

⑦吾：意指父。成玄英疏：“吾，父也。” 　　罪：過錯。成玄英疏：“非
父談子不實，而聽者妄起嫌疑，致不信之過也。”王叔岷《校詮》：
“此謂非譽者之過，乃聽者之過也。”

⑧反：非之，與“應”對言。郭象注：“互相非也。”

⑨是、非：讚同、反對。王先謙《集解》：“人情專以同異爲是非，故須
寓言。”錢穆《纂箋》：“王引之曰：‘爲猶則也。’”

⑩已：止也。王先謙《集解》：“已，止也。止天下之淆亂之言。”錢穆
《纂箋》：“王敔曰：‘已言者，止人之爭辯也。’”

⑪耆艾：年長者。成玄英疏：“耆艾，壽考者之稱也。”王先謙《集
解》：“此爲長老之言，則稱引之。《釋詁》：‘耆艾，長也。’”王叔岷
《校詮》：“《禮記·曲禮》：‘五十曰艾，六十曰耆。’《逸周書·諡法
解》：‘保民耆艾曰胡。’孔注：‘六十曰耆，七十曰艾。’”

⑫年先：以年歲居先。成玄英疏：“以年老居先。”

⑬經緯：原指織品之經綫、緯綫，此謂規矩、法則。成玄英疏：“上下
爲經，旁通爲緯。”王先謙《集解》：“處事貴有經緯，立言貴有本

末,所重乎者艾者,年高而有道者也。”　期:限也。王先謙《集解》:“若年居先矣,而胸無經緯本末,徒稱年耆者,是烏得爲先乎?蘇輿云:‘期猶限也。言他無以先人,徒以年爲限。《則陽篇》計物之數,不止於萬,而期曰萬物,與此期字義同。’”王叔岷《校詮》:“此謂年雖先矣,如無可以不朽以待後之學者,此不足爲先也。”

⑭无:意指無經緯本末。王叔岷《校詮》:“案古鈔卷子本而上有也字。”　人道:人倫之道。成玄英疏:“無禮義以先人,無人倫之道也。”

⑮陳:陳舊,腐朽。郭象注:“陳久之人。”王先謙《集解》:“宣云:‘猶老朽也。’”

⑯天倪:自然之分。　曼衍:意謂無心。成玄英疏:“曼衍,無心也。隨日新之變轉,合天然之倪分,故能因循萬有,接物無心。”

⑰窮:盡也。郭象注:“曠然無懷,因而任之,所以各終其天年。”成玄英疏:“所以窮造化之天年,極生涯之遐壽也。”錢穆《纂箋》:“三語又見《齊物論》。”

　　不言則齊①,齊與言不齊,言與齊不齊也,故曰无言②。言无言,終身言,未嘗不言③;終身不言,未嘗不言④。有自也而可⑤,有自也而不可;有自也而然⑥,有自也而不然。惡乎然⑦? 然於然。惡乎不然? 不然於不然。惡乎可? 可於可。惡乎不可? 不可於不可。物固有所然,物固有所可,无物不然,无物不可⑧。非卮言日出,和以天倪,孰得其久⑨! 萬物皆種也,以不同形相禪⑩,始卒若環⑪,莫得其倫⑫,是謂天均⑬。天均者,天倪也。

【校注】

①齊:猶“一”。王叔岷《校詮》:“齊猶一也。(《淮南子·原道篇》

‘一度循軌’，高注：‘一，齊也。’）‘齊與言不齊，言與齊不齊’，《齊
物論篇》所謂‘一與言爲二’也。”

②郭象注：“言彼所言，故雖有言而我竟不言也。”王叔岷《校詮》：
“言則離道，不言不足以明道，故當言如無言耳。”

③未嘗不言：應爲“未嘗言”。郭象注：“雖出吾口，皆彼言耳。”王叔
岷《校詮》：“不字蓋涉下文‘未嘗不言’而衍，古鈔卷子本、《道藏》
成疏本、林希逸《口義》本、褚伯秀《義海纂微》本、羅勉道《循本》
本皆無不字，《文選》孫興公《遊天臺山賦》注引同。‘終身言，未
嘗言’，與下文‘終身不言，未嘗不言’對言，文意甚明。”

④王叔岷《校詮》：“《齊物論篇》：‘无謂，有謂；有謂，无謂。’亦即‘終
身言，未嘗言；終身不言，未嘗不言’之意。破執著、空泛而歸於圓
融，所謂如輪轉地，著而不著者也。”

⑤自：由，因由。郭象注：“自，由也。由彼我之情偏，故有可不可。”

⑥然：可也。成玄英疏：“夫各執自見，故有可有然。自他既空，然可
斯泯。”

⑦惡（wū）：何也。下同。陸德明《釋文》：“惡音烏。下同。”成玄英
疏：“惡乎，猶於何也。”王叔岷《校詮》：“‘惡乎’猶‘何所’，《齊物
論篇》有説。”

⑧郭象注：“統而言之，則無可無不可，無可無不可而至也。”王先謙
《集解》：“以上又見《齊物論篇》。”王叔岷《校詮》：“戰國諸子百
家爭鳴，爭辯於可不可、然不然之間，惟莊子能齊之。”

⑨王先謙《集解》：“非此無言之言，孰能傳久？”

⑩種：種類。陸德明《釋文》：“種，章勇反。”　　禪：替代，更替。成
玄英疏：“禪，代也。夫物云云，禀之造化，受氣一種而形質不同，
運運遷流而更相代謝。”王先謙《集解》：“宣云：‘皆有種類，各以
其形禪於無窮。’”王夫之《莊子解》：“各依其種而有變化。”王叔
岷《校詮》：“可否、是非之不同，亦如萬物萬形之不同。”

⑪卒：終。郭象注：“於今爲始者，於昨已復爲卒也。”成玄英疏：“物之遷貿，譬彼循環，死去生來，終而復始，此出禪代之狀也。”

⑫倫：理也。郭象注：“理自爾，故莫得。”成玄英疏：“倫，理也。尋索變化之道，竟無理之至也。”王先謙《集解》：“如環無端，莫得其理。”

⑬天均：自然之分。郭象注：“夫均齊者豈妄哉？皆自然之分。”成玄英疏：“均，齊也。”王先謙《集解》：“《齊物論》亦云：‘是以聖人和之以是非，而休乎天均，是之謂兩行。’”

　　莊子謂惠子曰：“孔子行年六十而六十化①，始時所是，卒而非之，未知今之所謂是之非五十九非也②。”惠子曰：“孔子勤志服知也③。”莊子曰：“孔子謝之矣，而其未之嘗言④。孔子云：‘夫受才乎大本⑤，復靈以生⑥。’鳴而當律⑦，言而當法⑧，利義陳乎前，而好惡是非直服人之口而已矣⑨。使人乃以心服，而不敢蘁立⑩，定天下之定⑪。已乎已乎⑫！吾且不得及彼乎⑬！”

【校注】

①行：經。王叔岷《校詮》：“行猶經也。”　化：變化。郭象注：“與時俱也。”成玄英疏：“夫運運不停，新新流謝，是以行年六十而與年俱變者也。”

②是：肯定之意，與“非”相對。　卒：終，與“始”相對。成玄英疏：“是以去年之是，於今非矣。故知今年之是，還是去歲之非；今歲之非，即是來年之是。”王先謙《集解》：“與《則陽篇》稱蘧伯玉同。”

③服：用也。郭象注：“謂孔子勤志服膺而後知，非能任其自化也。此明惠子不及聖人之韻遠矣。”成玄英疏：“服，用也。”王先謙《集解》：“宣云：‘疑孔子勤勞心志，從事於多知，未得爲化也。’”王叔

岷《校詮》：“《説文》：‘勤，勞也。服，用也。’”

④謝：謝絶。王先謙《集解》：“宣云：‘言孔子已謝去勤勞之跡而進於道，但口未之言耳。’”錢穆《纂箋》引馬其昶曰：“其讀爲豈。言勤志服知之説，孔子已自謝之。夫豈未之嘗言。故下引孔子語，以證其所見蓋進乎此矣。”

⑤大本：意指天。王先謙《集解》：“大本，天也。”錢穆《纂箋》：“羅勉道曰：‘才猶《孟子》云天之降才。’”

⑥復靈：意謂含藏性靈。成玄英疏：“夫人禀受才智於大道妙本，復於靈命以盡生涯。”王先謙《集解》：“人受才於天，而復其性靈以生。”錢穆《纂箋》：“孫詒讓曰：‘復疑與腹通。腹靈，猶言含靈。’章炳麟曰：‘復借爲伏，謂伏藏靈氣。’”王叔岷《校詮》：“（《吕氏春秋・季冬篇》‘水澤復’，《禮記・月令》復作腹，即復、腹通用之證。）章氏謂復借爲伏，‘伏靈’謂‘伏藏靈氣’，然則‘腹靈’與‘伏靈’義亦相近。”

⑦當：中也。下同。成玄英疏：“鳴，聲也。當，中也。”王先謙《集解》：“聲爲律。”王叔岷《校詮》：“謂聲音合乎樂律。”

⑧法：法度。王先謙《集解》：“言而世爲天下法。”王叔岷《校詮》：“言語合乎法度。此自然者也。”

⑨直：猶“但”。王先謙《集解》：“言但取服人口而已。”王叔岷《校詮》：“直猶但也。（宣穎説。）此謂利義當前，乃好惡是非之，但服人之口而已。”

⑩蠱(wù)：逆。郭象注：“我順衆心，則衆心信矣，誰敢逆立哉！”陸德明《釋文》：“蠱音悟，又五各反，逆也。”王先謙《集解》：“而能使人心服，自不敢迕。”王叔岷《校詮》：“蠱與遷通，《文選》謝惠連《雪賦》注引作忤，從忤絶句。蠱、遷並牾之借字，《説文》：‘牾，逆也。’牾、忤古今字。”

⑪定：正也。王先謙《集解》：“如此者，斯足以立定天下之定理也。”

王叔岷《校詮》:"定猶正也。(《説文》:定,從宀從正。《爾雅‧釋天》'營室謂之定',郭注:'定,正也。')"

⑫已:止也。

⑬彼:指孔子。成玄英疏:"彼,孔子也。重勸勗惠子,止而勿言,吾徒庸淺,不能逮及。"

曾子再仕而心再化①,曰:"吾及親仕②,三釜而心樂③;後仕,三千鍾不洎④,吾心悲。"弟子問于仲尼曰:"若參者,可謂无所縣其罪乎⑤?"曰:"既已縣矣⑥。夫无所縣者,可以有哀乎⑦?彼視三釜三千鍾⑧,如觀雀蚊虻相過乎前也⑨。"

【校注】

①曾子:曾參,孔子弟子。成玄英疏:"姓曾,名參,孔子弟子。"
化:變化。錢穆《纂箋》:"宣穎曰:'化,變也。'"章案:此爲寓言。

②及親:意謂雙親健在。成玄英疏:"曾參至孝,求禄養親,故前仕親在,禄雖少而歡樂。"

③釜:計量單位,亦爲炊具,此處指俸禄。陸德明《釋文》:"《小爾雅》云:'六斗四升曰釜。'"

④鍾:計量單位,亦爲樂器,亦指俸禄。成玄英疏:"六斛四斗曰鍾。"洎(jì):及。陸德明《釋文》:"洎,其器反。"郭象注:"洎,及也。"成玄英疏:"爲不及養親故也。"王先謙《集解》:"不及親。"

⑤縣:係也。郭象注:"縣,係也。"陸德明《釋文》:"縣音玄,下同。縣,係也。" 罪:漁具,喻利禄。王叔岷《校詮》引章太炎云:"此罪乃罪罟之罪,非辜之借字也。《説文》:'罪,捕魚竹网也。''无所縣其罪',猶云'無所縺其网'耳。以利禄比网羅,或比之於羈絆繮紲,皆恒語也。"

⑥郭象注:"係於禄以養也。"王先謙《集解》:"宣云:'已縣係於禄養矣。'"

⑦郭象注:"夫養親以適,不問其具。若能無係,則不以貴賤經懷,而平和怡暢,盡色養之宜矣。"成玄英疏:"夫唯無係者,故當無哀樂也。"

⑧彼:意指無係者。郭象注:"彼,謂無係也。"

⑨前:眼前。郭象注:"夫無係者,視榮禄若蚊虻鳥雀之在前而過去耳,豈有哀樂於其間哉!"郭慶藩《集釋》引俞樾曰:"雀字衍文也。"

　　顔成子游謂東郭子綦曰①:"自吾聞子之言,一年而野②,二年而從③,三年而通④,四年而物⑤,五年而來⑥,六年而鬼入⑦,七年而天成⑧,八年而不知死,不知生⑨,九年而大妙⑩。生有爲⑪,死也。勸公,以其死也,有自也⑫;而生陽也,无自也⑬。而果然乎⑭?惡乎其所適⑮?惡乎其所不適?天有曆數⑯,地有人據⑰,吾惡乎求之?莫知其所終,若之何其无命也⑱?莫知其所始,若之何其有命也⑲?有以相應也,若之何其无鬼邪⑳?无以相應也,若之何其有鬼邪?"

【校注】

①顔成子游、東郭子綦(qí):皆人名。陸德明《釋文》:"綦音其。"成玄英疏:"居在郭東,號曰東郭,猶是《齊物篇》中南郭子綦也。子游,子綦弟子也。"王叔岷《校詮》:"《人間世篇》、《徐无鬼篇》並有'南伯子綦',郭、伯古通,王念孫有説。"

②野:質樸。郭象注:"外權利也。"成玄英疏:"野,質樸也。聞道一年,學心未熟,稍能樸素,去浮華耳。"

③從:順從。郭象注:"不自專也。"成玄英疏:"順於俗也。"王叔岷《校詮》:"從,謂順從。"

④通:通達。郭象注:"通彼我也。"成玄英疏:"不滯境也。"王叔岷《校詮》:"三年乃通達也。"

⑤物:意謂與物同。郭象注:"與物同也。"錢穆《纂箋》:"陸長庚曰:'槁木死灰,情識不起。'"

⑥來:意謂衆人來歸。成玄英疏:"爲衆歸也。"

⑦鬼入:意謂與鬼神通。王叔岷《校詮》:"與鬼神通也。《人間世篇》:'鬼神將來舍,而況人乎!'"

⑧天:自然。成玄英疏:"合自然成。"王叔岷《校詮》:"與天爲一也。"

⑨郭象注:"所遇皆適而安。"成玄英疏:"智冥造物,神合自然,故不覺死生聚散之異也。"王叔岷《校詮》:"謂忘生死。"

⑩妙:精微,玄妙。成玄英疏:"妙,精微也。"錢穆《纂箋》:"陶鴻慶曰:'《老子》常無欲以觀其妙。王注:妙者,微之極。'穆按:大妙猶之言太玄也。"

⑪爲:作爲。郭象注:"生而有爲則喪其生。"

⑫勸:勸導。王先謙《集解》:"宣云:'設爲勸人之語,如下二句。'"
自:根由。郭象注:"自,由也。由有爲,故死;由私其生,故有爲。今所以勸公者,以其死之由私耳。"王叔岷《校詮》:"衆人生死有別,乃有'有自'、'无自'之分。達人視生死如夜旦之常,(《大宗師篇》。)則无'有自'、'无自'之別矣。"

⑬陽:陽氣。郭象注:"夫生之陽,遂以其絶跡无爲而忽然獨爾,非有由也。"成玄英疏:"感於陽氣而有此生,既无所由從,故不足私也。"王先謙《集解》:"宣云:'死爲陰,生爲陽。'"

⑭而:汝。王先謙《集解》:"而,汝也。言汝果能无爲乎?"

⑮惡(wū):何也。下同。陸德明《釋文》:"惡音烏。下同。" 適:適合,適宜。成玄英疏:"故於何處而可適,於何處而不可適乎?所在皆適耳。"王叔岷《校詮》:"《小爾雅·廣訓》:'惡乎,於何也。'……此蓋謂'於何乃所宜?於何乃所不宜邪'。"

⑯曆數:星象運行之規律。成玄英疏:"夫星曆度數,玄象麗天。"王

先謙《集解》：“氣數有定。”錢穆《纂箋》：“陸長庚曰：‘甘石之書是。’”

⑰據：依據。成玄英疏：“九州四極，人物依據；造化之中，悉皆具足。”王先謙《集解》：“各據其所。”錢穆《纂箋》：“嚴復曰：‘天可推，地可指。死生去來之事，吾安所執而求之。’”

⑱命：命運。成玄英疏：“時來運去，非命如何！”

⑲成玄英疏：“夫死去生來，猶春秋冬夏，既無終始，豈其命乎？”王叔岷《校詮》：“死生終始有別，則有有命、無命之辯。死生終始無端，則無所謂有命、無命。”

⑳鬼：神靈，靈鬼。郭象注：“理必有應，若有神靈以致之也。”成玄英疏：“鬼，神識也。”王夫之《莊子解》：“儒言命，墨言鬼，各有所通者各有所窮。言命者天而非鬼，言鬼者精而非命，皆不可而皆可，皆然而皆不然。”

　　衆罔兩問於影曰①：“若向也俯而今也仰②，向也括而今也被髮③，向也坐而今也起，向也行而今也止，何也？”影曰：“叟叟也④，奚稍問也⑤！予有而不知其所以⑥。予，蜩甲也⑦，蛇蜕也⑧，似之而非也⑨。火與日，吾屯也⑩；陰與夜，吾代也⑪。彼吾所以有待邪⑫？而況乎以有待者乎⑬！彼來則我與之來⑭，彼往則我與之往，彼強陽則我與之強陽⑮。強陽者，又何以有問乎⑯！”

【校注】

①罔兩：物影外之微陰。此爲寓言，《齊物論篇》有說。成玄英疏：“罔兩，影外微陰也。”王先謙《集解》：“影外微陰甚多，故曰衆罔兩。”

②若：你。成玄英疏：“若，汝也。”　　俯：與“仰”對言。下文“括”與“被髮”、“坐”與“起”、“行”與“止”皆對言。　　向：之前。成玄

英疏:"汝坐起行止,唯形是從。"

③括:束髮。陸德明《釋文》:"司馬云:'謂括髮也。'"王先謙《集解》:"括,束髮。"王叔岷《校詮》:"單言之曰括,複言之曰'括撮'。" 被:同"披"。陸德明《釋文》:"被,皮寄反。"

④叟叟:影動之狀。郭象注:"運動自爾。"陸德明《釋文》:"向云:'動貌。'"成玄英疏:"叟叟,無心運動之貌也。"

⑤奚:何。成玄英疏:"奚,何也。" 稍:同"肖",小也。王叔岷《校詮》引劉師培云:"'稍問',猶言小問,稍與肖同,《方言》《廣雅》肖並訓小,'奚稍問'者,猶云'奚問之小也'。"

⑥予:我。下同。成玄英疏:"予,我也。我所有行止,率乎造物,皆不知所以。" 有:存有。王先謙《集解》:"予雖居然有之矣,而不知所以然。"

⑦蜩甲:蟬殼。成玄英疏:"蜩甲,蟬殼也。"

⑧蛇蛻:蛇蛻下皮。成玄英疏:"蛇蛻,皮也。"

⑨似之:意謂似物。郭象注:"影似形而非形。"王先謙《集解》:"宣云:'甲、蛻有一定之形,故似之而非。'案:以上與《齊物論篇》同而繁簡異。"

⑩屯:聚也。陸德明《釋文》:"屯,徒門反,聚也。"成玄英疏:"有火有日,影即屯聚。"王先謙《集解》:"宣云:'得火、日,則屯聚而顯。'"

⑪代:凋謝。成玄英疏:"代,謝也。……逢夜逢陰,影便代謝。"王先謙《集解》:"司馬云:'代,謂使得休息也。'"

⑫彼:意指火、日。下同。王叔岷《校詮》:"彼,謂火、日。" 待:依賴。成玄英疏:"吾所以有待者,火日也。必其不形,火日亦不能生影也,故影亦不待於火日也。"

⑬以:讀爲"已"。郭象注:"推而極之,則今之所謂有待者(率)[卒]至於無待,而獨化之理彰矣。"成玄英疏:"況乎有待者,形也。必

無火日,形亦不能生影,不待形也。夫形之生也,不用火日,影之生也,豈待形乎?故以火日況之,則知影不待形明矣。形影尚不相待,而況他物乎!是知一切萬法,悉皆獨化也。"錢穆《纂箋》引陶鴻慶曰:"以字讀爲已。言吾有待於彼,而彼已先有所待矣。"

⑭彼:意指形,亦含火、日。成玄英疏:"彼,形也。"王叔岷《校詮》:"彼,形也,似兼火、日而言。"

⑮强陽:强烈,强健。王先謙《集解》:"宣云:'强陽,謂健動也。'"錢穆《纂箋》:"火日之光强陽,則影亦隨之强陽。"

⑯郭象注:"直自强陽運動,相隨往來耳,無意,不可問也。"

　　陽子居南之沛①,老聃西遊於秦②,邀於郊③,至於梁而遇老子④。老子中道仰天而歎曰⑤:"始以汝爲可教,今不可也⑥。"陽子居不荅⑦。至舍⑧,進盥漱巾櫛⑨,脱屨户外⑩,膝行而前曰⑪:"向者弟子欲請夫子,夫子行不閒⑫,是以不敢。今閒矣,請問其過⑬。"老子曰:"而睢睢盱盱⑭,而誰與居⑮?大白若辱⑯,盛德若不足。"陽子居蹵然變容曰⑰:"敬聞命矣⑱!"其往也⑲,舍者迎將⑳,其家公執席㉑,妻執巾櫛,舍者避席,煬者避竈㉒。其反也㉓,舍者與之争席矣。

【校注】

①陽子居:人名,即楊朱,古代著名思想家。此爲寓言。陸德明《釋文》:"姓楊,名朱,字子居。"王叔岷《校詮》:"陽、楊古通,《應帝王篇》、《山木篇》有説。"　之:行往。成玄英疏:"之,往也。"沛:地名,今徐州。成玄英疏:"沛,彭城,今徐州是也。"

②老聃:即老子。　秦:秦國。

③邀:約請,邀請。陸德明《釋文》:"邀,古堯反,要也,遇也。"王先謙《集解》:"邀,約也。宣云:'子居邀老子於沛郊。'"

④梁:梁國。成玄英疏:"梁國,今汴州也。"

⑤道:途也。

⑥成玄英疏:"昔逢楊子,謂有道心;今見矜夸,知其難改。嫌其異俗,是以傷嗟也。"

⑦荅:同"答"。

⑧舍:客舍。成玄英疏:"屆逆旅之舍。"

⑨進:進水。意指侍奉老聃。　櫛(zhì):梳子。"盥漱巾櫛"皆爲動詞。陸德明《釋文》:"盥音管。《小爾雅》云:'澡也,洒也。'"成玄英疏:"於是進水漱洒,執持巾櫛。"

⑩屨:同"履"。指陽子居脫履。王叔岷《校詮》:"《説文》:'屨,履也。'段注引晉蔡謨曰:'今時所謂履者,自漢以前皆名屨。'"

⑪膝行:以膝蓋跪地而行。成玄英疏:"肘行膝步,盡禮虔恭。"

⑫閒:同"閑"。陸德明《釋文》:"閒音閑。"

⑬過:錯也。

⑭而:你。下同。陸德明《釋文》:"而,汝也。"　睢盱(suīxū):傲慢之貌。郭象注:"睢睢盱盱,跋扈之貌。"王叔岷《校詮》:"《説文》:'睢,仰目也。盱,張目也。'《一切經音義》九五引司馬注:'盱,視而無知之貌也。'"

⑮居:處也。郭象注:"人將畏難而疏遠。"成玄英疏:"誰將汝居處乎?"

⑯辱:污也。此句本《老子》。成玄英疏:"夫人廉潔貞清者,猶如汙辱也;盛德圓滿者,猶如不足也。"王先謙《集解》:"辱,汙也。此《道德經》文。"

⑰戚(cù):同"蹙"。成玄英疏:"戚然,慚悚貌。"王叔岷《校詮》:"戚、蹙古通。"

⑱命:猶"教"。王叔岷《校詮》:"命猶教也,《史記·樂毅傳》:'臣不佞,不能奉承王命。'《戰國策·燕策二》命作教,即命、教同義之證。"

⑲其:指陽子居。　　往:來時,與下文“反”對言。成玄英疏:“楊朱往沛,正事威容。”

⑳舍者:店家。王叔岷《校詮》引俞樾云:“者字衍文,盧重玄本無者字,是也。舍與舍者不同,舍者,謂同居逆旅者;舍,謂逆旅主人。”　　將:送也。成玄英疏:“將,送也。”

㉑家公:店主人。成玄英疏:“家公,主人公也。”

㉒煬:炊也。陸德明《釋文》:“炊也。”成玄英疏:“煬,然火也。”
竈:即“灶”。成玄英疏:“楊朱往沛,正事威容,舍息逆旅,主人迎送。夫執氈席,妻捉梳巾,先坐之人避席而走,然火之者不敢當竈,威勢動物,一至於斯矣。”

㉓反:同“返”。成玄英疏:“從沛反歸,已蒙教戒,除其容飾,遣其矜夸,混跡同塵,和光順俗,於是舍息之人與爭席而坐矣。”

# 讓王第二十八

【題解】

　　本篇主旨在於貴生全身高於得天下。堯、舜、許由皆此類理想人格。所舉忘身入世人物亦多孔門之徒，如曾子等。然文中非湯武之言論與伯夷、叔齊之事，與通常之説有所不同，可見歷史一些另外面目。

　　堯以天下讓許由，許由不受①。又讓於子州支父②，子州支父曰：“以我爲天子，猶之可也③。雖然，我適有幽憂之病④，方且治之，未暇治天下也⑤。”夫天下至重也，而不以害其生⑥，又況他物乎！唯无以天下爲者⑦，可以託天下也。舜讓天下於子州支伯⑧。子州支伯曰：“予適有幽憂之病，方且治之，未暇治天下也。”故天下大器也⑨，而不以易生⑩，此有道者之所以異乎俗者也。

【校注】

　　①許由：隱者。成玄英疏：“許由事跡，具載内篇。”

　　②子州支父：人名。陸德明《釋文》：“李云：‘支父，字也，即支伯也。’”成玄英疏：“姓子，名州，字支父，懷道之人，隱者也。堯知其賢，讓以帝位。”

　　③之：猶“且”。成玄英疏：“以我爲帝，亦當能以爲事，故言猶之可也。”王叔岷《校詮》：“之猶且也。”

④幽憂:幽深憂勞。陸德明《釋文》:"王云:'謂其病深固也。'"成玄英疏:"幽,深也。憂,勞也。言我滯竟幽深,固心憂勞。"王叔岷《校詮》:"嵇康《高士傳》'幽憂'作'勞憂'。"

⑤治:治理。成玄英疏:"未有閑暇緝理萬機也。"王叔岷《校詮》:"治亦理也,《國語·齊語》:'教不善則政不治。'韋注:'治,理也。'"

⑥生:生命。成玄英疏:"尚不以斯榮貴損害生涯。"

⑦爲:作爲。"无以天下爲"意謂"無爲於天下"。成玄英疏:"夫忘天下者,無以天下爲也,唯此之人,可以委託於天下也。"

⑧成玄英疏:"舜之事跡,具在内篇。"

⑨器:古代名位、爵號標誌之器物。成玄英疏:"帝王之位,重大之器也。"

⑩易:交換。成玄英疏:"不以此貴易奪其生。"

舜以天下讓善卷①,善卷曰:"余立於宇宙之中,冬日衣皮毛,夏日衣葛絺②;春耕種,形足以勞動;秋收斂,身足以休食③;日出而作,日入而息,逍遥於天地之間而心意自得。吾何以天下爲哉!悲夫,子之不知余也④!"遂不受。於是去而入深山,莫知其處⑤。舜以天下讓其友石戶之農⑥,石戶之農曰:"捲捲乎后之爲人⑦,葆力之士也⑧!"以舜之德爲未至也,於是夫負妻戴⑨,攜子以入於海⑩,終身不反也⑪。

【校注】

①善卷:人名。成玄英疏:"姓善,名卷,隱者也。"

②葛絺(chī):麻織品。王叔岷《校詮》:"《説文》:'絺,細葛也。'"

③斂:藏也。王叔岷《校詮》:"《淮南子·本經篇》:'秋收冬藏。'"

　身:與"形"互文。

④子:指舜。成玄英疏:"古人淳樸,唤帝爲子。恨舜不識野情,所以

悲歡。"

⑤處:居處。陸德明《釋文》:"處,昌慮反。"

⑥石户之農:農人。陸德明《釋文》:"李云:'石户,地名。農,農人也。'"

⑦捲捲:勞作之狀。陸德明《釋文》:"捲音權,郭音眷,用力貌。"王叔岷《校詮》:"朱駿聲云:'捲,叚借爲券。'案古鈔卷子本'捲捲'作'惓惓',惓,或券字。《説文》:'券,勞也。'" 后:意指舜。成玄英疏:"言舜心志堅固,力勤苦,腰背捲捲,不得歸休。"又王先謙《集解》:"此后乃自稱,言我捲捲勤苦,是葆力之士,未暇治天下也。"亦通。

⑧葆力:意謂勤苦。成玄英疏:"葆,牢固也。"王叔岷《校詮》:"葆、保古通,《田子方篇》'虛緣而葆真',《釋文》:'葆音保,本亦作保。'與此同例。"

⑨負:背負。 戴:原指頭頂戴物,引申爲攜帶。成玄英疏:"古人荷物,多用頭戴。如今高麗猶有此風。"王叔岷《校詮》:"《御覽》七八引《尸子》云:'神農氏夫負妻戴以治天下。'五〇九引嵇康《高士傳》稱接輿'夫負金甂,妻戴紝器'。"

⑩入於海:意謂入海島。陸德明《釋文》:"司馬云:'凡言入者,皆居其海島之上與其曲隈中也。'"成玄英疏:"入於大海州島之中。"

⑪反:同"返"。成玄英疏:"往而不返也。"

大王亶父居邠①,狄人攻之②;事之以皮帛而不受③,事之以犬馬而不受,事之以珠玉而不受,狄人之所求者土地也。大王亶父曰:"與人之兄居而殺其弟,與人之父居而殺其子,吾不忍也④。子皆勉居矣⑤!爲吾臣與爲狄人臣奚以異⑥!且吾聞之,不以所用養害所養⑦。"因杖筴而去之⑧。民相連而從之⑨,遂成國於岐山之下⑩。夫大王亶父,可謂能尊生矣⑪。能尊生者,雖貴富不以養傷身⑫,雖貧賤不以利累形。今世之人居高官尊爵者,皆重失之⑬,見利輕亡其身⑭,豈不惑哉!

## 【校注】

①亶(dǎn)父:周文王祖父。陸德明《釋文》:"亶,丁但反。"成玄英疏:"亶父,王季之父,文王之祖也。"　邠(bīn):同"豳",地名。王叔岷《校詮》:"《詩·緜篇·正義》、《文選》干令升《晉紀總論》注、《御覽》引邠皆作豳,豳與邠同。"

②狄:古代北方一少數民族。成玄英疏:"狄人,獫狁也。國鄰戎虜,故爲狄人攻伐。"

③事:貢奉。下同。成玄英疏:"事,奉也。"

④成玄英疏:"狄人貪殘,意在土地,我不忍傷殺。"

⑤勉:勉力。成玄英疏:"汝勉力居之。"

⑥奚:何也。成玄英疏:"奚,何。"

⑦用養:意指土地。成玄英疏:"用養,土地也。"　所養:意指百姓。陸德明《釋文》:"地,所以養人也。今爭以殺人,是以地害人也。"成玄英疏:"所養,百姓也。本用地以養人,今殺人以存地,故不可也。"

⑧筴:同"策"。陸德明《釋文》:"筴,初革反。"成玄英疏:"因拄杖而去。"

⑨連:續也。成玄英疏:"民相連續。"王叔岷《校詮》引奚侗云:"此言民連續而從之。《孟子》:'仁人也,不可失也,從之者如歸市。'《家語·好生篇》同。《淮南·詮言訓》:'乃謝耆老而徙岐州,百姓扶老攜幼以從之。'言'歸市',言'扶老攜幼',皆此所謂'相連'也。"

⑩岐山:今在陝西。成玄英疏:"遂有國於岐陽。"

⑪生:生命,生民。王先謙《集解》:"以生命爲貴。"

⑫養:養尊處優之謂。陸德明《釋文》:"王云:'富貴有養,而不以味養傷身;貧賤無利,而不以求利累形也。'"王先謙《集解》:"有養者不以嗜養傷身,無利者不以求財累形。"王叔岷《校詮》:"《淮南子·人間篇》:'夫不以欲傷生,不以利累形者,世之聖人也。'"

⑬重:重視,看重。　之:指富貴名利。王先謙《集解》:"唯恐失之。"

⑭亡:同"忘"。王叔岷《校詮》:"古鈔卷子本亡作忘,古字通用。"

越人三世弑其君,王子搜患之①,逃乎丹穴②。而越國无君,求王子搜不得,從之丹穴。王子搜不肯出,越人薰之以艾③,乘以玉輿④。王子搜援綏登車⑤,仰天而呼曰:"君乎君乎!獨不可以舍我乎⑥!"王子搜非惡爲君也⑦,惡爲君之患也。若王子搜者,可謂不以國傷生矣。此固越人之所欲得爲君也⑧。

**【校注】**

①搜:王子名也。陸德明《釋文》:"王云:王子名。"　患:憂患。

②丹穴:山洞。成玄英疏:"丹穴,南山洞也。"

③艾:艾草。意指用艾草火熏,使之出山。成玄英疏:"以艾熏之。"

④玉輿:帝王車輦。成玄英疏:"玉輿,君之車輦也。"

⑤援綏:把執車繩。成玄英疏:"援,引也。綏,車上繩也。"王叔岷《校詮》:"《說文》:'綏,車中靶也。'段注:'靶者,轡也。轡在車前,而綏則係於車中,御者執以援登車者,故別之曰車中靶也。'"

⑥舍:舍棄。

⑦惡(wù):厭惡。下同。陸德明《釋文》:"惡,烏路反。下及下章真惡同。"

⑧欲:願望,欲求。成玄英疏:"以其重生輕位,故可屈而爲君也。"

韓魏相與爭侵地①。子華子見昭僖侯②,昭僖侯有憂色。

子華子曰："今使天下書銘於君之前③,書之言曰:'左手攫之則右手廢④,右手攫之則左手廢,然而攫之者必有天下。'君能攫之乎⑤?"昭僖侯曰:"寡人不攫也⑥。"子華子曰:"甚善! 自是觀之⑦,兩臂重於天下也,身亦重於兩臂。韓之輕於天下亦遠矣,今之所爭者,其輕於韓又遠。君固愁身傷生以憂戚不得也⑧!"僖侯曰:"善哉! 教寡人者衆矣,未嘗得聞此言也⑨。"子華子可謂知輕重矣。

## 【校注】

①韓魏:韓國、魏國。成玄英疏:"韓魏相鄰,爭侵土地,干戈既動,勝負未知。"

②華子:人名。陸德明《釋文》:"司馬云:'魏人也。'"成玄英疏:"華子,魏之賢人也。"　昭僖侯:韓國君。陸德明《釋文》:"司馬云:'韓侯。'"成玄英疏:"僖侯,韓國之君也。"

③銘:記也。成玄英疏:"銘,書記也。"

④攫:攫取。陸德明《釋文》:"李云:'取也。'"　廢:棄除,斬除。陸德明《釋文》:"李云:'棄也。'"成玄英疏:"廢,斬去之也。假且書一銘記投之於前,左手取銘則斬去右手,右手取銘則斬去左手。"

⑤能:將。王叔岷《校詮》:"能猶將也。"

⑥成玄英疏:"不能斬兩臂而取六合也。"

⑦是:此。成玄英疏:"於此言而觀察之。"

⑧固:猶"何"。成玄英疏:"而必固憂愁,傷形損性,恐其不得,豈不惑哉!"王先謙《集解》:"憂其不得。"王叔岷《校詮》:"裴學海云:'固猶何也。'(《古虛字集釋》四。)"

⑨成玄英疏:"頓悟其言,嘆之奇妙也。"

魯君聞顏闔得道之人也①,使人以幣先焉②。顏闔守陋閭③，苴布之衣而自飯牛④。魯君之使者至，顏闔自對之⑤。使者曰："此顏闔之家與⑥？"顏闔對曰："此闔之家也。"使者致幣⑦，顏闔對曰："恐聽者謬而遺使者罪⑧，不若審之⑨。"使者還，反審之⑩，復來求之，則不得已⑪。故若顏闔者，真惡富貴也⑫。故曰：道之真以治身，其緒餘以爲國家⑬，其土苴以治天下⑭。由此觀之，帝王之功，聖人之餘事也，非所以完身養生也⑮。今世俗之君子，多危身棄生以殉物⑯，豈不悲哉！凡聖人之動作也，必察其所以之與其所以爲⑰。今且有人於此，以隨侯之珠彈千仞之雀⑱，世必笑之。是何也？則其所用者重而所要者輕也⑲。夫生者，豈特隨侯之重哉⑳！

【校注】

①魯君：魯哀公。陸德明《釋文》："一本作魯侯。李云：哀公也。"
　顏闔：魯國隱者。成玄英疏："姓顏，名闔，魯人，隱者也。"

②幣：錢幣。　　先：先行。成玄英疏："遣使人齎持幣帛，先通其意。"

③守：居守。成玄英疏："居疏陋之閭巷。"

④苴(jū)：子麻。成玄英疏："苴布，子麻布也。"　　飯：動詞，飼也。成玄英疏："飯，飼也。"

⑤對：應對。

⑥與：同"歟"。陸德明《釋文》："與音餘。"

⑦致：送致，送上。

⑧謬：謬誤。郭慶藩《集釋》引俞樾曰："上者字衍文。恐聽謬而遺使者罪，恐其以誤聽得罪也。"　　遺(wèi)：與也。陸德明《釋文》："遺，唯季反。下皆同。"成玄英疏："遺，與也。"

⑨審：審查。

⑩反：同"返"。

⑪已：猶“也”。王先謙《集解》：“已避去。”王叔岷《校詮》：“《草堂詩箋》五引並作也，也猶已也。”

⑫惡：厭惡。

⑬緒餘：殘餘。陸德明《釋文》：“司馬云：‘緒者，殘也，謂殘餘也。’”

⑭土苴：糞草。陸德明《釋文》：“司馬云：‘土苴，如糞草也。’李云：‘土苴，糟粕也。’”成玄英疏：“土，糞也。苴，草也。夫用真道以持身者，必以國家爲殘餘之事，將天下同於草土者也。”

⑮完：全。

⑯殉：逐。成玄英疏：“殉，逐也。”

⑰所以之、所以爲：意指要做之事與做事目標。陸德明《釋文》引王叔之云：“所以之者，謂德所加之方也。所爲者，謂所以待物也。”王叔岷《校詮》：“聖人之所以之、所以爲，必不致危身棄生以殉物也。”

⑱隨侯：隨國君。成玄英疏：“隨國近濮水，濮水出寶珠，即是靈蛇所銜以報恩，隨侯所得者，故謂之隨侯之珠也。”王叔岷《校詮》：“《説苑・雜言篇》：‘隋侯之珠，國之寶也。’《劉子・適才篇》：‘蛇［口銜］之珠，百代之傳璧。’”

⑲要：求也。成玄英疏：“所求者輕，所用者重，傷生殉物，其義亦然也。”

⑳豈特：豈但。　隨侯之重：應爲“隨侯珠之重”。郭慶藩《集釋》引俞樾曰：“隨侯下當有珠字。若無珠字，文義不足。《吕氏春秋・貴生篇》作‘夫生豈特隨侯珠之重哉’，當據補。”劉文典《補正》：“俞説是也。《意林》引‘隨侯’下有‘珠’字，是其證也。”

　　子列子窮①，容貌有飢色。客有言之於鄭子陽者曰②：“列御寇，蓋有道之士也，居君之國而窮，君无乃爲不好士乎③？”鄭子陽即令官遺之粟④。子列子見使者，再拜而辭⑤。使者去，子列子入，其妻望之而拊心曰⑥：“妾聞爲有道者之妻子，皆得佚樂⑦，今有飢色。君過而遺先生食⑧，先生不受，豈不命邪⑨！"子列子笑謂之曰："君非自知我也。以人之言而遺我粟，至其罪我也又且以人之言⑩，此吾所以不受也。"其卒，民果作難而殺子陽⑪。

【校注】

①列子：列禦寇。後有《列子》一書，係魏晉人僞託。成玄英疏："禦寇，鄭人也，有道而窮。"王叔岷《校詮》："《吕氏春秋・觀世篇》本此文。《列子・天瑞篇》：'子列子居鄭圃，四十年人無識者。'"

②子陽：鄭國宰相。成玄英疏："子陽，鄭相也。"

③好(hào)士：尚賢。陸德明《釋文》："好，呼報反。"成玄英疏："子陽不好賢士，遠遊之客譏刺子陽。"

④遺(wèi)：贈。下同。　之：指列子。成玄英疏："命召主倉之官，令與之粟。"

⑤辭：辭讓，謝絶。成玄英疏："禦寇清高，辭謝不受也。"

⑥拊：同"撫"。陸德明《釋文》："拊，徐音撫。"王叔岷《校詮》："《御覽》五〇七引皇甫謐《高士傳》拊作撫，拊、撫古今字。"

⑦佚：同"逸"。陸德明《釋文》："佚音逸。"

⑧過：過問。王先謙《集解》："言相君過聽，有此嘉惠。"

⑨不：非。王叔岷《校詮》："《吕氏春秋》、《高士傳》皆作'豈非命也哉'。"

⑩罪：治罪。王叔岷《校詮》："《意林》引且作恐。《新序》且作將，義同。"

⑪其卒：結果。郭慶藩《集釋》引俞樾曰："子陽事見《吕覽・適威篇》、《淮南・氾論訓》。至《史記・鄭世家》則云：繻公二十五年，鄭公殺其相子陽。"

　　楚昭王失國①，屠羊説走而從於昭王②。昭王反國③，將賞從者及屠羊説。屠羊説曰："大王失國，説失屠羊；大王反國,説亦反屠羊。臣之爵禄已復矣,又何賞之有!"王曰:"强之④!"屠羊説曰:"大王失國,非臣之罪,故不敢伏其誅;大王反國,非臣之功,故不敢當其賞⑤。"王曰:"見之⑥!"屠羊説曰:"楚國之法,必有重賞大功而後得見,今臣之知不足以存國⑦,而勇不足以死寇⑧。吴軍入郢⑨,説畏難而避寇,非故隨大王也⑩。今大王欲廢法毁約而見説⑪,此非臣之所以聞於天下也。"王謂司馬子綦曰⑫:"屠羊説居處卑賤而陳義甚高,子其爲我延之以三旌之位⑬。"屠羊説曰:"夫三旌之位,吾知其貴於屠羊之肆也⑭;萬鍾之禄⑮,吾知其富於屠羊之利也;然豈可以貪爵禄而使吾君有妄施之名乎⑯! 説不敢當,願復反吾屠羊之肆。"遂不受也⑰。

## 【校注】

①楚昭王:楚國君。陸德明《釋文》:"名軫,平王子。"　　失:喪失。成玄英疏:"伍奢、伍尚遭平王誅戮,子胥奔吴而耕於野,後至吴王闔閭之世,請兵伐楚,遂破楚入郢以雪父之讎。其時昭王窘急,棄走奔隨,又奔於鄭。"

②屠羊説:屠羊人,名説。陸德明《釋文》:"説音悦。"成玄英疏:"有屠羊賤人名説,從王奔走。"

③反:同"返"。下同。

④强:强行。王先謙《集解》:"强令受賞。"

⑤當:猶"受"。王叔岷《校詮》:"裴學海云:'當猶受也,《韓詩外傳》八當作受。'"

⑥見:接見。

⑦知:同"智"。陸德明《釋文》:"知音智。"

⑧死:動詞,意謂"殺死"。

⑨郢:楚國都。

⑨故:故意,執意。

⑪約:意亦指法令。王先謙《集解》:"約,與百姓共守法之約。"

⑫司馬子綦:人名。王叔岷《校詮》:"《史記·陳世家》:'白公勝殺
令尹子西、子綦。'"

⑬其:覆宋本、世德堂本皆作"綦",係衍文。郭慶藩《集釋》引俞樾
曰:"此昭王自與司馬子綦言,當稱子,不當稱子綦,綦字衍文。"

延:延請,聘請。　　三旌:三公。陸德明《釋文》:"三公位也。司
馬本作三珪,云:'謂諸侯之三卿皆執珪也。'"王先謙《集解》:"宣
云:'車服各有旌別,故曰三旌。'"

⑭肆:店鋪,作坊。

⑮鍾:量器。古代俸祿以糧穀計算,"萬鍾"謂厚祿。

⑯妄施:不合情理之施與。

⑰遂:竟。王先謙《集解》:"遂,竟也。"

　　原憲居魯①,環堵之室②,茨以生草③;蓬戶不完④,桑以爲
樞⑤;而甕牖二室⑥,褐以爲塞⑦;上漏下溼,匡坐而弦⑧。子貢
乘大馬⑨,中紺而表素⑩,軒車不容巷⑪,往見原憲。原憲華冠
縰履⑫,杖藜而應門⑬。子貢曰:"嘻!先生何病?"原憲應之
曰:"憲聞之,无財謂之貧,學而不能行謂之病。今憲,貧也,
非病也。"子貢逡巡而有愧色⑭。原憲笑曰:"夫希世而行⑮,
比周而友⑯,學以爲人,教以爲己⑰,仁義之慝⑱,輿馬之飾,憲
不忍爲也⑲。"

【校注】

①原憲:孔子弟子。此爲寓言。王叔岷《校詮》:"《史記·仲尼弟子
列傳》:'原憲,字子思。'《集解》引鄭玄曰:'魯人。'"

②還堵:周環各一堵。成玄英疏:"周環各一堵,謂之環堵,猶方丈之
室也。"

③茨:草蓋之屋頂。陸德明《釋文》:"李云:'蓋屋也。'"成玄英疏:
　"以草蓋屋,謂之茨也。"　　生草:長草。郭慶藩《集釋》:"生者,
　謂新生未乾之草,即牽蘿補屋之意也。"

④蓬户:蓬草所作之門扉。陸德明《釋文》:"織蓬爲户。"成玄英疏:
　"蓬作門扉。"　　完:完整,完全。王叔岷《校詮》:"《初學記》一八
　引完作掩。"

⑤桑:桑樹條。陸德明《釋文》:"司馬云:'屈桑條爲户樞也。'"成玄
　英疏:"桑條爲樞。"　　樞:門臼,門軸。

⑥甕牖:以破罐爲窗户。陸德明《釋文》:"司馬云:'破甕爲牖。'"
　二室:意謂夫妻各居一室。陸德明《釋文》:"司馬云:'夫妻各
　一室。'"

⑦褐:麻織短衣。陸德明《釋文》:"以褐衣塞牖也。"成玄英疏:"褐,
　粗衣也。"

⑧匡:正也。陸德明《釋文》:"司馬云:'匡,正也。'"　　弦:弦歌。
　陸德明《釋文》:"弦謂弦歌。"成玄英疏:"逢雨淫而弦歌自娱,知
　命安貧,所以然也。"

⑨子貢:孔子弟子。成玄英疏:"子貢,孔子弟子,名賜,能言語,好
　榮華。"

⑩紺(gàn):帶紅深青色。王叔岷《校詮》:"《説文》:'紺,帛深青而
　揚赤色也。'《廣雅·釋器》:'紺,青也。'"　　素:白色。陸德明
　《釋文》:"李云:'紺爲中衣,加素爲表。'"成玄英疏:"其軒蓋是白
　素,(裏)[裏]爲紺色。"

⑪容:容納。成玄英疏:"車馬高大,故巷道不容也。"

⑫華:同"樺"。陸德明《釋文》:"華,胡化反。以華皮爲冠。"王叔岷
　《校詮》:"華借爲樺,《説文》:'樺,樺木也,讀若華。樺,或從蒦。'
　段注:'樺、樺古今字也。司馬《上林賦》字作華,師古曰:華,即今
　之樺,皮貼弓者。《莊子》華冠,亦謂樺皮爲冠也。樺者,俗字

也。'《韻府群玉》一六引此作樺。" 縰（xǐ）：躡，踏。陸德明《釋文》："《三蒼解詁》作躧，云：'躡也。'……李云：'縰履，謂履無跟也。'"成玄英疏："縰，躡也。"

⑬藜：一種草屬植物。陸德明《釋文》："以藜爲杖也。"成玄英疏："用藜藋爲杖，貧無僕使，故自應門也。"

⑭逡巡：猶疑不決。陸德明《釋文》："逡巡，七旬反。"成玄英疏："逡巡，却退貌也。"

⑮希：顧望。陸德明《釋文》："司馬云：'希，望也。所行常顧世譽而動，故曰希世而行。'"

⑯比周：意謂親密。成玄英疏："周旋親比，以結朋黨。"王叔岷《校詮》："'比周'一詞，古書習見。《説文》比、周並訓密，即親密之意。《淮南子·泰族篇》：'朋黨比周，各推所與。'與'比周而友'義近。"

⑰陸德明《釋文》："學當爲己，教當爲人，今反不然也。"王叔岷《校詮》："《論語·憲問篇》：'子曰：古之學者爲己，今之學者爲人。'"

⑱慝（tè）：姦惡。陸德明《釋文》："慝，吐得反，惡也。司馬云：'謂依託仁義爲姦惡。'"成玄英疏："慝，姦惡也。"

⑲成玄英疏："託仁義以爲姦惡，飾車馬以衒矜夸，君子恥之，不忍爲之也。"

曾子居衛①，緼袍无表②，顏色腫噲③，手足胼胝④。三日不舉火⑤，十年不製衣⑥，正冠而纓絶⑦，捉衿而肘見⑧，納屨而踵決⑨。曳縰而歌《商頌》⑩，聲滿天地，若出金石⑪。天子不得臣，諸侯不得友⑫。故養志者忘形，養形者忘利，致道者忘心矣⑬。

【校注】

①曾子：曾參，孔子弟子。此爲寓言。

②縕袍:以麻縕爲袍絮。陸德明《釋文》:"縕,紆紛反。司馬云:'謂麻縕爲絮,《論語》云衣敝縕袍是也。'"　表:意指袍之表面。成玄英疏:"以麻縕袍絮,復無表裏也。"

③顏色:面色。　腫噲(kuài):浮腫病重之貌。陸德明《釋文》:"王云:'盈虛不常之貌。'"郭慶藩《集釋》:"據《說文》:'噲,咽也。一曰:嚵,噲也。'疑字當爲瘤,病甚也。通作殨,腫決曰殨。《說文》:'瘤,病也。一曰腫旁出。'噲、殨、瘣,並一聲之轉。"

④胼胝(piánzhī):繭,動詞。成玄英疏:"每日力作,故生胼胝。"

⑤舉火:做飯。成玄英疏:"三日不營熟食。"

⑥製:做。成玄英疏:"十年不製新衣。"

⑦正:扶正,端正。　絶:斷。成玄英疏:"繩爛正冠而纓斷。"

⑧衿:同"襟"。王叔岷《校詮》:"(矜)[衿]與襟同,《白帖》七、《事類賦》一一《樂部注》、《錦繡萬花谷前集》二四引(矜)[衿]皆作襟。"　見:同"現"。陸德明《釋文》:"見,賢遍反。"成玄英疏:"袖破捉衿而肘見。"

⑨納履:破陋之履。　踵決:意指履之後跟破壞。成玄英疏:"履敗納之而(根)[跟]後決也。"

⑩曳:拖踏。　縰:同"屣"。錢穆《纂箋》:"馬叙倫曰:'當依《御覽》作屣。'"王叔岷《校詮》:"《書鈔》一〇六引縰作屐,《御覽》三八八引作屣,屐疑屣之誤,縰與屣通。(詳上文。)《御覽》五七一、《事類賦》一一注、《事文類聚別集》引此皆作履。《韻府群玉》一六兩引此文,一引作履,一引作屣。《韓詩外傳》'曳縰'作'曳杖',《新序》作'曳杖拖履'。"　商頌:《詩經》中之篇什。

⑪成玄英疏:"韻叶宮商,察其詞理,雅符天地,聲氣清虛,又諧金石,風調高素,超絶人倫。"

⑫臣、友:爲臣、爲友。成玄英疏:"故不與天子爲臣,不與諸侯爲友也。"王叔岷《校詮》引奚侗云:"《韓詩外傳》、《新序·節士篇》並

以此爲原憲事。”

⑬心：意指心術。成玄英疏：“得道之人，(志)[忘]心知之術也。”

孔子謂顏回曰①：“回來②！家貧居卑，胡不仕乎？”顏回對曰：“不願仕。回有郭外之田五十畝③，足以給飦粥④；郭内之田十畝，足以爲絲麻；鼓琴，足以自娱；所學夫子之道者，足以自樂也。回不願仕。”孔子愀然變容曰⑤：“善哉回之意！丘聞之：‘知足者不以利自累也，審自得者失之而不懼⑥，行脩於内者无位而不怍⑦。’丘誦之久矣，今於回而後見之，是丘之得也⑧。”

【校注】

①顏回：孔子弟子。此爲寓言。

②來：語氣詞。

③郭：城郭。

④給：供給。　飦(zhān)：糜或厚粥。陸德明《釋文》：“飦，之然反。字或作饘。《廣雅》云：‘糜也。’一云：紀言反。《家語》云：‘厚粥。’一音干，謂干餅。”

⑤愀(qiǎn)：變化貌。錢穆《纂箋》引奚侗曰：“《禮·哀公問》鄭注：‘愀然，變動貌。’”

⑥審：察知，知悉。　之：意指利。王先謙《集解》：“之，即謂利。”

⑦位：官位。　怍：羞慚。陸德明《釋文》：“怍，在洛反。《爾雅》云：‘慙也。’”成玄英疏：“怍，羞也。”

⑧得：獲得，收穫。成玄英疏：“今勸回仕，豈非失言！因回反照，故言丘得之矣。”王先謙《集解》：“喜得此人也。”

中山公子牟謂瞻子曰①：“身在江海之上，心居乎魏闕之下②，奈何？”瞻子曰：“重生，重生則利輕③。”中山公子牟曰：“雖知之，未能自勝也④。”瞻子曰：“不能自勝則從⑤，神无惡乎⑥？不能自勝而强不從者，此之謂重傷⑦。重傷之人，无壽類矣⑧。"魏牟，萬乘之公子也，其隱巖穴也，難爲於布衣之士⑨；雖未至乎道，可謂有其意矣⑩。

## 【校注】

①公子牟：人名。陸德明《釋文》："司馬云：'魏之公子，封中山，名牟。'"　瞻子：人名。成玄英疏："瞻子，魏之賢人也。"

②魏闕：王宫外之門闕。陸德明《釋文》："象魏觀闕，人君門也，言心存榮貴。許慎云：'天子兩觀也。'"王叔岷《校詮》引《淮南子·俶真篇》高注："魏闕，王者門外闕也，所以縣教象之書於象魏也。巍巍高大，故曰魏闕。言真人雖在遠方，心存王也。"

③重：重視，尊重。與"輕"對言。陸德明《釋文》："李云：'重存生之道者，則名利輕。'"成玄英疏："重於生道，則輕於榮利，榮利既輕，則不思魏闕。"王先謙《集解》："宣云：'重生，猶尊生。'"

④勝：勝任，把持。成玄英疏："雖知重於生道，未能勝於情欲。"

⑤從：順從。王叔岷《校詮》："《淮南子·道應篇》作'不能自勝則從之，從之，神無怨乎'，句讀明白，文意完好，當從之。此文'從'下蓋脱'之從之'三字。"

⑥神：心神。成玄英疏："從順心神。"　惡（wù）：厭惡。陸德明《釋文》："惡，烏路反。"成玄英疏："妄生嫌惡。"

⑦重傷：再傷。陸德明《釋文》："重，直用反。"郭慶藩《集釋》引俞樾曰："重傷，猶再傷也。"

⑧壽類：與壽爲類。成玄英疏："如此之人，自然夭折，故不得與壽考者爲儕類也。"

⑨難爲：意謂艱難居處。成玄英疏："身履艱辛。"

⑩意：志也。成玄英疏："雖未階乎玄道，而有清高之志，足以激貪勵俗也。"王叔岷《校詮》："《説文》：'意，志也。''其有意'，謂有'至乎道'之志也。"

　　孔子窮於陳蔡之間[1]，七日不火食，藜羹不糝[2]，顏色甚憊[3]，而弦歌於室。顏回擇菜[4]，子路、子貢相與言曰："夫子再逐於魯，削迹於衛，伐樹於宋，窮於商周，圍於陳蔡[5]，殺夫子者无罪[6]，藉夫子者无禁[7]。弦歌鼓琴，未嘗絶音，君子之无恥也若此乎[8]？"顏回无以應，入告孔子。孔子推琴，喟然而歎曰[9]："由與賜，細人也[10]。召而來，吾語之[11]。"子路、子貢入。子路曰："如此者可謂窮矣[12]！"孔子曰："是何言也！君子通於道之謂通，窮於道之謂窮。今丘抱仁義之道以遭亂世之患，其何窮之爲[13]！故內省而不窮於道[14]，臨難而不失其德，天寒既至[15]，霜雪既降，吾是以知松柏之茂也。陳蔡之隘[16]，於丘其幸乎[17]！"孔子削然反琴而弦歌[18]，子路扢然執干而舞[19]。子貢曰："吾不知天之高也，地之下也。"古之得道者，窮亦樂，通亦樂。所樂非窮通也，道德於此[20]，則窮通爲寒暑風雨之序矣[21]。故許由娛於潁陽[22]，而共伯得乎丘首[23]。

**【校注】**

①窮：困也。　　陳、蔡：二國名。孔子曾被困於此。成玄英疏："陳蔡之事，外篇已解。"錢穆《纂箋》："吳汝綸曰：'此《吕覽·慎人篇》文。'"

②藜：灰藋，灰菜。　　糝（sǎn）：米粒。陸德明《釋文》："糝，素感反。"成玄英疏："藜菜之羹，不加米糝。"王叔岷《校詮》："糝、糂古今字，《説文》：'糂，以米和羹也。一曰：粒也。糁，古文糂從參。'"

③顏色：面色。　　憊：衰憊。成玄英疏："顏色衰憊。"

④擇：擇采。錢穆《纂箋》："奚侗曰：'《吕覽·慎人》擇菜下有於外二字。'"

⑤此皆孔子遭受挫折之事跡。成玄英疏："仕於魯而被放，遊於衛而

遭削跡,講於宋樹下而司馬桓魋欲殺夫子,憎其坐處,遂伐其樹。"

⑥成玄英疏:"宋司馬桓魋欲殺孔子。"

⑦藉:詆毀,凌辱。陸德明《釋文》:"藉,毀也。又云:凌藉也。"成玄英疏:"欲殺夫子,當無罪咎,凌藉之者,應無禁忌。"

⑧无恥:不知恥辱。成玄英疏:"由賜未達,故發斯言。"王叔岷《校詮》:"《呂氏春秋》恥作醜,高注:'醜猶恥也。'醜、恥同義。"

⑨喟然:嗟歎。成玄英疏:"喟然,嗟歎貌。"

⑩細:小,細碎。成玄英疏:"由與賜,細碎之人也。"王叔岷《校詮》:"《呂氏春秋》、《風俗通》細並作小,義同。"

⑪語(yù):言説,動詞。陸德明《釋文》:"語,魚據反。"

⑫許:應爲"謂"。王叔岷《校詮》:"許乃謂之誤,各本皆作謂,《呂氏春秋》、《風俗通》並同。"

⑬爲:猶"謂"。郭慶藩《集釋》:"爲猶謂也。古謂、爲二字義通。《呂氏春秋·慎人篇》作何窮之謂。"

⑭窮:應爲"疚"。王叔岷《校詮》:"《呂氏春秋》、《風俗通》窮並作疚,此作窮,疑涉上'其何窮之爲'而誤。《論語·顏淵篇》:'子曰:内省不疚,夫何憂何懼!'"

⑮天:應爲"大"。錢穆《纂箋》引俞樾曰:"天當爲大。《魯語》:'大寒降。'"

⑯隘:同"厄"。陸德明《釋文》:"隘音厄。"王叔岷《校詮》:"《風俗通》隘作厄。"

⑰幸:幸運。成玄英疏:"歲寒別木,處窮知士,因難顯德,可謂幸矣。"

⑱削:同"列",借爲"厲"。王叔岷《校詮》引奚侗曰:"削當作列,字形相似而誤。列借作厲,《論語》'子溫而厲',皇疏:'厲,嚴也。'《禮·祭法》'厲山氏之有天下也',鄭注:'厲山氏,炎帝也,起於厲山,或曰烈山氏。'《左傳》及《魯語》作列山,是列、厲相借之證。

《呂覽·慎人篇》正作'孔子烈然返瑟而弦'。" 反：同"返"。王
叔岷《校詮》："《册府元龜》引《呂氏春秋》'烈然返瑟'作'列然返
琴'，'返琴'與《莊子》'反琴'合，與上文言'推琴'亦相應。反、
返古今字。"

⑲扢(qì)然：威武之狀。陸德明《釋文》："李云：'奮舞貌。'"成玄英
疏："扢然，奮勇貌也。" 干：盾，武器。陸德明《釋文》："干，楯
也。"成玄英疏："彼此歡娛也。"

⑳德：應爲"得"。郭慶藩《集釋》引俞樾曰："德當爲得。《呂覽·慎
人篇》作道得於此，則窮達一也，爲寒暑風雨之序矣。疑此文窮通
下，亦當有一也二字，而今奪之。"王叔岷《校詮》："古鈔卷子本德
正作得，疏言'得道之人'，是成本原亦作得矣。"

㉑序：秩序，規律。成玄英疏："故得道之人，處窮通而常樂，譬之風
雨，何足介懷乎！"

㉒娛：樂也。陸德明《釋文》："娛，樂也。" 潁陽：地名。成玄英
疏："潁陽，地名，在襄陽，未爲定地名也。故許由娛樂於潁水。"

㉓共伯：周武王之孫。成玄英疏："共伯，名和，周王之孫也，懷道抱
德，食封於共。屬王之難，天子曠絕，諸侯知共伯賢，請立爲王，共
伯不聽，辭不獲免，遂即王位。一十四年，天下大旱，舍屋生火，卜
曰：'屬王爲祟。'遂廢共伯而立宣王。共伯退歸，還食本邑，立之
不喜，廢之不怨，逍遙於丘首之山。" 丘首：山名。亦作"共首"。
陸德明《釋文》："共丘山，今在河內共縣西。《魯連子》云：'共伯
後歸於國，得意共山之首。'"郭慶藩《集釋》："疑共首即共頭也。
《荀子·儒效篇》'至共頭而山隧'，楊倞注：'共，河內縣名，共頭
蓋共縣之山名。'"王叔岷《校詮》："共頭，亦見《淮南子》，《兵略
篇》云：'武王伐紂，至共頭而山墜。'……許注：'共頭，山名，在河
曲共山。'"

舜以天下讓其友北人无擇①，北人无擇曰："異哉后之爲

人也②,居於畎畝之中而遊堯之門③!不若是而已④,又欲以其辱行漫我⑤。吾羞見之。"因自投清泠之淵⑥。

【校注】

①北人无擇:人名。成玄英疏:"北方之人,名曰無擇,舜之友人也。"郭慶藩《集釋》引俞樾曰:"《廣韻·二十五德》北字注:'古有北人無擇。'則北人是複姓。《漢書·古今人表》作'北人亡擇'。"錢穆《纂箋》:"吳汝綸曰:'此《吕覽·離俗篇》文,《淮南·齊俗篇》同。'"

②后:帝王。下同。成玄英疏:"后,君也。"

③畎畝:田間陌上。陸德明《釋文》:"司馬云:'壟上曰畝,壟中曰畎。'"

④若是:如此。成玄英疏:"舜耕於歷山,長於壟畝,遊堯門闕,受堯禪讓,其事跡豈不如是乎?"

⑤辱行:恥辱行爲。　漫:塗汙。下同。成玄英疏:"又欲將恥辱之行汙漫於我。"王先謙《集解》:"漫,汙也。"王叔岷《校詮》引奚侗云:"漫,段作槾,《説文》:'槾,杇也。'今槾杇字作漫汙。"

⑥清泠之淵:水名。陸德明《釋文》:"《山海經》云:'在江南。'一云:在南陽郡西崿山下。"成玄英疏:"清泠淵在南陽西崿縣界。"

湯將伐桀①,因卞隨而謀②,卞隨曰:"非吾事也。"湯曰:"孰可?"曰:"吾不知也。"湯又因務光而謀③,務光曰:"非吾事也。"湯曰:"孰可?"曰:"吾不知也。"湯曰:"伊尹何如④?"曰:"强力忍垢⑤,吾不知其他也。"湯遂與伊尹謀伐桀,剋之⑥,以讓卞隨⑦。卞隨辭曰:"后之伐桀也謀乎我,必以我爲賊也⑧;勝桀而讓我,必以我爲貪也。吾生乎亂世,而无道之人再來漫我以其辱行,吾不忍數聞也⑨。"乃自投椆水而死⑩。湯又讓務光曰:"知者謀之⑪,武者遂之⑫,仁者居之,古之道也。吾子胡不立乎⑬?"務光辭曰:"廢上,非義也⑭;殺民,非仁也⑮;人犯其難,我享其利,非廉也⑯。吾聞之曰:非其義者,不受其祿。无道之世,不踐其土。況尊我乎! 吾不忍久見也。"乃負石而自沈於廬水⑰。

【校注】

①湯:商代開國之君。　桀:夏朝末代之君。錢穆《纂箋》:"吳汝綸曰:'此亦《離俗篇》文。'"

②因:從,與。成玄英疏:"湯知其賢,因之謀議。"　卞隨:人名。成玄英疏:"姓卞,名隨……懷道之人,隱者也。"

③務光:人名。成玄英疏:"姓務,名光,並懷道之人,隱者也。"

④伊尹:傳助湯滅夏,爲著名賢臣。成玄英疏:"姓伊,名尹,字贄,佐世之賢人也。"

⑤垢:應爲"詬",覆宋本、世德堂本皆作"詬",借爲"訽"。陸德明《釋文》:"司馬云:'詬,辱也。'"成玄英疏:"詬,恥辱也。"錢穆《纂箋》:"朱駿聲曰:'詬借爲訽,恥也。'"王叔岷《校詮》:"《御覽》四二四引此垢作訽,《列仙傳》亦作訽。(《抱朴子·道義篇》'忍訽之臣',字亦作訽。)《呂氏春秋》作詢,《説文》:'訽,謑詬,恥也。詢,詬或从句。'"

⑥剋:同"克"。王叔岷《校詮》:"剋、尅並勊之俗變,勊、克正假字。《説文》:'勊,尤劇也。'段注:'剋者,以力制勝之謂,故其事爲尤勞。'"

⑦讓:辭讓。意指辭讓君位。

⑧賊:鬼祟,意謂詭計多端。

⑨數:多次。

⑩椆水:水名。陸德明《釋文》:"司馬本作洞,云:'洞水在潁川。'一云:在范陽郡界。"

⑪知:同"智"。陸德明《釋文》:"知音智。"

⑫遂：成也。王叔岷《校詮》：“《吕氏春秋》高注：‘遂，成也。’”

⑬吾子：你。　立：同“位”。王叔岷《校詮》：“《吕氏春秋》‘立乎’作‘位之’，下更有‘請相吾子’四字。‘位之’與‘立乎’同義。立、位古通，《周禮・春官》小宗伯‘嘗建國之神位’，鄭注：‘故書位作立，鄭司農云：立讀爲位，古者立、位同字。’即其證。之猶乎也，《小爾雅・廣訓》：‘之，乎也。’”

⑭廢：除也。成玄英疏：“廢上，謂放桀也。”

⑮成玄英疏：“殺民，謂征戰也。”

⑯廉：廉潔。成玄英疏：“犯其難，謂遭誅戮也。我享其利，謂受禄也。”

⑰廬水：水名。陸德明《釋文》：“廬水，司馬本作盧水，在遼東西界。一云在北平郡界。”

昔周之興，有士二人處於孤竹①，曰伯夷、叔齊②。二人相謂曰：“吾聞西方有人，似有道者，試往觀焉③。”至於岐陽，武王聞之，使叔旦往見之④，與盟曰⑤：“加富二等，就官一列⑥。”血牲而埋之⑦。二人相視而笑曰：“嘻，異哉！此非吾所謂道也。昔者神農之有天下也⑧，時祀盡敬而不祈喜⑨；其於人也，忠信盡治而无求焉⑩。樂與政爲政，樂與治爲治⑪，不以人之壞自成也⑫，不以人之卑自高也，不以遭時自利也⑬。今周見殷之亂而遽爲政⑭，上謀而下行貨⑮，阻兵而保威⑯，割牲而盟以爲信⑰，揚行以悦衆⑱，殺伐以要利⑲，是推亂以易暴也⑳。吾聞古之士，遭治世不避其任，遇亂世不爲苟存。今天下闇，周德衰，其並乎周以塗吾身也㉑，不如避之以絜吾行㉒。”二子北至於首陽之山㉓，遂餓而死焉。若伯夷、叔齊者，其於富貴也，苟可得已㉔，則必不賴㉕。高節戾行㉖，獨樂其志，不事於世㉗，此二士之節也。

## 【校注】

①周:周朝。　　孤竹:國名。陸德明《釋文》:"司馬云:'孤竹國在
遼東令支縣界。'"

②伯夷、叔齊:孤竹國君之二子。陸德明《釋文》:"伯夷、叔齊,其君
之二子也。"

③焉:猶"之"。成玄英疏:"伯夷、叔齊,兄弟讓位,聞文王有道,故
往觀之。夷、齊事跡,外篇已解矣。"王叔岷《校詮》:"焉猶之也。"

④叔旦:周公旦。成玄英疏:"岐陽是岐山之陽,文王所都之地,今扶
風是也。周公名旦,是武王之弟,故曰叔旦也。"

⑤盟:盟誓。成玄英疏:"故令周公與其盟誓。"

⑥二等、一列:爵祿之謂。成玄英疏:"加祿二級,授官一列。"

⑦血牲:爲盟誓宰殺牲畜。成玄英疏:"仍牲血釁其盟書,埋之壇
下也。"

⑧神農:傳爲上古帝王。

⑨時祀:四時祭祀。成玄英疏:"神農之世淳樸未殘,四時祭祀,盡於
恭敬。"　　祈喜:求福。成玄英疏:"祈,求也。喜,福也。"郭慶藩
《集釋》引俞樾曰:"喜當作禧。《爾雅·釋詁》:'禧,福也。'不祈
禧者,不祈福也。"

⑩治:治理。成玄英疏:"其百姓忠誠信實,緝理而已,無所求焉。"

⑪成玄英疏:"爲政順事,百姓緝理,從於物情。"錢穆《纂箋》引俞樾
曰:"《呂氏·誠廉》作'樂正與爲正,樂治與爲治',疑此文亦當
同。"王叔岷《校詮》:"政與正通,《論語·顏淵篇》:'孔子曰:政
者,正也。'《説文》:'政,正也。'"

⑫壞:災難。成玄英疏:"終不幸人之災以爲己福,願人之險以爲己
利也。"

⑬遭時:逢時運。

⑭遽:速也。成玄英疏:"遽,速也。速爲治政,彰紂之虐。"

⑮上:同"尚"。　貨:貨利。郭慶藩《集釋》引王念孫曰:"'上謀而下行貨','下'字後人所加也。'上'與'尚'同。'上謀而行貨,阻兵而保威',句法正相對。後人誤讀'上'爲上下之'上',故加'下'字耳。《呂氏春秋·誠廉篇》正作'上謀而行貨,阻兵而保威'。"

⑯阻:恃也。王叔岷《校詮》:"《左》隱四年《傳》'夫州吁阻兵而安忍',杜注説'阻兵'爲'恃兵',阮元《校勘記》引陳樹華云:'《文選·西征賦》注引杜注:阻,恃也。'"

⑰割:宰殺。

⑱揚:僞也。成玄英疏:"顯物行説以化黎庶。"錢穆《纂箋》:"高亨曰:'揚讀爲陽,僞也。'"

⑲要(yāo):求也。陸德明《釋文》:"要,一遥反。"

⑳易:置換。成玄英疏:"可謂推周之亂以易殷之暴也。"王叔岷《校詮》:"《呂氏春秋》作'是以亂易暴也'。《册府元龜》引作'是亂以易亂,暴以易暴也'。"

㉑其:猶"與其"。王先謙《集解》:"其,猶與其。"王叔岷《校詮》:"《呂氏春秋》其上有與字。"　並:猶"依傍"。王先謙《集解》:"並,依。"王叔岷《校詮》:"《達生篇》'使弟子並流而拯之',並亦借爲傍。"　塗:污也。成玄英疏:"塗,汙也。"

㉒絜:同"潔"。成玄英疏:"若與周並存,恐汙吾行,不如逃避。"王叔岷《校詮》:"絜、潔古今字,《呂氏春秋》亦作潔。"

㉓成玄英疏:"首山在蒲州城南近河是也。"

㉔苟:如果,尚且。　已:助詞。

㉕賴:取。錢穆《纂箋》引章炳麟曰:"《方言》:'賴,取也。'"

㉖戾:屬也。王叔岷《校詮》:"《呂氏春秋》戾作屬,古字通用。《詩·小雅·四月》'翰飛戾天',《文選》班孟堅《西都賦》注引《韓詩》戾作屬,即其比。……《荀子·宥坐篇》'是以威屬而不

試’,楊注:‘屬,抗也。’《淮南子·氾論篇》:‘季哀、陳仲子立節抗行,不入洿君之朝,不食亂世之食,遂餓而死。’與伯夷、叔齊相似。彼言‘立節抗行’,與此言‘高節戾行’同旨。”

㉗世:世務,世俗。王叔岷《校詮》:“古鈔卷子本世作勢,《呂氏春秋》作‘不牽於埶’,(高注:牽,拘也。)埶、勢古今字。”

# 盗跖第二十九

【題解】

　　本篇寓言所述孔子與盗跖之事，爲古籍中之罕見者。盗跖之言與楊朱之論無異。篇末無足之言亦爲人性惡之説。通篇申斥申述儒家禮義之虚僞。

　　孔子與柳下季爲友<sup>①</sup>，柳下季之弟名曰盗跖<sup>②</sup>。盗跖從卒九千人，横行天下，侵暴諸侯，穴室樞户<sup>③</sup>，驅人牛馬，取人婦女，貪得忘親，不顧父母兄弟，不祭先祖。所過之邑<sup>④</sup>，大國守城，小國入保<sup>⑤</sup>，萬民苦之。孔子謂柳下季曰："夫爲人父者，必能詔其子<sup>⑥</sup>；爲人兄者，必能教其弟。若父不能詔其子，兄不能教其弟，則无貴父子兄弟之親矣<sup>⑦</sup>。今先生，世之才士也，弟爲盗跖，爲天下害，而弗能教也，丘竊爲先生羞之<sup>⑧</sup>。丘請爲先生往説之<sup>⑨</sup>。"柳下季曰："先生言爲人父者必能詔其子，爲人兄者必能教其弟，若子不聽父之詔，弟不受兄之教，雖今先生之辯，將奈之何哉！且跖之爲人也，心如涌泉，意如飄風，强足以距敵<sup>⑩</sup>，辯足以飾非，順其心則喜，逆其心則怒，易辱人以言。先生必无往。"孔子不聽，顔回爲馭<sup>⑪</sup>，子貢爲右<sup>⑫</sup>，往見盗跖。

## 【校注】

①柳下季:人名。陸德明《釋文》:"《左傳》云:'展禽是魯僖公時人,至孔子生八十餘年,若至子路之死百五六十歲,不得爲友,是寄言也。'"成玄英疏:"姓展,名禽,字季,食采柳下,故謂之柳下季。"章案:此篇文字實爲寓言,於史無徵。

②盜跖(zhí):人名。陸德明《釋文》:"跖,之石反。李奇注《漢書》云:'跖,秦之大盜也。'"郭慶藩《集釋》引俞樾曰:"《史記·伯夷傳·正義》又云:'蹠者,皇帝時大盜之名。'是跖之爲何時人,竟無定説。孔子與柳下惠不同時,柳下惠與盜跖亦不同時,讀者勿以寓言爲實也。"

③穴:穿,穿洞。成玄英疏:"穿穴屋室。" 樞户:應爲"摳户",本亦作"摳户"。意謂探户。錢穆《纂箋》引孫詒讓曰:"樞當爲摳。殷敬順《列子釋文》云:'摳,探也。'"王叔岷《校詮》:"奚侗云:'《闕誤》、劉得一本正作摳。'"

④邑:諸侯國。王叔岷《校詮》:"《廣雅·釋詁四》:'邑,國也。'"

⑤保:同"堡",本亦作"堡"。陸德明《釋文》:"鄭注《禮記》曰:'小城曰保。'"王叔岷《校詮》:"陳碧虛《音義》本保作堡,俗保字。"

⑥詔:教也,與下文"教"互文。陸德明《釋文》:"詔,教也。"王叔岷《校詮》:"詔、教互文,《釋文》是。《吕氏春秋·審分篇》高注:'詔,教也。'"

⑦貴:尊重,貴重。

⑧竊:私下,謙辭。

⑨説(shuì):説服。陸德明《釋文》:"説,始鋭反。"

⑩距:同"拒"。王叔岷《校詮》:"世德堂本距作拒,《記纂淵海》六三引同。距、拒古今字。"

⑪馭:馭車。

⑫右:車上右座。成玄英疏:"子貢驂乘,在車之右也。"

盜跖乃方休卒徒太山之陽①，膾人肝而餔之②。孔子下車而前，見謁者曰③：“魯人孔丘，聞將軍高義，敬再拜謁者④。”謁者入通⑤，盜跖聞之大怒，目如明星，髮上指冠⑥，曰：“此夫魯國之巧僞人孔丘非邪⑦？爲我告之：‘爾作言造語，妄稱文武⑧，冠枝木之冠⑨，帶死牛之脅⑩，多辭謬説⑪，不耕而食，不織而衣，搖脣鼓舌，擅生是非，以迷天下之主，使天下學士不反其本，妄作孝悌，而僥倖於封侯富貴者也⑫。子之罪大極重，疾走歸⑬！不然，我將以子肝益晝餔之膳⑭！’”

【校注】

①陽：南坡。王叔岷《校詮》：“《闕誤》引江南古藏本徒下有於字。（《荀子·勸學篇》楊注謂盜跖‘聚徒九千人於太山之傍’。）”

②膾：切也。王叔岷《校詮》：“膾猶切也，《廣雅·釋言》：‘切，膾也。’”　餔：食也。陸德明《釋文》：“《字林》云：‘日申時食也。’”成玄英疏：“餔，食也。”

③謁者：傳達者。

④謙語。

⑤通：通報。

⑥指冠：猶“衝冠”。王叔岷《校詮》：“《草堂詩箋》一三引指作衝。”

⑦此……非：此非……。

⑧文武：周文王、武王。成玄英疏：“言孔子憲章文武，祖述堯舜。”

⑨枝木之冠：意謂冠飾華美。陸德明《釋文》：“司馬云：‘冠多華飾，如木之枝葉繁。’”王叔岷《校詮》：“宋章如愚《山堂考索前集》三八及四二並云：‘枝木之冠，即章甫也。’案孔子冠章甫之冠，見《禮記·儒行篇》。”

⑩脅：肋也。陸德明《釋文》：“司馬云：‘取牛皮爲大革帶。’”成玄英疏：“脅，肋也。”

⑪繆:繁也。王叔岷《校詮》引章太炎云:"繆猶繁也。《庚桑楚篇》曰:'外韄者不可繁而捉,内韄者不可繆而捉。'《說文》:'繆,枲之十絜也。'故引伸得爲繁,'繁説'與'多辭'同意。"

⑫儌(jiǎo)倖:期望。成玄英疏:"儌倖,冀望也。夫作孝弟,序人倫,意在乎富貴封侯者也。"

⑬疾:速也。

⑭益:補益。　晝餔之膳:意謂午餐。

孔子復通曰:"丘得幸於季①,願望履幕下②。"謁者復通,盜跖曰:"使來前!"孔子趨而進③,避席反走④,再拜盜跖。盜跖大怒,兩展其足⑤,案劍瞋目⑥,聲如乳虎,曰:"丘來前!若所言⑦,順吾意則生,逆吾心則死。"孔子曰:"丘聞之,凡天下有三德:生而長大,美好无雙,少長貴賤見而皆悦之,此上德也;知維天地⑧,能辯諸物,此中德也;勇悍果敢,聚衆率兵,此下德也。凡人有此一德者,足以南面稱孤矣⑨。今將軍兼此三者,身長八尺二寸⑩,面目有光,脣如激丹⑪,齒如齊貝⑫,音中黄鐘⑬,而名曰盜跖,丘竊爲將軍恥不取焉⑭。將軍有意聽臣⑮,臣請南使吳越,北使齊魯,東使宋衛,西使晉楚,使爲將軍造大城數百里,立數十萬户之邑,尊將軍爲諸侯,與天下更始⑯,罷兵休卒,收養昆弟⑰,共祭先祖⑱。此聖人才士之行,而天下之願也⑲。"

【校注】

①幸:幸會。　季:柳下季。成玄英疏:"丘幸其得與賢兄朋友。"

②履幕下:意謂一覷帳幕。成玄英疏:"不敢正覷儀容,願履帳幕之下。"

③趨:疾走,意謙恭。成玄英疏:"趨,疾行也。"

④反走:倒退而行。此亦謙恭之舉。成玄英疏:"反走,却退。"

⑤展:伸也。意其不恭敬。成玄英疏:"兩展其足,伸兩脚也。"

⑥案:同"按"。　　瞋:張大。陸德明《釋文》:"《廣雅》云:
'張也。'"

⑦若:你。

⑧知:同"智"。陸德明《釋文》:"知音智。"　　維:網絡。王叔岷《校
詮》:"維與絡義近。"

⑨南面稱孤:爲君王。

⑩王叔岷《校詮》:"《御覽》三六五引'八尺'作'九尺',當從之。
《史記·孔子世家》:'孔子長九尺有六寸,人皆謂之長人而異
之。'孔子既稱盜跖長大,則跖當不止八尺餘矣。"

⑪激:明也。陸德明《釋文》:"司馬云:'明也。'"

⑫貝:珍珠。陸德明《釋文》:"一本作含貝。"成玄英疏:"貝,珠也。"

⑬黃鐘:樂器或六律之一。王叔岷《校詮》:"《御覽》引作'音中鐘
聲'。《寓言篇》'鳴而當律',《史記·夏本紀》'聲爲律',文義
相近。"

⑭王叔岷《校詮》:"《御覽》引恥下有之字。"

⑮臣:孔子自稱。

⑯更始:更新開始。

⑰昆:兄。王叔岷《校詮》:"與上文言跖'不顧父母兄弟,不祭先祖'
相應。"

⑱共:同"供"。王先謙《集解》:"共讀曰供。"

⑲願:願望。王叔岷《校詮》:"孔子稱柳下季爲才士,亦以才士勉
盜跖。"

　　盜跖大怒曰:"丘來前! 夫可規以利而可諫以言者①,皆
愚陋恒民之謂耳②。今長大美好,人見而悦之者,此吾父母之
遺德也③。丘雖不吾譽④,吾獨不自知邪? 且吾聞之,好面譽
人者,亦好背而毁之⑤。今丘告我以大城眾民,是欲規我以利

而恒民畜我也⑥,安可長久也! 城之大者,莫大乎天下矣。堯
舜有天下,子孫无置錐之地⑦;湯武立爲天子,而後世絶滅,非
以其利大故邪⑧? 且吾聞之,古者禽獸多而人民少,於是民皆
巢居以避之,晝拾橡栗⑨,暮栖木上,故命之曰有巢氏之民。
古者民不知衣服,夏多積薪,冬則煬之⑩,故命之曰知生之民。
神農之世,臥則居居,起則于于⑪,民知其母,不知其父,與麋
鹿共處,耕而食,織而衣,无有相害之心,此至德之隆也⑫。然
而黃帝不能致德,與蚩尤戰於逐鹿之野⑬,流血百里。堯舜
作,立群臣⑭,湯放其主⑮,武王殺紂⑯。自是之後,以强陵弱,
以衆暴寡⑰。湯武以來,皆亂人之徒也。

## 【校注】

①規:諫也。與"諫"互文。王叔岷《校詮》:"規、諫互文,規亦諫也。
《呂氏春秋·達鬱篇》'近臣盡規',高注:'規,諫。'"

②恒民:順民。下同。陸德明《釋文》:"恒民,一本作順民。後
亦爾。"

③王叔岷《校詮》:"跖尚不忘父母之遺德。"

④吾譽:譽吾。

⑤毁:毁謗。與"譽"相對。王叔岷《校詮》:"《史記·夏本紀》作'女
無面諛,退而謗予'。"

⑥畜:供養。

⑦成玄英疏:"堯讓舜,不授丹朱,舜讓禹而商均不嗣,故無置錐之
地也。"

⑧成玄英疏:"殷湯周武總統萬機,後世子孫咸遭簒弒,豈非四海利
重所以致之!"

⑨拾:應爲"食"。王叔岷《校詮》:"《藝文類聚》八七、《事類賦》二
七《果部二》注引拾並作食。"

⑩煬：燃燒。王叔岷《校詮》：“《列子·黃帝篇·釋文》引司馬彪注：
　　‘對火曰煬。’”

⑪居居、于于：安靜、自得貌。成玄英疏：“居居，安靜之容。于于，自
　　得之貌。”王叔岷《校詮》：“《淮南子·覽冥篇》作‘卧倨倨，興盰
　　盰’，高注：‘倨倨，卧無思慮也。盰盰然，視無智巧貌也。’……
　　‘無思慮’，與成疏‘安靜’之意合。‘無智巧’，與成疏‘自得’之意
　　亦近。‘居居’與‘倨倨’同，‘于于’與‘盰盰’同。《應帝王篇》
　　‘泰氏其卧徐徐，其覺于于’，《釋文》引司馬注：‘徐徐，安穩貌。
　　于于，無所知貌。’”

⑫隆：隆盛。

⑬致：施行。　　蚩尤：傳爲上古諸侯。陸德明《釋文》：“蚩尤，神農
　　時諸侯，始造兵者也。神農之後，第八帝曰榆罔。世蚩尤世强，與
　　榆罔爭王，逐榆罔。榆罔與黃帝合謀，擊殺蚩尤。”　　涿鹿：地名。
　　成玄英疏：“涿鹿，地名，今幽州涿郡是也。”

⑭立：置也。成玄英疏：“置百官也。”

⑮放：流放。成玄英疏：“放桀於南巢也。”

⑯殺：猶“弑”。陸德明《釋文》：“殺音弑。下同。”

⑰暴：强暴。

　　今子脩文武之道，掌天下之辯，以教後世①，縫衣淺帶②，
矯言僞行③，以迷惑天下之主，而欲求富貴焉，盜莫大於子。
天下何故不謂子爲盜丘，而乃謂我爲盜跖？子以甘辭説子路
而使從之④，使子路去其危冠⑤，解其長劒，而受教於子，天下
皆曰孔丘能止暴禁非。其卒之也⑥，子路欲殺衛君而事不成，
身菹於衛東門之上⑦，是子教之不至也。子自謂才士聖人邪？
則再逐於魯，削跡於衛，窮於齊，圍於陳、蔡，不容身於天下⑧。
子教子路菹此患，上无以爲身，下无以爲人⑨，子之道豈足貴

邪？世之所高，莫若黃帝，黃帝尚不能全德，而戰涿鹿之野，
流血百里。堯不慈⑩，舜不孝⑪，禹偏枯⑫，湯放其主，武王伐
紂，文王拘羑里⑬。此六子者，世之所高也，孰論之⑭，皆以利
惑其真而強反其情性，其行乃甚可羞也⑮。

## 【校注】

①教：教化，教育。成玄英疏：“孔子憲章文武，辯說仁義，爲後世之
教也。”

②縫衣淺帶：寬衣博帶。郭慶藩《集釋》：“向秀注曰：‘儒服寬而長
大。’（見《列子·黃帝篇》注。）《釋文》：‘撽，又作縫。縫衣，大衣
也。’或作逢，《書·洪範》‘子孫其逢吉’，馬注曰：‘逢，大也。’
《禮·儒行》‘逢掖之衣’，鄭注：‘逢猶大也。’”王叔岷《校詮》：
“《荀子·儒效篇》‘逢衣淺帶’，楊注：‘淺帶，博帶也，《韓詩外傳》
作逢衣博帶，言帶博則約束衣服者淺，故曰淺帶。’”

③矯：矯僞。與“僞”互文。成玄英疏：“矯飾言行，誑惑諸侯。”王叔
岷《校詮》：“矯、僞互文，矯亦僞也。”

④甘：甜美。　　說(shuì)：說服。　　子路：孔子弟子。

⑤危：高。陸德明《釋文》：“李云：‘危，高也。子路好勇，冠似雄雞
形，背負猳(牛)〔斗〕，用表己強也。’”

⑥卒：終了。

⑦菹(zǔ)：菹醢，即肉醬。成玄英疏：“仲由嫉惡情深，殺衛君蒯瞶，
事既不逮，身遭菹醢，盜跖故以此相譏也。”錢穆《纂箋》：“子路
菹，顏淵已先卒，不能復爲孔子馭。”

⑧此處所述孔子事跡見《讓王篇》，成玄英疏：“仕於魯而被放，游於
衛而遭削跡，講於宋樹下而司馬桓魋欲殺夫子，憎其坐處，遂伐
其樹。”

⑨上、下：對言、互文。王叔岷《校詮》：“‘上无以爲身’，指孔子‘不
容身於天才’；‘下无以爲人’，指‘子教子路菹’。”

⑩慈：父愛子曰慈。成玄英疏：“謂不與丹朱天下。”

⑪成玄英疏：“爲父所疾也。”

⑫偏枯：疾病。成玄英疏：“治水勤勞，風櫛雨沐，致偏枯之疾，半身不遂也。”

⑬羑里：獄名。成玄英疏：“羑里，殷獄名。文王遭紂之難，囚於图圄，凡經七年，方得免脱。”

⑭孰：同“熟”，本亦作“熟”。王先謙《集解》：“孰同熟。猶言精熟討論之。”王叔岷《校詮》：“褚伯秀《義海纂微》本作熟，孰、熟正俗字。”

⑮羞：恥也。成玄英疏：“皆以利於萬乘，是以迷於真道而不反於自然，故可恥也。”

　　世之所謂賢士伯夷、叔齊。伯夷、叔齊辭孤竹之君而餓死於首陽之山①，骨肉不葬。鮑焦飾行非世②，抱木而死。申徒狄諫而不聽③，負石自投於河，爲魚鼈所食。介子推至忠也④，自割其股以食文公⑤，文公後背之，子推怒而去，抱木而燔死⑥。尾生與女子期於梁下⑦，女子不來，水至不去，抱梁柱而死。此四子者，无異於磔犬流豕操瓢而乞者⑧，皆離名輕死⑨，不念本養壽命者也⑩。世之所謂忠臣者，莫若王子比干、伍子胥。子胥沈江，比干剖心，此二子者，世謂忠臣也，然卒爲天下笑。自上觀之，至于子胥、比干，皆不足貴也。丘之所以説我者⑪，若告我以鬼事，則我不能知也；若告我以人事者，不過此矣，皆吾所聞知也。今吾告子以人之情，目欲視色，耳欲聽聲，口欲察味⑫，志氣欲盈⑬。人上壽百歲，中壽八十，下壽六十，除病瘦死喪憂患⑭，其中開口而笑者，一月之中不過四五日而已矣。天與地无窮，人死者有時，操有時之具而託於无窮之間，忽然无異騏驥之馳過隙也⑮。不能悦其志意、養其壽命者,皆非通道者也。丘之所言,皆吾之所棄也,亟去走歸⑯,无復言之! 子之道,狂狂汲汲⑰,詐巧虛偽事也,非可以全真也,奚足論哉⑱!”

【校注】

①伯夷、叔齊:孤竹國君之二子。事跡亦見於《讓王篇》。陸德明《釋文》:“伯夷、叔齊,其君之二子也。”王叔岷《校詮》:“‘伯夷叔齊’上疑本有‘莫若’二字,今本脱之。上文‘世之所高,莫若黄帝’,下文‘世之所謂忠臣者,莫若王子比干、伍子胥’,文例並同。”

②鮑焦:人名。成玄英疏:“姓鮑,名焦,周時隱者也。飾行非世,廉潔自守,荷擔採樵,拾橡充食,故無子胤,不臣天子,不友諸侯。子貢遇之,謂之曰:‘吾聞非其政者不履其地,汙其君者不受其利。今子履其地,食其利,其可乎?’鮑焦曰:‘吾聞廉士重進而輕退,賢人易愧而輕死。’遂抱木立枯焉。”

③申徒狄:人名。陸德明《釋文》:“申徒狄將投於河,崔嘉止之曰:‘吾聞聖人仁士民父母,若濡足故,不救溺人,可乎?’申徒狄曰:‘不然。昔桀殺龍逢,紂殺比干,而亡天下;吴殺子胥,陳殺泄治,而滅其國。非聖人不仁,不用故也。’遂沈河而死。”

④介子推:晉文公忠臣。

⑤食(sì):動詞。陸德明《釋文》:“食音嗣。”成玄英疏:“晉文公,重耳也,遭驪姬之難,出奔他國,在路困乏,推割股肉以飴之。公後還三日,封於從者,遂忘子推。子推作《龍蛇之歌》,書其營門,怒而逃。公後愧謝,追子推於介山。子推隱避,公因放火燒山,庶其走出。火至,子推遂抱樹而焚死焉。”

⑥燔:燒。陸德明《釋文》:“燔音煩,燒也。”

⑦尾生:人名。陸德明《釋文》:“尾生,一本作微生。《戰國策》作尾生高,高誘以爲魯人。” 期:期會,約會。

⑧磔(zhé)：分裂。陸德明《釋文》：“磔，竹客反。《廣雅》云：‘張也。’”成玄英疏：“張磔死狗。”　流豕：沉在水中的死豬。錢穆《纂箋》：“孫詒讓曰：‘流豕當爲沉豕。《周禮》以埋沉祭山林川澤。’”　操瓢：乞丐拿瓢乞討。陸德明《釋文》：“李云：‘言上四人不得其死，猶豬狗乞兒流轉溝中者也。’”

⑨離：同“利”，本亦作“利”。陸德明《釋文》：“離，力智反。”王叔岷《校詮》：“《闕誤》引江南古藏本離作利，古字通用。《荀子·非十二子篇》‘縶黬利跂’，楊注：‘利與離同。’即其證。”

⑩本養：歸本養生。成玄英疏：“不念歸本養生，壽盡天命者也。”王先謙《集解》：“不念本在養生，壽由天命者也。”

⑪説(shuì)：説服。陸德明《釋文》：“説如字，又始鋭反。”

⑫察：體察。王叔岷《校詮》：“《淮南子·詮言篇》：‘目好色，耳好聲，口好味。’”

⑬盈：充實。

⑭瘦：應爲“瘦”。郭慶藩《集釋》引王念孫曰：“瘦當爲瘦，字之誤也。瘦，亦病也。病瘦爲一類，死喪爲一類，憂患爲一類。……《漢書·宣帝紀》今繫者或以掠辜若飢寒瘦死獄中，蘇林曰：‘瘦，病也，囚徒病，律名爲瘦。’”

⑮騏驥：駿馬。成玄英疏：“以有限之身寄無窮之境，何以異乎騏驥馳走過隙穴也！”

⑯亟：急也。陸德明《釋文》：“亟，急也。本或作極。”

⑰狂狂汲汲：惶惶不足。成玄英疏：“狂狂，失性也。汲汲，不足也。”王叔岷《校詮》：“《論語·憲問篇》：‘微生畝謂孔子曰：丘何爲是栖栖者與？無乃爲佞乎？’……與盜跖言孔子之道同意。”

⑱奚：何。成玄英疏：“虛僞之事，何足論哉！”

孔子再拜趨走，出門上車，執轡三失①，目芒然无見②，色若死灰，據軾低頭③，不能出氣。歸到魯東門外，適遇柳下季。

柳下季曰:"今者闕然數日不見④,車馬有行色,得微往見跖邪⑤?"孔子仰天而歎曰:"然⑥。"柳下季曰:"跖得无逆汝意若前乎⑦?"孔子曰:"然。丘所謂无病而自灸也⑧,疾走料虎頭⑨,編虎須⑩,幾不免虎口哉⑪!"

【校注】

①轡:馭馬用之嚼子、繮繩。

②芒:同"盲"。王叔岷《校詮》:"芒與盲同,《釋名·釋疾病》:'盲,茫也,茫茫無所見也。'"

③軾:車前橫木。成玄英疏:"軾,車前橫木,憑之而坐者也。"

④闕:同"缺"。王叔岷《校詮》:"《穀梁》隱三年《傳》:'闕然不見。'"

⑤得微:得無。成玄英疏:"微,無也。"王叔岷《校詮》:"吳昌瑩云:'《晏子·酒諫篇》:諸侯得微有故乎?國家得微有事乎?《莊子》:得微往見跖邪?皆微同無義。'(《經詞衍釋》一〇。)案下文'得微'作'得无'。"

⑥然:如此。成玄英疏:"然,如此也。"

⑦逆:反也。王先謙《集解》:"即篇首柳下所云也。"

⑧灸:灸療。

⑨料:同"撩"。陸德明《釋文》:"料音聊。"成玄英疏:"料觸虎頭而邊虎須者。"王叔岷《校詮》:"料與撩通,《說文》:'撩,理之也。'(段注:'之字依玄應書卷十五補,下云:謂撩捋整理也。今多作料量之料。')《事文類聚後集》三六引'料虎頭'作'撩虎尾',尾字蓋誤。"

⑩須:同"鬚"。王叔岷《校詮》:"須、鬚正俗字。"

⑪幾:近也。成玄英疏:"幾,近也。"

　　子張問於滿苟得曰①:"盍不爲行②? 无行則不信,不信則不任③,不任則不利。故觀之名,計之利,而義真是也④。若棄名利,反之於心⑤,則夫士之爲行,不可一日不爲乎⑥!"滿苟得曰:"无恥者富,多信者顯⑦。夫名利之大者,幾在无恥而信⑧。故觀之名,計之利,而信真是也⑨。若棄名利,反之於心,則夫士之爲行,抱其天乎⑩!"子張曰:"昔者桀紂貴爲天子,富有天下,今謂臧聚曰⑪:'汝行如桀紂。'則有怍色⑫,有不服之心者,小人所賤也。仲尼、墨翟,窮爲匹夫,今謂宰相曰:'子行如仲尼、墨翟。'則變容易色稱不足者⑬,士誠貴也。故勢爲天子,未必貴也;窮爲匹夫,未必賤也;貴賤之分,在行之美惡。"滿苟得曰:"小盜者拘⑭,大盜者爲諸侯,諸侯之門,義士存焉⑮。昔者桓公小白殺兄入嫂而管仲爲臣⑯,田成子常殺君竊國而孔子受幣⑰。論則賤之,行則下之⑱,則是言行之情悖戰於胷中也⑲,不亦拂乎⑳! 故書曰㉑:'孰惡孰美? 成者爲首,不成者爲尾㉒。'"

## 【校注】

①子張:孔子弟子。成玄英疏:"子張,孔子弟子也,姓顓孫,名師,字子張,行聖人之跡之人也。"　滿苟得:虛構人名。成玄英疏:"姓滿,名苟得,假託爲姓名,曰苟且貪得以滿其心,求利之人也。"

②盍:何也。　行:行爲,意謂仁義之行。成玄英疏:"何不爲仁義之行乎?"王先謙《集解》:"何不行義乎?"

③任:職任。成玄英疏:"若不行仁義之行則不被信用,不被信用則無職任,無職任則無利祿。"

④是:與"非"相反。下文"信真是也"義同。成玄英疏:"觀察計營,仁義真是好事,宜行之也。"

⑤反:復歸。下同。王叔岷《校詮》:"反猶復也,還也。"

⑥行:意謂行仁義。成玄英疏:"故士之立身,不可一日不行仁義。"

⑦信：猶“言”。下同。成玄英疏：“多信，猶多言也。夫識廉知讓則
　　貧，無恥貪殘則富；謙柔静退則沈，多言夸伐則顯。”

⑧幾：幾乎，幾近。

⑨是：正確，與“非”反。成玄英疏：“多言則是名利之本也。”

⑩抱：守也。成玄英疏：“抱，守也。”王叔岷《校詮》：“《釋名・釋姿
　　容》：‘抱，保也。’”　　天：自然。成玄英疏：“天，自然也。”王叔岷
　　《校詮》：“此蓋謂若棄名與利，而復於我心，則士之爲行，可保其
　　自然也。”

⑪臧聚：僕役。錢穆《纂箋》引孫詒讓曰：“聚當讀爲騶。《説文》：
　　‘騶，厩御也。’臧騶皆僕隸賤役。”

⑫怍（zuò）：羞慚。成玄英疏：“則慚怍而不服。”

⑬色：面色。　　不足：不够，比不上。成玄英疏：“以宰相比匹夫，則
　　變容而歡慰。”

⑭拘：拘捕。

⑮義士：應爲“仁義”。錢穆《纂箋》：“四語又見《胠篋篇》。劉師培
　　曰：‘義士’當作‘仁義’。”

⑯入：娶也。陸德明《釋文》：“司馬云：‘以嫂爲室家。’”成玄英疏：
　　“齊桓公小白殺其兄子糾，納其嫂焉。管仲賢人，臣而輔之，卒能
　　九合諸侯，一匡天下。”

⑰田成子常：陳恒。　　受幣：接受財物。成玄英疏：“田成子常殺齊
　　簡公，孔子沐浴而朝，受其幣帛。”王叔岷《校詮》：“陳碧虛《音義》
　　殺作弑。《論語・憲問篇》：‘陳成子殺簡公，孔子沐浴而朝，告於
　　哀公曰：陳恒弑其君，請討之。’孔子請討陳恒，何致受其幣邪？真
　　誣妄也！”

⑱之：指桓公、田成子。　　下：卑下行事。成玄英疏：“言議則以爲
　　鄙賤，情行則下而事之。”

⑲悖戰：相逆而戰。王先謙《集解》：“言行相反而交戰。”

⑳拂：戾也。成玄英疏：“拂，戾也。”

㉑書：佚書。成玄英疏：“所引之書，並遭燒毀，今並無本也。”

㉒首、尾：意謂是、非。成玄英疏：“成者爲首，君而事之；不成者爲尾，非而毀之。”

子張曰：“子不爲行，即將疏戚无倫①，貴賤无義②，長幼无序；五紀六位③，將何以爲別乎？”滿苟得曰：“堯殺長子④，舜流母弟⑤，疏戚有倫乎？湯放桀⑥，武王殺紂⑦，貴賤有義乎？王季爲適⑧，周公殺兄⑨，長幼有序乎？儒者僞辭⑩，墨者兼愛⑪，五紀六位將有別乎？且子正爲名，我正爲利。名利之實，不順於理，不監於道⑫。吾日與子訟於无約曰⑬：‘小人殉財，君子殉名。其所以變其情，易其性，則異矣；乃至於棄其所爲而殉其所不爲，則一也⑭。’故曰：无爲小人，反殉而天⑮；无爲君子，從天之理。若枉若直⑯，相而天極⑰；面觀四方，與時消息⑱。若是若非，執而圓機⑲；獨成而意⑳，與道俳佪㉑。无轉而行㉒，无成而義㉓，將失而所爲㉔。无赴而富，无殉而成，將棄而天㉕。比干剖心，子胥抉眼㉖，忠之禍也；直躬證父㉗，尾生溺死，信之患也；鮑子立乾㉘，申子不自理㉙，廉之害也；孔子不見母㉚，匡子不見父㉛，義之失也。此上世之所傳，下世之所語，以爲士者正其言，必其行，故服其殃，離其患也㉜。”

【校注】

①戚：親。成玄英疏：“戚，親也。”　倫：倫理。成玄英疏：“倫，理也。”

②義：同“儀”。王叔岷《校詮》：“義借爲儀，《說文》：‘儀，度也。’倫、儀、序，義並相近。”

③五紀六位：五倫六紀。郭慶藩《集釋》引俞樾曰：“五紀即五倫也，六位即六紀也。《白虎通·三綱六紀篇》曰：‘六紀者，謂諸父、兄弟、族人、諸舅、師長、朋友也。’此皆所以爲疏戚貴賤長幼之別。不曰五倫而曰五紀，不曰六紀而曰六位，古人之語異耳。《家語·入官篇》‘群僕之倫也’，王肅注曰：‘倫，紀也。’然則倫紀得通稱矣。”

④陸德明《釋文》：“崔云：‘堯殺長子考監明。’”成玄英疏：“堯廢長子丹朱，不與天位，又言殺也。”王叔岷《校詮》：“《尚書中候》云：‘堯之長子監明蚤死，不得立。監明之嗣封於劉，朱又不肖，而弗獲嗣。’（《古微書》卷五。）則堯之長子實爲監明而非丹朱，惟言監明‘蚤死’爲異耳。”章案：此與上文言孔子受田成子幣帛相類，皆義氣之言，不能坐實。

⑤流：流放。陸德明《釋文》：“流，放也。《孟子》云：‘舜封象於有庳，不得有爲於其國，天子使吏治其國，而納貢税焉。’故謂之放也。”

⑥放：流放。與“流”對言。成玄英疏：“殷湯放夏桀於南巢。”

⑦成玄英疏：“周武殺殷紂於汲郡。”

⑧王季：周文王之父。成玄英疏：“王季，周大王之庶子季歷，即文王之父也。” 適：同“嫡”。成玄英疏：“太伯仲雍讓位不立，故以小兒季歷爲適。”王叔岷《校詮》：“宣穎云：‘適，嫡。’案適、嫡古今字。”

⑨成玄英疏：“管、蔡，周公之兄，泣而誅之，故云殺（之）［兄］。”王叔岷《校詮》：“《淮南子·泰族篇》：‘周公誅管叔、蔡叔，未可謂弟也。’”

⑩偽辭：浮華虛偽之辭。成玄英疏：“儒者多言，强爲名位。”王叔岷《校詮》：“盗跖亦謂孔子‘多辭繆説’。”

⑪兼愛：無差別之愛。成玄英疏：“墨者兼愛，周普無私。”

⑫監：明也。陸德明《釋文》：“監，本亦作鑑，同。”成玄英疏：“監，明也。”

⑬日：日者，昔也。王叔岷《校詮》引奚侗曰：“《應帝王篇》：‘日中始何以語女？’俞樾云：‘日猶日者，與文七年《左傳》日衛不睦、襄二十六年《傳》日其過此也同義。’此日字亦與彼同訓，故《闕誤》張君房本日作昔。”　訟：論説。成玄英疏：“訟，謂論説也。”　約：契約。成玄英疏：“約，謂契誓也。”王先謙《集解》：“宣云：‘以下無約之言。’”

⑭一：相同。成玄英疏：“棄其所爲，捨己；殉其所不爲，逐物也。夫殉利謂之小人，殉名謂之君子，名利不同，所殉一也。子張苟得，皆共談玄言於無爲之理，敦於莫逆之契也。”

⑮而：同“爾”。下同。成玄英疏：“而，爾也。”王先謙《集解》：“反己而求汝自然之道。”　殉：順也。與下文“從”互文。王叔岷《校詮》：“殉、從互文，義並與順同。殉與徇通，《左》文十一年《傳》‘國人不徇’，杜注：‘徇，順也。’《禮記·孔子閒居》‘氣志既從’，鄭注：‘從，順也。’‘反殉而天’，謂反順爾自然也；‘從天之理’，謂順自然之理。”

⑯若：猶“或”。王叔岷《校詮》：“若猶或也。下同。”　枉：曲也。與“直”對言。王先謙《集解》：“無問枉直。”

⑰相：隨順。成玄英疏：“無問枉直，順自然之道。”王叔岷《校詮》：“《左》昭三年《傳》：‘其相胡公。’孔疏引服虔曰：‘相，隨也。’此文相乃隨順義。”　天極：自然之道。

⑱消息：盈虛變化之謂。王叔岷《校詮》：“《秋水篇》：‘消息盈虛，終則有始。’郭注：‘變化日新，未嘗守故也。’”

⑲圓機：猶“環中”。成玄英疏：“圓機，猶環中也。執於環中之道以應是非。”

⑳獨：意謂獨化。成玄英疏：“用於獨化之心以成其意，故能冥其虛

通之理,轉變無窮者也。"

㉑徘徊:同"徘徊",本亦作"徘徊"。意謂轉變。成玄英疏:"徘徊,
猶轉變意也。"王叔岷《校詮》:"他本皆作'徘徊'。"

㉒轉:讀爲"專"。錢穆《纂箋》:"王念孫曰:'轉讀爲專。《山木篇》
無肯專爲,《秋水篇》無一而行,一亦專也。'"

㉓義:仁義。成玄英疏:"無成爾心,學仁義之道。"

㉔失:喪失。成玄英疏:"捨己效他,將喪爾真性也。"

㉕赴:趨也。王叔岷《校詮》:"《說文》:'赴,趨也。'"  成:功成。
王叔岷《校詮》:"《秋水篇》:'不恃其成。'"  天:自然。成玄英
疏:"莫奔赴於富貴,無殉逐於成功。必赴必殉,則背於天然之
性也。"

㉖抉:挑也。成玄英疏:"子胥忠諫夫差,夫差殺之,子胥曰:'吾死
後,抉眼縣於吳門東,以觀越之滅吳也。'"王叔岷《校詮》:"《說
文》:'抉,挑也。'《衆經音義》一引《聲類》:'挑,抉也,謂以手抉取
物也。'"

㉗直躬:人名。成玄英疏:"躬父盜羊,而子證之。尾生以女子爲期,
抱梁而死。此皆守信而致其患也。"王叔岷《校詮》:"《論語·子
路篇》:'葉公語孔子曰:吾黨有直躬者,其父攘羊而子證之。'"

㉘鮑子:鮑焦。陸德明《釋文》引司馬彪云:"鮑子,名焦,周末人,汙
時君不仕,採蔬而食。子貢見之,謂曰:'何爲不仕食祿?'答曰:
'無可仕者。'子貢曰:'汙時君不食其祿,惡其政不踐其土。今子
惡其君,處其土,食其蔬,何志行之相違乎?'鮑焦遂棄其蔬而餓
死。"  立乾:猶"立枯"。成玄英疏:"鮑焦廉貞,遭子貢譏之,抱
樹立乾而死。"王叔岷《校詮》:"《風俗通·愆禮篇》:'鮑焦……立
枯而死。'雖言'立枯',而所載之事不同。'立枯'猶'立乾'也。"

㉙申子:人名。成玄英疏:"申子,晉獻公太子申生也,遭麗姬之難,
枉被讒謗,不自申理,自縊而死矣。"

㉚陸德明《釋文》:"李云:'未聞。'"錢穆《纂箋》:"俞樾曰:'疑仲子
　之誤,即所謂避兄離母之陳仲子也。'"

㉛匡子:人名。陸德明《釋文》:"司馬云:'匡子,名章,齊人,諫其
　父,爲父所逐,終身不見父。'案此事見《孟子》。"

㉜離:同"罹"。成玄英疏:"莫不遭罹其患。"王叔岷《校詮》:"成疏
　離作罹,古字通用。"

　　无足問於知和曰①:"人卒未有不興名就利者②。彼富則
人歸之,歸則下之,下則貴之③。夫見下貴者,所以長生安體
樂意之道也④。今子獨无意焉,知不足邪⑤? 意知而力不能行
邪⑥? 故推正不忘邪⑦?"知和曰:"今夫此人以爲與己同時而
生⑧、同鄉而處者,以爲夫絶俗過世之士焉⑨;是專无主正⑩,
所以覽古今之時,是非之分也,與俗化。世去至重⑪,棄至尊,
以爲其所爲也⑫;此其所以論長生安體樂意之道,不亦遠乎!
慘怛之疾⑬,恬愉之安,不監於體⑭;怵惕之恐,欣懽之喜,不監
於心⑮;知爲爲而不知所以爲⑯,是以貴爲天子,富有天下,而
不免於患也。"

【校注】

①无足、知和:皆寓言人名,名亦涵寓意。陸德明《釋文》:"知音智。
　下知謀同。"成玄英疏:"無足,謂貪婪之人,不止足者也。知和,謂
　體知中和之道,守分清廉之人也。假設二人以明貪廉之禍福也。"

②人卒:衆人。王叔岷《校詮》:"'人卒'一詞,本書習見,猶人衆
　也。"　興:喜也。王叔岷《校詮》:"'興名'猶'喜名'。(《禮·
　學記》:'不興其藝,不能樂學。'鄭注:'興之言喜也。')"

③下、貴:皆動詞。成玄英疏:"若財富則人歸湊之,歸湊則謙下而尊
　貴之。"

④見下貴:得人謙下尊貴。成玄英疏:"夫得人謙下尊貴者,則説其

情,適其性,體質安而長壽矣。"

⑤知:同"智"。下同。陸德明《釋文》:"知音智。下知謀同。"

⑥意:同"抑"。郭慶藩《集釋》:"意,語詞也,讀若抑。抑、意古字通。《論語·學而篇》'抑與之與',漢《石經》抑作意。《墨子·明鬼篇》:'豈女謂之與?意鮑爲指與?'皆其證。"

⑦推正:求正道。成玄英疏:"故推於正理,志念不忘,以譴貪求之心而不取邪?"郭慶藩《集釋》:"但推尋正道不忘,故不用富貴邪?"王叔岷《校詮》:"推猶求也。(《淮南子·原道篇》:'因其自然而推之。'高注:'推,求也。')"

⑧此人:指富貴之人。成玄英疏:"此人,謂富貴之人也。"王先謙《集解》:"此人,即上'與名就利'之人。"王叔岷《校詮》:"此人,似暗斥无足。'同時而生、同鄉而處者',似知和自指。"

⑨夫:義同"彼"。王叔岷《校詮》:"'以爲夫'之夫,義與彼同。"絕俗過世:超絕流俗之意。成玄英疏:"超絕流俗,過越世人。"王叔岷《校詮》:"'絕俗過世',謂不合世俗也。此謂无足以爲與己同時生、同鄉處之知和,以爲此乃不合世俗之士也。"

⑩是:意指此人,謂无足也。王叔岷《校詮》:"此謂无足也。"  專:專一,只是。成玄英疏:"斯乃專愚之人,内心無主,不履正道,不覺古今之時代,不察是非之涯分,而與塵俗紛競,隨末而遷化者也,豈能識禍福之歸趣者哉!"

⑪去:除也。成玄英疏:"至重,生也。至尊,道也。流俗之人,捐生背道,其所爲每事如斯,其於長生之道,去之遠矣。"

⑫所爲:爲之目標。

⑬怛(dá):悲苦。成玄英疏:"慘怛,悲也。"

⑭監:明察。下同。王叔岷《校詮》:"謂悲苦案樂不明於體也。"

⑮心:與上文"體"對言。王叔岷《校詮》:"謂恐懼喜悦不明於心也。"

⑯爲爲、所以爲：意謂有爲、無爲。"所以爲"原意指"所爲"之目的，
此處引申意指無爲。成玄英疏："爲爲者，有爲也；所以爲者，無爲
也。但知爲之於有爲，不知爲之所以出自無爲也。如斯之人，雖
貴總萬機，富贍四海，而不免於怵惕等患也。"

无足曰："夫富之於人，无所不利，窮美究勢①，至人之所
不得逮②，賢人之所不能及，俠人之勇力而以爲威强③，秉人之
知謀以爲明察④，因人之德以爲賢良⑤，非享國而嚴若君父⑥。
且夫聲色滋味權勢之於人，心不待學而樂之，體不待象而安
之⑦。夫欲惡避就⑧，固不待師，此人之性也。天下雖非我，孰
能辭之⑨！"知和曰："知者之爲，故動以百姓，不違其度⑩，是
以足而不爭，无以爲故不求⑪。不足故求之，爭四處而不自以
爲貪⑫；有餘故辭之⑬，棄天下而不自以爲廉。廉貪之實，非以
迫外也⑭，反監之度⑮。勢爲天子而不以貴驕人，富有天下而
不以財戲人⑯。計其患⑰，慮其反⑱，以爲害於性，故辭而不受
也，非以要名譽也。堯舜爲帝而雍⑲，非仁天下也，不以美害
生也⑳；善卷許由得帝而不受㉑，非虛辭讓也，不以事害己。此
皆就其利，辭其害，而天下稱賢焉，則可以有之，彼非以興名
譽也㉒。"

## 【校注】

①窮：盡也。陸德明《釋文》："窮猶盡也。"　　究：竟也。陸德明《釋
文》："究，竟也。"　　勢：威勢。成玄英疏："夫能窮天下善美，盡
人間威勢者，其惟富貴乎！"

②逮：及也。成玄英疏："故至德之人，賢哲之士，亦不能遠及也。"王
叔岷《校詮》："得、能互文，得猶能也。"

③俠：同"挾"。陸德明《釋文》："俠音協。"成玄英疏："夫富貴之人，
人多依附，故勇者爲之捍。"王叔岷《校詮》："宣穎云：'俠當作

挾。'奚侗云:'俠之爲言夾也。《説文》:夾,持也。經傳多叚俠爲夾。'案俠借爲夾,夾、挾古通,《釋名·釋姿容》:'挾,夾也。'"

④秉:持也。　　知:同"智"。下同。成玄英疏:"智者爲之謀。"

⑤因:憑。成玄英疏:"德者謂之助。"

⑥享國:享受國君之尊。成玄英疏:"雖不臨享邦國,而威嚴有同君父焉,斯皆財利致其然矣。"

⑦象:與"學"互文,效法。王叔岷《校詮》:"學、象互文,義同。《廣雅·釋詁三》:'象、學,效也。'"

⑧惡(wù):厭惡。陸德明《釋文》:"惡,烏路反。"　　就:趨附。成玄英疏:"夫欲之則就,惡之則避,斯乃人物之常情,不待師教而後爲之哉。"

⑨辭:辭讓。王先謙《集解》:"言天下與我同欲。"

⑩度:法度。王叔岷《校詮》:"故猶固也,以猶爲(去聲)也。此謂知者之爲。固動爲百姓,不違其法度也。"

⑪无以爲:意謂無所爲。成玄英疏:"無用無爲,故不求不覺也。"王先謙《集解》:"知足,故不爭;無爲,故無外求。"王叔岷《校詮》:"'无以爲',以猶所也。謂無所爲(去聲)也。"

⑫四處:四方。成玄英疏:"四處,猶四方也。夫凡聖區分,貪廉斯隔。"

⑬辭:推讓,推辭。

⑭迫外:迫於外在原因。王叔岷《校詮》:"以猶因也。"

⑮監:照也。成玄英疏:"監,照也。夫廉貪實性,非過迫於外物也,而反照於内心,各稟度量不同。"王先謙《集解》:"廉貪之實,非外有所迫也,反視其度量何若而已知之矣。"王叔岷《校詮》:"之猶於也。"

⑯戲:褻玩。成玄英疏:"夫不以高貴爲驕矜,不以錢財爲娛玩者。"

⑰計:測度。成玄英疏:"計其災患,憂慮傷害於真性故也。"

⑱反：變也。王叔岷《校詮》：“‘慮其反’，猶言‘慮其變’，《列子·仲尼篇》‘夫回能仁而不能反’，張注：‘反，變也。’”

⑲雍：和。成玄英疏：“雍，和也。”王先謙《集解》：“黎民時雍。”

⑳美：善。王先謙《集解》：“竭美利以奉一己，是自害其生也。”

㉑善卷、許由：人名。成玄英疏：“善卷、許由被禪而不受，非是矯情於辭讓，不以世事害己也。”

㉒興：興起。王先謙《集解》：“可以有此賢名而居之，非彼之欲興賢名也。”

　　无足曰：“必持其名①，苦體絶甘②，約養以持生③，則亦久病長阨而不死者也④。”知和曰：“平爲福，有餘爲害者，物莫不然，而財其甚者也⑤。今富人，耳營鐘鼓管籥之聲⑥，口嗛於芻豢醪醴之味⑦，以感其意⑧，遺忘其業，可謂亂矣；侅溺於馮氣⑨，若負重行而上也⑩，可謂苦矣；貪財而取慰，貪權而取竭⑪，靜居則溺，體澤則馮⑫，可謂疾矣；爲欲富就利，故滿若堵耳而不知避⑬，且馮而不舍⑭，可謂辱矣；財積而无用，服膺而不舍⑮，滿心戚醮⑯，求益而不止⑰，可謂憂矣；內則疑劫請之賊⑱，外則畏寇盜之害，內周樓疏⑲，外不敢獨行，可謂畏矣。此六者⑳，天下之至害也，皆遺忘而不知察，及其患至，求盡性竭財㉑，單以反一日之无故而不可得也㉒。故觀之名則不見，求之利則不得，繚意絶體而爭此㉓，不亦惑乎！”

【校注】

①持：得也。王叔岷《校詮》：“‘必持其名’，猶言‘必得其名’。《呂氏春秋·至忠篇》‘持千歲之壽’，高注：‘持猶得也。’”

②體：形體。成玄英疏：“苦其形體，絶其甘美。”王叔岷《校詮》：“司馬遷《報任少卿書》：‘李陵素與士大夫絶甘分少。’‘絶甘’一詞似本此。”

③約：節約，簡約。成玄英疏：“窮約攝養。” 持生：猶“治生”。王叔岷《校詮》：“‘持生’猶‘治生’，《讓王篇》：‘道之真以治身。’古鈔卷子本治作持。”

④阨(è)：困厄。陸德明《釋文》：“阨音厄。”成玄英疏：“亦何異乎久病痼疾，長阨不死？”王叔岷《校詮》：“‘長阨’猶‘長困’也。”

⑤其甚者：爲最甚者。成玄英疏：“夫平等被其福善，有餘招其禍害，天理自然也。物皆如此，而財最甚也。”

⑥營：迷惑。 鐘鼓管籥：樂器。成玄英疏：“管籥，簫笛之流也。”

⑦嗛(qiè)：快意，動詞。成玄英疏：“嗛，稱適也。”郭慶藩《集釋》曰：“嗛，快也。” 芻豢：家畜。 醪(láo)醴：美酒。

⑧成玄英疏：“觸類感動，性之昏爽。”

⑨侅(gāi)：塞也。陸德明《釋文》：“飲食至咽爲侅。”成玄英疏：“心中侅塞。” 馮(píng)氣：盛氣。郭慶藩《集釋》引王念孫曰：“馮氣，盛氣也。昭五年《左傳》‘今君奮焉震電馮怒’，杜注曰：‘馮，盛也。’”

⑩也：當爲“阪”。成玄英疏：“猶如負重上阪而行。”王叔岷《校詮》：“《闕誤》引張君房本上下有阪字，當從之。疏言‘上阪而行’，是成本上下亦有阪字。坂與阪同。《説文》：‘坡者曰坂。’”

⑪慰、竭：互文，皆病也。郭慶藩《集釋》：“慰當與蔚通。《淮南·俶真篇》‘五藏無蔚氣’，高注曰：‘蔚，病也。’《謬稱篇》‘侏儒瞽師，人之困慰者也’，高注曰：‘慰，病也。’是蔚慰二字，古訓通用。”王先謙《集解》：“與竭對文，皆病也。”

⑫體澤：意指體型肥潤。 馮(píng)：盛。成玄英疏：“安静閒居則其體沈溺，體氣悦澤則憤懣斯生。”王先謙《集解》：“平居則酣溺，體澤則馮怒。”王叔岷《校詮》：“體澤，謂身體肥澤。《論衡·語增篇》：‘聖人憂世念人，身體羸惡，不能身體肥澤。’”

⑬堵：墙也。成玄英疏：“堵，墙也。” 耳：猶“矣”。成玄英疏：“夫

欲富就利,情同鑿壁,譬彼堵牆,版築滿盈,心中憤懣,貪婪不舍,不知避害,豈非恥辱耶!"王叔岷《校詮》:"耳猶矣也。"

⑭馮:服膺。王叔岷《校詮》:"'馮而不舍',即下文'服膺而不舍'之意。"

⑮服膺:馮。王叔岷《校詮》引王念孫云:"服與馮一聲之轉,《中庸》曰:'拳拳服膺而弗失之。'《士喪禮》'馮尸'鄭注曰:'馮,服膺之。'《喪大記》'馮尸'注曰:'馮,謂扶持服膺。'《莊子》'馮而不舍',又曰'服膺而不舍',服膺即馮也。"

⑯戚醮(qiáo):煩惱。陸德明《釋文》:"李云:'戚醮,顦顇也。'"成玄英疏:"戚醮,煩惱也。"王叔岷《校詮》引奚侗云:"醮乃醮之誤字,形相似也。《廣雅·釋詁》:'醮、悴,憂也。'"

⑰益:增益。成玄英疏:"貪求無足。"

⑱內:在家,與"外"對言。　疑:恐懼。成玄英疏:"疑,恐也。"刼:同"劫"。　請:求也。成玄英疏:"請,求也。匹夫無罪,懷璧其罪,故在家則恐求財盜賊之災,外行則畏寇盜濫竊之害。"

⑲周:周密,周備。　疏:疏通。陸德明《釋文》:"李云:'重樓內匝,疏軒外通,謂設備守具。'"成玄英疏:"舍院周回,起疏窗樓。"

⑳六者:指上文所述亂、苦、疾、辱、憂、畏。成玄英疏:"六者,謂亂苦疾辱憂畏也。"

㉑盡、竭:窮盡、竭盡。王先謙《集解》:"嗜財若天性。財即性也,故曰盡性竭財。"錢穆《纂箋》:"盡其生,竭其財。"

㉒單:但。王先謙《集解》:"郭嵩燾云:'單、亶古字通。亶訓但,單亦訓但。'"　故:事故,變故。

㉓繚:纏繞。成玄英疏:"繚,纏繞也。"錢穆《纂箋》引奚侗曰:"《說文》:'繚,纏也。'此謂纏束其意志。"　絕:決絕。成玄英疏:"心決絕於爭求。"　體:與"意"互文。

# 説劍第三十

  此篇文體有戰國策士之辭風,其旨則在儒家之意。

  昔趙文王喜劍①,劍士夾門而客三千餘人②,日夜相擊於前,死傷者歲百餘人,好之不厭。如是三年,國衰,諸侯謀之③。太子悝患之④,募左右曰⑤:"孰能説王之意止劍士者⑥,賜之千金。"左右曰:"莊子當能。"太子乃使人以千金奉莊子。莊子弗受,與使者俱往,見太子曰:"太子何以教周⑦,賜周千金?"太子曰:"聞夫子明聖,謹奉千金以幣從者⑧。夫子弗受,悝尚何敢言!"莊子曰:"聞太子所欲用周者,欲絶王之喜好也。使臣上説大王而逆王意,下不當太子⑨,則身刑而死,周尚安所事金乎⑩?使臣上説大王,下當太子,趙國何求而不得也!"太子曰:"然。吾王所見,唯劍士也。"莊子曰:"諾。周善爲劍。"太子曰:"然吾王所見劍士,皆蓬頭突鬢垂冠⑪,曼胡之纓⑫,短後之衣⑬,瞋目而語難⑭,王乃悦之。今夫子必儒服而見王⑮,事必大逆。"莊子曰:"請治劍服⑯。"治劍服三日,乃見太子。

【校注】

  ①趙文王:趙國君。陸德明《釋文》:"司馬云:'惠文王也,名何,武

靈王子,後莊子三百五十年。'"

②夾:擁擠。

③謀之:謀取趙國。成玄英疏:"故諸侯知其無道,共相謀議,欲將伐之也。"

④悝(kuī):趙太子名。陸德明《釋文》:"悝,苦回反,太子名。"

⑤募:招募。

⑥説(shuì):説服。下同。

⑦教:指教,指令。

⑧幣:贈。成玄英疏:"贈(于)〔千〕金以充從(車)〔者〕之幣帛也。"

⑨當:適當,適合。

⑩事:用也。王叔岷《校詮》:"裴學海云:'事猶用也。'(《古書虛字集釋》九。)案《史記・魏公子列傳》:'尚安事客!'事亦用也,與此同例。"

⑪蓬頭突鬢垂冠:指劍士異常之貌。陸德明《釋文》:"蓬頭,謂著兜鍪也。有毛,故如蓬。……垂冠,將欲鬭,故冠低傾也。"成玄英疏:"髮亂如蓬,鬢毛突出,鐵爲冠,垂下露面。"

⑫曼胡:無文理。陸德明《釋文》:"司馬云:'曼胡之纓,謂麤纓無文理也。'"成玄英疏:"曼胡之纓,謂屯項抹額也。"王叔岷《校詮》:"朱駿聲云:'曼,叚借爲縵。'……《説文》:'縵,繒無文也。'段注:'引申之,凡無文皆曰縵。'"

⑬短後:指衣服後面短。成玄英疏:"短後之衣,便於武事。"

⑭瞋(chēn):張也。成玄英疏:"瞋目怒眼,勇者之容。"王叔岷《校詮》:"《説文》:'瞋,張目也。'"　難:困難,不流暢。陸德明《釋文》:"艱難也;勇士憤氣積於心胸,言不流利也。"

⑮必:猶"如"。王叔岷《校詮》:"必猶如也。"

⑯治:辦理。

太子乃與見王,王脱白刃待之①。莊子入殿門不趨②,見王不拜。王曰："子欲何以教寡人，使太子先③?"曰："臣聞大王喜劍，故以劍見王④。"王曰："子之劍何能禁制⑤?"曰："臣之劍，十步一人，千里不留行⑥。"王大悅之，曰："天下无敵矣!"莊子曰："夫爲劍者，示之以虛，開之以利，後之以發，先之以至⑦。願得試之⑧。"王曰："夫子休就舍⑨，待命令設戲請夫子⑩。"王乃校劍士七日⑪，死傷者六十餘人，得五六人，使奉劍於殿下，乃召莊子。王曰："今日試使士敦劍⑫。"莊子曰："望之久矣⑬。"

## 【校注】

①脱：抽出。　白刃：劍。

②趨：疾走，恭敬貌。成玄英疏："夫自得者，内無懼心，故不趨走也。"

③先：意謂"先言"。成玄英疏："使太子先言於我乎?"

④見：同"現"，示也。

⑤禁制：意謂抵禦、制服敵手。

⑥留行：意謂阻擋行程。郭慶藩《集釋》引俞樾曰："十步之内，輒殺一人，則歷千里之遠，所殺多矣，而劍鋒不缺，所當無撓者，是謂十步一人，千里不留行，極言其劍之利也。"王叔岷《校詮》："疑'十步'下原有殺字。李白《俠客行》：'十步殺一人，千里不留行。'即用此文，正有殺字。"

⑦皆描述劍術之語。成玄英疏："夫爲劍者道也，是以忘己虛心，開通物利，感而後應，機照物先，莊子之用劍也。"

⑧之：意指劍術。

⑨休就舍：去客舍休息。成玄英疏："詞旨清遠，感動王心，故令休息，屈就館舍。"

⑩戲：劍戲。成玄英疏："待設劍戲，然後邀延也。"錢穆《纂箋》："王

叔岷曰:‘本或無令字。’”

⑪校:考校。陸德明《釋文》:“司馬云:‘考校取其勝者也。校,本或作教。’”成玄英疏:“試陳劍士,使考校敦斷以定勝劣。”

⑫敦:治也。王先謙《集解》:“郭嵩燾云:‘《魯頌》敦商之旅,箋:敦,治也。’”王叔岷《校詮》:“宣穎云:‘敦,治也。’”

⑬望:期望。成玄英疏:“企望日久,請早試之。”

王曰:“夫子所御杖①,長短何如?”曰:“臣之所奉皆可。然臣有三劍,唯王所用,請先言而後試。”王曰:“願聞三劍。”曰:“有天子劍,有諸侯劍,有庶人劍②。”王曰:“天子之劍何如?”曰:“天子之劍,以燕谿石城爲鋒③,齊岱爲鍔④,晉魏爲脊⑤,周宋爲鐔⑥,韓魏爲鋏⑦;包以四夷,裹以四時;繞以渤海,帶以常山⑧;制以五行⑨,論以刑德⑩;開以陰陽,持以春夏,行以秋冬⑪。此劍,直之无前⑫,舉之无上,案之无下⑬,運之无旁,上決浮雲,下絶地紀⑭。此劍一用,匡諸侯⑮,天下服矣。此天子之劍也。”

【校注】

①御杖:意謂持劍。成玄英疏:“御,用也。謂莊實可擊劍,故問之。”王叔岷《校詮》:“‘所御杖’,蓋謂所用之劍也。”

②王叔岷《校詮》:“古鈔卷子本三劍字上皆有之字。”

③燕谿、石城:地名。陸德明《釋文》:“燕音煙。燕谿,地名,在燕國。石城在塞外。”　鋒:劍鋒。成玄英疏:“鋒,劍端也。”

④齊岱:泰山。　鍔:劍刃。陸德明《釋文》:“司馬云:‘劍刃也。’”成玄英疏:“齊國岱岳在東,爲劍刃也。”

⑤魏:應爲“衛”,本亦作“衛”。　脊:劍脊。王叔岷《校詮》:“陳碧虛《音義》本亦作衛,並引成疏:‘晉、衛二國近趙地,故爲劍脊也。’”

⑥鐔(xún)：劍環。成玄英疏：“鐔，環也。……周宋二國近南，故以爲環也。”

⑦鋏：劍把。陸德明《釋文》：“司馬云：‘把也。’”成玄英疏：“鋏，把也。”

⑧常山：恒山。成玄英疏：“常山，北岳也。”王叔岷《校詮》：“常山本作恒山，漢人避文帝諱以常代恒，《道藏》羅勉道《循本》本復常爲恒。”

⑨制：制衡。成玄英疏：“以此五行匡制寰宇。”

⑩論：評論。成玄英疏：“論其刑德，以御群生。”　刑德：刑罰德化。成玄英疏：“刑，刑罰；德，德化也。”

⑪成玄英疏：“夫陰陽開闢，春夏維持，秋冬肅殺，自然之道也。”錢穆《纂箋》：“馬叙倫曰：‘本書不言五行義。’”章案：此類陰陽五行之説，皆鄒衍之後之學説。

⑫直：當。王先謙《集解》：“直，當也。”王叔岷《校詮》：“《史記·匈奴列傳》：‘直上谷。’《索隱》：‘案姚氏云：古字例以直爲值，值者，當也。’”

⑬案：同“按”。下同。

⑭紀：同“基”。成玄英疏：“夫以道爲劍，則無所不包，故上下旁通，莫能礙者；浮雲地紀，豈足言哉！”

⑮匡：匡正。

　　文王芒然自失①，曰：“諸侯之劍何如？”曰：“諸侯之劍，以知勇士爲鋒②，以清廉士爲鍔，以賢良士爲脊，以忠聖士爲鐔，以豪桀士爲鋏。此劍，直之亦无前，舉之亦无上，案之亦无下，運之亦无旁，上法圓天以順三光③，下法方地以順四時，中知民意以安四鄉④。此劍一用，如雷霆之震也，四封之內，无不賓服而聽從君命者矣。此諸侯之劍也。”王曰：“庶人之劍何如？”曰：“庶人之劍，蓬頭突鬢垂冠，曼胡之纓，短後之衣,瞋目而語難。相擊於前,上斬頸領,下決肝肺⑤。此庶人之劍,无異於鬭雞,一旦命已絶矣,无所用於國事。今大王有天子之位而好庶人之劍,臣竊爲大王薄之⑥。"王乃牽而上殿⑦。宰人上食⑧,王三環之⑨。莊子曰:"大王安坐定氣,劍事已畢奏矣⑩。"於是文王不出宮三月,劍士皆服斃其處也⑪。

## 【校注】

①芒然:茫然。王叔岷《校詮》:"'芒然'猶'茫然'。《列子·仲尼篇》:'子貢茫然自失',《抱朴子·安貧篇》:'於是問者茫然自失。'芒、茫古、今字。"

②知:同"智"。

③圓:同"圜"。王叔岷《校詮》:"圓、圜可通用,就法天而言,則當作圜,《説文》:'圜,天體也。'" 三光:日月星。

④四鄉:猶"四方"。成玄英疏:"四鄉,猶四方也。"

⑤決:斬也。與"斬"互文。

⑥薄:輕薄。

⑦牽:意謂牽莊子。

⑧宰人:侍臣。

⑨環:繞也。陸德明《釋文》:"聞義而愧,繞(饒)【饌】三周,不能坐食。"

⑩畢奏:奏畢。

⑪服:同"伏"。陸德明《釋文》:"司馬云:'忿不見禮,皆自殺也。'"王叔岷《校詮》:"服、伏古通,《天下篇》:'不能服人之心。'《白帖》九引服作伏,即其比。"

# 漁父第三十一

**【題解】**

　　本篇述自然無爲、法貴天真之主旨。全篇思想與《楚辭·漁父》有異曲同工之妙。

　　孔子遊乎緇帷之林①，休坐乎杏壇之上②。弟子讀書，孔子弦歌鼓琴，奏曲未半③。有漁父者④，下船而來，鬚眉交白⑤，被髮揄袂⑥，行原以上⑦，距陸而止⑧，左手據膝⑨，右手持頤以聽⑩。曲終而招子貢子路，二人俱對⑪。客指孔子曰⑫："彼何爲者也？"子路對曰："魯之君子也。"客問其族⑬。子路對曰："族孔氏。"客曰："孔氏者何治也⑭？"子路未應，子貢對曰："孔氏者，性服忠信，身行仁義，飾禮樂⑮，選人倫⑯，上以忠於世主，下以化於齊民⑰，將以利天下。此孔氏之所治也。"又問曰："有土之君與⑱？"子貢曰："非也。""侯王之佐與⑲？"子貢曰："非也。"客乃笑而還，行言曰："仁則仁矣，恐不免其身⑳；苦心勞形以危其真㉑。嗚呼遠哉，其分於道也㉒！"

**【校注】**

　　①緇帷之林：黑樹林。陸德明《釋文》："司馬云：'黑林名也。'"成玄英疏："緇，黑也。……其林鬱茂，蔽日陰沈，布葉垂條，又如帷幕，故謂之緇帷之林也。"章案：此處孔子事跡亦爲寓言，於史無徵。

②杏壇:水澤中多杏樹之高地。陸德明《釋文》:"司馬云:'澤中高處也。'"成玄英疏:"壇,澤中之高處也。其處多杏,謂之杏壇也。"

③未半:不到一半。

④漁父:捕魚人。陸德明《釋文》:"取魚父也。一云是范蠡。"成玄英疏:"漁父,越相范蠡也。輔佐越王句踐,平吳事訖,乃乘扁舟,游三江五湖,變異姓名,號曰漁父,即屈原所逢者也。"章案:此篇爲寓言,人物不必實指。

⑤交:俱。陸德明《釋文》:"李云:'俱也。'"成玄英疏:"鬚眉交白,壽者之容。"

⑥被:同"披"。成玄英疏:"散髮無冠,野人之貌。" 揄袂:拽衣袖。成玄英疏:"揄,揮也。袂,袖也。"錢穆《纂箋》:"奚侗曰:'揄,引也。'"王叔岷《校詮》引朱駿聲云:"《史記·司馬相如傳》'揄紵縞',《正義》:'揄,曳也。'"

⑦原:高處平地。成玄英疏:"原,高平也。"

⑧距:至也。陸德明《釋文》:"李云:'距,至也。'"

⑨據:按,依據。

⑩持頤:柱托下顎。成玄英疏:"(拓)[托]頤抱膝。"王叔岷《校詮》:"《御覽》一八五引持作柱。"

⑪對:對話,答話。

⑫客:指漁父。下同。

⑬族:氏族。成玄英疏:"問其氏族,答云姓孔。"

⑭治:脩治。成玄英疏:"又問孔氏以何法術脩理其身。"

⑮飾:修飾。陸德明《釋文》:"本又作飭,音敕。"成玄英疏:"修飾禮樂。"

⑯選:擇也。成玄英疏:"簡選人倫。"王先謙《集解》:"鑒而擇之。"

⑰化:教化。 齊民:平民。下同。陸德明《釋文》:"李云:'齊,等

也。'許慎云:'齊等之民也。'如淳云:'齊民,猶平民。'"

⑱土:國土,封國。成玄英疏:"爲是有茅土五等之君?" 與:同"歟"。下同。陸德明《釋文》:"與音餘。下同。"

⑲佐:輔佐。成玄英疏:"爲是王侯輔佐卿相乎?"

⑳免:避免。意謂不能避免自身之患難。

㉑危:同"僞"。陸德明《釋文》:"危,或作僞。"

㉒分:離也。陸德明《釋文》:"分,本又作介,音界。司馬云:'離也。'"

　　子貢還,報孔子。孔子推琴而起曰:"其聖人與!"乃下求之,至於澤畔,方將杖挐而引其船①,顧見孔子②,還鄉而立③。孔子反走,再拜而進④。客曰:"子將何求?"孔子曰:"曩者先生有緒言而去⑤,丘不肖⑥,未知所謂,竊待於下風⑦,幸聞咳唾之音以卒相丘也⑧!"客曰:"嘻!甚矣子之好學也!"孔子再拜而起曰:"丘少而脩學,以至於今,六十九歲矣,无所得聞至教,敢不虛心!"

【校注】

①杖挐(ráo):撐橈。"挐",覆宋本作"拏"。陸德明《釋文》:"拏,司馬云:'橈也。'"下同。

②顧:回顧,回頭。

③鄉:同"嚮"。陸德明《釋文》:"鄉或作嚮,同。"

④成玄英疏:"反走前進,是虔敬之容也。"

⑤曩:剛才。成玄英疏:"曩,向也。" 緒言:意謂未盡之言。郭慶藩《集釋》引俞樾曰:"《楚辭·九章》'款秋冬之緒風',王注曰:'緒,餘也。'《讓王篇》曰:'其緒餘以爲國家。'是緒與餘同義。緒言者,餘言也。先生之言未畢而去,是有不盡之言,故曰緒言。"

⑥不肖:意謂不敏。成玄英疏:"丘不敏,未識所由之故。"

⑦待於下風：恭敬之意。陸德明《釋文》：“待，或作侍。”王叔岷《校詮》：“朱駿聲云：‘待，叚借爲侍。’”

⑧咳唾之音：意指言説，亦爲敬語。　卒：終。成玄英疏：“卒，終也。”　相：助也。成玄英疏：“相，助也。”

　　客曰：“同類相從，同聲相應，固天之理也。吾請釋吾之所有，而經子之所以①。子之所以者，人事也。天子、諸侯、大夫、庶人，此四者自正，治之美也；四者離位，而亂莫大焉。官治其職，人憂其事，乃无所陵②。故田荒室露，衣食不足，徵賦不屬③，妻妾不和，長少无序，庶人之憂也；能不勝任④，官事不治，行不清白，群下荒怠，功美不有⑤，爵禄不持⑥，大夫之憂也；廷无忠臣，國家昏亂，工技不巧，貢職不美⑦，春秋後倫⑧，不順天子，諸侯之憂也；陰陽不和，寒暑不時，以傷庶物，諸侯暴亂，擅相攘伐，以殘民人，禮樂不節，財用窮匱，人倫不飭⑨，百姓淫亂，天子有司之憂也⑩。今子既上无君侯有司之勢，而下无大臣職事之官，而擅飾禮樂，選人倫，以化齊民，不泰多事乎⑪！

## 【校注】

①經：經營，梳理。下同。陸德明《釋文》：“經，經營。司馬云：‘經，理也。’”成玄英疏：“故釋吾之所有方外之道，經營子之所以方内之業也。”王叔岷《校詮》：“有、以互文，以亦有也。”

②陵：亂也。成玄英疏：“陵亦亂也。”

③屬：與“足”互文。王叔岷《校詮》：“足、屬互文，屬亦足也。《左》昭二十八年《傳》‘屬厭而已’，杜注：‘屬，足也。’”

④能：職能。成玄英疏：“職任不勝。”

⑤功美：功勞美譽。王先謙《集解》：“無功於國，無譽於民。”

⑥持：保持。王先謙《集解》：“不能保持其爵禄。”

⑦職:賦税。陸德明《釋文》:"職,或作賦。"王叔岷《校詮》:"《周禮·夏官》大司馬'施貢分職',鄭注:'職,謂職税也。'" 美:善,好。

⑧春秋後倫:意謂春秋朝覲之禮失序。陸德明《釋文》:"朝覲不及等比也。"成玄英疏:"春秋盟會,落朋倫之後。"

⑨飭:同"飾"。王叔岷《校詮》:飾、飭古通,《馬蹄篇》有説。

⑩有司:官吏。成玄英疏:"三公九卿之憂也。"

⑪泰:同"太"。成玄英疏:"乃是多事之人。"

　　且人有八疵①,事有四患,不可不察也。非其事而事之,謂之摠②;莫之顧而進之③,謂之佞;希意導言④,謂之諂;不擇是非而言,謂之諛⑤;好言人之惡⑥,謂之讒;析交離親⑦,謂之賊;稱譽詐僞以敗惡人,謂之慝⑧;不擇善否⑨,兩容顔適⑩,偷拔其所欲⑪,謂之險⑫。此八疵者,外以亂人,内以傷身,君子不友,明君不臣⑬。所謂四患者:好經大事⑭,變更易常,以挂功名⑮,謂之叨⑯;專知擅事⑰,侵人自用,謂之貪;見過不更,聞諫愈甚,謂之很⑱;人同於己則可,不同於己,雖善不善,謂之矜⑲。此四患也。能去八疵,无行四患,而始可教已⑳。"

【校注】

①疵:瑕疵,毛病。

②摠(zǒng):濫也。亦作"總"。成玄英疏:"摠,濫也。非是己事而强知之,謂之叨濫也。"

③顧:視。 進:意謂"進言"。成玄英疏:"强進忠言,人不采顧,謂之佞也。"

④希意:意謂揣摩他人心意。 導:傳導。成玄英疏:"希望前人意氣而導達其言,斯諂也。"

⑤諛:諛媚。成玄英疏:"苟且順物,不簡是非,謂之諛也。"

⑥惡:過錯。成玄英疏:"聞人之過,好揚敗之。"

⑦析:分。成玄英疏:"人有親情交故,輒欲離而析之,斯賊害也。"

⑧慝(tè):邪惡。成玄英疏:"與己親者,雖惡而舉;與己疏者,雖善而毀;以斯詐僞,好敗傷人,可謂姦慝之人也。"王先謙《集解》:"詐僞則稱譽之,惡其人則毀之,是爲奸慝。"

⑨否(pǐ):惡。陸德明《釋文》:"否,悲美反,惡也。"成玄英疏:"否,惡也。"

⑩兩容:意指容納善惡二狀。陸德明《釋文》:"善惡皆容,顔貌調適也。煩,或作顔。"成玄英疏:"善惡二邊,兩皆容納,和顔悦色。"

⑪偷拔:意謂揣測人意。王先謙《集解》:"宣云:'偷拔,謂潛引人心中之欲。'"

⑫險:陰險、險惡。成玄英疏:"偷拔其意之所欲,隨而佞之,斯險詖之人也。"

⑬友、臣:動詞。

⑭經:經營。成玄英疏:"經營大事。"

⑮挂:圖謀。錢穆《纂箋》:"章炳麟曰:'《説文》:挂,畫也。引申爲謀畫。'"

⑯叨:濫也。成玄英疏:"謂叨濫之人也。"王先謙《集解》:"變易常節,以倖功名,是叨濫也。"王叔岷《校詮》:"《廣韻》下平聲豪第六法亦云:'叨,濫。'叨有濫義。"

⑰知:同"智"。王先謙《集解》:"專知,自謂予知也。"王叔岷《校詮》:"《應帝王篇》:'无爲事任,无爲知主。'"　擅:獨擅。成玄英疏:"事己獨擅,自用陵人,謂之貪也。"

⑱很:同"狠"。本亦作"狠"。成玄英疏:"有過不改,聞諫彌增,很戾之人。"郭慶藩《集釋》:"《説文》:'很,言不聽從也。'《逸周書·諡法篇》:'愎很遂過者曰剌。'《荀子·成相篇》:'愎很遂過不肯悔。'"王叔岷《校詮》:"《道藏》林希逸《口義》本、褚伯秀《義

海纂微》本、陳碧虛《音義》本、羅勉道《循本》本、元纂圖互注本、
世德堂本皆作狠。"

⑲矜:矜夸。成玄英疏:"物同乎己,雖惡而善;物異乎己,雖善而惡,
謂之矜夸之人。"

⑳已:語助詞。

孔子愀然而嘆①,再拜而起曰:"丘再逐於魯,削迹於衛,
伐樹於宋,圍於陳、蔡②。丘不知所失,而離此四謗者何
也③?"客悽然變容曰:"甚矣,子之難悟也④!人有畏影惡迹
而去之走者⑤,舉足愈數而迹愈多⑥,走愈疾而影不離身,自以
爲尚遲,疾走不休,絕力而死⑦。不知處陰以休影⑧,處静以息
迹⑨,愚亦甚矣!子審仁義之間,察同異之際,觀動静之變,適
受與之度⑩,理好惡之情,和喜怒之節⑪,而幾於不免矣⑫。謹
脩而身⑬,慎守其真⑭,還以物與人⑮,則无所累矣。今不脩之
身而求之人,不亦外乎⑯!"

【校注】

①愀(qiǎo)然:慚愧狀。下同。成玄英疏:"愀然,慙竦貌也。"

②孔子此處所述事迹見《讓王》、《盜跖》等篇,成玄英疏:"仕於魯而
被放,游於衛而遭削迹,講於宋樹下而司馬桓魋欲殺夫子,憎其坐
處,遂伐其樹。"

③離:同"罹"。成玄英疏:"罹,遭也。丘無罪失而遭罹四謗。未悟
前旨,故發此疑。"王叔岷《校詮》:"離、罹古通,作離是故書。"

④悟:覺悟,醒悟。

⑤惡(wù):厭惡。　去之:除去影、迹。

⑥數:同"速"。王叔岷《校詮》:"數讀爲速,數、速古通,《逍遥遊篇》有説。"

⑦絕:盡也。

⑧休:止也。

⑨息:消失。與"休"互文。

⑩適:調適。　受與:接受、施與。

⑪節:調節,節制。

⑫幾:近也。意謂幾近不能免於禍。成玄英疏:"以己誨人,矜矯天性,近於不免也。"王先謙《集解》:"子審度於接物者如此,而猶幾於不免。"

⑬而:同"爾"。

⑭真:本真,真氣。下同。

⑮還:歸也。成玄英疏:"所有功名,歸還人物。"王先謙《集解》:"外物不與人爭,自無患累也。"

⑯外:遠離。意謂遠離修身之道。成玄英疏:"不能脩其身而求之他人者,豈非疏外乎!"

孔子愀然曰:"請問何謂真?"客曰:"真者,精誠之至也。不精不誠,不能動人①。故強哭者雖悲不哀,強怒者雖嚴不威,強親者雖笑不和。真悲无聲而哀,真怒未發而威,真親未笑而和。真在內者,神動於外,是所以貴真也。其用於人理也,事親則慈孝②,事君則忠貞,飲酒則歡樂,處喪則悲哀。忠貞以功爲主③,飲酒以樂爲主,處喪以哀爲主,事親以適爲主④。功成之美,无一其迹矣⑤。事親以適,不論所以矣。飲酒以樂,不選其具矣⑥。處喪以哀,无問其禮矣。禮者,世俗之所爲也;真者,所以受於天也,自然不可易也。故聖人法天貴真,不拘於俗。愚者反此。不能法天而恤於人⑦,不知貴真,祿祿而受變於俗⑧,故不足。惜哉,子之早湛於人僞⑨,而晚聞大道也!"

【校注】

①成玄英疏:"夫真者不僞,精者不雜,誠者不矯也。故矯情僞性者,

不能動人也。"

②慈:孝。王叔岷《校詮》:"王念孫云:'善于父母謂之孝,亦謂之
慈,故孝鳥謂之慈鳥。……'案'慈孝'複語,慈亦孝也,王說是。
《墨子·尚賢中》篇'入則不慈孝父母',《史記·梁孝王世家》'孝
王慈孝',亦並同例。"

③功:功業。成玄英疏:"貞者,事之幹也,故以功績爲主。"

④適:適意,恰當。

⑤一其跡:意謂統一其事跡。成玄英疏:"是以功在其美,故不可一
其事跡也。"王先謙《集解》:"成功可見者甚多,故不可一其
事跡。"

⑥具:菜肴酒具。王先謙《集解》:"不在具殺。"

⑦恤:憂也。成玄英疏:"恤,憂也。"王先謙《集解》:"惟人事是憂。"

⑧禄禄:意謂庸常。王先謙《集解》:"禄禄,猶録録也。《漢書·蕭
曹贊》作'録録',顏注:'猶鹿鹿,言在凡庶之中。'"錢穆《纂箋》引
奚侗曰:"禄借爲婗,《說文》:'隨從也。或作録。'"王叔岷《校
詮》:"'禄禄'取'凡庶'義,或'隨從'義,並與'受變於俗'相應。"

⑨湛:同"沈"。王先謙《集解》:"湛與沈同。"王叔岷《校詮》:"《說
文》:'湛,没也。'"　　人偽:人爲。王叔岷《校詮》:"'人偽'猶
'人爲',《廣雅·釋詁三》:'偽,爲也。'"

孔子又再拜而起曰:"今者丘得遇也,若天幸然①。先生
不羞而比之服役②,而身教之,敢問舍所在,請因受業而卒學
大道③。"客曰:"吾聞之,可與往者與之④,至於妙道;不可與
往者,不知其道,慎勿與之,身乃无咎⑤。子勉之! 吾去子矣,
吾去子矣!"乃刺船而去⑥,延緣葦間⑦。顏淵還車,子路授
綏⑧,孔子不顧,待水波定,不聞拏音而後敢乘⑨。子路旁車而
問曰⑩:"由得爲役久矣⑪,未嘗見夫子遇人如此其威也⑫。萬

乘之主,千乘之君,見夫子未嘗不分庭伉禮<sup>⑬</sup>,夫子猶有倨敖
之容<sup>⑭</sup>。今漁父杖拏逆立<sup>⑮</sup>,而夫子曲要磬折<sup>⑯</sup>,言拜而應<sup>⑰</sup>,
得无太甚乎? 門人皆怪夫子矣,漁父何以得此乎?"

**【校注】**

①成玄英疏:"得逢漁父,欣若登天。"

②羞:恥也。　　服役:門人。成玄英疏:"必其不恥訓誨,尋當服勤
　　驅役,庶爲門人,身禀教授。"王先謙《集解》:"若僕從然。"章案:
　　此爲孔子謙虛之辭,意爲請隨漁父求學。

③受業:求學。　　卒:終也。成玄英疏:"問舍所在,終學大道。"

④與:給予。　　往者:意謂由迷惘到覺悟者。成玄英疏:"從迷適悟
　　爲往。妙道,真本也。"

⑤咎:過失。成玄英疏:"若逢上智之士,可與言於妙本,若遇下根之
　　人,不可語其玄極,觀機吐照,方乃無疵。"

⑥刺:撐。

⑦延緣:延進繞行。王叔岷《校詮》:"《爾雅·釋詁》:'延,進也。'
　　《荀子·議兵篇》:'緣之以方城。'楊注:'緣,繞也。''延緣葦間',
　　謂延進緣繞於蘆葦間也。"

⑧綏:轡也。王叔岷《校詮》:"《説文》:'綏,車中靶也。'段注:'靶
　　者,轡也。轡在車前,而綏則係於車中,御者執以援登車者,故別
　　之曰:車中靶也。'"

⑨拏音:搖櫓聲。成玄英疏:"不聞橈響,方敢乘車。"

⑩旁:同"傍"。王先謙《集解》:"旁同傍。"

⑪由:子路名仲由。　　爲役:意指侍奉孔子。

⑫威:敬畏。王先謙《集解》:"宣云:'威,敬畏。'"錢穆《纂箋》:"高
　　亨曰:'威讀爲畏。《廣雅》:畏敬也。'"

⑬伉:同"抗"。成玄英疏:"天子萬乘,諸侯千乘。伉,對也。"王叔
　　岷《校詮》:"伉、抗正假字。"

⑭敖:同"傲"。成玄英疏:"仲尼遇天子諸侯,尚懷倨傲。"王叔岷《校詮》:"傲、敖正假字。《説文》:'傲,倨也。倨,不遜也。'"

⑮杖拏逆立:不恭貌。

⑯要:同"腰"。成玄英疏:"盡禮曲腰。"王叔岷《校詮》:"要、腰正俗字。" 磬折:曲體作揖。王叔岷《校詮》:"《史記》褚少孫補《滑稽列傳》'西門豹簪筆磬折',《正義》:'磬折,謂曲體揖之,若石磬之形曲折也。'"

⑰應:應答,回應。成玄英疏:"受言詞必拜而應。"

孔子伏軾而嘆曰①:"甚矣,由之難化也! 湛於禮義有間矣②,而樸鄙之心至今未去③。進,吾語汝④! 夫遇長不敬,失禮也;見賢不尊,不仁也。彼非至人,不能下人⑤,下人不精⑥,不得其真,故長傷身。惜哉! 不仁之於人也,禍莫大焉,而由獨擅之⑦。且道者,萬物之所由也⑧,庶物失之者死⑨,得之者生,爲事逆之則敗,順之則成。故道之所在,聖人尊之。今漁父之於道,可謂有矣,吾敢不敬乎!"

【校注】

①軾:車把。

②湛:同"沈"。 有間:日久。王先謙《集解》:"宣云:'言已久。'"

③樸鄙:意謂未開化。成玄英疏:"嗟其鄙拙。"

④語(yù):説。成玄英疏:"召由令前,示其進趨。"

⑤彼:猶"若"。成玄英疏:"若非至德之人,則不能使人謙下。"王叔岷《校詮》:"《史記·韓世家》:'彼韓急,則將變而佗從。'彼亦猶若也。" 下人:意謂使人對其謙下。

⑥精:精誠。王先謙《集解》:"上文云:'真者,精誠之至也。'"

⑦擅:專有。成玄英疏:"惜哉仲由,專擅於此也!"王先謙《集解》:

"擅者,專有之。"

⑧由:根由。成玄英疏:"由,從也。"

⑨庶:衆。成玄英疏:"庶,衆也。"

# 列御寇第三十二

【題解】

　　本篇述自然無爲、和光同塵之義，譏刺儒墨之争實爲兄弟之殘殺。文中記莊子事跡甚多。所謂"所治愈下，得車愈多"，責入世事功之卑賤猥瑣。寓言取驪龍之珠，表明仕途之險惡。

　　列御寇之齊①，中道而反②，遇伯昏瞀人③。伯昏瞀人曰："奚方而使④？"曰："吾驚焉⑤。"曰："惡乎驚⑥？"曰："吾嘗食於十漿⑦，而五漿先饋⑧。"伯昏瞀人曰："若是，則汝何爲驚已⑨？"曰："夫内誠不解⑩，形諜成光⑪，以外鎮人心⑫，使人輕乎貴老⑬，而鳌其所患⑭。夫漿人特爲食羹之貨⑮，多餘之贏⑯，其爲利也薄，其爲權也輕，而猶若是⑰，而況於萬乘之主乎⑱！身勞於國而知盡於事⑲，彼將任我以事，而效我以功⑳，吾是以驚。"伯昏瞀人曰："善哉，觀乎㉑！汝處己㉒，人將保汝矣㉓！"

【校注】

　　①列御寇：列子，"御"又作"禦"。事跡見《逍遥遊篇》注。　之齊：行往齊國。成玄英疏："禦寇既師壺子，又事伯昏，方欲適齊。"

　　②反：同"返"。下同。成玄英疏："中路而還。"

　　③伯昏瞀（mào）人：即伯昏无人。陸德明《釋文》："瞀音茂，又音

務。”成玄英疏：“伯昏，楚之賢士，號曰伯昏瞀人，隱者之徒也。”
王先謙《集解》：“見《列子·黃帝篇》。”王叔岷《校詮》：“瞀人，
《德充符篇》作无人……无、瞀古通，此文《列子·黃帝篇》[作]瞀
人，北宋本亦作无人。”

④奚方：何故。錢穆《纂箋》引金其源曰：“《易·復卦》：‘后不省
　方。’注：‘方，事也。’”王叔岷《校詮》：“宣穎云：‘奚方，猶何故
　也。’”　使：應爲“反”。覆宋本、世德堂本皆作“反”。成玄英
　疏：“問其所由中塗反意也。”

⑤驚：驚懼。陸德明《釋文》：“李云：‘見人感己即遠驚也。’”成玄英
　疏：“自覺己非，驚懼而反。”

⑥惡（wū）：何也。下同。陸德明《釋文》：“惡音烏。”

⑦十漿：意指十户賣漿之家。郭象注：“賣漿之家。”陸德明《釋文》
　引司馬彪曰：“十家並賣漿也。”

⑧饋：贈。郭象注：“言其敬己。”陸德明《釋文》：“饋，遺也，謂十家
　中五家先遺。王云：‘皆先饋進於己。’”成玄英疏：“五家先饋，覩
　其容觀，競起（驚）[敬]心，未能冥混，是以驚懼也。”王叔岷《校
　詮》：“車柱環云：‘言賣漿者之半爭先遺漿於列子。’”

⑨已：語助詞。王叔岷《校詮》：“裴學海云：‘已猶乎也。’”

⑩解：解放。郭象注：“外自矜飾。”成玄英疏：“自覺內心實智，未能
　懸解，爲物所敬，是以驚而歸。”

⑪諜：叚借爲“渫”，即“泄”。錢穆《纂箋》：“宣穎曰：‘心積而不化，
　形即泄之，而成光儀。’”王叔岷《校詮》引孫詒讓云：“疑諜當爲渫
　之叚字。（二字聲類同。）‘內誠不解’，謂誠積於中。‘形諜成
　光’，謂形宣渫於外有光儀也。”

⑫鎮：鎮服。郭象注：“其內實不足以服物。”成玄英疏：“鎮，服也。”

⑬貴老：尊重老者。陸德明《釋文》：“謂重禦寇過於老人。”

⑭鞬：釀也。陸德明《釋文》：“鞬，子今反。”成玄英疏：“使人敬貴於

己而輕老人,良恐禍患方亂生矣。"錢穆《纂箋》:"羅勉道曰:'鍪猶釀也。'蘇輿曰:'其指己,《莊子》中其字多如此用,下文'盍胡嘗視其良'亦然。'"

⑮特:但。王叔岷《校詮》:"特猶但也。" 食(sì):動詞。陸德明《釋文》:"食音嗣。"

⑯贏:利也。成玄英疏:"贏,利也。夫賣漿之人,獨有羹食爲貨,所盈之物,蓋亦不多。"

⑰若是:如此。意指爲薄利而競爭。成玄英疏:"爲利既薄,勸亦非重,尚能敬己,競走獻漿。"

⑱萬乘之主:君王。成玄英疏:"況在君王,權高利厚,奔馳尊貴,不亦宜乎!"

⑲知:同"智"。成玄英疏:"躬疲倦於邦國,心盡慮於世事。"

⑳效:考效,效驗。成玄英疏:"必將任我以物務而驗我以功績。"王叔岷《校詮》:"《廣雅·釋言》:'效,考也。'"

㉑觀:察也。王先謙《集解》:"善其能觀察人情。"

㉒處已:意謂"歸矣"。錢穆《纂箋》引馬其昶曰:"處已,猶言歸矣。"王叔岷《校詮》:"處謂居處,已、矣互文,已猶矣也。謂汝處矣,人將依附汝矣。"

㉓保:依附。陸德明《釋文》:"司馬云:'保,附也。'"王先謙《集解》:"言汝且處乎家,人將附汝也。"

　　无幾何而往①,則户外之屨滿矣②。伯昏瞀人北面而立③,敦杖蹙之乎頤④,立有間⑤,不言而出。賓者以告列子⑥,列子提屨,跣而走⑦,暨乎門⑧,曰:"先生既來,曾不發藥乎⑨?"曰:"已矣⑩,吾固告汝曰人將保汝,果保汝矣。非汝能使人保汝,而汝不能使人无保汝也,而焉用之感豫出異也⑪!必且有感,搖而本性⑫,又无謂也。與汝遊者又莫汝告也⑬,彼

所小言⑭,盡人毒也⑮。莫覺莫悟,何相孰也⑯! 巧者勞而知
者憂⑰,无能者无所求,飽食而遨遊⑱,汎若不繫之舟⑲,虛而
遨遊者也。"

【校注】

①无幾何:不多時。成玄英疏:"無幾何,謂無多時也。俄頃之間,伯
　昏往禦寇之所。"

②屨:同履。下同。成玄英疏:"適見脫屨戶外,跣足升堂,請益者多
　矣。"王叔岷《校詮》:"《道藏》王元澤《新傳》本屨作履,屨、履古
　今字。"

③北面:向北。

④敦:豎也。成玄英疏:"敦,豎也。"王叔岷《校詮》:"朱駿聲云:
　'敦,叚借爲錞,注:豎也。'"　　戺:抵,柱。成玄英疏:"以杖柱
　頤。"王叔岷《校詮》:"《廣雅・釋詁三》:'戺,迫也。'"

⑤有間:稍久。成玄英疏:"倚立間久,忘言而歸也。"

⑥賓者:門人。陸德明《釋文》:"賓本亦作儐,同,必刃反。謂通客
　之人。"

⑦跣(xiǎn):赤足。

⑧暨:至也。成玄英疏:"至門而反。"

⑨發藥:意謂啓發開導,如藥到病除。成玄英疏:"不嘗開發藥石,遺
　棄而還。"

⑩已:止。成玄英疏:"已,止也。"

⑪而:汝。下同。成玄英疏:"而,汝也。"　　焉:何也。成玄英疏:
　"焉,何也。"　　豫:悅也。王叔岷《校詮》:"豫與懌、悅同義。《應
　帝王篇》:'何問之不豫也?'《釋文》引簡文云:'豫,悅也。'"
　異:異常。王叔岷《校詮》引吳汝綸云:"言汝焉用此感悅而示
　異乎!"

⑫搖:動也。郭象注:"必將有感,則與本性動也。"成玄英疏:"搖,

動也。必固有感迫而後起,率其本性,搖而應之,滅跡匿端,有何稱謂也!"

⑬莫汝告:莫告汝。王先謙《集解》:"宣云:'無忠告。'"

⑭小言:細巧之言。郭象注:"細巧入人爲小言。"陸德明《釋文》:"言不入道,故曰小言。"

⑮毒:禍害。陸德明《釋文》:"以其多患,故曰人毒。"成玄英疏:"唯事浮辯細巧之言,佞媚於人,盡爲鴆毒,詎能用道以告汝也!"王先謙《集解》:"張注:'小言細巧,易以感人,故爲人毒害也。'"

⑯孰:同"熟"。錢穆《纂箋》:"陶鴻慶曰:'孰爲熟之本字,猶言誰相親愛。'"王叔岷《校詮》:"《列子》張注:'不能相成濟也。'"

⑰知:同"智"。陸德明《釋文》:"知音智。"成玄英疏:"夫物未嘗爲,無用憂勞,而必以智巧困弊。"

⑱遨遊:逍遥之意。

⑲汎:同"泛"。王叔岷《校詮》:"《北山録注解·隨函下》引作泛,《說文》浮、汎互訓,泛亦浮也,《說文》:'泛,浮也。'" 繫:同"係"。成玄英疏:"唯聖人汎然無係,泊爾忘心,譬彼虛舟,任運逍遥。"王叔岷《校詮》:"繫、係古通,《應帝王篇》'胥易技係',《釋文》引崔本係作繫,即其比。"

　　鄭人緩也呻吟裘氏之地①。祇三年而緩爲儒②,河潤九里③,澤及三族④,使其弟墨⑤。儒墨相與辯,其父助翟⑥。十年而緩自殺。其父夢之曰:"使而子爲墨者予也⑦。闔胡嘗視其良⑧,既爲秋柏之實矣⑨?"夫造物者之報人也⑩,不報其人而報其人之天⑪。彼故使彼⑫。夫人以己爲有以異於人,以賤其親⑬,齊人之井飲者相捽也⑭,故曰今之世皆緩也⑮。自是,有德者以不知也⑯,而況有道者乎!古者謂之遁天之刑⑰。聖人安其所安⑱,不安其所不安;衆人安其所不安,不安其所安⑩。

【校注】

①緩:人名。陸德明《釋文》:"司馬云:'緩,名也。'"　　呻吟:詠誦。
郭象注:"呻吟,吟詠之謂。"成玄英疏:"呻吟,詠讀也。"　　裘氏:
地名。陸德明《釋文》:"裘氏,地名。"

②祗(zhī):適,經過。郭象注:"祗,適也。"陸德明《釋文》:"祗音
支。"成玄英疏:"鄭人名緩,於裘地學問,適經三年而成儒道。"

③潤:與下文"澤"互文。陸德明《釋文》:"河從乾位來,乾,陽數
九也。"

④三族:父、母、妻三族。成玄英疏:"三族,謂父母妻族也。"王先謙
《集解》:"宣云:'喻學問既成,必及人。'"

⑤墨:墨家。陸德明《釋文》:"謂使其弟翟成墨也。"

⑥翟:緩弟。郭象注:"翟,緩弟名。"成玄英疏:"儒則憲章文武,祖
述堯舜,甚固吝,好多言。墨乃遵於禹道,勤儉好施。儒墨塗別,
志尚不同,各執是非,互相爭辯,父黨小兒,遂助於翟矣。"

⑦而:汝。成玄英疏:"使汝子爲墨者,我之功力也。"

⑧闔胡:何不。王先謙《集解》:"闔同盍,何不也。胡亦何也。'闔
胡'連文,如古書'尚猶'、'惟獨'之例,自有複語耳。"王叔岷《校
詮》:"'闔胡'複語,皆何不也。"　　其:指緩自己。　　良:或作
"垠",墳冢。陸德明《釋文》:"良或作垠,音浪,冢也。"成玄英疏:
"亦有作垠字者,垠,塚也。"

⑨既:已。成玄英疏:"已化爲秋柏之木而生實也?"　　秋柏:同"楸
柏"。王先謙《集解》:"冤魂告語,深致其怨。"王叔岷《校詮》引奚
侗曰:"秋借爲楸。《人間世篇》'宜楸柏桑',《釋文》:'楸,或作
秋。'是其例。緩謂其父何嘗視其家已有楸柏之實,蓋怨其父之久
不悟也。"

⑩報:施與,回應。郭象注:"自此以下,莊子辭也。"王叔岷《校詮》:

"報猶應也。"

⑪天:天性,本性。郭象注:"報其性,不報其爲也。"成玄英疏:"夫物之智能,禀乎造化,非由從師而學成也。故假於學習,輔道自然,報其天性,不報人功也。"王叔岷《校詮》:"此謂在物者與人之相應也,不應於人爲,而應於人之本性。"

⑫彼:前指翟,後指墨。郭象注:"彼有彼性,故使習彼。"成玄英疏:"彼翟先者有墨性,故成墨。"王先謙《集解》:"有墨性,故使墨。"王叔岷《校詮》:"謂緩弟有墨性,故習墨也。"

⑬賤:輕賤。郭象注:"夫有功以踐物者,不避其親也。"成玄英疏:"言緩自恃於己學植之功異於常人,故輕賤其親而汝於父也。"王先謙《集解》:"夫人,猶言此人。"王叔岷《校詮》:"緩語其父'使而子爲墨者,予也'。稱父爲而,是踐其親也,成疏'輕賤其親而汝於父'是也。"

⑭齊人:衆人。錢穆《纂箋》:"陸長庚曰:'齊人即衆人。'"捽(zuó):抓頭髮。陸德明《釋文》:"捽,才骨反。言穿井之人,爲己有造泉之功而捽飲者,不知泉之天然也。"王叔岷《校詮》:"《説文》:'捽,持頭髮也。'"

⑮王叔岷《校詮》:"宣穎云:'皆貪天之功以爲己有。'案儒、墨以至諸子百家皆自是而相非者也。"

⑯以:同"已"。郭慶藩《集釋》引俞樾曰:"若緩之自美其儒,是自是也。有德者已不知有此,有道者更無論矣,故曰:'有德者以不知也,而況有道者乎!'以讀爲已。"

⑰遁天之刑:逃遁天理,必受天懲。成玄英疏:"不知物性自爾,矜爲己功者,逃遁天然之理也。既乖造化,故刑戮及之。"王先謙《集解》:"語又見《養生主篇》。"錢穆《纂箋》:"宣穎曰:以不可知者而邀爲己功,是遁天自賊也。"王叔岷《校詮》:"馬其昶云:'儒、墨之争,皆遁天之刑。'案緩之自殺,尤所謂刑矣。"

⑱安：順任。成玄英疏：“安，任也。任群生之性，不引物從己，性之無者，不強安之，故所以爲聖人也。”

⑲成玄英疏：“學己所不能，安其所不安也；不安其素分，不安其所安也。”

　　莊子曰：“知道易，勿言難①。知而不言，所以之天也②；知而言之，所以之人也；古之人，天而不人③。”朱泙漫學屠龍於支離益④，單千金之家⑤，三年技成而无所用其巧⑥。聖人以必不必⑦，故无兵⑧；衆人以不必必之，故多兵；順於兵，故行有求⑨。兵，恃之則亡⑩。小夫之知⑪，不離苞苴竿牘⑫，敝精神乎蹇淺⑬，而欲兼濟導物⑭，太一形虛⑮。若是者，迷惑于宇宙⑯，形累不知太初⑰。彼至人者，歸精神乎无始⑱，而甘瞑乎无何有之鄉⑲。水流乎无形，發泄乎大清⑳。悲哉乎！汝爲知在豪毛，而不知大寧㉑！

【校注】

①成玄英疏：“玄道窅冥，言象斯絶，運知則易，忘言實難。”

②之天：意謂達到自然之境，與“之人”相對。成玄英疏：“妙悟玄道，無法可言，故詣於自然之境。雖知至極而猶存言辯，斯未離於人倫矣。”王先謙《集解》：“之，往也。”王叔岷《校詮》：“宣穎云：‘知而不言，所以之天也’，與天爲徒；‘知而言之，所以之人也’，與人爲徒。”

③成玄英疏：“復古真人，知道之士，天然淳素，無復人情。”

④朱泙漫、支離益：人名。陸德明《釋文》：“司馬云：‘朱泙漫、支離益，皆人姓名。’”

⑤單：同“殫”，盡也。陸德明《釋文》：“單音丹，盡也。”成玄英疏：“殫，盡也。罄千金之產，學殺龍之術。”王叔岷《校詮》：“殫、單正假字。”

⑥巧：技術。成玄英疏：“伏膺三歲，其道方成，技雖巧妙，卒爲無用。”

⑦必：前指必然之事，後謂必須。下同。郭象注：“理雖必然，猶不必之。斯至順矣，兵其安有！”王叔岷《校詮》：“以猶雖也。”

⑧兵：戰爭。成玄英疏：“理雖必然，猶不固執，故無交爭也。”錢穆《纂箋》：“焦竑曰：‘兵非戈矛之謂，喜怒之戰於胸中是也。’”

⑨求：貪求。成玄英疏：“心有貪求，故任於固執之情也。”王先謙《集解》：“宣云：‘徇於兵爭，故動則求濟所欲。’”

⑩恃：依仗。王先謙《集解》：“雖有兵，不可恃。”

⑪小夫：匹夫。成玄英疏：“小夫，猶匹夫也。” 知：同“智”。陸德明《釋文》：“知音智。”

⑫苞苴(jū)：包裹。郭象注：“苞苴以遺。”陸德明《釋文》：“司馬云：‘苞苴，有苞裹也。’”錢穆《纂箋》引宣穎曰：“裹曰苞。藉曰苴。《詩》鄭箋：‘以果實相遺者必苞苴之。’” 竿牘：簡牘。郭象注：“竿牘以問。”陸德明《釋文》：“司馬云：‘謂竹簡爲書，以相問遺，脩意氣也。’”錢穆《纂箋》：“章炳麟曰：‘竿本借爲簡字。’”王叔岷《校詮》：“段玉裁云：‘竿牘，即簡牘也。’朱駿聲云：‘竿，叚借爲簡。’”

⑬敝：疲敗。 蹇(jiǎn)：跛，偏。郭象注：“昏於小務，所得者淺。”成玄英疏：“好爲遺問，徇於小務，可謂勞精神於跛蹇淺薄之事，不能遊虛涉遠矣。”王叔岷《校詮》：“《説文》：‘蹇，跛也。’《禮·曲禮》‘立勿跛’，鄭注：‘跛，偏任也。’孔疏：‘跛，偏也。’‘蹇淺’猶‘偏淺’也。”

⑭濟：通也。王叔岷《校詮》：“濟猶通也，《淮南子·原道篇》‘强濟天下’，高注：‘濟，通也。’”

⑮太一：意指道。錢穆《纂箋》：“曹受坤曰：‘形，物也。虛，道也。太一形虛，猶言道與物合一。’”

⑯宇宙:上下四方曰宇,古往今來曰宙。成玄英疏:"此人迷於古今,
　形累於六合。"

⑰太初:宇宙萬物之初始。錢穆《纂箋》:"羅勉道曰:'形累不知太
　初'句,爲形所累,不知有太初也。"王叔岷《校詮》:"《知北遊篇》
　成疏:'太初,道本也。'"

⑱无始:意謂無起始渾沌之境。郭象注:"無始,妙本也。"

⑲甘瞑:酣眠。陸德明《釋文》:"瞑又音眠。"錢穆《纂箋》:"俞樾曰:
　'瞑、眠古今字。甘眠與《徐無鬼》甘寢同義。'劉文典曰:'甘冥,
　即酣眠也。'"　无何有:虛無飄渺。見《逍遙遊篇》注。郭象注:
　"無何有之鄉,道境也。"

⑳發泄:生發流泄。　太清:太虛。郭象注:"泊然無爲而任其天行
　也。"王先謙《集解》:"宣云:'出於虛,歸於虛。'案:以喻至人之自
　然流行也。"

㉑大寧:謂無爲之境。王先謙《集解》:"大寧,無爲泰定之宇。"

　　宋人有曹商者①,爲宋王使秦②。其往也,得車數乘;王悦
之③,益車百乘④。反於宋⑤,見莊子曰:"夫處窮閭阨巷⑥,困
窘織屨⑦,槁項黃馘者⑧,商之所短也;一悟萬乘之主而從車百
乘者⑨,商之所長也。"莊子曰:"秦王有病召醫⑩,破癰潰痤者
得車一乘⑪,舐痔者得車五乘⑫,所治愈下,得車愈多。子豈治
其痔邪,何得車之多也? 子行矣⑬!"

【校注】

①曹商:人名。成玄英疏:"姓曹,名商,宋人也。"

②宋王:宋偃王。陸德明《釋文》:"司馬云:'偃王也。'"　使:
　出使。

③王:秦王。王先謙《集解》:"秦王。"錢穆《纂箋》:"陶鴻慶曰:'王
　上當有秦字。'"

④益：贈益。成玄英疏："秦王愛之，遂賜車百乘。"

⑤反：同"返"。

⑥阨：狹小。王先謙《集解》："阨同隘。"

⑦織屨：製作鞋。成玄英疏："言貧窮困急，織屨以自供。"

⑧槁項：頸項枯槁。陸德明《釋文》："李云：'槁項，羸瘦貌。'司馬云：'項槁也。'"成玄英疏："頸項枯槁顜領。" 黃馘(xù)：面黃瘦。陸德明《釋文》："司馬云：'謂面黃熟也。'"錢穆《纂箋》引奚侗曰："馘疑頗之誤。《説文》：'頗，食不飽，面黃起行也。'"

⑨悟：同"晤"。

⑩秦王：惠王。陸德明《釋文》："秦王，司馬云：'惠王也。'"

⑪癰：毒腫。成玄英疏："癰，痒熱毒腫也。" 痤：疽。王叔岷《校詮》："《御覽》七七三、《事文類聚》、《合璧事類》引痤並作疽，義同。《廣雅·釋詁二》：'痤、疽，癰也。'然則'潰痤'猶'破癰'，複語也。"

⑫舐(shì)：舔。王叔岷《校詮》："《釋文》：'舐，字又作訑，食紙反。'案訑與舓同，《説文》：'舓，以舌取食也。'"

⑬行：走，去。

魯哀公問乎顏闔曰①："吾以仲尼爲貞幹②，國其有瘳乎③？"曰："殆哉圾乎仲尼④！方且飾羽而畫⑤，從事華辭⑥，以支爲旨⑦，忍性以視民而不知不信⑧，受乎心⑨，宰乎神⑩，夫何足以上民⑪！彼宜汝與⑫？予頤與⑬？誤而可矣⑭。今使民離實學偽⑮，非所以視民也，爲後世慮，不若休之⑯。難治也⑰。"施於人而不忘，非天布也⑱。商賈不齒⑲，雖以事齒之，神者弗齒⑳。爲外刑者，金與木也㉑；爲內刑者，動與過也㉒。宵人之離外刑者㉓，金木訊之㉔；離內刑者，陰陽食之㉕。夫免乎外內之刑者，唯真人能之。

## 【校注】

①顏闔:人名。

②貞幹:意謂棟梁。成玄英疏:"言仲尼有忠貞幹濟之德,欲命爲卿相。"錢穆《纂箋》:"舊注:貞同楨。阮毓崧曰:'《書·費誓》:峙乃楨榦。孔傳:題曰楨,旁曰榦。楨當墻兩端,榦在墻兩邊。'"王叔岷《校詮》:"《爾雅·釋詁》:'楨,榦也。'楨、貞正假字,榦、幹正俗字。"

③瘳(chōu):病愈。王叔岷《校詮》:"有猶可也,《人間世篇》:'庶幾其國有瘳乎!'《田子方篇》:'庶幾乎民有瘳乎!'兩有字亦並與可同義。"

④殆:近也。成玄英疏:"殆,近也。" 岋:危也。郭象注:"岋,危也。"王叔岷《校詮》:"岋、汲並與㞧通。《廣雅·釋詁》:'㞧,危也。'"

⑤飾羽而畫:用畫色修飾羽毛。王先謙《集解》:"宣云:'羽有自然之文采,飾而畫之,則務人巧。'"

⑥華辭:華麗虛飾之辭。成玄英疏:"令從政任事,情僞辭華。"

⑦支:旁支,支離。郭象注:"將令後世之從事者無實,而意趣橫出也。"成玄英疏:"析派分流爲意旨也。"王先謙《集解》:"以支辭爲正旨。"

⑧忍性:矯飾性情。郭象注:"後世人君,將慕仲尼之遺軌,而遂忍性自矯僞以臨民,上下相習,遂不自知也。"王叔岷《校詮》:"'忍性'猶'矯性',《荀子·非十二子篇》'忍情性',楊注:'忍,謂違矯其性也。'" 視:同"示"。下同。陸德明《釋文》:"視音示。下同。"王先謙《集解》:"視、示同。"

⑨乎:猶"於"。下同。王先謙《集解》:"使民受之於其心。"王叔岷《校詮》:"乎猶於也。"

⑩宰:主宰。王先謙《集解》:"主之於其神。"王叔岷《校詮》:"使民

受於心,主於神。"

⑪夫:猶"此"。王叔岷《校詮》:"夫猶此也。"　　上民:在民之上。
意謂統治人民。成玄英疏:"以此居民上,何足可安哉!"

⑫彼、汝:仲尼、哀公。王先謙《集解》:"彼,謂仲尼。女,謂哀公。"
宜:適宜。王叔岷《校詮》引宣穎曰:"仲尼果與汝相宜乎?"
與:同"歟"。下同。陸德明《釋文》:"與音餘。"

⑬頤:借爲"怡"。王叔岷《校詮》:"予,顏闔。予與汝對言。頤借爲
'怡',《國語・周語下》'有慶未嘗不怡',韋注:'怡,悦也。'此謂
予亦悦與?"

⑭誤而可:可者誤也。郭象注:"正不可也。"成玄英疏:"以貞幹之
跡錯誤而行,正不可也。"郭慶藩《集釋》引郭嵩燾曰:"意以哀公
之所云可者誤也。"

⑮實:情實,實性。成玄英疏:"離實性,學僞法,不可教示黎民。"

⑯休:止也。成玄英疏:"慮後世荒亂,不如休止也。"

⑰治:治理,治國。成玄英疏:"捨己效物,聖人不治也。"王先謙《集
解》:"難於圖治。"

⑱布:布施。王先謙《集解》:"施於人則欲勿忘,有心見德,非上天
布施之大道。"王叔岷《校詮》:"馬其昶云:'天布,又天施。'案施、
布互文,'天布',謂自然之布施也。"

⑲齒:不屑。成玄英疏:"夫能施求報,商客尚不齒理,況君子士
人乎!"

⑳神:心神。成玄英疏:"能施恩惠,於物事不得不齒,爲責求報,心
神輕忽不録,百姓之情也。事之者,性情也。"王叔岷《校詮》:"此
謂商賈雖因事自比於自然之布施,其内心則不比之也。(者猶
則也。)"

㉑刑:刑罰。　　金、木:意指金屬、木質兵器、刑具。郭象注:"金,謂
刀鋸斧鉞。木,謂捶楚桎梏。"

㉒動：猶“惑”。王叔岷《校詮》：“動猶惑也。《淮南子・精神篇》‘不隨物而動’，高注：‘動猶惑也。’”　　過：悔過。陳鼓應《今注今譯》：“‘過’，謂事之悔尤（林雲銘説）。”

㉓宵人：小人。郭慶藩《集釋》引俞樾曰：“宵人，猶小人也。《禮記・學記篇》宵雅肆三，鄭注曰：宵之言小也。習《小雅》之三，謂《鹿鳴》、《四牡》、《皇皇者華》也。然則宵人爲小人，猶《宵雅》爲《小雅》矣。”王先謙《集解》：“宵、小古字通用。”　　離：罹難。下同。成玄英疏：“離，罹也。”王先謙《集解》：“離同罹。”

㉔訊：問。成玄英疏：“訊，問也。闇惑之人，罹於憲綱，身遭枷杻斧鉞之刑也。”

㉕食：同“蝕”。成玄英疏：“内結寒暑，陰陽殘食之也。”錢穆《纂箋》：“俞正燮曰：‘食如日食之食，謂消蝕也。陸長庚曰：即内篇所謂有陰陽之患。’”

孔子曰：“凡人心險於山川①，難於知天；天猶有春秋冬夏旦暮之期②，人者厚貌深情。故有貌愿而益③，有長若不肖④，有順懁而達⑤，有堅而縵⑥，有緩而釬⑦。故其就義若渴者，其去義若熱⑧。故君子遠使之而觀其忠⑨，近使之而觀其敬⑩，煩使之而觀其能⑪，卒然問焉而觀其知⑫，急與之期而觀其信⑬，委之以財而觀其仁⑭，告之以危而觀其節⑮，醉之以酒而觀其則⑯，雜之以處而觀其色⑰。九徵至，不肖人得矣⑱。”正考父一命而傴⑲，再命而僂，三命而俯，循墻而走，孰敢不軌⑳！如而夫者㉑，一命而呂鉅㉒，再命而於車上儛㉓，三命而名諸父㉔，孰協唐、許㉕！

【校注】

①凡：猶“夫”。成玄英疏：“人心難知，甚於山川，過於蒼昊。”王叔岷《校詮》：“凡猶夫也。”

②期:時節。王叔岷《校詮》:"《意林》引《魯連子》:'天有春夏秋冬以作時,人皆深情厚貌以相欺。'"

③愿:忠厚,謹慎。陸德明《釋文》:"《廣雅》云:'謹愨也。'"成玄英疏:"愿,愨真也。"王叔岷《校詮》:"《説文》:'愿,謹也。'"　　益:同"溢"。郭慶藩《集釋》引俞樾曰:"益當作溢。溢之言驕溢也,《荀子·不苟篇》'以驕溢人'是也。謹愿與驕溢,義正相反。"

④肖:相似。陸德明《釋文》:"外如長者,内不似也。"成玄英疏:"不肖,不似也。"

⑤懁(xuān):同"獧",急也。陸德明《釋文》:"徐音狷。《三蒼》云:'急腹也。'"成玄英疏:"懁,急也。形順躁急而心達理也。"王先謙《集解》:"柔順懁急而内通事理。"錢穆《纂箋》:"馬其昶曰:'懁,徐音狷,與獧狷音義並同。'"

⑥縵:同"慢"。成玄英疏:"縵,緩也。"郭慶藩《集釋》引俞樾曰:"縵者,慢之叚字。"王先謙《集解》:"外堅強而内緩弱。"

⑦釬(hàn):同"悍"。郭慶藩《集釋》引俞樾曰:"釬者,悍之叚字。堅強而又墮慢,紆緩而又桀悍。"王先謙《集解》:"外舒遲而内悍急。"王叔岷《校詮》引朱駿聲曰:"釬,叚借爲悍,《釋文》:'急也。'"

⑧就:趨向,靠近。與"去"相對。成玄英疏:"人有就仁義如渴思水,捨仁義若熱逃火。"王先謙《集解》:"宣云:'進鋭而退速。'"

⑨遠:與下文"近"對言。成玄英疏:"遠使忠佞斯彰。"王先謙《集解》:"遠則多欺。"

⑩成玄英疏:"咫步敬慢立明者也。"王先謙《集解》:"近則多狎。"

⑪煩:煩瑣,煩擾。王先謙《集解》:"煩則難理。"

⑫卒:借爲"猝"。陸德明《釋文》:"卒,寸忽反。"王先謙《釋文》:"宣云:'猝則難辨。'"王叔岷《校詮》:"卒借爲猝,焉猶之也。"　　知:同"智"。陸德明《釋文》:"知音智。"成玄英疏:"卒問近對,觀

其愿智。"

⑬期:期約。成玄英疏:"忽卒與期,觀信契也。"王先謙《集解》:"宣云:'急則易爽。'"

⑭委:委任,委託。成玄英疏:"仁者不貪。"王先謙《集解》:"宣云:'財易起貪。'"

⑮節:氣節。成玄英疏:"告危亡,驗節操。"王先謙《集解》引宣穎曰:"危易改節。"

⑯則:法則,規則。世德堂本、《釋文》本亦作"側"。陸德明《釋文》:"側,不正也。一云:謂醉者喜傾側冠也。王云:側,謂凡爲不正也。側,或作則。"郭慶藩《集釋》引俞樾曰:"則者,法則也。《國語·周(書)[語]》曰:威儀有則。既醉之後,威儀反反,威儀怭怭,是無則也。"王叔岷《校詮》:"則、側正假字。"

⑰色:好色。成玄英疏:"男女參居,貞操不易。"錢穆《纂箋》:"宣穎曰:雜處易淫。"

⑱徵:徵驗。成玄英疏:"九事徵驗,小人君子,厚貌深情,必無所避。"王先謙《集解》:"以九事徵驗,雖至不肖之人,亦得其情矣。"王叔岷《校詮》:"《六韜·選將篇》作'則賢不肖別矣'。僞《慎子·外篇》襲用此文,'不肖'上亦有賢字,於義爲長。"

⑲正考父:人名,孔子七代祖。陸德明《釋文》:"父音甫。宋滑公之玄孫,弗父何之曾孫。"成玄英疏:"考,成也。父,大也。有考成大德而履正道,故號正考父,則孔子十代祖宋大夫也。"王叔岷《校詮》:"成疏'孔子十代祖',十乃七之誤。"　命:爵位,封號。陸德明《釋文》:"公士一命,大夫再命,卿三命。"　傴(yǔ):曲身。下文"僂"、"俯"與此義近,皆意謂恭敬。王叔岷《校詮》:"《左》昭七年《傳》載正考父鼎銘,傴、僂二字互易。"

⑳不軌:不法。成玄英疏:"傴曲、循墻,並敬容極恭,卑退若此,誰敢將不軌之事而侮之也!"錢穆《纂箋》:"馬其昶曰:'謂不敢不法。'"

㉑而夫:凡夫。郭象注:"而夫,謂凡夫也。"又王叔岷《校詮》:"而猶
　　此也,訓而爲此,亦是有所指。"亦通。

㉒呂鉅(jù):同"旅距",不從之貌。陸德明《釋文》:"呂鉅,矯貌。"
　　王叔岷《校詮》引馬叙倫云:"俞樾云:'旅距,古語也。《後漢書·
　　馬援傳》黠羌欲旅距,李賢注曰:旅距,不從之貌。'謹案,沈濂謂
　　'旅距,即《莊子·列禦寇篇》之呂鉅'。(《懷小篇》)俞正燮謂
　　'呂鉅,謂其脊呂强梁也。呂鉅,即强梁'。(《癸巳存稿》)……尋
　　《説文》,呂爲古文,膂爲篆文,則旅即膂之省文,呂、膂實一字耳。
　　鉅、距並從巨聲,故得通假。呂鉅,義如俞説是也。"

㉓儛:同"舞"。成玄英疏:"再命則援綏作舞。"王叔岷《校詮》:"儛,
　　舞之或體,成疏作舞。"

㉔名:稱呼。　　諸父:叔伯。成玄英疏:"諸父,叔伯也。……三命
　　善識自高,下呼伯叔之名。"

㉕協:同也。陸德明《釋文》:"協,同也。"　　唐、許:唐堯、許由。郭
　　象注:"言而夫與考父者,誰同於唐、許之事也。"陸德明《釋文》:
　　"唐,唐堯;許,許由,皆崇讓者也。"

　　賊莫大乎德有心而心有眼①,及其有眼也而内視②,内視
而敗矣③。凶德有五,中德爲首④。何謂中德? 中德也者,有
以自好也,而吡其所不爲者也⑤。窮有八極⑥,達有三必⑦,形
有六府⑧。美、髯、長、大、壯、麗、勇、敢⑨,八者俱過人也,因以
是窮。緣循⑩,偃佒⑪,困畏不若人⑫,三者俱通達⑬。知慧外
通⑭,勇動多怨⑮,仁義多責⑯。達生之情者傀⑰,達於知者
肖⑱;達大命者隨⑲,達小命者遭⑳。

【校注】

①德有心:意謂有心爲德。郭象注:"有心於爲德,非真德也。"成玄
　　英疏:"役智勞慮,有心爲德,此賊害之甚也。"　　心有眼:意謂如

用目般費心。"眼"又作"睫"。郭慶藩《集釋》引俞樾曰:"心有
睫,謂以心爲睫也。人於目之所不接,而以意度之,謂其如是,是
心有睫也。"錢穆《纂箋》:"奚侗曰:《淮南‧主術訓》:德有心則
險,心有目則眩。"

②内視:意謂心視。郭慶藩《集釋》引俞樾曰:"謂不以目視而以心
視也。"錢穆《纂箋》:"宣穎曰:'方寸之地,伺察多端。'"

③郭象注:"心與事俱敗矣。"

④中:心。成玄英疏:"謂心耳眼舌鼻也。曰此五根,禍因此德,謂凶
德也。五根禍主,中德爲(無)心也。"

⑤吡(bǐ):訾毀。郭象注:"吡,訾也。夫自是而非彼,則攻之者非
一,故爲凶首也。"

⑥窮:困厄,與"達"對文。　極:極端。"八極"指下文"美、髯、長、
大、壯、麗、勇、敢"。

⑦必:必然。"三必"指下文"緣循、偃佒、困畏"。

⑧形:借爲"刑"。王叔岷《校詮》引奚侗曰:"六者,指知、慧、勇、動、
仁、義而言。'形有六府',('形'乃'刑'字之誤。)謂此六者乃刑
之所府也。《在宥篇》:'吾未知聖知之不爲桁楊接槢,仁義之不
爲桎梏鑿枘也。'即此文刑字之義。"

⑨郭象注:"天下未曾窮於所短,而恒以所長自困。"成玄英疏:"美,
恣媚也。髯,髭鬢也。長,高也。大,粗大也。壯,多力。麗,妍
華。勇,猛。敢,果決也。蘊此八事,超過常人,(愛)[受]役既
多,因以窮困也。"王先謙《集解》:"宣云:'自恃故也。'"

⑩緣循:順也。成玄英疏:"循,順也,緣物順他,不能自立也。"王叔
岷《校詮》:"朱駿聲云:'《廣雅‧釋詁四》:緣,循也。'……案緣
循,複語,(如朱說。)謂緣順於物。"

⑪偃佒(yǎng):猶"俯仰"。郭慶藩《集釋》引郭嵩燾曰:"疑偃佒當
爲偃仰,猶言俯仰從人也。《大雅》'顒顒卬卬',《韓詩外傳》作

‘顒顒益益’。央、卬亦一聲之轉。”錢穆《纂箋》：“方以智曰：偃佚
即偃仰，仰有去聲，故通佚。”

⑫困畏：怯懦。郭象注：“怯弱者也。”成玄英疏：“困畏，困苦［怯］
懼也。”

⑬通達：意指人生之順境。郭象注：“此三者既不以事見任，乃將接
佐之，故必達也。”

⑭知：同“智”。郭象注：“通外則以無崖傷其內也。”陸德明《釋文》：
“知音智。”王先謙《集解》：“逐外者，其神勞，下文所云‘其功
外’也。”

⑮動：猶“爭”。成玄英疏：“雄健躁擾，必招讎隙。”王先謙《集解》：
“壯往者仇隙眾。”王叔岷《校詮》：“《吕氏春秋·首時篇》‘動不可
禁’，高注：‘動猶爭也。’此文動，亦爭也。”

⑯責：職責，指責。成玄英疏：“仁義則不周，必有多責也。”王先謙
《集解》：“言仁義者責望厚。”王叔岷《校詮》引奚侗曰：“《闕誤》、
劉得一本‘仁義多責’下有‘六者所以相刑也’一句，今本挩去，則
上文‘形有六府’句無結語矣，當據劉本補之。六者，指知、慧、勇、
動、仁、義而言。”

⑰傀：偉也，大也。陸德明《釋文》：“《字林》公回反，云：‘偉也。’”王
叔岷《校詮》引段玉裁云：“《説文》：‘傀，偉也。’司馬注《莊子》
曰：‘傀，大也。’”

⑱知：同“智”。陸德明《釋文》：“知音智。”　肖：小。郭慶藩《集
釋》引王念孫曰：“《方言》曰：‘肖，小也。’(《廣雅》同。)肖與傀正
相反，言任天則大，任智則小也。”

⑲大命：長壽，與“小命”相對。成玄英疏：“大命，大年。”　隨：隨
順。成玄英疏：“假如彭祖壽考，隨而順之，亦不厭其長久，以爲勞
苦也。”王叔岷《校詮》：“宣穎云：‘順天。’”

⑳遭：遭遇，安遇。成玄英疏：“遭，遇也。如殤子促齡，所遇斯適，曾

不介懷耳。"王叔岷《校詮》:"宣穎云:'安遇。'"

　　人有見宋王者①,錫車十乘②,以其十乘驕稺莊子③。莊子曰:"河上有家貧恃緯蕭而食者④,其子没於淵⑤,得千金之珠。其父謂其子曰:'取石來鍛之⑥!夫千金之珠,必在九重之淵而驪龍頷下⑦,子能得珠者,必遭其睡也⑧。使驪龍而寤⑨,子尚奚微之有哉⑩!'今宋國之深,非直九重之淵也⑪;宋王之猛,非直驪龍也;子能得車者,必遭其睡也。使宋王而寤,子爲鰲粉夫⑫!"

## 【校注】

①宋王:宋襄王。成玄英疏:"宋襄王時,有庸瑣之人遊宋,錫車十乘,用此驕炫。"

②錫:賜予。成玄英疏:"錫,與也。"

③稺(zhì):驕傲。覆宋本、世德堂本作"稺"。陸德明《釋文》:"稺,直吏反,又池夷反。李云:'自驕而稺莊子也。'"郭慶藩《集釋》:"盧文弨曰:今書作稺。慶藩案稺亦驕也。(《集韻》:'稺,陳尼切,自驕矜貌。')《管子‧軍令篇》'工以雕文刻鏤相稺',尹知章注:'稺,驕也。'王引之《經義述聞》云:《詩‧載馳篇》'衆稺且(在)[狂]',謂既驕且狂也。"王叔岷《校詮》:"稺本作稺,稺、稺正俗字。"

④恃:依賴。　緯蕭:編織蒿草器物。覆宋本作"葦蕭"。陸德明《釋文》:"緯,織也。蕭,荻蒿也。織蕭以爲畚而賣之。本或作葦,音同。"

⑤没:沉没,潛水。

⑥鍛:捶擊。陸德明《釋文》:"謂槌破之。"

⑦驪龍:黑龍。陸德明《釋文》:"驪龍,黑龍。"

⑧遭:遇也。

⑨寤:醒。

⑩奚微之有：意謂所剩無幾。王先謙《集解》：“宣云：‘言殘食無餘也。’”

⑪直：但也。下同。王叔岷《校詮》：“吳昌瑩云：‘直猶特也，但也。’（《經詞衍釋》六。）”

⑫螯粉：細粉。王叔岷《校詮》：“王念孫云：‘螯者，細碎之名，《莊子》言螯粉是也。’”

　　或聘於莊子①。莊子應其使曰：“子見夫犧牛乎②？衣以文繡③，食以芻菽④，及其牽而入於太廟⑤，雖欲爲孤犢，其可得乎！”

【校注】

①或：意謂傳言、傳說。成玄英疏：“寓言，不明聘人姓氏族，故言或也。”王叔岷《校詮》：“參看《秋水篇》楚王使大夫二人聘莊子事。”

②犧牛：用作犧牲之牛。成玄英疏：“君王預前三月養牛祭宗廟曰犧也。”

③衣：動詞。

④食(sì)：同“飼”。陸德明《釋文》：“食音嗣。”　芻：草。陸德明《釋文》：“芻，草也。”　菽：大豆。本又作“叔”。陸德明《釋文》：“叔，大豆也。”王叔岷《校詮》引王念孫云：“叔與菽同。”

⑤入於太廟：獻祭也。

　　莊子將死，弟子欲厚葬之。莊子曰：“吾以天地爲棺槨，以日月爲連璧①，星辰爲珠璣②，萬物爲齎送③。吾葬具豈不備邪④？何以加此！”弟子曰：“吾恐烏鳶之食夫子也⑤。”莊子曰：“在上爲烏鳶食，在下爲螻蟻食，奪彼與此⑥，何其偏也！”

【校注】

①連璧：玉器。

②珠璣：珠寶。

③齎(zī)：同“資”。陸德明《釋文》：“齎音資。”成玄英疏：“資送備矣。”王叔岷《校詮》：“齎、資古通。”

④葬具：喪葬器具。

⑤鳶：鷗鴉。成玄英疏：“鳶，鷗也。”

⑥與：給予。

以不平平①，其平也不平；以不徵徵②，其徵也不徵。明者唯爲之使③，神者徵之④。夫明之不勝神也久矣⑤，而愚者恃其所見入於人⑥，其功外也⑦，不亦悲乎！

【校注】

①不平：意謂偏見。郭象注：“以一家之平平萬物，未若任萬物之自平也。”王先謙《集解》：“以偏見平天下，其平乃是不平。”王叔岷《校詮》：“聖人無情，任物自平，此真平也。若運情平物，不能平也。（略本成疏。）”

②徵：徵應，徵對。郭象注：“徵，應也。”成玄英疏：“聖人無心，有感則應，此真應也。若有心應物，不能應也。”

③明：意謂炫耀聰明。　唯爲之使：猶爲物所使。成玄英疏：“自炫其明，情應於務，爲物驅使，何能役人哉！”王叔岷《校詮》：“之猶所也。明者不能韜光，唯爲所役。”

④神：與“明”義相對。成玄英疏：“神者無心，寂然不動，能無不應也。”錢穆《纂箋》：“王雱曰：‘明者神之散，神者明之藏。’王夫之曰：‘神使明者，天光也。明役其神者，小夫之知也。’”王叔岷《校詮》：“神者微妙玄通，順應無窮。”

⑤勝：勝過。王叔岷《校詮》：“明則有跡，神則無跡，有跡固不勝無跡也。”

⑥入於人：意謂沉溺於人事。王叔岷《校詮》：“宣穎云：‘用己智溺於人事。’案謂愚者恃其明而溺於人事也。”

⑦外：外在，不中。王先謙《集解》：“其功力皆徇外矣。”

# 天下第三十三

【題解】

　　本篇論及儒家、墨家、道家、名家包括莊子等各家學術思想、代表人物，可謂先秦學術史，亦爲中國學術史之先河。

　　天下之治方術者多矣①，皆以其有爲不可加矣②。古之所謂道術者，果惡乎在？曰：“无乎不在③。”曰：“神何由降？明何由出④？”“聖有所生，王有所成，皆原於一⑤。”不離於宗，謂之天人⑥。不離於精，謂之神人⑦。不離於真，謂之至人⑧。以天爲宗，以德爲本，以道爲門，兆於變化⑨，謂之聖人⑩。以仁爲恩，以義爲理，以禮爲行，以樂爲和，薰然慈仁⑪，謂之君子。以法爲分⑫，以名爲表⑬，以操爲驗⑭，以稽爲決⑮，其數一二三四是也⑯，百官以此相齒⑰。以事爲常⑱，以衣食爲主，蕃息畜藏⑲，老弱孤寡爲意⑳，皆有以養，民之理也。

【校注】

　　①方：道也。成玄英疏：“方，道也。”王叔岷《校詮》：“此言‘方術’，下言‘道術’，其義一也。僞《關尹子·一宇篇》：‘方術之在天下多矣。’本此。”

　　②其有：意謂“所學”。王先謙《集解》：“宣云：‘其有，謂所學。’”王叔岷《校詮》：“‘其有’猶‘所爲’，其猶所也，有猶爲也。……‘所

爲'即謂所學也。"　　加:增加。成玄英疏:"自軒頊已下,迄于堯舜,治道藝術,方法甚多,皆隨有物之情,順其所爲之性,任群品之動植,會不加之於分表,是以雖教不教,雖爲不爲矣。"王叔岷《校詮》:"《秋水篇》:'以天下之美爲盡在己。'亦即此句之意。"

③惡(wū):何也。陸德明《釋文》:"惡音烏。"成玄英疏:"假設疑問,發明深理也。無爲玄道,所在有之,自古及今,無處不徧。"王叔岷《校詮》引《知北遊篇》:"東郭子問於莊子曰:'所謂道,惡乎在?'莊子曰:'無所不在。'"章案:此句問"道術"何在,而非"道",答非所問。疑"術"爲衍文。諸家注釋皆云"道",亦爲證。

④神:意謂成聖之智。王叔岷《校詮》:"聖承神。"　　明:意謂成王之智。王叔岷《校詮》:"王承明。"

⑤一:道。郭象注:"使物各復其根,抱一而已,無師於外,斯聖王所以生成也。"成玄英疏:"一,道。"

⑥宗:宗本。　　天人:意謂順遂自然之人。成玄英疏:"冥宗契本,謂之自然。"王先謙《集解》:"不離,若孔子言顏氏之不違宗主也。謂自然。"

⑦精:純粹。成玄英疏:"淳粹不雜,謂之神妙。"

⑧至人:亦得道之人。成玄英疏:"巍然不假,謂之至極。"王叔岷《校詮》:"《鶡冠子·能天篇》:'道者,至之所得也。'陸注:'不離於真,謂之至人。故道者,至人之所得也。'"

⑨兆:明也。王叔岷《校詮》:"隋蕭吉《五行大義》五引兆作明,蓋以明説兆,是也。兆引申有明義,《説文》:'兆,灼龜坼也。'段注:'《春官》占人卜人占坼,注:坼,兆璺也。坼有徵、明,坼明則逢吉。'可證。"

⑩聖人:與天人、神人、至人皆爲一類。郭象注:"凡此四名,一人耳,所自言之異。"成玄英疏:"已上四人,只是一耳,隨其功用,故有四名也。"

⑪薰然：溫和之貌。陸德明《釋文》：“薰然，許云反，溫和貌。”王叔岷《校詮》：“薰與熏通，《詩·大雅·鳬鷖》‘公尸來止熏熏’，《毛傳》：‘熏熏，和説也。’”王先謙《集解》：“宣云：‘君子是道之緒餘。’”案：自“聖人”以下皆爲常人，“君子”爲其端。

⑫分：别也。成玄英疏：“法定其分。”王先謙《集解》引宣穎曰：“以法度爲分别。”

⑬表：表徵。成玄英疏：“名表其實。”王先謙《集解》引宣穎曰：“以名號爲表率。”

⑭操：《釋文》本作“參”，義同。參考。陸德明《釋文》：“參本又作操，同。”成玄英疏：“操，執也。”王先謙《集解》：“宣云：‘以所操文書爲徵驗。’”王叔岷《校詮》：“吳汝綸云：‘操，當爲摻。《淮南·俶真訓》：萬物摻落。高注：摻讀參星之參。是也。’奚侗云：‘以參爲驗，參已往之事爲徵驗也。’”

⑮稽：考核。成玄英疏：“稽，考也。”　決：決斷。王先謙《集解》：“宣云：‘以稽考所操而決事。’”

⑯數：即上文參驗、稽考之數。成玄英疏：“操驗其行，考決其能。一二三四，即名法等是也。”

⑰齒：序也。成玄英疏：“自堯舜已下，置立百官，用此四法更相齒次。”王先謙《集解》：“宣云：‘此又一等人。相齒，謂以此爲序也。官職是名法之跡。’”錢穆《纂箋》引王闓運曰：“此即事爲治，不求其道，但爲其法。法不出奇耦參倍，尚不必至五而數窮矣。自周衰用之，至今百官以治天下，但有差賢者耳，不能相絶也。”

⑱常：常倫。成玄英疏：“君臣物務，遂以爲常，所謂彝倫也。”王先謙《集解》：“事，謂日用。”

⑲蕃：繁殖。王先謙《集解》：“蕃息，謂物産；畜藏，謂財貨。”

⑳爲意：應爲衍文。錢穆《纂箋》引梁啓超曰：“疑‘爲意’二字當在‘養’字之下。”王叔岷《校詮》引于省吾云：“高山寺卷子本無‘爲

意’二字。按卷子本是也。《禮記·禮運》‘矜寡孤獨廢疾者皆有所養’,亦無‘爲意’二字。”王先謙《集解》:“宣云:‘又一等人。’”

古之人其備乎[①]!配神明[②],醇天地[③],育萬物,和天下,澤及百姓,明於本數[④],係於末度[⑤],六通四闢[⑥],小大精粗,其運无乎不在[⑦]。其明而在數度者[⑧],舊法世傳之史尚多有之[⑨]。其在於《詩》、《書》、《禮》、《樂》者,鄒魯之士搢紳先生多能明之[⑩]。《詩》以導志,《書》以導事,《禮》以導行,《樂》以導和,《易》以導陰陽,《春秋》以導名分[⑪]。其數散於天下而設於中國者[⑫],百家之學時或稱而道之。

【校注】

①古之人:意指天人、神人、至人、聖人。郭象注:“古之人即向之四名也。”　備:具備。意謂具備下文所述之道行。

②配:合。成玄英疏:“配,合也。”

③醇:借爲“準”。錢穆《纂箋》引章炳麟曰:“‘醇’借爲‘準’。《地官·質人》:‘一其淳制。’《釋文》:‘淳音準。’是其例。《易》曰:‘《易》與天地準。’”

④本數:根本之理數。成玄英疏:“本數,仁義也。”章案:象數之説在鄒衍之後大盛於秦漢,與占星學影響有關。

⑤係:維繫。　末度:常用之法度。成玄英疏:“末度,名法也。”郭慶藩《集釋》引郭嵩燾曰:“天人、神人、至人、聖人、君子,所從悟入不同,而稽之名法度數,以求養民之理,則固不能離棄萬物,以不與民生爲緣,故曰明乎本數,係於末度。”章案:此處本末亦有根本與枝葉之意,後世“本末之辯”中之本末實爲本體與現象。“本末之辯”爲魏晉玄學重要命題之一。

⑥六通:通六合。成玄英疏:“通六合以遨遊。”　四闢:法四時。陸德明《釋文》:“闢,本又作闢。”成玄英疏:“闢,法也。……法四時

而變化。"

⑦運:運化,運用。成玄英疏:"大則兩儀,小則群物,精則神智,粗則形像。……隨機運動,無所不在也。"王叔岷《校詮》:"運猶用也,謂其用無乎不在也。上文'配神明'以下,皆言用也。"

⑧明:顯也。郭象注:"其在數度而可明者,雖多有之,已疏外也。"章案:"度數"兼有上文"本數"、"末度"之意。

⑨法:明法。成玄英疏:"史者,《春秋》、《尚書》,皆古史也。數度者,仁義名法等也。古舊相傳,顯明在世者,史傳書籍,尚多有之。"王先謙《集解》:"宣云:'言史所由傳。'"

⑩鄒魯:孔子、孟子出生地名。成玄英疏:"鄒,邑名也。魯,國號也。"錢穆《纂箋》:"鄒,孟子生邑。孟莊同時,未見而相稱。此篇以鄒魯言儒業,可見其晚出。" 搢紳先生:儒生。成玄英疏:"搢,笏也,亦插也。紳,大帶也。先生,儒士也。言仁義名法布在'六經'者,鄒魯之地儒服之人能明之也。"

⑪導:通達。《釋文》本爲"道",義同。陸德明《釋文》:"道音導。下以道皆同。"成玄英疏:"道,達也,通也。夫《詩》道情志,《書》道世事,《禮》道心行,《樂》道和適,《易》明卦兆,通達陰陽,《春秋》褒貶,定其名分。"錢穆《纂箋》:"以《詩》、《書》、《禮》、《樂》、《易》、《春秋》爲六經,此漢代始有,亦非莊子所知也。" 志:情志。

⑫數:術數。成玄英疏:"《六經》之跡,散在區中,風教所覃,不過華壤。百家諸子,依稀五德,時復稱説,不能大同也。"王叔岷《校詮》:"宣穎云:此散數是百家所由傳。" 設:施也。王先謙《集解》:"設,施也。"

天下大亂,賢聖不明,道德不一,天下多得一察焉以自好①。譬如耳目鼻口,皆有所明,不能相通。猶百家衆技也②,皆有所長,時有所用。雖然,不該不徧③,一曲之士也④。判天地之美,析萬物之理,察古人之全⑤,寡能備於天地之美,稱神明之容⑥。是故內聖外王之道⑦,闇而不明,鬱而不發⑧,天下之人各爲其所欲焉以自爲方⑨。悲夫,百家往而不反,必不合矣⑩!後世之學者,不幸不見天地之純⑪,古人之大體,道術將爲天下裂⑫。

【校注】

① 一察:一己之見。陸德明《釋文》:"偏得一術。"成玄英疏:"宇內學人,各滯所執,偏得一術,豈能弘通。"郭慶藩《集釋》引王念孫曰:"一察,謂察其一端而不知全體。"王先謙《集解》:"一察,猶言一隙之明。"錢穆《纂箋》:"羅勉道曰:一察者,謂天下之人,多執其一偏之見以自喜。"

② 家:應爲"官"。王叔岷《校詮》:"古鈔卷子本作'猶百官衆伎也'。技、伎正假字。《文選》陸士衡《演連珠》注引'百家'亦作'百官'。"

③ 該:完備。郭象注:"故未足備任也。"王叔岷《校詮》:"《小爾雅·廣言》:'該,備也。'"　偏:同"遍"。陸德明《釋文》:"偏音遍。"

④ 曲:局部。成玄英疏:"雖復各有所長,而未能該通周徧,斯乃偏僻之士、滯一之人,非圓通合變者也。"

⑤ 判、析、察:互文同義,解析、獨斷之意。郭象注:"各用其一曲,故析判。"成玄英疏:"一曲之人各執偏僻,雖著方術,不能會道,故分散兩儀淳和之美,離析萬物虛通之理也。"錢穆《纂箋》:"此察字與上文判析同義。"　全:全部。

⑥ 容:與"美"義近。王叔岷《校詮》:"《說文》:'容,盛也。'美、容義近。"

⑦ 內聖外王:意謂寓聖人之德於內而稱王於外。成玄英疏:"玄聖素王,內也。飛龍九五,外也。"

⑧ 鬱:積滯,鬱結。成玄英疏:"鬱閉而不泄也。"

⑨方：道術。王先謙《集解》："道術。"

⑩反：歸也。成玄英疏："即此欲心而爲方術，一往逐物，曾不反本，欲求合理，其可得也！"蔣錫昌曰："此言天下之百家各爲其所欲，乃以自己所察得者爲道；執而不悟，至足悲憫。"

⑪幸：遇。成玄英疏："幸，遇也。"　純：全也。錢穆《纂箋》："嚴復曰：純，全也。"王叔岷《校詮》："《儀禮·鄉射禮》'二筭爲純'，鄭注：'純猶全也。'"

⑫裂：分離。郭象注："裂，分離也。"成玄英疏："裂，分離也。儒墨名法，百家馳騖，各私所見，咸率己情，道術紛紜，更相倍譎，遂使蒼生措心無所，分離物性，實此之由也。"錢穆《纂箋》："方東樹曰：'莊子叙六藝之後，次及諸子道術。其後司馬談、劉歆、班固次第論撰，皆本諸此。'"王叔岷《校詮》："《韓非子·顯學篇》：'孔、墨之後，儒分爲八，墨離爲三。'此亦見道術之裂也。"

不侈於後世①，不靡於萬物②，不暉於數度③，以繩墨自矯而備世之急④，古之道術有在於是者⑤。墨翟、禽滑釐聞其風而悅之⑥，爲之太過⑦，已之大循⑧。作爲《非樂》，命之曰《節用》⑨；生不歌，死无服⑩。墨子氾愛兼利而非鬥⑪，其道不怒⑫；又好學而博，不異⑬，不與先王同，毀古之禮樂⑭。黄帝有《咸池》，堯有《大章》，舜有《大韶》，禹有《大夏》，湯有《大濩》，文王有辟雍之樂，武王、周公作《武》⑮。古之喪禮，貴賤有儀⑯，上下有等，天子棺槨七重⑰，諸侯五重，大夫三重，士再重⑱。今墨子獨生不歌，死不服，桐棺三寸而无槨⑲，以爲法式。以此教人，恐不愛人；以此自行，固不愛己⑳。未敗墨子道㉑。雖然，歌而非歌，哭而非哭，樂而非樂，是果類乎㉒？其生也勤㉓，其死也薄，其道大觳㉔；使人憂，使人悲，其行難爲也，恐其不可以爲聖人之道，反天下之心，天下不堪。墨子雖獨能任，柰天下何！離於天下，其去王也遠矣㉕。

## 【校注】

①侈：奢侈。成玄英疏：“先王典禮不得顯明於世也。”王先謙《集解》引宣穎曰：“不示奢侈。”錢穆《纂箋》：“馬其昶曰：‘風俗古樸後侈，今不侈也。’”

②靡：靡費。王先謙《集解》引宣穎曰：“不事靡費。”王叔岷《校詮》：“《墨子》貴節用，故於萬事皆不靡費也。”

③暉：叚借爲“渾”，亂也。陸德明《釋文》：“崔本作渾。”王叔岷《校詮》：“朱駿聲云：‘暉，叚借爲渾。’……案《説文》：‘渾，溷流聲也。’段注：‘溷，亂也。’”　數度：工藝計算之類。王叔岷《校詮》引馬其昶云：“墨子洞究象數之微，紬公輸般之巧以存宋，斯其不渾之效矣。”

④矯：勉勵。郭象注：“矯，厲也。”成玄英疏：“用仁義爲繩墨，以勉厲其志行也。”王叔岷《校詮》：“古鈔卷子本注厲作勵，厲、勵古今字。”　急：災難。郭象注：“勤而儉則財有餘，故急有備。”成玄英疏：“勤儉節用，儲積財物，以備世之凶災急難也。”

⑤是：此。下同。

⑥墨翟：墨家學説創始人，有《墨子》傳世。陸德明《釋文》：“宋大夫，尚儉素。”王叔岷《校詮》：“《史記·孟子荀卿列傳》：‘墨翟，宋之大夫，善守禦，爲節用。’”　禽滑(gǔ)釐：墨翟弟子。陸德明《釋文》：“禽滑釐，墨翟弟子也。不順五帝三王之樂，嫌其奢。”　風：風尚，風教。成玄英疏：“聞禹風教，深悦愛之。”

⑦過：過分。成玄英疏：“勤苦過甚。”

⑧已：止也。與“爲”對文。王叔岷《校詮》：“爲、已對文，已，止也。不爲也。之猶者也。”　大：同“太”。　循：同“順”，慎也。郭象注：“不復度衆所能也。”成玄英疏：“循，順也。”王叔岷《校詮》：“循、順古通，《釋名·釋言語》：‘順，循也。’《列御寇篇》‘有順懷

而達',陳碧虛《音義》云:'一本作循。'亦其證。順又與慎通,《列御寇篇》'有順懁而達',《釋文》:'順,王作慎。'可證。(詳前。)'爲之大過,已之大順',謂爲者太過,不爲者太慎也。下文所述,皆太過、太慎之事。"

⑨《非樂》、《節用》:墨子著作。陸德明《釋文》:"《非樂》、《節用》,《墨子》二篇名。"

⑩歌、服:禮樂之謂。成玄英疏:"生不歌,故非樂;死無服,故節用,謂無衣衾棺椁等資葬之服,言其窮儉惜費也。"王叔岷《校詮》:"无作不,義同。"

⑪氿:普氿。廣泛愛人爲墨子代表思想。成玄英疏:"普氿兼愛,利益群生,使各自足,故無鬭爭,以鬭爭爲之非也。"王叔岷《校詮》:"《廣雅·釋詁》:'氿,博也。'《釋言》:'氿,普也。'"

⑫怒:怨怒。成玄英疏:"克己勤儉,故不怨怒於物也。"

⑬異:求異。王叔岷《校詮》引章炳麟云:"言墨子既不苟於立異,亦不一切從同。'不異'者,尊天、敬鬼、尚儉,皆清廟之守所有事也。不同者,節葬、非樂,非古制本然也。"

⑭郭象注:"嫌其侈靡。"

⑮《咸池》、《大章》、《大韶》、《大濩》、《武》:皆古帝王之樂名。郭象注:"已上是五帝三王樂名也。"

⑯儀:法也。成玄英疏:"自天王已下,至于士庶,皆有儀法,悉有等級,斯古之禮也。"王叔岷《校詮》:"《國語·周語下》'度之于軌儀',韋注:'儀,法也。'"

⑰椁:棺材之外棺。 重:層。

⑱再:兩。

⑲桐棺:桐木棺材。王叔岷《校詮》:"宣穎云:'桐,易朽之木。'案《墨子·節葬下》篇:'棺三寸,足以朽體。'"

⑳固:固然。王先謙《集解》:"宣云:'既拂人之性,亦自處於薄。'"

㉑敗：毀也，壞也。陸德明《釋文》：“敗，或作毀。《墨子》是一家之正，故不可以爲敗也。崔云：‘未壞其道。’”王叔岷《校詮》：“《說文》：‘敗，毀也。’《詩·大雅·民勞》‘無俾正敗’，鄭箋：‘敗，壞也。’”

㉒類：同類。錢穆《纂箋》：“此謂後世墨學之徒，雖其持論未敗墨子之道，然非毀歌哭，而終不能無歌哭，言行不類也。”

㉓勤：勞苦。王叔岷《校詮》：“《說文》：勤，勞也。”

㉔大：同“太”。　　觳(hú)：薄也。陸德明《釋文》：“郭、李皆云：‘無潤也。’”郭慶藩《集釋》引郭嵩燾曰：“《爾雅·釋詁》：‘觳，盡也。’《管子·地員篇》：‘淖而不肕，剛而不觳；其下土三十物，又次曰五觳。觳者，薄也。’《史記·始皇本紀》：‘雖監門之養，不觳於此矣，言不薄於此也。墨子之道，自處以薄。’”

㉕王：意指王道。王先謙《集解》：“宣云：‘非王者之道。’”王叔岷《校詮》：“《說文》：‘王，天下所歸往也。’”

　　墨子稱道曰[①]：“昔者禹之湮洪水[②]，決江河而通四夷九州也[③]，名川三百[④]，支川三千，小者无數。禹親自操橐耜而九雜天下之川[⑤]，腓无胈[⑥]，脛无毛[⑦]，沐甚雨[⑧]，櫛疾風[⑨]，置萬國[⑩]。禹大聖也，而形勞天下也如此[⑪]。”使後世之墨者，多以裘褐爲衣[⑫]，以跂蹻爲服[⑬]，日夜不休，以自苦爲極[⑭]，曰：“不能如此，非禹之道也，不足謂墨。”相里勤之弟子五侯之徒[⑮]，南方之墨者苦獲、已齒、鄧陵子之屬[⑯]，俱誦《墨經》[⑰]，而倍譎不同[⑱]，相謂別墨[⑲]；以堅白同異之辯相訾[⑳]，以觭偶不仵之辭相應[㉑]；以巨子爲聖人[㉒]，皆願爲之尸[㉓]，冀得爲其後世[㉔]，至今不決[㉕]。墨翟、禽滑釐之意則是，其行則非也[㉖]。將使後世之墨者，必自苦以腓无胈脛无毛相進而已矣[㉗]。亂之上也，治之下也[㉘]。雖然，墨子真天下之好也[㉙]，將求之不得也[㉚]，雖枯槁不舍也㉛。才士也夫㉜！

## 【校注】

①道：墨子之道。王先謙《集解》：“稱其道之所由。”

②湮：堵塞。陸德明《釋文》：“塞也，没也。掘地而注之海，使水由地下也。引禹之儉同之道。”成玄英疏：“昔堯遭洪水，命禹治水，實塞隄防，通决川瀆，救百六之災，以播種九穀也。”王叔岷《校詮》：“湮借爲㘩，《説文》：‘㘩，塞也。’俗作煙。”

③夷：古稱中原以外之民族。晉范寧《春秋穀梁傳序》：“四夷交侵，華戎同貫。”楊士勛疏：“四夷者，東夷、西戎、南蠻、北狄之總號也。” 九州：據《爾雅·釋地》，爲冀州、豫州、雝州、荆州、揚州、兗州、徐州、幽州、營州。九州之説應在鄒衍學説之後。

④名：大也。郭慶藩《集釋》：“《禮·禮器》因名山升中於天，鄭注：名猶大也。”

⑤橐（tuó）：盛土器。《釋文》本作“槖”。陸德明《釋文》：“槖，舊古考反，崔、郭音託，字則應作橐。崔云：囊也。司馬云：盛土器也。”成玄英疏：“橐，盛土器也。” 耜：掘土器。陸德明《釋文》：“耜音似。《釋名》：耜，似也，似齒斷物。《三蒼》云：耒頭鐵也。崔云：梩也。”成玄英疏：“耜，掘土具也。” 九：借爲“鳩”，聚也。陸德明《釋文》：“九音鳩。本亦作鳩，聚也。” 雜：借爲“糶”，蕩滌。陸德明《釋文》：“雜，本或作糶，音同。”王叔岷《校詮》：“陳碧虛《闕誤》引江南李氏本作‘九滌’，糶乃糶之俗省，糶滌古通。”

⑥腓（féi）：小腿肚。 胈（bá）：白肉。成玄英疏：“腓股無肉。”錢穆《纂箋》：“李頤曰：‘胈，白肉也。’”

⑦脛：小腿。成玄英疏：“膝脛無毛。”

⑧甚：劇也。王叔岷《校詮》引奚侗曰：“《廣雅·釋言》：‘甚，劇也。’《漢·揚雄傳》‘口吃不能劇談’，鄭氏曰：‘劇，甚也。’師古曰：‘劇，疾也。’甚雨、疾風，義正相比。《禮·玉藻》‘若有疾風迅雷

甚雨則必變’,亦以甚雨、疾風並舉。”

⑨櫛(zhì):梳頭。成玄英疏:“假疾風而梳頭。”

⑩置:設置,奠定。王先謙《集解》:“奠定萬國。”

⑪形:身形,形體。成玄英疏:“禹之大聖,尚自艱辛,況我凡庸,而不勤苦!”

⑫裘褐:粗衣。成玄英疏:“裘褐,粗衣也。”

⑬跂蹻(jījué):麻鞋木履。陸德明《釋文》:“李云:‘麻曰屩,木曰屐。屐與跂同,屩與蹻同。’一云:鞋類也。”成玄英疏:“木曰跂,草曰蹻也。”王叔岷《校詮》:“《一切經音義》八九、《御覽》八二引‘跂蹻’並作‘屐屩’,跂與蹻並借字。《説文》:‘屩,屐也。’段注:‘《釋名》云:屐,搘也,爲兩足搘以踐泥者也。又云:屩,不可踐泥也。屐,踐泥者也。然則屐與屩有别。’”

⑭極:目標。郭象注:“謂自苦爲盡理之法。”成玄英疏:“用此自苦,爲理之妙極也。”

⑮相里勤:南方墨家領袖。陸德明《釋文》:“司馬云:‘墨師也。姓相里,名勤。’”成玄英疏:“南方之墨師也。”錢穆《纂箋》引俞樾曰:“韓非云:自墨子之死也,有相里氏之墨,有相夫氏之墨,有鄧陵氏之墨。”　五侯:人名,亦爲墨學領袖。王叔岷《校詮》引孫詒讓云:“五侯,蓋姓五。五與伍通,古書伍子胥多作五,非五人也。”

⑯苦獲、已齒、鄧陵子:皆墨學學者。陸德明《釋文》:“苦獲、已齒,李云:‘二人姓字也。’”成玄英疏:“苦獲、五侯之屬,並是學墨人也。”

⑰《墨經》:墨翟著作,與今存《墨經》不盡相同。錢穆《纂箋》引馬叙倫曰:“魯勝《墨辯序》曰:‘《墨辯》有上下經,經各有説,凡四篇。’此即《墨經》也。”

⑱倍譎:分離乖異。成玄英疏:“譎,異也。俱誦《墨經》而更相倍異,相呼爲别墨。”王先謙《集解》:“倍譎,倍異詭譎也。自謂之别

派。"錢穆《纂箋》引王念孫曰:"《吕覽注》:'在兩旁反出爲倍,在上反出爲譎。倍譎不同,謂分離乖異也。'"又王叔岷《校詮》:"《陶潛集·聖賢群輔録下》引'倍譎'作'背譎',與《淮南子·冥覽篇》作'背譎'同。"亦通。

⑲別墨:意謂新墨家。王先謙《集解》:"自謂墨之別派。"

⑳堅白、同異:名家辯論的兩個命題。 訾:詆毁,與下文"應"爲互文。成玄英疏:"訾,毁也。"

㉑觭(jī)偶:即奇偶。錢穆《纂箋》:"王敔曰:'觭偶,即奇偶。'"王叔岷《校詮》引奚侗曰:"觭借爲奇。" 仵(wǔ):同也。陸德明《釋文》:"仵,同也。"王先謙《集解》:"奇偶本不同,强以相應,則無不可同。"

㉒巨子:墨家對於其聖者之稱呼。郭象注:"巨子最能辨其所是以成其行。"陸德明《釋文》:"向、崔本作鉅。向云:'墨家號其道理成者爲鉅子,若儒家之碩儒。'"

㉓尸:主。郭象注:"尸者,主也。"王叔岷《校詮》:"之猶其也。謂皆願以巨子爲其主也。"

㉔冀:希冀。王先謙《集解》:"宣云:'思繼其統。'"

㉕決:絶也。王先謙《集解》:"宣云:'其教不絶。'"錢穆《纂箋》:"陸長庚曰:'決,絶也。'"

㉖是、非:意即肯定、否定。郭象注:"意在不侈靡而備世之急,斯所以爲是。"成玄英疏:"意在救物,所以是也;勤儉太過,所以非也。"

㉗相進:相競,相勝。成玄英疏:"進,過也。"王先謙《集解》:"相進,猶相競。"王叔岷《校詮》:"相進,猶相勝。《漢書·遊俠陳遵傳》:'相隨博弈,數負進。'師古注:'進,勝也。'"

㉘上、下:猶本、末。成玄英疏:"墨子之道,逆物傷性,故是治化之下術,荒亂之上首也。"王先謙《集解》:"宣云:'亂天下之罪多,教天下之功少。'"王叔岷《校詮》引馬其昶云:"上、下猶本、末。"

㉙之：猶“所”。王叔岷《校詮》：“錢穆《纂箋》引王敔曰：‘人愛其惠。’案古鈔卷子本好下有者字。如王說，則之猶所也。‘真天下之好者也’，謂天下所愛好之人也。”

㉚之：指墨子。錢穆《纂箋》：“宣穎曰：‘世少此人。’”

㉛舍：同“捨”。陸德明《釋文》：“舍音捨。下章同。”王先謙《集解》：“雖枯槁其身，不忍舍去也。俞云：‘即《孟子》摩頂放踵爲之意。’”

㉜才士：才能之士。成玄英疏：“逆物傷性，誠非聖賢，亦勤儉救世才能之士耳。”王叔岷《校詮》：“才士爲才能之士，《盜跖篇》孔子稱柳下季及盜跖爲才士。”

不累於俗，不飾於物，不苟於人①，不忮於衆②，願天下之安寧以活民命，人我之養畢足而止③，以此白心④，古之道術有在於是者。宋鈃、尹文聞其風而悅之⑤，作爲華山之冠以自表⑥，接萬物以別宥爲始⑦；語心之容⑧，命之曰心之行⑨，以聏合驩⑩，以調海內，請欲置之以爲主⑪。見侮不辱，救民之鬭，禁攻寢兵⑫，救世之戰。以此周行天下，上說下教⑬，雖天下不取，强聒而不舍者也⑭，故曰上下見厭而强見也⑮。雖然，其爲人太多，其自爲太少⑯，曰：“請欲固置五升之飯足矣⑰。”先生恐不得飽，弟子雖飢⑱，不忘天下，日夜不休，曰：“我必得活哉⑲！”圖傲乎救世之士哉⑳！曰：“君子不爲苛察㉑，不以身假物㉒。”以爲无益於天下者，明之不如已也㉓，以禁攻寢兵爲外，以情欲寡淺爲內㉔，其小大精粗㉕，其行適至是而止㉖。

【校注】

①苟：苟且。成玄英疏：“於俗無累患，於物無矯飾，於人無苟且。”王先謙《集解》：“不爲物累，不自矯飾，無所苟且。”王叔岷《校詮》：“偶《尹文子·大道上》篇‘累於俗，飾於物者，不可與爲治矣’本此。後同。”

②忮(zhì)：逆，害。郭象注：“忮，逆也。”陸德明《釋文》：“逆也。司
　　馬云：‘害也。’”

③畢：盡。郭象注：“不敢望有餘也。”成玄英疏：“物我儉素，止分
　　知足。”

④白：明白，表白。陸德明：“崔云：‘明白其心也。’”成玄英疏：“以
　　此教跡，清白其心。”王先謙《集解》：“宣云：‘暴白其志之無他。’”

⑤宋鈃(jiān)、尹文：道家學派代表人物。成玄英疏：“姓宋，名鈃；
　　姓尹，名文，並齊宣王時人，同遊稷下。宋著書一篇，尹著書二篇，
　　咸師於黔［首］而爲之名也。性與教合，故聞風悦變。”王叔岷《校
　　詮》：“宋鈃即《孟子·告子篇》之宋牼，亦即《逍遥遊篇》及《韓非
　　子·顯學篇》之宋榮子。”

⑥表：表白，表現。陸德明《釋文》：“華山上下均平，作冠象之，表己
　　心均平也。”成玄英疏：“華山，其形如削，上下均平，而宋尹立志清
　　高，故爲冠以表德之異。”

⑦別宥：意謂“解蔽”。錢穆《纂箋》：“馬其昶曰：‘別宥見《吕覽·去
　　宥篇》，別宥即去宥也。’馬叙倫曰：‘宥借爲囿。《尸子·廣澤
　　篇》：料子貴別囿。料子疑即宋子。別囿謂解蔽也。’”王叔岷《校
　　詮》引奚侗曰：“《説文》：‘別，分解也。’宥當作囿，《説文》：‘囿，
　　苑有垣也。’垣爲限界，故心有所限者亦曰囿。別囿，謂分解其心
　　之所囿，猶言破除之也。”　　始：首要者，根本。陸德明《釋文》：
　　“始，首也。”成玄英疏：“始，本也。”

⑧語：言説，稱説。　　容：容納，容量。成玄英疏：“發語吐辭，每令
　　心容萬物。”王叔岷《校詮》：“《荀子·解蔽篇》有‘心容’一詞，楊
　　注：‘容，受也，言心能容受萬物。’”

⑨命：名。成玄英疏：“命，名也。”王先謙《集解》：“言我心如此，推
　　心而行亦如此。”錢穆《纂箋》：“心之行，猶云心之德。謂以能容
　　受爲心之本德也。”蔣錫昌《莊子哲學》：“宋鈃於心之問題頗爲注

重。（一）心爲行之主，故欲爲正當之行，必先存正當之心，如上文所謂‘以此白心’是也。（二）行爲心之表，故欲明正當之心，必先有正當之行，如上文所謂‘作爲華山之冠以自表’是也。（三）行之正當與否，決於心之正當與否；而心之正當與否，又決於‘別宥’之能否得當，故‘接萬物以別宥爲始’也。”

⑩聏(ér)：親和之意。陸德明《釋文》：“司馬云：‘色厚貌。’崔、郭、王云：‘和也。’聏和萬物，物合則歡矣。”錢穆《纂箋》引章炳麟曰：“聏借爲而。《釋名》：‘餌，而也。相黏而也。’本字當作暱。此言以暱合驩。”

⑪置之：猶“立此”。郭象注：“二子請得若此者立以爲物主也。”成玄英疏：“用斯名教和調四海，庶令同合以得驩心，置立此人以爲物主也。”王先謙《集解》：“請欲時君置此心以爲主。”王叔岷《校詮》：“‘置之’猶‘立此’。”

⑫寢：息也。成玄英疏：“寢，息也。防禁攻伐，止息干戈，意在調和，不許戰鬥，假令欺侮，不以爲辱，意在救世，所以然也。”王叔岷《校詮》：“《莊子·逍遥遊篇》稱宋榮子‘舉世而譽之而不加勸，舉世而非之而不加沮，定乎内外之分，辯乎榮辱之境’。《韓非子·顯學篇》：‘宋榮子之議，設不鬥爭，取不隨仇，不羞囹圄，見侮不辱。’《孟子·告子篇》：‘宋牼將之楚，孟子遇於石匠，曰：先生將何之？曰：吾聞秦、楚構兵，我將見楚王説而罷之；楚王不悦，我將見秦王説而罷之。’此‘禁攻寢兵，救世之戰’之説也。”

⑬上、下：指國君、百姓。成玄英疏：“上説君王，下教百姓。”

⑭聒：聒噪。陸德明《釋文》：“謂强聒噪其耳而語之也。”成玄英疏：“雖復物不取用，而强勸喧聒，不自廢舍也。”王叔岷《校詮》：“《説文》：‘聒，讙語也。’（段注：讙者，譁也。）《左》襄公二十六年《傳》：‘聒而與之語。’孔疏：‘聲亂耳謂之聒，多爲言語讙譁亂其耳，故聒爲讙也。’”

⑮見:同"現"。陸德明《釋文》:"見,於艷反。"成玄英疏:"雖復物皆厭賤,猶自强見勸他,所謂被人輕侮而不恥辱也。"王叔岷《校詮》:"宣穎云:'人皆厭之,猶强欲自表見。'案宣解而爲猶,是也。"

⑯自爲:爲自己。成玄英疏:"今乃勤强勸人,被厭不已,當身枯槁,豈非自爲太少乎!"

⑰固:借爲"姑"。成玄英疏:"置五升之飯,爲一日之食。"王叔岷《校詮》:"孫詒讓云:'《說苑·尊賢篇》田需謂宗衛曰:三升之稷,不足於士。閻若璩謂古量五當今一,則止今之大半升耳。'……章太炎云:'固借爲姑。'"又:錢穆《纂箋》引梁啓超云"請欲固置"爲"情欲固寡"之誤。可備一說。

⑱先生:意指百姓。 弟子:宋鈃、尹文自稱。郭象注:"宋鈃、尹文稱天下爲先生,自稱爲弟子也。"成玄英疏:"宋尹稱黔首爲先生,自稱爲弟子,先物後己故也。"

⑲我:指民衆。郭象注:"謂民亦當報己也。"蔣錫昌《莊子哲學》:"以爲天下如行其道,民命必活也。"

⑳圖傲:意謂高大。郭象注:"揮斥高大之貌。"成玄英疏:"圖傲,高大之貌也。言其强力忍垢,接濟黎元,雖未合道,可謂救世之人也。"又王叔岷《校詮》:"'圖傲',謂意圖高大也。傲借爲贅,《說文》:'贅,贅顤,高也。'字亦作頯,《廣雅·釋詁四》:'頯,高也。'《玉篇》:'頯,高大也。'以救世之士稱二子,故謂其意圖高大也。"

㉑苛察:苛求細責。郭象注:"務寬恕也。"錢穆《纂箋》引馬其昶曰:"《說苑》:'尹文對齊宣王曰:事寡易從,法省易因。'是其不爲苛察也。"

㉒假:假借,假託。郭象注:"必自出其力也。"成玄英疏:"立身求己,不必假物以成名也。"王叔岷《校詮》:"即上文'不飾於物'。"

㉓已:止也。成玄英疏:"已,止也。苦心勞形,乖道逆物,既無益於

宇内,明不如止而勿行。"錢穆《纂箋》:"馬其昶曰:'已謂不必明之也。'"

㉔外、内:身外、身内。王先謙《集解》:"宣云:'外以此救世,内以此克己。'"

㉕其:指宋鈃、尹文學説。成玄英疏:"自利利他,内外兩行,雖復大小有異,精粗稍殊,而立趣維綱,不過適是而已矣。"

㉖是:此。王先謙《集解》:"其行止於是,則其道術之大小精粗亦不過如是。"

　　公而不黨①,易而无私②,決然无主③,趣物而不兩④,不顧於慮,不謀於知⑤,於物无擇,與之俱往⑥,古之道術有在於是者。彭蒙、田駢、慎到聞其風而悦之⑦,齊萬物以爲首⑧,曰:"天能覆之而不能載之,地能載之而不能覆之,大道能包之而不能辯之⑨,知萬物皆有所可,有所不可,故曰選則不徧⑩,教則不至⑪,道則无遺者矣⑫。"

## 【校注】

①黨:朋黨,動詞。《釋文》本作"當"。陸德明《釋文》:"崔本作黨,云:'至公無黨也。'"成玄英疏:"公正而不阿黨。"錢穆《纂箋》:"王闓運曰:'當、黨古通。'"王叔岷《校詮》:"當、黨並借爲攩,《説文》:'攩,朋群也。'"

②易:平易。成玄英疏:"平易而無偏私。"

③決:決斷。　主:主意。成玄英疏:"依理斷決,無的主宰,所謂法者,其在於斯。"王先謙《集解》:"宣云:'決去係累,而無偏主。'"錢穆《纂箋》:"羅勉道曰:'不先立主意。'"

④趣:理趣。郭象注:"物得所趣,故一。"成玄英疏:"意在理趣而於物無二也。"錢穆《纂箋》:"羅勉道曰:'隨事而趣,不生兩意。'陸長庚曰:'與物同趣,不立人我。'"

⑤知:同"智"。陸德明《釋文》:"知音智。下棄知同。"王先謙《集解》:"無旁顧,無巧謀。"

⑥之:指物。錢穆《纂箋》:"陸長庚曰:'廓然而大公,物來而順應。'"王叔岷《校詮》:"即下文'與物宛轉'。"

⑦彭蒙、田駢、慎到:道家學派代表人物。成玄英疏:"姓彭,名蒙;姓田,名駢;姓慎,名到,並齊之隱士,俱遊稷下,各著書數篇。性與法合,故聞風而悅愛也。"郭慶藩《集釋》引俞樾曰:"《意林》引《尹文子》有彭蒙曰:'雉兔在野,衆皆逐之,分未定也;雞豕滿市,莫有志者,分定故也。《漢書‧藝文志》道家:'《田子》二十五篇,名駢,齊人,遊稷下,號天口[駢]。……'《史記‧孟荀列傳》:'慎到,趙人,著《十二論》。'《漢書‧藝文志》法家有《慎子》四十二篇,名到,先申韓,申韓稱之。"

⑧首:首要者。王先謙《集解》:"宣云:'以此爲第一事。'"

⑨包:包容,包涵。成玄英疏:"大道包容,未嘗辯説。"

⑩徧:同"遍"。陸德明《釋文》:"徧音遍。"成玄英疏:"萬物有可不可,隨其性分,但當任之,若欲揀選,必不周徧也。"

⑪教:教化,教育。郭象注:"性其性乃至。"王先謙《集解》:"必有未受教。"蔣錫昌《莊子哲學》:"如由我見以教某物,則必有所遺而致不至焉。"

⑫遺:遺漏。成玄英疏:"若率至玄道,則物皆自得而無遺失矣。"王先謙《集解》:"唯道兼包之,所謂齊也。"錢穆《纂箋》:"陸長庚曰:'道體物而未始有遺。'宣穎曰:'所謂齊也。'馬其昶曰:'《呂覽》云:陳駢貴齊。高注:貴齊生死,等古今也。'"王叔岷《校詮》:"《知北遊篇》:'萬物皆往資焉而不匱,此其道與!'不匱'猶'不遺',匱、遺古通,《禮記‧祭義》'老窮不遺',《釋文》:'遺,一本作匱。'即其證。"

**是故慎到棄知去己而緣不得已①,泠汰於物以爲道理②,**

曰知不知③，將薄知而後鄰傷之者也④，謑髁无任而笑天下之尚賢也⑤，縱脱无行而非天下之大聖⑥，椎拍輐斷⑦，與物宛轉⑧，舍是與非⑨，苟可以免⑩，不師知慮⑪，不知前後⑫，魏然而已矣⑬。推而後行，曳而後往⑭，若飄風之還⑮，若羽之旋⑯，若磨石之隧⑰，全而无非⑱，動静无過，未嘗有罪。是何故？夫无知之物，无建己之患⑲，无用知之累⑳，動静不離於理，是以終身无譽。故曰至於若无知之物而已㉑，无用賢聖，夫塊不失道㉒。

## 【校注】

①緣：隨緣。成玄英疏：“息慮棄知，忘身去己，機不得已，感而後應。”王叔岷《校詮》：“《刻意篇》：‘不得已而後起，去知與故，循天之理。’《庚桑楚篇》：‘欲當則緣於不得已。’”

②泠汰：聽任，超脱。郭象注：“泠汰，猶聽放也。”陸德明《釋文》：“泠汰，猶沙汰也，謂沙汰使之泠然也。”錢穆《纂箋》：“惟其棄知去己而緣不得已，故能經歷事物，而不爲事物所沾滯也。”王叔岷《校詮》：“‘棄知去己’，是清澈於己也；‘泠汰於物’，是清澈於物也。”

③知不知：認識到知識之不足。成玄英疏：“知則有所不知。”王叔岷《校詮》：“《知北遊篇》：‘知乃不知。’”

④薄：鄙薄。成玄英疏：“薄淺其知。”錢穆《纂箋》：“薄，鄙薄也。”後：應爲“復”。王叔岷《校詮》引孫詒讓曰：“此後疑當爲復，形近而誤，蓋言慎到不惟菲薄知者，而復務損知以自居於愚。”　鄰：同“磷”，傷害。郭象注：“故薄之而又鄰傷焉。”錢穆《纂箋》：“姚範曰：‘鄰與磷同。’”王叔岷《校詮》引孫詒讓曰：“鄰當讀爲磷，磷傷，猶言毁傷也。《考工記》鮑人‘雖敝不甐’，鄭注云：‘甐，故書或作鄰，鄭司農云：鄰，讀爲磨而不磷之磷。’此鄰正與鮑人故書

字同。”

⑤謑髁(xǐkē):不正經貌。陸德明《釋文》:“謑髁,訑倪不正貌。”成
玄英疏:“謑髁,不定貌也。”錢穆《纂箋》:“羅勉道曰:‘謑,忍恥。
髁,獨行。’” 任:職任。郭象注:“不肯當其任而任夫衆人,衆人
各自能,則無爲橫復尚賢也。”王先謙《集解》:“其用人雖謑髁不
正,無可任使,而以天下尚賢爲笑。”王叔岷《校詮》:“《荀子·解
蔽篇》:‘慎子蔽于法而不知賢。’”

⑥縱脱:放縱灑脱。成玄英疏:“縱恣脱略,不爲仁義之德行,忘遺陳
跡,故非宇内之聖人也。”王先謙《集解》:“其在己縱恣脱略,無行
可稱,而以天下大聖爲非,卑之無高論也。”王叔岷《校詮》:“此謂
縱恣脱略,不顧行跡,而非天下之以聖爲大也。‘大聖’與上文
‘尚賢’對言。”

⑦椎(chuí)拍:擊拍。陸德明《釋文》:“椎,直追反。”郭慶藩《集釋》
引郭嵩燾曰:“《説文》:‘椎,擊也。’拍,拊也。言擊拊之而已,不
用攻刺。”王叔岷《校詮》:“‘椎拍’複語,《説文》:‘椎,擊也。’《廣
雅·釋詁三》:‘拍,擊也。’” 輐(wàn)斷:無鋒棱斷之。陸德
明《釋文》:“輐,圓也。”郭慶藩《集釋》引郭嵩燾曰:“輐斷即下文
𦓷斷,郭象云:‘𦓷斷,無圭角也。’”王先謙《集解》:“輐斷,謂雖斷
而甚圓,不見決裂之跡,皆與物婉轉之意也。此[慎]到之去己。”
王叔岷《校詮》:“‘椎拍輐斷’,謂用刑或擊或斷,喻施用刑法耳。”

⑧宛轉:猶權變。成玄英疏:“婉轉,變化也。”王叔岷《校詮》:“‘與
物宛轉’,謂隨事而定。”

⑨舍:同“捨”。成玄英疏:“不固執是非。”

⑩苟:苟且。 免:意謂免遭物累。成玄英疏:“苟且免於當世之爲
也。”王先謙《集解》:“宣云:‘不執是非,庶無累也。’”

⑪知:同“智”。陸德明《釋文》:“知音智。”

⑫前後:意謂事件之發展可能性。成玄英疏:“不師其成心,不運用

知慮,亦不瞻前顧後。"王叔岷《校詮》:"《荀子·天論篇》:'慎子
有見於後,無見於先。'"

⑬魏:同"巍"。成玄英疏:"魏然,不動之貌也。雖復處俗同塵,而
魏然獨立也。"王先謙《集解》:"大公平易,故能巍然。"王叔岷《校
詮》:"宣穎云:'魏同巍。'案古鈔卷子本、陳碧虛《音義》本魏並作
巍,魏即巍之隸省。"

⑭曳:拖。成玄英疏:"推而曳之,緣不得已。"王叔岷《校詮》:"慎子
之不得已,似有勉強之意,曰推、曰曳,皆勉強也。"

⑮飄風:回風。陸德明《釋文》:"《爾雅》云:'回風爲飄。'還音旋,一
音環。"成玄英疏:"如飄風之回。"王先謙《集解》:"宣云:'迴還
無方。'"

⑯旋:旋轉。王先謙《集解》:"宣云:'羽自空而下,旋轉不定。'"

⑰隧:回轉。陸德明《釋文》:"隧音遂,回也。"成玄英疏:"隧,轉
也。"錢穆《纂箋》:"馬叙倫曰:'隧借爲回。《説文》:回,轉也。'"

⑱全:完全。成玄英疏:"三者無心,故能全得,是以無是無非,無罪
無過,無情任物,故致然也。"

⑲建己:意謂爲己建立功名。郭象注:"患生於譽,譽生於有建。"成
玄英疏:"夫物莫不耽滯身己,建立功名,運用心知,没溺前境。"王
先謙《集解》:"无知之物,木石是也。言譬彼無知之物,不建己以
爲標準,故不來指目之患。"

⑳知:同"智"。王先謙《集解》:"不用智以相推測,故不受嫉忌
之累。"

㉑至:極致。王先謙《集解》:"[慎]到之言推極於此。"蔣錫昌《莊子
哲學》:"此言聖王不任己之極,當至若無知之物而止;如此,方可
'百度皆準於法',無用聖賢也。"

㉒塊:土塊。郭象注:"欲令去知如土塊也。亦謂凡物云云,皆無緣
得道,道非徧物也。"成玄英疏:"貴尚無知,情同瓦石,無用賢聖,

闇若夜游,遂如土塊,名爲得理。慎到之惑,其例如斯。"

豪桀相與笑之曰:"慎到之道,非生人之行而至死人之理①,適得怪焉②。"田駢亦然,學於彭蒙,得不教焉③。彭蒙之師曰:"古之道人,至於莫之是莫之非而已矣④。其風窢然⑤,惡可而言⑥?"常反人,不聚觀⑦,而不免於魭斷⑧。其所謂道非道,而所言之韙不免於非⑨。彭蒙、田駢、慎到不知道。雖然,槩乎皆嘗有聞者也⑩。

**【校注】**

①至:猶"實"。王叔岷《校詮》:"'非生人之行,而至死人之理',猶言'非生人所行,而實死人之理'。之猶所也,至猶實也,《漢書·東方朔傳》'非至數也',師古注:'至,實也。'即至、實同義之證。"

②怪:詭異,怪誕。郭象注:"未合至道,故爲詭怪。"王先謙《集解》:"適足得世之怪詫焉而已。"

③不教:不言之教。郭象注:"得自任之道也。"錢穆《纂箋》:"宣穎曰:不言之教。"王叔岷《校詮》:"羅勉道曰:'田駢學於彭蒙,而得不言之教。'"

④道人:得道者。郭象注:"所謂齊萬物以爲首。"蔣錫昌《莊子哲學》:"'古之道人',蓋指黃老而言。"

⑤窢(huò):迅疾貌。成玄英疏:"窢然,迅速貌也。"王叔岷《校詮》引奚侗云:"字當作減,《説文》:'減,疾流也。'《釋文》:'窢,亦作䐎,又作闃。'皆叚借字。"

⑥惡(wū):何。陸德明《釋文》:"惡音烏。"

⑦觀:可觀。郭象注:"不順民望。"王先謙《集解》:"常反人之意議,不見爲人所觀美。"錢穆《纂箋》:"陸長庚曰:'猶言不取則。'"

⑧魭(wàn)斷:同"輐斷"。蔣錫昌《莊子哲學》:"'魭斷'與上'輐斷'同。"王叔岷《校詮》:"魭與輐並刓之借字。"

⑨韙：是也。郭象注：“韙，是也。”王先謙《集解》：“謂彭師之言，是中有非，於道則未見也。”

⑩槩：梗概。成玄英疏：“彭蒙之類，雖未體真，而志尚〔無〕知，略有梗概，更相師祖，皆有稟承，非獨臆斷，故嘗有聞之也。”王叔岷《校詮》：“司馬遷謂‘慎到、田駢皆學黄、老道德之術’，(《史記‧孟荀列傳》。)彭蒙亦然。概略言之，三子皆有所聞也。惟由黄、老而歸於刑名耳。”

以本爲精①，以物爲粗，以有積爲不足②，澹然獨與神明居③，古之道術有在於是者。關尹、老聃聞其風而悦之④，建之以常无有⑤，主之以太一⑥，以濡弱謙下爲表⑦，以空虚不毁萬物爲實。關尹曰：“在己无居⑧，形物自著⑨。其動若水，其静若鏡，其應若響⑩。芴乎若亡⑪，寂乎若清⑫，同焉者和，得焉者失⑬。未嘗先人而常隨人⑭。”老聃曰：“知其雄，守其雌，爲天下谿⑮；知其白，守其辱，爲天下谷⑯。”人皆取先，己獨取後，曰受天下之垢⑰；人皆取實，己獨取虚，无藏也故有餘⑱，巋然而有餘⑲。其行身也，徐而不費⑳，无爲也而笑巧㉑；人皆求福，己獨曲全㉒，曰苟免於咎㉓。以深爲根，以約爲紀㉔，曰堅則毁矣，鋭則挫矣。常寬容於物，不削於人㉕，可謂至極㉖。關尹、老聃乎！古之博大真人哉！

【校注】

①本：道，無。成玄英疏：“本，無也。物，有也。用無爲妙道爲精，用有爲事物爲粗。”蔣錫昌《莊子哲學》：“太史公論道家要旨曰：‘其術以虚無爲本。’‘本’即虚無妙道，‘物’即具體事物。妙道虚無，故精；事物具體，故粗也。”

②積：儲藏。成玄英疏：“貪而儲積，心常不足，知足止分，故清廉虚淡。”蔣錫昌《莊子哲學》：“下文‘無藏也，故有餘’，聖人既以無藏

爲有餘,故即以有積爲不足矣。"

③神明:譬喻"道"。王先謙《集解》:"宣云:'此虛玄無爲之教。'"王
叔岷《校詮》:"神明,喻道。《知北遊篇》:'道將爲汝居。'"

④關尹、老聃:道家創立者。陸德明《釋文》:"關尹,關令尹喜也。
或云:尹喜字公度。老聃,即老子也。爲喜著書十九篇。"成玄英
疏:"姓尹,名熹,字公度,周平王時函谷關令,故(爲)[謂]之關尹
也。姓李,名耳,字伯陽,外字老聃,即尹熹之師老子也。"錢穆《纂
箋》引俞樾曰:"《藝文志》道家《關尹子》九篇,注云:'名喜,爲關
吏。'《呂覽》'關尹貴清',注云:'關尹,關正也。'"

⑤建:立也。成玄英疏:"建立言教,每以凝常無物爲宗,悟其指歸。"
王叔岷《校詮》:"'常無有',似兼'常無、常有'而言。《老子》一
章:'常無,欲以觀其妙;常有,欲以觀其徼。'"

⑥太一:道。成玄英疏:"以虛通太一爲主。"王叔岷《校詮》:"太一,
道也。《徐无鬼篇》'大一通之',郭注:'道也。''大一'即'太
一'。"

⑦濡:同"嬬"。王叔岷《校詮》:"濡與嬬通,《說文》:'嬬,弱也。'段
注:'嬬之言濡也。濡,柔也。'《呂氏春秋·不二篇》:'老耽貴
柔。'(耽與聃同。)司馬談《論道家要指》:'其術以虛無爲本。'"
表:外,與下文"實"相對。成玄英疏:"表,外也。以柔弱謙和爲
權智外行,以空惠圓明爲實智内德也。"

⑧居:主也。成玄英疏:"成功弗居,推功於物。"王先謙《集解》:"宣
云:'己無私主。'"錢穆《纂箋》:"王敔曰:'不居一是。'"

⑨著:彰顯。郭象注:"不自是而委萬物,故物形各自彰著。"錢穆
《纂箋》引陳顯微曰:"能無我則形物自著,非我分別而著彼形
物也。"

⑩應:應答。成玄英疏:"動若水流,静如懸鏡,其逗機也似響應聲,
動静無心,神用故速。"王先謙《集解》:"宣云:'皆無心故。'"

⑪芴：同"忽"。陸德明《釋文》："芴音忽。"成玄英疏："芴，忽也。亡，無也。"王叔岷《校詮》："芴與忽通，僞《關尹子·三極篇》芴作芒，芒、芴同義。"

⑫清：清虛。成玄英疏："夫道非有非無，不清不濁，故闇忽似無，靜寂如清也。"王叔岷《校詮》："靜與清相應。上文俞氏引《呂覽·不二篇》：'關尹貴清。'"

⑬同、得：皆指與物相同、相得。王先謙《集解》："宣云：'同物則和，自得則失。'"錢穆《纂箋》："陳顯微曰：'不自異，則與物和而不競。'"王叔岷《校詮》引單晏一《薈釋》云："此二語即《老子》'和其光，同其塵'，'執者失之'之義。"

⑭先人：意謂在人之先。王叔岷《校詮》引單晏一云："此即《老子》'不敢爲天下先'之意，故下文云'人皆取先，己獨取後'也。"

⑮谿（xī）：同"溪"。此《老子》第二十八章語。王先謙《集解》："宣云：'能而處於不能。處下待輸，有而不積。'"王叔岷《校詮》："帛書《老子》甲本谿作溪，溪與谿同。"章案："'爲天下谿'與下文'爲天下谷'皆爲處下、不爭之意。

⑯辱：污點。此亦《老子》第二十八章語。王先謙《集解》："宣云：'居虛受感，應而不藏。'"王叔岷《校詮》："辱乃黷之借字。《說文》黷下段注：'凡言辱者皆即黷，故鄭注《昏禮》曰：以白造緇曰辱。字書儒亦作䵒。《玉篇》：䵒，垢黑也。'"

⑰垢：借爲"詬"。王叔岷《校詮》："朱駿聲云：'垢，叚借爲詬。'案《老子》七十八章：'受國之垢，是爲社稷主。'"

⑱藏：儲積。成玄英疏："藏，積也。知足守分，散而不積，故有餘。"王叔岷《校詮》引單晏一云："《老子》四十四章：'多藏必厚亡。'八十一章：'聖人不積，既以爲人己愈有，既已與人己愈多。'"

⑲巋然：獨立之狀。郭象注："獨立自足之謂。"成玄英疏："巋然，獨立之謂也。"王先謙《集解》："宣云：'疊一語，甚言之。'"

⑳徐：緩也。成玄英疏：“從容閑雅。”錢穆《纂箋》：“王敔曰：徐所謂
　　後其身也。”王叔岷《校詮》：“《説文》：‘徐，安行也。’”　　費：損
　　也。成玄英疏：“費，損也。”王先謙《集解》：“宣云：‘不先故徐，不
　　先則少事，少事故不費。’”王叔岷《校詮》：“此謂行己安而無
　　損也。”

㉑巧：機巧。成玄英疏：“率性而動，淳朴無爲，嗤彼俗人機心巧僞
　　也。”王先謙《集解》：“無爲似拙，而可以笑彼巧者。”錢穆《纂箋》
　　引馬其昶曰：“即《老子》之所謂‘絶巧棄利’也。”

㉒曲全：委曲求全。郭象注：“委順至理則常全，故無所求福，福已
　　足。”王先謙《集解》：“人求福不已，己獨委曲以保安全。”

㉓咎：災禍。成玄英疏：“咎，禍也。”王先謙《集解》：“苟免咎禍
　　而已。”

㉔紀：綱紀。成玄英疏：“以深玄爲德之本根，以檢約爲行之綱紀。”

㉕削：刻削。成玄英疏：“退己謙和，故寬容於物；知足守分，故不侵
　　削於人也。”錢穆《纂箋》：“王敔曰：‘不侵削人。’”王叔岷《校
　　詮》：“削猶刻也。《吕氏春秋·孟冬篇》‘無或敢侵削衆庶兆民’，
　　高注：‘削，刻也。’常寬容於物，故不刻削於人也。”

㉖可謂：應爲“雖未”。王叔岷《校詮》：“古鈔卷子本‘可謂至極’作
　　‘雖未至於極’。陳碧虚《闕誤》引江南李氏本、文如海本‘可謂’
　　並作‘雖未’。作‘雖未’是。莊子之學出於老子，而不爲老子所
　　限，況關尹乎！關尹、老聃之道術雖博大，而偏重人事，尚有跡可
　　尋，不得謂之至極。莊子道術論人事而超人事，萬物畢羅，其理不
　　竭，應化無方，無可歸屬，乃可謂至極也。今傳舊本‘雖未’皆作
　　‘可謂’，疑唐人崇《老子》者所改。”

　　寂漠无形①，變化无常，死與生與②，天地並與，神明往
與③！芒乎何之，忽乎何適④，萬物畢羅，莫足以歸⑤，古之道
術有在於是者。莊周聞其風而悦之，以謬悠之説⑥，荒唐之

言⑦,无端崖之辭⑧,時恣縱而不儻⑨,不以觭見之也⑩。以天下爲沈濁⑪,不可與莊語⑫,以巵言爲曼衍,以重言爲真,以寓言爲廣⑬。獨與天地精神往來,而不敖倪於萬物⑭,不譴是非⑮,以與世俗處。其書雖瓌瑋而連犿无傷也⑯。其辭雖參差而諔詭可觀⑰。彼其充實不可以已⑱,上與造物者遊,而下與外死生无終始者爲友⑲。其於本也,弘大而闢⑳,深閎而肆㉑。其於宗也㉒,可謂調適而上遂矣㉓。雖然,其應於化而解於物也㉔,其理不竭,其來不蛻㉕,芒乎昧乎㉖,未之盡者。

## 【校注】

①寂漠:無蹤跡之狀,《釋文》本作"芴漠"。成玄英疏:"妙本無形,故寂漠也;跡隨物化,故無常也。"王叔岷《校詮》引朱駿聲云:"芴,叚借爲忽,《荀子·正名》'愚者之言,芴然而粗',《莊子》'芴漠無形'。"

②與:同"歟"。下同。陸德明《釋文》:"與音餘。"王先謙《集解》:"《齊物論篇》云:'天地與我并生。'"

③神明:意指道。成玄英疏:"隨造化而轉變,故共神明往矣。"

④芒:同"茫"。　之:往。與"適"互文。成玄英疏:"隨芒忽而遨遊,既無情於去取,亦任命而之適。"

⑤歸:歸宿,歸屬。成玄英疏:"包羅庶物,囊括宇内,未嘗離道,何處歸根。"王先謙《集解》:"無可爲我歸宿者。"王叔岷《校詮》:"謂包羅萬物,無可歸屬也。"

⑥謬悠:迂遠虛悠。陸德明《釋文》:"謬悠,謂若忘於情實者也。"成玄英疏:"謬,虛也。悠,遠也。"錢穆《纂箋》:"王闓運曰:'謬讀爲寥,遠也。悠,亦遠也。'馬其昶曰:'謬悠,迂遠也。'"王叔岷《校詮》:"'謬悠之説',即虛遠不實之説也。"

⑦荒唐:廣大無際。陸德明《釋文》:"謂廣大無域畔者也。"王先謙

《集解》：“荒，大也。唐，空也。”王叔岷《校詮》：“《釋名·釋親屬》：‘荒，大也。’《說文》：‘唐，大言也。’”

⑧端崖：開端，邊際。成玄英疏：“無涯無緒之談。”王先謙《集解》：“無端可尋，無崖可見。”王叔岷《校詮》：“《齊物論篇》：‘无謂有謂，有謂无謂。’《寓言篇》：‘終身言，未嘗言；終身不言，未嘗不言。’所謂‘无端崖之辭’也。”

⑨恣縱：放縱。成玄英疏：“恣縱，猶放任也。”王先謙《集解》：“恣縱，謂縱談恣論。” 儻：同“黨”。陸德明《釋文》：“儻，丁蕩反。”成玄英疏：“隨時放任而不偏黨。”王叔岷《校詮》：“儻、黨古通，（《天地篇》‘儻然不受’，《釋文》謂‘本亦作黨’；《繕性篇》‘物之儻來寄也’，《釋文》引崔本作黨，並其比。）本字作攩，奚氏引《說文》‘攩，朋群也’是也。”

⑩觭（jī）：同“奇”，奇數也。成玄英疏：“觭，不偶也。”錢穆《纂箋》：“羅勉道曰：‘猶言不以一端而見。’”王叔岷《校詮》引宣穎云：“觭同奇，觭，一端也，不以一端自見也。”

⑪沈濁：沈滯闇濁。成玄英疏：“宇內黔黎，沈滯闇濁，咸溺於小辯，未可與説大言也。”

⑫莊語：莊重之言。成玄英疏：“莊語，猶大言也。”王先謙《集解》：“莊語，猶正論。”王叔岷《校詮》：“不可與端正之言，故託諸巵言、重言、寓言也。”

⑬巵言、重言：不定之言與重要之言，參見《寓言篇》注。成玄英疏：“巵言，不定也。曼衍，無心也。重，尊老也。寓，寄也。”王叔岷《校詮》：“《寓言篇》：‘寓言十九，重言十七，巵言日出，和以天倪。’巵言，渾圓之言，曼衍，無邊際。巵言渾圓無際，故‘爲曼衍’。重言託古取信，故‘爲真’。寓言十有其九，故‘爲廣’。”

⑭敖倪：傲視。成玄英疏：“敖倪，猶驕矜也。”王先謙《集解》：“敖倪，與傲睨字同。”錢穆《纂箋》：“王闓運曰：‘敖倪，視貌。’”王叔

岷《校詮》：“《文選》郭景純《江賦》注、舊鈔本江文通《雜體詩》注
引‘敖倪’並作‘傲睨’，蓋傲視貌。”

⑮譴：譴責。成玄英疏：“譴，責也。是非無主，不可窮責，故能混世
揚波，處於塵俗也。”王先謙《集解》：“不責人之是非，以與世俗混
處。”王叔岷《校詮》：“使是非各止於自然之分，此莊子與世俗處
之道也。”

⑯瓌瑋(guīwěi)：奇偉。陸德明《釋文》：“瓌瑋，奇特也。”成玄英
疏：“瓌瑋，弘壯也。”王叔岷《校詮》：“‘瓌瑋’與‘傀偉’同。”
連犿(fān)：婉轉。陸德明《釋文》：“李云：‘皆婉轉貌。’一云：相
從之貌，謂與物相從不違，故無傷也。”成玄英疏：“連犿，和混也。
莊子之書，其旨高遠，言猶涉俗，故合物而無傷。”

⑰參差：意謂虛實不一。成玄英疏：“參差者，或虛或實，不一其言
也。”　俶(chù)詭：弔詭。王叔岷《校詮》：“《德充符篇》‘彼且
蘄以俶詭幻怪之名聞’，《釋文》引李云：‘俶詭，奇異也。’亦作‘弔
詭’，《齊物論篇》‘其名爲弔詭’，章太炎云：‘弔詭，即《天下篇》之
俶詭。’”

⑱已：止也。成玄英疏：“已，止也。彼所著書，辭清理遠，括囊無實，
富贍無窮，故不止極也。”王先謙《集解》：“夫其詞理充實，不能
自已。”

⑲外：意謂超脱。王叔岷《校詮》：“‘外死生、无終始者’，得道之
人也。”

⑳辟：開闢。成玄英疏：“闢，開也。”王叔岷《校詮》：“闢、辟正
假字。”

㉑肆：伸展，縱放。成玄英疏：“肆，申也。”王先謙《集解》：“宣云：
‘放縱也。’”

㉒宗：宗旨。錢穆《纂箋》：“宣穎曰：‘上言其本宗，下言其應用。體
用兼妙，此勝《老子》處。’”

㉓遂：達也。成玄英疏："遂，達也。言至本深大，申暢開通，真宗調適，上遂玄道也。"王先謙《集解》引蘇輿云："此即篇首所謂'不離於宗'者。"錢穆《纂箋》："陸長庚曰：'上遂，謂達本反始。'"

㉔化：造化，變化。成玄英疏："言此莊書雖復諔詭，而應機變化，解釋物情，莫之先也。" 解：達也。王叔岷《校詮》："解猶達也，《荀子·正論篇》'夫今子宋子不能解人之惡侮'，楊注：'解，達也。'此謂上應於化下達於物也。"

㉕蛻：退脱，遺失。成玄英疏："蛻，脱捨也。"王叔岷《校詮》："'其來不蛻'，猶《知北遊篇》'其來无跡'，蛻者蟲皮，皮即形跡也。宣云：'來無端'，義相近。"

㉖芒、昧：窈渺、幽冥。成玄英疏："芒昧，猶窈冥也。言莊子之書窈窕深邃，芒昧恍惚，視聽無辯，若以言象徵求，未窮其趣也。"

惠施多方①，其書五車，其道舛駁②，其言也不中③。厤物之意④，曰："至大无外，謂之大一；至小无内，謂之小一⑤。无厚，不可積也，其大千里⑥。天與地卑⑦，山與澤平。日方中方睨⑧，物方生方死。大同而與小同異，此之謂小同異；萬物畢同畢異，此之謂大同異⑨。南方无窮而有窮⑩，今日適越而昔來⑪。連環可解也⑫。我知天下之中央，燕之北越之南是也⑬。氾愛萬物，天地一體也⑭。"

## 【校注】

①惠施：名家代表者，莊周之友。 方：學術，學問。成玄英疏："既多方術，書有五車。"王先謙《集解》："方，術也。"王叔岷《校詮》："《漢書·藝文志》名家有《惠子》一篇，注：'名施，與莊子同時。'《困學紀聞》一〇《莊子》逸篇原注：'北齊杜弼注《莊子·惠施篇》，今無此篇，亦逸篇也。'"

②舛駁：乖異駁雜。成玄英疏："舛，差殊也。駁，雜揉也。"郭慶藩

《集釋》:"司馬作踳駁。《文選》左太沖《魏都賦》注引司馬云:'踳讀曰舛;舛,乖也;駁,色雜不同也。'"蔣錫昌《莊子哲學》:"《說文》:'舛,對臥也,從夕牛相背。''駁,馬色不純。'此言惠施之說,有背古聖之真。"

③中:切中,得當。成玄英疏:"書有五車,道理殊雜而不純,言辭雖辯而無當也。"

④厤:同"歷"。以下歷數惠施學說諸命題。陸德明《釋文》:"厤,古歷字。本亦作歷。'厤物之意',分別歷說之。"成玄英疏:"心遊萬物,厤覽辯之。"錢穆《纂箋》引章炳麟曰:"'厤物之意',陳數萬物之大凡也。"王叔岷《校詮》:"'厤物之意',蓋徧說事物之意。"

⑤大一、小一:即"大"、"小"概念。陸德明《釋文》:"司馬云:'無外不可一,無內不可分,故謂之一也。天下所謂大小皆非形,所謂一二非至名也。至形無形,至名無名。'"成玄英疏:"囊括無外謂之大也;入於無間謂之小也;雖復大小異名,理歸無二,故曰一也。"

⑥无厚:薄。　積:累積。蔣錫昌《莊子哲學》引馮友蘭曰:"《莊子·養生主》曰:'刀刃者無厚。'無厚者,薄之至也。薄之至極,至於無厚,如幾何學所謂'面'。無厚者,不可有體積,然可有面積,故可'其大千里'也。"王叔岷《校詮》:"無厚,謂薄之極,非厚之極。千里,約舉其大,非大之極。"章案:"无厚,不可積也",意謂二維無形體之物,不可累加成爲三維有體積之物。此命題與"白馬非馬"等命題具有同樣類型,故曰"其道舛駁,其言也不中"。以下命題與此類似,後人勉强解釋,幾或近之,大多不得其義。

⑦卑:低下。陸德明《釋文》:"李云:'以地比天,則地卑於天;若宇宙之高,則天地皆卑,山與澤平矣。'"成玄英疏:"夫物情見者,則天高地卑,山崇而澤下。"

⑧方:剛,正在。　睨:斜視。陸德明《釋文》:"李云:'睨,側視也。

謂日方中而景已復戻,謂景方戻而光已復没,謂光方没而明已復
升。凡中戻之與升没,若轉樞循環,自相與爲前後,始終無別,則
存亡死生與之何殊也!'"蔣錫昌《莊子哲學》:"惠施則以爲真正
之時間,是永在移動;真正之物體,是永在變動。故謂日方正中,
便已西斜;物方出生,便已死去。"

⑨小同異、大同異:具體物體之同異謂小同異,自然界之總規律謂大
同異。陸德明《釋文》:"同體異分,故曰小同異。死生禍福,寒暑
晝夜,動静變化,衆辨莫同,異之至也,則萬物之同異一矣。若堅
白,無不合,無不離也。若火含陰,水含陽,火中之陰異於水,水中
之陽異於火,然則水異於水,火異於火。至異異所同,至同同所
異,故曰大同異。"王叔岷《校詮》:"此所論小同異、大同異,由小
異而歸於大同,與莊子齊物之旨相近。"

⑩窮:窮盡。陸德明《釋文》:"司馬云:'四方無窮也。'"成玄英疏:
"獨言南方,舉一隅,三可知也。"王先謙《集解》:"宣云:'謂之南,
已有分際,舉一以反三也。'"蔣錫昌《莊子哲學》:"'南方無窮而
有窮',即據上文'至大無外,謂之大'之理而來。蓋'空間'既係
'無外',即屬'有窮'。……《則陽》:'君以意在四方上下有窮乎?
君曰:無窮。'此皆莊子'南方無窮'之説,亦即一般普通之見也。
惠施之見,適與常識相反,故曰'南方無窮而有窮'。"

⑪適:往。　越:越國。　來:至也。王先謙《集解》:"宣云:'知
有越時,心已先到。'案:此語又見《齊物論篇》,彼'來'作'至'。"
王叔岷《校詮》:"吳康云:'適越之念,在行之先,故今日適越,可
云昔來。'"蔣錫昌《莊子哲學》:"此據上文'日方中方睨'之理推
出。蓋真正之時間,永在移動,決不可分割爲'今日'之一段,使稍
停留片刻。如吾人剛説'今日(上午十時十分)到越',則此所謂
'今日'者,已早成爲過去而爲'昔來'矣。"

⑫連環:相連之環。成玄英疏:"夫連環之相貫,貫於空處,不貫於環

也。是以兩環貫空，不相涉入，各自通轉，故可解也。"王叔岷《校詮》："《淮南子·俶真篇》：'辯解連環。'《説林篇》：'連環不解，其解之以不解。'"

⑬燕、越：皆國名。陸德明《釋文》："司馬云：'燕之去越有數，而南北之遠無窮，由無窮觀有數，則燕越之間未始有分也。天下無方，故所在爲中。循環無端，故所在爲始也。'"王叔岷《校詮》："《秋水篇》：'泛泛乎其若四方之无窮，其无所畛域。'既無畛域，則所在爲中，燕北、越南，隨所定矣。"又王先謙《集解》："此擬議地球中懸，陸路可達，故燕北即是越南，與鄒衍瀛海之談又別。"亦可爲一説。

⑭氾：普氾。成玄英疏："萬物與我爲一，故氾愛之；二儀與我並生，故同體也。"錢穆《纂箋》："馬其昶曰：'此惠施之説，以下公孫龍等辯者之説。'"蔣錫昌《莊子哲學》："蓋天地萬物既爲一體，自當互相氾愛。《齊物論》：'天地與我並生，而萬物與我爲一。'蓋即本此。"

　　惠施以此爲大①，觀於天下而曉辯者②，天下之辯者相與樂之③。卵有毛④，雞三足⑤，郢有天下⑥，犬可以爲羊⑦，馬有卵⑧，丁子有尾⑨，火不熱⑩，山出口⑪，輪不蹍地⑫，目不見⑬，指不至，至不絶⑭，龜長於蛇⑮，矩不方，規不可以爲圓⑯，鑿不圍枘⑰，飛鳥之景未嘗動也⑱，鏃矢之疾而有不行不止之時⑲，狗非犬⑳，黄馬驪牛三㉑，白狗黑㉒，孤駒未嘗有母㉓，一尺之捶，日取其半，萬世不竭㉔。辯者以此與惠施相應，終身无窮。

## 【校注】

①大：最，目標。陸德明《釋文》："所謂自以爲最也。"成玄英疏："惠施用斯道理，自以爲最。"

②觀：展示。錢穆《纂箋》："陸長庚曰：'觀，示也。'"　　曉：曉諭。

成玄英疏:"曉示辯人也。"

③之:意指名家論辯命題。成玄英疏:"愛好既同,情性相感,故域中辯士樂而學之也。"

④卵:鳥蛋。王先謙《集解》:"宣云:'卵無毛,則鳥何自有也?'"

⑤蔣錫昌《莊子哲學》引《公孫龍子·通變論》:"謂雞足一,數足二,二而一,故三。謂牛羊足一,數足四,四而一,故五。牛羊足五,雞足三。"王叔岷《校詮》引馮友蘭云:"《齊物論》云'一與言爲二','謂雞足',即言也。雞足之共相或'謂雞足'之言爲一,加雞足二,故三。"

⑥郢:楚國都。成玄英疏:"郢,楚都也,在江陵北七十里。夫物之所居,皆有四方,是以燕北越南可謂天中,故楚都於郢,地方千里,何妨即天下者耶!"錢穆《纂箋》:"錢基博曰:猶宋儒云一物一太極。"蔣錫昌《莊子哲學》:"'天下'一名,爲各地之'全稱'。吾人言'天下'時,當然'郢'亦包括在內。夫'郢'既爲'天下'之一,是無異'郢'有'天下'之一,故曰'郢有天下'也。"

⑦陸德明《釋文》:"司馬云:'名以名物,而非物也;犬羊之名,非犬羊也。非羊可以爲羊,則犬可以名羊。鄭人謂玉未理者曰璞,周人謂鼠[未]腊者亦曰璞,故形在於物,名在於人。'"王先謙《集解》:"宣云:'犬羊之名,皆人所命,若先名犬爲羊,則爲羊矣。'"

⑧成玄英疏:"夫胎卵溼化,人情分別,以道觀之,未始不同。鳥卵既有毛,獸胎何妨名卵也!"蔣錫昌《莊子哲學》:"馬爲胎生,然胎生之始初固成於卵,是馬有胎者,無異於馬有卵。"

⑨丁子:蛤蟆。成玄英疏:"楚人呼蝦蟆爲丁子也。"陳鼓應《今注今譯》引汪奠基云:"對於丁子化生的表現説,謂之有尾的丁子,而無尾的蝦蟆即在;謂之無尾的蝦蟆,而有尾的丁子亦存。兩相畢同畢異,相反相生。"

⑩陸德明《釋文》:"猶金木加於人有楚痛,楚痛發於人,而金木非楚

痛也。”蔣錫昌《莊子哲學》：“‘熱’者，乃人之遇火而自感‘熱’耳。在火之本身，固無所謂‘熱’也。”

⑪成玄英疏：“山本無名，山名出自人口。”又王先謙《集解》：“宣云：‘空谷傳聲。’”可備一説。

⑫蔣錫昌《莊子哲學》：“‘輪’爲全體之輪。其蹍地之‘輪’，不過爲‘輪’之一點。全體之‘輪’，決不能同時蹍地。”

⑬王先謙《集解》：“宣云：‘見則何以不自照？’”

⑭指：能指。成玄英疏：“夫以指指物而非指，故指不至也。而自指得物，故至不絶者也。”王先謙《集解》：“有所指則有所遺，故曰指不至。”章案：法國哲學家德里達解構哲學稱，能指永遠不能達到所指（即物本身），能指永遠處於指向下一個能指的無窮循環之中。同時，能指只能指示事物的某部分特點，並不能指示事物的全部，故佛家有“説出一物即不中”之語。

⑮王叔岷《校詮》引馮友蘭云：“語云：‘尺有所短，寸有所長。’因其所長而長之，則龜可長於蛇。”

⑯矩、規：木匠畫直綫和圓綫之工具。陸德明《釋文》：“司馬云：矩雖爲方而非方，規雖爲圓而非圓，譬繩爲直而非直也。”成玄英疏：“夫規圓矩方，其來久矣。而名謂不定，方圓無實，故不可也。”王先謙《集解》：“宣云：‘天下自有方，非以矩；天下自有圓，非以規。’”

⑰鑿：鑿孔，此處指所鑿之孔。　枘（ruì）：所鑿孔中之木。此句意謂：在木板上所鑿之孔，不能合圍所鑿下孔中之木。成玄英疏：“鑿者，孔也。枘者，内孔中之木也。”王叔岷《校詮》：“《史記·孟子荀卿列傳》：‘持方枘欲内圓鑿，豈能入乎！’方枘固不能入圓鑿，此乃常理。而‘鑿不可圍枘’，則是圓鑿不能圍圓枘，乃超乎常理者也。”蔣錫昌《莊子哲學》：“木工所爲個體之‘鑿’，決不能與個體之‘枘’全體相圍，故曰‘鑿不圍枘’。此條即自上文‘規不可

以爲圓’之理推出。"

⑱景:同"影"。陸德明《釋文》:"景音影。"陳鼓應《今注今譯》引馮
　　友蘭云:"若果把一個運動所經過的時間及空間加以分割,分成許
　　多點,把空間的點與時間上的點一一相當地配合起來,就可見飛
　　鳥之影在某一時間還是停留在某一空間的點上,所以是‘未嘗動
　　也’。"章案:就如同今日拍電影,把飛鳥的飛翔拍下來,膠片上的
　　每個畫面都是固定不動的,連續放映就形成飛行動作。

⑲鏃:箭鏃。陸德明《釋文》:"《三蒼》云:‘矢鏑也。’"章案:此句義
　　與"飛鳥之景未嘗動也"相類。

⑳成玄英疏:"狗犬同實異名,名實合,則彼謂狗,此謂犬也;名實離,
　　則彼謂狗,異於犬也。《墨子》曰:狗,犬也,然狗非犬也。"章案:
　　按照形式邏輯 A≠非 A,故"狗"不等於"犬"。

㉑驪牛:黑牛。成玄英疏:"夫形非色,色乃非形。故一馬一牛,以之
　　爲二,添馬[牛]之色而可成三。"章案:此與"雞三足"命題義
　　相類。

㉒陸德明《釋文》:"司馬云:‘狗之目眇,謂之眇狗;狗之目大,不曰
　　大狗,此乃一是一非。然則白狗黑目,亦可爲黑狗。’"

㉓孤駒:喪母之馬駒。陸德明《釋文》:"李云:‘駒生有母,言孤則無
　　母,孤稱立則母名去也。’"章案:從字義分析上,"孤"即"無母"之
　　義。此即現代分形哲學語言分析之工作。

㉔捶:木棍。成玄英疏:"捶,杖也。"章案:此義即一有理數被 2 整
　　除,乃至無窮。

　　　桓團、公孫龍辯者之徒①,飾人之心②,易人之意,能勝人
之口,不能服人之心,辯者之囿也③。惠施日以其知與人之
辯④,特與天下之辯者爲怪⑤,此其柢也⑥。然惠施之口談,自
以爲最賢,曰:"天地其壯乎⑦!"施存雄而无術⑧。南方有倚
人焉曰黃繚⑨,問天地所以不墜不陷,風雨雷霆之故。惠施不

辭而應,不慮而對⑩,徧爲萬物説⑪,説而不休,多而无已,猶以爲寡,益之以怪⑫。以反人爲實而欲以勝人爲名⑬,是以與衆不適也⑭。弱於德,强於物,其塗隩矣⑮。由天地之道觀惠施之能,其猶一蚉一蝱之勞者也。其於物也何庸⑯! 夫充一尚可⑰,曰愈貴道,幾矣⑱! 惠施不能以此自寧,散於萬物而不厭,卒以善辯爲名⑲。惜乎! 惠施之才,駘蕩而不得⑳,逐萬物而不反㉑,是窮響以聲,形與影競走也㉒。悲夫!

【校注】

①桓團、公孫龍:名家代表人物。成玄英疏:"姓桓,名團;姓公孫,名龍,並趙人,皆辯士也,客遊平原君之家。而公孫龍著《守白論》,見行於世。"錢穆《纂箋》:"〔桓團〕《列子》作韓檀。馬其昶:《漢志》名家《公孫龍子》十四篇。"

②飾:雕飾。成玄英疏:"彫飾人心。"

③囿:局限。成玄英疏:"囿,域也。惠施之言,未冥於理,所詮限域,莫出於斯者也。"王先謙《集解》:"宣云:'辯者迷於其中而不能出。'"王叔岷《校詮》:"囿猶蔽也,《荀子‧解蔽篇》'惠子蔽於辭而不知實',公孫龍、桓團皆此類也。"

④知:同"智"。王先謙《集解》:"同智。"

⑤特:將也。王叔岷《校詮》:"古鈔卷子本特作將,將猶特也。《漢紀》七:'上曰:吾將苦之耳。'《史記‧淮南列傳》將作特,(《漢書》同。)《漢紀》一一:'夫賢君之踐位也,豈將委瑣偓促,拘文牽俗,循誦習傳,當世取悦而已!'《史記‧司馬相如傳》將作特,(《漢書》、《文選》並同。)將並與特同義。"　怪:怪異,詭異。成玄英疏:"怪,異也。"王先謙《集解》:"爲怪,謂騁其譎異。"

⑥柢(dǐ):方略。郭慶藩《集釋》引俞樾曰:"柢與氐通。《史記‧秦始皇紀》'大氐盡畔秦吏',《正義》曰:'氐猶略也。''此其柢也',

猶云此其略也。”王叔岷《校詮》：“南宋蜀本抵作抵，抵、柢古亦通用。（《史記·莊子傳》：‘大抵率寓言也。’《索隱》：‘大抵，猶大略也。’字亦作抵。）”

⑦壯：大也。成玄英疏：“壯，大也。”王叔岷《校詮》：“其讀爲豈，‘天地豈大乎’，謂天地不足大也。惠施‘自以爲最賢’，故謂天地不足大也。”

⑧施：惠施。　存：在，引申爲意在。陸德明《釋文》：“司馬云：‘意在勝人，而無道理之術。’”成玄英疏：“意在雄俊，超世過人，既不謙柔，故無道理。”王叔岷《校詮》：“《爾雅·釋詁》：‘在，存也。’《説文》同。‘存雄’猶‘在雄’……此謂惠施意在雄辯而無道也。”

⑨倚：同“畸”，怪異。陸德明《釋文》：“倚，本或作畸，同，紀宜反。李云：‘異也。’”王叔岷《校詮》：“馬氏《故》引方以智曰：‘倚即奇。’奚侗云：‘《方言》：倚，奇也。《説文》：奇，異也。一曰：不耦。倚人，謂不耦於俗之人。’”　黃繚：人名。成玄英疏：“住在南方，姓黃，名繚，不偶於俗，羈異於人，遊方之外，賢士者也。”

⑩辭：辭謝，辭讓。　慮：思慮。成玄英疏：“未辭謝而應機，不思慮而對答者也。”

⑪徧：同“遍”。陸德明《釋文》：“徧音遍。”成玄英疏：“徧爲陳説萬物根由。”

⑫已：止。　益：加。成玄英疏：“徧爲陳説萬物根由，並辯二儀雷霆之故，不知休止，猶嫌簡約，故加奇怪以騁其能者也。”

⑬反人：意謂反人情。成玄英疏：“以反人情爲實道，每欲超勝群物，出衆爲心，意在名聲。”王叔岷《校詮》：“司馬談《論六家要指》謂名家‘專決於名而失人情’。前言法家彭蒙、田駢之道亦‘常反人’。”

⑭適：和適，適應。成玄英疏：“不能和適於世者也。”錢穆《纂箋》引蔣錫昌曰：“《管子·白心》：‘兵之勝從於適。’注：‘適，和也。’”王

叔岷《校詮》:"宣穎云:'適猶宜。'"

⑮塗:同"途"。成玄英疏:"塗,道也。"　隩(yù):曲折。王先謙《集解》:"隩,曲而隱也,非大道。"錢穆《纂箋》:"王闓運曰:隩,曲也。呂惠卿曰:不能自勝,故弱於德。勝人,故强於物。其塗隩,謂非六通四闢之道也。"

⑯庸:功用。成玄英疏:"庸,用也。"錢穆《纂箋》:"王闓運曰:'庸,功也。'"王叔岷《校詮》:"《呂氏春秋・應言篇》白圭譏惠子之言無所可用,《荀子・非十二子篇》謂惠施'辯而無用'。"

⑰充一:意謂足爲一端、一見。王叔岷《校詮》:"此謂惠施之能於道中充一數尚可。"陳鼓應《今注今譯》引林希逸云:"'充',足也。若但以一人之私見而自足,猶可。"

⑱曰:猶"若"。王叔岷《校詮》:"曰猶若也。"　幾:庶幾,意微不足道。王叔岷《校詮》引宣穎云:"由充一而愈尊夫道,庶幾矣。"

⑲卒:最終。成玄英疏:"卒,終也。不能用此玄道以自安寧,而乃散亂精神,高談萬物,竟無道存目擊,卒有辯者之名耳。"

⑳駘(dài):放縱。陸德明《釋文》:"駘,李音殆。駘者,放也,放蕩不得也。"成玄英疏:"駘,放也。痛惜惠施有才無道,放蕩辭辯,不得真原。"　不得:無得。王先謙《集解》:"宣云:'不得,無所得。'"

㉑反:意謂反本。成玄英疏:"馳逐萬物之末,不能反歸妙本。"

㉒窮:盡也,引申爲消止。成玄英疏:"何異乎欲逃響以振聲、將避影而疾走者也。洪才若此,深可悲傷也。"王先謙《集解》:"聞響大而高聲,不知聲宏而響愈振;見影來而疾走,不知形捷而影競隨之也。"

# 參考書目

(打 * 號者爲主要徵引書目)

* 《宋刊南華真經》（底本），上海涵芬樓《續古逸叢書》刊本。江蘇古
  籍出版社 2001 年影印

* 《覆宋本莊子注疏》，清黎庶昌《古逸叢書》輯刻本。江蘇廣陵古籍
  刻印社 1990 年影印

陳景元：《南華真經章句音義》，《道藏》本

褚伯秀：《南華真經義海纂微》，《道藏》本

林希逸：《南華真經口義》，《道藏》本

羅勉道：《南華真經點校》，《道藏》本

王應麟：《莊子逸篇》，《困學紀聞》内，《四部叢刊三編》本

吳澄：《莊子叙録》，《吳文正集》内，文淵閣《四庫全書》本

焦竑：《莊子翼》，文淵閣《四庫全書》本

宣穎：《南華經解》，清康熙六十年寶旭齋刊本

王闓運：《莊子内篇注》，清同治八年無求備齋《莊子集成續編》刊本

王懋竑：《莊子存校》，清同治十一年福建巡撫刊《讀書論疑》本

俞樾：《莊子平議》，清光緒十一年刊《春在堂全書》本

孫詒讓：《莊子札迻》，清光緒二十年刊《札迻》本

馬其昶：《莊子故》，清光緒三十一年集虚草堂刊本

* 郭慶藩：《莊子集釋》（王孝魚點校），中華書局 1997 年

＊王叔岷：《莊子校詮》，臺灣"中央研究院"歷史語言研究所專刊之八十八，樂學書局 1999 年版

＊王叔岷：《莊子校詮》，中華書局 2007 年

＊王先謙：《莊子集解》（含劉武：《莊子集解內篇補正》），中華書局 2008 年

＊王夫之：《老子衍 莊子通 莊子解》，中華書局 2009 年

＊章太炎：《莊子解故》、《齊物論釋》，《章太炎全集》，上海人民出版社 2014 年

＊錢穆：《莊子纂箋》，臺灣東大圖書公司 2003 年

＊蔣錫昌：《莊子哲學》，成都古籍書店 1988 年

＊劉文典：《莊子補正》，中華書局 2015 年

呂惠卿撰、湯君集校：《莊子義集校》，中華書局 2009 年

＊王孝魚：《莊子內篇新解 莊子通疏證》，中華書局 2014 年

＊陳鼓應：《莊子今注今譯》，中華書局 1988 年

# 附録:歷代史志所録《莊子》書目

《漢書·藝文志》道家:《莊子》五十二篇(名周,宋人)

《隋書·經籍志》道家:

　　《莊子》二十卷(梁漆園吏莊周撰,晉散騎常侍向秀注。本二
　　　　十卷,今闕。梁有《莊子》十篇,東晉議郎崔譔注,亡)

　　《莊子》十六卷(司馬彪注。本二十一卷,今闕)

　　《莊子》三十卷,目一卷(晉太傅主簿郭象注,梁《七録》三十三
　　　　卷)

　　《集注莊子》六卷(梁有《莊子》三十卷,晉丞相參軍李頤注;
　　　　《莊子》十八卷,孟氏注,録一卷,亡)

　　《莊子音》一卷(李軌撰)

　　《莊子音》三卷(徐邈撰)

　　《莊子注音》一卷(司馬彪等撰)

　　《莊子音》三卷(郭象注。梁有向秀《莊子音》一卷)

　　《莊子外篇雜音》一卷

　　《莊子内篇音義》一卷

　　《莊子講疏》十卷(梁簡文帝撰,本二十卷,今闕)

　　《莊子講疏》二卷(張譏撰,亡)

　　《莊子講疏》八卷

《莊子文句義》二十八卷(本三十卷,今闕。梁有《莊子義疏》
十卷,又《莊子義疏》三卷,宋處士王叔之撰,亡)

《莊子内篇講疏》八卷(周弘正撰)

《莊子義疏》八卷(戴詵撰)

《南華論》二十五卷(梁曠撰,本三十卷)

《南華論音》三卷

《莊成子》十二卷(梁有《蹇子》一卷,今亡)

《玄言新記明莊部》二卷(梁澡撰)

《舊唐書·經籍志》道家:

《莊子》十卷(崔譔注)

又十卷(郭象注)

又二十卷(向秀注)

又二十一卷(司馬彪注)

《莊子集解》(二十卷,李頤集解)

又二十卷(王玄古撰)

《莊子》十卷(楊上善撰)

《莊子講疏》三十卷(梁簡文撰)

《莊子疏》七卷

《南華仙人莊子論》三十卷(梁曠撰)

《釋莊子論》二卷(李充撰)

《南華真人道德論》三卷

《莊子疏》十卷(王穆撰)

《莊子音》一卷(王穆撰)

《莊子文句義》二十卷(陸德明撰)

《莊子古今正義》十卷(馮廓撰)

《莊子疏》十二卷(成玄英撰)

《新唐書·藝文志》道家：

        郭象注《莊子》十卷

        向秀注二十卷

        崔譔注十卷

        司馬彪注二十一卷

        又《注音》一卷

        李頤《集解》二十卷

        王玄古《集解》二十卷

        李充《釋莊子論》二卷

        馮廓《莊子古今正義》十卷

        王穆《莊子疏》七卷

        楊上善注《莊子》十卷

        陸德明《莊子文句義》二十卷

        盧藏用注《莊子内外篇》十二卷

        道士成玄英注《莊子》三十卷，《疏》十二卷

        孫思邈注《莊子》

        柳縱注《莊子》

        尹知章注《莊子》（並卷亡）

        甘暉、魏包注《莊子》（卷亡，開元末奉詔注）

        道士李含光《老子莊子周易學記》三卷，又《義略》三卷

        張隱居《莊子指要》三十三篇

        梁曠《南華仙人莊子論》三十卷，《南華真人道德論》三卷


《宋史·藝文志》道家：

        張昭補注《莊子》十卷

        張烜《莊子通真論》三卷，《南華真經篇目義》三卷

        郭象注《莊子》十卷

　　　成玄英《莊子疏》十卷

　　　文如海《莊子正義》十卷，又《莊子邈》一卷

　　　呂惠卿《莊子解》十卷

　　　李士表《莊子十論》一卷

　　　宇文居鎰《莊周气訣》一卷


《宋史·藝文志補》道家：

　　　褚伯秀《莊子義海纂微》一百六卷


（清）金門詔：《補三史藝文志》道家類：

　　　金

　　　《南華略釋》一卷，趙秉文撰

　　　《莊子集解》，李純甫撰

　　　《莊列賦》各一篇，楊雲翼撰

　　　元

　　　《校正莊子》，吳澄撰

　　　《老莊精論》，贍思撰


《元史·藝文志》道家類：

　　　趙秉文《南華略説》一卷

　　　李純甫《莊子解》

　　　雷思齊《莊子旨義》

　　　贍思《老莊精詣》

　　　吳澂《南華内篇訂正》二卷

　　　何南卿《南華注》十三卷

　　　褚伯秀《莊子義海纂微》一百六卷

《明史·藝文志》道家：

  楊慎《莊子闕誤》一卷

  朱得之《莊子通義》十卷

  王宗沐《南華經別編》二卷

  焦竑《莊子翼》八卷

  陶望齡《莊子解》五卷

  郭良翰《南華經薈解》三十三卷

  羅勉道《南華循本》三十卷

  陸長庚《南華副墨》八卷

# 後　記

爲《莊子》作注,實乃因緣際會。歷時八載,交稿之際,百感交集。初稿完成後有筆記一則:

> 此番工作,乃余學習之第三階段:第一階段爲研習西學,第二階段爲轉習國學,第三階段又轉向小學。從西學而國學,又由思想理論而文字訓詁,實爲巨大三級跳。其中甘苦,一言難盡。余以爲完稿之後,會得病一場,不意上週五(5日)發燒一天,提前發作。今日感覺頗爲輕鬆,甚不經意。此亦謂暴風雨後之寧静、平澹? 2013年7月11日星期四上午10點53分,第一稿畢。燕南園56號,陰雲密佈,未雨。

心路由此可見一斑。

感謝叢書主編袁行霈先生對我的信任和支持,感謝成稿過程中參與每次討論的諸位專家。韓林合兄惠借王叔岷先生《莊子校詮》多日,並常有交流切磋;谷紅岩博士特意贈我中華書局新出的《莊子校詮》,多多便利;程樂松教授惠借《道藏》;我的學生冷雪涵博士幫助我校對了《齊物論篇》、《知北遊篇》;江欣城博士幫助我校對了《導論》,在此一併致謝!

章啓群

2017年8月21日